Hans-Otto Kleinmann
Geschichte der CDU

Hans-Otto Kleinmann

Geschichte der CDU
1945–1982

Herausgegeben von Günter Buchstab

Deutsche Verlags-Anstalt
Stuttgart

Die in dem Band enthaltenen Abbildungen stammen aus
dem Archiv der Konrad-Adenauer-Stiftung.

Die Deutsche Bibliothek – CIP-Einheitsaufnahme

Kleinmann, Hans-Otto:
Geschichte der CDU : 1945–1982 /
Hans-Otto Kleinmann. Hrsg. von Günter Buchstab. –
Stuttgart : Deutsche Verlags-Anstalt, 1993
ISBN 3-421-06541-1

Lektorat: Ulrich Volz
Druck und Bindearbeit: Mohndruck
Graphische Betriebe GmbH, Gütersloh
Printed in Germany

»Politische Tageserfolge können im Bewußtsein
eines Volkes verblassen. Was aber bleibt
und weiterwirkt, ist die Kraft und Geschlossenheit
einer Haltung, hinter der eine Idee steht.«
(Konrad Adenauer auf dem 5. Bundesparteitag der CDU
in Köln 1954, zum Geleit)

Inhalt

Vorwort

Parteiengeschichte gilt unter Historikern als eine der schwierigsten und undankbarsten Aufgaben. Dafür lassen sich vor allem zwei Gründe nennen. Zum einen gibt es wenige Zusammenschlüsse von Menschen, wenige Organisationen, die so umfassend auf den politischen Prozeß des Tages, auf seine Probleme, Konflikte und Entscheidungen eingestellt sind wie die Parteien. Man begegnet hier der Politik mit all ihren Themen und Tendenzen, aufgelöst in eine schier unübersehbare Abfolge alltäglicher Aktivitäten. In der Geschichte großer Parteien spiegeln sich die politischen Machtverhältnisse, der soziale Wandel, die wirtschaftliche und kulturelle Entwicklung. Konkret faßbar wird das für den Historiker jedoch nur im Verhalten von Funktionären, Mitgliedern, Interessengruppen und Wählern, in Personalwechseln, Sitzungen, Wahlen und Parteitagen, in Reden, Stellungnahmen, Programmaussagen u.a.m. – eine ständige Wiederkehr des immer Gleichen! Parteiengeschichte bekommt daher leicht einen chronikalischen Zug.

Und der zweite Grund: Parteiengeschichte neigt mehr als alle andere Geschichtsschreibung dazu, die Geschichte im Lichte der Gegenwart umzuschreiben. Parteiengeschichte läuft so immer Gefahr, auch parteiische Geschichte zu sein. Dem kann man sich zu entziehen versuchen, indem man sich etwa auf das Organisatorische und Statistische beschränkt, auf Systematisierungsversuche, Mitglieder- oder Elitenanalysen, auf die Institutionendarstellung und die Programmatik. Mit Geschichte hat das aber wenig zu tun. Es sind allenfalls Ausschnitte, Präparate – nicht der Zusammenhang des politischen Lebens. Für Deutschland kommt noch verstärkend der doppelte Kontinuitätsbruch von 1933/1945 hinzu, der bewirkte, daß die

Parteien der Bundesrepublik, wie Theodor Schieder bemerkt, »in ihrer Gestalt kaum noch Reste früherer geschichtlicher Formen erhalten« zu haben scheinen. Bei der Neugründung CDU hat dies zur Folge, daß ihr Geschichtsbewußtsein bis heute sehr gering ausgeprägt ist.

Dies vorausgeschickt, sollte der Leser die Einschränkungen kennenlernen, mit denen dieses Buch entstanden ist: Er bekommt weder eine Werbeschrift für die CDU noch eine Streitschrift gegen sie in die Hand. Dieses Buch ist mit Sympathie für den »Helden« geschrieben.

Auch wird keine gelehrte Monographie vorgelegt. Vielmehr ist dieses Buch zum Blättern und Lesen gedacht, weniger zur wissenschaftlichen Diskussion. Gleichwohl stützt es sich auf viele Abhandlungen. Ja, es darf beanspruchen, auf der Höhe des »Forschungsstandes« zu sein; es ist der Versuch einer Synthese, die dem Leser mehr Information als Interpretation anbietet. Er bekommt für alle wichtigen Ereignisse, Personen und Daten ein Kompendium in die Hand, in dem die erzählende Darstellung überwiegt und Wert darauf gelegt wird, daß die Partei und ihre Protagonisten selbst zu Wort kommen. Kurz, das Buch soll den historisch und politisch Interessierten, den Anhänger wie den politischen Gegner ansprechen – zum Nachschlagen, zum Nachdenken und – so man will – auch zum »Nachhaken«.

Und eine weitere Einschränkung: Es wird die Geschichte der CDU behandelt, aber nicht die der CSU. Das hat zur Konsequenz, daß sowohl das bekannte dynamische Verhältnis der beiden Unionsparteien als auch ihre fraktionelle Gemeinsamkeit im Deutschen Bundestag in der Darstellung zu kurz kommen, sieht man einmal von der Oppositionszeit ab, als der CDU/CSU-Fraktion die politisch maßgebende Funktion in der »Union« zufiel. Auch bringt, wie bei allen Porträts, die »Ausleuchtung« auf die CDU hin mit sich, daß die anderen Parteien weitgehend im Schatten bleiben. Das sollte keinesfalls als Einseitigkeit mißverstanden werden.

Die »Geschichte der CDU« ist in der relativ kurzen Zeit von zwei Jahren geschrieben worden. Das wäre ohne mannigfaltige Förderung nicht möglich gewesen. Zu Dank verpflichtet bin ich vor allem dem Vorsitzenden der Konrad-Adenauer-Stiftung, dem Ministerpräsidenten von Thüringen Dr. Bernhard Vogel, der meine Arbeit enga-

giert und mit wissenschaftlichem Interesse begleitet hat. Dem Leiter
des Archivs für Christlich-Demokratische Politik, Dr. Günter Buchstab, danke ich für seinen aufopfernden persönlichen Einsatz, mit
dem er mir – um der Sache willen – nicht nur eine kontinuierliche
Arbeit ermöglichte, sondern auch in schwierigen Phasen half, meine
Motivation zu erhalten. Meinem Kollegen Dr. Reinhard Schreiner
danke ich für Materialzusammenstellungen zur Geschichte der Landesverbände und Vereinigungen.

Im Herbst 1989 begonnen, ist dieses Buch unter dem Eindruck des
historischen Umbruchgeschehens in Osteuropa und Ostdeutschland
zu Ende geschrieben worden. Die Wiedergewinnung der deutschen
Einheit in Freiheit, eines der großen Ziele christlich-demokratischer
Politik, wurde Realität. Die Einigung der CDU mit der ehemaligen
»Blockpartei« gleichen Namens schlug den geschichtlichen Bogen
zurück zur zukunftsweisenden Idee des gemeinsamen Anfangs. So
schien es nahezuliegen, die Geschichte der CDU mit Einbeziehung
der Regierungszeit Helmut Kohls bis zur Gegenwart fortzuführen.
Nach längerer Diskussion wurde jedoch davon Abstand genommen.
Die historische Distanz sollte gewahrt bleiben, die Darstellung möglichst wenig vom »Wahren und Falschen des Tages« beeinflußt werden. Die Geschichtsschreibung der »Ära Kohl« bleibt also einem
späteren Zeitpunkt vorbehalten, wenn im größeren Abstand die We-
sentlichkeiten des Geschehens unserer Tage hervortreten und die
Konsequenzen jüngstvergangener Geschichte, die noch nicht abgeschlossen ist, überschaubar sind.

Sankt Augustin, im Dezember 1992   Hans-Otto Kleinmann

I.
Aufstieg als Sammlungsbewegung
der politischen Mitte
1945–1950

1. »Geboren aus der Zeit«

»Die Idee der Union lag in der Luft«, meinte Jakob Kaiser, Berliner Mitgründer, auf einer Tagung der Arbeitsgemeinschaft der CDU/CSU am 15. März 1947. Mit diesen Worten wollte er verdeutlichen, daß der CDU-Gründungs- und Parteibildungsprozeß einer historischen Notwendigkeit gehorchte. Was geschichtlich seit dem 19. Jahrhundert angelegt war, gewann nun durch das einzigartige Zusammenwirken der Kontinuität christlicher Politik und der besonderen Bedingungslage Nachkriegsdeutschlands Gestalt.

Vieles traf damals, inmitten eines »Trümmerhaufens sittlicher und materieller Werte«, zusammen: Die bittere Lehre, die das Scheitern der Weimarer Republik bedeutete, die schreckliche Erfahrung der nationalsozialistischen Unrechtsherrschaft und Unmenschlichkeit, die Gemeinsamkeit politischer Überzeugungen und Leitbilder, wie sie sich in Verfolgung und Widerstand über Konfession, alte Parteizugehörigkeit und soziale Schranken hinweg gebildet hatte. Dies sowie die Zerstörungen und Verstörungen im Wahnsinn des totalen Krieges, das Erleben von Niederlage und Besatzungsregime, von Teilung und Verfemung als schuldbeladenes Volk verband sich zu einem existentiellen Bedingungsrahmen, in dem die neuartige Parteiformation CDU möglich wurde. Sie vereinigte die Traditionen christlicher Parteibildung und bürgerlicher politischer Sammlung mit Neubesinnung und Wiederaufbauwillen.

Das »Wunder der CDU«, wie der erste »Parteihistoriker«, Leo Schwering, den erstaunlichen Nachkriegsaufstieg der neuen Partei bezeichnete, geschah unter Umständen, die in der Erinnerung der

Miterlebenden schon unwirklich geworden sind und die erst recht die Vorstellungskraft der Nachgeborenen übersteigen. Die Unions-Aufrufe aus dem ersten Nachkriegsjahr, mit ihrer uns Heutigen mitunter fremd anmutenden Sprache, vermitteln einen umrißhaften Eindruck vom Alltag der »Stunde Null« – so aus Hamburg: »Millionen von Toten, Millionen von Krüppeln und Siechen, Millionen von Verarmten und Heimatlosen, von vernichteten Existenzen und zersprengten Familien ... Hunger und Elend, Austreibung und Flüchtlingsnot! Unser Vaterland ein Trümmerfeld, Städte in Ruinen, Fabriken in Schutt und Asche. Unersetzliche Kulturwerte, das kostbare Erbe von Generationen, Stolz eines fleißigen Volkes, sinnlos vernichtet! Die Volkskraft auf Jahrzehnte erschöpft, der in Jahrhunderten errungene Wohlstand der gesamten Nation zerstört! Das Rechtsempfinden verfälscht, die Moral zersetzt, das Familienleben erschüttert. Das ist die fürchterliche Bilanz des Nationalsozialismus!«; und aus Westfalen: »Wertvollste Jugendkraft auf den Schlachtfeldern verblutet, zahllose Menschen verstümmelt und in Gefangenschaft, das Reich entmachtet, unsere Städte und Dörfer zerstört, Wirtschaft und Finanzen ruiniert, Millionen von Deutschen heimatlos, obdachlos, ohne Kleidung und Brot, weiteste Kreise unseres Volkes enttäuscht, verbittert, ohne jeden geistigen Halt und ohne Leitstern, der ihnen einen Weg in die Zukunft weisen könnte.«

In der »schwersten Katastrophe, die je über ein Land gekommen ist« (Berliner Gründungsaufruf der CDU vom 26. Juni 1945), gab das Christentum den verzweifelten Menschen Halt und Hoffnung. Mehr noch: Sie gewannen aus seinem Glaubens- und Erfahrungsschatz das Bewußtsein eines grundlegenden Neuanfangs, der auch den in der Auseinandersetzung mit dem Nationalsozialismus unterlegenen, schwach gewordenen, korrumpierten politischen Kräften und Ideen die Chance eines »neuen Bundes« eröffnete. Den »Weg der Sühne« als »Weg der Wiedergeburt« zu gehen, das war die ebenso verpflichtende wie verheißungsvolle Gründungsbotschaft des Berliner Aufrufs. Die Entscheidung für die CDU, so hat man daher sagen können, wurde »zum Surrogat einer religiösen Handlung« (Karin Walter). Über alle programmatischen Grundsätze und Forderungen hinaus, nicht selten auch jenseits echter Glaubenshaltung, war es dieser Kern der christlichen Botschaft von der »Erneuerung des Lebens durch die Liebe Christi«, der die Attraktivität der Unionsparteien in den ersten Nachkriegsjahren begründete. Keine der anderen Parteien, die wieder entstanden, hat so wie die Union den Gedanken der geistigen, sittlichen Erneuerung herausgestellt, ist in gleicher Weise mit dem Anspruch angetreten, »etwas Neues« zu sein und »von Grund aus« Neues zu schaffen (Ahlener Programm der CDU der britischen Zone vom Februar 1947). »Neue Zeit«, der Name der ersten, in Berlin von den Sowjets lizenzierten und seit dem 22. Juli 1945 erscheinenden Tageszeitung der Christlich-Demokratischen Union Deutschlands, war Losungswort der ersten Stunde.

Es ging den Unionsgründern um mehr als einen neuen Staat oder eine neue Gesellschafts- und Lebensordnung, schon gar nicht um »neue Fronten« oder »neuen Kampf«, wie es von links propagiert wurde. So heißt es in einem der frühen Aufrufe für eine christlich-demokratische Partei in Dortmund: »Ein politischer Systemwechsel genügt nicht. In der Besinnung auf die Werte des Christentums muß ein grundsätzlich neuer Anfang gemacht werden.« In diesem Sinn forderten die Kölner Leitsätze vom Juni 1945: »Ein neues Deutschland soll geschaffen werden, das auf Recht und Frieden gegründet ist«, und: »Soziale Gerechtigkeit und soziale Liebe sollen eine neue Volksgemeinschaft beschirmen ...« Zu Beginn der Frankfurter Leitsätze vom September 1945 steht der Satz : »Wir wollen ein neues Deutschland.« Sein Pendant findet sich im ersten Programm der CDU der britischen Zone vom März 1946, das schon unter maßgeblicher Mitwirkung Adenauers entstand: »Die CDU will ein neues, ein anderes Deutschland aufbauen.«

Bis zum Ende der Wiederaufbauepoche lebte der Erfolg der Union aus der Kraft ihrer christlichen Grundlegung. Noch 1962, auf dem 11. Bundesparteitag in Dortmund, sprach Konrad Adenauer vom Christentum als dem »Lebensinhalt« der CDU. Auf den »völlig neuen Wegen«, welche die Union damit 1945 beschritt, wurden politische Begriffe wie Demokratie, Sozialismus, Staat durch Verbindung mit christlichem Glaubensgut und Menschenbild neu definiert: »Christus gibt dem Menschen die Kraft, die Dinge neu zu sehen und zu gestalten«, heißt es in der Entschließung »Sozialismus aus christlicher Verantwortung« der CDU der sowjetisch besetzten Zone und Groß-Berlins Mitte Juni 1946.

Die CDU trat als Weltanschauungspartei ins Leben. Sie stellte sich in ihren Gründungsaufrufen als »ganz neue Erscheinungsform« im politischen Leben vor. »Die Union ist das NEUE, das unser Volk braucht«, so formulierte es ein Frankfurter Aufruf. Selbstverständnis und Vision der Gründer zielten auf eine »umfassende politische Tatgemeinschaft« (Eugen Gerstenmaier) der Christen hin, auf eine »Brückenbau«-Bewegung, die überkommene konfessionelle, gesellschaftliche und landsmannschaftliche Scheidelinien auf der Grundlage gemeinsamer Werte und Aufgaben überwinden wollte. Ihr Streben galt der »Sammlung des deutschen Volkes« in einer »großen Partei«, einer »Volkspartei«. Der Name »Union«, der sich noch in der Gründungsphase durchsetzte, bedeutete dabei bewußte Abkehr von konfessions-, klassen- oder interessenbezogenem Parteidenken und betonte den Bewegungscharakter der neuen Gründung.

Wenn es in den ersten Jahren nach dem Untergang des Nationalsozialismus in Deutschland eine demokratische Bewegung »von unten« gegeben hat, dann ist es die CDU gewesen. Weder ist sie nach einem einheitlichen Plan entstanden, noch wurde ihre Gründung von zentraler Stelle vorgenommen und gelenkt. In ihren Vereinigungen und Verbänden hat die Partei bis heute ihre föderale Grundstruktur und ihre demokratische Substanz bewahrt. Als Erbschaft ihres Anfangs sind Ausgleichswillen, Bemühen um Konsens und Toleranz ihre Stärken geblieben, die sie, frei von Traditionszwängen und dogmatischen Fixierungen, offener und flexibler gegenüber neuen Zeitentwicklungen und Zeiterscheinungen machten. Karl Arnold, der Ministerpräsident von Nordrhein-Westfalen (1947–1956), dem ein ausgeprägter Sinn für Realitäten nachgesagt wird, hat diesen Sachverhalt so ausgedrückt: »Eine neue Zeit verlangt neue Antworten. Unsere Christlich-Demokratische Union ist eine Antwort auf diese neue Zeit« (9. Januar 1957).

Man hat vielfach festgestellt, daß die parallelen lokalen CDU-Gründungen »spontan und unabhängig voneinander« erfolgten. Eine solche Art der Entstehung schien plausibel, weil sie gut zur Qualität der CDU als des »absolut neuen Elements« im deutschen parteipolitischen Raum paßte. Andere haben das als »Mythos« abgetan und der »Spontaneitäts-These« mit dem Hinweis auf die unbestreitbaren personellen, programmatischen und parteipolitischen

Kontinuitäten widersprochen. Auch die Lizenzierungspraxis der Besatzungsmächte, von deren Willen die deutsche Parteientwicklung in der unmittelbaren Nachkriegszeit abhing, sowie die in den CDU-Gründungsinitiativen wirkende Kirchentradition und die politisch-weltanschauliche Annäherung im Widerstand gegen den Nationalsozialismus sind gegen die These eines spontanen Gründungsprozesses geltend gemacht worden.

Es ist richtig: Der CDU schlug ebensowenig wie den Deutschen überhaupt nach dem Krieg eine »Stunde Null«. Der Gründungsvorgang war auch keine isolierte deutsche Erscheinung. In ganz West- und Mitteleuropa war der Aufstieg der Christlichen Demokratie zu einer dominierenden politischen Kraft vielmehr eine der Hauptfolgen von Drittem Reich und Weltkrieg. Unter dem furchtbaren Druck der faschistischen Regime und des nationalsozialistischen Herrschaftssystems wurden jene politischen Kräfte und Strömungen neu formiert und gestärkt, die seit den Anfängen des 19. Jahrhunderts den Anpassungsprozeß von christlicher Bewegung und moderner Demokratie getragen hatten.

Bereits während der Weimarer Republik war es in Deutschland zu ersten deutlichen Versuchen einer politischen Annäherung der konfessionellen Parteien gekommen. So hatte sich 1919 ein »Bund christlicher Demokraten« als evangelischer Zweig der Zentrumspartei gebildet. Einen Markstein in der Geschichte der christlichen Demokratie setzte Adam Stegerwald, Vorsitzender des Gesamtverbandes Christlicher Gewerkschaften und preußischer Minister für Volkswohlfahrt, auf dem Essener Gewerkschaftskongreß von 1920 mit seinem Vorstoß zur Bildung einer »politischen Einheitsfront«, die »christlich, sozial und deutsch« die »gesamte schaffende Arbeit« und »alle Schichten, die sich auf den Boden der alten deutschen christlichen Kultur stellen«, umfassen sollte. 1922 unternahm dann die Führung der Zentrumspartei mit der Werbung um evangelische Kandidaten einen Anlauf in Richtung einer »großen christlichen Partei der Mitte«. Seit 1920 war auch eine christlich-demokratische »Internationale« im Entstehen begriffen.

Doch diese Entwicklung wurde durch die nationalsozialistische Gewaltherrschaft jäh unterbrochen, als die Organisationen der parteipolitisch und gewerkschaftlich tätigen christlichen Laienschaft zu bestehen aufhörten und in den Untergrund gedrängt wurden. »Unterirdisch« blieben sie jedoch »auf der Wacht« und hielten sich für »ihre neue Stunde« bereit, so beschrieb der Historiker Karl Buchheim die Haltung der ehemaligen Funktionäre und Mitglieder von Zentrum, Christlich-Sozialem Volksdienst und anderen aufgelösten christlich-sozialen und christlich-nationalen Gruppierungen im Dritten Reich. Sie pflegten nicht nur untereinander informelle Kontakte, trotz strenger Überwachung, sondern suchten auch die Verbindung zu Regimegegnern aus den Reihen der Deutschen Demokratischen Partei/Deutschen Staatspartei, der Deutschnationalen Volkspartei und anderer Kräfte der politischen Mitte, um sich mit ihnen über die Grundlagen einer Neuordnung des staatlichen und gesellschaftlichen Zusammenlebens in Deutschland nach dem Sturz des Hitler-Regimes und dem Ende des Krieges zu verständigen.

Der Weg einiger dieser Zirkel, zumal ihrer politischen Köpfe, führte in den aktiven Widerstand gegen den Nationalsozialismus. Jakob Kaiser, einer der führenden Widerstandskämpfer und Mitgründer der Berliner CDU, der nach dem gescheiterten Attentat vom 20. Juli 1944 in einem Kellerversteck in Potsdam-Babelsberg überlebte, ist Kronzeuge für den engen Zusammenhang von Widerstandshandeln und CDU-Gründung. In einem Rundschreiben vom 8. Dezember 1945 teilte er den Freunden aus den früheren Christlichen Gewerkschaften sein Engagement bei der Bildung einer »großen einheitlichen und demokratischen Partei« mit: »Es fanden sich Überlebende des 20. Juli zusammen, die unter Führung von Dr. Hermes zur Gründung der Christlich-Demokratischen Union schritten ... Der Weg war um so selbstverständlicher, als wir ja, ganz abgesehen von den Erfahrungen der Hitler-Zeit, an die Traditionen des Essener Kongresses von 1920 anknüpfen konnten.« Auf der ersten Parteitagung der CDU der sowjetisch besetzten Zone und Berlins am 16. Juni 1946, vor über hundert CDU-Repräsentanten aus den Westzonen, die als Gäste anwesend waren, erinnerte er, nun als Parteivorsitzender, an die »Männer vom 20. Juli«, die als Demokraten und aus dem Bewußtsein christlicher Verantwortung »den Kampf gegen die Tyrannei des Verbrechens« geführt hatten und ihr Opfer geworden waren: namentlich an Carl Friedrich Goerdeler, Max Habermann, Josef Wirmer, Eugen Bolz, Otto Müller, Paul

Lejeune-Jung, Helmuth James Graf von Moltke, Reinhold Frank und die Brüder Dietrich und Klaus Bonhoeffer, an Bernhard Letterhaus, Nikolaus Groß, Franz Leuninger und Heinrich Körner – an die »Freunde« – so Kaiser –, »die – wenn sie lebten – ihre politische Heimat in der Union gefunden hätten.«

Ohne Zweifel war der Widerstand gegen den Nationalsozialismus eine der wesentlichsten Voraussetzungen für das Entstehen der Union. Leo Schwering prägte in diesem Zusammenhang das Wort vom »Katakombengeist« in den Widerstandskreisen und Gefängnissen, der die traditionellen sozialen, politischen, konfessionellen und landsmannschaftlichen Gegensätze auslöschte und dem Gedanken einer christlich-demokratischen Volkspartei, wie er schon während der Weimarer Republik diskutiert worden war, unwiderstehliche Kraft verlieh.

Dem Tagebuch von Otto Lenz, der in Widerstandskreisen als Staatssekretär eines Reichskanzlers Goerdeler vorgesehen war und dann, kaum aus dem Zuchthaus befreit, zum Berliner Gründerkreis der CDU stieß, kann man entnehmen, daß im Gestapogefängnis Lehrter Straße über eine »Sammlung der Mitte« nach dem Zusammenbruch nachgedacht wurde. Nicht eigentlich eine politische Partei wurde zunächst angestrebt, sondern eine »Bewegung«, die »überkonfessionell, aber auf christlicher Grundlage« die eintretenden Notstände bekämpfen sollte. Ein anderer Zeuge, Eugen Gerstenmaier, Mitglied der Widerstandsgruppe des »Kreisauer Kreises« um die Grafen Moltke und Yorck von Wartenburg, später Präsidiumsmitglied der CDU und Bundestagspräsident, fand aufgrund seiner Erfahrung sogar zu der Formel, »daß die Konstituierung der CDU in den Gefängnissen von Tegel begonnen hat« (1964). Geradezu symbolhaft hierfür erscheint die von Mitunterzeichnern des Berliner Gründungsaufrufs überlieferte Tatsache, daß der eine oder andere CDU-Gründer noch in gestreifter Gefängniskleidung zu den ersten Beratungen kam. Nahezu die Hälfte der 35 Unterzeichner waren politische Gefangene gewesen.

Wie in Berlin, so brachen fast überall in Deutschland ähnliche Bestrebungen hervor – zwischen Kiel und Konstanz, zwischen Dresden und Aachen. Sie gingen so gut wie immer aus von einstigen Funktionären und Mitgliedern der 1933 aufgelösten christlichen

Parteien, von ehemaligen christlichen Gewerkschaftern, von Mitgliedern der Bekennenden Kirche, von antinationalsozialistisch eingestellten, christlich gesinnten Anhängern liberaler und konservativer »Weimarer« Parteigruppierungen. Ferdinand Friedensburg, Berliner Mitgründer mit politischer Herkunft aus der DDP, sprach später von einer wunderbaren »instinktiven Einmütigkeit«, mit der die Gründer vom demokratischen und christlichen Gedankengut beseelt waren. In Gesprächskreisen, in Widerstandszirkeln oder in der Verfolgung hatte man sich zusammengefunden und hoffend und planend die Schrecken der Gewaltherrschaft und des Krieges überlebt. Das Neue, das sie wollten, und die Traditionen, denen sie sich verpflichtet fühlten, stellten sie unter das Gebot »christlicher Verantwortung« und das »christliche Sittengesetz« (Statut der CDU vom 20. Oktober 1950 § 1).

Gelegentlich ist darüber gestritten worden, ob die Kölner oder Berliner oder sonst eine andere CDU-Gründung die erste und damit die historische »Initialzündung« gewesen ist. Eine müßige Frage, weil sie zu ganz unterschiedlichen Antworten führt, je nachdem, welche Bedingungen zugrunde gelegt werden. Soll beispielsweise die erste Zusammenkunft des Gründungskreises, der Gründungsaufruf bzw. die Verabschiedung eines ersten Programms, die Lizenzierung durch die Besatzungsmacht oder die eigentliche Gründungsversammlung den Ausschlag geben? Viel entscheidender ist die Tatsache, daß die christlich-demokratische Idee sich noch im Chaos des Zusammenbruchs, von einigen Kristallisationskernen ausstrahlend, durch freundschaftliche und verwandtschaftliche Beziehungen, Bekanntschaften aus dem kirchlichen Raum sowie wiederbelebte Verbindungen aus einstiger Partei-, Gewerkschafts- oder Verbandsmitgliedschaft weitergetragen, wie eine Kettenreaktion ausbreitete. Das geschah zur grenzenlosen Überraschung der Besatzungsbehörden und der anderen lizenzierten Parteien, die von den bekannten Größen der »Weimarer« Parteienlandschaft ausgingen.

2. Gründungskerne

Nicht zufällig entwickelten sich Berlin, Köln und Frankfurt zu Hauptstandorten der frühen CDU. Dank ihrer Vorreiterrolle, insbesondere in programmatischer Hinsicht, boten sie den verstreut und oft nur mit vagen Ideen von einer interkonfessionellen Sammelpartei auftretenden Gruppen richtungweisende Orientierung. Die Zonenzugehörigkeit war dabei von verstärkender Wirkung. Daß Berlin zunächst den Vorrang hatte, läßt sich leicht erklären: Berlin war die Reichshauptstadt, die von den alliierten Siegern wie von den besiegten Deutschen nach wie vor als politischer Mittelpunkt angesehen wurde. Zudem waren die Sowjets die ersten, die in ihrem Besatzungsgebiet und unter der Kontrolle ihrer Militärkommandanten die Bildung und Tätigkeit »antifaschistischer Parteien« erlaubten (Befehl Nr. 2 vom 10. Juni 1945). Die Westalliierten gingen nach Abschluß der Potsdamer Konferenz (17. Juli–2. August 1945) offiziell dazu über, in ihren Besatzungszonen politische Parteien, zunächst auf Kreisebene, zu genehmigen, die Amerikaner am 13. August, die Briten am 15. September und die Franzosen gar erst am 13. Dezember 1945. Allerdings hatten örtliche Befehlshaber schon vielfach vorher im Rahmen ihrer Zuständigkeit Versammlungen und Aktivitäten politischer Gruppierungen stillschweigend geduldet.

So gestaltete sich die Entwicklung der CDU-Gründungen von Zone zu Zone und von einem Bezirk zum anderen sehr heterogen. Die Unterschiede erstreckten sich auf Programmatik und politische Tradition wie auch auf die Sozialstruktur der Mitgliederschaft. Sie manifestierten sich nach außen in so abweichenden Benennungen der neuen Parteiformation wie »Republikanisch-demokratische Union (Goerdeler-Kreis)«, »Christliche Volkspartei«, »Christlich-Demokratische« oder »Christlich-Soziale Volkspartei«, »Partei der Arbeit« (Mönchengladbach), »Deutsche Aufbau-Bewegung«, »Christlich-Demokratische Aufbaupartei« und – von Hamburg über Köln bis in den Südwesten am meisten zu finden – »Christlich-Demokratische Partei« (CDP).

Je deutlicher es wurde, daß die sowjetische Besatzungsmacht darauf ausging, die SBZ und ihr Parteiengefüge unter der Maske einer »Demokratisierungs«-Politik kommunistischer Herrschaft zu unterwerfen, desto energischer wehrten sich die Verbände in den drei Westzonen gegen Führungsansprüche der Berliner CDU. Eine politische und organisatorische Ausrichtung der CDU auf Berlin hin hätte den Sowjets vermehrte Einfluß- und Agitationsmöglichkeiten in den Westzonen eröffnet. Das wollten die dortigen Parteiführungen unter allen Umständen verhindern, wobei sie sich mit den westlichen Alliierten einig wußten. Damit übernahmen die »Kölner«, die in ihrer Programmatik und Mitgliedersubstanz auf dem soliden Stamm ehemaliger Zentrumsanhänger und Christlicher Gewerkschafter aufbauen konnten und zusammen mit der ihnen darin sehr verwandten westfälischen CDU die stärkste Formation der neuen Partei in den Westzonen bildeten, die Rolle des westlichen Gegenpols zu den »Berlinern«. Die Ost-West-Spannungen durchdrangen so von Anfang an den Parteibildungsprozeß der Union. Mit doppelter Wirkung: Die Frontstellung gegen die sowjetische Politik trug wesentlich dazu bei, daß sich in der »West-CDU« programmatische Verschiedenheiten und persönliche Gegensätze weitgehend entschärften. Doch traten dadurch andererseits, parallel zum deutschlandpolitischen Auseinanderdriften der Siegermächte, schon in der Frühgeschichte bis zur Währungsreform vom Sommer 1948 die Unterschiede zur CDU Berlins und der SBZ deutlicher hervor.

Berlin

Als dritte Partei nach der KPD (11. Juni 1945) und der SPD (15. Juni 1945) trat in Berlin am 26. Juni 1945 die Christlich-Demokratische Partei Deutschlands mit ihrem von der Militäradministration genehmigten Gründungsaufruf »Deutsches Volk« an die Öffentlichkeit. Vorausgegangen waren seit dem 16. Juni Beratungen des Gründungskreises über Charakter, Programmgrundlage und Namen der Neugründung. Den Vorsitz hatte Andreas Hermes geführt, der, aus der Todeszelle befreit, als ehemaliger Reichsminister für Ernährung und Landwirtschaft (1920–23) vom sowjetischen Stadtkommandanten mit der Leitung des Berliner Ernährungsamtes beauftragt worden war. Vorbereitende Besprechungen fanden schon in den Räumen des Ernährungsamtes am Fehrbelliner Platz statt, bis die Hermes-Wohnung in der Platanenallee 11, Berlin-Charlottenburg, zur Begegnungsstätte der christlichen Demokraten wurde. Von den 35 Unterzeichnern des Gründungsaufrufes – 31 Männer und vier Frauen – stammten vierzehn aus dem Zentrum, sechs waren vormals Anhänger der DDP gewesen, einer – der Journalist Willy Fuchs – Mitglied der SPD, und etwa zehn lassen sich dem konservativ-evangelischen Lager zurechnen. Katholisch waren knapp sechzig Prozent. Der Berufsgliederung nach überwog der öffentliche Dienst, dem fast die Hälfte (17) zuzurechnen war; Arbeiter und Angestellte stellten mit elf die nächstwichtige Gruppe; fünf waren Journalisten, drei Selbständige, zwei Hochschullehrer und einer Gutsbesitzer. Landsmannschaftlich fanden sich fast alle deutschen Regionen vertreten, von Ostpreußen und Schlesien über Sachsen bis Schwaben, von Franken über Hessen und das Rheinland bis Schleswig-Holstein. Die Hauptstadtfunktion Berlins mit ihrer politischen Zentralität drückte sich auch in dem breiten Spektrum des Gründerkreises aus, der deshalb auch sogleich eine gesamtdeutsche Ausstrahlungskraft entfaltete.

Nicht zuletzt machte der Parteiname selbst, in dem die Gründungsprinzipien eine »eindrucksvolle Konzentration« fanden, die Faszination der Neugründung aus, wie J. B. Gradl, ein Berliner Mitgründer, ausführte: »Union, also nicht eine sich eng abzirkelnde Partei, sondern eine umfassende und einende Kraft ...; demokratisch, also eine nichtkommunistische, eine antitotalitäre Partei ...; christlich, also nicht konfessionell eingeengt, sondern eine politische Gemeinschaft, die eine feste Orientierung im Sinne christlicher Grundwerte ... geben würde; Deutschland, also auf das jetzt in Zonen zerrissene Land als Ganzes gerichtet.«

Nachdem die Sowjets am 10. Juli die neue Partei auch formell genehmigt hatten, etablierte sich die Parteizentrale, nach kurzem Aufenthalt in der Charlottenburger Schlüterstraße 39 (1. Etage), nahe dem Gendarmenmarkt in der Jägerstraße 59/60, einem ehemaligen Gebäude der Reichsgruppe Banken, als »Reichsgeschäftsstelle«. Es verstand sich von selbst, daß die Gründer die CDU als einheitliche Partei für ein einheitliches Deutschland mit dem Sitz in der ehemaligen Reichshauptstadt Berlin zu organisieren gedachten. Die politische Tätigkeit begann mit Öffentlichkeitsarbeit, Organisationsaufgaben, Mitgliederwerbung und Kontakten zu anderen Parteien, besonders natürlich zu gleichgesinnten Kreisen in den vier Zonen.

Allerdings geschah nichts ohne die Kontrolle durch die sowjetische Militäradministration. Mit Legitimationsschreiben in den vier »Besatzungssprachen« ausgestattet, nahm man von Berlin aus in der SBZ »die Bildung von Unterorganisationen der Christlich-Demokratischen Union« in Angriff.

Die Gründungskundgebung der CDU fand am 22. Juli 1945 im Theater am Schiffbauerdamm, beim Bahnhof Friedrichstraße, statt. »Für die Unterbringung von Fahrrädern wird gesorgt«, hieß es auf der Einladung. Hier wurde Hermes als Erster Vorsitzender gewählt. Walther Schreiber, der von 1925 bis 1932 preußischer Handelsminister gewesen war, und Theodor Steltzer, der frühere Rendsburger Landrat, wie Hermes ein Mann des »20. Juli« und vom Präsidenten des Volksgerichtshofes, Roland Freisler, zum Tode verurteilt, wurden Zweiter und Dritter Vorsitzender. In einer bewegenden programmatischen Rede erklärte Hermes das große Werk des wirtschaftlichen und demokratischen Aufbaus zur moralischen Aufgabe des deutschen Volkes: »Die wahre Liebe zum Vaterlande legt allen anständigen Deutschen die unabweisbare Pflicht auf, an der restlosen Aufdeckung der wahren Tatbestände mitzuwirken, die zu unserer Katastrophe geführt haben ... unser Volk kann nur wieder gesund werden, wenn es auch die letzten Schlacken der dunkelsten Epoche seiner Geschichte abstößt. Die moralische Kraft hierzu kann ihm aber nur die volle Erkenntnis der großen Schuld verleihen, die ein verbrecherisches Regime vor der Welt dem deutschen Volk aufgebürdet hat. Diese Schuld trägt jeder einzelne, der nicht den Mut hatte, vor sich selbst und seinem Herrgott innerlich Stellung zu den Geschehnissen zu nehmen, deren Zeuge er war.« Die wirtschaftliche und gesellschaftliche Wiedergesundung Deutschlands müsse in Gemeinsamkeit mit den anderen politischen Kräften und »vom Geistigen her« erfolgen. Auch Steltzer, der als »Angehöriger bewußt evangelischer Volkskreise« sprach, beschwor im Schlußwort der Veranstaltung »einen neuen brüderlichen Geist« für den politischen Neuanfang.

In neun Arbeitsausschüssen, unter anderem für Soziales, für Wirtschaft und Finanzen, Frauen- und Rechtsfragen, begann man auf der Führungsebene der Partei mit der Erarbeitung von Vorschlägen zu Sofortmaßnahmen und Wiederaufbauinitiativen. Johann Baptist

Gradl registrierte im Vorstand der CDUD ein »starkes Echo der Union«. Die Gründer sahen darin eine ermutigende Bestätigung ihres Erneuerungsprogramms. Entsprechend schritt auch der organisatorische Aufbau der Union in einem beeindruckenden Maße fort, nicht nur in Berlin, sondern auch im ganzen sowjetischen Zonenbereich. »Autonome« Gruppen, die nicht von der »Reichsleitung« ins Leben gerufen worden waren oder sich in Kenntnis der Berliner Gründung bildeten (Halle, Schwerin, Weimar), gab es in Chemnitz und in Dresden, wo am 21. Juli die »Freunde der Christlich-Sozialen Volkspartei« unter dem Vorsitz von Hugo Hickmann initiativ wurden, ferner mit einer Demokratischen Partei als »bürgerliche« Einheitspartei in Greifswald und mit Zentrumsgrundlage in Stralsund. Binnen einem Vierteljahr konnten, von örtlichen »Stützpunkten« ausgehend, in Anlehnung an die pyramidale Gliederung der Weimarer Parteien, die sechs Landesverbände Berlin, Brandenburg (Potsdam), Mecklenburg-Pommern (Schwerin), Sachsen-Anhalt (Halle), Sachsen (Dresden) und Thüringen (Weimar) gebildet werden. Eine »vorläufige« Satzung, die jedoch schon einen »Reichsverband« der CDU vorsah, erhielt im August 1945 zunächst für die CDU Berlins und der SBZ Gültigkeit.

Rheinland und Westfalen

Wesentlich schwieriger gestaltete sich die christlich-demokratische Parteigründung in den westlichen Besatzungszonen. Die deutschlandpolitischen Interessen der jeweiligen Besatzungsmacht, an deren Gängelband die Deutschen wieder das demokratische »aufrechte Laufen« lernen sollten, standen einem »reichsweiten« organischen Zusammenwachsen der christlich-demokratischen Parteigründungen entgegen. So hat auch den »Berlinern« ihr Organisationsvorsprung nicht die Führungsposition sichern können. Zwar herrschte überall der Wunsch vor, sich über regionale Grenzen hinweg zu einer großen christlichen Partei zusammenzuschließen, aber nur die Gründungszentren und -zirkel in Nord-, West- und Süddeutschland traten aufgrund ihrer unterschiedlichen historisch-politischen und konfessionellen Gegebenheiten mit ausgeprägter Eigenständigkeit zueinander in Beziehung. Sie wollten die Weimarer Parteienzersplitterung vermeiden, doch ebenso lehnten sie als anderes Extrem eine zentralistische Vereinheitlichung ab.

In *Köln* erwuchs die CDU aus einem Kreis früherer Zentrumsmitglieder, der sich seit Mitte Mai um den früheren Zentrumsabgeordneten Leo Schwering und den Verleger Peter Joseph Schaeven, vor 1933 Generalsekretär der Kölner Zentrumspartei, gebildet hatte. Zu ihm gehörten unter anderem die Abgeordneten Josef Baumhoff (Preußischer Landtag) und Peter Schlack (Reichstag) sowie der langjährige Generalsekretär der Windhorstbunde, Theodor Scharmitzel. Sie stimmten bei ihren Überlegungen zum politischen Neubeginn darin überein, daß eine Zusammenfassung aller christlichen Kräfte in einer Partei erreicht werden müsse. Denn ein wiederbelebtes Zentrum könne sich kaum gegen eine zu erwartende sozialistische Volksfront behaupten. Am 17. Juni 1945 begann man in einer Versammlung im Kolpinghaus, die aus 18 ehemaligen Zentrumsmitgliedern und Christlichen Gewerkschaftern bestand, darunter auch zwei Frauen, mit den Beratungen über die Gründung einer »christlichen-demokratischen Partei«. Zugleich nahm eine Programmkommission ihre Arbeit auf. Sie tagte zunächst in Walberberg, einem wenige Kilometer südwestlich von Köln gelegenen Dominikanerkloster. Teilnehmer waren unter anderem die Dominikanerpatres Eberhard Welty und Laurentius Siemer sowie von evangelischer Seite Pfarrer Hans Encke und der frühere DDP-Landtagsabgeordnete Fritz Fuchs. Am 1. Juli verabschiedete man als Programmentwurf die »Kölner Leitsätze«, mit denen sogleich im Rheinland und in Westfalen für die neue Partei geworben wurde.

Von Beginn an stand hier der Gründungsvorgang im Zeichen der Auseinandersetzung mit einer sich neu etablierenden Zentrumspartei. Die Unionsgründer mußten nicht nur die Anhänger konfessioneller Parteibildung, sondern auch die britische Militärregierung von der politischen Aufgabe und Zukunftsträchtigkeit der neuen Konzeption überzeugen. Besonders letztere orientierte sich am Parteiensystem der Weimarer Republik und reagierte gegenüber der christlich-demokratischen Neugründung eher reserviert.

Erste richtungweisende Erfolge konnten die Christlichen Demokraten bei einer Reihe von Zusammenkünften erreichen, die in Wattenscheid (30. Juli) und Dortmund (6. August) stattfanden. In *Dort-*

mund hatte sich auf Initiative des früheren stellvertretenden Vorsitzenden des westfälischen Zentrums, Anton Gilsing, und des Verlegers der Zentrumszeitung »Tremonia«, Lambert Lensing, die Zentrumspartei als ein »Zusammenschluß mit den evangelischen Kräften« neu gegründet. In Ostwestfalen (Paderborn) waren Kreise der katholischen Arbeiterbewegung in Richtung einer »Labour Party« aktiv geworden. Von Lippstadt aus setzte sich der frühere Generalsekretär der Zentrumspartei des Wahlkreises Niedersachsen, Josef Kannengießer, zusammen mit dem ehemaligen Oberpräsidenten von Westfalen, Johannes Gronowski, unter einstigen Zentrumsfunktionären und bei evangelischen Politikern für eine »christlich-demokratische Volkspartei« ein, die »aufbauwillige christliche Kräfte des deutschen Volkes« politisch zusammenschließen sollte. Als hemmendes Moment erwies sich zunächst, daß evangelische Kreise für solche Pläne, bis auf prominente Ausnahmen, zu denen etwa der Herforder Oberbürgermeister Friedrich Holzapfel gehörte, nur wenig aufgeschlossen waren. Also mußte sich die Streitfrage »Zentrum oder christlich-demokratische Partei« innerhalb der alten Zentrumsanhängerschaft entscheiden.

Schon beim Dortmunder Treffen zwischen Vertretern der westfälischen Gründerkreise sprach sich, unter den Augen »christlich-demokratischer« Gäste aus Köln, eine Mehrheit von zehn zu sechs für die CDP aus. Die Entscheidung fiel praktisch am 13. August im Wattenscheider Kolpinghaus, wo fast hundert Delegierte zusammenkamen. Nicht zuletzt unter dem Eindruck der Gründungsinitiativen der rheinischen Christdemokraten, die ihre Sache durch 15 Tagungsteilnehmer vertraten, siegten die Anhänger der »christlichen Einheitspartei« mit 74 gegen 11 Stimmen. »Christlich-Demokratische Partei« – so sollte die neue Partei heißen, deren Konstituierung für den 2. September vereinbart wurde. Gedacht war an eine gemeinsame Versammlung von Delegierten aus Westfalen und dem Rheinland in Essen – in bewußter Anknüpfung an die Stegerwaldsche Konzeption von einer großen christlichen Partei –, aber Eifersüchteleien und Mißtrauen hinsichtlich der politischen Absichten führten zu getrennten Gründungsakten.

Das positive Abstimmungsergebnis der westfälischen Gründer gab wiederum den »Kölnern« Anlaß, den Schritt zur Gründung der

CDP zu wagen. Am 19. August wurde der Verband Köln-Stadt und -Land aus der Taufe gehoben und die »vollendete Tatsache« anderntags als »Verzicht auf die Neubildung der Zentrumspartei« der britischen Militärregierung zur Genehmigung mitgeteilt: »Die Christlich-Demokratische Partei soll ... alle Klassen und Bevölkerungskreise umfassen und mit dem Geiste wahrer Demokratie und sozialer Gerechtigkeit erfüllen.«

Die politischen Aktivitäten dieser Tage des demokratischen Wiedererwachens sind in ihrer Dichte und Dramatik historisch kaum mehr zu erfassen. Welche Beziehungen und welche gegenseitigen Einflüsse zwischen den einzelnen Gründerkreisen der CDU wirksam waren, welche persönlichen Kämpfe ausgetragen wurden, läßt sich vielfach nur erahnen. Schon die drängende Abfolge der Termine verdeutlicht das parteipolitische Startgeschiebe: So brachen die Kölner Christdemokraten direkt nach der Gründung ihres Verbandes auf nach Düsseldorf, wohin Hans Schreiber, vormals dort Zentrumssekretär, geladen hatte, um auch für das Rheinland die Frage »Zentrum oder Christliche Demokraten« zu entscheiden.

In *Düsseldorf* war der Widerstandskreis um den Stadtsyndikus Walther Hensel und den 1933 entlassenen Oberbürgermeister Robert Lehr (DNVP) zur Keimzelle der CDU geworden. Angehörige beider Konfessionen, Pfarrer, christliche Gewerkschafter wie Karl Arnold und ehemalige deutschnationale Abgeordnete wie Edmund Forschbach hatten Verbindung zum militärischen und gewerkschaftlichen Widerstand hergestellt sowie Untergrundinformationen weitergeleitet und Vorstellungen über den politischen Neuaufbau entwickelt. Dazu gehörte auch die Gründung einer neuen »Christlichen Volkspartei Deutschlands« als »große Partei der Mitte«. Unmittelbar nach der Besetzung der Stadt, im April 1945, richteten führende Teilnehmer des Kreises, unter ihnen Karl Arnold und der Publizist Max Freiherr von Gumppenberg, ein Manifest »An die Bevölkerung Düsseldorfs«, in dem sie in sechs Leitsätzen das programmatische Fundament der propagierten Neugründung umrissen. Für Mitte August war die Gründungsversammlung vorgesehen. Ein Rundschreiben an die sich formierenden christlichen Parteigruppierungen im Ruhrgebiet und am Niederrhein trug schon den Titel »Warum Christlich-Demokratische Union?« (6. August). Inzwischen war die Berliner CDU-Gründung am Rhein bekanntgeworden und hatte dort der christlich-demokratischen Bewegung noch mehr Schubkraft gegeben. Um so stärker wurden die hinhaltende Lizenzierungspolitik der britischen Besatzungsbehörden und die Auseinandersetzung mit der wiederauflebenden Zentrumstradition als Hemmnisse empfunden.

Das Ergebnis der Düsseldorfer Konferenz am 20. August, an der mehr als achtzig Vertreter aus 43 Orten des Rheinlandes teilnahmen, bedeutete für die Christdemokraten einen großen Schritt nach vorn. Nicht nur, daß sich hier wie schon in Wattenscheid die Mehrheit gegen eine Neuauflage des Zentrums aussprach, man stimmte auch der Konstituierung einer *rheinischen Landespartei* zu und entschied sich für Köln als deren Sitz. Für die überkonfessionelle Prägung der neuen Partei fiel besonders ins Gewicht, daß in Düsseldorf auch die Verständigung mit dem Wuppertaler Gründungskreis zustande kam, der sich seit Ende Juli um den Druckereibesitzer Klaus Brauda, den Rechtsanwalt Otto Schmidt, den Pfarrer Hermann Lutze und den ehemaligen christlichen Gewerkschafter Emil Marx gebildet hatte. Von hier, aus dem überwiegend evangelischen »Bergischen«, gingen im Geist der Bekennenden Kirche und der ökumenischen Begegnung starke Impulse in Richtung einer »christlich-demokratischen Gemeinschaftsarbeit« aus. Die programmatischen Richtlinien der Wuppertaler Delegation, die im vorbereitenden Ausschuß für die Gründung der rheinischen CDU vertreten war, stellten ein evangelisches Gegengewicht gegen die der katholischen Soziallehre verpflichteten Kölner Leitsätze dar.

Am 2. September 1945, einem Sonntag mit strahlendem Frühherbstwetter, versammelten sich im Kolpinghaus zu Köln rund zweihundert Männer und Frauen aus der Nord-Rheinprovinz zwischen Aachen und Essen, zwischen Bonn und Geldern zur Gründung der christlich-demokratischen Partei (CDP). Zur Begründung des Parteinamens führte Gumppenberg unter anderem aus, das »C« bedeute Verpflichtung auf die christlichen Grundwerte als Orientierungsmarken für das politische Handeln, »demokratisch« bedeute die breite Verteilung und ständige Kontrolle der Macht in Staat und Gesellschaft. Als evangelischer Sprecher forderte Schmidt (Wuppertal) einen radikalen Neuanfang durch Anerkennung des Herrschaftsanspruchs Christi im politischen Leben. Statt eines Parteivor-sitzenden wurde ein siebenköpfiger präsidierender Rat gewählt, des-sen geschäftsführender Vorsitz Leo Schwering zufiel. Seine übrigen Mitglieder waren Konrad Adenauer, Johannes Albers (beide Köln), Jakob Deselaers (Geldern), Änne Franken, Robert Lehr (beide Düs-seldorf) und Robert Pferdmenges (Köln). Im gesamten zunächst 23köpfigen Vorstand besaßen die Katholiken im Verhältnis von drei zu eins das Übergewicht, ebenso wie – berufssoziologisch – die Be-amten, die ungefähr die Hälfte der Vorstandsmitglieder stellten, während Arbeiter, kleine Angestellte und Handwerker nur rund ein Viertel ausmachten. Von der früheren Parteizugehörigkeit her gese-hen, übertrafen die Zentrumsanhänger die Zahl derer, die aus ande-ren Parteien der Weimarer Republik kamen oder parteilos gewesen waren, im Verhältnis drei zu zwei.

Erstmals öffentlich als »Pate« der frisch aus der Taufe gehobenen CDP erschien auf der Kölner Gründungsversammlung der rheini-schen Landespartei auch der Mann, der von nun an immer stärker die Geschichte der Christlichen Demokraten, zunächst in der britischen Zone, dann in der Bundesrepublik bestimmen sollte: Konrad Ade-nauer. Der Einstand war kurios: Der Kölner Oberbürgermeister, 1933 von den Nationalsozialisten aus dem Amt vertrieben, Anfang Mai 1945 von den Amerikanern wieder offiziell eingesetzt, »glänzte« buchstäblich durch Abwesenheit. Gleichwohl wurde er in den »vor-sitzenden« Rat gewählt, und für die meisten der Geladenen galt er auch als der ernsthafteste Anwärter auf den Vorsitz. Adenauer gehörte zwar nicht zum ursprünglichen Kölner Gründerkreis, aber er war über die einzelnen Schritte und Absichten der Neugründung stets voll informiert gewesen. Entscheidend für seine Zurückhal-tung, sein Abwarten in den Gründungstagen und den CDP-Anfän-gen der Union waren seine politischen Vorstellungen, die weit über »Parteimeierei« und »rheinisch«-regionale Prägung hinausgingen, von denen die Kölner Gründer nicht frei waren. Am 6. Oktober 1945 von den Briten als Oberbürgermeister entlassen und für mehr als zwei Monate zu politischer Inaktivität verurteilt, rüstete er sich im stillen zur nächsten Gründungsrunde auf Zonenebene.

Gleichzeitig mit dem rheinischen gründete sich der *westfälische Landesverband* der Christlichen Demokraten. Im Parkhaus in Bo-

chum, im Herzen des Ruhrgebiets, bekannten sich am 2. September
ca. 140 Delegierte »in Übereinstimmung« mit den »Kölnern« und
»Berlinern« zur Idee einer christlichen Partei, die den katholischen
wie den evangelischen Volksteil ansprechen und zu den sozialistischen und liberalen Kräften ein Gegengewicht bilden sollte. »Wir
sind im Begriff«, so charakterisierte Lensing als Hauptredner die
Botschaft der historischen Stunde, »eine revolutionäre Tat zu begehen, den Versuch zu machen, eine einheitliche christliche politische
Front zu bilden«. Wie in Berlin und Köln spielten auch hier christlich orientierte Politiker aus ehemaligen Parteien der Weimarer Republik, vornehmlich aus dem Zentrum und dem Christlich-Sozialen
Volksdienst, aber auch aus liberal-demokratischen und konservativen Parteigruppierungen, eine prägende Rolle. Zur geistigen Gemeinsamkeit gehörte das Ideengut des christlichen Sozialdenkens.

Als Vorsitzende wurden Lambert Lensing und Friedrich Holzapfel (Stellvertreter) an die Spitze eines 22köpfigen Vorstands gewählt,
in dem Katholiken und Protestanten im Verhältnis zwei zu eins vertreten waren. Soziologisch wies er, einer neuen Untersuchung zufolge, »die typischen Merkmale der sich aufbauenden Volkspartei«
auf.

Je mehr christlich-demokratische »Landes«-Parteien sich in der
britischen Zone konstituierten, desto notwendiger wurden Meinungsaustausch und Koordination zwischen ihnen. Die Aufbauarbeit beschränkte sich dabei nicht nur auf die landesparteiliche Organisation, sondern galt auch der Intensivierung christlich-demokratischen Zusammenwirkens in der gesamten britischen Zone wie auch
über deren Grenzen hinaus. Die erste Satzung der rheinischen Landespartei vom 19. November 1945 ging mit ihrem Titel »Satzung der
Christlich-Demokratischen Partei Deutschlands, Landesverband
Rheinland« schon wie selbstverständlich von dem »nationalen« Anspruch der neuen politischen Kraft aus.

Die Integration der vielen selbständigen örtlichen Gründungen
wie z. B. in Krefeld (Gründung 15. August), Aachen (29. August),
Grevenbroich (14. September) ging vor sich, ohne daß es irgendwo
zu grundsätzlichen Schwierigkeiten gekommen wäre. Schon im
Frühjahr 1946, nach Abschluß der ersten Aufbauphase, gelangten die
beiden Landesparteien der Union im Westen der britischen Zone zu

organisatorischer und personeller Konsolidierung – mit rund
112 000 Mitgliedern in 82 Kreisverbänden.

Der Norden

Die bahnbrechende Entscheidung für eine große christlich-demokratische Partei in Berlin, im Rheinland und in Westfalen, die
Programmatik, die von dort durch Abschriften der Leitsätze und
Gründungsaufrufe Verbreitung fand, die Fortschritte der dortigen
Parteiorganisation blieben nicht ohne Wirkung auf die Gründungsinitiativen, die später und unter den Bedingungen einer anderen konfessionellen und politischen Situation erfolgten. Das erklärt
die Erfolge der christlich-demokratischen Bewegung auch dort, wo
es, wie im äußersten Norden der britischen Zone, in Schleswig-Holstein, Hamburg und Bremen, kaum eine Zentrumsanhängerschaft
gegeben hatte und das evangelische Wahlvolk parteipolitisch zer-
splittert war. Dort richtete sich das Hauptinteresse darauf, in Abkehr
von der Parteienvielfalt der Weimarer Republik eine Sammlung der
politischen Mitte zu erreichen, um den Linksparteien eine ebenbür-
tige politische Kraft entgegenzustellen. Versuche in dieser Richtung
gingen von Gründungszirkeln mit höchst unterschiedlichem politischen Hintergrund aus.

So war es in Ostholstein der Plöner Kreis um den Rittergutsbesit-
zer, ehemaligen Reichstagsabgeordneten und Reichsminister Hans
Schlange-Schöningen (Christlich-nationale Bauern- und Landvolk-
partei), der unter Beteiligung ostdeutscher Flüchtlinge zum Kern einer Sammlung christlich-konservativer Kräfte »rechts von der Sozialdemokratie« wurde. Am 18. September 1945 erging der Aufruf für
die »Christlich-Soziale Aufbau-Partei«, die im Zuge des Zusammenschlusses mit anderen schleswig-holsteinischen Gruppen Ende November in der »Christlich-demokratischen Aufbaupartei« aufging.
In Segeberg gründete der Diplomlandwirt Paul Pagel am 15. September 1945 die erste CDP-Kreispartei. In Lübeck konstituierte sich
Mitte November ein CDU-Verband nach Einigungsverhandlungen
zwischen der konservativen »Deutschen Sammlung«, dem liberalen
»Bund der freien Demokraten« und den »Christlichen Demokraten«.

In Kiel, wo sich ehemalige Mitglieder liberaler Parteien der Weimarer Republik in zwei konkurrierenden Gruppen um eine Front
gegenüber den Sozialdemokraten bemühten, war Carl Schröter, der
letzte Vorsitzende der Deutschen Volkspartei in *Schleswig-Holstein*,
die treibende Kraft des politischen Sammlungsgedankens. Seinem
Einsatz war es auch vor allem zu danken, daß die Auseinandersetzungen zwischen den schleswig-holsteinischen Gründerkreisen, die
sich nach politischer Substanz und Namen teilweise stark unter-
schieden, im Ergebnis zur Einigung über die Gründung einer Landespartei führten (4. Januar 1946). Sie nahm den Namen »Demokratische Union« (DU) an. Eine Landesversammlung der DU entschied
sich wenig später, unter dem maßgeblichen Einfluß Schröters, den
die christlich-demokratische Bewegung in Westdeutschland beeindruckte, für den Anschluß an die CDU (15. Februar 1946). Daraufhin machte ein Teil der Liberalen nicht mehr mit, und das bedeutete,
daß die ursprüngliche Idee einer Sammlung aller Kräfte rechts von
den Sozialdemokraten scheiterte.

Noch stärker als in Schleswig-Holstein wurden in Hamburg und
Bremen die Anfänge der CDU von den unüberbrückbaren Gegensätzen zwischen den Vorkämpfern einer christlichen Partei und
den Liberalen erschwert. In *Hamburg* ging der Gründungsprozeß
von der überparteilichen und überkonfessionellen »Arbeitsgemeinschaft christlich-demokratischer Gruppen« aus, die sich auf Initiative eines kleinen Kreises katholischer Politiker und Protestanten aus
dem Umfeld der Bekennenden Kirche am 16. August konstituierte.
Zu ihr gehörten unter anderem der frühere Hamburger Zentrums-
abgeordnete Franz Beyrich, der evangelische Pfarrer Otto Wendt,
der Handelslehrer Leo Wilhelm Kopmann, der Ingenieur Johannes
Speckbötel und der Schriftsteller Rudolf Beissel. Zusammen mit dem
»Vaterstädtischen Bund« und dem linksliberalen »Bund Freies Hamburg« wurde vergeblich eine Art Labour Party angestrebt. Der
Anstoß zur Gründung der CDP kam durch Nachrichten von den erfolgreichen christlich-demokratischen Parteigründungen in Berlin
und im Westen.

Der »Taufakt« fand am 1. Oktober im Hause Beissel, Hochallee
44, und im Beisein von 28 »Gründern« statt. Programmatisch lehnte
sich die Hamburger Partei an die Kölner Leitsätze an, die man je-

doch auf die besonderen konfessionellen, politischen und wirtschaftlichen Gegebenheiten der Hansestadt abstimmte (15 Hamburger Leitsätze vom 1. Oktober 1945). Nach den »flüchtigen« Amtszeiten der ersten Vorsitzenden Speckbötel und Wendt konnte erst unter dem Vorsitz von Max Detlef Ketels der organisatorische Aufbau der Hamburger Partei beginnen. Er wurde dadurch begünstigt, daß Übertritte parteiloser Abgeordneter der von den Briten ernannten Bürgerschaft (u. a. Rudolf Petersen, Gerd Bucerius, Erik Blumenfeld, Hugo Scharnberg) im Juni 1946 die Parteibasis wesentlich verbreiterten. Im September folgten noch Mitglieder des »Vaterstädtischen Bundes« (Paul de Chapeaurouge, Hermann Vering).

Der christlich-demokratischen Bewegung in Nordwestdeutschland, dem heutigen *Niedersachsen*, boten sich aufgrund der großen strukturell und territorialgeschichtlich bedingten regionalen Unterschiede dieses Raums teils günstige, teils schlechte Ausgangspositionen. Auch die Landesparteien der CDU in der Provinz Hannover, im Oldenburger Land und im Land Braunschweig entwickelten sich aus spontanen Treffen von Politikern und Anhängern einstiger Parteien der politischen Mitte, vornehmlich des Zentrums. Den Teilnehmern ging es dabei um die parteipolitische Zukunft, die im Zeichen christlicher Ethik und christlichen Gemeinschaftsdenkens stehen sollte.

Im *oldenburgischen* Lohne kamen katholische und evangelische Vertreter am 22. September 1945 auf Einladung des Landwirts und Landrats Hermann Siemer, eines Vetters des P. Laurentius Siemer aus Walberberg, zur Vorbesprechung zusammen. Die Entscheidung gegen eine Wiedergründung des Zentrums und für eine christlich-demokratische Partei fiel eindeutig aus. Die erste Kreispartei des Landes wurde in Vechta am 19. November gegründet. Siemer, zum Vorsitzenden gewählt, stellte dabei ein Programm vor, das sich an den rheinisch-westfälischen Vorlagen orientierte und in dessen Mittelpunkt der »Neubau« des staatlichen, gesellschaftlichen und kulturellen Lebens stand. Damit war der Auftakt zu einer zügigen Parteiaufbauarbeit gemacht. In vielen Orten Südoldenburgs waren bald CDP-Mitgliedschaften von über 25 Prozent der Wahlberechtigten keine Seltenheit. Schwieriger gestalteten sich die Dinge im nördlichen – evangelisch geprägten – Oldenburg, wo die CDP auf die Sammlungspartei Demokratische Union stieß. Erst als Anfang 1946 Konflikte zwischen den in ihr zusammengeschlossenen liberalen und christlichen Demokraten viele DU-Mitglieder zur Union abwandern ließen, war auch im Norden der Weg zur Gründung des Landesverbandes Oldenburg frei (11. März 1946 in Oldenburg). Zum Ersten Vorsitzenden wurde Fritz Söhlmann, Mitglied der Bekennenden Kirche und Mitgründer der DU, gewählt, zum Zweiten Vorsitzenden Siemer.

In *Braunschweig*, wo über drei Viertel der Bevölkerung evangelisch waren und Sozialdemokraten, Linksliberale sowie Deutschnationale die politische Landschaft bestimmten, hatte es die Gründungsidee einer »Zusammenfassung aller christlichen Kräfte in Deutschland« besonders schwer. Obwohl bereits im Mai 1945 zwischen christlichen, liberalen und konservativen Gruppen Einigungsgespräche aufgenommen wurden, ließ die erste Gründung für den Stadt- und Landkreis Goslar bis zum 25. Oktober auf sich warten. Die Parteigründung in Braunschweig folgte am 7. Dezember. Die zunächst zu Landesvorsitzenden gewählten Goslarer Mitgründer Heinrich Rönneburg (früher DDP/DStP) und Clemens Recker (früher Zentrum) mußten nach kurzer Amtsführung aufgrund der britischen Beamtenpolitik Georg Strickrodt und Carl Schönfeld Platz machen. Sie führten die Union bei den ersten Wahlen mit knapp dreißig Prozent der Stimmen auf den zweiten Platz hinter der SPD, weit vor allen anderen Parteien.

Wenn auch nicht immer im einzelnen nachweisbar, so ist doch davon auszugehen, daß die Gründungsvorgänge seit dem Spätsommer und Herbst 1945 so gut wie stets im Informations- und Meinungsaustausch mit den Gründerpionieren abliefen. So war es auch in der Provinz *Hannover*, wo sich als ein weiterer gemeinsamer Zug zeigte, daß in den Gründerkreisen vor allem die christlichen Gewerkschafter Vorkämpfer der christlichen Volksparteikonzeption waren. Sie trugen entscheidend dazu bei, bei den einstigen Zentrumsleuten noch etwa bestehende Vorbehalte gegen ein politisches Zusammengehen mit dem evangelischen Lager zu beseitigen. Der hannoversche Gründerkreis bildete sich Mitte Juli 1945 um den Rechtsanwalt Bernhard Pfad, der vor 1933 Zentrumsabgeordneter im Landtag gewesen war. Namhafte Mitglieder waren der Ministerialdirektor und frühere Zentrumsvorsitzende in Süd-Hannover, Christian Blank,

und der ehemalige Gewerkschaftssekretär der christlichen Holzar-
beiter, Anton Storch. Mit ihnen nahm nach der ersten evangelischen
Kirchenkonferenz in Treysa (28.–31. August), die sich für ein »politisches Zusammengehen beider Konfessionen auf dem Boden christlicher Union« ausgesprochen hatte, der Oberkirchenrat Adolf Cillien sowie Arnold Fratzscher (früher CSVD) Kontakt auf. Doch
mußten noch einige Anfechtungen durch Vertreter des Zentrumsge-
dankens und durch konservative evangelische Kreise bestanden werden, nicht zuletzt mit Beistand aus Berlin (Heinrich Krone), aus
Westfalen und dem Rheinland (u. a. Adenauer, Kannengießer), bevor
die Entscheidung zur Gründung einer überkonfessionellen christlich-demokratischen Partei am 18. September reif wurde.

Die Gründungsversammlung für die Provinz Hannover fand am
18. November 1945 statt unter der Devise »Christus, Herr der neuen
Zeit«. Im Namen der evangelischen Christen erinnerte Cillien die
Teilnehmer an die Leidens- und Kampfgemeinschaft der Christen
während der Diktatur und leitete daraus die Berufung ab, durch gemeinsames politisches Vorgehen eine »Segensgemeinschaft« zu be-
gründen. Allerdings konnte die CDP, zu deren ersten Vorsitzenden
Pfad und als dessen evangelischen Stellvertreter Paul Otto, Kreisvor-
sitzender von Osnabrück-Stadt, gewählt wurde, in der evangelischen
Bevölkerung anfangs nur mit mäßigem Erfolg Fuß fassen.

In der amerikanischen Zone

Durchmustert man die Gründungsanläufe und Gründungsakte von
1945/46, dann begegnen trotz der Vielfalt immer wieder die gleichen
Szenarien und Grundeinstellungen. Im Rückblick entsteht der Eindruck, daß der Gründungsprozeß der CDU nach einem von der Geschichte geschriebenen Drehbuch ablief – mit der Gründung oder
dem Übertritt zur CDU als »Happy End«.

Das war in der amerikanischen Zone insofern etwas anders, als
sich hier mit der CSU im Entstehungszusammenhang der Unionsbe-
wegung eine Sonderentwicklung Bahn brach. Auf dem Boden
bayerischer Stammeskultur, Eigenstaatlichkeit und Föderalismus-
Tradition entstand hier eine autonome Landespartei, die sich in
ihrem programmatischen »Zehn-Punkte-Appell« vom 31. Dezem-

ber 1945 zur Verwirklichung christlicher Grundsätze und zur Schaffung eines freien demokratischen Staatswesens bekannte. »Im Geiste und der Einheit einer christlichen politischen Union« (Weiß, 1962) verband sie sich mit der CDU zu einem »sonderbaren Aktionsbündnis« (Alf Mintzel), das in der seit 1947 im Frankfurter Wirtschaftsrat bestehenden Fraktionsgemeinschaft von CDU/CSU und seit 1949 in dem beiderseitigen bundesweiten Anspruch Ausdruck fand.

Selbständige, ja eigenwillige Gründungen mit einer zumindest regionalen Ausstrahlungskraft erfolgten auch in *Frankfurt*, Darmstadt und Stuttgart. Die Frankfurter CDU hatte ihren Ursprung in dem politischen Ausschuß der »Katholischen Volksarbeit«, der sich unmittelbar nach der amerikanischen Besetzung auf Initiative des Pfarrers Alois Eckert bildete. Vorbild war hierbei die »Katholische Aktion«, die Mitte der zwanziger Jahre zur Durchsetzung kirchlicher Grundsätze im gesellschaftlichen Zusammenleben eingerichtet worden war. Ausschußmitglieder waren unter anderem die Frankfurter Mitgründer Walter Dirks und Karlheinz Knappstein, beide ehemalige Mitarbeiter des Zentrumsblatts »Rhein-Mainische Volkszeitung« mit linkskatholischer Prägung. Die Verbindung zu Vertretern der evangelischen Kirche, namentlich zu Pfarrer Otto Fricke, kam im Bürgerrat zustande, der von den Amerikanern als beratendes Organ der Militärregierung berufen worden war. Auf Einladung von Dirks fand sich ein Kreis von Persönlichkeiten zusammen, die an der Bildung einer überkonfessionellen Partei mit sozialistisch-christlicher Orientierung interessiert waren. Unter ihnen waren Eugen Kogon und Werner Hilpert, die sich aus der Haft im Konzentrationslager Buchenwald kannten, die »Zentrumsleute« Wilhelm Fay, später Vorsitzender der hessischen CDU, und Bruno Dörpinghaus, der sich für eine »Aktion der deutschen Erneuerung« einsetzte, sowie die früheren christlichen Gewerkschafter Josef Arndgen und Paul Friedrich Weber, der erste Geschäftsführer der CDP/CDU in Frankfurt.

Der Antrag auf Lizenzierung der Christlich-Demokratischen Partei wurde von ihnen am 15. September 1945 gestellt. Die Geschäftsstelle richtete sich in der Blumenstraße 3 ein, und nachdem eine Satzung angenommen und mit Jacob Husch, dem letzten Vorsitzenden der Frankfurter Zentrumspartei, ein Vorsitzender gewählt worden war, legte man als Programm die »Frankfurter Leitsätze« (September

1945) vor. Darin bekannten sich die Gründer zum »lebendigen Christentum ... als Grundlage unseres politischen Handelns« und erklärten ihre Bereitschaft, mit anderen demokratischen und toleranten Gruppierungen politisch zusammenzuarbeiten: »Nur wer für ein totalitäres System der Unterdrückung eintritt, ist unser erklärter Feind ... In diesem Sinn gehen wir geduldig, zäh und zukunftsgläubig an die Arbeit.«

Gerade auch die Geschichte der *hessischen CDU* bestätigt den Satz, wonach die Idee der Union »in der Luft« lag. Das zeigten nicht einmal so sehr »spontane« Gründungen. Ein Phänomen stellte vor allem die außerordentlich rasche, positive Aufnahme der christlich-demokratischen Partei- und Programmkonzeption dar, sei es in Berliner, sei es in Kölner oder Frankfurter »Gestalt«. Nicht allein für diesen Raum gilt, daß bei Gründungen vom Spätsommer 1945 ab die Kenntnis der ersten christlich-demokratischen Parteigründungen anzunehmen ist, auch wenn sich dies nicht ausdrücklich dokumentiert findet. So war etwa die Gründung der Berliner CDU schon durch die »Hessische Post« vom 7. Juli 1945 bekannt. Die Grundidee fand breite Zustimmung und war das Gemeinsame, das mit bemerkenswerter Integrationskraft die regionalen, von konfessionellen, politischen, wirtschaftlichen und sozialen Gegebenheiten abhängigen Modifikationen verband.

Die frühen hessischen Gründungen fielen in die Zeit von Ende August bis Mitte November 1945. (Am 23. November wurde für die amerikanische Zone die Parteibildung auf Länderebene genehmigt.) Fast immer gingen sie aus Kreisen von Persönlichkeiten hervor, die schon vor 1933 parteipolitisch aktiv gewesen waren und nun die Christliche Demokratie als Chance begriffen, es besser zu machen: so in Wiesbaden, Kassel und Fulda in Anlehnung an den Berliner Aufruf, in Wetzlar mit Orientierung an Köln und Frankfurt, im Rheingau mit starker Zentrumsprägung, zunächst unter dem Namen »Christliche Volksvereinigung«, dann nach Frankfurter Vorbild als CDP, in den Industriestädten Hanau und Offenbach (November 1945) sowie im Obertaunuskreis, wo ebenfalls der Frankfurter Einfluß maßgebend war.

In *Darmstadt* war die Außenseiterin Maria Sevenich, ehemalige Kommunistin, dann in der Emigration zum Christentum bekehrte

Widerstandskämpferin, der Motor des CDU-Gründerkreises. Die »Deutsche Aufbaubewegung«, die nach Antragstellung Anfang September am 8. Oktober 1945 für den Stadt- und Landkreis lizenziert wurde, hatte ihre Wurzel in der ökumenischen Una-Sancta-Bewegung. Entsprechend missionarisch gab sich auch das Programm, das maßgeblich von Frau Sevenich stammte und die »Union als Gottesarbeit im Dienst am Kreuz« verstand. Erster Vorsitzender der Darmstädter CDU wurde Ernst Georgi, der Mitglied der Bekennenden Kirche war, später Vorstandsmitglied der CDU Südhessens; stellvertretender Vorsitzender wurde Heinrich von Brentano, der spätere Bundesaußenminister. Ausstrahlung hatte die eigenständige Darmstädter Gründung in den südlichen Raum des Regierungsbezirkes hinein (Groß-Gerau, Bergstraße).

Ein zusätzlich beschleunigendes Moment im Gründungsprozeß der Union ergab sich mit der Notwendigkeit, ein politisches Gegengewicht zu SPD und KPD zu schaffen. Denn die linken Parteien organisierten sich früher und nahmen meistens sofort nach Zulassung von Besatzungsseite ihre offizielle Tätigkeit auf. Anders die christlich-demokratischen Neugründungen, die in der Regel einen Anlauf von mehreren Wochen benötigten. Das läßt sich auch in den württembergischen und badischen Gebieten der amerikanischen Zone verfolgen.

In *Stuttgart* gab es besonders günstige Umstände für eine überkonfessionelle parteipolitische Zusammenarbeit: Im Widerstand des Kreises um Robert Bosch, Theodor Bäuerle und Eugen Bolz sowie in der ökumenischen Una-Sancta-Bewegung war ein Fundus politischer Gemeinsamkeit entstanden, auf dem aufgebaut werden konnte. So gestaltete sich auch die Entscheidung ehemaliger Zentrumspolitiker für das Volkspartei-Konzept und gegen Wiedergründung des Zentrums – anders als in der britischen Zone – unproblematisch, nicht zuletzt dank des Einflusses der Christlichen Gewerkschafter wie des früheren Reichstagsabgeordneten Josef André, später 1. Vorsitzender der CDU Nordwürttembergs, und Joseph Ersing, der Mitte Juli den Impuls der Berliner Gründungstat nach Stuttgart brachte. Auch hatte hier der Christlich-Soziale Volksdienst (CSVD) eine Hochburg gehabt, so daß sich mit seinen ehemaligen Mitgliedern, unter ihnen der einstige Reichsvorsitzende Wilhelm

Simpfendörfer, ein direkter politischer Ansprechpartner auf evangelischer Seite fand.

Die Stuttgarter Gründer, die sich am 25. September 1945 im Katholischen Gesellenhaus in der Heusteigstraße zur »Christlich-Sozialen Volkspartei« zusammenschlossen, kamen aus der Zentrumspartei, dem CSVD und dem Bauern- und Weingärtnerbund. Ihr vom gleichen Tag datierter Gründungsaufruf folgte, mit Abschwächung der Verstaatlichungsforderungen, dem Berliner Vorbild. Nach der Genehmigung durch die Militärregierung im Oktober ging man sogleich an den Aufbau eines Landesverbandes *Nordwürttemberg* durch Einbeziehung und Gründung örtlicher Gruppen, wie der Christlich-Demokratischen Union in Aalen, der Christlich-Demokratischen Partei in Esslingen und Leonberg, der »Volkspartei« in Heilbronn. Schon am 13. Januar 1946 wurde in Stuttgart die erste Landestagung der Partei abgehalten, die sich nun – in Gegenwart von Andreas Hermes – in CDU umbenannte. Wie erfolgreich sich die neue Partei etablieren konnte, zeigte sich bei den ersten Wahlen ein halbes Jahr darauf (30. Juni 1946), in denen sie auf Anhieb 38,3 Prozent der Stimmen gewann.

In *Nordbaden* wuchs die CDU aus drei Zentren heraus zusammen, die unabhängig voneinander entstanden waren. In *Karlsruhe* war es ein rein katholischer Kreis um den christlichen Gewerkschaftsführer und späteren nordbadischen Landesvorsitzenden Fridolin Heurich, den Verleger Wilhelm Baur und den kaufmännischen Angestellten Robert Beck, alle Zentrumsmitglieder, der in Absprache mit der amerikanischen Besatzungsmacht die Bildung einer großen überkonfessionellen christlich-demokratischen Partei anstrebte. Die Gründungsversammlung fand am 14. August im ehemaligen Badischen Landtag in der Ritterstraße statt. In *Mannheim* entstand die CDU im Geist konfessioneller Parität. Stärker als in Karlsruhe gingen hier auch die programmatischen Vorstellungen in Richtung einer christlich-sozial orientierten »Labour Party«, an die anfangs auch Jakob Kaiser in Berlin gedacht hatte. Zum ersten Vorsitzenden der am 9. Oktober 1945 offiziell gegründeten CDP wurde der Arbeitsamtsdirektor und vormalige stellvertretende Vorsitzende der Mannheimer Zentrumspartei, August Kuhn, gewählt.

In *Heidelberg* ging die Initiative zur Gründung einer Sammelpartei der politischen Mitte von einer gemischt-konfessionellen Gruppe früherer Parteipolitiker, Professoren und Geistlichen aus, zu der anfangs auch ein so eingefleischter Liberaler wie Theodor Heuss (früher DDP) gehörte. Ein Hinzutritt ehemaliger Zentrumsmitglieder stärkte das christliche Element der Neugründung. Als dann ein Großteil der liberalen Mitglieder zwecks eigener Parteigründung ausscherte, setzte sich die christlich-demokratische Richtung rasch durch. Am 8. November 1945 wurde im Evangelischen Gemeindehaus in der Plöck die »Christlich-Soziale Union« gegründet. Zum Ersten Vorsitzenden wählte man den Schriftleiter der Rhein-Neckar-Zeitung, Franz C. Heidelberg, dem schon Ende des Jahres ein Vertreter der liberalen Gruppe, das frühere DDP-Mitglied Hermann Hampe, folgte. Die liberale Prägung blieb ein »besonderes Kennzeichen« (Gerd Hepp) der Heidelberger Christdemokraten.

Der »Landesverband Baden« konstituierte sich auf dem Parteitag in Heidelberg am 9./10. Februar 1946 mit dreizehn nordbadischen Kreisverbänden und Sitz in Karlsruhe. Dabei wurde auch einheitlich die Bezeichnung »Christlich-Demokratische Union« angenommen. Wie schwer die neue Partei jedoch bei den Protestanten ankam, die etwa die Hälfte der nordbadischen Bevölkerung ausmachten, zeigte sich an der Mitgliederstatistik, die noch für 1948 ein Übergewicht der Katholiken im Verhältnis von fast sechs zu eins auswies.

Zum »schwierigsten Fall« (Friedrich Holzapfel) der Gründungsgeschichte wurde der nördliche Außenposten der amerikanischen Besatzungszone, *Bremen*, wo unabhängig voneinander operierende Kreise ehemaliger Zentrums- und CSVD-Politiker Keimzellen der Union bildeten. In der katholischen »Christlichen Gruppe« um den christlichen Gewerkschafter Philipp Jahn und den Zentrumsabgeordneten Joseph Bossong sowie im evangelischen Kreis um den Volksdienst-Politiker Johannes Kaum wurde – unabhängig voneinander – seit September 1945 die Möglichkeit einer »Christlichen Volkspartei« erwogen. Aber erst Kontakte zu den CDU-Gründern im Westen und eine Vermittlungsaktion des CDU-Generalsekretärs Arnold Fratzscher aus Hannover legten den Grund zu einer politischen Annäherung dieser beiden christlichen Gruppen. Am 10. Mai 1946 beschleunigten die Evangelischen durch einen Alleingang den

Gründungsprozeß, indem sie kurzerhand bei der amerikanischen Militärregierung den Genehmigungsantrag für die CDU stellten. Die Folge war, daß sich die als Alternative auftretende bürgerlich-liberale Bremer Demokratische Volkspartei (BDV) nicht halten konnte, als die »Christliche Gruppe«, die sich zunächst ihr angeschlossen hatte, zur CDU wechselte.

Mit nicht viel mehr als hundert Mitgliedern fand am 16. Juni 1946 – ein gutes Vierteljahr vor der ersten Bürgerschaftswahl – die Gründungsversammlung des Bremer Landesverbandes der CDU statt. Der Vorstand, mit den Vorsitzenden Jahn und Kaum, bestand aus sieben Protestanten und vier Katholiken. Trotz schmaler politischer, organisatorischer und personeller Basis errang die Union bei der Wahl am 13. Oktober 1946 immerhin 18,9 Prozent der Stimmen.

Französische Zone und Saarland

Es ist eine historische Tatsache, daß die Entstehung der Parteien in Nachkriegsdeutschland im Zeichen der vier Siegermächte und ihrer Politik stand. Jede politische Arbeit auf deutscher Seite war in der demokratischen Startphase bestimmt durch die zuständige Besatzungsmacht. Das galt nicht nur für die »Ostzone«, wo die Sowjets die »Demokratisierung« als Bolschewisierung betrieben, zunächst getarnt durch eine »antifaschistische« Ausrichtung, mit dem beginnenden Kalten Krieg aber ganz unverhohlen. Das galt auch für die französische Zone, in der die Repolitisierung des öffentlichen Lebens erheblich verzögert erfolgte. Eine weitere Konsequenz des Sicherheits- und Reparationsdenkens der Franzosen war die territoriale Abgrenzung ihrer Zone durch einen »seidenen Vorhang«, wie man treffend gesagt hat. Darauf mußten sich auch die Parteipolitiker der französischen Zone wohl oder übel einstellen, was – zumindest zunächst – einige parteipolitische Besonderheiten im Vergleich zur britischen und amerikanischen Zone zeitigte. Andererseits konnten sie sich aber auch schon mit Gewinn an den parteipolitischen Entwicklungen im übrigen Deutschland orientieren. Das traf insbesondere für den CDU-Gründungsprozeß zu.

In Südbaden mit seiner Metropole *Freiburg* ging die CDU – auf einem Umweg über die Badische Christlich-Soziale Volkspartei – aus einem Ringen zwischen politischem Katholizismus und konfessioneller Union hervor. Bereits kurz nach dem Einmarsch der Franzosen Ende April 1945 bildete der ehemalige badische Zentrumsführer Prälat Ernst Föhr eine Zentrumsgruppe, die es jedoch nicht zur Parteigründung brachte. Sie erhielt Mitte Juli Konkurrenz durch die Christliche Arbeitsgemeinschaft. Von Mitgliedern des Freiburger Widerstandskreises ins Leben gerufen, vereinte sie auf der Grundlage interkonfessioneller Solidarität und programmatischer Erneuerung katholische und evangelische Professoren der Universität, Theologen beider Bekenntnisse und andere christlich geprägte Persönlichkeiten. Als sich auch namhafte Zentrumsleute, unter ihnen der ehemalige Landtagsabgeordnete Karl Person und der Amtsgerichtsrat Paul Zürcher, zur Mitarbeit bereit fanden, war bald der Gedanke einer neuen Partei geboren: In der »Christlich-sozialen Union« sollten »die Gläubigen der beiden christlichen Kirchen« eine politische Heimat erhalten. Diese Idee fand auch die Zustimmung des Erzbischofs Wendelin Rauch. Schließlich gab die französische Zulassungpolitik mit ihrer territorialen Ausrichtung den Ausschlag für die Gründung der Badischen Christlich-sozialen Volkspartei unter Führung von Leo Wohleb, dem ehemaligen Direktor des Gymnasiums Hohenbaden und späteren (süd)badischen Staatspräsidenten. Die Landespartei konstituierte sich am 20. Dezember im Freiburger Amtsgericht. Schon auf der ersten Landestagung, die am 24. Februar 1946 im Kaufhaussaal am Münsterplatz stattfand, meldeten sich die Vertreter der Unionskonzeption zu Wort und begannen mit der Diskussion um Selbstverständnis und Name der neuen Partei. Die Umbenennung in »CDU Badens« geschah auf dem 2. Landesdelegiertentag (18.–20. April 1947) im Vorfeld der Wahlen zum ersten Badischen Landtag, als die Partei bereits mehr als 700 Ortsverbände hatte (autorisiert von der Militärregierung am 18. November 1947). Zugleich wurde als geschäftsführender Vorsitzender der ehemalige christliche Gewerkschaftsführer und Zentrumsmann Anton Dichtel gewählt.

Eine ähnliche Führungsrolle im Gründungsprozeß der Union, wie sie in Südbaden die Freiburger Gründer für die Parteianfänge in Konstanz, Neustadt, Waldshut und Emmendingen hatten, fiel im ebenfalls französisch besetzten Württemberg-Hohenzollern den

Stuttgarter Gründern zu. Unter der Patenschaft der Stuttgarter Christdemokraten, vor allem aber dank der tatkräftigen Initiative des Oberlandwirtschaftsrates Franz Weiß, früher Zentrum, trafen sich am 6. Januar 1946 in Aulendorf 25 ehemalige Zentrums- und Volksdienst-Mitglieder sowie interessierte »Parteilose«. Sie wollten eine »Christliche Volkspartei« gründen, einigten sich aber nach längerer Diskussion über ein »Zusammengehen beider Konfessionen« auf Übernahme des Namens »CDU«. Ein rascher organisatorischer Aufbau folgte. Am 18. März 1946 erhielt die Partei ihre Zulassung auf Landesebene. Weiß wurde der erste Landesvorsitzende der CDU Südwürttemberg. Bei den Wahlen zu den Gemeindeparlamenten am 15. September 1946 erreichte sie einen Stimmenanteil von 38,9 Prozent; in der Metropole *Tübingen*, wo der CDU-Ortsverband am 11. April gegründet worden war und die Landesgeschäftsstelle ihr Hauptquartier hatte (zuerst in Sigmaringen), wurde die CDU stärkste Fraktion. Als eine »typische Ausprägung« der CDU in Württemberg-Hohenzollern hat man ihr Bemühen um eine Verschmelzung christlicher und sozialer Elemente bezeichnet (Uwe Dietrich Adam).

In den mittleren und nördlichen Verwaltungsbezirken der französischen Besatzungszone, also in dem durch Verordnung Nr. 57 vom 30. August 1946 zur Welt gebrachten »Besatzungskind« *Rheinland-Pfalz*, fehlten politische Zentren, von denen aus – den württembergischen und badischen Bezirken vergleichbar – problemlos eine rasche Integration der Landespartei hätte erfolgen können. Zu unterschiedlich nach Konfession, politischer Tradition und soziokultureller Eigenart waren die von Bayern (Pfalz), Preußen (Rheinprovinz), Hessen-Nassau (Montabaur) und Hessen-Darmstadt (Mainz) ausgegliederten und zusammengewürfelten Teile des neuen Landes. Das bedeutete für den CDU-Gründungsprozeß, daß in Trier und Koblenz den »Kölnern«, in Rheinhessen und im Nassauischen den hessischen Pioniergründungen (Frankfurt und Darmstadt), in der Pfalz sogar traditionsgemäß der bayerischen Entwicklung eine gewisse Leitfunktion zukam.

Die Unionsidee setzte sich auch hier schließlich gegen alle Widerstände durch, die im regionalen Rahmen von einzelnen einflußreichen Verfechtern des Zentrums oder der Bayerischen Volkspartei ausgingen. Hauptmotive waren wie überall das im Widerstand gegen den Nationalsozialismus entstandene Bewußtsein einer gemeinsamen politischen Aufgabe beider Konfessionen und das Interesse an einer einheitlichen Front gegenüber den sozialistischen Parteien. Hinzu kam das Bemühen, eine Isolierung der französischen Zone von der in Berlin, Bochum, Köln und Frankfurt geglückten christlich-demokratischen Weichenstellung zu vermeiden.

In der *Pfalz* waren die Geburtswehen besonders stark: Hier schien nicht nur das alte Nebeneinander von Zentrum und Bayerischer Volkspartei wieder aufleben zu wollen, sondern auch die »Zwei-Säulen«-Konstellation mit zwei christlichen Parteien – einer katholischen und einer stärker evangelisch orientierten – die meisten Anhänger zu finden. Es war dem entschlossenen Einsatz des Landauer Bürgermeisters und Lehrers Gustav Wolff, des ehemaligen 2. Vorsitzenden der pfälzischen Zentrumspartei, Pfarrer Johannes Finck, und seines Kollegen von der BVP, Adolf Baumann, zu verdanken, daß der Gedanke einer überkonfessionellen christlichen Partei an Kraft gewann. Nach halbjährigen Auseinandersetzungen zwischen den verschiedenen Richtungen und nach einer französischen Intervention kam es am 30. Januar 1946 zum Zulassungsantrag für die CDU, unterzeichnet von je fünf Katholiken und Protestanten. Er wurde jedoch von der Militärregierung zurückgewiesen, weil die rheinhessischen Kreise nicht einbezogen waren.

In *Rheinhessen* begann die CDU-Geschichte mit einer Sonderentwicklung, die von dem früheren Generalsekretär des hessischen Zentrums, Lorenz Diehl, bestimmt wurde. Er warb schon von April 1945 an rings im Land für eine betont christliche demokratische und soziale Partei, die, auf den Zentrumsgrundlagen aufbauend, auch evangelischen Kreisen offenstehen sollte. Die am 9. Januar 1946 von den »Führern der früheren Rheinhessischen Zentrumspartei, zusammengeschlossen mit positiv evangelischen Christen« angemeldete »Christlich-Soziale Volkspartei« (CSVP) konnte sich jedoch gegen die Verfechter der CDU-Konzeption und den Willen der Besatzungsregierung nicht behaupten. Am 5. März 1946 wurde der CDU-Landesverband Hessen-Pfalz genehmigt, in dem sich allerdings beide Landesteile eine regionale Autonomie bewahrten. Der erste Parteitag fand am 24. August 1946 in Mußbach statt.

Im Norden der französischen Zone, wo bis auf einige evangelische
Enklaven die Bevölkerung fast geschlossen katholisch war, gestaltete
sich die CDU-Gründung als Wiedergeburt der alten Zentrumspartei
»in neuer organisatorischer Form« (Schulz). Zur interkonfessionellen Gruppe, die sich in *Trier* am 20. September 1945 auf die Gründung der Christlich-Demokratischen Partei einigte, gehörten neben
Heinrich Kemper, dem ehemaligen Bezirksvorsitzenden des Zentrums, Alois Zimmer, früher Landrat in Westpreußen, der Christliche Gewerkschafter August Wolters und die Studienrätin Mathilde
Gantenberg. Das Programm der »Trierer Leitsätze«, mit dem zwei
Tage später die Zulassung beantragt wurde (genehmigt am 4. Dezember auf Bezirksebene), stellte in Anlehnung an das Kölner Vorbild der Partei die Aufgabe, »die moralischen, geistigen und materiellen Trümmer des nationalsozialistischen Erbes fortzuräumen und
die deutschen Menschen aus abgrundtiefer Not herauszuführen«.
Am 31. Januar 1946 schloß sich Trier mit den CDP-Bezirksverbän-
den Montabaur und Koblenz zur Provinzialpartei Rheinland-Hes-
sen-Nassau zusammen.

In *Koblenz* gingen die christlich-demokratischen Gründungsaktivitäten von einer Gruppe ehemaliger Zentrumsmitglieder aus, die
sich im Sommer 1945 um den Rechtsanwalt Franz Henrich bildete.
Mitglieder waren unter anderem der frühere Zentrums-Stadtrat Peter Altmeier, der Richter Hubert Hermans und die Rektorin Helene
Rothländer. Am 16. Januar 1946 erhielt die Koblenzer CDP, die bereits am 20. September 1945 ihre Zulassung beantragt hatte, ihre Genehmigung. Nach Bildung der Provinzialpartei Rheinland-Hessen-
Nassau fand im Koblenzer Großen Rathaussaal die offizielle Gründungsversammlung statt (17. Februar 1946). »Wo Anhänger aller
Konfessionen«, so beschwor der erste Parteivorsitzende Altmeier
den Gründergeist, »so vieles erduldeten, litten und in den Lagern um
ihres Glaubens willen starben, da muß es auf dem politischen Gebiet
auch möglich sein, diese Kampfgemeinschaft aus der Welt der Be-
drückung in eine politische Gemeinschaft zur Erringung friedlicher
Ziele umzuwandeln.«

Der Gründungsprozeß der CDU unter französischer Besatzungs-
kontrolle unterschied sich von der Entwicklung in den anderen Zonen dadurch, daß er später zum Erfolg kam und zunächst nur »klein-

räumige Organisationsformen« (Weitzel) erlaubt waren. Auch blieb die evangelische Beteiligung im allgemeinen sehr schwach. Erst nach der Schaffung des Landes Rheinland-Pfalz schlossen sich die christlich-demokratischen Bezirksorganisationen zum Landesverband zusammen (14. Februar 1947 in Bad Kreuznach) und nahmen einheitlich den Unionsnamen an.

Besondere politische Bedingungen bestanden im *Saarland*, das 1946/47 aus der französischen Zone herausgelöst und in die französische Wirtschaftseinheit eingegliedert wurde. Dort entwickelten sich die Tendenzen zur Gründung einer christlichen Partei mit maßgeblicher Unterstützung des Trierer Ordinariats zugunsten der überkonfessionellen Lösung. Auf der Gründungsversammlung der »Christlichen Volkspartei des Saargebietes« (CVP) am 10. Januar 1946 wurde der aus dem Exil zurückgekehrte ehemalige Zentrumspolitiker Johannes Hoffmann als Vorsitzender gewählt. Aus den Kommunalwahlen am 12. September 1946 ging die CVP, die sich in ihren sozialpolitischen Zielen an die Programmatik der anderen christlich-demokratischen Parteien anlehnte, mit 52,4 Prozent der Stimmen als stärkste Partei hervor.

3. Zwischen West und Ost

Bei aller Übereinstimmung im Grundsätzlichen und aller Ähnlichkeit der Initiativgruppen und organisatorischen Anfänge ergab sich schon aus den zeitlichen Abständen der einzelnen christlich-demokratischen Gründungsakte, daß diejenigen, die als erste den Aufbruch schafften, auch die Führungsrolle innerhalb der neuen Partei anstrebten. Zum »Gründungsfieber« des politischen Neubeginns gehörte eine geradezu leidenschaftliche Betriebsamkeit, die aus der Lebensbejahung der noch einmal Davongekommenen und dem Reichtum an Gestaltungsmöglichkeiten ihre Energien bezog. Man korrespondierte unaufhörlich, man reiste – trotz widrigster Verkehrsbedingungen – kreuz und quer, den Fährten persönlicher Bekanntschaften und Verbindungen folgend, um Gesinnungsfreunde zu sammeln und die durch Gewaltherrschaft und Kriegserleben verschütteten politischen Strukturen wieder zu neuem Leben zu

wecken. Einen Eindruck davon vermittelt das Briefwerk Adenauers, wie es in der »Rhöndorfer Ausgabe« vorliegt.

Symptomatisch war auch die Entsendung von Boten durch die
Berliner »Reichsleitung«. Sie sollten in den anderen Zonen für die
»Ausbreitung des CDU-Gedankens« sorgen und »vor Ort« die
Gründung von CDU-Verbänden betreiben. So kehrte beispielsweise
Cuno Raabe mit dem offiziellen Auftrag der Christlich-Demokratischen Union Deutschlands in Berlin nach Fulda zurück, »in Franken
und Hessen Vorbereitungen für die Bildung von Unterorganisationen der CDU zu treffen«; Josef Ersing ging in seine württembergi-
sche Heimat, Otto Lenz ins Rheinland, wo seine Frau Verwandte
hatte. Der Berliner Gründerkreis suchte daraus Nutzen zu ziehen,
daß er – wie Hermes es einmal ausdrückte – für sich in Anspruch
nehmen konnte, »in allen Gebieten der deutschen Heimat verwurzelt zu sein«.

Schon wenige Wochen nach den ersten Gründungen zeigten sich
in der Entwicklung der neuen Partei zwei gegeneinanderlaufende
Tendenzen: Da war einmal die CDU in Berlin und der »Ostzone« mit
ihrem vitalen Interesse an einer straffer organisierten Verbindung zu
den christlich-demokratischen Parteiverbänden in den »Westzonen«; für sie galt es, im Westen Rückhalt zu finden, um dem Druck
der sowjetischen Militäradministration besser standhalten zu können. Umgekehrt stemmten sich die west- und süddeutschen Ver-
bandsführungen gegen einen »Reichs«-Anspruch der Berliner
Union, weil sie befürchteten, daß damit den Sowjets ein Instrument
des Einwirkens auf die politische Entwicklung Gesamtdeutschlands
in die Hand gegeben würde. Bereits im September 1945, als es kaum
eine Handvoll CDU-Verbände gab, warnte Adenauer den Hamburger Bürgermeister Petersen vor einem »Druck der Russen« auf par-
teipolitischem Wege.

Auf der anderen Seite lag angesichts der verschiedenen regionalen
Gründungsgruppen der Gedanke nahe, sie alle zusammenzubringen
und die Bildung einer »Reichspartei« vorzubereiten. Pläne zu einer
solchen Reichszusammenkunft der Christlichen Demokraten wurden seit Oktober 1945 sowohl im Rheinland und in Westfalen als
auch in Berlin erörtert. Auf Vorschlag von Hermes, der im Herbst
1945 die christlich-demokratischen Neugründungen in der amerika-

nischen und britischen Zone besucht hatte, kam vom 14. bis 16. Dezember in Bad Godesberg im Pädagogium das sogenannte große »Reichstreffen« zustande, das »in der Koordinierung aller Bestrebungen der christlich-demokratischen Bewegung« einen entscheidenden Schritt vorwärts bedeuten sollte (Hermes an Lehr).

Die Teilnehmer, vor allem aus dem Rheinland und Westfalen – zwischen hundert und zweihundert sollen es im ganzen gewesen sein, laut Einladung »auf eine gewisse Eigenverpflegung eingestellt« – verabschiedeten vier Entschließungen: Um ihre Einigkeit in den geistigen Grundlagen und politischen Zielsetzungen herauszustellen, insbesondere um »die Verbundenheit mit unseren politischen Freunden im Osten zu bekunden«, wurde als erstes unter »lebhaftem Beifall und Bravo-Rufen« beschlossen, »den gemeinsamen Namen anzunehmen: Christlich-Demokratische Union Deutschlands«. Einstimmigkeit fand auch die wirtschafts- und sozialpolitische Entschließung, in der ein »Sozialismus aus christlicher Verantwortung« vertreten wurde. Die Forderungen nach einem »System planvoller Wirtschaftslenkung«, nach Verstaatlichung der Bodenschätze, des Bergbaus und der monopolartigen Schlüsselunternehmen sowie nach gleichberechtigter Mitwirkung der Arbeitnehmerschaft bei der Lenkung der Wirtschaft gingen noch über die Berliner und Kölner Programmleitsätze hinaus.

Sie spiegelten die Not der Zeit ebenso wider wie die im Erlebnis von Diktatur und Krieg geborene Idee einer grundlegenden, christlichen Normen verpflichteten Neuordnung von Staat, Wirtschaft und Gesellschaft. Als drittes ging es um den Aufbau der Demokratie. Durch ein Mehrheitswahlrecht zwecks Garantie arbeitsfähiger Mehrheiten und durch eine Entnazifizierung, die ehemaligen aktiven NSDAP-Mitgliedern jeden öffentlichen Einfluß verwehren und aufbauwilligen »Mitläufern« die Integration in das demokratische Gemeinwesen ermöglichen sollte, gedachte man alle totalitären und diktatorischen Verführungen und Tendenzen im Keim zu ersticken. In der vierten Entschließung verteidigten die Vertreter der rheinischen und westfälischen Landespartei ihre elternrechtliche Konzeption der Bekenntnisschule gegen die Forderung der christlichen Gemeinschaftsschule, die von einigen Bezirksverbänden in Baden und in Niedersachsen befürwortet wurde. In organisatorischer Hinsicht vereinbarte man in Godesberg die Errichtung eines Zonenverbindungsausschusses, der unter der Leitung des hessischen Landesgeschäftsführers Dörpinghaus in Frankfurt am Main seine Arbeit aufnehmen sollte.

Das Urteil von Teilnehmern über die Ergebnisse des Godesberger Treffens schwankte: Für die einen, die mehr das Gemeinschaftserlebnis schätzten, war es ein »glänzender Erfolg« (Schwering); sie sahen, daß in allen Teilen Deutschlands eine »politische Bewegung« entstanden war, »die ein neues demokratisches Deutschland aufbauen will unter stärkerem Einsatz der christlichen Lebenskräfte im politischen, wirtschaftlichen und kulturellen Leben unseres Volkes«, wie es in der Entschließung Nr. 1 hieß. Andere, die von der Tagung eine Präsentation der politischen Kräfteverhältnisse und eine Zielorientierung erwartet hatten, waren eher enttäuscht. Adenauer, dem kommenden Mann, der zwar teilgenommen hatte, aber ohne Wortmeldung im Hintergrund geblieben war, erschien das Ganze als »eine doch ziemlich willkürlich zusammengesetzte Versammlung«.

Der Erfolg des Treffens ist am ehesten im Demonstrativen zu suchen, in der Selbstvergewisserung, wie sie in der verlesenen Hermes-Rede aufscheint: »Die christlich-demokratische Einheit ist eine Realität von ausschlaggebendem Gewicht, die aus dem Prozeß der politischen Formung unseres innerdeutschen Lebens nicht mehr weggedacht werden kann.«

Diese Realität äußerte sich nicht zuletzt in zunehmenden Differenzen mit den alliierten Militärbehörden. Auch das Godesberger Reichstreffen war überschattet von der Besatzungspolitik. So durften die Christlichen Demokraten aus der französischen Zone nicht teilnehmen, und auch die Vertreter der CDU Berlins und der SBZ, allen voran die Vorsitzenden, hatten von den Sowjets keine Reiseerlaubnis erhalten. Denn in der »Ostzone« waren inzwischen die Auseinandersetzungen um die Umgestaltung der Wirtschafts- und Sozialstruktur nach sowjetischem Muster entbrannt. Am 3. September 1945 hatte unter dem Titel »Bodenreform« die Enteignung des Großgrundbesitzes und aller Immobilienvermögen von NS-Funktionären begonnen. Ende Oktober wurde eine Beschlagnahmungspolitik in Gang gesetzt, die – obzwar eigentlich gegen nationalsozialistische Eigentümer gerichtet – in Wirklichkeit willkürlich so gut wie alle größeren Unternehmen und Vermögenswerte betraf.

Die CDU, die in ihrem Programm das Privateigentum bejahte, wollte einer entschädigungslosen Enteignung nicht zustimmen. Mit dieser Haltung vermehrte sie den Unwillen der Sowjets, die auch bei der Behandlung der Bankenfrage und der Schulreform mit der CDU alles andere als zufrieden waren. Sie verstärkten also den Druck auf die Partei, sowohl in deren Verbandsgremien durch »Bearbeitung« einzelner Funktionäre als auch durch Einheitsfront-Praktiken im »Block der antifaschistisch-demokratischen Parteien«, in dem die CDU wie auch die Liberal-Demokratische Partei mit SPD und KPD zu besserer Kontrolle organisiert war. Dem Parteivorstand wurde praktisch jede öffentlich wirksame Stellungnahme zur Enteignungsfrage unmöglich gemacht. Zu den Disziplinierungsmethoden gehörte auch die Verweigerung der Reiseerlaubnis für die »Berliner« Delegation nach Bad Godesberg, die aus Hermes, Kaiser, Lemmer und Vockel bestehen sollte.

Am 19. Dezember 1945 erhielten Hermes und Schreiber, die es ablehnten, freiwillig zurückzutreten, von der sowjetischen Militäradministration den Befehl, aus der Parteiführung auszuscheiden. Ihre Nachfolger wurden – gleichfalls nach dem Willen der Sowjets – im Nachrückverfahren die bisherigen 3. und 4. Vorsitzenden Jakob Kaiser und Ernst Lemmer (Steltzer war schon im Sommer nach Schleswig-Holstein zurückgekehrt, wo er Ministerpräsident wurde). Beiden, die aus der Gewerkschaftsbewegung kamen und Reichstagsabgeordnete (Zentrum und DDP) gewesen waren, fiel nun die Aufgabe zu, in dem merklich kühler gewordenen Klima der Ost-West-Beziehungen die CDU Berlins und der SBZ, gerade auch in Verbindung und Abstimmung mit den Unionsparteien der Westzonen, zusammenzuhalten und so den Menschen, die keine Sowjetisierung wollten, den Rücken zu stärken. Anders als Hermes, der wohl auf einen spektakulären Austritt aus dem »Block« und damit auf eine Konfrontation mit der Besatzungsmacht hinsteuerte, unternahmen sie den Versuch, der sowjetischen Politik so weit entgegenzukommen, daß weder die Volksparteikonzeption der Union noch die deutsche Einheit gefährdet würden. Als Kompromißformel vertraten sie den »Sozialismus aus christlicher Verantwortung«, der eine Wirtschafts-

ordnung des »ehrlichen Ausgleichs von Klassen- und Standesinteressen« schaffen sollte, indem er volkswirtschaftliche Planung und
privatwirtschaftliche Initiative verband und »Ausbeutung und Reaktion« genau so scharf ablehnte wie »Klassenkampf und Revolution«.

Während so im Osten Verunsicherung und starke innerparteiliche
Spannungen durch direkte Eingriffe der sowjetischen Militäradministration den demokratischen Aufbau stark beeinträchtigten, konnte
sich im Westen, in der britischen Zone, unter dem gestrengen Erzie-
herblick der Besatzungsmacht die Parteiorganisation schrittweise
auf Zonenebene ausdehnen. Die CDU der britischen Zone erlangte
aufgrund ihrer Mitgliederzahl und ihrer überregionalen Organisation, nicht zuletzt jedoch dank der Autorität und Führungskraft
Adenauers, bald eine politische Bedeutung, die sie zur »Keimzelle
der Bundes-CDU« (Helmuth Pütz) werden ließ.

In einer »Blitzkarriere« (Rudolf Morsey), in der er sich 1946 Vorsitz um Vorsitz als Schlüsselpositionen in Partei und Parlament er-
kämpfte, wurde der siebzigjährige Politiker zur dominierenden Persönlichkeit der CDU Westdeutschlands. Als Führungsinstrument
diente ihm dabei der Zonenausschuß, der auf Wunsch der Militärregierung auf dem Godesberger »Reichstreffen« beschlossen worden
war. Er sollte ein Gremium von Delegierten der acht Landesverbände der britischen Zone sein; fast immer nahmen jedoch auch Gäste aus Berlin, einige Male auch Vertreter der bayerischen CSU teil.
Die erste Zonenausschuß-Tagung fand am 22. Januar in Herford
statt, wo Adenauer zunächst als Alterspräsident die Leitung übernahm und dann seine Wahl zum vorläufigen Vorsitzenden erreichte.
Manchem Teilnehmer – namentlich den Westfalen – paßte das nicht,
zumal ihm das Zonensekretariat in Köln unmittelbar unterstellt war.
Schon ging die Rede von einer »Parteidiktatur Adenauers«.

Auf der nächsten Tagung, in Neheim-Hüsten (26. Februar–
1. März 1946 im Karolinen-Hospital), wo der Zonenvorstand der
CDU mit den Vorsitzenden Adenauer und Holzapfel sowie fünf Bei-
sitzern, nämlich Anton Storch (Hannover), Carl Schröter (Schleswig-Holstein), Heinrich Rönneburg (Braunschweig), Anton Hoppe
(Westfalen-Lippe) und Christine Teusch (Rheinland) gewählt
wurde, ging es vor allem um das von Adenauer entworfene erste Zo-
nenprogramm. Darin waren neben den Grundsätzen und Forderun-

gen der CDU die »vordringlichen Aufgaben der ersten Aufbauperiode« zusammengefaßt. Es galt, der neuen und noch wenig gefestigten Partei auch ein politisch-programmatisches Fundament zu geben, »in der unbeugsamen Entschlossenheit, den christlichen Gedanken und das hohe Ideal wahrhafter Demokratie zur Grundlage der Erneuerung zu machen« (Programmaufruf von Neheim-Hüsten am 1. März 1946). Ansätzen von Flügelformierungen und Richtungsstreitigkeiten sollte so frühzeitig begegnet werden.

Adenauers entscheidende Einflußnahme auf die weltanschauliche Fundierung der Zonenpartei steht außer Zweifel. Auch das vielberufene »Ahlener Programm«, das vom Zonenausschuß in seiner Tagung vom 1. bis 3. Februar 1947 als »programmatische Erklärung« zur Wirtschafts- und Sozialverfassung erlassen wurde, trägt die Handschrift des ersten Vorsitzenden. »Eigentlich müßte es das Adenauer-Programm heißen«, so sein Biograph Hans-Peter Schwarz. Es verhinderte, daß die christlich-sozialen Kräfte, zumal der von Johannes Albers geführte Gewerkschaftsflügel, die Partei in eine Richtung drängten, die ihre Chancen in der politischen Mitte klar verringert, wenn nicht gar ihre Spaltung herbeigeführt hätte. Der im Pensionat St. Michael zu Ahlen (Westfalen) verabschiedete Kompromiß zwischen katholischem Sozialsolidarismus und liberaler Marktwirtschaft grenzte sich gegen die sozialistischen Vorstellungen mancher CDU-Gründer ab. Mehr noch: Mit dieser »neuen Wirtschaftsform« konnte sowohl innerhalb der Union der »Christliche Sozialismus« abgewehrt als auch im Kampf um den Wähler und auf parlamentarischer Ebene eine wirkungsvolle politische Alternative ins Feld geführt werden.

Unter der erfahrenen, zielbewußten und um taktische Mittel nie verlegenen Führung Adenauers sicherte der Zonenausschuß der britischen Zone den Unionsparteien im Rheinland und in Westfalen also nicht nur einen organisatorischen, sondern auch einen programmatischen Vorsprung. Bis zur Gründung der Bundesrepublik arbeitete er in dem Selbstverständnis, das »Rückgrat« (Holzapfel) der Union in Deutschland zu sein. Nach 26 Tagungen löste er sich erst im Jahr 1951 auf, wobei er seit Gründung der Bundespartei nur noch ein Schattendasein führte. Finanziert wurde er durch – ständig umstrittene – Umlagen bei den Landesparteien und durch Spenden.

Die Parteitage der CDU der britischen Zone – gemäß der in Ahlen
am 29. April 1947 verabschiedeten Zonensatzung das oberste Organ
der Partei, während der Zonenausschuß als geschäftsführendes Organ fungierte – erlangten auch nicht annähernd eine vergleichbare
überzonale Bedeutung wie dieses Gremium. Dennoch hinterließ der
erste Parteitag, der in Recklinghausen am 14./15. August 1947 stattfand, durch sein Bekenntnis zur Einheit Deutschlands und zur gesamtdeutschen Aufgabe der Union bei allen Teilnehmern einen
nachhaltigen Eindruck. Adenauer, einstimmig als Vorsitzender bestätigt, brachte hier in seinem Eröffnungsreferat die deutsche Position in der Stunde völliger politischer Ohnmacht auf die Formel
des funktionalen Zusammenhangs von deutscher und europäischer
Frage: »Von der Lösung der deutschen Frage ist das Schicksal
Europas abhängig. Das Geschick Deutschlands ist auch das Geschick Europas.«

Damit war ein politischer Grundsatz formuliert, der in der Adenauer-Ära so gut wie für alle folgenden Regierungen der Bundesrepublik Geltung behielt – bis heute. Überhaupt wurden in den Reden
und Grußworten des Parteitags die Hauptmotive der Unionspolitik
dieser schweren Nachkriegsjahre angestimmt, so von Kaiser, dem
»Vertreter Berlins und der Ostzone«: »Der Verwirklichung des Marxismus in Deutschland aber setzen wir, die wir in Berlin und im
Osten unter gewiß nicht leichten Umständen und Verhältnissen politische Arbeit leisten, ein unbedingtes Nein entgegen«; von Josef
Müller, dem Landesvorsitzenden der CSU in Bayern: »Wir sind eine
Union!«; von Holzapfel, dem Vorsitzenden der CDU/CSU-Fraktion
im Frankfurter Wirtschaftsrat: »Im Mittelpunkt der Wirtschaft steht
der Mensch«; von Johannes Ernst, dem Direktor der Deutschen
Kohlenbergbauleitung und späteren nordrhein-westfälischen Minister für Arbeit und Soziales: »Wir wollen eine Form der Gemeinwirtschaft, die eine Machtkonzentration in der Hand einzelner oder
auch Gruppen verhindert, der Arbeitnehmerschaft das Mitbestim-
mungs- und Mitverantwortungsrecht sichert und dem einzelnen Arbeitnehmer ein größeres Gefühl wirtschaftlicher Sicherheit gibt«;
für die »christlich-abendländische« Orientierung der Kulturpolitik
sprachen Hans-Erich Stier und Christine Teusch, für die Rechte der
Vertriebenen machte sich Linus Kather stark, der aus Königsberg

stammende Hamburger CDU-Mitgründer und Leiter des Zonen-flüchtlingsausschusses.

Der zweite Parteitag der CDU der britischen Zone, im darauffolgenden Jahr am 28./29. August abgehalten, wieder im Recklinghausener Städtischen Saalbau, unterstrich das Engagement der Union für die Flüchtlinge und Vertriebenen durch die Wahl Kathers als dritten Parteivorsitzenden neben Adenauer und Holzapfel. (Ein vierter Vorsitz wurde Anfang 1949 auf Vorschlag des Bundesfrauenausschusses und entsprechend dem Satzungsanhang über die stärkere Vertretung der Frauen an Margarete Gröwel aus Hamburg vergeben.) Die Parteitagsberatungen standen jedoch ganz im Zeichen der wirtschaftspolitischen Wendung von der Zwangswirtschaft hin zur Marktwirtschaft. In einer mitreißenden Rede von visionärer Kraft verteidigte Ludwig Erhard kurz nach der Währungsreform seine große Konzeption eines »organisch gegliederten gesellschaftswirtschaftlichen Lebens« gegen die angstmacherische Kritik der Planwirtschaftsanhänger von links: »Nicht die freie Marktwirtschaft des liberalistischen Freibeutertums einer vergangenen Ära, auch nicht das ›freie Spiel der Kräfte‹ und dergleichen Phrasen, mit denen man hausieren geht, sondern die sozial verpflichtete Marktwirtschaft, die das einzelne Individuum wieder zur Geltung kommen läßt, die den Wert der Persönlichkeit obenan stellt, der gerechten Leistung dann aber auch den verdienten Ertrag zugute kommen läßt – das ist die Marktwirtschaft moderner Prägung.«

Die beiden Parteitage waren weniger »Heerschauen« im Zusammenhang mit den ersten Kommunal- und Kreistagswahlen als Demonstrationen der Stärke und Einheit der CDU der britischen Zone. Das war vor allem im Hinblick auf die Bestrebungen zur überzonalen Organisation der Union wichtig.

Schon am 14. Februar 1946 hatte der auf dem Godesberger »Reichstreffen« geschaffene Zwischenzonenverbindungsausschuß mit einer ersten Sitzung in Frankfurt seine Arbeit aufgenommen. Seine Möglichkeiten erwiesen sich freilich als sehr beschränkt. Ein Zusammenschluß der Unionsparteien, für den er die Voraussetzungen schaffen sollte, stieß bei einzelnen Landesparteien, vor allem der CSU, aber auch bei den alliierten Militärregierungen, auf unüberwindliche Widerstände. Doch dann nahmen die Überlegungen für einen wirtschaftlichen Zusammenschluß der britischen und amerikanischen Zone (»Bizone«) festere Formen an; gleichzeitig drohte die sowjetische Deutschlandpolitik die »Ostzone« zu isolieren. Man brauchte unbedingt eine zonenübergreifend-gesamtdeutsche organisatorische Klammer der Union. Allerdings sollte sie locker genug beschaffen sein, um den Konkurrenten um die Parteiführung und den regionalen Parteiautoritäten den politischen Spielraum nicht einzuengen.

So verfielen Adenauer (britische Zone), Kaiser (Berlin und SBZ), Müller (Bayern), Hilpert (Hessen) und Steltzer (Schleswig-Holstein) auf die Bildung einer »Arbeitsgemeinschaft der Christlich-Demokratischen und Christlich-Sozialen Union Deutschlands«. Der »Parteiersatz der Uneinigen« (Müchler) konstituierte sich am 5./6. Februar 1947 in Königstein/Taunus, mit 41 Repräsentanten aus allen Zonen, auch Vertretern der französischen Zone, die, von einem Begleitoffizier beaufsichtigt, teilnehmen durften. Gedacht als Vorstufe einer gesamtdeutschen Union, sollte sie satzungsgemäß bis zur Bildung einer »Reichspartei« aus fünf Vertretern und Stellvertretern je Zone und zusätzlich einem Vertreter für Berlin bestehen. Auch die Junge Union und die Vertretung der Frauen erhielten Sitz und Stimme. Dem Vorstand der Arbeitsgemeinschaft – aus jeder Zone zwei Vertreter und einer aus Berlin – gehörten bis zu ihrer Ablösung durch die Bundespartei die Landesvorsitzenden Kaiser, Lemmer, Hickmann; Adenauer, Holzapfel; Müller, Köhler; Steiner und Altmeier an. Das Generalsekretariat, Bruno Dörpinghaus anvertraut und zunächst provisorisch in der Geschäftsstelle der hessischen Landespartei, Frankfurt am Main, Hans-Thoma-Straße 14 untergebracht, dann bis zum Umzug nach Bonn im Frühjahr 1950 mit der Adresse Bettinastraße 64, bildete nun die einzige zentrale Institution der Gesamtunion, ein »gemeinsames Dach« für 16 Landesverbände mit 581 Kreisverbänden (1949).

Mehr noch: Die Arbeitsgemeinschaft konnte sich – wie die Union als Ganzes – als einziges politisches Gebilde verstehen, das über die Zonengrenzen hinweg noch »den deutschen Zusammenhalt« (Kaiser) wahrte. Das gab ihr eine besondere deutschlandpolitische Verantwortung, und dementsprechend stand in ihren ersten Beratungen neben den brennenden Alltagsproblemen deutscher Not wie Ernährung,

Demontage, soziale Sicherung, Kriegsgefangene, Entnazifizierung und Verfassungszukunft der Fragenkomplex der deutschen Einheit und gesamtdeutschen CDU im Vordergrund. Bis in das Jahr 1948 hinein versuchte sie, trotz der immer schlimmer werdenden Sowjetisierung des östlichen Teils Deutschlands die Beziehungen zur dortigen Union als »einen wesentlichen Bestandteil der Gesamtunion« nicht abreißen zu lassen. Doch der erste Höhepunkt des Kalten Krieges – in Deutschland machte ihn die Sprengung des Alliierten Kontrollrats durch die sowjetische Seite im März 1948 offenkundig – begrub jede Hoffnung, sich der rasch fortschreitenden Spaltung entgegenstemmen und die verschiedenartige Entwicklung der CDU in Ost und West aufhalten zu können. Das hatte wiederum Rückwirkungen auf die Praxis der Arbeitsgemeinschaft, die sich im Laufe des Jahres 1949 immer mehr zur Konferenz der Landesvorsitzenden wandelte. Seit April 1948 nahmen an ihren Sitzungen – 33 insgesamt – die Vertreter Berlins und der SBZ nicht mehr teil.

4. In der Ostzone

Je mehr sich die Teilung Deutschlands vertiefte, desto stärker lebten sich die Unionsparteien diesseits und jenseits der Zonengrenze auseinander. An Differenzen darüber, wie dieser Entwicklung politisch zu begegnen sei, fehlte es auch in der Arbeitsgemeinschaft nicht. Sie gingen letztlich auf Grundpositionen zurück, die von Kaiser und Adenauer als den führenden Persönlichkeiten der östlichen und der westlichen Seite verkörpert wurden. Während Adenauer in nüchterner Einschätzung der sowjetischen Herrschaftsabsichten und der deutschen Ohnmacht die staatliche Konsolidierung der Westzonen in Freiheit und die Anlehnung an den freien Westen betrieb, war für Kaiser die nationale Einheit der maßgebliche Ausgangspunkt. Er glaubte, sich mit der Sowjetunion arrangieren zu können – »sich finden« in seiner Diktion –, indem er Deutschland die politische Aufgabe zuwies, Brücke zwischen Ost und West zu sein – mit der Union als tragendem Pfeiler gleichsam.

»Deutschland spürt heute den Atem des Westens und des Ostens. Es ringt um die Prägung seines eigenen Wesens, und es wird diese

Prägung zu finden wissen. Die Union wird daran mitarbeiten. Das Leben unseres Volkes hängt nicht zuletzt von der Verständigung zwischen Ost und West ab. Dieser Verständigung zu dienen, ist eine unserer verpflichtendsten Aufgaben« – Sätze aus dem Schlußwort Kaisers auf der ersten Parteitagung der CDU im Sowjetbereich, abgehalten im Berliner Admiralspalast am 16./17. Juni 1946. Durch die Teilnahme von mehr als hundert Gästen aus den Westzonen hatte die Veranstaltung, wie Gradl rückblickend gemeint hat, den »Charakter eines überzonalen, eines ›gesamtdeutschen‹ Parteitages« gewonnen. Dieses starke Außenbild, vor allem aber der für sie positive Ausgang der ersten Kommunal- und Landtagswahlen in der Sowjetzone, gaben der Union Selbstvertrauen und Behauptungswillen, um der von den Sowjets geförderten Parteidiktatur der Sozialistischen Einheitspartei im »Blocksystem« Widerstand entgegenzusetzen, ihre brutale Personalpolitik in Schranken zu halten, die räuberischen Enteignungskampagnen zu bremsen und gegen Willkürmaßnahmen wie Drangsalierung, Verhaftung und Verschleppung politischer Gegner oder sonst mißliebiger Personen Einspruch zu erheben.

In den Wahlen vom Herbst 1946 kam die Partei trotz Behinderungen und Schikanen seitens der Sowjets und der SED zu beachtlichen Erfolgen. Während sie in den Gemeinden (erste Septemberhälfte) noch knapp mit dem dritten Platz nach der SED und den Liberaldemokraten vorlieb nehmen mußte, erreichte sie in den Ländern und Kreisen (20. Oktober) mit rund einem Viertel der Wählerstimmen Platz zwei, in Gesamt-Berlin nach der SPD und vor der SED. Wie die CDU bei den Menschen im Machtbereich der Sowjetunion ankam, zeigte sich auch daran, daß sie 1946 mit 220 000 Mitgliedern die zweitstärkste Partei der SBZ nach der SED war. Ihr mutiger Versuch unter Kaiser und Lemmer, auf dieser Basis auch innerhalb des »Blocks« eine eigenständige Politik zu verantworten, bedeutete zwar Sand im Getriebe des Sowjetisierungsprozesses, vermochte aber nicht auf Dauer die Gleichschaltung zur »bürgerlichen« Satellitenpartei und die Zwangskooperation mit der SED zu verhindern.

In den fünf Ländern der Sowjetzone, wo die Besatzungsmacht schon Anfang Juli 1945 Provinzial- und Landesverwaltungen eingesetzt hatte, ergaben die Gemeindewahlen vom 15. September 1946 folgende Stimmenanteile für die CDU (in Klammern im Vergleich

SED und LDP): Provinz Brandenburg 15,6 Prozent (54,3; 17,2),
Mecklenburg 15,2 Prozent (63,2; 9,5), Sachsen 19,7 Prozent (48,4;
20,2), Sachsen-Anhalt 13,3 Prozent (49,5; 19,8) und Thüringen 16,7
Prozent (46,4; 23,7). In den Kreis- und Landtagswahlen am 20. Oktober 1946 konnte die Union ihre Position – trotz heftigster Wahl-
beeinflussung seitens der sowjetischen Administration, unter anderem durch Nichtzulassung in fünfzehn Wahlkreisen – wesentlich
verbessern und knapp vor der LDP zur zweitstärksten Partei werden.
Dabei erreichte sie ihre besten Ergebnisse in Mecklenburg (34%)
und Brandenburg (30,3%).

Von den Ministern, mit denen sie sich an den Länderregierungen
beteiligte, konnte jedoch kaum einer sein Amt über die nächste
Wahlperiode hinweg halten: Georg Grosse, Versorgungsminister in
Thüringen, Fritz Schwob, Minister für Arbeit und Sozialwesen, und
Ernst Stargardt, Justizminister, beide Brandenburg, sahen unter dem
Druck des rigorosen Gleichschaltungskurses nur einen Ausweg in
der Flucht nach dem Westen; auch Gerhard Rohner, Finanzminister
in Sachsen, wurde – als »Hickmann« verunglimpft – Opfer der von
den Sowjets und der SED 1949/50 inszenierten Kampagne gegen den
CDU-Landesvorsitzenden von Sachsen und Vizepräsidenten der
Volkskammer. Die Verfolgungswelle von 1950 traf Siegfried Witte,
Wirtschaftsminister in Mecklenburg, und den Sozialminister von
Sachsen-Anhalt, Leo Herwegen, der in einem Schauprozeß unter
Leitung der berüchtigten Hilde Benjamin wegen »Schiebergeschäf-
ten« mit der Bundesrepublik zu 15 Jahren Zuchthaus verurteilt
wurde. Das Schicksal dieser Männer war das getreue Abbild dessen,
was – meistens noch roher und rücksichtsloser – CDU-Parlamenta-
rier und Funktionsträger der CDU-Landesparteien über sich ergehen lassen mußten – »im wesentlichen eine Geschichte von Abset-
zungen, Verhaftungen und Fluchten« (Richter).

Der »Kampf für Deutschland« (Kaiser), den die CDU Berlins und
der SBZ mit großen Opfern führte, war zugleich ein Kampf um die
eigene Unabhängigkeit und die Verbindung mit den Unionsparteien
der Westzonen. So gut gemeint und ehrlich ihr Wollen war, Partei
und Vorstand verfingen sich mit jedem Schritt, den sie taten, mehr in
den Zwangslagen des Ost-Westgegensatzes und den Umgarnungen
des SED-Systems. Als Teil der deutschen Teilungsgeschichte ist auch

die Geschichte der Unionsspaltung von Tragik geprägt. Es kam dazu, daß ihre gesamtdeutschen Bemühungen, insbesondere auch in der CDU/CSU-Arbeitsgemeinschaft, und ihre Konzepte wie die »Nationale Repräsentation«, in der die Parteien den politischen Willen des deutschen Volkes gegenüber den Siegermächten zum Ausdruck bringen sollten, nur noch als deutschlandpolitische Funktion für die Sowjetunion Bedeutung hatten. Schließlich erfüllte ihre Parteiarbeit lediglich eine Alibifunktion und diente zur Verschleierung des kommunistischen Einparteien-Regimes durch Vortäuschung einer pluralistischen Demokratie. In der Kaiser/Lemmer-Krise Ende 1947 kam es an den Tag: Die CDU im Sowjetbereich kämpfte auf verlorenem Posten.

An der Politik der CDU-Spitze in Berlin und der SBZ bewahrheitete sich die alte Weisheit, daß der »ehrliche Mittler« meistens zwischen alle Stühle gerät. Kaiser mußte es bei seinen Reisen durch die Westzonen im Frühjahr 1947 erleben, daß dort sein Werben um die »Ausgleichsaufgabe der Union«, um Ausgleich zwischen den Parteien hüben wie drüben, zwischen West und Ost angesichts der Repressionen von sowjetischer Militäradministration und SED auf eine »versteifte Haltung der Ostzone gegenüber« traf, wenn nicht gar Mißdeutungen hervorrief. »Nicht gerade ermutigend«, so lautete seine Bilanz im Vorstand der CDU Berlins und der SBZ am 12. Juli. Ein schwerer Schlag für seine Politik einer gesamtdeutschen beratenden Körperschaft war das Scheitern der Münchener Ministerpräsidentenkonferenz (6./8. Juni 1947) als »gesamtdeutscher Plattform« (Gradl). Was von der CDU Berlins und der SBZ als Chance begrüßt wurde, zu einem »starken gesamtdeutschen Bekenntnis zu kommen«, endete, bevor es angefangen hatte: mit der Abreise der fünf Ministerpräsidenten aus der Sowjetzone.

Die Verschärfung der Blockpolitik durch Einbeziehung neuer Einheitsorganisationen wie Bauernhilfe, FDJ, Demokratischer Frauenbund usw., um den Widerstand der nichtkommunistischen Parteien zu brechen, vor allem die von der SED inszenierte »Volkskongreß-Bewegung«, waren Instrumente der politischen, organisatorischen und weltanschaulichen Gleichschaltung. Sie machten auch die letzten Hoffnungen auf Verständigung mit den Kommunisten und auf Erhaltung parteipolitischer Eigenständigkeit zunichte. Kaiser und Lemmer legten deshalb die Union auf einen Kurs fest, der – so oder so – eine »Klärung ihrer Stellung im ostdeutschen Raum« herbeiführen sollte. Unter dem Leitsatz »Die Union darf nie in ein Zwielicht kommen« bekräftigte der Vorstand der CDU Berlins und der SBZ noch einmal seine Politik der »Zusammenfassung aller deutschen Kräfte« und seine Demokratieauffassung, wonach allein die Parteien Träger und Organe der politischen Willensbildung des Volkes sind (12. Juli 1947).

Die Jahrestagung der CDUD vom 6. bis 10. September des Jahres in Berlin, wieder im Admiralspalast, ging als »Parteitag des Widerstands« in die Geschichtsbücher ein. Auch für die Frauen in der Union wurde dort durch Gründung einer »interzonalen Frauenarbeitsgemeinschaft« unter dem Vorsitz von Helene Weber »Geschichte geschrieben«. Neben den ca. 250 Delegierten waren anwesend: Vertreter der Besatzungsmacht, an ihrer Spitze Oberst Sergej Tjulpanov, Leiter der Informationsabteilung der sowjetischen Militärregierung, die internationale Presse und zahlreiche Parteifreunde aus den Westzonen, unter ihnen »Prominenz« wie Johannes Albers, Heinrich von Brentano, Gustav Heinemann, Karl Arnold, der erste gewählte Ministerpräsident von Nordrhein-Westfalen sowie die Landesvorsitzenden der CDU Nordbadens und Nordwürttembergs, Fridolin Heurich und Josef André – ein Forum also, das zu einer Demonstration des Unionswillens geeignet schien, wie sie Kaiser beabsichtigte.

Seine Parteitagsrede war mutig, fast trotzig und drückte sich nicht um die heiklen Themen. Sie gab sich als Ausdruck des »erregten Willens« der CDU-Mitglieder, »unter allen Umständen zur echten Idee der Union und zur politischen Freiheit zu stehen«. Sie wiederholte die Forderung nach Bildung einer gesamtdeutschen Körperschaft als Vorstufe einer deutschen Zentralverwaltung, sie bejahte den von Sowjets und SED als »amerikanischen Versklavungsplan« für Europa verworfenen Marshallplan als notwendige Hilfe für Deutschland, und sie verkündete als »verpflichtende Aufgabe« der CDU, »Wellenbrecher des dogmatischen Marxismus und seiner totalitären Tendenzen« zu sein. Die anschließenden Vorstandswahlen erbrachten eine überwältigende Bestätigung der Kaiser-Linie: Kaiser selbst wurde mit 248 von 249 Stimmen als Parteivorsitzender, Lemmer mit 247 von 248 als zweiter, Reinhold Lobedanz, Mitgründer der CDU Schwerin und Landesvorsitzender der CDU Mecklenburg, als dritter und Hugo Hickmann, Landesvorsitzender der CDU Sachsen, als vierter Vorsitzender gewählt.

In Reaktion auf den Parteitag nahmen die Angriffe der SED gegen Kaiser und seine Anhänger an Giftigkeit zu. Der Druck der sowjetischen Militäradministration auf Funktionsträger der CDU verstärkte sich bedrohlich. »Fortschrittliche Kräfte« unter ihnen, die nicht so widerstandsbereit waren, wurden gegen die »reaktionären, antisowjetischen und provokatorischen« aufgeboten, um Unfriede in die Partei hineinzutragen, sie zu schwächen und auf diese Weise ihre Gleichschaltung zu Ende zu bringen.

Von den Unionsparteien in den Westzonen wurde die Haltung Kaisers zwar grundsätzlich gutgeheißen – wie Werner Conze vermutet, in dem Bewußtsein, daß sie sowieso chancenlos sei –, aber eine tatkräftige Unterstützung blieb aus. So war es auch in den Beratungen der CDU/CSU-Arbeitsgemeinschaft. Eine regelrechte Abfuhr bekam Kaiser von der SPD Schumachers im Westen, die er zeitweise umworben hatte, die aber wegen der »einheitssozialistischen« Zwangsvereinigung mit der KPD in der SBZ jede deutschlandpolitische Initiative zusammen mit den Kommunisten scharf ablehnte. Kaiser war somit völlig isoliert. Problemlos konnten Sowjets und SED ihn nun absetzen.

Zur entscheidenden Krise führte dann der Konflikt um den »Volkskongreß«. Um die sowjetische Position auf der Londoner Außenministerkonferenz (25. November–15. Dezember 1947) zu stärken, war von der SED-Führung ein »deutscher Volkskongreß für Einheit und gerechten Frieden« für den 6./7. Dezember nach Berlin einberufen worden. Er sollte sozusagen den »Willen des deutschen Volkes« gegenüber den Siegermächten vertreten. Eingeladen waren die Parteien, Gewerkschaften, Massenorganisationen, Vertretungen der Wissenschaft und Kunst, Betriebsbelegschaften usw. Der Vorstand der Ost-CDU lehnte eine offizielle Beteiligung ab, weil er dem Unternehmen weder eine demokratische Legitimation noch einen wirklich gesamtdeutschen und überparteilichen Charakter zuerkennen konnte. Er sah sich jedoch gezwungen – nicht zuletzt wegen des massiven persönlichen und politischen Drucks, den die Sowjets

auf Mitglieder und Funktionäre der Union einschließlich der
Parteiführung ausübten –, die Teilnahme zur »eigenen Entscheidung« freizugeben. Das Ergebnis war, daß von den 2215 Volkskon-
greßdelegierten 219 aus der CDU kamen, darunter das Vorstandsmitglied Otto Nuschke, ein Berliner Mitgründer, und die Landesvorsitzenden außer Hickmann (Sachsen).

Damit bekam die sowjetische Militäradministration einen bequemen Hebel gegen Kaiser in die Hand, der in der publizistischen Vorbereitung seiner Ausschaltung als »Agent der amerikanischen Reaktion« abgestempelt wurde. Die parteiinternen Spannungen, die mit
der Diskussion über die Volkskongreß-Beteiligung entstanden waren, durch sowjetische Einmischung noch gesteigert, lieferten die
Handhabe, um auf Rücktritt des Ersten Vorsitzenden zu drängen.
Trotz intensiver Anstrengungen gelang es den Sowjets aber nicht, das
Vertrauen der Parteibasis zu Kaiser zu erschüttern oder den Vorstand derart zu entzweien, daß ein Mißtrauensantrag Erfolg gehabt
hätte. Sie mußten direkt eingreifen. Am 20. Dezember 1947 wurde
der CDU-Leitung in der Jägerstraße die Entscheidung mitgeteilt, daß
die sowjetische Militäradministration »bis auf weiteres« die Vorsitzenden der sechs Landesverbände »als oberste Vertretung der Partei« unter dem Vorsitz von Lobedanz und Hickmann betrachte.
Gleichzeitig wurde dem bisherigen Hauptschriftleiter der »Neuen
Zeit« die Lizenz entzogen, die Zeitung gleichgeschaltet. »Dieser Befehl der Militärregierung bedeutete das Ende der eigenständigen
CDUD in der Sowjetzone« (Conze).

Die Situation war eigenartig, nichtsdestoweniger faktisch eindeutig: Kaiser und Lemmer, der 2. Vorsitzende, waren weder abgesetzt
noch abgewählt, sondern »vorläufig für funktionsunfähig erklärt
worden«, wie Hickmann in einer von der sowjetischen Zensur unterdrückten Presseerklärung formulierte. Beide galten noch immer
als »legale«, das heißt satzungsmäßig gewählte Vorsitzende der CDU
Berlins und der SBZ. Als solche nahmen sie zusammen mit Hickmann an der »Interzonentagung« teil, die am 28./29. Dezember 1947
in der »Reichsgeschäftsstelle« die CDU/CSU-Arbeitsgemeinschaft
und weitere namhafte Persönlichkeiten der Union vereinte. Hier bekamen sie in einer »gemeinsamen Erklärung der CDU/CSU Deutschlands« nicht nur das »Vertrauen der Gesamtunion« ausgesprochen,

sondern auch bestätigt, daß die Union der Sowjetzone »ein wesent-
licher Bestandteil der Gesamtunion« sei. Ja, durch die Stimme dieser
Versammlung bekannte sich die Union, nachdem durch den Abbruch der Londoner Außenministerkonferenz die Signale der alliierten Deutschlandpolitik auf Teilung gesetzt worden waren, »zum un-
teilbaren Vaterland«: »Das deutsche Volk hat durch das bei den demokratischen Wahlen in allen vier Zonen ausgesprochene Vertrauen
der Union als der größten Partei Deutschlands die besondere Verpflichtung auferlegt, Wegbereiter der deutschen Einheit zu sein und
die deutsche Demokratie einheitlich zu entwickeln.«

Angesichts der Bizonenpolitik im Westen und des Sowjetisie-
rungskurses im Osten blieben die Anregungen für eine gesamtdeutsche Organisation der Union deklamatorisch. Vertreter der Westzonen befürchteten nach Ausschaltung Kaisers und Lemmers, daß
»sich in der Zone eine Partei entwickelt, die zwar noch den Namen
CDU trägt, von der wir aber nicht mehr sagen können, daß sie mit
dem, was wir unter Christlich-demokratischer Union verstehen,
identisch ist« (Heinrich von Brentano).

Die weitere Unionsentwicklung in der Ostzone gab ihnen recht.
Die »Kaiser/Lemmer-Krise« war der Auftakt zur Umwandlung
der Ost-CDU in eine »prokommunistische zentralistische Kaderpartei« – ein Prozeß, der bis in die fünfziger Jahre hinein und teilweise
sogar noch darüber hinaus dauerte. Es begann damit, daß diejenigen,
welche sich mit Kaiser solidarisch zeigten, kaltgestellt wurden;
das mindeste war die Aussperrung von den Parteigeschäftsstellen.
An die sechshundert CDU-Mitglieder, vornehmlich aus der mittleren Funktionärsebene, wurden im Verlauf der Unterdrückungs-
kampagne durch persönliche Bedrohung zur Flucht in den Westen
gezwungen oder gar unter irgendeinem Vorwand inhaftiert. »Politischer Differenzierungsprozeß zwischen Fortschritt und Reaktion«
hieß das im zynischen Jargon der kommunistischen Machthaber. In
der Folgezeit nahm die Zahl der Mitglieder der Ost-CDU um mehr
als die Hälfte ab und pendelte sich in den fünfziger Jahren auf rund
100 000 ein.

Kaiser setzte mit seinen Mitarbeitern (Robert Tillmanns, Elfriede
Nebgen, Johann Baptist Gradl u. a.) zunächst im britischen Sektor
Berlins (Charlottenburg, Reichsstraße 4) als »Kaiser ohne Land«,

wie er nicht ohne Selbstironie seine Position bezeichnete, die Arbeit des gewählten Hauptvorstands fort, in Rivalität zu dem in Ost-Berlin agierenden »Koordinierungsausschuß der Landesvorsitzenden der CDU« unter Hickmann. Bis in die Ortsgruppen hinein versuchte er, auf »illegalen« Wegen den Mitglieder-Stamm der Union in der SBZ bei den alten Fahnen zu halten. Als Organ der legalen CDU-Führung kam seit dem 23. März 1948 der »Tag« heraus.

Bei den bestehenden Verhältnissen – zudem im Jahr der Währungsreform und der »Berliner Blockade« – waren auch bald die Tage eines einheitlichen Berliner Landesverbandes der Union gezählt. Nachdem sich aus Protest gegen Eingriffe der sowjetischen Besatzungsmacht die CDU Berlin unter dem Vorsitz Walther Schreibers von den Landesverbänden der SBZ getrennt hatte (Parteitag der Berliner CDU am 10./11. April 1948), wurde im Ostsektor ein »Arbeitskreis Groß-Berlin beim Gesamtverband der CDU« unter dem Vorsitz von Helmut Brandt gegründet. Aus ihm ging eine neue Landesorganisation in Berlin hervor, die von den Sowjets als alleinige legitime Vertretung der Union in der Reichshauptstadt anerkannt wurde (2. September 1948). Damit bestanden in der Vier-Sektoren-Stadt zwei Unionsparteien gleichen Namens: die demokratische des Westens und die prokommunistisch geführte des Ostens.

Gut zwei Wochen darauf fand in Erfurt der 3. Parteitag der Ost-CDU statt (18.–20. September 1948). Die Delegierten aus den Kreisverbänden waren von der sowjetischen Administration gesiebt worden. So fand der Kurs des mit 186 von 251 abgegebenen Stimmen zum Parteivorsitzenden gewählten Otto Nuschke eine mehrheitliche Unterstützung. Er stand für eine Wiedervereinigungs- und Neutralisierungspolitik im Interesse der Sowjets. Sein Kalkül war, daß eine christlich-demokratische Partei in der SBZ nur eine Überlebenschance haben würde, wenn sie den Kommunisten nach dem Munde redete. Der Union in der SBZ sollte dadurch, daß sie eine positive Stellung zur sozialistischen Umgestaltung von Staat und Gesellschaft einnahm, ein Freiraum erhalten bleiben. Nach den Worten Nuschkes gab es für die Deutschen in der Ostzone nur die drei Möglichkeiten, Selbstmord zu begehen, in den Westen zu flüchten oder sich mit den Sowjets zu verständigen. Die Entschließung des Erfurter Parteitags markierte die neue Richtung in deutlicher Abkehr von

Kaiser, der als Abtrünniger diffamiert wurde: »Unter Führung Otto
Nuschkes entfernten die patriotischen und demokratischen Kräfte
der CDU Jakob Kaiser und seine Clique aus der Leitung der Partei
und der Partei selbst und führten unsere Partei – entsprechend dem
Gründungsaufruf – auf den Weg der nationalen Sache und des Fortschritts, also auf den Weg der sozialen Erneuerung Deutschlands in
Unterstützung der Partei der Arbeiterklasse.« Mit dieser Haltung
wurde Nuschke zum »bürgerlichen Aushängeschild einer sich
›Volksdemokratie‹ nennenden stalinistisch-totalitären Diktatur«
(Michael Richter), die Ost-CDU zum zweifelhaften Kronzeugen der
gesamtdeutschen »Verantwortung« Sowjetrußlands.

5. In den Westzonen und in West-Berlin

Die Ereignisse in Berlin und der SBZ blieben nicht ohne Wirkung auf
die Union im Westen. Sicherlich hätten sich die Landesparteien der
CDU in den Westzonen nicht so kräftig und unabhängig von der
Berliner »Reichsunion« entwickeln können, wenn nicht durch die
»volksdemokratische« Umgestaltung der SBZ, die ja ein Teilvorgang
der Sowjetisierung Osteuropas 1947/48 war, die Furcht vor dem
Kommunismus stark angewachsen wäre. Je bedrohlicher sich die Sowjets und ihre SED-Gehilfen gebärdeten, desto mehr ebbten im Westen die Spannungen zwischen den deutschen Parteipolitikern und
den Besatzungsbehörden ab. Unter anderen Bedingungen als jenen
des Kalten Krieges wäre es auch Adenauer, an der Spitze der CDU
der britischen Zone, der nach Mitgliederschaft und effektiver Organisation stärksten Kraft der Union, wesentlich schwerer gefallen,
sich mit seinen politischen Vorstellungen durchzusetzen, nicht zuletzt gegenüber der »Reichspartei« und ihren führenden Repräsentanten. So jedoch wuchs dem großen Realisten unter den deutschen
Politikern der Nachkriegszeit in dem Maße politisches Gewicht zu,
in dem die Realitäten des Ost-West-Gegensatzes die deutschen
Dinge bestimmten.

In dieser komplexen Situation, in der Eigenständigkeit im Verhältnis zur jeweiligen Besatzungsmacht ebenso gefragt war wie Kon-
sensfindung zwischen den Unionsparteien der verschiedenen Län-

der, erwies sich der »angeborene« föderative Charakter der CDU als
prägendes Element ihrer weiteren Entwicklung. Auch die Beratungen der CDU/CSU-Arbeitsgemeinschaft und – in der britischen
Zone – die Arbeit der Zonenpartei standen ganz im Zeichen dieses
»Parteiföderalismus«. Vor Gründung der beiden deutschen Staaten
bestanden neben dem Zonenverband der CDU in der SBZ mit fünf
Landesverbänden (Brandenburg, Mecklenburg, Sachsen-Anhalt,
Thüringen, Sachsen) und dem Zonenausschuß der britischen Zone
mit acht Landesverbänden (Rheinland, Westfalen, Hamburg, Schleswig-Holstein, Hannover, Braunschweig, Oldenburg, Bremen) in der
amerikanischen Zone drei Landesverbände (Hessen, Nordwürttemberg, Nordbaden) sowie die CSU und in der französischen Zone drei
Landesverbände (Rheinland-Pfalz, Südbaden, Württemberg-Hohenzollern), außerdem der Berliner Landesverband (seit 11. Februar
1948). Gradl hatte zweifellos recht, wenn er seinen Parteifreunden
aus Westdeutschland entgegenhielt: »Die Union, wie sie jetzt ist, ist
eine Fiktion« (Interzonentagung 28./29. Dezember 1947). In der
Folgezeit bewahrheitete sich seine Einschätzung mehr und mehr:
Nicht nur, daß nach dem Erfurter CDU-Parteitag die Landespartei-
vorsitzenden der Ostzone von den Tagungen der CDU/CSU-Ar-
beitsgemeinschaft ausgeschlossen blieben. Selbst eine Satzung für
die Arbeitsgemeinschaft der »westlichen« Landesvorsitzenden kam
nicht zustande; sie konnte wegen der von der CSU vorgebrachten
Einwände nicht in Kraft treten. Es gab kein gemeinsames Parteiprogramm, keine Wahlwerbungszentrale, keine einheitlichen Mitglieds-
ausweise und Statuten; es fehlte an Personalpolitik und an gesicher-
ter Finanzierung – kurz, die Union lebte von der Hand in den Mund.
Ihre Stärke beruhte auf ihrer Stellung in den Ländern und Kreisen,
auf ihrer gerade dort wirksamen Fähigkeit, heterogene Interessen
und Traditionsbestände zusammenzubinden.

Nordrhein-Westfalen entwickelte sich aufgrund der lebendig ge-
bliebenen Zentrumstradition der Landesverbände Rheinland und
Westfalen zur CDU-Hochburg. Dreiviertel der CDU-Mitglieder der
britischen Zone waren hier zu Hause. Auch besaß hier der sogenannte linke Flügel, der sich aus den ehemaligen christlichen Gewerkschaftern und der katholischen Arbeiterbewegung rekrutierte,
seine Basis. In den Kommunal- und Kreiswahlen am 15. September

und 13. Oktober 1946 erhielt die CDU 49,1 Prozent der Stimmen
und wurde vor der SPD, die auf 30,2 Prozent kam, zur stärksten Partei des Landes. Diesen Platz konnte sie auch in der folgenden ersten
Landtagswahl verteidigen (20. April 1947). Allerdings büßte sie
zwölf Prozent ein und kam nur noch auf einen Stimmenanteil von
37,57 Prozent, was teils der geringen Wahlbeteiligung, teils dem
kräftezehrenden Duell mit der Zentrumspartei zugeschrieben
wurde. Als Ministerpräsident an der Spitze einer Koalitionsregierung aus CDU/SPD/Zentrum und KPD wurde der 46jährige, aus den
Christlichen Gewerkschaften kommende Karl Arnold gewählt, der
zunächst Oberbürgermeister von Düsseldorf, dann im zweiten Kabinett Rudolf Amelunxen stellvertretender Ministerpräsident gewesen war. Adenauer wurde Vorsitzender der CDU-Fraktion im Landtag. Die Ressorts Finanzen (Heinrich Weitz), Landwirtschaft und
Ernährung (Heinrich Lübke), Kultus (Christine Teusch) sowie Justiz (Gustav Heinemann) fielen an CDU-Minister. In seiner Regierungserklärung kündigte Arnold eine Wirtschafts- und Sozialpolitik
an, die sich dem »sittlich vorgeschriebenen Dienst an der Gemeinschaft« verpflichtet fühlte. Schwerpunkte der Regierungsarbeit waren der Kampf gegen Demontagen und Ernährungsnotstand sowie
die Auseinandersetzungen um das Ruhrstatut. Durch die angekündigte Sozialisierung der Kohleindustrie und durch eine Bodenreform
wurde eine gesellschaftliche Neuordnung eingeleitet. Das besondere
Interesse der CDU in der Regierung galt der Schulpolitik, wo sie gemeinsam mit dem Zentrum für eine Erziehung in der christlich-abendländischen Tradition, für Elternrecht und Konfessionsschule
eintrat.

In Schleswig-Holstein, wo der Zustrom von Flüchtlingen und
Vertriebenen besonders stark war, hatte die von den Briten ernannte
Provinzialvertretung zunächst eine Allparteienregierung unter dem
Berliner CDU-Mitgründer Theodor Steltzer gebildet, der eine nationaldemokratische Linie repräsentierte. Obwohl hier der zweitgrößte
CDU-Verband der britischen Zone (etwa 8% der Gesamtmitgliederstärke) entstanden war, fielen die Landtagswahlen am 20. April 1947
für die Union enttäuschend aus: Sie erhielt nur 34,06 Prozent der
Stimmen; die SPD mit 43,79 Prozent konnte aus eigener Kraft eine
Regierung stellen. Zum großen Teil ging die Schwäche der Union auf

ständige Streitereien zwischen Steltzer und dem Landesvorsitzenden Schröter zurück, der nach der Wahl an Stelle des resignierenden Steltzer die Oppositionsführung im Landtag übernahm. Die CDU verfügte dort nur über 21 Mandate, die SPD hingegen über 43. Bald bekam die CDU jedoch durch die überzeugende Unionspolitik im Frankfurter Wirtschaftsrat, vor allem aber durch den Erfolg in der ersten Bundestagswahl, auch im nördlichsten Bundesland wieder Auftrieb, nicht zuletzt als Wortführerin gegen die Schul- und Agrarbestimmungen der Landessatzung. Im Wahlbündnis mit Deutscher Partei und FDP (»Deutscher Wahlblock«) kam sie nach den Landtagswahlen am 9. Juli 1950 zu einer Mehrheit. Dabei war die Schlüsselposition des BHE (Block der Heimatvertriebenen und Entrechteten) entscheidend, der nach Wegfall der Lizenzierungspraxis unter dem Vorsitz von Waldemar Kraft aufgeschossen war – mit 23,4 Prozent der Stimmen und 15 Sitzen im Landtag. Die Regierungsverantwortung in Schleswig-Holstein – paradoxerweise mit dem schlechtesten Wahlergebnis ihrer Geschichte (19,9%) errungen – gab die Union dann bis 1988 nicht mehr ab. Als Ministerpräsident amtierte zunächst, für kaum zehn Monate, der Neumünsteraner Fabrikant Walter Bartram; ihm folgte der Flensburger Landrat Friedrich Wilhelm Lübke (1951–1954), ein älterer Bruder Heinrich Lübkes. Seine Amtszeit stand im Zeichen eines fortschreitenden Ausbaus der Wirtschaft des Landes.

In Hamburg hatte die CDU eine ungünstige Ausgangsposition. Die zwei Gruppierungen, aus denen sie entstanden war, die eine mit Zentrumstradition, katholisch beeinflußt und christlich-sozial, die andere hanseatisch geprägt, protestantisch, großbürgerlich mit liberal-konservativer Einstellung, ließen sich nicht zusammenschweißen. Das äußerte sich immer wieder in innerparteilichen Konflikten, Animositäten und Fraktionsbildungen. In der ersten Wahlperiode der Bürgerschaft mußte die CDU in die Opposition gehen. Sie hatte in den Bürgerschaftswahlen am 13. Oktober 1946 lediglich 26,7 Prozent der Stimmen bekommen. Die SPD kam auf 43,1 Prozent und bildete mit FDP (18,2%) und KPD (10,4%) den Senat. Die Hansestadt war auch, wie in fast allen anderen deutschen Ländern, von Problemen der Reparationen, der Wiedergutmachung und Entnazifizierung sowie von unmittelbaren Existenzsorgen wie Wohnraumbeschaffung, Lebensmittel- und Brennstoffversorgung betroffen. Heftig umstritten war die Schulreform, auf seiten der CDU in Verteidigung des konfessionsgebundenen Religionsunterrichts und der vier (statt sechs-) jährigen Grundschulzeit.

Auch der Zusammenschluß von CDU, FDP und Deutscher Konservativer Partei (DKP) im Vaterstädtischen Bund Hamburg konnte die starke Stellung der SPD in der Hansestadt nicht erschüttern. In der Bürgerschaftswahl am 16. Oktober 1949 blieb sie mit 42,8 Prozent stabil, während der Vaterstädtische Bund nur auf 34,5 Prozent kam. Erst die Wahl am 1. November 1953 brachte – nach einem mit großer Erbitterung geführten Wahlkampf – die CDU in der Fraktionsgemeinschaft und Wahlpartei »Hamburg-Block« (HB) gemeinsam mit FDP und DP (50% der Stimmen gegen 45,2% der SPD) an die Regierung. Dr. Kurt Sieveking (CDU) übernahm das Amt des Ersten Bürgermeisters (1953–1957). Seit 1957 kandidierte die CDU in Hamburg wieder als eigenständige Partei.

In Niedersachsen befand sich die CDU in einer »problematischen Konkurrenzsituation« (J. Schmid). Die historisch-politische und soziale Vielgestaltigkeit des Landes, entstanden durch Vereinigung der Länder Hannover, Braunschweig, Oldenburg und Schaumburg-Lippe, kam der Herausbildung eines Vielparteiensystems entgegen. Besondere Probleme ergaben sich ferner dadurch, daß Niedersachsen ein Hauptaufnahmeland für Flüchtlinge war. Im ersten ernannten niedersächsischen Landtag, der Ende 1946 zusammentrat, saßen unter den 86 Abgeordneten zwanzig Vertreter der CDU, im Allparteienkabinett von Ministerpräsident Kopf (SPD) die CDU-Minister Georg Strickrodt (Finanzen) und Günther Gereke (Inneres). Vorsitzender der CDU-Fraktion wurde der Oberkirchenrat Adolf Cillien, der 1949 in der Nachfolge von Gereke auch den Vorsitz des Zentralausschusses der CDU in Niedersachsen übernahm und dann als präsidierender Vorsitzender ihres Hauptverbandes fungierte (1950–1960). Schon die ersten Gemeindewahlen (15. September 1946), in denen die CDU bei einer großen Zahl unabhängiger Kandidaten nur rund zehn Prozent der Sitze errang, und auch die folgenden Kreistagswahlen (13. Oktober), die ihr wenig mehr als zwanzig Prozent der Sitze einbrachten, zeigten, wie schwer es die Union hier haben würde. Die Landtagswahl am 20. April 1947 lieferte nur die

Bestätigung: Die CDU, die den Wahlkampf gemeinsam mit der Niedersächsischen Landespartei (NLP/DP) geführt hatte, erreichte lediglich 19,9 Prozent der Stimmen. Das waren dreißig Mandate, während die SPD mit 43,4 Prozent (65 Mandate) den Haupttreffer machte. Die daraufhin neu gebildete Allparteienregierung Kopf brach indes nach einem Jahr über der brisanten Bodenreformfrage auseinander.

Auch im dritten Kabinett Kopf war die CDU neben SPD und Zentrum vertreten. Die ersten Wahlergebnisse und Regierungsbildungen hatten ihr aber bewußtgemacht, daß sie erst die Rivalen um ihr Wählerpotential, die DP und später auch den BHE, niederringen müsse, um sich Hoffnungen auf die Mehrheit machen zu können. Die Schulpolitik und die Verfassungsfrage boten in den folgenden Jahren Chancen zur Profilierung. Auch Fortschritte in der Parteiorganisation trugen zur Stärkung der niedersächsischen CDU bei: Am 20. Oktober 1950 fand in Goslar, unmittelbar vor dem ersten Bundesparteitag der Union, der erste gesamtniedersächsische Parteitag statt, der die Satzung für einen »übergebietlichen Hauptverband« der CDU in Niedersachsen beschloß. Ein völliger Fehlschlag war jedoch der Versuch, in den Landtagswahlen am 6. Mai 1951 den Erfolg, gemeinsam mit der DP, mittels der Wahlpartei »Niederdeutsche Union« zu suchen. Sie erhielt nur 23,8 Prozent der Stimmen oder 35 Mandate (davon nur zwölf für die CDU), was zusammengenommen einen Verlust von fast zwölf Prozent oder 17 Sitzen bedeutete. Entsprechend überlebte die »Niederdeutsche Union« die Legislaturperiode nicht.

Die CDU Bremen, »Fraktionspartei im Stadtstaat« (J. Schmid), konnte nach der ersten Wahl zwölf Abgeordnete in die 80köpfige Bremische Bürgerschaft entsenden (13. Oktober 1946). Als Bremerhaven (Wesermünde), wo bereits am 17. November 1945 eine Christlich-Demokratische Partei gegründet worden war, mit Bremen zu einem Land vereinigt wurde, erreichte die CDU in der am 12. Oktober 1947 fälligen Neuwahl 22 Prozent der Stimmen oder 22 Mandate für die nun um zwanzig Abgeordnete vergrößerte Bürgerschaft. Weil in der Folge ihre Forderung nach einer angemessenen Beteiligung im Senat nicht durchsetzbar war, ging sie als zweitstärkste Fraktion hinter der SPD bis 1951 in die Opposition. Fraktionsvorsitzende waren

in dieser Zeit Ernst Degenhardt (1946/47), früher Deutsche Demokratische Partei, Ernst Rex (1947), Johannes Degener (1947–1949)
und Ernst Müller-Hermann (1949–1951). Die Bürgerschaftswahlen
am 7. Oktober 1951 brachten einen Absturz auf 9 Prozent; die Reaktionen auf die ersten bundespolitischen Entscheidungen und die
Zersplitterung des Wählerpotentials durch das Aufkommen neuer
konservativer Gruppierungen und Interessenparteien (DP, BHE, SRP
u. a.) waren hierfür Hauptursachen. Die Sammlung der politischen
Mitte durch die Christliche Demokratie schien im »Zwei-Städte«-
Staat gescheitert. In dieser extremen Konkurrenzsituation ging die
CDU, unter Führung des Syndikus der Handelskammer und Schatzmeisters der Partei, Jules Eberhard Noltenius, und des Rechtsan-
walts Rudolf Blaum mit der SPD (39,1%) und der FDP (11,8%) eine
Koalition ein, die bis 1959 Bestand hatte.

In Hessen, wo das politische Spektrum der CDU von konservativen Gruppen bis zu sozialistischen Richtungen reichte, schaffte die
Partei auf Anhieb den Sprung über die Dreißig-Prozent-Marke. In
den Wahlen des Jahres 1946 gab es für sie Stimmenanteile zwischen
38 Prozent (Kreistag 28. April) und 30,9 Prozent (Landtag 1. Dezember). Die »linke« Mehrheit, die der Idee eines »Christlichen Sozialismus« anhing, drängte zum politischen Zusammengehen mit der
führenden SPD, zunächst in der Verfassungberatenden Landesversammlung beim Verfassungskompromiß, dann in der Großen Koalition unter Christian Stock, die bis 1950 Bestand hatte. Die CDU
stellte mit Werner Hilpert den Stellvertretenden Ministerpräsidenten
und besetzte die Hälfte der Ministerressorts. Den Vorsitz der CDU-
Landtagsfraktion hatte bis Juni 1947 Erich Köhler inne, dem Heinrich von Brentano folgte. Hilpert stellte sich mit seinem Konzept einer »betont sozialen, in wirtschafts- und sozialpolitischer Hinsicht
eng an die Sozialdemokratie angelehnten und auf Ausgleich und
Harmonie ausgerichteten Politik« (Rüschenschmidt) bewußt gegen
Adenauer und dessen Gefolgsleute in der hessischen CDU. Als sie
aber in den Landtagswahlen am 19. November 1950 auf fast die
Hälfte ihres Stimmenanteils von 1946 zurückgeworfen wurde – sie
erhielt nur noch 18,8 Prozent der Stimmen und 12 statt 28 Mandate –, fand mit dem Ausscheiden aus der Regierungsbeteiligung
auch dieser Versuch parteipolitischer Eigenwilligkeit sein Ende.

Der CDU-Landesverband Baden-Württemberg ist erst 1971 geschaffen worden. Die »Spätgeburt« läßt noch die Schwierigkeiten erkennen, die mit der Koexistenz von vier Landesverbänden in drei Ländern und zwei Zonen bis zur Bildung des Südweststaats 1952 verbunden waren. In Württemberg-Baden (durch Proklamation Eisenhowers 1945 aus den Gebieten Nordwürttemberg und Nordbaden gebildet) begann das politische Leben auf Landesebene mit der Allparteienregierung aus CDU, SPD, DVP (FDP) und KPD unter Reinhold Maier (DVP/FDP), dem ehemaligen Wirtschaftsminister Württembergs. In den ersten Kommunal- und Kreiswahlen (28. April/26. Mai 1946) mit 30,2 Prozent noch knapp der SPD (32%) unterlegen, entschied die CDU die folgende Landtagswahl am 24. November 1946 mit 36,8 gegen 31,9 Prozent der Stimmen deutlich für sich. Ihre Hochburgen bildeten sich überall da, wo der katholische Bevölkerungsanteil hoch war und das Zentrum vor 1933 eine starke Stellung gehabt hatte.

Doch ein politisch unkluges Verhalten in der Südweststaatsfrage und dem sogenannten »Entnazifizierungsskandal«, der die Regierung Maier in Bedrängnis brachte, warf sie wieder beträchtlich zurück. In der Landtagswahl am 19. November 1950 fiel sie auf einen Stimmenanteil von 26,3 Prozent hinter die SPD (33%) zurück und mußte von ihren 39 Sitzen 11 abgeben. Verärgert über diese Niederlage ging die Union in die Opposition, geführt von dem ehemaligen christlichen Gewerkschafter Franz Wiedemeyer, einem »Zentrumsparlamentarier alten Schlags« (Maier).

In den badischen und württembergischen Gebieten der französischen Zone, in denen das christliche Wählerpotential massiert war, kam die CDU schon im ersten Anlauf (bzw. ihre Gründungsparteien) zu sicheren Mehrheiten. Gleichwohl erschwerten dort innerparteiliche Spannungen, die von konfessioneller Rücksicht, regionalem Eigenbewußtsein und dem Gegensatz zwischen liberalen und konservativen Ausgangspositionen herrührten, Übernahme und Ausübung der Regierung. Letztlich aber konnte sich die Union überall im Südwesten als Sammlungsbewegung der bürgerlichen und christlich-sozialen Gruppierungen durchsetzen, die sie zu etwas Neuem verschmolz.

In Südbaden bekam die Partei (BCSV) durch die Ergebnisse der

Kreiswahlen am 13. Oktober 1946 mit 60,4 Prozent der Stimmen und den Ausgang der ersten Landtagswahl am 18. Mai 1947 mit 56 Prozent das Mandat zur politischen Alleinverantwortung. Der Versuch von Staats- und Ministerpräsident Wohleb, eine »schwarzrote« Koalition zu bilden, um seine Position gegenüber der Besatzungsmacht zu stärken und die sozialpolitisch notwendige Agrarreform durchzusetzen, scheiterte schon um die Jahreswende 1947/48. Dies und die daraufhin einsetzenden parteiinternen Differenzen führten in den Kreistagswahlen am 14. November 1948 zu einem Rückschlag um etwa zehn Prozent. »Selbstkritik und Selbstprüfung«, die der südbadischen CDU ihr 3. Parteitag (4.–6. Juni 1948) verordnet hatte, wurden dringend benötigt, als die Badenfrage die Partei »in die schwerste Belastung ihrer Geschichte« führte.

Auch in Württemberg-Hohenzollern war die CDU der große Sieger der ersten Wahlentscheidungen: 38,9 Prozent der Stimmen in den Kommunal- (15. September) und sogar 62,8 Prozent in den Kreistagswahlen (13. Oktober 1946). In der Beratenden Landesversammlung verfügte sie mit 40 von 65 Sitzen, im Verfassungsausschuß mit 11 von 18 Mitgliedern über deutliche Mehrheiten. Die Enteignungsfrage sowie die Diskussionen über die Schulform und die Wahl des Staatspräsidenten brachten jedoch Unfriede in die Partei, so daß sie mit ihrem Wahlkampfmotto »Fundamentaler Staatsneubau auf christlicher Grundlage« beim Wähler nicht wie erwartet ankam. Mit erheblichen Verlusten gegenüber den Kreistagswahlen von 1946 erreichte sie bei der Landtagswahl am 18. Mai 1947 dank ihrer oberschwäbischen Bastionen – in Biberach 81,9 Prozent! – immerhin noch stattliche 54,2 Prozent der Stimmen oder 32 von 60 Sitzen im Landesparlament. Ganz den Vorstellungen von einer breiten Regierungsbasis entsprechend, wie sie im demokratischen Neuanfang vorherrschten, kam es zur Bildung einer Koalitionsregierung aus CDU, SPD und DVP unter dem 65jährigen Rottweiler Rechtsanwalt und ehemaligen Zentrumsabgeordneten Lorenz Bock. Nach seinem überraschenden Tod im August 1948 übernahm der um 17 Jahre jüngere CDU-Fraktionsvorsitzende Gebhard Müller das Amt des Staatspräsidenten. Er konnte mit einer überwältigenden Mehrheit (53 von 59 Stimmen) die politischen Schicksalsfragen dieser Region angehen: die französische Besatzungspolitik, insbesondere die Demontagen, und die Frage des Zusammenschlusses der südwestdeutschen Länder.

Zusammengenommen hatte die CDU in den ersten Landtagswahlen der drei südwestdeutschen Länder 1946/47 44,9 Prozent der Stimmen gegen 27,9 Prozent der SPD und 18,1 Prozent der FDP errungen. Diese beherrschende Stellung mußte sie in der Folgezeit in schwierigen Verhandlungen zwischen den vier eigenwilligen Landesverbänden und in heftigen Auseinandersetzungen um die staatliche Neugliederung des Südwestens verteidigen – sowohl in Konkurrenz mit den anderen Parteien als auch innerhalb der eigenen Mitgliederschaft.

In Rheinland-Pfalz trat die CDU von Anfang an, nachdem sich die diversen Gründerkreise der fünf Regierungsbezirke in einem Landesverband zusammengefunden hatten, als stärkste politische Kraft im Lande auf. Die Wahl zum ersten Landtag am 18. Mai 1947, die zugleich mit einer Volksabstimmung über die Verfassung und die Schulartikel verbunden war, brachte ihr mit 47,2 Prozent der Stimmen 47 Mandate, während die SPD sich mit 34 Mandaten (34,3%) zufrieden geben mußte. Nach dem Übergangskabinett von Wilhelm Boden bildete der Vorsitzende der CDU-Landtagsfraktion Peter Altmeier am 9. Juli 1947 eine Regierung auf der Grundlage einer Allparteienkoalition, die ebenso wie die parlamentarische Zusammenarbeit nicht wenig zur Integration des »Retorten-Landes« beitrug, obwohl die Kommunistische Partei bereits 1948 wegen ihrer ablehnenden Haltung zum europäischen Wiederaufbauprogramm wieder ausscherte. »Zusammenstehen« im Bekenntnis »zum Gedanken der Demokratie, zum Gedanken der persönlichen Freiheit, zur christlich-abendländischen Kultur und zu einem Aufbau in diesem Geiste« – diese Worte Altmeiers beim Ja zum Marshallplan kennzeichnen die Gesinnung, die in fast allen deutschen Ländern das erste selbständige demokratische Handeln in Parlament und Regierung beflügelte.

Bis 1991 blieb die Union in Rheinland-Pfalz ununterbrochen an der Regierung, zwischen 1971 und 1987 sogar allein, als »ewige Regierungspartei« (Peter Haungs), die sich auf eine effiziente politisch-organisatorische Infrastruktur mit starker programmatischer Bindung an die christlichen Wertvorstellungen stützen konnte.

Im Saarland behauptete die profranzösische Christliche Volkspartei unter dem Vorsitz von Johannes Hoffmann ihre Position als dominierende Regierungspartei bis zur Volksabstimmung 1955. In der Landtagswahl am 30. November 1952 konnte sie 54,7 Prozent der Stimmen (1947: 51,2%) für sich verbuchen, allerdings sorgten 24,5 Prozent ungültige Stimmen für einen bitteren Beigeschmack. Mit Verboten, Ausweisungen und anderen Druckmitteln wurde jegliche organisierte politische Opposition ausgeschaltet. Auch in der Gründung der saarländischen CDU am 6. Februar 1952 (Datum der Antragstellung) kam die Ablehnung namhafter Teile des christlichen Lagers gegen den offiziellen Kurs zum Ausdruck. Da die CDU jedoch keine Zulassung erhielt, blieb sie unter dem Vorsitz des Rechtsanwaltes Hubert Ney bis 1955 illegal. Daraus resultierte ein erbittertes Gegeneinander zwischen den Anhängern der beiden christlichen Parteien, das sich in den Auseinandersetzungen um die Saarabstimmung nicht selten zu persönlichen Feindschaften steigerte und erst nach 1959 langsam überwunden werden konnte. Offiziell hatte die Saar-CDU ihre Gründungsversammlung am 7. August 1955 im Johannishof zu Saarbrücken – mit dem Aufruf: »Endlich haben wir die Freiheit des Wortes und der politischen Betätigung erkämpft«.

In West-Berlin, der »Frontstadt« des Kalten Krieges mit der Besonderheit des Vier-Mächte-Status, arbeitete die CDU bis 1953 »angesichts der gemeinsamen Gefahr aus dem Osten und auch der gemeinsamen Verpflichtung zur Wahrung des Rufes der Stadt als Bollwerk der freien Welt« (Friedensburg) mit SPD und FDP in einer Dreierkoalition zusammen. In den ersten Kommunalwahlen nach Kriegsende am 20. Oktober 1946 war sie nach der SPD, die auf 48,7 Prozent der Stimmen kam, mit 22,2 Prozent zur zweitstärksten Partei geworden, vor der kommunistischen SED und der LDP (FDP). Die zweiten freien Wahlen am 5. Dezember 1948 fanden bereits nur noch in den Westsektoren statt, nachdem kurz zuvor von sowjetischer Seite durch Bildung eines Ostmagistrats die politische Spaltung der Stadt vollzogen worden war. Unter dem Eindruck dieser Vorgänge gewann die SPD fast die Zweidrittel-Mehrheit (64,5%) und verwies die CDU (19,4%) und die LDP (16,1%) sicher auf die Plätze. Ernst Reuter (SPD) wurde zum Mann der Stunde und von den drei Fraktionen einstimmig als »Oberbürgermeister über Trüm-

mern« gewählt. Ausmaß und Richtung der Sozialpolitik, die Schul-
und Personalpolitik sowie die gesetzgeberische Angleichung an die
Bundesrepublik und das Verhältnis zur Bonner Regierung waren in
diesen Jahren die Themen, um die der Senat, die parlamentarische
Vertretung und die Parteien West-Berlins mit »Schwierigkeiten,
Schwankungen und selbst harten Kämpfen« rangen. In den Wahlen
zum Abgeordnetenhaus am 3. Dezember 1950 entfiel der Löwenanteil der Stimmen zwar wieder auf die SPD (44,7%), aber
sie mußte sich geschlagen geben, da die CDU mit 24,7 Prozent und
die FDP mit 23,1 Prozent zusammen eine Mehrheit von 66 (SPD 61)
Sitzen hatten. Bei der folgenden Oberbürgermeisterwahl entfielen
von den 124 abgegebenen Stimmen je 62 auf Reuter und den CDU-
Landesvorsitzenden Schreiber; ein zweiter Wahlgang wurde notwendig. Das »Patt« löste sich auf, als Schreiber auf der Basis eines
gemeinsam formulierten Regierungsprogramms »im Interesse der
Stadt« auf seine Kandidatur verzichtete. Von den 14 Senatsämtern
übernahm die CDU das Justiz- und Finanzwesen sowie das Volks-
bildungsressort. Reuter wurde zum Regierenden Bürgermeister,
Schreiber zum Bürgermeister gewählt. Die nach dem Tode Reuters
(September 1953) abgehaltene Neuwahl des Regierenden Bürgermeisters entschied dann Schreiber gegen den SPD-Kandidaten Otto
Suhr »auf der bewährten Grundlage der drei demokratischen Parteien« für sich (62:57).

6. Die Programmatik

So unterschiedlich und eigenständig die politischen Anfänge der
Union in Ländern und Gemeinden gerieten, es lag ihnen ein Gemeinsames zugrunde, das fast überall den erstaunlichen Erfolg der
Neubildung bewirkte. Gründungsaktivitäten, erste Wahlkämpfe
und Willensbildungsprozesse waren durchzogen von gleichen weltanschaulichen Überzeugungen und von einem geistesverwandten
programmatischen Wollen. So hat man denn auch kategorisch formulieren können: »Die Christlich-Demokratische Union Deutschlands hatte ihren Ursprung im Programm« (Heck). Die frühe CDU-
Programmatik war von großer Einstimmigkeit im Grundsätzlichen,

während die innen- und außenpolitischen Sachfragen meistens mit Pragmatismus und Flexibilität behandelt wurden.

Zunächst war mit den christlichen Glaubens- und Lebenswerten eine Grundorientierung gegeben, die jeden christlichen Politiker verpflichtete. Ferner verfügte man über den Traditions- und Erfahrungsbestand christlich-sozialer und christlich-demokratischer Politik aus der Zeit der Weimarer Republik. Beides bildete, im »Jungbrunnen« der Unionsidee mit einem neuen Geist erfüllt, den Grundstock beinahe aller programmatischen Aufrufe und Leitsätze der Gründerjahre.

Die ersten aus den Gründerkreisen hervorgegangenen Texte enthalten einfache, direkte Aussagen, Forderungen und Antworten, die den Deutschen in der dunkelsten Stunde ihrer Geschichte Wegweisung und Wertbestimmung für den Neubeginn, den »Aufbau«, sein sollten. Die Sprache von damals atmete ein Pathos, das heute mitunter eher »rührend« wirkt als noch wirklich berührt.

Im Mittelpunkt des programmatischen Neuanfangs stand die Verdammung des Nationalsozialismus als der Gegenwelt abendländisch-christlicher Kultur. Damit verbunden war eine entschiedene Kampfansage an die schrecklichen Wesenselemente und Begleiterscheinungen des NS-Regimes wie Staatsvergottung, Gewaltverherrlichung und Kriegspolitik, Massenverhetzung, Terror und Rassismus. Auch wurde jenen Kräften eine Absage erteilt, die ihm gedient hatten: dem Militarismus und den Monopolen, den »großkapitalistischen Rüstungsmagnaten«, wie die ersten Kölner Leitsätze formulierten. In der deutenden Perspektive der ersten Programmäußerungen erschien der Nationalsozialismus wie überhaupt jede totalitäre Herrschaft als schuldhafte Verirrung in materialistisches und kollektivistisches Denken und Verhalten.

Der Frage nach der Verantwortung für die Untaten, die den deutschen Namen in der Welt mit »Schmach und Schande« bedeckten, wich man nicht aus. »Groß ist die Schuld weiter Kreise unseres Volkes, die sich nur allzu bereitwillig zu Handlangern und Steigbügelhaltern für Hitler erniedrigten«, heißt es im Berliner Gründungsaufruf. Solch bekennende Worte kamen von Männern und Frauen, die an und unter dem nationalsozialistischen Unrechtssystem gelitten hatten und im Widerstand gewesen waren. Sie erstrebten als erstes den freiheitlichen Rechtsstaat. Er sollte nicht nur qualifizierten Rechtsschutz durch unabhängige Richter gewähren, die Staatsmacht sollte nicht nur rechtlich geteilt und legitimiert sein sowie gesetzmäßig ausgeübt werden. Der Rechtsstaat sollte sein Maß in der personalen und sozialen Würde des Menschen finden, er sollte sich auf die unveräußerlichen, vom Gesetzgeber nicht anzutastenden Menschenrechte gründen. Das Recht in seiner Funktion als Grundlage eines geordneten Zusammenlebens und »moralischen Wiederaufbaues« zu stärken, war ein so wichtiger Programmpunkt der CDU, daß Adenauer auf dem 1. Parteitag der britischen Zone (14./15. August 1947) unter lebhafter Zustimmung mit dem Anspruch auftrat: »Wir sind eine Partei des Rechts.«

In der »Achtung vor dem Recht der Persönlichkeit, ihrer Ehre, Freiheit und Menschenwürde« (Berlin), der »Achtung menschlicher Würde« (Köln) wurde das »Grundgesetz« der Demokratie gesehen. Christliche Naturrechtsauffassung prägte das Demokratieverständnis der frühen Unionsprogrammatik. Am deutlichsten kam das im Parteiprogramm von Neheim-Hüsten (1. März 1946) zum Ausdruck: »Die christliche Weltauffassung allein gewährleistet Recht, Ordnung und Maß, Würde und Freiheit der Person und damit eine wahre und echte Demokratie, die sich nicht auf die Form des Staates beschränken darf, sondern das Leben des einzelnen wie das des Volkes und der Völker tragen und durchdringen soll.« Diesen Gedanken präzisierte Adenauer in seiner berühmten, als Interpretation des ersten Zonenprogramms zu verstehenden Kölner Grundsatzrede mit einer Definition des Wesens Christlicher Demokratie: »Demokratie ist mehr als parlamentarische Regierungsform; sie ist eine Weltanschauung, die ebenfalls wurzelt in der Auffassung von der Würde, dem Werte und den unveräußerlichen Rechten eines jeden einzelnen Menschen, die das Christentum entwickelt hat ... Wir nennen uns christliche Demokraten, weil wir der tiefen Überzeugung sind, daß nur eine Demokratie, die in der christlich-abendländischen Weltanschauung, in dem christlichen Naturrecht, in den Grundsätzen der christlichen Ethik wurzelt, die große erzieherische Aufgabe am deutschen Volke erfüllen und seinen Wiederaufstieg herbeiführen kann« (Aula der Universität 24. März 1946).

Auch das Verhältnis des neu zu bauenden Deutschland nach außen, zu anderen Völkern, sollte in Zukunft von der christlichen Ethik und den christlichen Grundwerten bestimmt sein. Für die internationalen Beziehungen sollten die gleichen Prinzipien der Freiheit und Gerechtigkeit gelten wie für das persönliche und innerstaatliche Leben (Berliner Aufruf). Da in dieser Zeit, vor Gründung der Bundesrepublik, von einer deutschen Außenpolitik keine Rede sein konnte, beschränkte sich die Programmatik auf Absagen an Krieg und Gewalt im Völkerleben und auf ein allgemeines Friedensbekenntnis. Die erste konkrete außenpolitische Zielvorstellung betraf die Schaffung eines vereinigten Europa, dessen »Herzstück« die Verständigung zwischen Frankreich und Deutschland sein sollte (Adenauer, 1. und 2. Parteitag der britischen Zone 1947 und 1948). Die europäische Integration als beste und dauerhafteste Sicherung der Nachbarn Deutschlands, zugleich der »Königsweg« zur Wiederaufnahme eines gleichberechtigten Deutschland in die Völkerfamilie – diese programmatische Leitidee aus den Gründungstagen der Union wurde bald zum Kernstück ihrer Politik in der Regierungsverantwortung.

Der Verurteilung des überzogenen Nationalismus im zwischenstaatlichen Zusammenleben entsprach die Ablehnung des staatlichen Zentralismus im Innern. Die CDU in den Ländern der Westzonen erstrebte mit überwältigender Mehrheit einen föderalistischen Staatsaufbau des künftigen Deutschlands. Nur die CDU Berlins und der SBZ, der an einer möglichst festen Verklammerung mit dem übrigen Deutschland gelegen war und die sich stärker der Reichstradition verschrieben hatte, stand dem Föderalismus ferner. Kaiser bekannte auf dem Berliner Parteitag am 16. Juni 1946 offen, daß er »kein Mann des Föderalismus« sei. Sein Denken ging ähnlich den Vorstellungen anderer »Berliner« allenfalls in Richtung eines »dezentralisierten Einheitsstaates«. Demgegenüber wünschte Adenauer von vornherein einen lockeren bundesstaatlichen Zusammenhang. In dem von ihm mitgestalteten Neheim-Hüstener Programm heißt es geradezu apodiktisch: »Deutschland muß ein demokratischer und föderativer Staat werden.« Aber auch aus der französischen und der amerikanischen Zone kamen entschieden föderalistische Bekenntnisse. Für den Juristen Adolf Süsterhenn, Mitgründer

der CDU Koblenz und Justizminister, später auch Kultusminister von Rheinland-Pfalz, einen der »Väter« des Grundgesetzes, war Föderalismus »identisch mit dem ›nicht-nationalsozialistischen und nichtpreußischen‹ Wesen des deutschen Volkes«.

In radikaler Abkehr von jeder Staatsomnipotenz, in welcher Form und welcher ideologischen Verbrämung sie auch immer auftreten mochte, stellte die Unionsprogrammatik den Menschen in den Mittelpunkt der Politik. Nicht Kollektive, nicht anonyme Mächte wie Staat, Volk oder Gesellschaft sollten den Vorrang haben. In der Einzelpersönlichkeit wurde der Träger politischer Verantwortung gesehen. Die Forderung nach Gewährleistung freiheitlich geordneter Lebensbereiche in Selbstverwaltung, Familie, kirchlichen und anderen Gemeinschaften und Zusammenschlüssen war daher ein Grundbestandteil der CDU-Gründungsaufrufe und Programmaussagen.

Christlicher Anschauung wie demokratischem Verständnis entsprach insbesondere die Wertschätzung der Familie in ihrer Bedeutung für das staatliche Gemeinschaftsleben. So heißt es in den Kölner Leitsätzen: »Die Familie ist die Grundlage der sozialen Lebensordnung«; noch intensiver findet sich dieses Grundanliegen der CDU in den »Frankfurter Leitsätzen« formuliert: »Ein Volk ist soviel wert, wie in ihm die Familie wert ist. Das muß der Staat wissen, und danach muß er handeln.« Eng verbunden mit dieser Betonung der »Keimzelle des Staates« war die Bejahung des Elternrechts als Normgrundlage für »die weltanschauliche Gestaltung der Schule«(Christine Teusch, 1. Parteitag der britischen Zone). Kein Programmpunkt der CDU ist in den Verfassungsdiskussionen mit solcher Konsequenz und Einheitlichkeit vertreten, für keinen ist so gekämpft worden wie für die Erziehungsautorität der Eltern. Im Berliner Aufruf, in den Leitsätzen von Köln und Frankfurt sowie im Programm von Neheim-Hüsten, aber auch in vielen besonderen Entschließungen zur Schulfrage bekam das Elternrecht geradezu einen grundrechtlichen Charakter: »Das Recht der Eltern auf die Erziehung der Kinder ist für uns unantastbar« (Aufruf der CDU Württemberg-Hohenzollern, 6. Januar 1946). Der CDU war es dabei nicht nur, wie oft behauptet, um die religiöse Erziehung und die Konfessionsschule zu tun. Ihr ging es in erster Linie darum, daß dem Staat nicht erlaubt sein sollte, den Eltern die Kinder zu entziehen, also um die Begrenzung der Staatsgewalt. Die Konfessionsschulfrage wurde von der CDU in den norddeutschen Ländern und in Hessen im Sinne der christlichen Gemeinschaftsschule behandelt, in West- und Süddeutschland überwog – unter dem Einfluß der katholischen Kirche – die Forderung nach der konfessionellen Lösung.

Man muß auch sehen, daß die Schulorganisation für die CDU in einem umfassenderen kulturpolitischen Zusammenhang stand, in dem sie sich ihrem Selbstverständnis gemäß »eine erzieherische Aufgabe und Verantwortung am deutschen Volk« (Pütz) zuwies. Programmatik und Parteiarbeit der CDU in den Nachkriegsjahren waren von dem »missionarischen Impetus« beseelt, die angestrebte gesellschaftliche und staatliche Erneuerung durch die Wiederbelebung des christlich-abendländischen Geistes zu erreichen. Vor der Bedrohung durch den atheistischen und materialistischen Totalitarismus Heilung und Kräftigung in christlich-humanistischer Bildung zu suchen – diese Programmkomponente wirkte über die Gründungsphase hinaus noch bis Anfang der Sechziger in der Kulturpolitik der Union nach.

Die starke christliche Motivation der Unionsprogrammatik in der Gründungsphase findet sich auch in der Haltung zur Eigentumsfrage, genauer gesagt zum Privateigentum. Seine ausdrückliche Bejahung in allen Gründungsaufrufen und Programmen gründete sich auf die christliche Naturrechtslehre, die aus der Personalität des Menschen auch seine »Güterherrschaft« ableitet, innerhalb eines Freiheitsraums, der durch die Grenzen zwischen mein und dein, zwischen Individuum und Staat bestimmt wird. So, wie die Einzelperson in der Wesenseinheit von Individual- und Sozialnatur existiert, so kommt auch dem Eigentum eine individuelle und eine soziale Seite zu. Der Sozialnatur der Person entspricht die Sozialpflichtigkeit des Eigentums.

Alle programmatischen Äußerungen der CDU betonten in diesem Sinn die sittliche Verantwortlichkeit von Eigentumsbildung und Eigentumsgebrauch. Der Berliner Aufruf: »Wir bejahen das Privateigentum, das die Entfaltung der Persönlichkeit sichert, aber an die Verantwortung für die Allgemeinheit gebunden bleibt«; die Kölner Leitsätze: »Das Recht auf Eigentum wird gewährleistet. Die Eigentumsverhältnisse werden nach dem Grundsatz der sozialen Gerechtigkeit und den Erfordernissen des Gemeinwohls geordnet«; die Frankfurter Leitsätze, die für einen »Wiederaufbau nach sozialen und gesamtwirtschaftlichen Produktivitätsgesichtspunkten« einerseits die Überführung gewisser Urproduktionen, Großindustrien und Großbanken in Gemeineigentum forderten, andererseits »grundsätzlich« für Erhaltung und Schutz des bäuerlichen Eigentums eintraten und die Schaffung neuen Eigentums für breite Schichten propagierten, »weil nur auf der Grundlage dieses Eigentums ein gesundes Familienleben wachsen kann«; der Aufruf der CDU in Württemberg-Hohenzollern forderte »in voller Anerkennung des privaten Eigentums ... selbstlosen Einsatz des Ertrages von Arbeit und Besitz zur Linderung von Not und Elend«, und im Programm von Neheim-Hüsten heißt es: »Die Sicherung der wirtschaftlichen und politischen Freiheit des einzelnen, wie der Gesamtheit, verlangt Anerkennung des Privateigentums. Das Eigentumsrecht verdient den gleichen Schutz und erleidet die gleiche Einschränkung wie andere Privatrechte. Es hat zu weichen gegenüber einem auch nach ethischen Grundsätzen höheren Recht.«

Das wirtschafts- und sozialpolitische Denken der CDU orientierte sich an der Leitvorstellung eines »dritten Weges« zwischen »liberalistischem Individualismus« und »sozialistischem Kollektivismus«. Dazu gehören, im wesentlichen von der katholischen Soziallehre entwickelt, die sozialen Grundprinzipien der Solidarität, der wechselseitigen Angewiesenheit aller Gesellschaftsmitglieder aufeinander, und der Subsidiarität, der Ausrichtung aller gesellschaftlichen Institutionen auf den Menschen als Träger und Ziel. »Im Mittelpunkt der Wirtschaft steht der Mensch«, so Friedrich Holzapfel im Sommer 1947 auf dem ersten Zonenparteitag in Recklinghausen.

Die Grundsätze und Forderungen zur Wirtschaftsordnung, die in den ersten CDU-Programmen aufgestellt wurden, bezogen ihre Überzeugungskraft aus der solidaristischen Sozialtheorie, die vom christlichen Gebot der Nächstenliebe ausgeht und den Anspruch des einzelnen an die Gemeinschaft wie dessen eigenverantwortliche Verpflichtung gegenüber der Gemeinschaft im Grundwertbegriff des Gemeinwohls zusammenfaßt. Teils waren die Programmaussagen ein unmittelbarer Reflex auf die konkrete Notsituation der Nachkriegszeit, in der die Sicherung des alltäglichen Überlebens und der

Aufbau im Vordergrund standen, teils zielten sie allgemeiner auf eine grundlegende Neuordnung von Wirtschaft und Gesellschaft ab, die eine gerechte Verteilung des wirtschaftlichen Ertrags und damit die Überwindung des Klassenkampfgeistes garantieren sollte.

Bei politischen Auseinandersetzungen erinnert man die CDU gerne an den überwiegend antikapitalistischen Geist ihrer frühen Programmatik, um aus ihrer Entscheidung für die Marktwirtschaft einen »Verrat« an der eigenen Sache zu machen. Dabei wird aber übersehen, daß für die Gründergeneration der CDU die vom christlichen Menschenbild bestimmte Leitvorstellung einer sich organisch entwickelnden und selbstordnenden Wirtschaftsgesellschaft maßgebend war. Die Ablehnung des Kapitalismus war nicht absolut. Nur insoweit er die Wirtschaftsgesellschaft aus dem Gleichgewicht brachte, stieß er auf Kritik. Nur insoweit er dem eigennutzbestimmten Profitstreben den Vorrang gab, wurde er bekämpft. Das Recht auf freie Investitionsentscheidung und Konsumwahl, das Recht auf Privateigentum und Leistungswettbewerb wurden ebensowenig grundsätzlich in Frage gestellt wie der marktwirtschaftliche Ablauf und die Arbeitsteilung, wie Gewinnerwirtschaftung und Kapitalverzinsung, weil dies alles mit der personalistischen Auffassung des Menschen und mit dem Ordnungsprinzip der Gemeinwohlgerechtigkeit vereinbar war. Die CDU verstand die Wirtschaftsgestaltung von Anfang an als Zusammenspiel von Handlungsfreiheit und Sozialbindung, von verantwortlicher Selbsttätigkeit des einzelnen und Ordnung der Gemeinschaft.

Ein »freischaffendes Bauerntum« (Berlin), ein »kräftiger Bauernstand mit selbständigen Bauernhöfen« (Köln), ein »verantwortungsbewußtes Bauerntum« mit »gesunden Eigentumsverhältnissen« (Frankfurt) hatte in der CDU-Programmatik ebenso einen festen Platz wie das »selbständige Handwerk«(Berlin), das – mit Selbstverwaltung ausgestattet – gleichberechtigt neben Industrie, Landwirtschaft und Handel (Köln) stehen sollte – als eine »wesentliche Grundlage jeder gesunden Wirtschaft« (Frankfurt). Auch diese Stellenwertzumessung zeigt, wie stark sich die soziale und wirtschaftliche Neuordnungskonzeption der CDU von sozialistischen Gesellschaftsutopien unterschied. Für die Union war der Ausgangspunkt, wie das Ahlener Wirtschaftsprogramm (3. Februar 1947) hervorhebt, die »Freiheit der Person«. Die Gestaltung der Wirtschaft dürfe diese Freiheit nicht antasten; ihr falle im Gegenteil die Aufgabe zu, die »wirtschaftliche Stellung und Freiheit des einzelnen« zu stärken. Diese freiheitliche Orientierung der Unionsprogrammatik stand – durch die Ordoliberalen in der CDU verstärkt – im Gegensatz zu den auf soziale Gleichheit ausgerichteten Gesellschaftsmodellen des Sozialismus. Ihre christliche Wertgebundenheit und sozialethische Fundierung ließen sie aber auch Front machen gegen einen Kapitalismus mit »freibeuterischer« Marktwirtschaft (Erhard) und wirtschaftlicher Machtkonzentration.

Im Bestreben, einen »dritten Weg« zwischen Kapitalismus und Sozialismus zu finden, nahm die Union von beiden Seiten Elemente auf. So ließ sie einerseits der persönlichen Initiative und freien Entfaltung ihr volles Recht, trat andererseits aber angesichts einer ruinierten Wirtschaft, verelendeter Menschen und zerstörter Produktionskräfte für einen Wiederaufbau und eine Lastenverteilung »in straffer Planung« (Berlin), für ein »System planvoller Wirtschaftslenkung« (Frankfurt) ein. Das Nebeneinander von christlich-sozialreformerischen und wirtschaftsliberalen Einflüssen in der frühen CDU-Programmatik entsprach der Gründungsgeschichte, in der sich ganz unterschiedliche politische Gruppierungen und gesellschaftliche Traditionsbestände trafen und zusammenfanden – manchmal erst nach heftigen Auseinandersetzungen.

Das Leitbild des »dritten Weges« fand auch im Begriff des »Christlichen Sozialismus« Ausdruck. Er wurde am kämpferischsten im Rheinland – unter dem Einfluß der Walberger Dominikaner – von den ehemaligen christlichen Gewerkschaftern vertreten; in Frankfurt dachten linkskatholische Publizisten (»Frankfurter Hefte«) über die Symbiose von Christentum und Marxismus nach; in Berlin und Mitteldeutschland, insbesondere zur »Kaiser«-Zeit, operierte man mit der Version »Sozialismus aus christlicher Verantwortung«, die sich auch schon in den Entschließungen des Godesberger Reichstreffens durchgesetzt hatte. Im Aufruf der CDU Südwürttemberg-Hohenzollerns vom 23. Juni 1946 hieß es lakonisch: »Christlicher Sozialismus ist die Grundlage all unserer wirtschaftlichen Bestrebungen.«

Es handelte sich beim Christlichen Sozialismus um eine Idee, die

der Gefühlslage des Neubeginns entsprang. Sie entwickelte sich
nicht zu einer programmatischen Konzeption. Ihre theoretische
Substanz blieb eher dürftig: Klassenkampf und Diktatur als Mittel
zum Sozialismus wurden als »revolutionär« abgelehnt, ebenso eine
generelle Sozialisierung des Eigentums an Produktionsmitteln; dem
»Staatskapitalismus« wurde eine Absage erteilt. Statt dessen trat man
für eine öffentliche Wirtschaftslenkung ein, die die allgemeine Richtung der Produktion und die Grundzüge der Versorgung bestimmen
sowie wirtschaftliche Vormachtstellungen kontrollieren sollte. Man
wollte ein ausgewogenes Verhältnis von Industrie und Landwirtschaft erreichen. Von einer dezentralisierten Wirtschaftsstruktur, die
auf möglichst vielen selbständigen Existenzen und mittleren bis kleineren Betrieben beruhen sollte, erwartete man die Entfaltung der
»Kräfte freier und selbständiger Arbeit«, mit Anerkennung der Menschenwürde und Gleichberechtigung des Arbeiters, mit sozialen
Aufstiegsmöglichkeiten und mit einer »Gliederung des Volkes in
übersehbare kleine Gemeinschaften der Nachbarschaft und der Arbeit«, in denen Selbstverwaltung und Selbstverantwortung geübt
werden könnten. »Unser Ziel kann erreicht werden«, so die Entschließung zum »Sozialismus aus christlicher Verantwortung« auf
der Tagung der Berliner CDU am 15.–19. Juni 1946, »auf dem Wege
friedlichen Ausgleichs und freier Entfaltung nach den Grundsätzen
eines demokratischen Rechtsstaates und unter dem sittlichen Gesetz
des Christentums«. Ein seltsamer »Sozialismus«!
    Weil seine Prägung durch die katholische Soziallehre zu offen-
sichtlich war, vermochte er bei den evangelischen Teilen der Union
keine Begeisterung zu wecken. Auch die mittelständischen Kreise,
ganz zu schweigen von den Großunternehmern, lehnten ihn ab.
Ebensowenig kam er bei den Bauern an. Und vielen anderen in der
Union, denen schon das »C« im Parteinamen Unbehagen bereitete,
erschien der »Sozialismus« im Programm erst recht als Schreckmit-
tel. Diese Meinungsverschiedenheiten nahmen im Lauf des Jahres
1946 an Schärfe zu, so daß einige Beobachter schon die ersten Risse
im frisch gefügten Bau der Union zu entdecken meinten. Während
sich die Union in Berlin und der SBZ, der »Synthese«-Losung Kaisers folgend, als Partei des christlichen Sozialismus definierte und
damit bewußt in Konkurrenz zur marxistischen SED begab, spitzte

sich in den Westzonen die Programmdiskussion mit den christlichen Gewerkschaftern über die gesellschaftliche Neuordnung zu.

Die Entscheidung fiel in der britischen Zone, wo die christlichen Gewerkschafter die stärkste Position besaßen und der Diskussionsprozeß am weitesten fortgeschritten war. Britische Zone? Das hieß auch Adenauer. Die Entwicklung der frühen Unionsprogrammatik ist zugleich die Geschichte seines Aufstiegs zum unbestrittenen Parteiführer. Man pflegt ihn der personalistisch-liberalen Schule des katholischen Sozialdenkens zuzurechnen. Schon im August 1945 umriß er in einem Brief an den Münchner Oberbürgermeister Scharnagl das Prinzip seiner Wirtschafts- und Gesellschaftspolitik: »Betont fortschrittliche soziale Reform und soziale Arbeit, nicht Sozialismus.« Um die Union mit größtmöglicher organisatorisch-programmatischer Geschlossenheit in die ersten Landtagswahlen der britischen Zone (20. April 1947) führen zu können und um für die Auseinandersetzungen mit den Sozialisierungsplänen der SPD und der Besatzungsmacht eine klare Alternativposition zu haben, strebte der Zonenvorsitzende einen Ausgleich mit den christlichen Sozialisten an.

Die Kompromißformel hieß »Gemeinwirtschaft«. Damit war eine Ordnung gemeint, die den Privatkapitalismus ebenso vermeiden sollte wie den totalitären Staatskapitalismus und den kollektivistischen Staatssozialismus: eine Bedarfsdeckungswirtschaft, deren Ziel das kollektive Gesamtwohl ist und zu deren ordnungspolitischen Elementen Machtverteilung, Selbstverwaltung, regulierende staatlich-gesellschaftliche Lenkung, Ausbau des Genossenschaftswesens, Entflechtung der Konzerne, Beteiligung öffentlicher Körperschaften an Großunternehmen, Vergesellschaftung der Montanindustrie sowie Förderung leistungsfähiger Klein- und Mittelbetriebe gehören. Auf dieser Basis kam es auf der Zonentagung am 1.–3. Februar 1947 in Ahlen im Pensionat St. Michael zur Einigung zwischen dem Zonenvorsitzenden und dem Wortführer des Gewerkschaftsflügels der CDU, Johannes Albers, der von den Vorstellungen der Walberberger geprägt war.

Das »Ahlener Wirtschafts- und Sozialprogramm der CDU« beruhte auf einer »Synthese von christlich-sozialistischem und privatwirtschaftlichem Gedankengut« (Uertz). In ihm haben die weltan-

schaulichen Grundströmungen Niederschlag gefunden, die in der
Union zusammenkamen. Es war zugleich eine unmittelbare Ant-
wort auf die existentiellen Nöte der Zeit, in denen die Menschen ihre
Hoffnung auf eine grundlegende Neuordnung setzten. Massenar-
beitslosigkeit in den Städten an Rhein und Ruhr, Schlangen vor den
Lebensmittelläden, Zusammenbruch der Winterbevorratung an
Kartoffeln und Kohlen; die Planzahl der auszugebenden Kalorien je
Kopf und Tag sank auf 1586; ein zweiter, noch schlimmerer Not-
winter drohte – von diesem historischen Hintergrund läßt sich das
Ahlener Programm nicht ablösen. Die Ahlener Erklärung des Zo-
nenausschusses ist weder ein geschicktes »Tarnungsmanöver« noch
eine »Jugendsünde« der CDU gewesen. Sie läßt sich nicht auf eine
taktische Operation Adenauers reduzieren, die dem in Berlin und im
Rheinland nach vorn drängenden Christlichen Sozialismus den
Wind aus den Segeln nehmen sollte. Das wäre zu gering von ihr gedacht. Doch darf man sie andererseits ebensowenig als »Magna
Charta der Union« überbewerten.

Sie war nicht mehr und nicht weniger als ein Aktions-Programm
der CDU der britischen Zone, das durch die Verstaatlichungs- und
Entflechtungspläne der Besatzungsmacht für die Großindustrie sowie durch die Enteignungsinitiativen von SPD und KPD in Nordrhein-Westfalen akut geworden war. In Anlehnung an das Ahlener
Programm stellte die CDU im Düsseldorfer Landtag denn auch sechs
Anträge zur Entflechtung von Bergbau, eisenschaffender und che-
mischer Großindustrie sowie zur Offenlegung von deren Besitzver-
hältnissen, zur Änderung der Besitz-und Machtverhältnisse in der
Wirtschaft, zur Neuordnung des Verhältnisses zwischen Arbeitgeber und Arbeitnehmer, zur Planung und Lenkung der Wirtschaft,
schließlich zur Übertragung entsprechender Kompetenzen auf die
deutsche Gesetzgebung. Damit zog die CDU, wie die Landtagsfraktion erklärte, »die Konsequenz aus der Krisenentwicklung der Wirtschaft« (beraten 4.–6. März 1947).

Das Ahlener Programm war, wie man sieht, nicht als »Grundgesetz« der CDU gedacht. Es hatte keinen »Ewigkeitswert«
(Adenauer), sondern bot ein Instrumentarium zur Krisenbewälti-
gung in der Übergangswirtschaft nach dem Kriege. Zu einem
»Markstein ... in der Geschichte des deutschen Wirtschafts- und

Soziallebens« (Adenauer auf dem 1. Zonenparteitag 14./15. August 1947) ist es nicht wegen der konkret-politischen Mittel und Wege geworden, die es aufzeigte, sondern wegen der sozialethischen Substanz, die es enthielt. Der soziale Impetus und die neue Wirtschaftsgesinnung, die Ahlen verkörperte, blieben – unabhängig von programmatischen Einzelforderungen – ordnungspolitisches Erbgut der Union.

Daß das Ahlener Programm zum Reizwort in der Diskussion über die CDU und ihre Wirtschafts- und Sozialpolitik wurde, lag vor allem daran, daß schon knapp ein Jahr später der Zonenausschuß der britischen Zone auf die liberalere Linie der CDU/CSU-Wirtschaftspolitik im Frankfurter Wirtschaftsrat der seit Ende Mai 1947 vereinigten anglo-amerikanischen »Bizone« einschwenkte. Damit bekam die Erklärung von Ahlen den Anschein des Vorübergehenden, des Taktischen, ja, wenn man übelwollte, den Anschein der Täuschung. Tatsächlich war in Ahlen jedoch die eine Wurzel der Union, die christlich-soziale, zum kräftigen Keim ausgeschlagen. Sie bestimmte in Verbindung mit der anderen Wurzel, der liberalen, fortan den Standort der Union.

Die Union ist im Übergang von der Ahlener Erklärung zu den Düsseldorfer Leitsätzen vom 15. Juli 1949 nicht etwa eine »andere« geworden. Im Gegenteil: Indem sie das Konzept der Sozialen Marktwirtschaft als ein ordnungspolitisch Neues vertrat, folgte sie dem Gesetz, nach dem sie angetreten war.

1948 änderten sich die Bedingungen für eine Neuordnung der deutschen Wirtschaft erheblich. Politisch fielen die Spaltung Deutschlands und die Frontstellung gegenüber dem Kommunismus in der Ostzone immer stärker ins Gewicht. Die Westalliierten, angeführt von den Amerikanern, stellten in den von ihnen besetzten Gebieten ihre Politik auf »den Aufbau eines stabilen und produktiven Deutschlands« um. Der Marshallplan, das gewaltige amerikanische Wiederaufbauprogramm für Europa, lief unter Beteiligung der Westzonen an. Mit der Währungsreform begann am 21. Juni 1948 die Wende der deutschen Nachkriegsentwicklung. Wenige Wochen zuvor war Ludwig Erhard zum Direktor der Verwaltung für Wirtschaft im Vereinigten Wirtschaftsgebiet gewählt worden.

Im Wirtschaftsrat, wo die CDU/CSU mit FDP und Zentrum die

politische Verantwortung übernommen hatte, gingen die Bemühungen dahin, die Weichen in Richtung einer Liberalisierung des Marktes zu stellen. Die Union reagierte damit auf die sich trotz Bewirtschaftungs- und Planungssystem krisenhaft verschlechternde Wirtschaftslage. Für einen gemäßigten wirtschaftspolitischen Liberalisierungkurs zeigte sich auch die CSU seit dem Eichstätter Parteitag am 30./31. August 1947 bereit.

Sinnfälliger Ausdruck der Kursänderung in der Union war die Trennung des im Oktober 1946 unter dem Vorsitz von Albers vereinigten Wirtschafts- und Sozialpolitischen Ausschusses der Zonen-CDU und die Wahl Franz Etzels zum Vorsitzenden des neugebildeten Wirtschaftspolitischen Ausschusses (Tagung des Zonenausschusses in Eutin am 28. Juli 1947). Pragmatisch-liberal eingestellt, bereitete er in einem inoffiziellen Arbeitskreis zusammen mit Hugo Scharnberg, Franz Böhm, Bernhard Pfister, Fritz Hellwig unter anderem den neuen wirtschaftsprogrammatischen Kurs vor. Schon auf dem 1. Parteitag der CDU der britischen Zone am 14./15. August 1947 hatte er sich dafür ausgesprochen, über das Ahlener Programm hinaus zu einer »konstruktiven Wirtschaftsform« zu gelangen: »Wir müssen völlig neue Wege suchen.« Am 3. Mai 1948 konnte dem Zonenvorsitzenden der 12-Punkte-Programmentwurf »Stellungnahme der CDU zur Wirtschaftsordnung« überreicht werden. Darin wird die Umstellung der Wirtschaft auf eine Ordnung vorgeschlagen, die auf Leistung und Wettbewerb beruht und die Produktion an die Nachfrage der Verbraucher knüpft. Die Wettbewerbsordnung sollte durch eine adäquate Rechtsordnung vor wirtschaftlicher Machtkonzentration geschützt und die Arbeiterschaft als stimmberechtigter »Mitträger« des Systems anerkannt werden.

Mit dieser wirtschaftspolitischen Umorientierung wurden die sozialökonomischen Vorstellungen des Ahlener Programms revidiert. Seine sozialethische Orientierung und seine Zielsetzung blieben die Grundlage christlich-demokratischer Wirtschaftspolitik: Gewährleistung von Würde und Freiheit des Menschen, Sozialpartnerschaft im Wirtschaftsleben und Verhinderung jeglicher freiheitsmindernder Machtzusammenballung. Die wirtschaftliche Programmatik jedoch stellte sich auf die liberale Argumentation Erhards und auf die ganzheitliche Ordnungskonzeption der Sozialen Marktwirtschaft um.

Unter dem Leitgedanken »Wirtschaftliche Neuordnung des deutschen Lebens« wurde die Politik der Sozialen Marktwirtschaft auf
dem 2. Parteitag der CDU der britischen Zone in Recklinghausen am
28./29. August 1948 offiziell sanktioniert. Dort hielt Erhard sein
packendes Plädoyer für die »sozial verpflichtete Marktwirtschaft«:
»So wie der einzelne Mensch seines physischen Lebens bedarf, um
seinen Geist und seine Seele entfalten zu können, so ist es auch im
Leben eines Volkes. Die Wirtschaft ist … vielleicht das Primitivste,
aber sie ist das Unentbehrliche, und erst auf dem Boden einer gesunden Wirtschaft kann auch die Gesellschaft ihre eigentlichen und letzten Ziele erfüllen.« Hier wurde ganz deutlich: Bei der Sozialen
Marktwirtschaft handelt es sich nicht um eine ökonomische Theorie,
sondern um eine umfassenden Ordnungsidee, die den Menschen ins
Zentrum stellt. Der »Kurswechsel« der CDU vom Ahlener zum
Düsseldorfer Programm bedeutete eine Annäherung der christlich-
naturrechtlich begründeten Solidargemeinschaft an die wettbe-
werbsorientierte liberale Leistungsgesellschaft.

Die Leitsätze »zur Verwirklichung der Sozialen Marktwirtschaft«,
die nach mehr als einjähriger Beratung in Düsseldorf am 15. Juli 1949
veröffentlicht wurden, sollten als Wahlprogramm von CDU und
CSU für die erste Bundestagswahl fungieren. In scharfer Absage an
den »Liberalismus unsozialer, monopolistischer Prägung« einerseits
und an das Planwirtschaftssystem andererseits wird die Soziale
Marktwirtschaft als »die sozial gebundene Verfassung der gewerblichen Wirtschaft« definiert, »in der die Leistung freier und tüchtiger
Menschen in eine Ordnung gebracht wird, die ein Höchstmaß von
wirtschaftlichem Nutzen und sozialer Gerechtigkeit für alle er-
bringt«. Statt Planung und Lenkung von Produktion, Absatz und
Arbeitskraft »planvolle Beeinflussung der Wirtschaft mit den organischen Mitteln einer umfassenden Wirtschaftspolitik«, statt »freier«
Wirtschaft alten Stils eine Wirtschaftsordnung, die dadurch zu »echter Freiheit« führt, daß sie dem Wettbewerb und der Machtkontrolle
unterworfen ist. Staatsbürgerliche und wirtschaftliche Freiheit werden aufeinander bezogen. Die politische Demokratie soll Erfüllung
und Sicherung finden durch soziale und wirtschaftliche Demokratie.
Ausdrücklich berufen sich die Leitsätze auf die »wirtschaftsdemo-
kratische« Zielsetzung des Ahlener Programms. Sie erkennen dessen

eigentumsrechtliche und gesellschaftspolitische Grundsätze an, beanspruchen jedoch auch, diese »nach der marktwirtschaftlichen Seite hin« zu erweitern und fortzuentwickeln.

Die marktwirtschaftlichen Einzelforderungen des Düsseldorfer Dokuments betrafen die gesetzliche Sicherstellung des Leistungswettbewerbs, die Revision des Gesellschafts- und Konkursrechts sowie des Geschäftsaufsichtsverfahrens, die Verstärkung der Publizität bei Kapitalgesellschaften, die zentrale Aufsicht des Geldwesens, die Gewährleistung von Marktpreisbildung in Verbindung mit »organischer Preisbeeinflussung«, die Tarifautonomie, die Sparkapitalbildung, eine Steuerreform und Sicherungen gegen Wirtschaftskrisen und Massenarbeitslosigkeit.

Zusammen mit diesem wirtschaftspolitischen Programm legte die CDU noch Leitsätze für die zukünftige Landwirtschaftspolitik, ein Wohnungsbauprogramm und sozialpolitische Leitsätze vor: Für die Landwirtschaft erstrebte sie einen raschen und weitgehenden Abbau der staatlichen Zwangswirtschaft und eine Beseitigung der Hemmnisse für eine Steigerung der Agrarproduktion. Ziel war der Ausgleich der Produktions- und Absatzverhältnisse. Eine Reihe wirtschafts-und sozialpolitischer Maßnahmen sollte nicht nur dem bäuerlichen Eigentum, sondern auch dem bäuerlichen Beruf eine solide Grundlage garantieren: »Der Hauptfaktor für eine Leistungssteigerung in der Landwirtschaft ist der Mensch.« Angesichts der gewaltigen Wohnungsnot betrachtete die CDU die Schaffung neuer Wohnungen als »dringlichste öffentliche Aufgabe«. Dafür reklamierte sie die Mitwirkung aller privatwirtschaftlichen und gemeinwirtschaftlichen Kräfte. Das Schwergewicht der Wohnungsbaupolitik sollte dabei auf »Kleinwohnungen mit sozial tragbaren Mieten für breite Bevölkerungsschichten« liegen sowie auf Einfamilienhäusern und Kleinsiedlungen »zur stärkeren Verwurzelung der Bevölkerung«. Die Lösung der Wohnungsfrage wurde als grundlegende Voraussetzung für den Aufbau des Staatswesens und die Wiederherstellung menschenwürdiger Lebensbedingungen bezeichnet. Sozialpolitisch bekannte sich die CDU zu »einer gesellschaftlichen Neuordnung auf der Grundlage sozialer Gerechtigkeit, gemeinschaftsverpflichtender Freiheit und echter Menschenwürde«. Als oberstes Prinzip wurde der Schutz der »natürlichen Rechte und Freiheiten des Einzelnen wie

aller Gesellschaftsgruppen« herausgestellt. Neben der Familie als der
»wichtigsten staats- und gesellschaftserhaltenden Gemeinschaft«
galten die sozialpolitischen Forderungen vor allem den Arbeitsver-
hältnissen, die von Freizügigkeit und Sicherheit bestimmt sein sollten. Aus dem natürlichen »Recht auf Arbeit« wurde die Pflicht zu einer auf Vollbeschäftigung abzielenden Wirtschaftspolitik abgeleitet.
Weitere Forderungen erstreckten sich »im Sinne echter Solidarität«
auf die Versorgung der Kriegsopfer und Kriegsheimkehrer, auf die
Eingliederung der Heimatvertriebenen, auf Lastenausgleich und Bodenreform. Am Schluß findet sich die Erhard-Maxime, daß die
Grundlage einer gesunden Sozialordnung eine erfolgreiche Wirtschaftspolitik ist: »Die beste Sozialpolitik nützt nichts, wenn sich
nicht Wirtschafts- und Sozialordnung wechselseitig ergänzen und
fördern.«

Den Erfolg sozial-marktwirtschaftlicher Politik, wie sie in den
Düsseldorfer Leitsätzen dargelegt ist, machten die Autoren
hauptsächlich abhängig von dem Gemeinschaftswillen, dem Vertrauen und der aktiven Beteiligung »aller Schichten des Volkes« –
Unternehmer, Arbeiter, Angestellte und Verbraucher. Das war
zunächst – kurz vor der ersten Bundestagswahl – ein Appell an die
Wähler. Doch was dem eigentlich zugrundelag, berührte den Kern
der christlich-demokratischen Programmatik: Die Union verstand
sich von ihrem Ursprung an als Volkspartei! In diesem Sinn war sie,
wie Bruno Heck es formulierte, tatsächlich »Programm, lange ehe sie
Programme entwarf«. Sie wollte soziale und landsmannschaftliche
Unterschiede überwinden, sie wollte konfessions- und interessen-
übergreifend sein. Sie sollte, wie es Jakob Kaiser vorschwebte, »Modell des neuen Volksstaats« werden (Parteitag des CDU-Landesverbandes in Dresden, 24. Februar 1946): »Die Christlich-Demokratische Union ist eine Volkspartei, das heißt, sie ist weder eine Partei
der Arbeiter noch der Bauern, noch des Mittelstandes, noch der Intellektuellen oder gar der Industriellen. Sie ist eine allumfassende
Volkspartei.« Und im gleichen Geist begrüßte Johannes Gronowski
die Delegierten des 1. Zonenparteitags der CDU der britischen Zone
(14./15. August 1947): »Wir sind eine christlich-demokratisch-so-
ziale Volkspartei. Die Not des deutschen Volkes ist auch unsere
Not.« Diese Identifizierung mit dem deutschen Volk in der Zeit des

Wiederaufbaus und demokratischen Neuanfangs gelang der Union
als Neugründung überzeugender als anderen Parteien. Daher kam
ein gut Teil ihrer Attraktivität bei den ersten Wahlen im Nachkriegsdeutschland. Es war wichtig, daß die programmatischen Einzelforderungen und Interessen innerlich durch eine positive Botschaft und
Aufgabenstellung verbunden waren: in der heimatlosen, durcheinan-
dergeschobenen, atomisierten Masse Nachkriegsdeutschlands die
Menschen wieder zu Selbstbewußtsein und Verantwortungsgefühl
zu führen, damit so nach und nach ein »lebendig erfaßtes Volk« entstehen könne (Adenauer, Grundsatzrede in der Aula der Kölner
Universität, 24. März 1946).

7. Die Organisation der Interessen

Eine historische Besonderheit der CDU ist, daß die gesellschaftlichen
Interessen, für die sie steht, nicht so sehr durch ihre Programme als
durch ihre Vereinigungen repräsentiert werden. Das Vereinigungssystem der Union hängt geschichtlich aufs engste mit der Entstehung
der Partei als Bewegung »von unten« zusammen. Die Vereinigungen
unterscheiden sich nicht nur nach Organisationsart, Mitgliederstärke und regionaler Verteilung, nach Finanzressourcen und Selbstverständnis sehr stark voneinander, sondern sie sind auch in ganz unterschiedlichen Entwicklungsphasen der Partei entstanden. Fast
gleichzeitig mit den Gründungszentren der Union bildeten sich, wie
es bei ihr selbst der Fall war, auf lokaler Ebene zunächst die Sozialausschüsse der Christlichen Arbeitnehmerschaft, Arbeitskreise der
Jungen Union und der Frauen sowie Gruppen der Kommunalpolitischen Arbeitsgemeinschaft. Diese vier Vereinigungen waren auch auf
»interzonaler« und Bundesebene schon vor der Gründung der Bundespartei im Jahr 1950 aktiv. Ihnen fiel die wichtige Funktion zu,
politische Brücken zu verschiedenen Bevölkerungsgruppen zu
schlagen.

Gerade weil die Union in der Gründungsphase wegen ihrer Viel-
schichtigkeit und ihres umfassenden Charakters über die grundsätzliche weltanschauliche Gemeinsamkeit hinaus wenig Identifikati-
onspunkte aufwies, entwickelten sich die Vereinigungen aufgrund

ihrer spezifischen Integrationskraft schnell zu konstitutiven Strukturelementen der Partei. Bereits in den Gründungsjahren ergab sich eine enge Beziehung zwischen dem Vereinigungsprinzip und dem Volksparteiverständnis der Union. Die innerparteilich organisierte Interessenvielfalt sollte dem gesellschaftlichen Interessenpluralismus entsprechen. Die Vereinigungen trugen dem durch eine eigenständige Organisation Rechnung.

Wie bei der Union hat auch bei den Vereinigungen zunächst die personale Kontinuität durch ehemalige Parteipolitiker aus der Zeit der Weimarer Republik, insbesondere durch ehemalige Funktionsträger des Zentrums, den Neubeginn nach 1945 geprägt. Bei der Gründung der ersten Vereinigungen stand das Vorbild der Zentrumsorganisation Pate. Die Anfänge gehen zurück bis in das Jahr 1945.

Sozialausschüsse

Den Archetypus der Vereinigungen finden wir in den Sozialausschüssen. Ehemalige christliche Gewerkschafter, die sich in ihnen sammelten, gehörten fast überall zur Kerntruppe der Gründer. Wie keine andere Vereinigung der Union hat die christliche Arbeiterschaft die Startphase der Partei mitgeprägt und maßgeblich dazu beigetragen, daß die CDU organisatorisch und programmatisch rasch auf die Beine kam.

Besonders deutlich läßt sich das im Land an Rhein und Ruhr verfolgen, dem »Mutterland der christlich-sozialen und christlich-demokratischen Arbeiterbewegung« (Albers), das in puncto Mitgliederstärke, Organisationsrahmen und Programmatik entsprechend auch zum Kerngebiet des parteipolitischen Neuanfangs der Union wurde. Diese starke Position der christlichen Arbeiterschaft in der Gründerunion kam nicht von ungefähr. In der Verweigerung und im Widerstand unter dem Hitlerregime hatten die christlichen Gewerkschafter nach Auflösung ihrer Organisationen zusammengehalten, so gut es ging. Die Katholische Arbeiterbewegung (KAB) kam ihnen dabei zu Hilfe. Unmittelbar nach Kriegsende erging dann von bekannten Gewerkschaftsführern wie Kaiser, Stegerwald und Albers – in Besinnung auf die Tradition des Essener Gewerkschaftskongresses von 1920 – an die Freunde und Kameraden der Ruf zur

Sammlung: Sie sollten, wie Albers in seinem Brief vom 14. Dezember 1945 an frühere Arbeiter- und Gewerkschaftssekretäre der christlichen Arbeiterbewegung schrieb, »der politischen Vernunft zum Siege verhelfen und der großen Christlich-Demokratischen Partei, als dem politischen Willensausdruck der christlichen Arbeiterschaft, den Weg bereiten helfen«.

Das »Büro Albers«, Köln, Breitestraße 108, war die Geburtsstätte der Sozialausschüsse. Unter dem Geburtsnamen »Christliches Werkvolk« wurden bereits Anfang 1946 Schulungskurse im Kloster Walberberg aufgenommen. Die Gründungsversammlung der rheinischen Sozialausschüsse, am 16. Februar 1946 in Düsseldorf, gab die Initialzündung für gleichgerichtete Organisationsaktivitäten in den anderen Ländern. Fast überall setzte sich die Überlegung durch, daß die christlich orientierten Arbeitnehmer als Kompensation dafür, daß sie zugunsten der neuen Einheitsgewerkschaft auf die Wiedererrichtung Christlicher Gewerkschaften verzichteten, innerhalb der Union besonders organisiert sein müßten. In Hamburg nahm ein Arbeitnehmerausschuß als parteiinterner Ausschuß der Landes-CDU am 1. April 1946 seine Arbeit auf; aus ihm entwickelten sich bald die örtlichen Sozialausschüsse. Im Oktober erfolgte der Zusammenschluß der Sozialausschüsse von Hannover, Braunschweig und Oldenburg zum Landesausschuß Niedersachsen. Die westfälischen Sozialausschüsse gründeten sich am 20. Dezember 1946 in Herne mit der Wahl von Wilhelm Alef zum Ersten und von Bernhard Winkelheide zum Zweiten Vorsitzenden.

Nach vorbereitenden Treffen in Dortmund und Düsseldorf kam es am 8./9. November 1946 in Herne zur ersten Tagung der Sozialausschüsse Nordrhein-Westfalens. Dort legten sie durch ihre Spitzenredner Albers und Blank ein Bekenntnis zur christlichen Sozialreform, zur Wirtschaftsdemokratie und zur Union als Partei des sozialen Fortschritts ab. Sie verstanden sich, laut einer Programmschrift von Albers, als »Untergliederung« der CDU, als »Vorhof der CDU« für alle Arbeitnehmer, mit dem Status, »Beschlüsse zu fassen und an die Öffentlichkeit zu treten«. Sie wollten, wie Albers, ihr erster Geschäftsführer und vorläufiger Vorsitzender unter dem 7. Januar 1947 an Adenauer schrieb, das »soziale und immer wahre Gewissen der Union sein«. Damit gab er den Sozialausschüssen eine

Devise mit auf den Weg, nach der sie bis heute ihre Position in der Partei bestimmen.

Selbstbewußtsein und Sendungsgeist der Sozialausschüsse zeigten sich auf ihrer ersten gesamtdeutschen »Reichstagung« in Herne am 28.-30. November 1947. Sie basierten nicht nur auf dem verpflichtenden Erbe der Christlichen Gewerkschaftsbewegung, sondern auch auf dem Wissen, daß mit ihnen der Charakter der Union als Volkspartei stand und fiel: »Als echte christlich-demokratische und christlich-soziale Volkspartei ist das Wesen, der Bestand und die Kraft der CDU nur gesichert, wenn die breiten christlichen Arbeitnehmerschichten zu ihr stehen«(Albers). Die Delegierten – aus der Ostzone kamen Vertreter der dortigen CDU-Gewerkschaftsausschüsse – schlossen sich nach Reden von Albers, Föcher (2. Vorsitzender des DGB in der britischen Zone), Arnold und Kaiser zur »Arbeitsgemeinschaft der Sozialausschüsse der CDU/CSU« mit Sitz in Köln zusammen. Als »Teil« der Union glichen sich die Sozialausschüsse satzungsmäßig der Organisationsform der Partei an. Allerdings brauchten ihre Mitglieder, mit Ausnahme der Funktionsträger, nicht unbedingt der CDU oder CSU anzugehören. In einer Entschließung wurde die parteipolitische und weltanschauliche Neutralität als Frage des Seins und Nichtseins der Einheitsgewerkschaft betont.

Wie stark und unmittelbar die Tradition der Christlichen Gewerkschaften die Anfänge der Sozialausschüsse prägte, zeigte auch die Wiederaufnahme der christlich-sozialen Bildungsarbeit im einstigen gewerkschaftlichen Schulungszentrum »Unser Haus« in Königswinter, durch das einst Hunderte von Gewerkschaftsekretären gegangen waren. Bereits am 6. November 1948 konnte das Heim wieder eingeweiht werden, im Gedenken an den großen, Ende 1945 verstorbenen christlichen Gewerkschaftsführer Adam Stegerwald, dessen Namen es erhielt.

Im Jahr 1949 gab Albers den Vorsitz der CDU/CSU-Sozialausschüsse auf deren Tagung am 23. Juli in Düsseldorf an Jakob Kaiser ab, der nach seiner Entmachtung als Vorsitzender der Ost-CDU im Westen eine politische Basis in der Partei brauchte. Noch einmal sollte Albers aber – nach Kaisers Tod – für weitere fünf Jahre (1958–1963) den Vorsitz »seiner« Vereinigung übernehmen. Aus der soliden Schule der christlichen Gewerkschaftssekretäre kommend, hatte er seine politischen Erfahrungen als Zentrumsabgeordneter im Kölner Stadtrat während der Weimarer Republik gesammelt; bei aller optimistisch-heiteren Grundeinstellung willensstark, ausgestattet mit der verständigungsbereiten Lebenszugewandtheit des Rheinländers, hatte er den Sozialausschüssen eine »relative Selbständigkeit« gegenüber der Partei zu sichern gewußt.

Die Sozialausschüsse von 1950, im Gründungsjahr der Bundespartei, so wie sie sich auf ihrer Deutschlandtagung in Oberhausen am 3.–5. Februar und dann vor allem auf dem Essener Kongreß am 18.–20. November darstellten, waren zu einem großen Teil sein Werk. Die Sozialausschüsse hatten mit Theodor Blank, Joseph Jakob, Hugo Karpf, Peter Schlack, Hans Schütz, Anton Storch, Heinrich Strunk und Bernhard Winkelheide als sogenanntem »Gewerkschaftsflügel« der CDU/CSU-Fraktion im Frankfurter Wirtschaftsrat schließlich mitgeholfen, die Wirtschaftskonzeption Erhards durchzusetzen – eines der wertvollsten Geschenke, die der Bundesrepublik Deutschland in die Wiege gelegt wurden. In der ersten Bundesregierung waren sie mit Storch als Arbeitsminister und Kaiser als Minister für gesamtdeutsche Fragen überrepräsentiert vertreten. In der Bundestagsfraktion setzten sie sich sofort für die Verwirklichung der Arbeitnehmermitbestimmung in Betrieben, Unternehmen und Selbstverwaltungsorganen der Wirtschaft ein. Das war auch die zentrale Forderung von Oberhausen (Richtlinien über das Mitbestimmungsrecht der Arbeitnehmer).

In Essen, wo des Kongresses von 1920 gedacht wurde, ging es um die »verantwortungsbewußte Verwirklichung des christlich-sozialen Erbes« (Albers) sowie um das wirtschaftliche und soziale Ordnungsbild der christlich-demokratischen Arbeiterschaft (Eugen Wirsching, Josef Bock). In einer einstimmig angenommenen Entschließung bekannten sich die Sozialausschüsse erneut zum Ahlener Programm unter Betonung der Forderungen nach Mitverantwortung und Mitbestimmung im Betrieb, nach Ertragsbeteiligung, Miteigentum und Ausbau der wirtschaftlichen wie sozialen Selbstverwaltung als Grundelementen »echter Neuordnung«. Ihre Satzung (Oberhausen, 2./3. Februar 1950) wies ihnen als Aufgabe die Vertretung der Arbeitnehmerschaft innerhalb der CDU zu. Sie sollten die gesamte christlich-demokratische Arbeitnehmerschaft zum Zwecke der Einflußnahme auf das politische Leben nach den Grundsätzen der Union sammeln und aktivieren.

Junge Union

Die Kraft, die der Union aus den Vereinigungen wie den Sozialausschüssen und der KPV zuwuchs, kam nicht zuletzt aus der Spannung, die sich in ihnen zwischen Alt und Jung, zwischen reifer politischer Erfahrung und jugendlichem Tatenstreben entwickelte. In der Union fanden sich nämlich nicht nur jene Jahrgänge zusammen, die aus den Schwierigkeiten, Fehlern und Verstrickungen christlicher Politik in der Weimarer Republik Konsequenzen zu ziehen bereit waren und den zweiten demokratischen Anlauf in Deutschland zum Guten wenden wollten. Die Vision des neuen Weges, die vom Unionsgedanken ausging, ergriff und begeisterte gerade auch große Teile der um ihre Jugendkraft und -träume betrogenen Kriegsgeneration.

Die Union »als eine neue Partei auf neuen Wegen« bot aufgrund ihrer offenen Struktur die organisatorische Möglichkeit, die Generation zwischen zwanzig und vierzig an die politische Arbeit heranzuführen und am politischen Leben teilhaben zu lassen. Den Brückenschlag von der Jugend zur Partei sollte die »Junge Union« leisten. Auch sie entstand als »Vereinigung« und nicht so sehr nach Plan als Jugendorganisation der Partei. Die Zusammenarbeit in kirchlichen Jugendgruppen, persönliche Bekanntschaften aus Fronterleben oder Studentenzeiten bildeten den »Urgrund« der ersten Diskussionsgruppen, die im Anschluß an die Unionsgründung hier und da von politisch interessierten jungen Menschen gebildet wurden.

Im Frühjahr und Sommer 1946 häuften sich, parallel zum zügigen Parteiaufbau der Union, die Bestrebungen, diesen zunächst sehr unterschiedlichen Gruppen feste organisatorische Formen und Bindungen zu geben. Im März 1946 konstituierte sich ein »Arbeitsausschuß Junge Union für die SBZ und Berlin«. In Berlin, auf dem Parteitag der CDU am 16. Juni, wo es zur ersten überzonalen Fühlungnahme der jungen Generation kam, wurde auch schon an eine gesamtdeutsche Vereinigung der Parteijunioren gedacht. Fast gleichzeitig begann der Anfang Juni bestellte Landesjugendleiter des Landesverbandes Rheinland mit der Bildung von »Aktionsgemeinschaften junger Deutscher in der CDU«. In der britischen Zone war man, mit Unterstützung Adenauers und des CDU-Zonensekretärs Löns, bald so weit, daß am 4.-7. August in Recklinghausen eine erste Zonentagung der Jungen Union unter Beteiligung von 53 Vertretern aus den acht Landesverbänden stattfinden konnte. Gleichzeitig wurde auch der Name »Junge Union« allgemein. Er findet sich für die britische Zone zum ersten Mal in einem Rundschreiben der Bremer CDU dokumentiert (12. Juli 1946); die Abkürzung JU wurde erst 1947 allmählich gebräuchlich.

Als der erste Deutschlandtag der Jungen Union gilt das Treffen von Vertretern aus allen vier Besatzungszonen im Kurhaus zu Königstein/Taunus am 17.–21. Januar 1947. Hauptinitiatoren waren neben dem veranstaltenden Landesverband Hessen sowie den CDU-Verbänden der britischen Zone und den Berlinern die Junge Union Bayerns, deren organisatorischer Zusammenschluß von dem am 24. Februar 1946 ins Leben gerufenen Jugendausschuß der CSU betrieben worden war und die eine Woche zuvor im Regensburger Kolpinghaus die konstituierende Sitzung ihres »Parlaments«, unter anderem mit Franz Josef Strauß, Richard Stücklen und Richard Jaeger, abgehalten hatte (11./12. Januar 1947).

Noch im gleichen Jahr folgten die Deutschlandtage Nr. 2 in Berlin (28. Mai–1. Juni) und Nr. 3 in Hamburg (12.–15. Oktober). Dort wurde die Errichtung eines Deutschland-Sekretariats beim Generalsekretariat der CDU/CSU-Arbeitsgemeinschaft in Frankfurt am Main beschlossen. Die Wahl des Bundesvorsitzenden entschied der aus Regensburg stammende nordrhein-westfälische Landtagsabgeordnete Bruno Six (Köln) für sich, der als eine der treibenden Gründerpersönlichkeiten der Jungen Union schon den JU-Vorsitz in der britischen Zone innehatte. Er übernahm auch den Vorsitz des ersten Deutschlandrates der Jungen Union, der sich in Hamburg als oberstes Organ der Vereinigung, gebildet aus den Landesvorsitzenden und gewählten Vertretern der Landesverbände, konstituierte. Seiner Definition zufolge sollte die Junge Union ein »Motor in der Partei« sein: »Als besondere Aufgaben hat sie sich erwählt die Gewinnung der jungen Generation für die politische Idee, die staatsbürgerliche

Durchbildung dieser Generation und die Weiterentwicklung des Parteiprogramms nach dem Lebensgefühl der jungen Menschen« (Werkblatt 16).

Trotz des leidenschaftlichen Plädoyers, das Six auf dem ersten CDU-Parteitag in der britischen Zone (14./15. August 1947) unter der Maxime »Wir gehen unseren Weg« für die Junge Union hielt, kam ihre politische Organisation, das »Wagnis einer neuen Form«, zunächst nicht recht vom Fleck. Sie wurde keine »Massenbewegung«, wie das manche Satzung im jugendlichen Überschwang vorsah. Als »politische Arbeits- und Schulungsgemeinschaft«, als integrativer Bestandteil der Partei, »nicht vor und nicht neben der CDU, sondern in ihrer Mitte« begann vielmehr ihre Entwicklung zur »wohl erfolgreichsten deutschen pressure group« (Theodor Eschenburg).

Es wirkte sich für die Junge Union nachteilig aus, daß sie im sowjetischen Besatzungsbereich, kaum nachdem sie ins Leben getreten war, brutal verfolgt wurde. Ihre Weigerung, offizielle Vertreter in den Zentralrat der von der SED kontrollierten FDJ zu entsenden, löste eine Verhaftungs- und Prozeßwelle gegen führende Mitarbeiter wie Manfred Klein, Gerda Rösch, Georg Wradzidlo, Ewald Ernst und Hans Beitz aus. Als die sowjetische Militäradministration den Vertretern der Jungen Union aus der Ostzone jede weitere Mitarbeit untersagte und als »Ersatzinstitution« den Jugendausschuß der CDU der SBZ gründen ließ, sah der Deutschlandrat keine andere Möglichkeit, als die Arbeit der Jungen Union für den Bereich der SBZ einzustellen. Im Februar 1948 wurde auch die Bezeichnung »Junge Union« für die SBZ verboten. Dazu gab es die »nachhelfenden« Terrormaßnahmen: Razzien machten die Versammlungsteilnehmer namhaft, FDJ-Trupps sprengten Gesprächsrunden, FDGB-Aktive diskriminierten Angehörige der Jungen Union in den Betrieben, Schülern wurde mit Relegation gedroht. Vor die »Alternative zwischen politischem Märtyrertum und Verfälschung der Idee« gestellt, flohen die beiden frei gewählten Sprecher der Jungen Union in der SBZ, Fred Sagner und Josef Bock, der Leiter der CDU-Bildungsstätte in Blankenburg (Harz), in den freien Westen.

Das »Bekenntnis der christlich-demokratischen Jugend zu ihren auf vorgeschobenem Posten arbeitenden Schwestern und Brüdern«

fand in der Wahl Sagners zum neuen Bundesvorsitzenden an Stelle des zurückgetretenen Six einen ostentativen Ausdruck (4. Tagung des Deutschlandrates am 17. September 1948 in Königstein). Nach seinem Rücktritt Mitte 1949 fiel der Bundesvorsitz dem Vorsitzenden der seit Jahresanfang zusammengeschlossenen JU-Verbände des Rheinlandes und Westfalens zu, dem aus Bochum stammenden, 41jährigen Josef Hermann Dufhues. Zu seiner Stellvertreterin wurde die Rheinländerin Mia Roos gewählt. Das Bundessekretariat zog, nachdem Bonn zur provisorischen Hauptstadt bestimmt worden war, zunächst nach Köln, Anfang 1951 dann nach Bonn.

Meilensteine der frühen JU-Geschichte waren die Bestätigung der ersten Satzung auf dem Treffen des Deutschlandrates in Oberwesel am 2./3. Juli 1949 sowie – nach dem erfolgreichen Abschneiden der Union in der ersten Bundestagswahl – die Verabschiedung der »Würzburger Beschlüsse« im März 1950. Sie enthalten die Grundforderungen der Jungen Union: verantwortliche Mitarbeit der jungen Generation an der Neuordnung des öffentlichen Lebens, Vorrang der freien Persönlichkeit in der Politik, Erneuerung des geistigen und kulturellen Lebens auf der Grundlage des Christentums, Überwindung der Bürokratie durch echte Selbstverwaltung in Gemeinde, Staat und Wirtschaft, gerechter Lastenausgleich zugunsten der Vertriebenen und Kriegsopfer, Wiederherstellung Deutschlands in seinen geschichtlichen Grenzen sowie schließlich der gleichberechtigte Zusammenschluß der europäischen Staaten zur europäischen Union.

Einen schweren Kampf mußte die Junge Union aber noch führen, bis sie im Statut der Bundespartei, das auf dem Goslarer Gründungsparteitag (20.–22. Oktober 1950) beschlossen wurde, als Vertreter der jungen Generation Erwähnung fand. Auf der gleichzeitig abgehaltenen Deutschlandratstagung löste Ernst Majonica aus Soest den ausscheidenden Dufhues als Bundesvorsitzenden der Jungen Union ab. In seiner Abschiedsrede beschwor dieser seine Mitstreiter, »Fackelträger der Idee« zu bleiben, »das gesamte öffentliche Leben aus der Kraft und dem Reichtum des Christentums zu erneuern«, und er verpflichtete die Parteiführung auf die »europäische Aufgabe«, »dieses freie und geeinte Europa, das in den Herzen unserer Jugend und der Jugend Europas bereits lebendige Wirklichkeit ist...«

Ein zukunftszugewandter Idealismus trug dazu bei, daß die Junge Union in den schweren Aufbaujahren von Staat und Partei nicht resignierte. Denn das Verhältnis zur Partei gestaltete sich lange Zeit problematisch. Nicht nur, daß das weltanschaulich-politische Spektrum breiter war als das der Partei. Die Honoratioren der Union hielten die Jugend knapp und auf Distanz. Schon auf dem Goslarer Gründungsparteitag der Bundes-CDU 1950 wurde reklamiert, daß die Jugend Verantwortung tragen und nicht nur im Wahlkampf in Erscheinung treten wolle – beim »Plakatekleben«. Erst der Bewußtseinswandel, den die Jugendrevolte gegen die »Väter« Ende der Sechziger auslöste, machte aus der »Gemeinschaft der Jungen Union in der Christlich-Demokratischen Union und Christlich-Sozialen Union« (§ 1 der JU-Satzung von 1951) die »selbständige Vereinigung der jungen Generation« in den Unionsparteien (Hammer Satzung von 1969).

Frauenarbeitskreise

Ähnlich schwer wie mit den Parteijunioren tat sich die Union in den Anfangsjahren mit den Frauen in der Partei. Deren Mitarbeit war zwar in fast allen Gründungskreisen gegeben und gefragt, aber im Laufe des organisatorischen Ausbaus der Union blieben in dieser Beziehung manche Vor- und Ansätze der Gründer auf der Strecke. Auf dem ersten CDU-Parteitag in der britischen Zone, im August 1947, bemängelte der Zonenvorsitzende Adenauer, daß nur wenige Kreisverbände Frauen als Delegierte entsandt hätten. »Wir Männer müssen uns an den Gedanken gewöhnen und uns damit vertraut machen, daß die Frau ein ganz wesentliches Wort in der Politik mitzusprechen hat.«

Wie bei den anderen Vereinigungen lagen die Anfänge der »Frauenunion« in den Frauenarbeitskreisen oder Frauenausschüssen auf lokaler Ebene. Sie sollten nicht nur für die Interessenvertretung der Frauen in den Parteiverbänden eine Basis abgeben, sondern darüber hinaus auch die Übernahme politischer Verantwortung durch Frauen durchsetzen helfen. Die früheste überregionale Organisation der Unionsfrauen kam in der britischen Zone zustande: Am 27./28. Juni 1946 konstituierte sich in Neuenkirchen bei Goslar unter dem Vorsitz von Christine Teusch der Zonenfrauenausschuß. Der Versuch eines überzonalen, auch den sowjetischen Besatzungsbereich einbeziehenden Frauenausschusses wurde auf dem Parteitag der CDU Berlins und der Ostzone am 4.–8. September 1947 gemacht, mit Helene Weber als Vorsitzender. In der amerikanischen Zone, in Hessen, fand die erste Tagung der Frauenarbeitsgemeinschaft des Landes am 6. Oktober 1947 in Frankfurt am Main statt. Mit der Arbeitsaufnahme der CDU/CSU-Arbeitsgemeinschaft war es dann nur eine Frage der Zeit, daß auch eine Frauenarbeitsgemeinschaft der CDU/CSU gegründet wurde. Gründungsdatum: 1. Mai 1948, Ort: Frankfurt am Main, wo die Arbeitsgemeinschaft der CDU/CSU zu Hause war. Erste Vorsitzende wurde Helene Weber, zu Stellvertreterinnen wurden Elfriede Nebgen und Lucie Krüger aus Berlin, Elisabeth Meyer-Spreckels aus Fürth und Josefine Dörner aus Wissen/Sieg gewählt.

Ins Bewußtsein der Öffentlichkeit traten die Unionsfrauen zum ersten Mal deutlicher bei den Beratungen des Parlamentarischen Rates, als ihre Sprecherin Helene Weber für die Gleichberechtigung von Frau und Mann eintrat und die Eingliederung des Elternrechts in die Grundrechte forderte.

Die Gründung der CDU-Bundespartei brachte für die Frauenvereinigung eine Umorganisation mit sich, die im Vorfeld des 2. Bundesparteitages getroffen wurde: Unter dem Vorsitz von Helene Weber (katholisch) und Maria Eichelbaum (evangelisch) wurde am 22./23. September 1951 in Königswinter der Bundesfrauenausschuß der CDU aus der Taufe gehoben. Seine Ziele beschrieb die siebzigjährige Vorsitzende, die 1920 als erste Frau in Preußen »Ministerialrat« geworden war, mit den Worten: »Seine Tätigkeit erstreckt sich auf alle Gebiete des öffentlichen Lebens. Sein Ziel ist die wirksame Unterstützung der großen Ideen unserer Partei.« Dann hielt sie der Partei jedoch unmißverständlich vor: »Die Frauen haben innerhalb der CDU nicht die Würdigung und Stellung, die sie eigentlich haben müßten.« In einer Entschließung verlangte der gerade gegründete Frauenausschuß vom Bundesvorstand denn auch die Anstellung einer hauptamtlichen Frauenreferentin, eine ausreichende finanzielle Unterstützung und eine angemessene Vertretung der Frauen in allen Bundes- und Länderfachausschüssen der Partei.

Das war freilich Zukunftsmusik. Mit den »Frauen in der Politik«

ging es in der Union langsam und stockend voran. Bezeichnend dafür mag die Geschichte des eigenen Publikationsorgans sein, das die Unionsfrauen 1949 angeregt hatten und das erst 1955 unter dem Namen »Frau und Politik« erscheinen konnte. Ein Jahr darauf erfolgte im Rahmen einer allgemeinen Satzungsänderung auf dem 6. Bundesparteitag die Umwandlung des Bundesfrauenausschusses in die »Vereinigung der Frauen der CDU Deutschlands« – laut Statut »die Gemeinschaft der weiblichen Mitglieder der CDU«. Als ihre Aufgaben wurden bestimmt: Bildung und Schulung der weiblichen Parteimitglieder für die politische Arbeit, Erarbeitung von Stellungnahmen zu politischen Fragen und Beeinflussung der Unionspolitik aus der Sicht der Frau, Durchsetzung einer angemessenen Vertretung der Frauen in Parlamenten und Parteigremien. Obwohl sich die Frauenausschüsse wesentlich früher als die Gesamtunion zonenübergreifend organisierten, entwickelte sich ihr Selbstverständnis als innerparteiliche pressure group erst durch die Berührung mit der modernen Frauenbewegung.

Kommunalpolitische Arbeitsgemeinschaft

Die ersten Organisationsansätze für die Kommunalpolitiker der CDU – in Westfalen, im Rheinland und in Hessen – entsprangen ungefähr zur gleichen Zeit der Initiative einzelner Persönlichkeiten. Im Rheinland war der Landesgeschäftsführer der CDU, Hans Schreiber (Köln), der erste engagierte Förderer, in Westfalen der Landesgeschäftsführer Paul Steup (Dortmund). Die Kommunalpolitische Vereinigung Westfalen-Lippe konstituierte sich am 3. Mai 1946 in Werl unter dem Vorsitz von Aloys Feldmann, dem Bürgermeister von Geseke. Sie sollte laut den ersten Beschlüssen der Aufgabe gewidmet sein, eine »echte, demokratische Selbstregierung in den Gemeinden« zu erreichen. In Hessen ging die Eröffnung eines Kommunalsekretariats als Abteilung der Landesleitung der hessischen CDU auf den späteren Bad Homburger Oberbürgermeister Karl Horn aus Wetzlar zurück. Früh trat auch schon in Berlin eine kommunalpolitische Organisation der Partei ins Leben. In Schleswig-Holstein besaß der Landesverband seit dem 1. Januar 1947 ein Kommunalreferat, in Nordbaden wurde im März 1947 ein Kommunalausschuß der Landes-CDU gegründet, entsprechende Ausschüsse in den Kreisverbänden. Im Herbst 1947 konstituierte sich in Rheinland-Pfalz die erste überbezirkliche Kommunalpolitische Arbeitsgemeinschaft.

Der Schwung der kommunalpolitischen Gründungsbewegung, der im Jahr 1947 allenthalben zu verzeichnen war, ging zweifellos von den ermutigenden Erfolgen der CDU in den ersten Gemeinde- und Kreistagswahlen aus. Am 2. Dezember 1947 fand in Recklinghausen die 1. Delegiertentagung der KPV in Nordrhein-Westfalen statt, nachdem sich die Organisationen Westfalens und des Rheinlands am 7. Juli zusammengeschlossen hatten. Zum Landesvorsitzenden der Vereinigung wurde der Recklinghausener Oberbürgermeister Wilhelm Bitter gewählt, ein alter Zentrumsmann und Verleger der »Recklinghäuser Volkszeitung«. Ferner gaben Errichtung und Wirken des Wirtschaftsrats der Bizone in Frankfurt seit Sommer 1947 der kommunalpolitischen Arbeit der CDU einen starken Auftrieb. Auf Beschluß einer Tagung von Vertretern der drei Westzonen am 26. November 1947 in Frankfurt kam am 21./22. Januar 1948 in Wiesbaden ein erstes zonenübergreifendes Treffen zustande, das zum Ausgangspunkt einer planmäßigen Organisation kommunalpolitischer Arbeitsgemeinschaften im Westen wurde.

Als eigentliche Gründungsversammlung der KPV gilt jedoch die interzonale Delegiertentagung im Berghotel »Rittersturz« in Koblenz am 5.–7. August 1948. Sie wollte eine Demonstration für wahre Demokratie und gemeindliche Selbstverwaltung sein. Hier wurde auch ein zehnköpfiger Vorstand gewählt und eine Satzung verabschiedet, die den Zweck der Vereinigung so bestimmte: Zusammenschluß der CDU/CSU-Vertreter in den kommunalen Spitzenverbänden zu Fraktionen, Festlegung allgemeiner Richtlinien für die praktische Arbeit in den kommunalen Körperschaften sowie Verbreitung der Grundsätze der CDU/CSU in praktischer Kommunalpolitik durch Wort und Schrift. Zum Bundesvorsitzenden wurde »Vater Bitter« gewählt, der in der Folge bis zu seinem Tod 1964 immer wieder in diesem Amt bestätigt wurde. Da auch der erste Bundesgeschäftsführer der KPV, Friedrich Willeke, Bundestagsabgeordneter von 1949 bis 1965, in Recklinghausen wohnte, hatte die Geschäftsstelle der Arbeitsgemeinschaft dort zunächst ihren Sitz.

Die 2. interzonale Delegiertenversammlung fand am 4./5. Februar 1949 in Bad Reichenhall statt. Auf der dritten, am 18./19. Oktober desselben Jahres in Fulda, wurden die schon in Koblenz vorgestellten »Leitsätze für die kommunalpolitische Arbeit der CDU und CSU« verabschiedet. Ganz im christlich-demokratischen Gründergeist definierten sie die Gemeinde als elementares Bauteil der neuen Ordnung, mit dem »eine auf christlicher Grundlage beruhende Kultur, eine Erziehung zum christlichen und demokratischen Staate, eine vom sozialen Geiste erfüllte Wohlfahrtspflege, eine gerechte Wirtschaftsordnung und eine auf Ausgleich der sozialen Gegensätze bedachte Steuer- und Finanzpolitik« verwirklicht werden könne. Von Fulda gingen auch wichtige Anstöße für die Bildung eines Kommunalpolitischen Ausschusses der CDU/CSU-Fraktion des Deutschen Bundestages sowie für die Einrichtung einer Kommunalabteilung im Bundesinnenministerium aus.

Auf der 4. Delegiertentagung in Augsburg am 25.–27. Februar 1951 erfolgte unter allgemeiner Zustimmung die Festlegung auf den Namen »Kommunalpolitische Vereinigung der CDU und CSU Deutschlands«. Dabei war das Vorbild der 1917 gegründeten Organisation der Zentrumspartei gleichen Namens ausschlaggebend gewesen. Zentrumstradition war auch die Herausgabe einer eigenen Zeitschrift für kommunalpolitische Fragen. Sie erschien mit der ersten Nummer am 1. Januar 1949 – wie ihr Zentrums-Vorgänger unter dem Namen »Kommunalpolitische Blätter«, die mithelfen sollten, wie es im ersten Jahrgang des Politischen Jahrbuches der CDU/CSU (1950) hieß, »daß Zweck und Sinn der kommunalpolitischen Organisationsarbeit der CDU/CSU erfüllt werden, nämlich die gemeindliche Selbstverwaltung zum tragenden Fundament des demokratischen Staates zu machen und sie mit christlichem Geist zu erfüllen«.

Flüchtlinge und Vertriebene

Die Neigung zur »Vereinigungsbildung« läßt sich vor Gründung der Bundespartei ansatzweise bei fast allen »Ausschüssen« und »Arbeitskreisen« der Union feststellen, auch wenn es zu keiner regelrechten überzonalen Organisation kam. So traten zum Beispiel die Flüchtlinge und Vertriebenen als eine außerordentlich aktive Interessenvereinigung in den CDU-Verbänden auf. Ihre soziale und wirtschaftliche Integration war von den Parteiführungen der Union bald als eine große Aufgabe erkannt worden. In dem Maße, in dem sich die Flüchtlings- und Vertriebenenorganisationen »politisierten«, sah sich die CDU in einen Wettbewerb mit den anderen Parteien, insbesondere der SPD, um die Wählerstimmen dieses Bevölkerungsteils hineingezogen. Ab Mitte 1946 begann die zügige Einrichtung von Flüchtlingsausschüssen in den Landesparteien. Der im April des Jahres für die britische Zone beschlossene Zonenflüchtlingsausschuß, der ursprünglich als Fachausschuß gedacht war, zeigte unter dem Vorsitz des Rechtsanwaltes und ehemaligen Königsberger Zentrumsabgeordneten Linus Kather die starke Tendenz, eine Partei in der Partei zu bilden. Eine straff ausgebaute Organisation, angefangen bei der Hamburger Zentrale bis hinunter zu den Kreis- und teilweise auch Ortsflüchtlingsausschüssen, entstand. Sie sollte nicht nur durch Betreuung und Beratung die amtliche Flüchtlingsfürsorge ergänzen und innerhalb der Partei Ansprechpartner der entstehenden Flüchtlings- und Vertriebenenverbände sein, sondern auch deren politischen Forderungen Nachdruck verleihen. Die Herausgabe eigener Zeitungen wie »Der Neubürger« der CDU Württembergs oder die »Neue Heimat« des CDU/CSU-Flüchtlingssekretariats in Frankfurt legt hierfür ein beredtes Zeugnis ab.

Eine »Reichstagung der Landesflüchtlingsausschüsse der CDU/CSU« fand am 27.–29. April 1948 in Braunschweig statt. In Anlehnung an die CDU/CSU-Arbeitsgemeinschaft wurde dort die Arbeitsgemeinschaft der Landesflüchtlingsausschüsse der CDU/CSU gegründet. Sie unterhielt in Frankfurt ein Flüchtlingssekretariat. Kein Geringerer als Adenauer trieb die Vertriebenen- und Flüchtlingsvertreter zu aktiver Mitarbeit in der Partei an: »Suchen Sie überall innerhalb der Organisation der Christlich-Demokratischen Union an die entsprechenden Stellen zu kommen. Damit helfen Sie Ihrer Sache, damit helfen Sie auch unserem gemeinsamen Ideal« (Königswinterer Tagung der CDU-Flüchtlingsausschüsse am 1./2. April 1949).

Im ersten Bundestag wies denn auch die CDU/CSU den größten Anteil an Vertriebenen und Flüchtlingen unter den Abgeordneten aller Parteien auf. Dies und die Errichtung eines besonderen Bundesministeriums für Vertriebene, Flüchtlinge und Kriegsbeschädigte bestätigten ihren Ruf als »Flüchtlingspartei«, den sie nicht zuletzt der Kooperation ihrer Flüchtlingsvereinigungen mit den entsprechenden Organisationen im vorpolitischen Raum verdankte.

8. Bewährung in politischer Verantwortung

Die föderative Struktur der Union, in der unterschiedliche Länderentwicklungen zusammenwuchsen und heterogene Interessen zusammenkamen, machte praktische Politik nur in Konzentration auf die Sache möglich. Die Gemeinsamkeit der Union stellte sich, abgesehen von ihrem christlichen Wertfundament, im wesentlichen durch ihre pragmatische Realitätsbezogenheit her.

Das wurde sofort deutlich, als mit der Einrichtung des Wirtschaftsrates der vereinigten britischen und amerikanischen Zone in Frankfurt den Deutschen eine Möglichkeit der politischen Mitgestaltung im größeren Rahmen gegeben wurde. Diese Institution – gewissermaßen das Parlament der Bizone, die man als »Vorform des Weststaats« anzusehen hat – wurde von den Unionsspitzen als ein Instrument begrüßt, mit dessen Hilfe die eigenen politischen Vorstellungen durchzusetzen waren. Allerdings konnte es sich dabei nur um eine Politik handeln, die »das Wünschbare an der realen Situation mißt und zum Machbaren reduziert« (Georg Müller).

Der Wirtschaftsrat war für die Union jedoch auch aus einem anderen, fast noch gewichtigeren Grund willkommen. Die CDU/CSU-Fraktion im Wirtschaftsrat stellte das erste und einzige Gesamtorgan der Unionsparteien dar. Sie bekam insofern für die Union die Funktion eines »Schmelztiegels«, in dessen »Druck- und Hitzeverhältnissen« die Abgeordneten aus den Landesparteien, als Vertreter verschiedenster Interessen und Gruppierungen, einander näherkamen und ein »Unionsbewußtsein« entwickelten.

Der Wirtschaftsrat trat am 25. Juni 1947 im Großen Börsensaal in Frankfurt zu seiner konstituierenden Sitzung zusammen. Von seinen 52 Mitgliedern kamen zwanzig aus der CDU/CSU, ebensoviele wie aus der SPD, doch mit den zwei niedersächsischen DP-Abgeordneten, die sich ihr anschlossen, bildete die Union die stärkste Fraktion.

Auch nach der Verdopplung der Mandate im zweiten (großen) Wirtschaftsrat, der Anfang 1948 im Zuge der Neuordnung der Bizonenverwaltung nach dem Fehlschlag der Londoner Außenministerkonferenz beschlossen wurde, bestand dieses Verhältnis weiter (vierzig CDU/CSU- plus vier DP-Abgeordnete).

Die Stunde der Union schlug, als die SPD im Streit um die Besetzung des Direktors (d.h. »Bizonenministers«) der Verwaltung für Wirtschaft ihre Zusammenarbeit mit der »bürgerlichen« Mehrheit aufsagte und wie die KPD in die Opposition ging. Damit versetzte sie die Union in die Lage, alle fünf Direktorenstellen besetzen zu können: Johannes Semler (Wirtschaft), Hans Schlange-Schöningen (Ernährung, Landwirtschaft und Forsten), Hans Schuberth (Post), Alfred Hartmann (Finanzen) und Edmund Frohne (Verkehr). Auch der Präsident des Wirtschaftsrats, Erich Köhler, und der Vorsitzende des Verwaltungsrats, (»Oberdirektor«) Hermann Pünder, kamen aus der Union. Zur Verwaltungsübernahme – von Regierung konnte angesichts des noch herrschenden Besatzungsregimes keine Rede sein – stellte der CDU/CSU-Fraktionsvorsitzende Holzapfel klar, daß für die Union der Wirtschaftsrat keine Sache der Parteitaktik sei: »Wir werden nicht das tun, was für uns bequemer und leichter wäre: Uns mit drohender Miene hinzustellen und zu sagen: Der Winter steht vor uns, also habt ihr die Verantwortung allein zu tragen! Nein, wir sind bereit, die Verantwortung zu übernehmen.«

Damit stellte sich die CDU/CSU selbst unter Erfolgszwang. Die Entscheidung über die Zukunft wurde in der Partei davon abhängig gemacht, daß sie in Frankfurt »etwas Positives herausholen« werde. In der »Frankfurter Koalition« mit FDP und DP bemühte sie sich deshalb mit großer Kompromißbereitschaft um eine Verständigung mit den Sozialdemokraten, von denen einige gerne mit der Union zusammengegangen wären. Da auch die SPD ihre Politik im Wirtschaftsrat nicht auf Konfrontation anlegte, kamen die meisten seiner 171 beschlossenen Gesetze im Konsens der beiden großen Fraktionen zustande, insbesondere im Bereich der Sozialpolitik (Sozialversicherungsgesetz, Lastenausgleichsgesetz). Grundsätzliche Meinungsverschiedenheiten gab es jedoch hinsichtlich der staatsrechtlichen Weiterentwicklung des Westzonengebildes und vor allem – in einem fast existentiellen Sinne – in der Wirtschaftsordnungspolitik.

Die Union – und in ihren Reihen wiederum die west- und süddeutschen Verbände entschiedener als die ostdeutschen – sah ihre
Stärke »in ihrem politischen und kulturellen Bekenntnis zum Föderalismus« (Erich Köhler). Entsprechend stellte sie ihre Politik auf
eine aus den Ländern kommende Ordnung ab. Ein besonderer Einfluß ging dabei vom »Ellwanger Kreis« aus, der sich als inoffizieller
Diskussionskreis um den bayerischen Staatsminister Anton Pfeiffer
und den Leiter der württembergisch-badischen Staatskanzlei, Hermann Gögler, versammelte. Seinen Namen verdankte er dem Ort der
ersten Tagung im Exerzitienhaus auf dem Schönenberg bei Ellwan-
gen (1./2. März 1947). Namhafte Föderalisten aus CDU und CSU, die
sich in ihm zusammenfanden, erarbeiteten Vorschläge zu Staatsaufbau und Grundgesetz. (Nach Gründung der Bundesrepublik
bemühte sich der Kreis insbesondere um ein besseres Verhältnis von
Bundes-CDU und Landesparteien.) Die Kontroversen mit den
Sozialdemokraten um die bundesstaatliche Ordnung gipfelten in den
Beratungen des Parlamentarischen Rates.

Zu einer schicksalhaften Entscheidung wuchs sich die Auseinandersetzung mit der SPD um die Wirtschaftsordnungspolitik aus.
Während die SPD auch nach der Währungsreform auf eine staatliche
Wirtschaftslenkung festgelegt blieb, folgte die CDU/CSU mit der
FDP und DP im Wirtschaftsrat dem marktwirtschaftlichen Konzept
des am 2. März 1948 zum Direktor der Verwaltung für Wirtschaft
der Bizone gewählten Ludwig Erhard. Er schaltete im Zusammenhang mit der Währungsreform auf Verbrauchsgüterproduktion um.
Damit sollte der Kaufkraft eine reale Gegenleistung in Sachgütern
gegenübergestellt werden. Zugleich vertrat er einen Kurs der Abkehr
von dem bisherigen Bewirtschaftungs- und Preisstop-System. Den
staatlichen Interventionismus löste eine indirekte Lenkung des Wirt-
schaftsablaufs durch Geld-, Kredit- und Steuerpolitik usw. ab. In seiner ersten Erklärung als Direktor der Verwaltung für Wirtschaft am
21. April 1948 in der 14. Vollversammlung des Wirtschaftsrates legte
er unter dem Titel »Wirtschaftspolitik im Zeichen der Währungsreform und der Aktivierung des Marshall-Plans« seine wirtschaftsord-
nungspolitischen Grundsätze und Ziele dar. Ein historischer Augenblick der deutschen Geschichte!

Die programmatische Rede Erhards leitete – gestützt auf Wäh-

rungsreform und Marshallplan – einen Kurswechsel der Wirtschaftspolitik in Richtung Liberalisierung ein. Das »Leitsätzegesetz« zur
Freigabe aus der Bewirtschaftung und Preisfestsetzung und für
den Leistungswettbewerb – in einer turbulenten Nachtsitzung am
17./18. Juni 1948 verabschiedet – war nicht nur der Startschuß für
das »deutsche Wirtschaftswunder«. Seine geschichtliche Bedeutung
erhält es vielmehr daher, daß hier mit einem unerschütterlichen
Glauben an die natürliche Ordnung des Marktes und die Kräfte
freier Initiative gewagt wurde, ein ordnungspolitisches System, das
bis dahin nur in neoliberalen Wirtschaftstheorien eine Rolle gespielt
hatte, in die politische Praxis umzusetzen: die Soziale Marktwirtschaft, die alsbald zum einzigartigen Erfolgsrezept der Bundesrepublik Deutschland wurde. Allerdings war es nicht so, daß die Union
inner- und außerhalb des Wirtschaftsrates überall sofort Feuer und
Flamme für dieses Erhardsche Konzept gewesen wäre. Kritik kam
vor allem von den CDU-Sozialausschüssen sowie von den christlich-
sozialen Gruppierungen, die in Hessen, Nord-Württemberg und
Bayern ihre »Stammsitze« hatten. Die »bedeutendste parlamentarische Entscheidung der deutschen Nachkriegsgeschichte«(Pünder)
brauchte eine weitere Stütze: Theodor Blank, der Sprecher des Gewerkschaftsflügels der CDU/CSU-Fraktion, ehemaliger christlicher
Gewerkschaftssekretär und später Bundesminister für Arbeit und
Sozialordnung (1957–1965). 1946 war der kämpferische Gewerkschafter noch für Kaisers »Christlichen Sozialismus« zu Felde gezogen, jetzt ließ er sich von Erhards Argumentation überzeugen und
unterstützte mit seinen Kollegen das Gesetz, mit dem, wie er sagte,
der »vom Volk gewünschte Weg« eingeschlagen werde. Blank trat
auf Erhards Seite, trotz einer Ausschlußdrohung des Vorsitzenden
der Sozialausschüsse. Wie vielen der im Dritten Reich und Kriegs-
dienst ihrer Illusionen beraubten CDU-Aktiven ging ihm die Sache
über doktrinäre Positionen oder programmatische Vorgaben.

Die Soziale Marktwirtschaft, die gleichermaßen im Widerspruch
zum liberalkapitalistischen System und zur sozialistischen Planwirt-
schaft entwickelt wurde, verbindet nach den Worten Müller-Ar-
macks »auf der Basis der Wettbewerbswirtschaft die freie Initiative
mit einem gerade durch die marktwirtschaftliche Leistung gesicherten sozialen Fortschritt«. In diesem Sinn, mit Gleichwertigkeit der

sozialen wie der marktwirtschaftlichen Komponente und mit ständiger Ausbalancierung beider, nicht aber mit einseitiger Betonung einer Komponente, wurde die Soziale Marktwirtschaft zum Markenzeichen der Union – nicht zuletzt auch als Ausdruck der in der Partei selbst vereinten christlichsozialen und liberalen Elemente. Zu Recht wird in der Sozialen Marktwirtschaft die wirtschaftliche Entsprechung zur demokratischen Staatsverfassung der Bundesrepublik Deutschland gesehen.

An dieser Weichenstellung hin zu einem demokratischen und sozialen Bundesstaat mit parlamentarischem Regierungssystem hatte die Union hervorragenden Anteil. Aufgrund ihrer organisatorischen und programmatischen »Vielgestaltigkeit« mußte sie jedoch eine intensive innerparteiliche Verfassungsdiskussion bestehen. Als nach den »Frankfurter Dokumenten« der westlichen Besatzungsmächte vom 1. Juli 1948 die Verfassungsberatungen für eine staatliche Zusammenfassung der Westzonen begannen, gab es die Berliner Verfassungsthesen vom April 1946 und den »Heppenheimer Entwurf«, den der Verfassungsausschuß der CDU/CSU-Arbeitsgemeinschaft erarbeitet hatte (April 1947). Daneben lagen der »Entschluß des Zonenausschusses der CDU der britischen Zone zur Frage der Neugestaltung Deutschlands« vom November 1947 sowie die bei einem Treffen des »Ellwanger Kreises« mit Adenauer und anderen Vertretern der westdeutschen CDU in Bad Brückenau am 13. April 1948 diskutierten Verfassungsgrundsätze vor. Auch die CSU hatte ihre »bayerischen Leitgedanken« für ein Grundgesetz zur Diskussion gestellt. Wesentlich wurde die »Denkschrift« des Verfassungskonvents von Herrenchiemsee, eines von den Ministerpräsidenten der Länder berufenen Sachverständigenausschusses (23. August 1948).

Im Parlamentarischen Rat, der am 1. September 1948 in Bonn, im Sitzungssaal der Pädagogischen Akademie, zur Beratung des Grundgesetzes der Bundesrepublik Deutschland zusammentrat, waren CDU und CSU mit 27 Abgeordneten (davon acht CSU) gleich stark wie die SPD vertreten, während auf die FDP fünf Abgeordnete entfielen (und je zwei auf DP, Zentrum, KPD; ferner mit beratender Stimme die Berliner Abgeordneten: einer jeweils von CDU und FDP, drei von der SPD). In der CDU/CSU-Fraktion besaßen nach Konfessionszugehörigkeit die Katholiken mit 17:10 ein deutliches Übergewicht. Soziologisch überwogen die Beamten und freien Berufe. Den Fraktionsvorsitz übernahmen Anton Pfeiffer als 1. und Robert Lehr als 2. Vorsitzender. Gemäß den Vorvereinbarungen wurde Adenauer zum Präsidenten des Parlamentarischen Rates gewählt und der Staatsrechtler Carlo Schmid (SPD) zum Vorsitzenden des Hauptausschusses nominiert. Man sah sich vor die »historische Aufgabe« gestellt, den Zustand der Rechtlosigkeit, unter dem die politische Arbeit litt, zu beenden (Adenauer).

Die Beratungen waren von einem weitgehenden Konsens der demokratischen Kräfte geprägt: Das galt für die Wertbindung des Grundgesetzes an die klassischen Grundrechte, für die Entscheidung zugunsten der repräsentativen Demokratie (statt einer plebiszitären), für die Gestaltung der Staatsorganisation und die Rolle der politischen Parteien. Alle stimmten in dem Willen zur verfassungsrechtlichen Verarbeitung der Erfahrungen mit den Schwächen der Weimarer Republik und den Schrecken der Diktatur überein. Die Meinungsverschiedenheiten bei einzelnen Fragen gingen quer durch die Parteien, so daß nur wenige Schwerpunkte für die CDU/CSU insgesamt zu nennen sind: das Verhältnis zwischen Bundesgewalt und Ländern, damit zusammenhängend das Problem der Steuerverteilung und der entsprechenden Verwaltungszuständigkeit, dann das Elternrecht sowie die für die Staat-Kirche-Beziehungen wichtige Frage der Gültigkeit des Reichskonkordats von 1933.

Innerhalb der Union war – bei aller grundsätzlichen Anerkennung des föderalistischen Prinzips – die Art der Ländervertretung durch eine zweite Kammer heftig umstritten. Die nord- und westdeutschen christlichen Demokraten, an ihrer Spitze Adenauer, neigten mehr der Senatslösung zu, lehnten einen reinen Senat jedoch ab. Für ein Bundesratssystem trat unter ihnen nur der Hamburger Abgeordnete Chapeaurouge ein. Die süd- und südwestdeutschen Fraktionsmitglieder waren allesamt Anhänger des Bundesratsmodells, das den Landesregierungen Einfluß auf die Bundesgesetzgebung sichern sollte. Jedoch akzeptierten einige süddeutsche Abgeordnete auch ein Mischsystem (Karl-Sigmund Mayr, Theophil Kaufmann). Ein erster Kompromißvorschlag sah eine halb mit Ländervertretern, halb mit Senatoren besetzte Kammer vor, die als gleichberechtigtes Bundesorgan neben dem Bundestag an der politischen Willensbildung beteiligt sein sollte. Die Auseinandersetzungen darüber drohten zeitweise die CDU/CSU-Fraktion zu spalten. Schließlich ergab sich, nach Verhandlungen der Fraktion mit FDP und SPD, eine Mehrheit für das Bundesratsprinzip, allerdings unter Verzicht auf eine gleichberechtigte Mitwirkung. Entsprechend mußte die CDU/CSU auch in der Diskussion über die Verteilung der Steuergesetzgebungskompetenzen und den Finanzausgleich zwischen Bund, Ländern und Kommunen von ihren ursprünglichen Vorstellungen abrücken und sich zu sehr weitgehenden Zugeständnissen an die anderen Parteien bereitfinden.

Die föderale Struktur der Union und ihre von den Ländern geprägte Politik machten gerade in dieser Kernfrage der Verfassungsordnung die innerfraktionelle Meinungsbildung äußerst schwierig, was die Position der Fraktion im Parlamentarischen Rat nicht unwesentlich schwächte. Dort wiederum, wo sie mit großer Einmütigkeit auftrat, wie etwa beim Elternrecht, scheiterte sie an der Mehrheit. Das Recht der Eltern auf Pflege und Erziehung ihrer Kinder wurde zwar anerkannt (Art. 6 und 7 GG), aber nicht »hundertprozentig«, wie angestrebt. Auch mit ihrem Entwurf für die Bundesflagge und mit dem Antrag einer Volksabstimmung zur Ratifizierung des Grundgesetzes drang die CDU/CSU nicht durch. Nach ihrem Willen konnte immerhin das Verhältnis von Kirche und Staat im Rückgriff auf die Weimarer Verfassung und auf das zu geltendem Recht erklärte Reichskonkordat grundgesetzlich geregelt werden. »Allein auf weiter Flur« sah sich die Union jedoch wieder bei der Beratung des Wahlgesetzes. Sie fand mit ihrem Vorschlag eines relativen Mehrheitswahlrechts keine Unterstützung bei den anderen Parteien. Dafür konnte sie in der Hauptstadtfrage mit der Entscheidung für Bonn einen Sieg über die SPD, die für Frankfurt eingetreten war, verbuchen.

Die CDU/CSU mußte im Parlamentarischen Rat manche verfassungspolitische Niederlage einstecken. Das lag einesteils sicherlich an ihrer von Adenauer immer wieder beklagten mangelnden Geschlossenheit: »Ich bitte Sie doch, darüber sich klar zu werden, daß wir unsere politischen Ziele nicht durchsetzen können, wenn nicht der unterliegende Teil in einer Fraktion sagen kann, ich beuge mich der Mehrheit ... Wir werden fortlaufend von der SPD überfahren, weil wir keine Kraft entwickeln.« Anderenteils neigte die CDU/CSU

auch zum Nachgeben aufgrund »ihrer klaren Linie ...«, daß das
Grundgesetz möglichst schnell unter Berücksichtigung der Interessen des deutschen Volkes und unter Berücksichtigung der politischen Realitäten, denen sich Deutschland nun einmal gegenüber-
sieht, verabschiedet wird« (Erklärung der CDU/CSU-Fraktion vom
12. April 1949). Man war kompromißbereit »im Bewußtsein unserer
nationalen Verantwortung«, wie das Kölner Zonensekretariat in einem Schlußwort zur Verabschiedung des Grundgesetzes hervorhob.
   Und diese grundsätzliche Verständigungshaltung nahm die CDU
auch gegenüber bayerischen föderalistischen Extratouren ein, die
laut Adenauer einen »guten Willen« vermissen ließen. Bei der dritten
und abschließenden Lesung lehnten sechs von acht CSU-Abgeord-
neten aus der gemeinsamen Unionsfraktion das Grundgesetz ab,
weil es die Hoheitsrechte der Länder nicht genügend berücksichtige
und zu wenig von christlicher Staatsauffassung durchdrungen sei.
Der Keim dauernden Familienzwistes im Unionshause war schon in
der Geburtsstunde der Bundesrepublik angelegt.

9. »Der Weg ist frei« –
Erfolg in der ersten Bundestagswahl

Die parteipolitischen Auseinandersetzungen um das Grundgesetz
gingen nahtlos in den Wahlkampf für die erste Bundestagswahl am
14. August 1949 über. Dementsprechend bestimmte die Arbeit der
Parteien im Parlamentarischen Rat und im Wirtschaftsrat die Wahlwerbung. »Union im Wahlkampf« – mit dieser Sondernummer des
Deutschland-Union-Dienstes setzte die CDU/CSU-Arbeitsgemein-
schaft die thematischen Schwerpunkte. Vor allem stellte die Union
ihren Kampf für die »kulturpolitischen« Bestimmungen des Grundgesetzes heraus, für die »christliche Prägung der Verfassung«, also
für das Recht auf Leben und Unversehrtheit des Körpers, den besonderen staatlichen Schutz der Ehe und Familie, das Recht auf Re-
ligionsunterricht und das Elternrecht. Die »Weihe« des Grundgesetzes durch die Einführungsworte der Präambel »im Bewußtsein seiner Verantwortung vor Gott und den Menschen«, den ganzen
Artikel 1, den 2. Artikel in der Formulierung, die auch den Schutz

Wahlplakat der CDU zur ersten Bundestagswahl
am 14. August 1949.

des »keimenden Lebens« einbezieht, Artikel 4 über die Unverletz-
lichkeit der Glaubens- und Gewissensfreiheit, Artikel 6, Absatz 2 bis
5 und Artikel 7 wurden auf das Konto der Union verbucht.

Aufgrund ihrer Arbeit im Wirtschaftsrat setzte sich die CDU/CSU
als Vorkämpferin der Sozialen Marktwirtschaft und einer fortschrittlichen Sozialpolitik gut ins Bild. Das Sozialversicherungs-
Anpassungsgesetz (Rentenerhöhung), das zum 1. Juni 1949 in
Kraft trat, wurde als Erfolg der auf eine leistungsfähige und finanziell gesunde Sozialversicherung hinzielenden Politik der Union
geltend gemacht. Als »Renner« des Wahlkampfes erwies sich das
Konzept der Sozialen Marktwirtschaft, das der sozialistischen Plan-
wirtschaft entgegengestellt wurde. »Christliche Freiheit oder marxi-
stischer Zwang – es geht um Deutschland«, hieß die von der Union
angebotene weltanschauliche Alternative. So gelang es ihr, auch dank
des »Zugpferdes« Erhard, die Wählerhoffnungen auf ihre Wirtschaftspolitik, wie sie in den Düsseldorfer Leitsätzen formuliert war,
zu lenken. Trotz der bedrückenden Zahl von 1,2 Millionen Arbeitslosen und Stagnationserscheinungen bei Großunternehmen sprachen die Steigerungswerte der Industrieproduktion und Handels-
umsätze sowie die sinkende Preisrate für sich.

Während die SPD, der politische Hauptgegner in der Wahl, voll
»auf Planung, Lenkung und Kontrolle bei der Versorgung mit Kre-
diten und Rohstoffen und der Regelung der Ein- und Ausfuhr«
(Schumacher) setzte, baute die Union auf das »Prinzip des echten
Leistungswettbewerbs«: »Wir erleben es ja an den sogenannten
Volksrepubliken ..., daß diese planwirtschaftlich gelenkten Volks-
wirtschaften nicht jenes Maß an Produktivität und Leistung her-
vorzubringen vermögen wie freie Marktwirtschaften und daß deshalb der Sozialismus zuletzt auch nicht zu einer Mehrung der
menschlichen Wohlfahrt führen kann. Die dann jeweils angestrebte,
angeblich gerechte Verteilung des Sozialprodukts unter Hintanset-
zung des Leistungsmaßstabes kann den Zusammenbruch des Systems ... wohl verzögern, aber nicht aufhalten« (Erhard beim Pres-
seempfang der CDU/CSU in Düsseldorf am 15. Juli 1949). Auch die
Sozialausschüsse, deren Vorsitz wenige Monate vor der Wahl von
Albers auf Kaiser überging, befürworteten schließlich die Erhardsche Wirtschaftspolitik im Grundsatz, wenn sie auch die Notwen-

digkeit ergänzender Sicherungen für soziale Gerechtigkeit betonten.

Schwerer als mit den Wahlkampfthemen tat sich die CDU/CSU
mit der Wahlkampforganisation. Die Zentrale Wahlkampfleitung,
die im Frankfurter Generalsekretariat der CDU/CSU-Arbeitsge-
meinschaft eingerichtet wurde, besaß keinerlei bundesweite Kompetenzen und war vom guten Willen und von der Mithilfe der Landesparteien der Union abhängig. Besondere Probleme ergaben sich bei
der Zusammenarbeit mit der CSU, die praktisch einen eigenständigen Wahlkampf führte. Einheitlichkeit ließ sich am ehesten noch bei
der überregionalen Plakatwerbung feststellen, die mit ihren Haupt-
motiven und -slogans positiv ankam: »1947 – Hunger und Elend,
1949 – Vorwärts! Aufwärts! Der Erfolg der CDU«; »Am Scheideweg
der Wirtschaft«; »Wir können nicht zaubern, aber arbeiten. Hilf
mit!«; »Zum ungeteilten Vaterland durch die CDU«; »Unser Land
soll christlich bleiben«. Besonders typisch war die Verheißung der
Rettung vor dem Bolschewismus.

Auch über das Wahlkampfziel war man sich in den Reihen der
Union nicht völlig einig. Für Adenauer ging es in erster Linie darum,
eine Regierungsmehrheit unter Führung der SPD zu verhindern. Er
sah darin eine existentielle Frage für die Union als Partei überhaupt.
Er dachte also an ein Wahlergebnis, das eine ähnliche Koalitionsbildung wie im Frankfurter Wirtschaftsrat ermöglichen würde. Als
Wortführer zugunsten einer großen Koalition traten anfangs Jakob
Kaiser, der hessische CDU-Vorsitzende Werner Hilpert und Karl Arnold auf, der Ministerpräsident von Nordrhein-Westfalen. Sie hatten jedoch angesichts der äußerst scharfen Attacken Schumachers
gegen die CDU/CSU nur wenig Chancen, mit ihren Vorstellungen
durchzudringen. Kaiser wurde durch persönlich verletzende Angriffe des SPD-Vorsitzenden zudem auf die Position Adenauers
zurückgestoßen, wo er sich dann erfolgreich als Verkörperung des
»Zielgedankens« der deutschen Einheit profilierte.

Die Bundestagswahl am 14. August 1949, Grundlage für die politischen Weichenstellungen in den ersten vier Jahren der Bundesrepublik Deutschland, bedeutete in der Einschätzung Adenauers »ein
klares Bekenntnis zur politischen Mitte«. Mehr noch: Die CDU/CSU
hatte sich »ausgezeichnet bewährt« (Adenauer, 15. August). Der Ge-

neralsekretär der CDU/CSU-Arbeitsgemeinschaft, Dörpinghaus, sah in der Entscheidung »für eine starke Mitte« eine »Abkehr von allen extremen Richtungen und eine Absage an Klassenkampf und doktrinäre Ideen«. CDU (25,2%) und CSU (5,8%) gewannen zusammen einen Stimmenanteil von 31 Prozent (= 139 Mandaten) und verwiesen damit die SPD, die auf 29,2 Prozent kam (= 131 Mandate), auf den zweiten Platz. Sie erreichten so auch ihr erklärtes »Hochziel«, nämlich die stärkste Fraktion im ersten deutschen Bundestag zu bilden. Trotzdem blieb dieses Wahlergebnis hinter den Erwartungen zurück, was übrigens auch bei der SPD der Fall war. Die großen Parteien erlitten gegenüber den Landtagswahlen fast gleich starke Einbußen (CDU und CSU: 6,7 Prozent, SPD: 6,8), die vor allem im Fall der Union auf die neuen Parteien wie die Bayernpartei, die Gruppierungen der Rechten und die Wählergemeinschaften der Vertriebenen zurückgingen. Hochburgen der Union waren Rheinland-Pfalz (49,1%), die Länder Württemberg-Baden, Württemberg-Hohenzollern und Baden (39,6%) sowie Nordrhein-Westfalen (36,9), während sie am schwächsten in Hamburg, Bremen und Niedersachsen abschnitt, wo sie nur einen Stimmenanteil von unter zwanzig Prozent verzeichnete.

Die CDU konnte auch darauf verweisen, daß ihr offensichtlich »weite Kreise der Arbeiterschaft« die Stimme gegeben hatten und demzufolge die Unionsfraktion mit etwa vierzig »Arbeiter- und Angestelltenvertretern« aufwarten konnte. Mit Blick auf Koalitionsbildung und Regierungsverantwortung glaubte deshalb Kaiser im »Tag« vom 23. August 1949 mahnen zu müssen: »Die Tatsache, daß sich weite Kreise der Arbeiterschaft und der Flüchtlinge zur Union bekannten, ist Ausdruck des Vertrauens zu ihrem sozialen Bewußtsein. Dieses Vertrauen muß gerechtfertigt werden.« Auch die Junge Union stellte ihre Erklärung zum Wahlausgang auf das Soziale ab: Die CDU/CSU habe den Auftrag erhalten, »den christlichen und sozialen Volksstaat zu verwirklichen«. Die Konsequenz sei, die Verantwortung für die Sozialpolitik der ersten Bundesregierung jemandem anzuvertrauen, »der von dem Vertrauen aller Stände, vor allem der christlichen Arbeiterschaft getragen ist«. Zugleich sprach sie sich kategorisch gegen die Bildung einer großen Koalition aus.

Allerdings ging nichts ohne Adenauer. Als Vorsitzender der Land-

tagsfraktion der CDU in Düsseldorf sowie als Vorsitzender der
CDU/CSU-Arbeitsgemeinschaft und des Zonenverbandes der CDU
der britischen Zone, der wichtigsten Parteigliederung vor Gründung
der Bundes-CDU, mit einem Ansehen ausgestattet, das seine Funktion als Präsident des Parlamentarischen Rates noch erhöht hatte,
rückte er wie von selbst ins Zentrum des Geschehens um Koalitions-
und Regierungsbildung. Ausgangspunkt der ersten Koalitionsregierung unter seiner Kanzlerschaft bildete die legendenumwobene
Konferenz am 21. August, zu der er die führenden Repräsentanten
von CDU und CSU in sein Rhöndorfer Haus geladen hatte. Dort ergab sich eine Mehrheit für eine Koalition mit der FDP. Das war so
mit Hans Ehard von der CSU abgesprochen. Ohne auf Widerspruch
zu stoßen, meldete Adenauer dabei auch seine Kandidatur auf das
Amt des Bundeskanzlers an, auf das »wichtigste Amt«, für das er, wie
er selbstbewußt sagte, Autorität, Erfahrung in staatlichen Dingen
und »stärkere Ellbogen, als ich früher geglaubt hätte«, mitbringe.

Nachdem sich die FDP (11,9%) und die niedersächsische DP (4%)
zum Mitmachen in einem Regierungsbündnis mit der Union ausgesprochen hatten, legten die Landesvorsitzenden und Ministerpräsidenten der CDU und CSU in Bonn am 31. August sowie die Mitglieder der CDU/CSU-Bundestagsfraktion auf ihrer konstituierenden
Sitzung am folgenden Tag die endgültige Marschroute für die Koalitionsverhandlungen fest. Beide Beratungen wurden unter dem Vorsitz Adenauers geführt. Seine Wahl zum Fraktionsvorsitzenden und
Kanzlerkandidaten der CDU/CSU verstand sich von selbst. Zugleich
setzte sich seine »folgerichtige« Linie einer kleinen Koalition gegen
den bald erlahmenden Widerstand des hessischen und nord-würt-
tembergischen Landesvorstands durch. Gegen Adenauers Wunsch
kam jedoch im Rennen um den ersten Bundesratsvorsitz der stets als
Rivale betrachtete nordrhein-westfälische Ministerpräsident Arnold
zum Zuge.

Obwohl es keine echte personelle Alternative zu Adenauer gab,
war die Union alles andere als eine Truppe, der man nur zu befehlen
brauchte. Daß es Kräfte gab, die es für erforderlich hielten, Adenauer
einen »Denkzettel« mit auf den Weg zu geben, zeigte sich alsbald bei
der Bundeskanzlerwahl am 15. September 1949. Fünf Mitglieder der
Koalition stimmten gegen ihn, als er mit dem denkbar knappsten Er-

gebnis zum ersten Regierungschef der Bundesrepublik Deutschland
gewählt wurde. Es war »jot jejange«, wie er trocken kommentierte.
Und es ging noch weitere drei Legislaturperioden gut, ja besser. Mit
Adenauers erster Wahl zum Bundeskanzler entpuppte sich die
Union als »geborene Regierungspartei«.

Dem vierzehnköpfigen Kabinett gehörten neben Adenauer, der
mit dem Bundeskanzleramt zugleich auch de facto die Funktion des
Außenministers übernahm, fünf CDU- und drei CSU-Minister an
(Inneres: Gustav Heinemann; Wirtschaft: Ludwig Erhard; Arbeit:
Anton Storch; Vertriebenenangelegenheiten: Hans Lukaschek; Gesamtdeutsche Fragen: Jakob Kaiser; Finanzen: Fritz Schäffer;
Ernährung, Landwirtschaft und Forsten: Wilhelm Niklas; Post- und
Fernmeldewesen: Hans Schuberth). In seiner Regierungserklärung
am 20. September bezeichnete Adenauer seine Wahl zum Bundeskanzler und die Regierungsbildung als »logische Konsequenz der
politischen Verhältnisse, wie sie sich in der Bizone infolge der Politik des Frankfurter Wirtschaftsrates herausgebildet hatten«. Die
Bundesregierung werde den Weg gehen, den ihr das Grundgesetz,
»die fortschrittlichste aller Verfassungen«, »zur Sicherung des Friedens in Europa und in der Welt« vorzeichne. Dann werde auch die
Teilung Deutschlands eines Tages verschwinden. »Unsere ganze Arbeit wird getragen sein von dem Geist christlich-abendländischer
Kultur und von der Achtung vor dem Recht und vor der Würde des
Menschen.«

10. Die Gründung der Bundespartei

Die Übernahme der Regierungsverantwortung auf Bundesebene gab
den Plänen für eine gesamtdeutsche Parteiorganisation der Union
starken Auftrieb. Eine überzonale »Arbeitsgemeinschaft«, eine
bloße Dachorganisation über den Landesverbänden wie die Konferenz der Landesvorsitzenden genügte jetzt, nach der Gründung der
Bundesrepublik, nicht mehr. Darüber waren sich auch die überzeug-
testen Vertreter der föderalistischen Parteistruktur der Union im
klaren. So wurde das im Herbst 1948 zurückgestellte »Statut« wieder
aufs Tapet gebracht. Anders als die regionalen Gründungen der

»ersten Stunde« trat die Gesamtunion durch einen Akt der Parteiräson ins Leben. Am 11. Mai 1950, auf einer Sitzung in Königswinter im Adam-Stegerwald-Haus der Sozialausschüsse, fiel die Entscheidung der Landesvorsitzenden für die Bildung der Bundes-CDU. Zum vorläufigen »Vorsitzenden der CDU Deutschlands« oder »Bundesvorsitzenden der CDU« wurde Adenauer gewählt. Die Rolle des Vorstands übernahm ein Ausschuß, dem die Bundestagsabgeordneten Anton Hilbert aus Baden, Friedrich Holzapfel aus Westfalen und Rudolf Vogel aus Nordwürttemberg sowie der Gewerkschafter Heinrich Lünendonk aus Frankfurt, Oberbürgermeister Ernst Bach aus Siegen, Alois Zimmer, der Vorsitzende der CDU-Fraktion im Landtag von Rheinland-Pfalz, Helene Weber aus Essen und Walther Schreiber aus Berlin angehörten. Ein Organisationsausschuß unter Leitung Zimmers wurde damit beauftragt, den Parteitag und ein Statut zur Verabschiedung vorzubereiten.

Bereits auf der Landesvorsitzenden-Konferenz am 31. Juli 1950 konnte eine mit den Landesverbänden abgestimmte Satzung zur Schlußberatung vorgelegt werden. Die CDU sollte danach alle deutschen Staatsbürger vereinen, »die das öffentliche Leben im Dienst des deutschen Volkes und des deutschen Vaterlandes aus christlicher Verantwortung und nach dem christlichen Sittengesetz auf der Grundlage der persönlichen Freiheit demokratisch gestalten wollen« (§ 1). Den Landesverbänden, in die sich die Partei gliederte, stellte man »jene Gebietsteile Deutschlands« gleich, »in denen freie Wahlen zur Zeit nicht abgehalten werden ... können« (§ 2). Als Organe der CDU waren der Bundesparteitag, der Bundesparteiausschuß und der Bundesparteivorstand vorgesehen (§ 3). Die – im Aufbau befindliche – Bundesgeschäftsstelle mit Sitz in Bonn hatte die laufenden Geschäfte zu erledigen (§ 10). Mit der CSU sollte »nach näherer Vereinbarung« eine Arbeitsgemeinschaft gebildet werden (§ 17).

Daß die Bundes-CDU aus zuerst dezentral gegründeten Landesverbänden hervorgegangen ist, wie die Bundesrepublik aus den Ländern, warf für die Parteisatzung ähnliche Probleme des Verhältnisses von Bund und Ländern auf wie für die staatliche Verfassung. Mit dem Bundesausschuß verfügte die Partei über ein »föderatives Vertretungsorgan«, das an den Bundesrat erinnert. Während sich der Bundesparteitag aus den von den Landesverbänden gewählten Delegierten (je angefangene 25 000 CDU-Wähler ein Delegierter) zusammensetzte, traten im Bundesausschuß neben den Delegierten, die von den Landesverbänden gewählt wurden (je angefangene 100 000 CDU-Wähler ein Delegierter), die Landesvorsitzenden, die Vorsitzenden der Fraktionen, der Bundesparteivorstand sowie fünf vom Flüchtlingsausschuß bestellte Vertreter für die Gebiete jenseits der Oder und Neiße zusammen. Der Parteivorstand wiederum nahm, will man die Verfassungsparallele weiter ziehen, als exekutives Organ die oberste »politische« Leitung in Verantwortlichkeit gegenüber dem Parteitag wahr.

Wie das Grundgesetz beanspruchte auch dieses erste Statut der Bundes-CDU Geltung für jene Deutsche, denen mitzuwirken versagt war. Der gesamtdeutsche Tenor des Statuts kam einem »politischen Bekenntnis« (Winfried Becker) gleich: Die Exil-CDU, die »legitime CDU der sowjetisch besetzten Zone«, wie es im Statut hieß, sollte ihre Vertreter für die Bundesparteitage »bis zur Wiederherstellung der demokratischen Freiheiten« auf einem besonderen »Zonenparteitag« wählen. Im Bundesausschuß war neben den Landeschefs der Vorsitzende der Exil-CDU satzungsmäßiges Mitglied. Mit der einstimmigen Nominierung Jakob Kaisers, des Vorsitzenden der Exil-CDU, als Stellvertreter des Vorsitzenden der Gesamtpartei setzten die Landesvorsitzenden auf ihrer Konferenz am 13. Oktober 1950 einen weiteren gesamtdeutschen Akzent.

Endlich war es soweit. Der »erste gesamtdeutsche Parteitag« der CDU fand am 20.–22. Oktober 1950 in Goslar statt, »nahe der blutenden Wunde Deutschlands«. »Die öffentlichen Gebäude der alten Kaiserstadt hatten Fahnenschmuck angelegt, entlang der Straße vom Bahnhof zum Hotel ›Achtermann‹, dem Sitz des Parteibüros, flatterten an hohen Masten nicht nur die Fahnen der Bundesländer, sondern auch jene Berlins, der Länder der sowjetisch besetzten Zone und der Provinzen jenseits der Oder-Neiße« (Parteitagsprotokoll). 386 Delegierte drängten sich mit rund sechshundert Gästen im Odeon-Saal zusammen, der »bis aufs letzte Plätzchen« gefüllt war.

Am ersten Tag, nach der Begrüßung der prominenten Gäste, allen voran der Vertreter der christlich-demokratischen Parteien aus den Nachbarländern, sprach Adenauer über »Deutschlands Stellung und Aufgabe in der Welt«. Es gehe darum, auf der Grundlage des christ-

Blick auf das Podium des Gründungsparteitages der Bundes-CDU
in Goslar, 20.–22. Oktober 1950 (Odeon-Saal).

Die erste Parteispitze der Bundes-CDU: Konrad Adenauer
zwischen seinen beiden Stellvertretern Friedrich Holzapfel (links)
und Jakob Kaiser; rechts Bundesschatzmeister Ernst Bach.

lichen Gedankenguts einen »Damm gegen den Bolschewismus« zu errichten. Eine gemeinsame Anstrengung Westeuropas zur Verteidigung der Freiheit und des Rechts müsse dem kommunistischen Imperialismus Sowjetrußlands entgegengestellt werden. Der Antitotalitarismus und der Europa-Gedanke – auf diese beiden Pole sollte denn auch die Politik der CDU in der Adenauer-Ära bezogen sein.

Dann – tags darauf, einem Samstag – ein historischer Augenblick für die CDU: die Verkündung ihres Statuts. Am 20. Oktober war es von den Vorsitzenden der Landesverbände beschlossen und unterschrieben worden, nun hatten die stimmberechtigten Delegierten dem Werk ihre Zustimmung zu geben, was durch Erheben von den Sitzen »mit großer Geschlossenheit und Einmütigkeit« geschah. Die Wahl des Parteivorsitzenden und seiner Stellvertreter schloß sich an. Vorgeschlagen waren von den Landesvorsitzenden Adenauer als Vorsitzender sowie Holzapfel und Kaiser als Stellvertreter. Dementsprechend fiel das Ergebnis aus: Adenauer erhielt 302 von 335, Holzapfel 297 von 342 und Kaiser 304 von 336 Stimmen. Die übrigen Mitglieder des ersten Parteivorstands, der ein »Spiegelbild für den gesamtpolitischen Willen der Gesamt-CDU« sein sollte, wurden vom Bundesausschuß gewählt: Ernst Bach, Schatzmeister, Anton Dichtel (Südbaden), Margarete Gröwel (Frauenausschuß), Werner Hilpert (Hessen), Linus Kather (Vertriebene), Kurt Georg Kiesinger (Württemberg-Hohenzollern), Ernst Majonica (Junge Union), Wilhelm Simpfendörfer (Württemberg), Walther Schreiber (Berlin), Carl Schröter (Schleswig-Holstein), Georg Strickrodt (Niedersachsen), Alois Zimmer (Rheinland-Pfalz) und ihre Stellvertreter Fridolin Heurich (Nordbaden), Anne Marie Heiler (Frauenausschuß), Heinrich Lünendonk (Hessen), Oskar Wackerzapp (Vertriebene), Johannes Albers (Rheinland), Albert Sauer (Württemberg), Robert Tillmanns (Berlin), Ewald Samsche (Hamburg), Adolf Cillien (Niedersachsen), Adolf Süsterhenn (Rheinland-Pfalz) sowie als Vorsitzender der CDU/CSU-Bundestagsfraktion Heinrich von Brentano – fünfzehn Katholiken und zehn Protestanten.

In der folgenden »Arbeitstagung« präsentierte sich die CDU als eine »von unten herauf gewachsene und föderalistisch gegliederte Partei« (Alois Zimmer), deren geistige Grundlagen zwar »weder jung noch neu« (Josef Gockeln) waren, die aber »keine Partei im al-

Heinrich von Brentano
Vorsitzender der CDU/CSU-Fraktion des
Deutschen Bundestages 30. 9. 1949–7. 6. 1955
und 24. 11. 1961–14. 11. 1964.

ten Sinne mehr« (Kurt Georg Kiesinger) sein wollte. Die Redebeiträge boten »eine Synthese zwischen geistiger Selbstdarstellung und der Aufarbeitung aktueller Grundprobleme allgemeinpolitischer Orientierung« (Winfried Becker). Akute Konfliktstoffe blieben ausgeklammert oder fanden nur versteckt »zwischen den Zeilen« Erwähnung. Dreifach wurde der »geschichtliche Auftrag« der CDU definiert: kulturell (Mathilde Gantenberg), europäisch (Heinrich von Brentano) und sozial (Gockeln und Tillmanns). Für die junge Generation legte Josef Hermann Dufhues ein Bekenntnis zur Politik der europäischen Verständigung ab. Linus Kather warb für ein Zusammenwirken »aller christlich und sozial eingestellten Kräfte« zur Bewältigung des Vertriebenen- und Flüchtlingsproblems. Erhard und Niklas für die Agrarpolitik im besonderen sangen das Hohe Lied der Sozialen Marktwirtschaft. In ihr, so kennzeichnete der Landwirtschaftsminister den von der Union mit den Agrargesetzen unterstützten Wandel, werde auch die Agrarpolitik »immer

nur aus der Hauptaufgabe der ganzen Wirtschafts- und Sozialpolitik
heraus betrieben«. In einem mit Beifall bedachten Diskussionsbei-
trag bekannte sich der Berliner Abgeordnete Ferdinand Friedensburg für die Deutschen der Bundesrepublik zu der Verpflichtung,
»unsere eigene Wirtschaft so stark zu machen, daß wir am Tage der
Befreiung unseren armen Brüdern und Schwestern die volle Wohltat
des hier Geleisteten zuteil werden lassen können«.

Die in der Schlußkundgebung verlesene Resolution des Parteitags
begann mit der Feststellung, daß die CDU in den fünf Jahren ihres
Bestehens in Ost und West, in Nord und Süd zu einer Einheit zu-
sammengewachsen sei. Die Partei eine »die Überzeugung, daß nur
aus christlicher Verantwortung das Leben unseres Volkes und Vaterlandes in demokratischer Ordnung neu gestaltet werden kann«. Ihre
Grundsätze faßte sie zusammen in dem Bekenntnis zu »Gesamtdeutschland als Aufgabe und staatliche Gestalt«, in dem Bekenntnis
zu Europa, sowohl als lebendiger Idee wie auch als wirtschaftlicher
und politischer Kraft, und in dem Bekenntnis »zu dem von Gott gegebenen Recht des Menschen auf seine Heimat«. Die CDU erstrebe
Gerechtigkeit für alle von der Fürsorge der Gemeinschaft abhängigen Menschen. Die noch bestehenden sozialen Notstände wolle sie
durch Leistungssteigerung und durch Koordinierung der verschiedenen Wirtschaftsbereiche zu überwinden suchen. Ihr gehe es in
ihrem politischen Kampf »zutiefst« auch um die sittlichen Grundlagen des Gemeinschaftslebens, um die Rettung der menschlichen
Freiheit vor den »Gefahren des totalitären Staatszwanges und der
kollektivistischen Vermassung«, um die Gestaltung der Jugenderzie-
hung im christlichen Geiste, um das natürliche Recht der Eltern,
über die Erziehung ihrer Kinder zu bestimmen, und um die Erziehung zum »guten Europäer«.

In diesem Sinn sah die CDU in ihrer Gründung als Bundespartei
einen »Auftrag für eine neue Arbeit«, wie ihr stellvertretender Vorsitzender Holzapfel in seinem Schlußwort betonte. »Wir in der CDU
wollen Bauleute für den Architekturbau des neuen Deutschlands
sein«, so entließ er die Delegierten des Goslarer »Parteitags der Einigung«. Sie konnten in dem Bewußtsein auseinandergehen, daß die
»Idee der Christlich-Demokratischen Union zu einem festen Begriff
in der deutschen und internationalen Politik« geworden war.

II.
Die Ära Adenauer
1950–1963

1. »Ein Abschluß und ein Beginn«

Die Konstellation bei Gründung der Bundespartei – nach der Regierungsübernahme in Bonn – war ungewöhnlich günstig. Charakter und Entwicklung der CDU wurden dadurch maßgeblich beeinflußt. »Die CDU/CSU steht so fest und so stark da wie niemals zuvor«, so hatte Adenauer den Wahlerfolg in der ersten Bundestagswahl kommentiert. Nun fielen in seiner Person das Amt des Bundeskanzlers und der Bundesvorsitz der CDU zusammen. Die »Kanzlerpartei« war geboren.

Das hieß indes nicht, wie Adenauer-Kritiker gerne behaupten, daß die Partei damit zum bloßen »Instrument der Regierung« (Rüdiger Altmann), ja zum »Sündenbock« (Arcadius Gurland) wurde, auf den sich politische Fehltritte des Kanzlers bequem abladen ließen. Vollends ist die Ansicht, Adenauer habe seine Rolle als Parteiführer mißachtet und dementsprechend auch vernachlässigt, falsch. Daß dieser alterfahrene und letztlich mit der CDU der britischen Zone aufgestiegene Parteiführer sich gar periodenweise »über ein halbes Jahr nicht darum kümmerte, den Parteivorstand einzuberufen«, wie es Arnold J. Heidenheimer als »wohlbekannt« hinstellt, ist nichts als Phantasterei. Inzwischen liegen die Vorstandsprotokolle jener Jahre publiziert vor. Sie beweisen im Gegenteil, daß der erste Kanzler stets besonderen Wert auf die »Pflege« von Parteivorstand und CDU/CSU-Fraktion legte. Wollte man die große Autorität, die Adenauer beiden Institutionen gegenüber besaß, andererseits zu einem Diktatorverhältnis umdeuten, würde man auch damit in die Irre gehen, bestand doch mit der Gründung der Gesamtpartei noch längst keine adäquate Organisation, die zu solch starker Stellung des Vorsitzenden das Fundament abgegeben hätte.

Der Begriff der Kanzlerpartei spielt eher auf den Kanzlereffekt an, der in den Wahlen weit über die CDU-Klientel hinaus Stimmen gewann und entscheidend dazu beitrug, daß sich die Union als Mehrheitspartei des neuen Staates etablieren konnte. Adenauer war mehr als ein Programm und effektiver als eine Organisation. Unter seiner fast 14jährigen Kanzlerägide entwickelte sich die Bundesrepublik zu einer standfesten westlichen Demokratie, einem führenden Industrieland und allseits bewunderten Wohlfahrtsstaat. Selbstverständnis und Struktur der Union paßten sich dieser Entwicklung an. So erstaunt es nicht weiter, daß sich die Union mit dem »Wundergreis« (Sebastian Haffner) nur allzu gern identifizierte und auch weitgehend mit ihm identifiziert wurde. Die Wahlen in den Fünfzigern waren Adenauerwahlen und die Bundesparteitage der CDU jährliche Huldigungen der Partei für ihren »Chef«, der sie durch Persönlichkeit, politischen Erfolg und Popularität zum »überragenden politischen Faktor« der jungen Bundesrepublik machte (Gurland).

Dabei wurden oft die Organisationsmechanismen der Partei »durch die überlebensgroße Statur« des patriarchalischen Vorsitzenden verdeckt. Bei der politischen Willensbildung trat die »Partei« gegenüber der Regierung noch lange Zeit in den Hintergrund. Aber war die Union als Regierungspartei wirklich nur der »Kanzlerwahlverein«, wie es alsbald in der Öffentlichkeit hieß? Man darf keinesfalls übersehen, daß sich die Union gerade in der Ära Adenauer zur bürgerlichen Sammlungsbewegung »rechts von der SPD« entwickelte. Erst auf der Grundlage ihrer Konfessionen, Schichten und Milieus übergreifenden Integrationskraft wurde sie zur »Mehrheitspartei« der Bundesrepublik. Statt durch einheitliche Struktur, straffe Organisation und zentrale Führung hat sie diese Position durch eine an aktuellen Erfordernissen orientierte, pragmatische Politik, die gleichwohl im Weltanschaulich-Grundsätzlichen Eindeutigkeit und Kontinuität aufwies, erworben und behauptet. Zu Wahlerfolgen kam sie durch Überzeugung der Wähler; eine forcierte Mobilisierung ihrer Mitglieder und Anhänger kannte sie noch nicht. Wenn man sie für die Adenauer-Ära als »Wählerpartei« und »Honoratiorenpartei«

typologisch einordnet, läßt man meistens außer acht, daß sie noch im Aufbau begriffen war, daß sie nicht nur organisatorisch, sondern auch strukturell, was Parteiprofil, Mitgliedschaft und innerparteiliche Willensbildung anbetraf, unfertig war. Mit dem Goslarer Parteitag 1950 hatte der Gründungsprozeß der CDU sein Ende gefunden. Jetzt begann die Wachstums- und Reifezeit der Partei.

Als Honoratiorenpartei, der auf Orts- und Kreisebene angesehene Persönlichkeiten das Gepräge gaben, hatte sie ihre Karriere begonnen. Und dieser Ruf hing ihr noch lange an. Auf Bundesebene wandelte sie sich mit den großen Wahlerfolgen der Adenauerzeit zur Wählerpartei. Den Anlauf in Richtung Mitgliederpartei nahm sie jedoch erst Mitte der sechziger Jahre, als Veränderungen der politischen Landschaft von ihr Umstellungen im Selbstverständnis und in der Funktion verlangten.

Von Kopf bis Schuh.
Karikatur von Tüte Hagedorn.

Grad und Tempo ihrer Konsolidierung als Partei folgten den großen außen- und innenpolitischen Entscheidungen, die in den Aufbaujahren der Bundesrepublik erkämpft werden mußten. Die CDU zeigte sich dabei, obwohl unter ihren Mitgliedern die »älteren« Jahrgänge (über 44) überrepräsentiert waren, als »junge« Partei, die noch ihre Sturm-und-Drang-Zeit durchlebte. Das wirkte sich um so ungehemmter aus, als die Organisation in dieser Phase nicht Schritt hielt mit der staatspolitischen und öffentlichen Funktion der Partei. Daß die CDU mitten im organisatorischen Ausbau ihre besten Köpfe in die Regierung, in den Bundestag und die Bundesverwaltung abgeben mußte, verstärkte an ihrer Basis eher die »angeborene« Neigung zu Eigenwilligkeit, Sonderentwicklung und lockerer Bindung.

Unter diesen Umständen konnte auch die Bundesgeschäftsstelle, die bei Gründung der Bundespartei eingerichtet worden war, sich aber über ein halbes Jahr lang schwertat, auch nur das Frankfurter Generalsekretariat der CDU/CSU-Arbeitsgemeinschaft und das Kölner Zonensekretariat zu ersetzen, zunächst nicht mehr sein als ein »Tagungsbüro« der obersten Parteigremien und ein zentraler Planungsstab für die Bundestagswahlkämpfe. Fragen wie die, ob die Bundesgeschäftsstelle mit den Kreisverbänden direkt oder nur über die Landesverbände verkehren dürfe, mußten im Bundesvorstand umständlich erörtert werden. Schwierig gestaltete sich zudem die Suche nach einem geeigneten Bundesgeschäftsführer. Nur widerwillig hatte der Chefredakteur des »Deutschland-Union-Dienstes«, Heinz Lubbers, das Amt kommissarisch geleitet, bis im Frühjahr 1952 endlich Bruno Heck, Regierungsrat im Kultusministerium von Württemberg-Hohenzollern, als hauptamtlicher Geschäftsführer gewonnen wurde. Angesichts der näherrückenden Bundestagswahlen von 1953 ließen einige Vorstandsmitglieder ihre Bedenken fallen. Doch erst mußte noch im August 1952 der Umzug der Bonner Parteizentrale von der Blücherstraße 14 (Gesamtpolitik, Referate, Kanzlei) und Argelanderstraße 173 (Verwaltung, Finanzen, Organisation, »Wirtschaftsbild«) in die Nassestraße 2 vonstatten gehen, bis die Vorbereitungen auf den Wahlkampf für 1953 konzentriert anlaufen konnten.

Die Organisationsschwäche, nicht nur auf Bundes-, sondern auch auf Landesebene, war nur eines von vielen Merkmalen, in denen sich die Entwicklungsschwierigkeiten und Selbstvergewisserungsversuche der Partei äußerten. Was deutete darauf hin, daß die Union auch in den Fünfzigern, in denen sie mit Erringung der absoluten Mehrheit im dritten deutschen Bundestag den größten Triumph ihrer Geschichte errang, noch eine Partei im Werden war?

Da waren Anfang des Jahrzehnts die teils erdrutschartigen Stimmenverluste in den ersten Landtagswahlen der Bundesrepublik. Schon urteilten flinke Zungen, daß die CDU ihren Höhepunkt überschritten habe: in Schleswig-Holstein am 9. Juli 1950 –14,3 Prozent; in Hessen am 19. November 1950 –12,2 Prozent; in Rheinland-Pfalz am 29. April 1951 –8 Prozent; in Bremen am 7. Oktober 1951 –13 Prozent; in den drei Ländern Württembergs und Badens am 9. März 1952 –8,9 Prozent – »minus, minus, minus«, wie Adenauer dem Parteivorstand mit unbarmherziger Nüchternheit vorrechnete. Es sei, so der Alte, nicht genug für den Wahlerfolg gearbeitet worden. Kündigte sich bei der CDU – unter der Belastung der Regierungsverantwortung – ein »Konkurs ohne Masse« an, wie politische Auguren meinten?

Tatsache war, daß mit Beginn der Fünfziger eine Stabilisierung in Mitgliedschaft und Wählerstamm der Union einsetzte – eine Tendenz, die aufs engste mit der Festigung des Parteiensystems in diesem ersten Jahrzehnt der Bundesrepublik zusammenhing. Für die eklatanten Anfangsverluste boten sich vor allem zwei Erklärungen an: Zum einen war mit Beginn des Jahres 1950 – im Rahmen des Besatzungsstatuts – der Lizenzierungszwang für Parteien weggefallen. Die Folge war, daß eine Reihe neuer Parteien entstand, von denen insbesondere die Vertriebenenpartei BHE und die extremistisch-nationalradikale SRP in Randrevieren der Union wilderten. Zum anderen hatte die Adenauer-Regierung gleich eine schwere politische Bewährungsprobe zu bestehen, als mit dem Ausbruch des Korea-Krieges die Frage des deutschen Verteidigungsbeitrages akut wurde. Der Rücktritt von Bundesinnenminister Gustav Heinemann aus Protest gegen die Politik der Wiederbewaffnung (11. Oktober 1950) zeigte, wie gefährdet die in Goslar beschworene Einigkeit der Union noch war, wenn es jenseits allgemeiner Grundsätze um konkrete politische Sachscheidungen ging. Das wurde bei der Innenpolitik fast noch deutlicher. Bei der Bekämpfung von Arbeitslosigkeit, Wohnungsnot und Energieversorgungsmängeln sowie beim Ringen um die betriebliche Mitbestimmung und um die Aufgaben der sozialen Sicherung (Kriegsopferversorgung, Heimkehrergesetz, Lastenausgleich) agierte die Union keineswegs einmütig und geschlossen. Vielmehr legten die innerparteilichen Auseinandersetzungen immer wieder die konfessionellen und interessenpolitischen Bruchlinien im Unionskörper bloß. In der Wirtschaftspolitik stand die Soziale Marktwirtschaft auf dem Spiel, als sich mit dem Ende des Korea-Booms Massenarbeitslosigkeit und Preissteigerungen einstellten – eine Situation, in der Adenauer sogar Erhards Entlassung erwog.

Die Startphase der Regierung gestaltete sich für die Union also alles andere als mühelos. Das kostete Kraft und – Wähler. Die Mitgliederentwicklung stagnierte oder verlief sogar negativ. Das war unter anderem auch eine Auswirkung der Währungsreform und ihrer Folgen. Manche Kreisverbände erlebten einen Mitgliederschwund von mehr als vierzig Prozent. Erst nach dem Wahlsieg von 1953 erhielt der Mitgliederzuwachs der Partei wieder Auftrieb. Waren es im April 1954 215 000 Mitglieder, so konnten mit dem Beginn des Jahres 1956 bereits 245 000 registriert werden. Davon waren freilich rund 45 Prozent allein in den beiden nordrhein-westfälischen Landesverbänden organisiert. Prozentual sah die Berufsgliederung der CDU-Mitglieder 1955 wie folgt aus (in Klammern zum Vergleich der Bevölkerungsquerschnitt): Arbeiter 15 (29), Angestellte 18 (10,5), Beamte 9 (2,7), Selbständige inkl. Landwirte 38 (14,9), Nichtberufstätige 20 (42,9). Die Mitgliederstruktur der CDU war kein Spiegelbild der Bevölkerungsstruktur. Das konnte übrigens keine Partei für sich in Anspruch nehmen. Die Arbeiter waren in der CDU deutlich unterrepräsentiert, während Angestellte und Beamte eine hohe Überrepräsentation aufwiesen. Der Gesamtarbeitnehmerbereich entsprach jedoch fast genau dem Bevölkerungsquerschnitt: 42 Prozent (42,2%). Außerordentlich stark überrepräsentiert war der Bereich der Selbständigen, in dem neben den Landwirten und Freien Berufen vor allem das Handwerk und mittelständische Unternehmertum die Parteimitglieder stellten. Eine Unternehmerpartei oder gar eine Interessenpartei der Großindustriellen und Besitzenden ist die CDU nie gewesen. Ihre Bastionen besaß sie in den ländlichen und mehrheitlich katholischen Gebieten.

Ihrer konfessionellen Zusammensetzung nach bestand die Mitgliederschaft der CDU zu zwei Dritteln aus Katholiken, die damit eindeutig überrepräsentiert waren. Die Unterrepräsentation der Protestanten nahm jedoch in den Fünfzigern gegenüber den Gründungsjahren stetig ab, bis sich Mitte der Sechziger der Trend wieder umkehrte. In der CDU-Wählerschaft fiel allerdings das Übergewicht der Katholiken weniger deutlich aus. Hier löste die Union ihren Anspruch, überkonfessionelle Volkspartei zu sein, noch am ehesten ein. Ihr Bild in der Öffentlichkeit blieb dessenungeachtet geprägt von traditionellen Vorurteilen über die »Schwarzen«.

In den fünfziger Jahren fiel in den Wahlen auch immer stärker das Potential solcher Verbände ins Gewicht, die von ihrer weltanschaulichen Basis oder ihrer Interessenlage her eine Affinität zur Union entwickelten. Neben dem Verbandskatholizismus waren das vor allem die Vertriebenenorganisationen und die Mittelstandsverbände, die im Zuge der Staatsentwicklung der Bundesrepublik als Vertretungen einflußreicher Interessengruppen auftraten. Sie verloren in dem Maße an Bedeutung für die Union, wie ihre Macht im weiteren Verlauf der gesellschaftlichen und demographischen Entwicklung wieder schrumpfte. Ob der Anteil dieser Verbandsklientel unter den Unionsmitgliedern und -wählern in der Startphase der Bundesrepublik zu Lasten des Arbeiteranteils gegangen ist, wie dies manche Unionskritiker gerne als Indiz für die Abkehr der Partei von ihren christlich-sozialen Idealen anführen, läßt sich nur vermuten. Mangels statistischer Daten bleibt nur die allgemeine Feststellung, daß die Union in den Fünfzigern als Folge des Bonner Regierungshandelns, das sie mitzuverantworten hatte, einen Wandel ihres Mitglieder- und Stammwählerbestandes erfuhr.

Evangelischer Arbeitskreis

Diese parteisoziologische Bewegung in der Union während der Adenauer-Ära zeigte sich auch an der Bildung und statutarischen Verankerung weiterer »Vereinigungen« als interessengebundenen Suborganisationen. Schon im Rahmen des Goslarer Gründungsparteitags waren die evangelischen Delegierten zu einer gesonderten Konferenz zusammengetreten, um eine Standortbestimmung für die evangelische Minderheit in der Union vorzunehmen. Aufgrund ihrer Staatsauffassung und ihrer geschichtlichen Erfahrung des Staat-Kirche-Komplexes im Deutschen Reich (Kulturkampftradition) waren die Katholiken politisch bewußter und organisierter als die evangelischen Christen. Denn diese sind in ihrer überwiegenden Mehrheit praktisch erst durch die Schrecken der Diktatur über das lutherische Obrigkeitsdenken eines Besseren belehrt und von der politischen Verantwortung des Gläubigen überzeugt worden. Hier lag eine der Hauptwurzeln für die positive Aufnahme der Unionsidee im evangelischen Lager und für die Mitarbeit evangelischer Christen in den Gründungskreisen.

Dort herrschten noch starke, vom traditionellen evangelischen »Zentrums«-Bild geprägte Ressentiments gegen den politischen Katholizismus vor. Es war das große Verdienst des Wuppertaler Gründungskreises um Otto Schmidt und Hermann Lutze gewesen, »als geistige Bezugsbasis« (Peter Egen) für die Mitarbeit der Protestanten des Rheinlands und Westfalens zu wirken. Nicht zufällig entstanden dort, wo der politische Katholizismus auf starken Fundamenten ruhte, auch die ersten evangelischen Arbeitsgemeinschaften in der CDU. Sie bilden sozusagen die Vorgeschichte der 1952 gegründeten »Vereinigung« des Evangelischen Arbeitskreises (EAK). Nach Treffen in Wuppertal am 5. Dezember 1945 und 20. Juni 1946 war es Anfang August zur Gründung der Evangelischen Tagung Rheinland gekommen, die der Verdeutlichung des evangelischen Beitrags in der Union dienen sollte. Anfang Dezember zogen die evangelischen Mitglieder der westfälischen Union auf einer Tagung in Bielefeld unter Vorsitz des preußischen Staatsministers a. D. Otto Boelitz nach. Dank ihrer Initiative und Zusammenarbeit mit der EKD und evangelischen Arbeitskreisen anderer Landesverbände der Union konnte dem Gedanken eines Zusammenschlusses auf überregionaler Ebene nähergetreten werden.

Nachdem sich die Union als Regierungspartei etabliert und als Bundespartei konstituiert hatte, war es nurmehr eine Frage der Zeit, bis sich analog zu den schon bestehenden »Subsystemen« der Partei eine Arbeitsgemeinschaft mit der Funktion einer »Brücke« zwischen evangelischem Volksteil und CDU/CSU organisierte. Zum historischen Hintergrund der Gründung des EAK gehörten aber auch die heftigen Auseinandersetzungen innerhalb der evangelischen Kirche um die Wiederbewaffnungspolitik (Niemöller, Heinemann). Die außergewöhnlich starke Opposition, die sich in dieser Frage im deutschen Protestantismus gegen die Union formierte, forderte die maßgeblichen evangelischen CDU-Politiker zu einer organisatorischen und ideellen Sammlung ihrer Bataillone geradezu heraus. Und im Hinblick auf das evangelische Wählerpotential mußte auch die Unionsführung höchstes Interesse daran haben, daß die evangelische Seite der Union mehr Profil bekam. Also: Realisierung einer einheitlichen Auffassung unter den evangelischen CDU-Mitgliedern zu den wichtigsten innen- und außenpolitischen Fragen, Wirken für die Union im evangelischen Bevölkerungsteil sowie Sicherung des evangelischen Einflusses innerhalb der Union – das waren die Zielsetzungen und Aufgabenstellungen, mit denen die Gründung des EAK von Ende 1951 an in Angriff genommen wurde. Treibende Kräfte waren Ernst Bach, der Oberbürgermeister von Siegen und Bundesschatzmeister der CDU, sowie die Bundestagsabgeordneten Robert Tillmanns, Friedrich Holzapfel und vor allem Hermann Ehlers, Präsident des Deutschen Bundestages.

In Siegen, wo der Pietismus einst eine Hochburg hatte und wo der evangelische Christlich-Soziale Volksdienst, sonst eine Splitterpartei, in Reichstagswahlen Stimmenanteile von über dreißig Prozent gewinnen konnte, fand »die erste evangelische Arbeitstagung der CDU«, die Gründungstagung des EAK statt (14.–16. März 1952). Zweihundert Frauen und Männer, die Parteimitglieder waren oder der Union nahestanden, waren geladen. Sie waren aufgefordert, »in christlich-evangelischer Verantwortung gegenüber den zeitpolitischen Aufgaben eine Grundlage zu gemeinsamem Handeln festzulegen«. Dabei war nicht an ein neues politisches Gebilde gedacht , an eine »Partei in der Partei«, sondern »im Gegenteil« an »eine Stärkung der CDU, in der beide Konfessionen sich vor sieben Jahren zu einem gemeinsamen politischen Handeln verbunden haben« (Ehlers). In der Schlußkundgebung sprach Adenauer von einer »fruchtbaren Aktion im Rahmen der Gesamt-CDU«; es handele sich nicht um einen Akt der »Separation«. Kein Wunder, daß der Kanzler sich so zufrieden äußerte, bedeuteten doch die Entschließungen der Siegener

Tagung, besonders in der Außenpolitik (Siegener Manifest), eine klare Anerkennung seines Kurses. Innerhalb des Protestantismus freilich verhärteten sich danach die Fronten.

Auch die Organisation des Zusammenschlusses der evangelischen Christen in der CDU wurde in Siegen in Angriff genommen. Ein geschäftsführender Ausschuß wurde gewählt, der auf seiner ersten Sitzung in Bonn am 27. Mai 1952 Hermann Ehlers zum Vorsitzenden und Sprecher des EAK vorschlug. Der Bundesarbeitskreis sollte aus je drei Mitgliedern der Vorstände der Landesarbeitskreise und aus weiteren führenden evangelischen CDU/CSU-Politikern bestehen. Neben dem Aufbau der »Vereinigung« auf Landes- und teilweise auch Kreisebene bildete die Aktivierung der evangelischen Wählerschaft angesichts der näherkommenden Bundestagswahl von 1953 die vordringlichste Aufgabe. Mit Beginn des Wahljahres nahm Hans Strümpfel, der Bundessekretär der »Freien Vereinigung evangelischer Eltern und Erzieher e.V., Gladbeck« seine Arbeit als Geschäftsführer des EAK auf. Von März an erschien als eigenes Publikationsorgan die »Evangelische Verantwortung« unter der Herausgeberschaft von Ehlers und Tillmanns. Die »Politischen Briefe des EAK der CDU/CSU« – so der Untertitel – fanden insbesondere bei evangelisch-kirchlichen Kreisen starken Widerhall, weil sie mehr als Parteipropaganda boten und sowohl zu aktuellen politischen Fragen wie auch zu Fragen der Grundsatzprogrammatik aus evangelischer Sicht Stellung nahmen.

Im Vorfeld der Bundestagswahl von 1953 kam es darauf an, der Öffentlichkeit zu zeigen, daß das evangelische Element in der Union angemessen repräsentiert war. Dazu gehörte auch, daß der Vorsitzende der EAK auf dem 2. Bundesparteitag in Karlsruhe zum stellvertretenden Bundesvorsitzenden der CDU gewählt wurde – mit der gleichen Stimmenzahl wie Adenauer. Die 2. Bundestagung des EAK in Hannover am 5.–7. Juni stand ganz im Zeichen des Bundestagswahlkampfes von 1953. Thematische Schwerpunkte ihrer Arbeitsgruppendiskussionen waren: christlicher Realismus in der Sozial- und Wirtschaftspolitik und evangelische Kulturpolitik, die Frage des politischen und militärischen Neutralismus in Europa sowie das Verhältnis von politischen Parteien und Kirche. Die Stoßrichtung zielte gegen die inzwischen gegründete Gesamtdeutsche Volkspartei des abtrünnigen Heinemann, die mit ihrer Absage an die westliche Bündnispolitik der Adenauer-Regierung die Gefahr einer politischen Spaltung des deutschen Protestantismus heraufbeschwor. Nicht zuletzt mit Hilfe des EAK und seiner überaus tatkräftigen Führung gewann die Union 1953 den Kampf um die evangelische Wählerschaft.

Als ein Jahr später der fünfzigjährige Ehlers plötzlich starb (Oktober 1954), eine »klaffende Wunde in der Nation« hinterlassend, wie der Vizepräsident des Deutschen Bundestages Carlo Schmid bekannte, nannte der Nachruf des EAK es sein Verdienst, »daß weithin brachliegende Kräfte und widerstrebende Kreise des Protestantismus gemeinsam mit katholischen Freunden in einer christlichen Partei gewonnen werden konnten«. Sein Nachfolger im Vorsitz des EAK wurde Robert Tillmanns, Bundesminister für Sonderaufgaben im zweiten Kabinett Adenauers. Er verstarb – ein doppelter Schicksalsschlag für die Protestanten in der Union – bereits im November 1955. Den EAK-Vorsitz übernahm darauf – für 23 Jahre – der 45jährige damalige Bundesinnenminister Gerhard Schröder. In dem Maße, wie die Union dank der Arbeit des EAK zu stärkerer konfessioneller Ausgewogenheit gelangte, trat seine Funktion als Regulativ zur Sicherung des evangelischen Einflusses gegenüber seiner Bedeutung als Forum grundsatzpolitischer Auseinandersetzung und Klärung zurück.

Ring Christlich-Demokratischer Studenten (RCDS)

Anders als der EAK, der aus dem politischen Kampf der Regierungspartei um die evangelische Wählerschaft hervorging, entstand der RCDS-Bundesverband 1951 im Kielwasser des Goslarer Vereinigungswerks, der CDU-Bundespartei. Christlich-demokratische Hochschulgruppen bestanden schon seit 1946, anfangs wegen der alliierten Lizenzierungspraxis noch vielfach getarnt unter dem Namen von Ausschüssen oder Referaten. Zu einem ersten gesamtdeutschen Treffen kam es auf Initiative der Leipziger Hochschulgruppe der CDU am 7.–10. März 1947 in Marburg. Vor über sechzig studentischen Vertretern – nur aus der französischen Zone war aufgrund eines Verbots der Besatzungsmacht niemand gekommen – sprachen Adenauer, Gradl und Dovifat über die geistige, politische und wirtschaftlich-soziale Situation Deutschlands.

Unmittelbar darauf begannen in der SBZ verschärfte Repressionsmaßnahmen seitens der sowjetischen Militärbehörden und der SED gegen die in den Hochschul-Betriebsgruppen aktiven Studentenvertreter der nichtsozialistischen Parteien. Durch Verhaftungen, Relegationen, Strafandrohungen, Manipulationen aller Art wurden die mitteldeutschen Hochschulen der SED-Herrschaft unterworfen. Nach der Gründung der DDR (7. Oktober 1949) gab es bei den Wahlen für die Studenten- und Fakultätsräte nur noch Einheitslisten. Dennoch dauerte es in das Jahr 1950 hinein, bis die studentischen Vertreter von CDU und LDP ausgeschaltet waren. Vereinzelt (wie in Rostock) hielten sich Hochschulgruppen der CDU als Widerstandszirkel noch bis 1952. Doch der massiven Verfolgung durch Todesurteile, Deportationen in die Sowjetunion und Verurteilungen zu 25 Jahren Zwangsarbeitslager waren sie nicht gewachsen: Wolfgang Schipke, Berliner Student und Leiter der Jungen Union Schönweide, und Werner Ihmels aus Leipzig starben 1950 als Häftlinge im berüchtigten Bautzen; Karl Alfred Gedowski, Jahrgang 1927, aus Rostock, kam nach seiner Verurteilung zum Tode 1951 in der Sowjetunion um – drei von jenen, die im Kampf für die freiheitliche Demokratie ihr junges Leben einsetzten, drei Namen, die für die Opfer des kommunistischen Terrors unter den christlich-demokratischen Studenten stehen.

Die Unterdrückung der CDU-Studentengruppen in Mitteldeutschland hatte zur Folge, daß auch im Westen die Entwicklung überregionaler Zusammenschlüsse gehemmt wurde. Über kooperative Kontakte zwischen einzelnen Hochschulen kam man hier zunächst nicht hinaus. Eine nennenswerte politische Tätigkeit verzeichneten nur die »Christlich-demokratischen Hochschulringe« in West-Berlin, in Marburg und Bonn, ferner die seit Wintersemester 1948/49 zusammengeschlossenen christlich-demokratischen Studentengruppen von München, Würzburg und Erlangen. Erst mit der Gründung der Bundesrepublik und dem damit verbundenen Wegfall besatzungsrechtlicher Beschränkungen ging es voran. Ein Zeichen hatte schon die Gründung des Verbandes Deutscher Studentenschaften zu Jahresbeginn 1949 gesetzt, die ohne die Vertreter der SBZ und Ost-Berlins erfolgt war. Die maßgebliche Initiative kam jedoch von der Jungen Union mit dem Beschluß, die Hochschularbeit zu aktivieren (Bundesvorstandssitzung am 27./28. Januar 1951). Sie rief für den 23./24. Februar 1951 eine »Konferenz christlich-demokratischer Studenten« in Bonn zusammen, um eine Bundesorganisation aus der Taufe zu heben.

Der »Bund Christlich-Demokratischer Studenten« (BCDS), in dem sich Vertreter der christlich-demokratischen Hochschulringe und der Studentengruppe der Jungen Union zusammenschlossen, verstand sich als Dachorganisation, als verbindender »Ring« für die vielen inzwischen wild gewachsenen studentischen Gemeinschaften der Christlichen Demokratie. Rasch wurde der Name »RCDS« gebräuchlich. Schon die erste Bundesdelegiertenversammlung am 25.–27. August 1951 im Bonner Bundeshaus tagte unter diesem Markenzeichen. Die erste Satzung wurde von 16 vertretenen Gruppen verabschiedet. Zum ersten Bundesvorsitzenden wurde Fritz Flick gewählt, zum Stellvertreter Ernst Benda, dem zugleich die Leitung des RCDS-Ostbüros in Berlin übertragen wurde. Die Junge Union stellte Räume ihrer Bonner Zentrale für die Errichtung einer Bundesgeschäftsstelle zur Verfügung. Das Fundament war gelegt, die Probleme der Organisation und Verbandsarbeit begannen.

Die Aktivitäten des RCDS galten in den ersten Jahren vorwiegend dem internen Aufbau. In der öffentlichen Diskussion um die politischen Weichenstellungen der frühen Fünfziger war seine Stimme selten zu vernehmen. Konsolidiert und gestärkt in seiner Verbandsstruktur, trat er ab 1954 jedoch um so selbstbewußter auf. Einen Eindruck von dem Willen zur Eigenständigkeit gegenüber CDU und CSU sowie JU vermag das Bundesorgan des RCDS zu vermitteln – »Civis. Zeitschrift für christlich-demokratische Politik« –, dessen erste Nummer 1954 erschien. Unter dem Vorsitz von Konrad Kraske (1953–1956) wuchs der RCDS an den Hochschulen vor allem in den Auseinandersetzungen um den NATO-Beitritt der Bundesrepublik und die Deutschlandpolitik Adenauers zum studentischen Gegenpol des SDS heran. Auch in der Hochschulreformdebatte mischte der RCDS kräftig mit. Mit den Göttinger »Leitsätzen zur Hochschulreform und Studienförderung« legte er 1957 sein erstes hochschulpolitisches Programm vor. Auf der Grundlage dieses Dokuments drängte er die CDU, sich im Blick auf die sechziger Jahre verstärkt den Fragen der Kulturpolitik und der Wissenschaftsförderung zuzuwenden.

Sein Verhältnis zur CDU wollte der RCDS von Eigenständigkeit bestimmt wissen, obwohl er von der Geld- und Sachmittelunterstützung der Partei abhängig war. Er sah sich als »Gesprächspartner« der Partei, nicht als eine ihrer Gliederungen. Seine Aufgabe sollte es sein, »mit der CDU zusammen für eine Politik aus christlicher Verantwortung zu wirken« (1960). Mit dem Ende der Adenauer-Ära, in der einsetzenden Grundsatzdiskussion und Reformorientierung der Partei, machte er mitunter von seiner Rolle als »unbequemer Partner« bis an die Toleranzgrenze Gebrauch.

Mittelstand

In der Geschichte der Vereinigungen lassen sich Anpassung und Wandel der Union in ihrer neuen Rolle als staatstragender Volkspartei am unmittelbarsten beobachten. So wie die Gründung des EAK, sein Wirken und sein Selbstverständnis auf Gewinnung der evangelischen Wählerschaft abzielten, so sollte die Mittelstandsvereinigung zur politischen Bindung der sozialen Mittelschichten an die CDU beitragen. Schon vor der zweiten Bundestagswahl hatte Adenauer im CDU-Vorstand mehrmals beklagt, daß sich die Union zu wenig um den Mittelstand kümmere. Das Thema gewann rasch an Aktualität, als mit dem Modernisierungsschub in den fünfziger Jahren eine industrielle Mittelstandsgesellschaft entstand.

Der Anstoß zur konzentrierten Diskussion und Förderung mittelständischer Interessen kam aus der CDU/CSU-Bundestagsfraktion, die in der 1. Legislaturperiode einen »Diskussionskreis Mittelstand« ins Leben rief. Zusammen mit dem Unterausschuß für Mittelstandsfragen in der CDU, der 1951 zunächst unter dem Namen »Handwerk und Handel« gebildet worden war, bemühte er sich um die Pflege intensiver Kontakte zu kleinen und mittleren Unternehmern, zu freien Berufen, Landwirten und Beamten, zu jener Schicht, die Kiesinger auf dem 3. Bundesparteitag 1952 als »Ausgleich und

Übergang zwischen den Riesenmächten des großen Unternehmertums und der Industriearbeiterschaft« ansprach. Angesichts der Tatsache, daß »die Kreise des Mittelstandes ihr Vertrauen« der Union gegeben hatten (Franz Etzel, 2. Bundesparteitag 1951), gründeten sich Anfang 1951 im Rheinland und in Westfalen-Lippe die ersten selbständigen CDU-Mittelstandsausschüsse auf Landesverbandsebene, die jährlich ihre vielbeachteten Mittelstandstage hielten.

Auf Bundesebene begann anfangs der 2. Legislaturperiode die Zusammenarbeit der Mittelstandsausschüsse von CDU und CSU mit dem Diskussionskreis der gemeinsamen Bundestagsfraktion in einem »Gemeinschaftsausschuß«, der von dem mittelstandspolitischen Sprecher der Fraktion, Kurt Schmücker, geleitet wurde und eine eigene Geschäftsstelle in Bonn unterhielt (erster Geschäftsführer: Hansgeorg Klauss). Seit 1954 kam, von ihr redigiert und vertrieben, der Informationsbrief »NKM – Nachrichten und Kommentare aus der Mittelstandspolitik« heraus. Die Konstituierung eines Bundesarbeitskreises Mittelstand der CDU ließ nun nicht mehr lange auf sich warten. Sie erfolgte beim 6. Bundesparteitag in Stuttgart am 27. April 1956 im dortigen Ratskeller. Am folgenden Tag wurde die neue Vereinigung der CDU vom Parteitagsplenum auch in der Parteisatzung neben der JU, den Sozialausschüssen, dem Frauenarbeitskreis und der Kommunalpolitischen Vereinigung verankert. Der 3. Delegiertentag, der zusammen mit dem 5. Rheinischen Mittelstandstag am 1. Oktober 1956 in Köln abgehalten wurde und 37 Teilnehmer aus vierzehn Landesverbänden vereinigte, verabschiedete die erste Satzung und wählte Kurt Schmücker zum ersten Vorsitzenden. Er sollte dieses Amt bis zum Ansbacher Bundeskongreß 1970 innehaben. Im Bonner Gierenweg 29 richtete sich die Geschäftsstelle ein, die Zentrale für den organisatorischen Aufbau des Arbeitskreises und die Koordinierung der mittelstandspolitischen Initiativen in Partei und Lobby.

1962 benannte sich der »Bundesarbeitskreis Mittelstand der CDU/CSU« in den »Mittelstandskreis der CDU/CSU« um. Eine erneute Namensveränderung – auf der 14. Bundesdelegiertenversammlung in Dortmund 1969 – in »Mittelstandsvereinigung der CDU/CSU« verband sich mit einer organisatorischen Modernisierung und Neubestimmung der Aufgaben der Vereinigung: »Die Mittel-

standsvereinigung hat so wie jede andere Vereinigung der Union eine
doppelte Aufgabe. Einmal die Aufgabe, die Interessen des Mittelstandes zu formulieren, zu akzentuieren und wahrzunehmen. Aber dann
auch gleichzeitig …, diese Interessen auf das Allgemeinwohl hin in
das Ganze der Union, in das Ganze der Politik der Union einzuord-
nen« (Heck). Was als »Angebot« der Union gedacht war, um jeden
Ansatz zur Bildung einer Mittelstandspartei, wie solche aus den Tagen
der Weimarer Republik noch in Erinnerung war, im Keim zu ersticken, entwickelte sich schließlich zur größten Mittelstandsgruppie-
rung der Bundesrepublik mit über 20 000 Mitgliedern.

Vorgeschichte des »Wirtschaftsrates der CDU e.V.«

Wie politisch flexibel die CDU durch bloße Veränderungen in ihrem
»Vereinigungs«-System auf den sozioökonomischen Wandel der
Bundesrepublik nach Beendigung der Wiederaufbauperiode zu reagieren in der Lage war, zeigt exemplarisch die Geschichte ihres
»Wirtschaftsrates«. Auch hier verhielt es sich so, daß zunächst in den
mitgliederstärksten Landesverbänden aus lokalen Bildungen von
Wirtschaftsausschüssen statutenmäßige Wirtschaftsvereinigungen
hervorgingen, die innerhalb der Union speziell die Unternehmerin-
teressen vertraten. Als Zusammenschluß im Rahmen der Landespartei wurde beispielsweise der Wirtschaftsausschuß der CDU Rheinland am 25. Oktober 1949 gegründet, der 1954 auch als Vereinigung
in der Landesparteisatzung Aufnahme fand. Zugleich erfolgte die
Umbenennung in »Wirtschaftsvereinigung der CDU Rheinland«.
Zur bundesweiten Organisation der CDU-nahen Unternehmer kam
es erst am Ende der Adenauer-Ära, als der »Wirtschaftswunder«-
Aufschwung die ersten Gleichgewichtsstörungen erkennen ließ
(Kohlenwirtschaftskrise, konjunkturelle Überhitzung, Überbeschäftigung).
    Die sozialpolitische Schwerpunktsetzung der vierten Regierung
Adenauer (»Sozialpaket«) traf sich mit einem Abflauen von Unter-
nehmeroptimismus und Investitionstätigkeit. Die Kreise der Wirtschaft machten sich Sorgen um ihren Einfluß in der Union, und diese
wiederum wollte eine einseitige Orientierung der Unternehmer zur
FDP hin verhindern. Die CDU sollte Volkspartei bleiben und nicht

zur *ausschließlichen Arbeitnehmerpartei* werden. So war bald der Gedanke einer unternehmerischen Interessenvertretung als des »innerparteilichen Gegenpols zu den Sozialausschüssen« (Höfling) geboren. Denn für solche Aufgaben schien der »zuständige« CDU-Bundesfachausschuß zu schwerfällig und unspezifisch zu sein.

Im April 1962 – auf einer Sitzung des Bundeswirtschaftsausschusses – wurde unter maßgeblicher Beteiligung von Mittelstandsvertretern (Schmücker, Curt Becker) beschlossen, eine wirtschaftsorientierte Vereinigung ins Leben zu rufen. Indes bereitete die Organisationsfrage Schwierigkeiten. Die betreffende Gruppe verfügte mit einem Anteil von nur ca. ein bis zwei Prozent in der Unionsmitgliedschaft über eine zu geringe »Masse«, um als Vereinigung im Sinne des Parteistatuts gelten zu können. Zunächst schwankte man zwischen dem CSU-Modell eines Wirtschaftsbeirats und der Möglichkeit einer Arbeitsgemeinschaft der Landeswirtschaftsausschüsse. Adenauer gab dennoch dem Status einer satzungsmäßig verankerten Vereinigung den Vorzug, um die Bindung an die Union zu betonen und zu verhindern, daß die reinen Wirtschafts- und Interessenverbände einen verlängerten Arm in die Partei hinein erhielten. Die Entscheidung fiel Anfang Oktober im Hause des Bundestagsabgeordneten und Fabrikanten Alphons Horten zugunsten eines außerhalb der Partei stehenden Wirtschaftsrates. Er sollte die Organisationsform eines eingetragenen Vereins haben, offen auch für Unternehmer, die nicht der CDU angehörten. Mit dieser Lösung, für die sich vor allem Dufhues stark machte, erklärte sich schließlich auch das Präsidium der CDU einverstanden, insbesondere Ludwig Erhard, der als Kanzler – inzwischen war Adenauer zurückgetreten – die »Aktivierung des politischen Interesses des deutschen Unternehmers im Sinne christlich-demokratischer Grundsätze« »lebhaft« begrüßte.

Die Gründungsversammlung des Wirtschaftsrates der CDU e.V. als eines »Zusammenschlusses deutscher Unternehmer auf berufsständischer Basis« fand in Bonn am 9. Dezember 1963 statt. Zum ersten Vorsitzenden des Gesamtvorstandes wurde Klaus H. Scheufelen gewählt (1. Stellvertreter: Alphons Horten; 2. Stellvertreter: Josef Rust). Sich selbst verstand der Wirtschaftsrat als Gremium, in dem sich verantwortliche Männer und Frauen aus allen Gebieten der Wirtschaft zur Erhaltung und Fortentwicklung von freiheitlicher

Gesellschaftsordnung und Sozialer Marktwirtschaft politisch enga-
gierten. 1967 begann man mit dem Aufbau von »Sektionen«, die unter der Leitung von Landesbeauftragten auf regionaler Ebene Unternehmer, Politiker und Parteimitglieder zu regelmäßigen Ausspra-
chen über aktuelle wirtschafts- und sozialpolitische Fragen
zusammenbringen sollten. Periodische Informationsschriften wie
»Zum Dialog« (1968ff., seit 1970 »Dialog«) unterstützten dieses Anliegen. Mit seinen zahlreichen Regionalveranstaltungen und großen
Wirtschaftstagen (der erste 1965 in Düsseldorf) erzielte der Wirtschaftsrat als »ordnungspolitische Nahtstelle zwischen Wirtschaft
und Politik« eine enorme Breitenwirkung. In den Auseinandersetzungen mit der Wirtschafts- und Finanzpolitik der SPD/FDP-Koali-
tion während der Siebziger erlebte er mit nahezu fünfhundert Sekti-
onsveranstaltungen und einem Mitgliederstand von 5500 den Höhepunkt seines Wirkens.

An der Geschichte der Vereinigungen wird recht deutlich, daß die
CDU in der Ära Adenauer mehr war, als es das Erscheinungsbild der
Bundespartei jeweils vermittelte. Gerade aus den Vereinigungen, die
eng mit der differenzierten Gesellschaft kommunizierten, stammte
viel von der Bewegung, mit der die Union sich kontinuierlich dem
sozialen Wandel anpaßte. Durch die Absorbierung von Parteien wie
der DP, dem BHE und kleineren Gruppierungen des »Bürgerblocks«
(einschließlich ihrer Wählerpotentiale) konnte die Union den Kon-
zentrationsprozeß im politischen Mittelfeld bis Ende der fünfziger
Jahre zu ihren Gunsten entscheiden. Sie profitierte davon, daß durch
den Erfolg des wirtschaftlichen und demokratischen Aufbaus die gesellschaftliche Integration sowohl von Flüchtlingen, Vertriebenen
und anderen Kriegsopfern als auch von den Mitläufern und Anhängern des Nationalsozialismus gelang. Auch die Statistik der Fraktionswechsel von Abgeordneten im Deutschen Bundestag zur
CDU/CSU spiegelt den Sammlungs- und Integrationsprozeß wider,
dem die Unionsparteien in den Fünfzigern unterlagen. In den ersten
drei Wahlperioden 1949–1961 verbuchte die CDU/CSU-Bundestags-
fraktion im Saldo einen »Gewinn« von 22 Abgeordneten (1955:
7 Abgeordnete des Gesamtdeutschen Blocks/BHE; 1960: 11 Abgeordnete der DP). Demgegenüber verlor die SPD einen, die FDP gar
17 Abgeordnete durch Fraktionsaustritte.

Daß die Union von den Gründungstagen an eine »auf Anpassung entworfene Partei« (Alois Schardt) war, lag an ihrem Volkspartei-charakter, den sie den Mitkonkurrenten voraus hatte. Dazu gehörte auch, daß in ihren Reihen immer wieder – zumal bei Wahlverlusten oder anderen Rückschlägen – der Drang zu Selbstzweifel und Selbst-vergewisserung übermächtig wurde. Man denke nur an die ein über das andere Mal hochkommende Diskussion um das »C«, an die stets wiederkehrenden Fragen: was nun, wohin geht's? In dem Maße, wie die Partei in den Fünfzigern ihre parteisoziologische Ausgangslage zu verändern begann, nahm für sie der Zwang zu, sich ihrer geistigen Grundlagen zu vergewissern und die Geschlossenheit ihrer Politik zu demonstrieren. In diesem Sinn hatten die Bundesparteitage der CDU in den Fünfzigern neben ihrer Repräsentations- und Willens-bildungsfunktion die Aufgabe, die Union als Gemeinschaft zu festi-gen und das Parteivolk auf die Gründungsideen und auf die Politik Adenauers einzuschwören.

2. Politik im Spiegel der Bundesparteitage

Sechzehneinhalb Jahre lenkte Adenauer als Bundesvorsitzender die Geschicke der CDU. Erst 1966, als Neunzigjähriger, gab er – mehr gedrängt als aus eigenem Antrieb – das Steuer aus der unsicher wer-denden Hand. Er selbst hatte 1962 noch die »zweite Epoche dieser Partei« (Adenauer) eingeläutet. 1964, in Hannover, ein halbes Jahr nach seinem Rücktritt als Bundeskanzler, wurde er noch einmal mit einem überzeugenden Votum zum Parteichef gewählt. Ein »nicht endenwollender stürmischer Beifall« zeigte ihm und der Öffentlich-keit, wie sehr sich die CDU ihm verpflichtet fühlte und wie sehr sie ihn brauchte, seinen instinktsicheren Pragmatismus, seinen souverä-nen Führungsstil, sein politisches Denken und persönliches Prestige. Einigkeit und Geschlossenheit der Partei lagen nicht zuletzt in seiner Persönlichkeit und Leistung begründet.

Karlsruhe 1951

»Von seinen Gegnern über das Maß des Tragbaren hinaus bekämpft, von seinen Freunden geliebt, von allen Wohlmeinenden aber hochgeachtet, steht sein Bild jetzt schon in den Blättern der Geschichte« (Franz Gurk) – mit diesen Worten wurde er bereits auf dem Bundesparteitag in Karlsruhe (18.–21. Oktober 1951) begrüßt, kaum daß die Ära, die seinen Namen tragen sollte, angebrochen war. Das Motto dieses zweiten Parteitreffens brachte die außenpolitische Orientierung, die Adenauer der jungen Bundesrepublik verordnet hatte, auf die prägnante Formel: Deutschland und Europa. Das hieß: die Wiederherstellung der Einheit Deutschlands in Freiheit und die Sicherung des Friedens in Europa. Erreicht werden sollten diese Ziele durch die »Westbindung«: Zunächst galt es, durch die Mitgliedschaft im Europarat und die Schaffung der Montanunion sowie durch den Verteidigungsbeitrag für die Bundesrepublik den Weg zu staatlicher Gleichberechtigung und Handlungsfreiheit zu bahnen – als unabdingbare Voraussetzung der wirtschaftlichen und industriellen Selbständigkeit, die sie für den Wiederaufbau brauchte. Eine schrittweise Eingliederung in eine westeuropäische Vertragsgemeinschaft sollte für das Staatswesen an der Nahtstelle zwischen West und Ost nicht nur die notwendigen Sicherheitsgarantien schaffen, sondern auch zur Bildung einer Staatenunion beitragen, in der sich Europa als eigenständige Kraft behaupten konnte.

Einfach und klar war diese Politik: statt zwischen den Blöcken zu lavieren, statt zweifelhafte Wechsel auf die deutsche Einheit zu ziehen, die Entscheidung für die politischen Interessen und freiheitlichen Werte des Westens mit dem langfristigen Kalkül, daß die konsequente Stärkung des westlichen Blocks die Sowjetunion schließlich zum Einlenken bewegen würde. »Wenn Rußland sieht, daß die westlichen Länder ihm weit überlegen sind, dann wird auch der Kreml ... bereit sein, allen Aggressionen und aggressiven Tendenzen zu entsagen und sich seinen drängenden innenpolitischen Aufgaben zuzuwenden.« Mit diesem Kurs überzeugte Adenauer zuerst die Union, dann auch die Mehrheit der Wähler.

Dies gelang indes nur, weil die außenpolitischen Weichenstellungen – was leicht übersehen wird – durch eine innenpolitische Erfolgspolitik abgesichert wurden. Im Innern stellte sich die große Aufgabe, »eine dem Gemeinwohl zuträgliche Wirtschaftsordnung durchzusetzen«. »Die CDU als eine soziale Massenpartei darf sich nicht in Erwartung außenpolitischer Erfolge wirtschaftlich einer Laisser-faire-Stimmung hingeben. Man erwartet von uns Impulse, Initiative und Angriffsgeist« – so appellierte Karl Arnold, der Ministerpräsident von Nordrhein-Westfalen, an seine Partei, die bei ersten Wahlen in den Bundesländern Positionen eingebüßt hatte und Neigung zeigte, sich durch die »aus dem Boden schießenden Interessengruppen ... irremachen (zu) lassen«.

Nach der Hauptentschließung des Parteitags sollte die Kraft der CDU auf die Erhaltung des sozialen Friedens konzentriert werden. Zur Lösung der sozialen Aufgaben erging der Ruf an Arbeitgeber und Arbeitnehmer, Erzeuger und Verbraucher, »verantwortungsvoll« zusammenzuarbeiten und jedes Einzel- und Gruppeninteresse dem »Gemeinwohl« unterzuordnen.

Die boomende Konjunktur, die den Korea-Krieg begleitete, verlangte besondere Anstrengungen, was die wirtschaftlichen Rahmenvorgaben und sozialpolitischen Maßnahmen betraf. So hatte schon das 1. Wohnungsbaugesetz (28. März 1950) mit einem Programm von 1,8 Millionen Wohnungen für die folgenden sechs Jahre den Bausektor als Motor der Konjunktur auf Touren gebracht. Auf fast ideale Weise – »ein besonderes Ruhmesblatt« (Adenauer) – verband der soziale und steuerbegünstigte Wohnungsbau die Wachstumsbedürfnisse der Wiederaufbauwirtschaft mit den sozialen Leistungen zur Wohnraum- und Eigenheimversorgung von Flüchtlingen und Ausgebombten. Durch ein System von Steuervergünstigungen (3. März 1950) war die Einkommensteuer den veränderten haushaltspolitischen und wirtschaftlichen Bedingungen angepaßt worden, um die Spartätigkeit zu beleben und die Investitionstätigkeit zu fördern. Wie von Brentano, der Vorsitzende der CDU/CSU-Bundestagsfraktion, den Parteitagsdelegierten gegenüber unterstrich, galt es, durch solche und ähnliche finanzpolitische Maßnahmen die Voraussetzungen für eine hochentwickelte, krisenbeständige Wirtschaft zu schaffen, »in der die Menschen Arbeit finden, anstatt von einem Arbeitsamt oder Fürsorgeamt verplant oder versorgt zu werden«.

Auch das Heimkehrergesetz (27. April 1950), das den zurückkehrenden Kriegsgefangenen die Wiedereingliederung erleichtern sollte, und das Bundesversorgungsgesetz (19. Oktober 1950), das die Versorgung der über vier Millionen Kriegsopfer beider Weltkriege neu ordnete, führte die CDU als Beweise für ihre »soziale Aufgeschlossenheit« an. Bei der Wiederherstellung des Sozialversicherungsrechts kam es der CDU auf Beibehaltung der Vielgestaltigkeit des Versicherungswesens und auf Anpassung der Rentensätze an die allgemeine Lohn- und Preisentwicklung an; Bundesarbeitsminister Storch auf dem Karlsruher Parteitag: »Wir haben die Aufgabe, dafür zu sorgen, daß unsere ganze Sozialversicherung auf eine feste Basis gestellt wird, damit jeder heute arbeitende Mensch die Gewißheit hat, daß ihm nach jahrelanger Arbeitsleistung aus der Rentenversicherung ein Rechtsanspruch zusteht...«

Als »soziale Tat« (Arnold) wurde auch das Gesetz über die Montanmitbestimmung (10. April 1951) gefeiert, das auf einen Entwurf der Bundesregierung zurückging. Die Grundzüge der schließlich gefundenen Regelung hatte Adenauer selbst in zähem Ringen mit Gewerkschaften und Arbeitgebern ausgehandelt. Die CDU betrachtete das Gesetz als ersten Schritt in Richtung einer den Klassenkampf überwindenden sozialen Partnerschaftsordnung. Zu solcher Politik des »sozialen Friedens«, die den Adenauerschen Westintegrationskurs im Innern begleitete, gehörte auch die Behandlung derjenigen, die beim Zusammenbruch des Hitler-Reiches im öffentlichen Dienst gestanden hatten, unter anderem auch der Berufssoldaten. Das sogenannte »131er-Gesetz« (nach Art. 131 GG; 10. April 1951), das die materiellen Voraussetzungen für die Überwindung des Kollektivschuldverdikts gegen Berufsbeamte und Berufssoldaten schuf, entsprang – wie es von Brentano für die Union beanspruchte – dem »Mut zur Unpopularität« und dem Gefühl der »gegenseitigen Verantwortung in der Schicksalsgemeinschaft«. In diesem Zusammenhang erneuerte die CDU auch ihr Bekenntnis zum Berufsbeamtentum, um dessen grundgesetzliche Garantie sie gekämpft hatte. »Es ist«, so ermahnte Arnold seine Parteifreunde, »die Aufgabe der CDU, zu verhindern, daß dieser von uns gebildete und von uns getragene Staat als Selbstmorddemokratie wie Weimar endet.«

So zog der 2. Bundesparteitag der CDU eine politische Zwischenbilanz: Was war erreicht worden, um den »Weg nach oben ein gutes Stück« (Adenauer) zurückzulegen, und welche neue Aufgaben sah man vor Regierung und Parlament sich auftürmen? Als besonders dringlich wurden nach den Beschlüssen der Fachausschüsse angesehen: wirtschaftspolitisch eine verstärkte Mittelstandsförderung sowie die Festigung der bäuerlichen Agrarstruktur, ferner die Schaffung eines gemeinsamen europäischen Marktes durch Weiterentwicklung des Schumanplans; sozialpolitisch die Verabschiedung des Lastenausgleichsgesetzes, die Aufstockung des Sozialen Wohnungsbaus, der Entwurf des Betriebsverfassungsgesetzes und die Einführung von Kinderbeihilfen; bildungspolitisch eine Schulreform mit Einbeziehung der Elternverantwortung, dazu Unterrichtsfreiheit und Einführung eines staatsbürgerlichen Unterrichts; die Kulturpolitik schließlich sollte das gesamtdeutsche Anliegen herausstellen. Und hinter allem – dem Erreichten sowohl wie auch dem Erstrebten – stand schemenhaft die Vision einer »neuen sozial verpflichteten Demokratie« (Holzapfel).

Ein anderes zeigte dieser 2. Parteitag Mitte der 1. Legislaturperiode aber auch noch. Die Union war – trotz der stolz präsentierten Bilanzierungen ihrer Politik – unsicher geworden. Im »Feuer« der Alltagspolitik schmolzen die Aufbruchsstimmung von Goslar und das Hochgefühl, die Regierungsverantwortung im neuen Staat zu tragen, dahin, und ein Geist der Besinnung und Selbstprüfung zog ein. So warnte der Vorsitzende der CDU/CSU-Bundestagsfraktion Heinrich von Brentano in einer mit starkem Beifall bedachten Rede die Partei davor, sich durch Anlehnung nach rechts oder links ihrer Eigenständigkeit zu berauben. »Wir wollen in der gemeinsamen Arbeit nicht erlahmen, wir wollen wieder etwas mehr Selbstsicherheit und Kühnheit zeigen...« Von einer »Bewährung nach innen« sprach Bundestagspräsident Ehlers.

Berlin 1952

Kein Wunder, daß die Partei in solcher Stimmungslage bei Philosophen und Theologen geistige Orientierungshilfe suchte. In Karlsruhe stellte der katholische Geschichtsphilosoph Alois Dempf der Interessenpolitik aus einseitiger Parteidoktrin die Politik in einer

Glaubens- und Gesinnungsgemeinschaft entgegen. Die Politik bedürfe der Bindung an die Persönlichkeitsethik als Voraussetzung eines menschengemäßen, von Menschenrechten und sittlichen Pflichten geprägten sozialen Zusammenlebens. Ein Jahr später, in Berlin, auf dem 3. Bundesparteitag trug der Theologe Hans Köhler eine Analyse des kommunistischen Menschenbildes in der Sowjetzone vor. Er legte den Delegierten dar, wie das Ethos des Kollektivs die Preisgabe des Selbstseins jedes Menschen einschließe und wie diese Preisgabe durch Suggestion oder Terror erzwungen werde. Die Christlichen Demokraten seien verpflichtet, um der »freien, auf Recht und Menschenwürde gegründeten Demokratie des ganzen Deutschlands willen ... den Menschen der Zone in seiner Not zu sehen« und ihm zu helfen.

Das waren nicht nur fromme Wünsche. Als erste Partei aus der Bundesrepublik hielt die CDU 1952 (17.–19. Oktober) ihre »Heerschau« in Berlin ab, der »Vorpostenstadt der westlichen Welt«. Die Delegierten waren von den Landesverbänden – gemäß dem in Goslar beschlossenen Parteistatut – entsprechend der bei den Bundestagswahlen errungenen Wählerstimmen nominiert worden. Satzungsgemäß wurden auch – im Abstand von zwei Jahren – der Parteivorsitzende und seine beiden Stellvertreter neu gewählt. Die Bestätigung Adenauers mit 302 von 307 Stimmen sowie die Wahl von Bundestagspräsident Ehlers (302) und Bundesminister Kaiser (281) geriet – laut Parteitagsprotokoll – zu einer Demonstration der »unbedingten Geschlossenheit« der Partei, repräsentierten die stellvertretenden Vorsitzenden doch das konfessionelle Eigenbewußtsein der Protestanten ebenso wie die politische Integration der Arbeitnehmerschaft und das Postulat der deutschen Einheit.

Vor allem aber war der 3. Bundesparteitag eine deutschlandpolitische Demonstration. Sie fiel um so deutlicher aus, als gleichzeitig die Ost-CDU in Berlin auf ihrem 6. Parteitag als Sprachrohr der Kommunisten gegen die »Adenauer-Clique« auftrat. An der Stirnwand des Auditoriums der Technischen Universität (am Steinplatz), wo man tagte, prangte das Motto: Friede und Freiheit für ganz Deutschland. Gleich in der Eröffnungsrede legte Adenauer das Bekenntnis des »unverbrüchlichen Willens« ab, »Deutschland wieder zu einer Einheit in Frieden und Freiheit zusammenzuführen«. Und die

Hauptentschließung, am dritten Verhandlungstag mit nur einer Gegenstimme angenommen, leistete mit dem Doppelbekenntnis zur deutschen Wiedervereinigung und zur europäischen Föderation einen Gefolgschaftsschwur der CDU für die außenpolitische Kursbestimmung des ersten Kanzlers. Selten hat Adenauer die Politik der Westbindung so prägnant und allgemeinverständlich »auf den Punkt« gebracht wie in seinen Redebeiträgen auf diesem Parteitag, der in der schicksalsentscheidenden Zeitspanne zwischen erster Lesung und Schlußabstimmung der »Verträge« stattfand. Es ging – unter dem Trommelfeuer einer stürmischen öffentlichen Diskussion und bekämpft von der Opposition – um den Deutschlandvertrag und den EVG-Vertrag (Europäische Verteidigungsgemeinschaft), das Vertragswerk also, das für Adenauer der »Schaffung Europas« gleichkam und ihm der »einzig mögliche und erfolgversprechende Weg« erschien, um zu verhindern, daß die politischen Spannungen zwischen den Siegermächten auf dem Rücken Deutschlands ausgeglichen würden. Deutschland sei, weil es mitten im west-östlichen Spannungsfeld liege, »um seiner Existenz willen« darauf angewiesen, aus seiner Isolierung und Hilflosigkeit herauszukommen. Dies könne aber nur durch einen Anschluß an den Westen erreicht werden, zu dem die Deutschen kulturell, weltanschaulich und aus ihrer »ganzen Lebensauffassung heraus« gehörten. Die Stärkung des Westens biete langfristig die Chance, die Sowjetunion an den Verhandlungstisch zu bringen. Auf eine Formel gebracht: Alles, was zur Gewinnung eines außenpolitischen Einflusses und im Innern zur Konsolidierung beitrage, bringe Deutschland der Wiedervereinigung näher.

In diesem Sinne war das Wiedergutmachungsabkommen mit Israel ausgehandelt worden (10. September 1952 unterzeichnet, 5. März 1953 verabschiedet), als Anerkennung der »ungeheuren Schuld gegenüber dem gesamten Judentum in der Welt« (Adenauer), ferner das Londoner Schuldenabkommen, das – am 27. Februar 1953 unterzeichnet – den deutschen Kredit im Ausland wiederherstellte. In diesem Sinne waren nach hartem Ringen als bedeutende sozialpolitische Meilensteine das Lastenausgleichsgesetz und das Betriebsverfassungsgesetz durchgesetzt worden (verabschiedet 10. und 19. Juli 1952). Mit beiden betrat man Neuland. Der Lastenausgleich sollte in volkswirtschaftlich vertretbarem Maß durch Abgaben beim verbliebenen Besitz einen sozial gerechten Ausgleich für die Besitzverluste Vertriebener gewährleisten. Mit umfangreichen Eingliederungs- und Entschädigungsmaßnahmen, die bis zum Ende der Adenauer-Ära fast vierzig Milliarden DM erfordern sollten, wurden für Millionen Flüchtlinge und Vertriebene die wirtschaftlichen Kriegsfolgen gemildert. Das Betriebsverfassungsgesetz, »eines der kühnsten sozialen Experimente in der Welt« (so Gerhard Schröder auf dem 3. CDU-Bundesparteitag wie auch in der 3. Lesung des Gesetzes), war von der CDU als Grundlage einer »echten Partnerschaft« gedacht, die »auf der Anerkennung des privaten Eigentums und seiner sozialen Verantwortung und auf der richtigen Bewertung der unternehmerischen Initiative beruht«. Diese Orientierung wurde von der SPD und dem DGB als »Herr-im Hause-Standpunkt« kritisiert, mit dem sich die CDU einer Demokratisierung der Wirtschaft durch gleichberechtigte Mitwirkung der Arbeitenden entgegenstelle. Die CDU konterte, im Hinblick auf die gewerkschaftlichen Massenproteste gegen das Gesetz, mit dem Vorwurf, die Opposition betreibe Klassenkampf. Adenauer sprach von einem »großen Fortschritt«, wenn die Sozialpartner beiderseits mit gutem Willen an die praktische Ausführung des Gesetzes gingen.

Hamburger Programm 1953

Auf dem 4. Bundesparteitag in Hamburg (18.-22. April 1953) machte dann Franz Etzel noch einmal klar, daß für die CDU das Mitbestimmungsrecht des einzelnen Arbeitnehmers im Betrieb vor dem kollektiven Recht seiner Organisation stehe und daß nach ihrem Verständnis Wirtschaftsdemokratie nicht bedeute, neben den parlamentarischen Organen und den marktwirtschaftlichen Institutionen einen dritten Apparat zu schaffen. Im übrigen stand der Hamburger Parteitag ganz im Zeichen der Mobilisierung für die Anfang September angesetzte zweite Bundestagswahl. Die Union trat zum Wahlkampf an mit einem neuen Signum (dem Wappen mit goldenem Adler vor schwarzem Kreuz auf rotem Grund) und mit einem neuen Programm für die nächste Legislaturperiode. Unter dem Motto »Deutschland, sozialer Rechtsstaat im geeinten Europa« gab sich die

Wahlplakat der CDU zur Bundestagswahl am 6. September 1953.

Partei ungemein selbstbewußt, mit dem Anspruch, als »wahre Volks-partei« eine historische Aufgabe in Deutschland und Europa zu er-füllen.

Die fast vierhundert Delegierten, die im Curio-Haus zu den Ple-narsitzungen zusammenkamen, erlebten den im Triumph von seiner zweiwöchigen USA-Reise zurückkehrenden Adenauer. Mit diesem außenpolitischen Erfolg bekam das Ende der Besatzungszeit, jenseits aller Verhandlungen und Verträge, ein symbolhaftes Datum. Deut-sche und ausländische Blätter notierten die Geburt einer Adenauer-Legende. In der Präambel des »Hamburger Programms« erschien sie zur Legende der CDU erweitert: »Unter der Kanzlerschaft Konrad Adenauers hat die Christlich-Demokratische Union ... das deutsche Volk in der Bundesrepublik aus Hunger, Not und tödlicher Verein-samung herausgeführt.«

Das Hamburger Programm sollte für 15 Jahre – immer wieder ak-tualisiert – Gültigkeit behalten. Nichtsdestoweniger war es wie alle programmatischen Beschlüsse der Gesamt-CDU in der Adenauer-Ära »Wahlprogramm«. Von Ausschüssen des Bundesvorstandes er-arbeitet, war es, wie Adenauer zum Geleit schrieb, nicht am grünen Tisch entstanden, sondern aus den Erfahrungen vierjähriger Regie-rungsarbeit gewonnen, um den Weg der künftigen Politik abzu-stecken, als »Ausdruck des politischen Gestaltungswillens« der Union.

Der Bundesgeschäftsführer der CDU, Bruno Heck, faßte es in ein Bild: Der Neubau stand, »mit festen Grundmauern und haltbaren Wänden«, jetzt ging es an die Inneneinrichtung, um einen »Zustand behaglicher Wohnlichkeit« zu erreichen. Das Schwergewicht des Programms für die 2. Wahlperiode lag also auf sozialem und wirt-schaftlichem Gebiet. Als sozialpolitisch bedeutende Gesetzeswerke wurden in der ersten Jahreshälfte von 1953 auf der Grundlage von Entwürfen der Bundesregierung noch das Bundesvertriebenengesetz (25. März) und das Schwerbeschädigtengesetz (5. Mai) verabschie-det. Doch die schwierige Aufgabe, das System der sozialen Sicherung neu zu ordnen, stand noch bevor – nicht als »Anhängsel der Sozialen Marktwirtschaft, sondern als deren Ziel«, wie es im Programm hieß.

Das Hamburger Programm faßte in sechs Hauptkapiteln die kon-kreten Forderungen und Gesetzesvorhaben der CDU mit Grundsatzaussagen zusammen. Die »staatspolitischen Grundforderungen« (I) bezogen sich vor allem auf das Personen- und Mehrheitswahlrecht, die Strafrechtsreform und das Richtergesetz sowie auf den Bereich der Familie. Besondere Sorge galt auch den Berufsbeamten und ehemaligen Berufssoldaten. Ein hoher Stellenwert wurde dann einer »entschiedenen Vertriebenenpolitik« (II) gegeben, mit gesetzlichen Hilfen zu beschleunigter Eingliederung, landwirtschaftlicher Siedlung und Eigentumsbildung. Die Wirtschafts- und Sozialpolitik (III) als Hauptaufgabe der 2. Legislaturperiode sollte auf die Verbesserung des allgemeinen Lebensstandards und den Ausbau der sozialen Sicherung konzentriert werden: Unter der Leitvorstellung der »wirtschaftlichen Gleichstellung und sozialen Gleichwertung« des Agrarsektors verpflichtete sich die CDU insbesondere zur Schaffung eines einheitlichen Agrar- und Bodenrechts sowie zur Durchsetzung einer Handels-, Zoll- und Marktordnungspolitik. Ein zweites Wohnungsbaugesetz mit flankierender Gesetzgebung zur Baulandbeschaffung und Bodenbewertung wurde angekündigt. Eine Steuerreform sollte erfolgen.

Zur »Sicherung des sozialen Friedens« wurde eine Mitbestimmungsregelung für den öffentlichen Dienst in Aussicht gestellt. Auch eine verstärkte Familienförderung, durch Familienausgleichskassen, steuerliche Entlastungen, öffentliche Zuschüsse und wohnungspolitische Maßnahmen stand auf dem Programm. Beim System der sozialen Sicherung strebte die CDU die Angleichung der Renten an das Lohn/Preis-Gefüge an. Um die verschiedenen Versorgungs- und Versicherungszweige aufeinander abstimmen zu können, drang sie auf eine Sozialenquete. Eigene Programmkapitel beanspruchten die Forderungen zur Eigentumsbildung »für alle Schichten des Volkes« (IV) und zur Jugendpolitik. In der Verbindung von Mitbestimmung und Miteigentum sah die CDU die »beste Verwirklichung des machtverteilenden Prinzips in der Wirtschaft«. Der Akzent der Eigentumspolitik lag jedoch auf dem Eigenheimbau, den sie durch gesetzliche Maßnahmen zu fördern gedachte. Die »Forderung für die Jugend« (V) betraf die Berufsausbildung, den Jugendschutz und die Kriegsfolgenhilfe; hierfür waren ein Jugendhilfsgesetz und die Neufassung des Bundesjugendplans vorgesehen.

Die außenpolitische Leitvorstellung »Deutschland in der Gemeinschaft der freien Völker« (VI) enthielt eine klare Absage an jeden Neutralitätskurs. Die Entwicklung des einheitlichen europäischen Marktes und die Schaffung der Europäischen Politischen Gemeinschaft sollten nicht nur Wohlstand und Frieden sichern, sondern auch die »Einigung Gesamtdeutschlands« ermöglichen. »Niemand hat dem deutschen Volke einen Weg gewiesen, auf dem die deutsche Einheit in Freiheit anders als auf die von uns vertretene Weise zu erreichen wäre«, so das Programm.

Das Presseecho des Hamburger Parteitags fiel überwiegend positiv aus. Man registrierte ein wachsendes Selbstgefühl der Partei. Der »Rheinische Merkur« sprach gar von einer »Vertiefung des Unionsgedankens«. Einhellig ging die Meinung dahin, daß der Partei und ihrem Kanzler-Vorsitzenden aus der weltpolitischen Konstellation neue Kräfte zugewachsen seien. Der Ausgang der Bundestagswahl vom 6. September 1953 bewies schlagend, wie richtig diese Einschätzung war. Von Adenauer als historische Entscheidung darüber herausgestellt, ob die »Periode des heißen und kalten Krieges ... ihr Ende nimmt oder nicht«, brachte der Wahltag der Partei einen in diesem Umfang unerwarteten Zulauf. Im Vorfeld der Wahl hatte es noch böses Blut gegeben beim Streit über die parteipolitische Neutralität des Gewerkschaftsbundes, der unter dem Leitwort »Für einen besseren Bundestag« ein Wahlflugblatt mit Anspielungen auf die Kräfte, die ein zweites Mal das deutsche Volk ins Unglück stürzen wollten, herausgebracht hatte. Die Entrüstung, mit der sich die Union gegen den Aufruf als »Vergiftung« der politischen Auseinandersetzung verwahrte, fand noch einen deutlichen Nachhall in ihrem triumphierenden Kommentar nach dem Wahlsieg: »Der bessere Bundestag kam« (UiD). Mit einem Stimmenanteil von 45,2 Prozent, der nach dem Fraktionswechsel des Abgeordneten Martin Heix, der für die Zentrumspartei kandidiert hatte, die absolute Mandatszahl bedeutete, erhielten die Unionsparteien »freie Bahn für vier weitere Jahre Aufbau«. Ein Plus von 14,2 Prozent katapultierte die Union in den Nahbereich der absoluten Mehrheit, in dem sie von nun an, mit Schwankungen, bleiben sollte.

Nach der Wahl erklärten die Parteivorstände der Union, die Politik der Mitte und des Maßhaltens im Innern und nach außen entsprechend der Richtschnur des Hamburger Programms fortsetzen

zu wollen. Als nächstes Ziel sollte die Sozialreform in Angriff genommen werden. Die Regierungserklärung Adenauers, der mit 305
Ja-Stimmen (gegen 148 Nein-Stimmen bei 14 Enthaltungen) wieder
zum Bundeskanzler gewählt wurde, stellte denn auch die Verbindung von Sozial- und Wirtschaftspolitik sowie als vordringliche sozialpolitische Aufgaben neben der Sozialreform auch die Eingliederung der Vertriebenen und die Förderung der Familie heraus. Dem
19köpfigen Kabinett gehörten außer dem Bundeskanzler/Außenmi-
nister zehn weitere Unionspolitiker an (sieben CDU, drei CSU), neu
von der Partie die Minister Gerhard Schröder (Inneres), Heinrich
Lübke (Ernährung, Landwirtschaft und Forsten) und Franz-Josef
Wuermeling (Familienfragen) sowie für besondere Aufgaben Robert
Tillmanns und Franz Josef Strauß. In der Debatte zur Regierungserklärung gab der Abgeordnete Kiesinger für die Arbeit der Unionsfraktion die Parole »Mut zum Verwirklichen« aus.

Köln 1954

Es zeigte sich bald, daß die Vergrößerung der Bundestagsfraktion
von 142 auf 250 Mitglieder auch die Spannungen zwischen den verschiedenen Gruppen vermehrte. Die vielfältigen Erwartungen, die
sich bei der neu gewonnenen Anhängerschaft auf die Regierungsarbeit richteten, waren gleichfalls nicht dazu angetan, die innere Einheit und Geschlossenheit der Partei zu fördern. Besinnung auf
die Grundlagen war also angezeigt, und diese besondere Aufgabe
sollte der 5. Bundesparteitag (28.–30. Mai 1954) erfüllen. Nicht
zufällig fand er – mit rund 1700 Teilnehmern die bis dahin größte
»Heerschau« der CDU – in Köln statt, wo die Hauptgründung
im Westen erfolgt war und Adenauers politische Karriere begonnen hatte. Obwohl in Nordrhein-Westfalen, dem »Eckpfeiler der
Bundesrepublik« (Adenauer), Landtagswahlen bevorstanden, be-
rührten die Rede- und Diskussionsbeiträge der vier Plenarsitzungen in den Messehallen die aktuellen politischen Probleme nur wenig und waren deutlich auf eine »Überhöhung« der Tagespolitik
angelegt.

Zur Eröffnung sprach Ehlers über die »geistige Struktur der
Zeit«. Mit ähnlich allgemeiner, weitschichtiger Themenstellung tra-

ten dann Bundesminister Lübke (»Die deutsche Landwirtschaft in der politischen und wirtschaftlichen Entwicklung unserer Zeit«), der Vorstandssprecher der Deutschen Bank, Hermann-Josef Abs (»Die veränderte wirtschaftliche Stellung Deutschlands in der Welt«), und der Professor für Christliche Sozialwissenschaft Joseph Höffner, der spätere Kölner Erzbischof und Kardinal (»Der Mensch in der sozialen Ordnung«), vor die Delegierten. Für Zündstoff sorgte nur Gerstenmaier mit seinem Plenumsbeitrag über »Die politische Weltlage und Deutschland«. Darin stellte er für die deutsche Außenpolitik als »Rangfolge der Werte« auf : »1. Freiheit, 2. Friede, 3. Einheit«, was auf Widerspruch bei dem Berliner Bundestagsabgeordneten Friedensburg und dem rheinland-pfälzischen Landtagsabgeordneten Jakob Diel stieß. Beide zogen eine Verbindung zwischen der gesamtdeutschen Frage und der Saarlösung, die als Präzedenzfall einer Politik der territorialen Opfer kritisiert wurde. Bekanntlich hatte Adenauer als »Baustein« einer deutsch-französischen Verständigung zunächst die »Europäisierung« des von Frankreich verwalteten Saargebietes favorisiert. Das Saarstatut, das – am 23. Oktober 1954 in Paris unterzeichnet – eine Internationalisierung vorsah, wurde jedoch 1955 von der Saarbevölkerung in einer Volksabstimmung abgelehnt, gegen die offizielle Linie Adenauers. Auch die Autorität des Bundesvorsitzenden und Bundeskanzlers vermochte nicht die Differenzen in der Partei über die Saarfrage und das Verhältnis zu den saarländischen Christlichen Demokraten in Ordnung zu bringen, ja sie drohte einigemal selbst in Mitleidenschaft gezogen zu werden. Erst mit der »kleinen Wiedervereinigung«, mit der politischen Rückgliederung des Saarlandes, zu der sich Frankreich 1956 bereitfand, verschwand dieser Stein des Anstoßes. Von daher versteht sich Adenauers Appell auf dem Kölner Parteitag, als große Partei, die viel Macht gewonnen habe, mit Klugheit, Mäßigung und gesteigertem Verantwortungsgefühl Politik zu treiben und sich nicht im Dickicht der Tagesereignisse zu verlieren, sondern »stets den Blick auf das Grundsätzliche« zu richten.

Nach wie vor waren Ansehen und Position Adenauers in der Partei unbestritten, aber kaum merklich keimten erste Vorbehalte auf, die bald in Überlegungen über seine Nachfolge übergingen. Das

Scheitern der Europäischen Verteidigungsgemeinschaft in der französischen Nationalversammlung versetzte der bis dahin unwiderstehlichen Adenauerschen Konzeption einen schweren Schlag. Die Pariser Verträge, die den Beitritt der Bundesrepublik zur NATO und die Beendigung des Besatzungsregimes brachten, machten zwar vieles wett, aber das erklärte oberste Ziel deutscher Außenpolitik, die Wiedervereinigung, rückte zugleich in immer weitere Ferne. Die Sowjetunion ging in den Konferenzen über die deutsche Frage zur »Zwei-Staaten-Theorie« über. Auch die Aufnahme diplomatischer Beziehungen zwischen Bonn und Moskau (1955) half da nicht weiter. Die Rückkehr von über 15 000 Kriegsgefangenen und Zivilverschleppten, von den Sowjets zugestanden, führte Adenauer auf den Gipfel seiner Popularität, was jedoch über die in der Koalition wie auch in der eigenen Partei zunehmenden außenpolitischen Meinungsverschiedenheiten hinwegtäuschte. Im Februar 1956 führten die Auseinandersetzungen zwischen der CDU/CSU und der FDP unter Dehler über die Außenpolitik und das Wahlrecht zum Bruch der Koalition. Ein Teil der FDP ging zwar weiterhin, als »Demokratische Arbeitsgemeinschaft« und eigene Fraktion (später Freie Volkspartei), mit den Unionsparteien zusammen. Gleichzeitig aber geriet der Bundeskanzler auch von der Länderseite her unter Druck: In Nordrhein-Westfalen stürzten SPD und FDP die Regierung Arnold durch einen Mißtrauensantrag.

Stuttgart 1956

Unter diesen Bedingungen fand der 6. Bundesparteitag in Stuttgart statt (26.–29. April 1956). Der für den Herbst 1955 geplante Jubiläumsparteitag »Zehn Jahre Politik für Deutschland«, der schwerpunktmäßig der Sozialreform gewidmet sein sollte, hatte wegen einer ernsten Erkrankung Adenauers auf das Frühjahr 1956 verschoben werden müssen. Es ging dabei, wie Kaiser in seiner Eigenschaft als stellvertretender Vorsitzender der CDU meinte, nicht bloß um die Diskussion neuer Gesetzesvorhaben, sondern um die »programmatische Festlegung der Wege zur Vollendung einer gerechten sozialwirtschaftlichen Ordnung« sowie um die »Stärkung des freiheitlichen Willens« in der Auseinandersetzung mit dem Kommunismus.

Schon in der ersten Hälfte der Legislaturperiode war eine Reihe »sozialer Gesetze« (Adenauer) in Kraft gesetzt worden: die Große Novelle des Lastenausgleichsgesetzes und das landwirtschaftliche Paritätsgesetz; es gab Verbesserungen für Rentenempfänger und Hilfen für die Sowjetzonenflüchtlinge; ferner konnten das Personalvertretungsgesetz und das Gesetz über das Mietpreisrecht verabschiedet werden. Es war auch in einem Kompromiß gelungen, die Finanzverfassung der Bundesrepublik zu regeln, wenn auch erst nach heftigem Streit zwischen den Koalitionspartnern. Auf dem Arbeitsprogramm bei »Halbzeit« standen vor allem das Zweite Wohnungsbaugesetz, das Kartellgesetz, das Parteiengesetz, ein neues Wahlgesetz sowie das Soldatengesetz und andere Gesetze, die zur »Verwirklichung des deutschen Verteidigungsbeitrages« notwendig waren. Als »ernste Aufgaben« wurden die soziale Sicherstellung der Familien und die Ordnung des Rentenwesens in Angriff genommen.

Der Wiederaufbau war – für jedermann fühlbar – in einen wirtschaftlichen Aufschwung übergegangen: Seit 1949 waren über 2,5 Millionen Wohnungen errichtet worden, das Bruttosozialprodukt hatte sich mehr als verdoppelt, Ende 1955 wurden die ersten Abkommen über die Anwerbung von Gastarbeitern abgeschlossen. Der mit dem Wohlstand wachsende Materialismus in der Bundesrepublik begann der CDU Sorge zu machen. Auf dem Stuttgarter Parteitag erinnerte Gerstenmaier beim Rückblick auf die zehnjährige Parteigeschichte an die weltanschaulichen Fundamente der Christlichen Demokratie: Für sie sei das Materielle »zwar ein notwendiges Mittel, aber noch nicht das Ziel und das Glück der Menschen selber«. Die Wirtschaft, so der Bundestagspräsident weiter, bedürfe einer »qualifizierten, sittlich gekräftigten Staats-, Volks- und Gesellschaftsordnung«. Als deren stabilisierende Elemente erschienen in den Parteitagsreden die Fortsetzung der westorientierten Außenpolitik (»Keine Experimente«) und die Entwicklung eines Staatsbewußtseins, das von einem sozialen, christlichen und demokratischen Gemeinschaftsdenken getragen sein sollte, beides verbunden durch einen unbedingten Antikommunismus. So enthielt auch die Entschließung zur Außenpolitik die Willensbekundung, allen propagandistischen Versuchen der kommunistischen Doktrin mit der ganzen Kraft christlicher Überzeugung entgegenzutreten.

Die wichtigsten der in Stuttgart verabschiedeten Entschließungen betrafen, dem Hauptthema des Parteitags entsprechend, die »Sozialreform«, die als »vornehmste innenpolitische Aufgabe« der Union bezeichnet wurde: Neben umfassenden Rentenversicherungsregelungen und Familienförderungsmaßnahmen standen die Bildung von Eigentum und die Beteiligung der Arbeitnehmer »an den Sachwerten der Wirtschaft« im Zentrum der sozialpolitischen Forderungen des CDU-Parteitags. In den Gesetzesvorschlägen ging es um das dreifache Recht des Menschen auf Sicherheit, angemessenen Anteil am Sozialprodukt und soziale Hilfe bei Krankheit und Invalidität (Ludwig Neundörfer).

Von besonderem Interesse war das Unionstreffen auf dem Killesberg 1956 auch deshalb, weil sich hier zeigte, daß die Partei gegenüber dem Bundeskanzler desto mehr Eigenprofil gewinnen konnte, je drängender auch Fragen der Innenpolitik in den Vordergrund traten. Denn im Unterschied zur Außenpolitik gab es hier diskussionswürdige Alternativen, die innerparteiliche Meinungs- und Willensbildungsprozesse erforderlich machten.

In der Folgezeit machte sich die Partei als eigenständige politische Kraft immer deutlicher bemerkbar. Das bedeutete aber auch, daß die Meinungsverschiedenheiten und Gruppenauseinandersetzungen innerhalb der Partei weit stärker als früher von der Öffentlichkeit registriert wurden – mit der Konsequenz, daß die Popularität der Union, die durch das Scheitern der EVG-Politik, die Einführung der allgemeinen Wehrpflicht im Rahmen des NATO-Beitritts sowie den eskalierenden Koalitionszank ohnehin gelitten hatte, merklich abnahm. Auch die heftige öffentliche Diskussion um die ehrgeizige Atompolitik Adenauers und des Atomministers Strauß wirkte sich Mitte der Fünfziger nachteilig für die Unionsparteien aus. Unter dem Eindruck der brutalen Niederschlagung des ungarischen Volksaufstandes durch Sowjetrußland Anfang November 1956 änderte sich aber die Stimmung wieder zugunsten der Union. Als außenpolitischer Erfolg konnte die Rückkehr des Saarlandes zum 1. Januar 1957 verbucht werden. Innenpolitisch taten die Große Rentenreform (verabschiedet 11. Januar, verkündet 23. Februar 1957) und das Hilfsprogramm des »Grünen Plans« für die Bauern (aufgrund des Landwirtschaftsgesetzes, verabschiedet 8. Juli 1955) ihre Wirkung.

Kritiker sprachen in Anbetracht der nahenden Bundestagswahl von einer Sozialpolitik der Wahlgeschenke. Richtig ist, daß von den großzügigen Sozialreformvorstellungen zu Beginn der Legislaturperiode mit der Rentenreform und der Altersversicherung der Landwirte nur Teile in die Tat umgesetzt wurden. Dennoch ist insbesondere die Neuordnung der Rente auf der Grundlage der Generationensolidarität und mit laufender Anpassung an den Lohn-Index als »großes und ganz positives Werk« (Konrad Repgen) im Sinne einer Gesellschaftsgestaltung anzusehen. Gegen erheblichen Widerstand auch aus den eigenen Reihen durchgesetzt, war die Große Rentenreform als Eckstein zur praktischen Verwirklichung des freiheitlichen, sozialen Rechtsstaats gedacht. »Mit unserer sozialen Gesetzgebung, vom Lastenausgleich angefangen bis zur Großen Rentenreform«, so heißt es in der auf dem 7. Bundesparteitag gezogenen Bilanz von zwei Legislaturperioden christlich-demokratischer Regierungspolitik, »haben wir allmählich jene Bauflucht erreicht, die im Grundgesetz niedergelegt ist« (Gerstenmaier).

Hamburg 1957

Wieder fand der Auftakt zum Wahlkampf in Hamburg statt, in Planten und Blomen (11.–15. Mai 1957), so als ob die guten Geister von 1953 noch einmal beschworen werden sollten: »Von dem evangelischen Norden hängt das Schicksal der Bundestagswahl ... ab«, wie Adenauer im Bundesvorstand argumentierte. Das Motto des Parteitages war: »Einheit für Deutschland, Freiheit für Europa, Frieden in der Welt.« Dazu sprachen der Vorsitzende der Bundestagsfraktion, Heinrich Krone, und Bundesaußenminister von Brentano in ihren Berichten. Das Wahlmanifest der CDU, das zum Schluß verabschiedet wurde, formulierte diese Dreiheit als Hauptziel christlich-demokratischer Politik, neben der Freiheit des Bürgers und der Stärkung des Gemeinwesens, neben Eigentum für jeden und Wohlstand für alle. »Die Union ... warnt das deutsche Volk eindringlich vor leichtfertigen politischen, wirtschaftlichen und sozialen Experimenten«, so schloß der Wahlaufruf. Die berühmten Wahlslogans »Keine Experimente« und »Wohlstand für alle« brachten in fast idealer Weise die Stimmung der Zeit und die politische Richtungsweisung der

Heinrich Krone
Vorsitzender der CDU/CSU-Fraktion
des Deutschen Bundestages
15. 6. 1955–24. 11. 1961.

Union zur Deckung. Eben damit gelang der Union der einzigartige Erfolg von 1957.

Den fünfziger Jahren als der »Adenauer-Zeit« sagt man gerne einen restaurativen Zug nach und ist dann versucht, dies mit der CDU-Politik zu erklären. Solche historischen Etikettierungen gehen fast immer an der Wirklichkeit vorbei. Die Union präsentierte sich den Wählern – man lese nur die Reden des Hamburger Parteitags oder der zentralen Wahlkundgebung in der Dortmunder Westfalenhalle (30. Juni) nach – vielmehr als eine innovative und zukunftsaufgeschlossene Partei. Dagegen wirkte die SPD mit ihren Neutralisierungs- und Sozialisierungsideen ausgesprochen hausbacken und gestrig, was vielfach auch ihrem Spitzenkandidaten Ollenhauer nachgesagt wurde.

So kündigte Erhard die »zweite Phase der Sozialen Marktwirtschaft« an, in der Wohlstand – über die Befreiung des einzelnen aus materieller Not hinaus – ein »neues Lebensgefühl« wecken sollte. So definierte Arnold – gegen die sozialdemokratische Politik des sozialen Wandels in der »zweiten technischen Revolution« – als Ziel von Staat und Gesellschaft die Entfaltung der menschlichen Person, um den Menschen sittlich und geistig zu befähigen, auch im Zeitalter der neuen Technik »an der Fortführung der Schöpfung mitzuarbeiten«. So sang Kiesinger das Hohelied der europäischen Integration, der er die Kraft zumaß, einer »besseren Alternative der sowjetrussischen Europapolitik« zum Durchbruch zu verhelfen und damit auch der deutschen Wiedervereinigung eine hoffnungsreiche Chance zu eröffnen.

Auch im Hinblick auf die Frauen und ihre politischen Interessen demonstrierte der 7. Bundesparteitag der CDU Fortschrittlichkeit: Die Frauen bekamen nicht nur das Wort, wie die westfälische Bundestagsabgeordnete Luise Rehling in ihrem Referat über »Familie und Jugend – Sicherheit für morgen«, sie meldeten sich auch zu Wort: So stellte Helene Weber als »große Reform« und »großes Verdienst« der CDU/CSU-Bundestagsfraktion die Familienrechtsreform mit dem zentralen Gesetz über die Gleichberechtigung von Mann und Frau (verabschiedet 3. Mai 1957) heraus. Daß die Union Tatsachen einer erfolgreichen Aufbauarbeit, für jedermann erkennbar, vorweisen konnte, diese Leistungsbilanz aber auch mit der Vision einer umfassenden sozialen Neuordnung zu verbinden wußte, verschaffte ihr die Überlegenheit über die Opposition. Hinzu kam der stattliche Kanzlerbonus. Mit der Wahl von 1957 erreichte Adenauer den Zenit seines öffentlichen Ansehens als der »einzige lebende Staatsmann von Weltformat«, wie ihn der prominente spanische Liberale Salvador de Madariaga damals beschrieb.

Am 15. September 1957 fiel der Union der »größte Wahlerfolg einer demokratischen Partei in Deutschland« zu. CDU und CSU legten gegenüber 1953 noch einmal um fünf Prozent zu. Ihr Stimmenanteil betrug jetzt 50,2 Prozent. Sie durften sich aufgrund dieses triumphalen Wahlergebnisses als »wahre Union der Konfessionen und der Stände« fühlen. Obwohl der Sog zur Union auch in sozialdemokratischen Hochburgen mit starker Arbeiterbevölkerung gewirkt hatte, gewann sie die absolute Mehrheit nicht auf Kosten der SPD, die von den Wählern der verbotenen KPD und vom Wahlbündnis mit Heinemanns GVP profitierte (31,8%). Daran glauben mußten die kleineren Parteien wie DP, DRP, BHE und Zentrum, die unter die Fünf-Prozent-Klausel fielen.

Das westliche Ausland wertete den Sieg Adenauers durchwegs positiv als Gewinn für die Demokratie, für Europa und die atlantische Allianz. Im kommunistischen Lager erschien er als »Halunkenstreich der westdeutschen Reaktion«. Die Gewinner selbst sagten zum Wahlergebnis, was Politiker in solchen Fällen zu sagen pflegen: Das Vertrauen der Wähler sei für sie eine Verpflichtung. Der Alltag nach der Wahl hielt eine Erhöhung der Kohlenpreise bereit, was ernste Sorgen vor einem allgemeinen Preisanstieg hervorrief.

Als der neue Bundestag am 15. Oktober zu seiner konstituierenden Sitzung in Berlin zusammentrat, hatte Bundeswirtschaftsminister Erhard schon das Losungswort für die dritte Legislaturperiode ausgegeben: Stabilität.

Kieler Manifest 1958

1957/58 war die Union auf einem »Höhepunkt der Entwicklung« (Meyers) angekommen. Die Landtagswahl in Nordrhein-Westfalen am 6. Juli 1958 bestätigte die überwältigende Stellung der CDU noch einmal mit beeindruckenden 50,5 Prozent der Stimmen. Das Gewicht der Partei vergrößerte sich damit gegenüber ihrem »Kanzlervorsitzenden« beträchtlich. Auch das Verhältnis von CDU/CSU-Fraktion und Regierung änderte sich, so daß der Fraktionsvorsitzende Krone auf dem 8. Bundesparteitag in Kiel (18.–21. September 1958) den Delegierten mit gesteigertem Selbstbewußtsein versichern konnte, die Fraktion sei »nicht der verlängerte Arm der Regierung«. Die Bundestagsfraktion war auf 278 Mitglieder (von 519 Abgeordneten) angewachsen, darunter 22 Frauen (= 7,9%). 32 Abgeordnete stammten aus der Gruppe der Vertriebenen und Flüchtlinge, und 64 bildeten die Arbeitnehmergruppe, die unter dem Einfluß von Hans Katzer bald stärker hervortrat. Schon bei der Regierungsbildung mischte die Fraktion, in der ein Drittel Parlamentsneulinge saßen, stärker mit als nach den ersten beiden Wahlen. Wieder gab es eine Koalitionsregierung, diesmal nur mit der DP, da die FDP wegen der absoluten Unionsmehrheit eine Mitarbeit ablehnte. Von den 18 Kabinettsmitgliedern der dritten Legislaturperiode kamen, einschließlich des Bundeskanzlers, 14 aus der CDU, davon als »Neue« die Bundesminister Franz Etzel (Finanzen, für Schäffer, der das Justizressort übernahm), Paul Lücke (Wohnungsbau), Ernst Lemmer

(Gesamtdeutsche Fragen, für den erkrankten Jakob Kaiser) und Hermann Lindrath (Wirtschaftlicher Besitz des Bundes).

Mit Erringung der absoluten Mehrheit – Traum jeder Partei! – wurde das Regieren keineswegs leichter. Nicht nur, daß es innerhalb des Fraktionspaktes zwischen CDU und CSU zu einem härteren Kräftemessen beider Partner kam – wie etwa schon »im Sinne einer autonomen Partnerschaft der CSU« (Alf Mintzel) in den offiziellen Verhandlungen über die Regierungsbildung – , auch gegenüber dem Wählervolk ergaben sich Probleme. Mit der breiten Zustimmung vervielfältigten sich auch die Erwartungen, die aber unter den Bedingungen eines wirtschaftlichen Stabilitätskurses politisch kaum zu erfüllen waren.

Der Union machte in den folgenden Jahren immer stärker der »neue Mittelstand« zu schaffen, der sich im Zuge des gesellschaftlichen Umschichtungsprozesses der Bundesrepublik bildete. Die traditionellen sozialstrukturellen Bindungen lösten sich in der modernen Industriegesellschaft immer mehr auf. 1957 hatten die Wähler aus dieser Schicht noch der Union den Vorzug gegeben, weder aus Anhänglichkeit noch zur Belohnung für das Geleistete, sondern gegen einen Wechsel auf die Zukunft, dessen Einlösung nun von der Unionsregierung erwartet wurde. Doch damit gab es zu Ende der Fünfziger Schwierigkeiten. In zunehmendem Maße wurde der »CDU-Staat«, in dem laut Regierungserklärung Adenauers vom 29. Oktober 1957 eine »Politik des Maßhaltens« galt, als einengend und unbeweglich empfunden.

Schon auf dem Kieler Bundesparteitag, der ein Jahr nach dem Wahltriumph von 1957 stattfand, zeigte sich das Dilemma der CDU. Adenauer selbst kam auf die Bedeutung der Mittelschicht zu sprechen. Die Diskussion um das »C« glomm auf und machte die Frage nach dem politischen Grundverständnis der Christlichen Demokraten akut. Die Parteiführung rief zu einer »Standortbestimmung« der Union auf: »Es ist also hohe Zeit, daß die Christlich-Demokratische Union, die heute die größte deutsche Volkspartei darstellt, ihr staatliches und gesellschaftspolitisches Leitbild entwickelt«, so der nordrhein-westfälische Ministerpräsident Meyers im Namen des Parteivorstands. Nicht zuletzt bereiteten stagnierende Mitgliederzahlen und innere Ordnungsprobleme der Partei Sorgen.

Außerdem begann die innerparteiliche Autorität Adenauers sich von ihren Voraussetzungen her zu wandeln, was wiederum Rückwirkungen auf den »Kanzlerpartei«-Charakter der CDU zeitigte. Das Charisma des ersten Kanzlers lebte von den außenpolitischen Weichenstellungen und Erfolgen, die der Bundesrepublik den Rang eines geachteten Partners der freien Völker des Westens gegeben hatten. Hier waren die großen Entscheidungen gefallen. Es blieben die ungelöste Frage der Wiedervereinigung Deutschlands und als »das oberste Ziel unserer ganzen politischen Arbeit« (Adenauer) die Herbeiführung einer kontrollierten Abrüstung der nuklearen und der konventionellen Waffen. Beides langfristige Ziele, deren Verfolgung völlig abhängig vom Ost-West-Konflikt war. Die deutsche Außenpolitik wurde alternativenreicher und vieldeutiger. Ähnliches ging in der Wirtschaft vor sich. Die »Sturm-und- Drang«-Zeit der Sozialen Marktwirtschaft war vorbei. Jetzt standen Fragen der Verteilung an, und das hieß gleichfalls mehr Interessenstreit, gesamtgesellschaftlich wie innerparteilich. In dieser Übergangszeit, gegen Ende der Fünfziger, verlor die charismatisch begründete Führungsposition Adenauers an Kraft und wurde immer mehr zu einer nur noch auf Verdiensten und Alter beruhenden Autorität.

So kam es nicht von ungefähr, daß in Kiel statt der Person des Kanzlers die Sachaussprache im Mittelpunkt stand. Das grundlegende Referat des stellvertretenden Parteivorsitzenden Gerstenmaier über »Staatsordnung und Gesellschaftsbild« war auf Diskussion angelegt und sollte Problembewußtsein wecken. Es enthielt den Entwurf einer gesellschaftlichen Ordnungspolitik auf der Grundlage »eines konsequenten Personalismus«. Über einen nur materiell verstandenen Wohlstand und eine nur als Existenzsicherung konzipierte Sozialstaatlichkeit hinaus ging es um eine die Kultur und Menschenbildung einbeziehende Gestaltung der modernen Wirtschaftsgesellschaft – »diese brennend wichtigen Fragen« (Gerstenmaier). Mit der »Neubildung und Streuung von Eigentum« sollten Leistungsbereitschaft, Eigenständigkeit und Selbstverantwortung als Voraussetzung sozialer Mitverantwortung gestärkt werden: »Der auf seinen eigenen Füßen stehende, gewissenhaft das Gemeinwohl bedenkende Staatsbürger ist und bleibt das einzige wahre Fundament des sozialen Rechtsstaates.«

Was sich schon in den voraufgehenden Bundesparteitagen abgezeichnet hatte, trat in Kiel ganz offen zutage: Der Union machte es
erhebliche Schwierigkeiten, sich politisch und programmatisch auf
die Bedürfnis- und Meinungsvielfalt der entstehenden pluralistischen Demokratie einzustellen. In Kiel reklamierten die Unionsfrauen (Elisabeth Schwarzhaupt) mehr Möglichkeiten der »politischen Mitarbeit«, weil sie in der Industriegesellschaft die »Partnerschaft zwischen Frau und Mann weithin zu ungunsten der Frau«
verändert sahen. Die Vertreter der Sozialausschüsse (Katzer, Arndgen, Blank) hielten das freiheitliche Moment des christlich-sozialen
Gesellschaftsbildes für zu stark betont. Sie wollten die Sozialpolitik
der Union in der Tradition der katholischen Soziallehre auf mehr
Gerechtigkeit und Solidarität gegründet wissen. In solchen Äußerungen wurden schon die Konturen der innerparteilichen Interes-
senkonflikte deutlich, die der Union im folgenden Jahrzehnt zu
schaffen machen sollten.

Das Kieler Manifest von 1958 betonte erneut, daß die geistigen
und kulturellen Werte des Zusammenlebens sowie der wirtschaftliche und soziale Ausbau in der Bundesrepublik »nur durch die be-
harrliche Fortführung der erfolgreichen Außenpolitik der Bundesregierung gesichert werden können«. Als Ziel des innenpolitischen
Arbeitsprogramms, das der Parteitag den parlamentarischen Vertretungen der CDU in Bund, Ländern und Gemeinden zuleitete,
wurde »die fortschreitende Verwirklichung des sozialen Rechtssta-
tes, der Ausbau einer gesunden wirtschaftlichen und sozialen Ordnung in Freiheit und Gerechtigkeit zugunsten aller Berufe und
Schichten des deutschen Volkes« bezeichnet. Dabei sollte die »Pflege
der geistigen Werte« nicht hinter dem wirtschaftlichen und sozialen
Fortschritt zurückstehen. – Jedoch: All das war auf früheren Parteitreffen konkreter und überzeugender gesagt worden. Die Union
schien mit einmal wie ein getreues Spiegelbild ihres Vorsitzenden an
Spannkraft nachzulassen. Es fehlte zwar nicht an Spannungen und
Meinungsverschiedenheiten in der Partei, es gab wohl sogar mehr
Unruhe in den Verbänden und Vereinigungen, aber das setzte sich
nicht in eine schöpferische Aktivität um wie in früheren Zeiten. Le-
thargie, Orientierungsschwäche und Neigung zum leichten Kompromiß waren dabei nicht nur Folgeerscheinungen der bequemen

absoluten Mehrheit im Bundestag, sondern auch Reaktionen auf die innen- und außenpolitische Situation.

Kurssuche: Karlsruhe 1960 und Köln 1961

Als der 9. Bundesparteitag in Karlsruhe (26.–29. April 1960) zusammentrat, befand man sich mitten in der Berlin-Krise, die von den Sowjets durch ultimative Vorschläge zur Veränderung des Berlin-Status (Berlin-Ultimatum Chruschtschows) ausgelöst worden war. Der deutschen Wiedervereinigung und der weltweiten kontrollierten Abrüstung – erklärten außenpolitischen Hauptzielen der Regierung – wurde eine »Zukunft im Nebel« (»General-Anzeiger«, Wuppertal) bescheinigt. Große Teile der Öffentlichkeit, namentlich die Opposition, sahen die Außenpolitik der Regierung in einer Sackgasse stecken. Denn auch mit der europäischen Einigung schien es nicht so recht vorwärts zu gehen, nachdem sich der EWG mit der Gründung der EFTA (4. Januar 1960) ein Konkurrenzunternehmen entgegengestellt hatte. Eher unverhofft war eine freundschaftliche Annäherung an Frankreich durch das persönliche Vertrauensverhältnis zwischen Adenauer und de Gaulle (erste Begegnung in Colombey-les-deux-Eglises 14./15. September 1958) zustande gekommen. Von ihr konnten immerhin neue Energien für den europäischen Einigungsprozeß erwartet werden.

Auch innenpolitisch geriet die CDU-geführte dritte Regierung Adenauer in eine Schlechtwetterzone. Das hatte es zwar auch in den früheren Legislaturperioden einigemal gegeben, aber nun bekamen die politischen Beobachter vermehrt den Eindruck, als hapere es an klarer Kursvorgabe. Die so lautstark angekündigte Sozialreform verhedderte sich im Dickicht gesellschaftlicher Gruppeninteressen und kam nicht vom Fleck. Die sozialstaatliche Versorgungspolitik begann den Staatshaushalt in einem kritischen Ausmaß zu einer Zeit zu belasten, da enorme Ausgaben für die moderne Bewaffnung der Bundeswehr anstanden. Die Finanzpolitik erreichte die »schreckliche Treppe« (Franz Etzel) ständig steigender öffentlicher Ausgaben. Man sprach wieder über Staatsdefizit und Inflation.

Noch mehr aber sorgte in Parlament und Öffentlichkeit der Streit um die atomare Ausrüstung der Bundeswehr für eine aufgeladene politische Atmosphäre. Es gab Proteste gegen die Stationierung alliierter Truppeneinheiten; Soldaten mußten es sich gefallen lassen, mit Berufsverbrechern verglichen zu werden (Martin Niemöller); das SED-Regime steigerte seine Unterstützung kommunistischer Umtriebe in der Bundesrepublik. In diese angespannte Situation fiel auch noch die »Bundespräsidentschaftskrise« im Frühjahr 1959. Sie bedeutete eine Zäsur in der Geschichte der Union: Das »Ende der Ära Adenauer« rückte in Sichtweite.

Für die Neuwahl des Bundespräsidenten hatte die SPD bereits früh Carlo Schmid als »zugkräftigen« Kandidaten präsentiert. Die Union war um einen Gegenvorschlag verlegen. Nachdem der Ausweg mit einer dritten Amtsperiode von Bundespräsident Heuss, wie sie viele in der Partei, jedenfalls Adenauer, durch GG-Änderung ermöglichen wollten, verbaut war, stürzte sie in ein Kandidatenwirrwarr. Der Fraktionsvorsitzende Krone wurde genannt, der schleswig-holsteinische Ministerpräsident von Hassel, Bundestagspräsident Gerstenmaier, schließlich auch Erhard, für den sich Adenauer stark machte, wobei der Hintergedanke ausschlaggebend war, den Bundeswirtschaftsminister von der Kanzlernachfolge auszuschließen. »Kronprinzenmord«, wie »Die Welt« kommentierte. Als Erhard, zunächst grundsätzlich bereit, diese Konsequenz erkannte, zog er seine Kandidatur zurück (3. März 1959). Damit ging die »Krise« in die zweite Runde. Neue Kandidatenspekulationen beunruhigten die Union. Dann die Sensation mit der Bekanntgabe der Kandidatur Adenauers (7. April). Die Quadratur des Kreises schien der CDU gelungen. Das Bild des »Lotsen«, der – anders als Bismarck – an Bord bleibt und den Nachfolger auf der Kommandobrücke einführt, ging durch die Presse. Und CDU-Bundesgeschäftsführer Konrad Kraske jubelte im Informationsdienst der Partei: »Es ist ein großes Glück für Deutschland, wenn unter des Gärtners Hand das in der ›Ära Adenauer‹ Geschaffene bruchlos in die Nachfolgeschaft und die Zukunft übergeleitet wird.«

Doch jäh wurde aus der Idylle ein Drama. Als sich nämlich herausstellte, daß als Kanzlernachfolger nicht der von Adenauer favorisierte Etzel, sondern doch Erhard die meiste Zustimmung in der Fraktion fand, machte der Bundeskanzler kehrt, für jedermann überraschend. Inzwischen war ihm auch bewußt geworden, wie beschränkt die politischen Einflußmöglichkeiten eines Bundespräsidenten waren. Gleichzeitig erreichten ihn im Vorfeld der Genfer Außenministerkonferenz über Deutschland (11. Mai–5. August 1959) außenpolitische Alarmmeldungen, die seine Ablehnung Erhards entscheidend verschärften. Doch auch die Positionskämpfe, die unverzüglich in den Fraktions- und Parteirudeln ausbrachen, als der Leitwolf Schwäche zeigte, brachten Adenauer dazu, die politische Verantwortung nicht aus der Hand zu geben, zumal nicht in Hände, die ihm – wie er in einem Gespräch mit Erhard bestätigt fand – nicht fähig schienen, die Richtlinienkompetenz des Bundeskanzlers konsequent auszuüben. Adenauer hatte grundsätzliche Vorbehalte gegen Erhards Kanzlerschaft, weil ihm dessen Europavorstellungen weniger von der Idee einer politischen Union als von ökonomischen Konzeptionen geprägt schienen. Und er wäre nicht Adenauer gewesen, wenn er sich nicht dem Rivalen zum Kampf gestellt hätte. Als er seine Kandidatur für das Amt des Bundespräsidenten zurückzog, mochte die Öffentlichkeit daraus schließen, daß ihm die »Siegespalme« (»Die Welt«) gebühre und Erhard auf offener Bühne gestorben sei (»Frankfurter Rundschau«); in Wahrheit war es ein Pyrrhus-Sieg.

Nur äußerlich blieb alles beim »Alten«. Adenauers Verhalten in der »Bundespräsidentschaftskrise«, seine überstürzten Entschlüsse, seine Winkelzüge gegen Erhard ließen die CDU/CSU-Bundestagsfraktion den Aufstand proben. Teile der CSU erwogen, die Fraktionsgemeinschaft aufzukündigen. Einige Mitglieder waren selbst einem konstruktiven Mißtrauensvotum nicht abgeneigt, wie es von der FDP ins Spiel gebracht wurde. Von Exponenten des Erhard-Flügels der Union ging das Gerücht um, sie dächten an einen Parteiaustritt. Nur dank Krones umsichtiger Verhandlungsführung in der Rolle des »ehrlichen Maklers« konnte eine katastrophale Zuspitzung der Krise vermieden werden. So fiel der Bundestagsfraktion die Schlüsselstellung in den Auseinandersetzungen zu. Sie war es denn auch, die, wenn nicht an Geschlossenheit, so doch an Handlungsspielraum und Selbstbewußtsein wesentlich gewann. Und das sollte ein bestimmender Faktor für die Unionspolitik der Folgezeit bleiben. Die Wahl zum Präsidentschaftskandidaten durch ein Wahlmännergremium der Unionsparteien fiel am 15. Juni 1959 »schnell

und einstimmig« auf den Vater des »Grünen Plans«, den Bundes-
landwirtschaftsminister Heinrich Lübke.

Als Auswirkung der »Bundespräsidentschaftskrise« ergab sich für
Adenauer, daß ihm die eigene Mannschaft nur mehr »mürrisch,
gezwungen und voller Mißtrauen« folgte (»Christ und Welt«).
Während der Bundeskanzler – zumindest temporär – Kredit einbüßte, nahm Erhards Popularität deutlich zu: Die öffentliche Meinung begann ihn als geeignetsten Kanzleranwärter zu akzeptieren.
Auf die Partei wirkte das Hin und Her zunächst lediglich irritierend,
längerfristig bekam sie es mit einer wachsenden, in der »Bundespräsidentschaftskrise« erstmals gereizten Kritik an der Kanzler-Demo-
kratie und am politischen Stil der Union zu tun.

Noch ein weiteres brachte die »Bundespräsidentschaftskrise« mit
sich: Die Diskussion um die Nachfolge Adenauers war damit in der
Partei wie im breiten Publikum eröffnet. »So eine Kronprinzenge-
schichte ist immer eine etwas unangenehme Sache«, versuchte der
Betroffene auf dem Karlsruher Bundesparteitag 1960 das Ganze ins
Heitere zu ziehen. Als die Delegierten in der Schwarzwaldhalle zusammenkamen, stand freilich schon fest, daß Adenauer – inzwischen
85 Jahre alt! – auch das vierte Mal die Partei in den Wahlkampf
führen würde. Doch die Personalfrage ließ die Partei von nun an für
Jahre nicht mehr los, als Sand im Getriebe der politischen Arbeit,
aber auch als ständiger Anstoß zur Reformdiskussion.

Schon Karlsruhe war eine wichtige Reformstation auf dem Weg
der Union zur modernen Volkspartei. Dem Parteitag, der im 15. Jubiläumsjahr der CDU stattfand, lagen die von den Landesvorsitzenden erarbeiteten Reformentwürfe und die Neuformulierungen der
Geschäfts-, Finanz- und Parteigerichtsordnung vor. Sie waren angesichts sich neu stellender Aufgaben gedacht als organisatorische
Grundlagen für die Aktionsfähigkeit der Partei. Die Union mußte
sich beeilen, denn ihr politischer Hauptkonkurrent, die SPD, hatte
1959 mit ihrem Godesberger Programm den kühnen Sprung über
den eigenen Schatten zur Volkspartei getan. Die Entschließung »Wir
rufen das deutsche Volk« nannte als »neue Aufgaben«, die sich der
CDU stellten: die Behauptung des Selbstbestimmungsrechts des
deutschen Volkes in der Politik der Entspannung und Abrüstung, die
politische und moralische Unterstützung der »gequälten Landsleute

zwischen Elbe und Oder«, die Erhaltung der freien bäuerlichen Agrarverfassung mit selbständigen und eigenverantwortlichen Familienbetrieben, eine Wirtschaftspolitik für eine »gesunde Gesellschaftsstruktur«, Verbesserungen der Flüchtlingshilfe und des Lastenausgleichs, eine aktive Kommunalpolitik und eine auf Sicherheit und Koordinierung der Verkehrsmittel gerichtete Verkehrspolitik.

Nur zu deutlich war das Bestreben des Parteivorstands, die vom Personalhader an der Spitze erschreckte Basis wieder auf den Boden nüchterner Sacharbeit zu stellen. Krone, der wackere Anwalt der Parteieinheit, zog aus den Differenzen »jener Sommermonate« für die CDU die Lehre: »Das verlangt nicht nur einen durch nichts zu erschütternden Willen zum Zusammenstehen, ebenso auch ein vertieftes Wissen um das Fundament unserer Politik und die klare und nüchtern-sachliche Diskussion um den Weg dieser Politik.« In diesem Sinn waren Referatangebot und Aussprache des 9. Bundesparteitages gehalten. Herausragend die Vorträge von Meyers über den »Schutz für Gesundheit und Leben in der industrialisierten Welt«, von Erhard und Blank über die »Wirtschaft in der sozialen Verantwortung« und von Gerstenmaier über »Wohlstand – und was sonst?«. Hier kamen schon die großen politischen Themen des letzten Drittels unseres Jahrhunderts in den Blick: die Notwendigkeit der Einigung Europas, die Sorge um die natürliche Umwelt und menschliche Gesundheit, die Verpflichtung gegenüber der »Dritten Welt« und eine Gesellschaftspolitik, die »jenseits des Ökonomischen auf die vitale Einheit des Menschen ausgerichtet ist«, wie Erhard formulierte. Der Sozialausschüßler Blank sprach von »christlich-sozialem Wollen«, »im Sinne der Freiheit, die ihre Rechtfertigung findet in verantwortlichem Handeln vor Gott und gegenüber dem Mitmenschen«. Und all dies wurde zusammenfassend von Gerstenmaier unter die »Kampfansage« gestellt, wer dem Menschen mehr biete: »Die freie Welt und ihre Wirtschafts- und Gesellschaftsformen oder der Kommunismus?«

Die Absage an den Totalitarismus und das auf den Menschen »als Mittelpunkt« bezogene gesellschaftliche Leitbild machten den Kern der Botschaft von Karlsruhe aus. Um die Besinnung auf die geistigen und sittlichen Fundamente politischer Kultur zu fördern, wurde als gemeinsame Veranstaltung von CDU und CSU auch ein Kulturpolitischer Kongreß beschlossen. Er sollte, ausgehend von einer christ-lich-humanistischen Begriffsbestimmung der Freiheit, die Situation der Schule, Bildung und Wissenschaft erörtern und Reformempfeh-lungen erarbeiten (Gelsenkirchen, 28.–30. November 1960). Zu den »vielen neuen Tönen« (Adenauer), die in Karlsruhe aufklangen, gehörte auch die Einstimmung auf das zentrale Thema der sechziger Jahre, längst bevor die »Bildungskatastrophe« der deutschen Öffent-lichkeit ins Gewissen geredet wurde (Georg Picht, 1964).

Die Beschwörung von innerem Zusammenhalt der Partei, christ-lich-demokratischer Grundsatztreue und politischen Zukunftsauf-gaben, von keinem der Parteitagsredner versäumt, verfehlte nicht ihre Wirkung. So fielen die Vorstandswahlen auch erwartungsgemäß aus. Adenauer bekam, in üblicher Unangefochtenheit, von 441 abge-benen Stimmen 427 (zehn Enthaltungen, vier Nein). Keiner seiner vier Stellvertreter konnte einen solchen Anteil für sich verbuchen: Krone 420, von Hassel 418, Gerstenmaier 387 und Blank 359.

Dennoch: Die Partei machte sich etwas vor; sie wollte, daß alles in Ordnung, alles gut und so wie immer sei, also tat sie, als ob es so wäre. Denn sie war weder von der Organisation noch von der inne-ren Einstellung her fähig und bereit, Konflikte auszutragen. Das sollte sich rächen.

Nicht daß die Union in der parlamentarischen Arbeit unsicher oder schläfrig geworden wäre: Die Privatisierung des Bundesvermö-gens wurde auf den Weg gebracht, das Jugendarbeitsschutzgesetz (1. Juli 1960) verabschiedet, die Kriegsopferversorgung novelliert, vor allem das Bundesbaugesetz (20. Mai 1960), das »Grundgesetz des Städtebaus«, beschlossen. Zum 1. Juli 1960 trat der »Lücke-Plan« in Kraft; damit wurde der entscheidende Schritt zur Überführung der Wohnungswirtschaft in die freie Marktwirtschaft getan. Der Gesetz-entwurf zur Notstandsverfassung war vorgelegt worden, ebenso die Novelle zum Bundesleistungsgesetz; von Herbst 1960 an befaßte sich der Bundestag mit der Neuordnung der gesetzlichen Kranken-versicherung. Andere wichtige Materien waren die Neuordnung des Rundfunk- und Fernsehwesens und das Parteiengesetz. Ferner stand die Beratung der großen Strafrechtsreform auf dem Plan. Zum Jah-reswechsel 1960/61, vor der vierten Bundestagswahl, zog die Union mit »Genugtuung« ihre Erfolgsbilanz. Als geschichtliche Leistungen fanden darin neben der außenpolitischen »Verteidigung der Freiheit« die Eingliederung der Vertriebenen und die Überwindung der Arbeitslosigkeit durch die Soziale Marktwirtschaft eine besondere Würdigung.

Es hatte den Anschein, als ob sich Regierung und Partei auf ihrer Kurssuche an die innenpolitischen Zwischenhochs hielten, während Sturmtiefs die internationale Großwetterlage beherrschten. Denn die Windrichtung der Außenpolitik hatte sich gedreht. Von daher erhielt das »Parteischiff« also kaum mehr wie in den frühen Jahren der Bundesrepublik Fahrt mit vollen Segeln, sondern hatte nun schwer mit aufkommendem Gegenwind zu kämpfen. Seit 1958 hing das sowjetische Berlin-Ultimatum wie ein Damoklesschwert über der Deutschlandpolitik. Im August 1959 vertagte sich die Genfer Außenministerkonferenz über Deutschland ergebnislos. Im Mai 1960 ließ der sowjetische Ministerpräsident Chruschtschow die Pariser Gipfelkonferenz wegen des »U 2«-Zwischenfalls scheitern. »Den Imperialisten hat man eins in die Fresse gehauen«, so sein Originalton-Kommentar zum Abschuß eines amerikanischen Aufklärungsflugzeugs über sowjetischem Territorium. Durch Reisebeschränkungen der DDR für den Berlin-Verkehr wurde der Vier-Mächte-Status der Stadt besorgniserregend in Frage gestellt. Seit Ende 1959 zog der Bürgerkrieg in Laos, wo die Pathet-Lao-Bewegung von den kommunistischen Staaten militärisch und politisch unterstützt wurde, die USA weiter und weiter in die südostasiatische Konfliktzone (Vietnam) hinein. In der westlichen Hemisphäre wiederum gab es als Gefahrenherd des Kalten Krieges das Kuba-Problem, als Fidel Castro dort sein kommunistisches Regime zu errichten anfing. Der Ost-West-Konflikt näherte sich dem Bruchpunkt. Und da war es nur ein spärlicher Trost, daß Deutschlands »widernatürliche Teilung und die Bedrohung der Freiheit Berlins«, wie Adenauer betonte, »nicht Ursache, sondern Ausdruck und Folge dieser Spannung« waren.

»Deprimierend« (Adenauer) war der Gesamteindruck, den man in der Bundesrepublik von der weltpolitischen Situation 1960/61 gewinnen mußte. Bedroht durch sowjetische und ostdeutsche Angriffe auf West-Berlin, angewiesen auf die westlichen Partner, die nicht nur ihre nationalen Interessen nachdrücklicher voranstellten, sondern auch untereinander nicht mehr harmonierten, geriet die Außenpolitik der Bundesrepublik in ein ernstes Dilemma.

Die Politik Adenauers hatte sich im Spannungsfeld zwischen der atlantischen Bindung an die USA und dem europapolitisch bedeutsamen Verhältnis zu Frankreich zu bewähren. Hie de Gaulle, hie Kennedy: In der deutschen Außenpolitik begannen die Auseinandersetzungen zwischen »Gaullisten« und »Atlantikern«, zwischen den Befürwortern der Konzeption eines »Europas der Vaterländer« als eigenständiger Macht unter den Weltmächten und den Vorkämpfern eines politisch geeinten, mit den USA alliierten Westeuropas. Nachdem mit dem NATO-Beitritt der Bundesrepublik die Westbindung als außenpolitische Generallinie in der CDU unumstritten geworden war, entstanden zu Ende der Ära Adenauer neue innerparteiliche Meinungsverschiedenheiten über die Qualität dieser Richtungsentscheidung.

Bereits 1960 in Karlsruhe appellierte Bundesaußenminister von Brentano an den CDU-Parteitag, keinen Zweifel daran aufkommen zu lassen, daß »wir keinen neuen Standort zu suchen haben, sondern daß wir den für das freie deutsche Volk angemessenen Standort gefunden haben an der Seite der freien Welt«. Das ging in erster Linie gegen die SPD und deren Forderungen nach größerer »Elastizität« der Außenpolitik, war aber auch an die Adresse von Politikern und Kreisen im eigenen Lager gerichtet, die sich mit Bezug auf amerikanische oder französische Entspannungspläne dem »Koexistenz«-Gedanken näherten. Mit der Formel »Deutschland – Teil der freien Welt«, wobei ausdrücklich das ganze Deutschland gemeint war, sollten die unterschiedlichen außenpolitischen Positionen und Akzentsetzungen in der Partei auf einen Nenner gebracht werden.

So geschah es auf dem 10. Bundesparteitag in Köln (24.–27. April 1961), dessen Programm schon auf den Wahlkampf für den vierten Deutschen Bundestag abgestimmt war. Der Parteitag fand unmittelbar nach der USA-Reise Adenauers statt (11.–18. April). Die erste Begegnung des greisen Kanzlers mit dem halb so alten amerikanischen Präsidenten Kennedy hatte die Vorbehalte, die jeder der beiden gegen den anderen hegte, nicht ausräumen können. Kennedy zählte Adenauer zu den Nachkriegs-»Giganten«, deren Zeit vorbei sei, während der deutsche Bundeskanzler voller Mißtrauen war gegen die Neuorientierung der amerikanischen Politik, die unter dem Leitbegriff der »neuen Grenze« eine weltweite »Dynamisierung« des Status quo in den Ost-West- wie den Nord-Süd-Beziehungen anstrebte. Immerhin kam es zwischen den beiden Staatsmännern zum Einvernehmen über den politischen Ausbau der NATO und die Lösung der Deutschland-Frage durch Verwirklichung des Selbstbestimmungsrechts. Auch erhielt Adenauer von der neuen amerikanischen Regierung das Garantieversprechen für Berlin bestätigt.

Das war bei dem etwas verkrampften deutsch-amerikanischen Verhältnis gewiß nicht wenig. So schilderte denn auch Adenauer den Delegierten des Kölner Bundesparteitags die Atmosphäre seiner Gespräche in den USA als »sehr herzlich und sehr offen«; und die Äußerungen von amerikanischer Seite wertete er als »sehr deutlich und für uns alle sehr beruhigend«. Trotzdem war ein gewisser Ton der Sorge um die Einigkeit und Stärke des Westens unüberhörbar. Für die CDU nahm ihr Vorsitzender das »unvergängliche historische Verdienst« in Anspruch, Deutschland zu einem »Bollwerk der Sicherheit an den Grenzen der westlichen Welt« gemacht zu haben. Entschiedener denn je erklärte die Union in Köln die europäische und atlantische Verbundenheit auch zum gesamtdeutschen Programm. Zur Weiterführung dieser Politik sei, so Adenauer, das Wirken einer so »großen und starken, innerlich gefestigten Partei« wie der Union eine absolute Notwendigkeit. In dieser inneren Verbindung von einer starken, geschlossenen Union, einer konsequenten deutschen Außenpolitik und der Einigkeit des freien Westens erblickte er den »richtigen Weg«: »Er wird uns die Freiheit bewahren, er wird uns zum Frieden und zur Einheit führen.«

Was so selbstsicher und zuversichtlich formuliert war, bestand realiter nur aus vagen Hoffnungen. Denn die Möglichkeit ernsthafter Verhandlungen mit der Sowjetunion über Deutschland war damals zur bloßen Zielvorstellung geschrumpft. Kein Zweifel, die Politik des ersten Bundeskanzlers befand sich nach außen wie im Innern in der Defensive. Und es standen entscheidende Wahlen bevor.

Also hieß es für die Partei zusammenrücken – mit »einer solchen Geschlossenheit und einer solchen Entschlossenheit« wie »noch auf keinem Parteitag« (Adenauer). Die Union formierte sich, wie schon in den früheren Wahlschlachten, zum Duell mit der SPD, für die

Willy Brandt, der Berliner Regierende Bürgermeister, als »Schatten-
kanzler« antrat. Er sollte, wie Kennedy, mit dem Stil und dem Pathos
eines »neuen« Politikertyps die Herausfordererrolle übernehmen
und vor allem die Jugend ansprechen.

Die Union konterte mit einer »eindrucksvollen Parade« (»Die
Welt«), laut SPD-Presse mit einem »propagandistischen Trommelfeuer« ihrer Spitzenpolitiker und Programmaussagen. Entsprechend
ihrem Wahlkampfmotto »Adenauer, Erhard und die bewährte
Mannschaft« traten neben dem Bundeskanzler und dem in der Öffentlichkeit als »Kronprinzen« geltenden Wirtschaftsminister auch
Schröder, Kiesinger und Gerstenmaier in den Vordergrund, insbesondere aber F. J. Strauß, der als frischgebackener CSU-Vorsitzender
in seinem Sachreferat »Verteidigung der Freiheit« mit »ständig durch
die Luft sausender Faust und in schwer erträglicher Lautstärke«
(»Süddeutsche Zeitung«) offenbar auch zeigen wollte, wessen sich
die CDU künftig von ihrer bayerischen Schwesterpartei zu gewärti-
gen haben würde.

Die Doppelbesetzung der Spitzenposition trug der öffentlichen
Meinung Rechnung. Adenauer genoß zwar nach wie vor Respekt
und Autorität, aber mehr und mehr wurde sein hohes Alter im
Lande draußen als Unsicherheitsfaktor empfunden. So erschien es
der Partei ratsam, ihren zweitpopulärsten Mann als Sicherung in die
Wahlkampagne einzubauen. Programmatisch beließ man es dabei,
einige positive Ziele zu formulieren, im ganzen lag der Akzent jedoch mehr auf den »Früchten der zwölf Jahre«, auf der Leistungs-
schau einer Regierungspartei, die seit 1949 die politische Verantwortung trug.

Das Kölner Wahlmanifest 1961, unter dem Vorsitz Gerhard
Schröders verfaßt und einstimmig unter dem stürmischen Beifall der
535 Delegierten angenommen, war ganz auf Sicherung des Erreichten abgestellt. Das Pathos galt nicht mehr der Zukunft: »Das deutsche Volk in der Bundesrepublik hat unter Führung der Union den
konfessionellen Hader und die klassenkämpferische Zwietracht
überwunden und sich aus Armut und Not zu wachsendem Wohlstand emporgearbeitet.« Die Kernforderungen der Union legten in
der Außenpolitik den Akzent auf die Sicherung der Bundesrepublik
durch die Bindung an den Westen, auf das Selbstbestimmungsrecht

für alle Deutschen und die Wiedervereinigung Deutschlands in Frieden und Freiheit, auf die Einigung Europas und den Ausbau des atlantischen Bündnisses, auf allgemeine kontrollierte Abrüstung und gemeinsame Hilfe für die Entwicklungsländer. Unter den innenpolitischen Zielvorgaben stand die Weiterführung der Sozialen Marktwirtschaft obenan. Als Probleme besonderen Ranges wurden die Förderung der Bildungs- und Aufstiegschancen für die Jugend sowie die Schaffung einer umfassenden Raumordnung und Städteerneuerung artikuliert. Der Katalog der Forderungen umfaßte fast alles, was den Politikern lieb und teuer war; selbst eine der CDU nahestehende Zeitung wie das »Essener Tageblatt« spielte auf den »bunten Jakob« an, »der allen alles anbiete«.

Schon zeichnete sich, nachdem die großen Auseinandersetzungen der Staatsgründungszeit erledigt waren, eine Anpassung an die Bedürfnisse der großen Zahl ab, wie sie der »Parteiendemokratie« eigen ist: stabiles Geld und gesunde Währung, gesichertes Sparen und weit gestreutes Eigentum (Prämiensparen, Volksaktie), Fortsetzung des sozialen Wohnungsbaus wie Förderung des Eigenheims, Maßnahmen für den Mittelstand und die Landwirtschaft, Stärkung der Familie, Entlastung der Mütter, Sorge für die Alten, Schaffung von Kindergärten und Spielplätzen, von Sport- und Erholungsanlagen, Ausbau der Bildungs- und Forschungseinrichtungen, solide Ausbildung von der Volksschule bis zur Universität, gleiche Chancen nach Begabung und Neigung, Verbesserung der Verkehrs- und Straßenverhältnisse, Entlastung der Ballungsgebiete, Lärmbekämpfung sowie Reinhaltung von Luft und Wasser. Die »heißen Eisen« der Innenpolitik wie der Fernsehstreit, in dem die Regierung mit der Gründung der Deutschland-Fernseh-GmbH für ein zweites Fernsehprogramm laut Bundesverfassungsgericht gegen das Grundgesetz verstieß, wie die von der Regierung beschlossenen Notstandsgesetze, die von SPD und FDP in dieser Form abgelehnt wurden, wie die Baulandnot und die Krankenkassenreform, blieben ausgespart.

Der 61er-Wahlkampf steigerte sich in seiner heißen Phase, von der CDU schon traditionell in der Dortmunder Westfalenhalle eröffnet (16. Juli), in eine Polarisierung bis zur moralischen Disqualifizierung des politischen Gegners hinein. Erinnert sei nur an die Entgleisungen Adenauers über Brandts Herkunft und an die böse Namensgebung

»Atombombenkanzler« oder die verleumderischen Attacken von
»links« gegen Schröder, Kiesinger und andere wegen angeblich
»brauner Vergangenheit«.

Zugleich stellte sich auch die »deutsche Frage« mit besonderer Radikalität, seit die Kollektivierungspraxis und der gesellschaftliche
Terror des SED-Regimes von Monat zu Monat wieder die Fluchtbe-
wegung aus der DDR anschwellen ließen. Die jährliche Flüchtlings-
zahl, die 1960 wieder rund 200 000 betrug, schien anzuzeigen, daß
bei den Menschen im kommunistischen Deutschland die Hoffnung
auf eine Wiedervereinigung drastisch schwand. Am Eintreten der
Union für die Wiedervereinigung »in Frieden und Freiheit« war
nicht zu zweifeln. Doch verriet die verlegene Sprache der Präambel
des Wahlaufrufs, die der leidenschaftlichen Verbundenheit mit den
17 Millionen Deutschen »in der Zone« Ausdruck gab, politische
Hilflosigkeit. Die SPD war da rasch mit dem polemischen Vorwurf
der »Verzichtserklärung für die deutsche Wiedervereinigungspolitik« zur Stelle.

Wenn auch die Union für sich in Anspruch nahm, die »deutsche
Frage« durch ihre Politik der Bindung an den freien Westen überhaupt »offen« gehalten zu haben: Hier hatte die ansonsten schwer
angreifbare Gesamtbilanz ihrer Regierungsleistung einen Schwach-
punkt, der sich in Abhängigkeit von der weiteren Entwicklung
des Deutschland- und Berlin-Problems sehr nachteilig auswirken
konnte. Alles deutete jedoch auf einen erneuten deutlichen Wahlerfolg der Union hin. Die demoskopischen Umfragen fielen derart
positiv aus, daß Adenauer zur Skepsis mahnte: »Dat is nich jut,
wenn die jetzt schon so jut sind.« Die Union gab sich selbstbewußt
und optimistisch.

Dann kam – einen Monat vor dem Wahltag – der 13. August 1961,
an dem in Berlin mit dem Bau der Mauer begonnen wurde. Das SED-
Regime schnürte die Menschen im östlichen Teil Deutschlands durch
Grenzanlagen und Reisebeschränkungen völlig vom Westen ab. Die
Öffentlichkeit empfand die Vorgänge als die »wohl trostloseste Si-
tuation der deutschen Nachkriegszeit« (»Süddeutsche Zeitung«).
Allen Wahlplanungen und Wahlprognosen für die Parteien war auf
einmal der Boden entzogen. Am 16. August gab »Bild« unter der
Schlagzeile »Der Westen tut NICHTS!: US-Präsident Kennedy

schweigt ... Macmillan geht auf die Jagd... Adenauer schimpft auf Brandt« der allgemeinen Enttäuschung über die westlichen Reaktionen Ausdruck. Die Passivität der westlichen Bündnispartner, die zu eindeutig als Akt der Beruhigung aufgezogene Entsendung des amerikanischen Vizepräsidenten Johnson nach Berlin und der als zu spät empfundene Besuch Adenauers (22. August) in der früheren deutschen Hauptstadt führten zu Spekulationen und Beunruhigungen in der Bevölkerung, die auf das Wahlverhalten zurückwirkten.

3. Adenauers langer Abschied: Dortmund 1962

Bei der Bundestagswahl am 17. September erreichten die Unionsparteien nicht ihr Wahlziel. Zwar blieben sie noch die stärkste politische Kraft, aber sie verloren die absolute Mehrheit. Ihr Stimmenanteil fiel auf den Wert von 1953 zurück (45,3%). 24 Prozent ihrer Wähler von 1957 wanderten zu anderen Parteien ab. Ihre Verluste lagen vor allem bei den Männern und den mittleren Jahrgängen, und zwar signifikant bei den unteren Schichten und der Oberschicht. Die SPD, die mit Brandt einen gut organisierten Wahlkampf geführt hatte, in dem der Berliner Regierungschef auch von der Mauerbau-Krise profitierte, legte 4,5 Prozent zu und kam auf ihr mit Abstand bestes Ergebnis seit 1949 (36,3%). Was jedoch schwerer ins Gewicht fiel, war der Zuwachs für die FDP, die mit der Wahlaussage »Koalition mit der Union, aber ohne Adenauer« den Wahlkampf geführt hatte. Sie erreichte 12,7 Prozent, was einem Plus von 5 Prozent entsprach. Das bedeutete, daß die CDU/CSU als Wahlsieger bei der Regierungsbildung nun auf einen Koalitionspartner angewiesen war, der seit sechs Jahren in der Opposition gestanden hatte. Die Koalitionsverhandlungen wurden ferner dadurch kompliziert, daß die CSU, gestärkt durch einen glänzenden Wahlerfolg von 54,9 Prozent der Stimmen in Bayern, ihre eigene politische Marschroute nachdrücklicher verfolgen konnte.

Offiziell wünschte die CDU ihren Parteivorsitzenden Adenauer wieder als Bundeskanzler. Er übernahm es auch, zusammen mit einem beratenden Gremium, die Koalitionsverhandlungen mit der FDP zu führen (Vorstandssitzung, 19. September 1961). Was sich von

selbst zu verstehen schien, war jedoch in der Partei mit stärkerem
Zweifel als von außen wahrnehmbar behaftet. Nicht nur das hinter
den Erwartungen zurückbleibende Wahlergebnis, sondern auch die
Festlegung der FDP gegen eine erneute Kanzlerschaft Adenauers gab
der Nachfolgediskussion sofort wieder Auftrieb. Zwar bildete sich
nicht direkt eine innerparteiliche Fronde. Dazu verhielt sich der
Wirtschaftsminister, der ihr »Kopf« hätte sein können, viel zu passiv.
Aber es wurde mehr als je zuvor laut über die Ablösung des »Alten«
durch Erhard nachgedacht. »Vordenker« waren in der CDU, freilich
ohne als solche offen aufzutreten, die Fraktionsmitglieder der sogenannten »Brigade Erhard« um Schmücker, Schmidt (Wuppertal) und
Bucerius sowie Vertreter der jüngeren Generation wie Majonica und
»Berliner« wie Lemmer und Friedensburg. Auch Strauß suchte sich
als »Kanzlermacher« zu betätigen, um sich und der CSU zu größe-
rem politischen Einfluß zu verhelfen. Adenauer wiederum fand bei
den CDU-Sozialausschüssen Unterstützung, die einer Koalition mit
den Liberalen unter einem »liberalen« Kanzler Erhard abhold waren. Auch auf seine Hausmacht, die beiden großen Landesverbände
von Rheinland und Westfalen, konnte er sich verlassen.

Nach 51 Tagen war das Tauziehen um die Regierungsbildung beendet. Die Liberalen akzeptierten einen Kanzler, den sie nicht wollten, und die Christlichen Demokraten einen Koalitionspakt, der
ihnen nicht gefiel, wie der französische »Figaro« kommentierte. Die
Koalition von CDU/CSU und FDP war eine »Mußheirat«. So hatte
Adenauer die Genugtuung, am 7. November 1961 das vierte Mal –
mit 258 gegen 206 Stimmen bei 26 Enthaltungen – zum Bundeskanzler gewählt zu werden. Sein »letzter Sieg«. Der Schaden, den der
Kanzler und seine Partei jedoch dafür hinnehmen mußten, war erheblich: In dem siebenwöchigen Feilschen um die Sach- und Perso-
nalfragen des Koalitionsbündnisses erschien der Kanzler, der mit
überlegenem Geschick taktierte, als ein Mann, der sich um jeden
Preis an der Macht halten wollte. Das schadete seinem Ansehen und
warf zugleich dunkle Schatten auf das Öffentlichkeitsbild der
Union. Um die von Mende geführte FDP zum »Umfallen« zu bringen, wagte die Union nicht nur einen »Koalitionsflirt« mit der SPD,
sondern opferte auch politische Grundsätze und verdiente Politiker
aus ihren Reihen. So kam es in den sensiblen agrar- und sozialpoliti-

schen Bereichen zu kräftigen liberalen Akzentsetzungen, und bei der
Auseinandersetzung um die Regierungsposten ließ man Bundesaußenminister von Brentano, einen christlichen Demokraten der ersten Stunde, fallen.

Das Mißtrauen, das von Anfang an zwischen den Koalitionspartnern herrschte, fraß sich auch innerhalb der verbündeten Fraktionen
im Bundestag, ja selbst im Kabinett weiter. In dieser Koalition trage
jeder den Dolch im Gewande, so hieß es bald. In der Unionsführung
war gleichzeitig die »Hatz auf den alten Leitwolf« (Hans-Peter
Schwarz) angeblasen worden. Die Koalitionsvereinbarungen hatten
auch auf das am 17. Oktober von Adenauer der CDU/CSU-Bundes-
tagsfraktion gegebene Versprechen Bezug genommen, nicht mehr
für die Dauer der ganzen Legislaturperiode das Amt des Bundeskanzlers zu bekleiden. In einem an den Fraktionsvorsitzenden
Krone gerichteten Brief vom 7. November, dem Tag der Bundeskanzlerwahl, kündigte Adenauer an, so rechtzeitig zurückzutreten,
daß sein Nachfolger den Wahlkampf für die Bundestagswahl 1965
führen könne.

Das Ende einer Ära brach an. Auch für die CDU. Mit einem Kanzler auf Abruf mußte die »Kanzlerpartei« eine andere, neue Struktur
finden. Es ging also um weit mehr als um einen Kanzlerwechsel, der
mit Kontinuität und Festigkeit vor sich gehen sollte. Der Charakter,
ja das Schicksal der Partei als solcher stand auf dem Spiel, als sie zu
Beginn der sechziger Jahre – in einer aufbrechenden Führungskrise
und unter der ständigen Drohung eines Koalitionsbruchs – vor die
Notwendigkeit gestellt wurde, sich dem gesellschaftlichen Wandel
anzupassen. Die vierte Regierung Adenauer war »schwach, brüchig
und durch Mißtrauen unterminiert« (»L'Aurore«). Von Anfang an
war sie damit konfrontiert, daß Fraktionen und Parteigremien der sie
tragenden Parteien in dem Maße an Eigenständigkeit und Selbstgefühl gewannen, wie sie selbst an Autorität einbüßte. Hatte die SPD
also unrecht, wenn sie diese »schwächste Regierung der Nachkriegszeit« mit dem »Keim des Verfalls« infiziert sah?

Laut »Bild-Zeitung« brachte das »Kabinettchen« von 1961 gar die
»Nation in Gefahr«. Von den zwanzig Kabinettsmitgliedern gehörten neben dem Bundeskanzler elf der CDU an (CSU: vier; FDP: fünf);
als Neulinge Werner Schwarz, der schon seit Oktober 1959 als

Nachfolger für den zum Bundespräsidenten gewählten Lübke im Bundesministerium für Ernährung, Landwirtschaft und Forsten amtierte, Heinrich Krone für besondere Aufgaben und Elisabeth Schwarzhaupt für das Gesundheitswesen, die erste »Bundesministerin«; sieben waren evangelisch, vier katholisch (CSU: einer evangelisch; drei katholisch); nach landsmannschaftlicher Herkunft überwog das Rheinland und Westfalen; nur von Merkatz, ein Pommer, war jenseits der Elbe geboren; Krone und Lemmer galten jedoch »politisch« als Berliner.

Die Union stützte sich mit ihrem »Führungsauftrag« (von Brentano) in der Regierungsverantwortung auf die um 56 Abgeordnete geschrumpfte CDU/CSU-Fraktion, zu deren Vorsitzenden wieder von Brentano mit 165 von 179 Stimmen gewählt wurde. Der 58jährige, der bereits von 1949 bis 1955 die Fraktion mit »überlegener Gelassenheit, ja mit einer gemessenen Heiterkeit« geführt hatte, machte seinen Platz jedoch zur Mitte der Legislaturperiode – er starb im November 1964 – dem stellvertretenden Fraktionsvorsitzenden Rainer Barzel frei. Auch hier vollzog sich ein Generationswechsel in der Union.

Barzel (geb. 1924) hatte sich im Bundesvorstand durch ein Gutachten über Situation und Aufgabe der CDU am Ende der Nachkriegszeit hervorgetan (Referat vor dem Bundesparteiausschuß am 2. Juni 1962). Daß der Bundesvorstand nach den Strapazen der Regierungsbildung solch eingehende Standortbestimmung für nötig hielt (11. Dezember 1961), zeigte mehr als anderes, wie sehr die Partei durch den Wahlausgang und den Nachfolgestreit verunsichert war. Zugleich wurde eine Kommission eingesetzt, die Vorschläge zur engeren Kooperation von Partei und Fraktion sowie zur Koordinierung der politischen Arbeit in Bund und Ländern machen sollte.

Überlegungen und Diskussionen zur Erneuerung der Union an Leib und Seele prägten auch den 11. Bundesparteitag in Dortmund (2.–5. Juni 1962). Er fand zu Beginn einer Serie von Landtagswahlen statt, die drei Fünftel aller Wahlberechtigten der Bundesrepublik zur Wahlurne luden (Nordrhein-Westfalen, Schleswig-Holstein, Hessen, Bayern). In der Dortmunder Westfalenhalle begann die »zweite Epoche dieser Partei« (Adenauer). Die Zäsur, die der »Parteitag der Diskussion« in der Unionsgeschichte setzte, betraf weniger die politische Grundrichtung und die Parteiführung. Beides blieb noch ganz im traditionellen Rahmen. Die Arbeitskreise I und II behandelten die Themen »Deutschland, Europa und die freie Welt« und »Die Wirtschaftspolitik in ihrer sozialen Bewährung«. Bundesvorsitzender wurde wieder Adenauer, als einziger Kandidat, mit 391 von 461 abgegebenen Stimmen. Doch zeugten 19 Gegenstimmen, 46 Enthaltungen und fünf andere Nennungen, daß er nicht mehr so unumstritten war wie in den Jahren seiner Glanzzeit. Andererseits ließen die Stimmergebnisse für Dufhues als Geschäftsführenden Parteivorsitzenden (426 von 469) und von Hassel (441 von 471) als Stellvertreter sowie für die übrigen Präsidiumsmitglieder (Blank 385), Erhard (424), Gerstenmaier (372) und Krone (409) erkennen, daß der Ansehensschwund des »großen alten Mannes im Palais Schaumburg«, als den ihn die in- und ausländische Presse anläßlich seines 86. Geburtstags feierte, relativ war.

Adenauer blieb die zentrale Führungsfigur. Eben das war ja das Kerndilemma der Nachfolgefrage, daß es in der Partei keiner mit ihm aufnehmen konnte und und daß er folglich von sich aus, sei es durch Einsicht bewogen, sei es durch die Grenzen der Natur gezwungen, Parteivorsitz und Staatsruder abzugeben haben würde. Den aber, den ihm die Partei als Nachfolger präsentierte, lehnte er ab. Das war das leidige Problem, das die Partei nun auf dem Umweg über eine weit angelegte Parteireform zu lösen versuchte.

Der 11. Bundesparteitag wurde zum »Ort innerparteilicher Auseinandersetzungen um die Führung der CDU und die Person Konrad Adenauers« (Dittberner). Mehr oder weniger offen wurde über Regelungen der Nachfolgefrage, über Rücktritt, ja sogar – namentlich in Kreisen der Jungen Union – über Gegenkandidaten gesprochen. Die Neuorganisation der Parteispitze durch Einführung eines Geschäftsführenden Bundesvorsitzenden, als hilfreiche Konstruktion für den Kanzler-Vorsitzenden schmackhaft gemacht, bedeutete in der Praxis eine teilweise Entmachtung Adenauers. Denn der neue Funktionsträger war nach den Worten Hecks nicht als »Erfüllungsgehilfe des Vorstandes« und »Sonderbeauftragter für Öffentlichkeitsarbeit« gedacht, sondern sollte die Partei führen und ihre Kräfte mobilisieren. Doch durch personalpolitische Entscheidungen ließ sich die Frage »Was wird nach ihm?« (Heck) nur sehr vordergründig behandeln. Die Antworten, die gesucht wurden, betrafen letztlich die Aufgaben der CDU nach dem Ende der Adenauer-Ära.

Vor allem diese Zukunftsproblematik, die von den geänderten gesellschaftlichen Verhältnissen und der herangewachsenen »neuen Generation« in der Bundesrepublik bestimmt wurde, bewegte die Delegierten in Dortmund (Arbeitskreis III: »Künftige Aufgaben der CDU«). Man wollte nicht, wie Barzel es temperamentvoll ausdrückte, zur »Traditionskompanie der Wiederaufbauphase« erstarren. Man nahm Abschied von einer Partei, die sich häufig als »eine Art Wahlvorbereitungsmaschine und allenfalls noch eine Art Popularisierungsmaschine« für die in den Parlamenten verabschiedeten Gesetzgebungswerke benutzt fühlte (Wolfgang Jäger).

Nicht nur die organisatorische und programmatische Klärung, sondern auch das Grundverständnis und die Selbstdarstellung einer christlichen Politik wurden jetzt von der Basis reklamiert. Gerstenmaier unternahm es, im Namen des Parteivorstands die künftige Aufgabenstellung der Union zu skizzieren: »1. die freiheitliche Existenz aller Deutschen zu ermöglichen, 2. den sozialen Rechtsstaat zu verwirklichen, 3. eine Kulturpolitik zu treiben, die den Personkern vor den Gewalten der Zeiten schützt und produktiv erhält, 4. der Mehrheit der Deutschen eine politische Heimat zu sein.« Doch damit konnte die Partei verhältnismäßig wenig anfangen. Ihr ging es um Praktisch-Grundsätzliches, das Adenauer mit dem Instinkt des erfahrenen Politikers auf die schlichte Formel brachte: »Eine Partei muß einen Lebensinhalt haben.« Dazu gehörte, von Hassel zufolge, die konfessionelle Partnerschaft im politischen Raum, die christlichsoziale Tradition, das föderative Ordnungsprinzip der Partei, die Öffentlichkeit der politischen Diskussion, die Mitarbeit an der politischen Gestaltung des demokratischen Gemeinwesens, insbesondere auch von seiten der Intellektuellen und der Wirtschaft, sowie Unzweideutigkeit und Verantwortungsbereitschaft in der politischen Auseinandersetzung.

Erstmals erschien auch das »C« auf einem Parteitag problematisiert. Der gesellschaftliche Wandel in der Konsolidierungsphase der Bundesrepublik hatte das »C« als vorwiegendes Motiv für die Wahl der CDU mehr und mehr zurücktreten lassen. Nun kamen Zweifel auf, ob unter den Bedingungen des von Volksparteien dominierten

politischen Systems das Tragen des Namens Christi sich nicht eher
nachteilig als nützlich auswirken würde. Läßt sich die moderne Gesellschaft überhaupt noch von christlichen Impulsen bewegen? Ist
die politische Integrationsleistung der Union durch den Appell
an die Verantwortung der Christen für die politische Ordnung
überhaupt noch möglich? Bedenken wegen der Vorwürfe des
Mißbrauchs, des Restaurativen, Engen, Hinterwäldlerischen griffen
um sich. In Dortmund wurde das »C« in seiner praktisch-konstitu-
tiven Bedeutung für die Union bejaht, als etwas Essentielles, das
fernab jeder Opportunität den weltanschaulichen Boden für eine
»konkrete, gute Politik« (Barzel) bildete. Für die CDU komme es
darauf an, das »C« mit Leben zu erfüllen, zu konkretisieren und ab-
zuklopfen »auf seine Aussagen für die Zukunft«, so der Gutachter
Barzel. Die Mehrheit der CDU-Politiker jedenfalls verstand die
Union als das »genuine Tätigkeitsfeld für politisch interessierte und
engagierte Christen« (Dorothee Buchhaas).

Doch seit Dortmund war »das Problem gestellt«, und die Frage
Gerstenmaiers, welchen Integrationswert, »aber auch ob und welchen politischen Werbewert« eine solche grundsätzliche christliche
Orientierung für die Union habe, blieb der Partei forthin aufgegeben. Gerade in den Sechzigern, in den turbulenten Jahren der politischen und gesellschaftlichen Umorientierung, sorgte die »C«-
Thematik für geistige Unruhe sowohl innerhalb der Union als auch
in den Auseinandersetzungen der Christlichen Demokratie mit
ihren weltanschaulichen Kritikern und politischen Gegnern.

Die Bestandsaufnahme, die auf dem Dortmunder Parteitag angestrebt wurde, diente zunächst sicherlich dazu, sich in der nicht
mehr gewohnten Koalition mit den Liberalen der eigenen Werte
und Leistungen zu vergewissern. In der Situation, in der die Union
von Führungskrise und Reformdruck beunruhigt wurde, traten
dabei aber auch unversehens die Defizite der Parteiwirklichkeit
offener zutage. »Wir brauchen«, so bilanzierte Barzel, »eine Prinzi-
pienerklärung als generelle Aussage unseres Selbstverständnisses
und unserer Ziele«. Die CDU brauche eine gesellschaftspolitische
Gesamtkonzeption und konkrete, befristete Sachkonzepte; sie
brauche einen sozial-ökonomischen Lagebericht, und sie brauche
eine bessere innerparteiliche Koordination und Organisation, eine

»sichtbare Anwesenheit in der politischen Diskussion des Alltags wie im Bereich der politischen Grundsatzgespräche«. Er rief die Union zur Meinungsführung auf und warnte vor der »Erniedrigung der Politik zur Anpassungs-Artistik an die Demoskopie«: »Solange wir selbst führen, wird uns die Führung übertragen bleiben.«

Jäh war sich die Partei bewußt geworden, daß Führung bisher »Adenauer« geheißen hatte, aber daß es ihr eigentlich an Führungsstruktur mangelte. Die Unsicherheitsgefühle, die Anflüge kritischer Selbstprüfung, die so mit der Übergangsphase von Adenauer zu Erhard verbunden waren, färbten auch auf Regierungstätigkeit und Parlamentsarbeit ab. Bald führten in der Öffentlichkeit zweifelnde Fragen, ob die CDU »verbraucht« sei (Franz Alt), zur Kritik an der von ihr geführten Regierung: »Niemand regiert!« (Marion Gräfin Dönhoff in der »Zeit«). Die Regierungserklärung vom 29. November 1961, von Vizekanzler Erhard in Vertretung des in den USA weilenden Bundeskanzlers vorgetragen, hatte sich »mit dem Mut zur Ehrlichkeit« den politischen Herausforderungen gestellt: der Erweiterung des konjunkturpolitischen Instrumentariums zur Erhaltung von Währungsstabilität und Wirtschaftswachstum, der Neugestaltung der Finanzverfassung für Bund, Länder und Gemeinden, der Förderung des Wohnungsbaus und der breitgestreuten Eigentumsbildung sowie dem Ausbau des sozialen Rechtsstaats durch Leistungen für die Familie und eine Krankenversicherungsreform. Außenpolitische Schwerpunkte waren: die Sicherheit der Bundesrepublik durch Stärkung der NATO, die Erhaltung der Bindungen zwischen Berlin und der Bundesrepublik, eine auf die Wiedervereinigung in Freiheit und Frieden abzielende Deutschland-Politik sowie die europäische Einigungspolitik mit ihrem Kern, dem deutsch-französischen Freundschaftsverhältnis. Es war auch nicht verschwiegen worden, daß vom deutschen Volk, dem »Ernst der Lage« entsprechend, »Opfer« verlangt werden würden.

Die Wirtschaft der Bundesrepublik durchlief eine Phase überhitzter Konjunkturentwicklung. »Der Export sinkt, der Import steigt, es steigen die Preise«, wie Adenauer vor dem Deutschen Bundestag erklärte (9. Oktober 1962). Ein wachsender Devisenvorrat und eine dadurch anschwellende Geldmenge führten zu inflatorischen Erscheinungen. Bei Eintritt in die Überbeschäftigung und bei steigenden Lohnkosten verlangsamte sich das Produktionswachstum. Gleichzeitig expandierte der private Verbrauch. Am 21. März 1962 richtete Erhard »in ernster Stunde« über Rundfunk und Fernsehen einen »Maßhalte«-Appell an die Bundesbürger. Er begründete damit die antizyklische Haushaltspolitik der Regierung. Auf die Soziale Marktwirtschaft, einen Grundpfeiler der Unionspolitik, kam eine ernste Bewährungsprobe zu, und zwar nicht nur für ihre Fähigkeit zu staatlicher Konjunktursteuerung und Stabilisierung der Wirtschaft, sondern auch für ihre soziale Komponente. Noch war das lang und breit angekündigte »Sozialpaket«, die Zusammenschnürung von Krankenversicherungsreform, Novellierung des Bundesversorgungsgesetzes und Neufassung des Kindergeldgesetzes, nicht vorgelegt, geschweige denn durchgebracht. In der dritten Legislaturperiode hatte sich die von Arbeits- und Sozialminister Blank propagierte »Sozialpolitik neuen Stils«, die den Willen zur Selbsthilfe stärken und das Gefühl für Verantwortung und Gemeinsinn wecken sollte, wegen des Widerstands aus den Reihen der Verbandslobbyisten und Vereinigungen der Partei, namentlich der Sozialausschüsse, der Jungen Union und der Mittelstandsvertreter, nicht verwirklichen lassen.

Auch in der Außenpolitik gab es für ein zentrales Unionsanliegen unerwartete Schwierigkeiten: Die europäische Integration geriet ins Stocken. Der gemeinsame europäische Agrarmarkt (Brüsseler Beschlüsse) spaltete sich vom politischen Einigungswerk ab, als de Gaulles Initiative zu einer Zusammenarbeit der EWG-Staaten auf außen- und verteidigungspolitischem Gebiet scheiterte (EPU-Projekt, Frühjahr 1962). Der deutsch-französische Vertrag vom 22. Januar 1963, den Adenauer als die Krönung seiner Aussöhnungspolitik gegenüber Frankreich erleben durfte, war gleichwohl nicht die große europapolitisch angestrebte Lösung. Für die CDU brachte er mit sich, daß sich die innerparteiliche Frontstellung zwischen europaorientierten »Gaullisten« und »Atlantikern« noch schärfer ausbildete.

Die Regierungserklärung Adenauers zum zweiten Jahr der Legislaturperiode (9. Oktober 1962) stand unter dem Leitgedanken »Das

Erreichte sichern und bewahren«. Doch solche Politik stieß in der Gesellschaft auf immer stärker hervortretende Entfaltungs- und Veränderungswünsche. Nicht wenige Publizisten und Intellektuelle meinten, daß sich »Lähmung«, »Enge«, »Leere«, »Unbehagen« oder gar »Trübsal« im politisch-gesellschaftlichen Leben der Bundesrepublik verbreiteten (Die Ära Adenauer, 1964). So war die Endphase der Ära Adenauer eher in Moll gestimmt. Golo Mann fühlte sich an Bismarck erinnert: »Beide hatten sie einen persönlichen Erfolgsmythos aufgebaut, dessen Düpierte sie selber wurden; er wirkte lang, aber verblaßte, je näher das Ende kam.«

Inwieweit war die CDU davon berührt? Sie lief Gefahr, daß sich der Nimbus der »Kanzlerpartei«, der ihr stolze Mehrheiten beschert hatte, ins Gegenteil verkehren und zu einer Belastung werden würde. Für die Partei war jetzt Emanzipation angesagt. Sie konnte darauf aufbauen, daß ein dramatischer Vertrauensschwund in der Bevölkerung als Reaktion auf die Führungskrise ausgeblieben war. Selbst die Verluste in den Landtagswahlen (Hessen, Rheinland-Pfalz) nach der »Spiegel«-Affäre hielten sich in Grenzen.

Das war um so erstaunlicher, als die »Spiegel«-Affäre vom Oktober/November 1962 – kaum war das erste »Ehejahr« der CDU/CSU-FDP-Koalition glücklich bestanden – eine ernste Regierungskrise auslöste. Mehr noch: Die Öffentlichkeit mußte erfahren, daß bei der Durchsuchung der »Spiegel«-Redaktion und der Verhaftung von »Spiegel«-Redakteuren Regierungsmitglieder der Union die Justizbehörden zu beeinflussen versucht hatten.

Die Folge war, daß sich das ohnehin angespannte Verhältnis zur FDP verschlechterte und die parteiinternen Spannungen zwischen den »Schwesterparteien« CDU und CSU sich schlagartig verstärkten. Es entbrannte ein Machtkampf zwischen Adenauer und Strauß, dem ein frisch errungener Landtagswahlerfolg (25. November 1962) den Rücken gestärkt hatte. Zwar mußte Strauß, der sich beim Vorgehen gegen den »Spiegel« allzu sehr exponiert hatte, auf das seit 1956 geleitete Verteidigungsressort verzichten, aber der Konflikt machte sogleich wieder das Problem der Kanzlernachfolge akut. In dieser Situation gedachte die Union das Eisen zu schmieden, solange es heiß war und Adenauer endgültig auf Erhard als Nachfolger festzulegen.

In die Enge getrieben von FDP, CSU und »Reformern« aus der eigenen Partei, erneuerte Adenauer, der in die »Spiegel«-Affäre ebenso verstrickt war wie Strauß, das Spiel mit der SPD und zog die Karte der »großen Koalition«. Er selbst, stets ein entschiedener Anhänger scharfer Profilierung in der Parteienpolitik, trug in der Schlußphase seiner Regierung dazu bei, daß die Schranken zwischen den Parteien niedriger wurden. Er ließ zu, daß die SPD in den Bannkreis der Regierungsfähigkeit gelangte. Auch hierin deutete sich an, daß seine Zeit gekommen war. Bei der neuen Regierungsbildung stand fest, daß er nach den Parlamentsferien 1963 zurücktreten werde. Sein »verjüngtes« fünftes Kabinett, in das die CDU-Politiker von Hassel als Verteidigungsminister, Barzel als Minister für gesamtdeutsche Fragen und Heck als Familienminister neu berufen wurden, konnte – in der Presse schon als »Kabinett Erhard« gehandelt – nur mehr als Übergangsregierung fungieren.

Noch mehr erlebte die CDU aber Adenauers langen Abschied als einen Übergang »zwischen gestern und morgen«. Denn in dem Maße, wie Adenauers Autorität verblaßte, zeigten sich überall die inneren Reibungen und Risse der Partei: unter anderem zwischen den Anhängern der großen Koalition und der kleinen, zwischen den Befürwortern des Mehrheitswahlrechts und seinen Gegnern, zwischen dem konservativ-norddeutsch-protestantischen, dem »erhardisch«-liberal gesinnten und dem christlich-sozialen Flügel. Innere Zerrissenheit sowie ein Mangel an Führungsqualitäten und an zukunftsweisender Programmatik wurden ihr vorgeworfen. Wieder einmal ging die Rede, die CDU sei »eigentlich keine Partei. Sie sei allenfalls ein Haufe und werde ein verlorener dazu sein, wenn Adenauer Zügel und Peitsche aus der Hand legen sollte« (Hans Schmitz im »Kölner Stadt-Anzeiger«). Die Persönlichkeit des Kanzlers, die Wahlsiege, die Regierungsmehrheit, der politische Erfolgskurs hatten die zentrifugalen Kräfte der Union in Partei und Fraktion unter Kontrolle gehalten. Die heterogenen Elemente, aus denen sie zusammengesetzt war, existierten gleichwohl weiter. Um sie zusammenzuhalten, war eine Integrationsfigur erforderlich. Von Erhard erhoffte man, daß er diese Rolle übernehmen könne. Seine Popularität als »Vater des Wirtschaftswunders« sollte die Stammwähler der Union und »die nicht der CDU durch Gesinnung verbundenen liberal-bürgerlichen Elemente zu einer Mehrheit für die Union versammeln«

(Gross). Hinter dem Nothelfer plazierten sich jedoch mit Dufhues, Schröder, Lücke, von Hassel, Heck, Katzer und Barzel schon die jüngeren Generationen und Exponenten der in der Union verbundenen politischen Mitte. Die CDU schickte sich an, sich neu zu formieren.

4. »Lernen, eine Partei zu werden«

Man hat der CDU in der »Ära Adenauer« nachgesagt, daß sie auf Bundesebene als Partei kein Eigenleben geführt habe. Sie habe in der Gefolgschaft des charismatischen ersten Kanzlers der Bundesrepublik bestanden. Sie sei Partei der Regierung gewesen, und als »Partei« habe sie bei den Wahlen für die Erhaltung der Regierungsmacht zu sorgen gehabt. Zwischen den Wahlen sei sie jedoch in Schlaf versetzt worden. Gemessen am modernen Parteibegriff, der Intensität der Mitgliedererfassung, hohen Zentralisierungsgrad der Organisation, entwickelte Bürokratie und offene Willensbildungsstruktur verlangt, mag solche Einschätzung sogar zutreffen. Jede Partei ist jedoch ein gewachsenes Gebilde, das sich nicht wie ein Apparat beliebig konstruieren und umgestalten läßt. Die CDU hatte als junge, unfertige Partei, sozusagen aus dem Stand heraus, politische Verantwortung im Bund wie in vielen Ländern übernehmen dürfen. Das hatte sie geprägt. Die innerparteiliche Organisation und die programmatische Arbeit waren dabei zu kurz gekommen. Als Regierungspartei lebte sie »aus der Praxis für die Praxis«.

Parteispitze und Parteizentrale

Schon die periodische Umformung der Parteispitze zeigte an, daß sich die Organisation der CDU noch lange in einem Stadium des Experimentierens und Ausbalancierens bewegte. Ursprünglich sollte der Parteivorstand – nach der Regelung, die der Organisationsausschuß zur Gründung der Bundesunion traf – aus dem Vorsitzenden (Adenauer) und drei Stellvertretern sowie außer dem Schatzmeister (Bach) aus sieben weiteren Mitgliedern nebst Stellvertretern bestehen. Die Satzung für Goslar 1950 sah zwei stellvertretende Vor-

Konrad Adenauer
Bundesvorsitzender der CDU 21. 10. 1950–23. 3. 1966.
Vorsitzender der CDU/CSU-Fraktion
des Deutschen Bundestages 1.–15. 9. 1949.
Bundeskanzler der Bundesrepublik Deutschland
15. 9. 1949–15. 10. 1963.

sitzende (Kaiser und Holzapfel, dem 1952 Ehlers folgte) und ein geschäftsführendes Vorstandsmitglied vor sowie zehn Vorstandsmitglieder, um den Parteigruppierungen eine ausgewogene Repräsentanz zu verschaffen. Die erste Lösung mit drei stellvertretenden Vorsitzenden war wegen starker innerparteilicher Reserve gegenüber dem von Adenauer gewünschten Kiesinger nicht zum Zuge gekommen. Auch bei der Wahl zum geschäftsführenden Vorstandsmitglied schnitt Kiesinger so schlecht ab, daß er das Amt nicht übernehmen zu können meinte, dieses also vorerst unbesetzt blieb.

Ende 1951 verfiel man dann in einem Proporzkompromiß darauf, gleich drei geschäftsführende Vorstandsmitglieder zu küren: den Favoriten Adenauers und Süddeutschen Kiesinger, den evangelischen, mitteldeutschen Tillmanns und den katholischen Rheinland-Pfälzer Wuermeling. Diese Triumviratslösung hielt bis 1960, nur daß 1956 der verstorbene Tillmanns durch den Vorsitzenden des Evangelischen Arbeitskreises, Schröder, und der ausscheidende Wuermeling durch Franz Meyers (Rheinland) ersetzt wurden. An den wöchentlichen Zusammenkünften dieses Führungskreises nahmen in der Regel Heck und Kraske für die Geschäftsführung sowie Krone – als Mentor gewissermaßen – teil. Auf dieser mittleren Führungsebene, zwischen dem Parteivorsitzenden und der Bundesgeschäftsstelle, dominierte zunächst Tillmanns und nach dessen Tod 1956 Meyers. Adenauer pflegte jedoch solch institutionellen Verfestigungen in der Führungsspitze regelmäßig dadurch zu umgehen, daß er sich Gesprächspartner und -zirkel außerhalb der »Geschäftsordnung« suchte.

Auf dem Stuttgarter Parteitag von 1956 brach sich aber auch Kritik an der zentralen Parteiführung Bahn: Die Landesverbände Rheinland und Westfalen-Lippe unterstützten gemeinsam den Vorschlag, die Zahl der stellvertretenden Vorsitzenden auf vier zu erhöhen. Damit sollte dem gestürzten nordrhein-westfälischen Ministerpräsidenten Arnold eine Ausgangsposition für eine bundespolitische Karriere geschaffen werden. Der vierte Stellvertretersitz war listigerweise einem Protestanten zugedacht, womit das evangelische Element für den Antrag gewonnen wurde. Adenauer, der anders votierte, mußte sich geschlagen geben. Mit Kaiser, Arnold, von Hassel und Gerstenmaier als Stellvertretern stellte man ihn als Bundesvorsitzenden institutionell unter stärkere »Beobachtung«.

Die nächste Attacke in Richtung Reform der Parteiführung ritten in Kiel 1958 die CDU-Sozialausschüsse. Ihnen erschienen die Arbeitnehmer zu schwach repräsentiert, und so wollten sie, daß zu den geschäftsführenden Vorstandsmitgliedern »erforderlichenfalls weitere Mitglieder für besondere Aufgaben« hinzugewählt würden. Obwohl sie damit nicht durchdrangen, hielten sie die innerparteiliche Diskussion um den Vorstand wach. Für den Parteivorsitzenden wiederum bedeutete der Kieler Parteitag eine leichte Entspannung.

Denn für Arnold, der 1958 verstarb, wurden Theodor Blank und für den kranken Kaiser der Fraktionsvorsitzende Krone, beide eher Adenauer-Gefolgsleute, neben Gerstenmaier und von Hassel zu Stellvertretern gewählt. Der Reformdruck, der sich in der Partei angesammelt hatte, konnte dadurch indes nicht abgeschwächt werden.

1960 kam es zu einer Statutenänderung, die noch eher auf eine Anpassung an die Praxis hinauslief. Die drei geschäftsführenden Vorstandsmitglieder wurden aufgegeben, und in den Vorstand fanden die CDU-Regierungschefs und die CDU-Bundesminister, die bis dahin als »Gäste ohne Stimmrecht« vertreten waren, als ordentliche Vorstandsmitglieder Aufnahme. Danach setzte sich der Bundesvorstand zusammen (§ 9) aus dem Vorsitzenden, seinen vier Stellvertretern, dem Bundesschatzmeister, dem Bundesgeschäftsführer, dem Vorsitzenden der Bundestagsfraktion, den Vorsitzenden der Landesverbände, den Vorsitzenden der Vereinigungen der CDU, aus den Regierungschefs, dem Bundestagspräsidenten und den Bundesministern, soweit sie der CDU angehörten, sowie aus fünfzehn (statt bisher zehn) weiteren Mitgliedern. Das war mit rund siebzig Personen natürlich ein viel zu großes Gremium, um die ihm von der Satzung her zugedachten Leitungsaufgaben mit der gewünschten Straffheit und Effektivität wahrnehmen zu können. Die eigentliche Geschäftsführung wurde deshalb auf einen »engeren Vorstand« übertragen, dem die Vorsitzenden und 16 weitere vom Vorstand ausgewählte Mitglieder angehörten. Auch diese Regelung war nichts grundlegend Neues. Schon das Statut von 1956 kannte einen Geschäftsführenden Vorstand, der die Spitze der Bundespartei, dazu den Fraktionsvorsitzenden und den Bundestagspräsidenten, falls dieser aus der CDU kam, umfaßte. Eine solche Beschränkung des Führungskreises war notwendig geworden, weil sich 1955 die Teilnehmerzahl gegenüber der ursprünglichen Zusammensetzung mehr als verdoppelt hatte.

Das Problem war eben ein doppeltes: Zum einen galt es, die unterschiedlichen politischen, konfessionellen, landsmannschaftlichen und sozialen Elemente im zentralen Parteigremium zu berücksichtigen, um ihm »eine entscheidende Integrationsfunktion für die Gesamtpartei« (Günter Buchstab) zu geben. Der Vorstand sollte das Dach bilden, »unter dem die vordem divergierenden Kräfte gesammelt und zur Gesamtpartei verschmolzen wurden«. Zum anderen brauchte die Gesamtpartei, wie Dufhues 1960 formulierte, eine »kompetente, mit Autorität ausgestattete, bewegliche und schnell verfügbare Führungsspitze«. Dies um so mehr, als mit dem Ausklang der Adenauer-Ära schon auf eine Zeit hin vorgedacht werden mußte, da an der Spitze der Union nicht mehr ein Mann gleichen Formats wie der erste Kanzler – mit solch persönlicher Autorität und solch politischem Prestige – stehen würde.

Der Wahlausgang von 1961 beschleunigte die Reformdebatte. Im März 1962 legte der Bundesvorstand den Grundstein zu einer Neukonstruktion: Er gab sein Plazet für einen Geschäftsführenden Vorsitzenden. Von ihm wurde eine »feste, klare und mutige Führung« erwartet. Gemeinsam mit den Landesvorsitzenden wurde die Institution eines Präsidiums ausgebrütet, in dem – gewählt für jeweils zwei Jahre – neben dem Parteivorsitzenden und dem Geschäftsführenden Vorsitzenden nebst dessen Stellvertreter vier weitere Mitglieder Platz nehmen sollten (§ 21a Parteistatut). Der Dortmunder Parteitag stimmte dieser als »ersten großen Fortschritt« (Wulf Schönbohm) zu betrachtenden Reform der Führungsstruktur zu. Nicht als eine Reform gegen den Bundesvorsitzenden und Bundeskanzler, wie dort betont wurde, sondern als eine institutionelle Änderung, um »Persönlichkeiten von politischem Rang ... die Basis für verantwortungsbewußtes und verantwortliches Handeln in unser aller Auftrag zu schaffen«. Das Parteitagsprotokoll verzeichnete hier »lebhaften Beifall«. Wie gut die Einrichtung eines nach Größe und Disposition arbeitsfähigen Entscheidungsgremiums trotz anfänglicher Skepsis beim Parteivolk ankam, zeigte sich auf dem folgenden Bundesparteitag in Hannover 1964, wo mit Dufhues und von Hassel für das Amt des Geschäftsführenden Vorsitzenden und seines Stellvertreters sowie mit Blank, Erhard, Gerstenmaier und Krone die personelle Zusammensetzung des Präsidiums bestätigt wurde.

»Führungswille« und »Reformgeist« kennzeichneten den Versuch der CDU, den Übergang von der »Kanzlerpartei« zu einer Parteiformation zu finden, die mit »eigenem Profil«, unabhängig von einer überragenden Führungspersönlichkeit, »als Klammer zwischen Regierung, Fraktion und Parteivolk« (Dufhues) wirken würde. Die Zielvorgabe der neuen Führung ließ an Klarheit nichts zu wünschen übrig. Die CDU sollte, wie auf dem 12. Bundesparteitag in Hannover 1964 (14.–17. März) unmißverständlich formuliert wurde, »auf die Dauer« mehr sein »als eine Hilfsorganisation der Bundesregierung, ein Anhängsel der Bundestagsfraktion ... eine Wahlkampfmaschine«. Sie sollte »ein Organ umfassender demokratischer Willensbildung« werden.

Doch auf dem Weg dorthin standen der Partei noch ungeahnte Hürden bevor. Bald schon erwies sich die unentschiedene Kompetenzsituation zwischen dem Parteichef und dem Geschäftsführenden Vorsitzenden als ein entscheidender Konstruktionsfehler der neuen Organisation. Wer führte denn nun eigentlich? Dieses Nebeneinander, mit einem schon designierten »Kronprinzen« obendrein, hatte in der Führung, statt sie effektiver zu machen, nur eine gegenseitige Neutralisation zur Folge. Zudem war Dufhues, der in der Öffentlichkeit ganz zu Unrecht als der »schwarze Wehner« karikiert wurde, seiner Amtsführung nach eher dem traditionellen Honoratiorenstil verhaftet als moderner Parteifunktionärspraxis.

Schwieriger gestaltete sich die Parteiführung auch nach dem Kanzlerwechsel 1963, der die Trennung von Parteivorsitz und Kanzleramt mit sich brachte. Denn dadurch spitzte sich das gespannte Verhältnis zwischen Adenauer und Erhard noch mehr zu, was den Bemühungen um eine organisatorische Stärkung der Partei keineswegs förderlich war. »Selbstamputation« nannte R. Altmann die Verabschiedung des Gründungskanzlers. Auf der anderen Seite bot sich damit jedoch auch die Chance zu einem »Abnabelungsprozeß« der Partei gegenüber dem Kanzlerregiment – als notwendiger Voraussetzung, um zu sich selbst, zu innerer Handlungsfreiheit zu finden.

All diese Komplikationen waren nicht dazu angetan, der Union für die »zweite Epoche« ihrer Geschichte Schwung und Optimismus zu geben. Die Partei trat trotz der Reformanläufe auf der Stelle. Die Entwicklung der Bundesgeschäftsstelle kann dafür als Beispiel dienen. Außer personellen Veränderungen und internen Umgruppierungen gab es dort organisatorisch wenig Neues. Nachdem Heck 1957 als Abgeordneter des Wahlkreises Rottweil/Tuttlingen in den Bundestag gewählt worden war, machte der Bundesvorstand den 32jährigen stellvertretenden Bundesgeschäftsführer (seit Januar 1953) und ehemaligen Bundesvorsitzenden des RCDS, Konrad Kraske, zum amtierenden Nachfolger (25. April 1958). Der geborene

Berliner gewährleistete als »Mann im Hintergrund« bis März 1970 die Kontinuität der Arbeit in der Exekutive der Bundespartei. Die Anzahl der Abteilungen blieb konstant; lediglich die Wirtschafts- und Sozialpolitik wurde als Abteilung aufgelöst und in zwei Referate umgegliedert, während dafür die Zuständigkeit für Öffentlichkeitsarbeit und Werbung aus dem Organisationsbereich herauswuchs und sich Anfang der sechziger Jahre als fünfte Abteilung (mit Statistik, Meinungsforschung, Bildung und Information, Organisationen und Verbände, Werbung) selbständig machte. Die Abteilung der politischen Referate, unter der Leitung von Hermann-Josef Unland, vergrößerte sich ferner um Verteidigungspolitik, Gewerkschaften und Verbraucherfragen. 1964 wurde das Amt eines CDU-Pressesprechers neu definiert. Eine Aktivierung der Parteiorganisation im Sinn von »Führung innerhalb des Gesamtsystems CDU« (Schönbohm) blieb freilich noch Zukunftsmusik.

Auf der Kreisebene nahmen die Organisationsdefizite der Union noch beunruhigendere Formen an. Dufhues stellte aufgrund einer Bestandsaufnahme 1962 an der Basis eine »gewisse Erstarrung und wenig Leben« fest. 1964 zählte man 391 Kreisverbände mit 324 Geschäftstellen, von denen 66 in Privatwohnungen untergebracht waren. Tonangebende Honoratioren, unsichere Finanzen, Desinteresse an Mitgliederwerbung und anderen Parteiaktivitäten blockierten die von oben angestrebte Parteireform.

Organisations- und Finanzierungsprobleme

Kein Wunder also, daß sich die CDU extrem wählerorientiert entwickelte und daß sie lange Zeit keinen Mitgliederbestand aufwies, der ihrer politischen Rolle angemessen gewesen wäre. Erst am Ende der Adenauer-Ära kletterte ihre Mitgliederzahl deutlich über die Viertelmillionengrenze hinaus: 248 484 im Jahr 1962, 279 770 im Jahr 1964. Dabei entfiel nach wie vor über die Hälfte aller Mitglieder auf die drei Landesverbände Westfalen-Lippe, Rheinland und Rheinland-Pfalz. Am schwächsten war die CDU, gemessen am Anteil an der Bevölkerung, in Berlin sowie den Stadtstaaten Bremen und Hamburg. Das Verhältnis von Männern und Frauen betrug 6,5:1, das heißt, mit 13,3 Prozent (1964) waren die weiblichen Mitglieder hoffnunglos unterrepräsentiert. Im Vergleich zur Gesamtbevölkerung waren erheblich mehr CDU-Mitglieder vor 1920 geboren (1964: 64,5%), die Partei war also »relativ stark überaltert« (Schönbohm), ein Verhältnis, das sich im Zuge der Parteimodernisierung des folgenden Jahrzehnts allerdings auf den Bevölkerungsdurchschnitt einpendelte. Soziologisch dominierten mit fast gleichen Anteilen die Gruppe der Beamten und Angestellten sowie die Selbständigen, in der Reihung Landwirte, Handwerker, Kaufleute, freie Berufe und Unternehmer (1964: 2,3%). Der Arbeiteranteil ging, wie in der Bevölkerung, zurück (1964: 14,6%). Stark unterrepräsentiert war mit nur einem Viertel der Mitglieder auch der evangelische Bevölkerungsteil. Von der Mitgliederstatistik her gesehen, hatte es die CDU, wie übrigens auch die anderen Parteien in der Bundesrepublik, mit ihrem Volksparteicharakter schwer. Legt man dagegen Wählerstruktur und Integrationsfunktion zugrunde, erhält man ein Bild, das dem Volksparteianspruch der CDU eher entspricht. »Volkspartei heißt, daß die verschiedenen Leistungs-Gruppen und Meinungs-Richtungen des Bundes-Volkes in ihr unter einigen politischen Leitideen von allgemeiner Geltung zusammengefaßt sind« (Anton Böhm).

In ihrer Aufstiegsphase während der Adenauer-Ära war die CDU, anders als die SPD, keine Programmpartei. So konnte etwa Dufhues, auf dem 11. Bundesparteitag in Dortmund 1962, Programme schlichtweg zu »einem Requisit der ideologischen Parteien des 19. Jahrhunderts« erklären. Das Programm der CDU war, so hat man deshalb pointiert gesagt, die Praxis ihrer Regierungstätigkeit. Die Aktionsleitsätze vor Wahlen, die Grundsätze christlicher Politik und die Orientierung an den großen Entscheidungszielen der Nachkriegszeit, an nationaler Einheit in Freiheit, an Westbindung, europäischer Einigung und Sozialer Marktwirtschaft, bildeten die programmatische Grundlage der Partei. Als in der 3. Wahlperiode die Gründerzeit der Bundesrepublik mit ihren »Weichenstellungen« zu Ende ging, entstand die Notwendigkeit, neue Ziele zu formulieren und neue Orientierungsmarken zu setzen. Gleichzeitig schwächte sich die Resonanz der Unionspolitik ab. Nach der Bundestagswahl von 1961 griff das Gefühl der »Sterilität innerparteilichen Geschehens« (Buchhaas) um sich, namentlich in der Jungen Union und den Sozialausschüssen.

»Parteireform« wurde zum Zauberwort, das die programmatische und organisatorische Modernisierung der Partei in Gang setzen sollte. Als besonderes Problem stellte sich dabei, die Stärkung der Führungsmacht »von oben« mit der Belebung politischer Willensbildung »von unten« in Einklang zu bringen. Zentralisierung und Demokratisierung zugleich – darum handelte es sich. Die Bundespartei war – ein Erbteil ihrer späten Gründung 1950 in Goslar – schwach. Dies galt sowohl für ihr Verhältnis zur CDU/CSU-Bundestagsfraktion als auch für ihre Beziehungen zu den Landesverbänden und deren »Herzögen«. Parteispitze und die Bundesgeschäftsstelle in den räumlich beengten Verhältnissen der Nassestraße 2 bildeten bloß einen »sekundären Überbau« (Böhm), aber es fehlte ihnen die integrierende Kraft. Sie arbeiteten nicht als politischer Motor der Partei, sondern höchstens als Koordinatoren der in ihr wirkenden, oft widerstrebenden Kräfte.

Seit Mai 1952 hatte Bruno Heck – von Kiesinger empfohlen – die Bundesgeschäftsführung in den Händen. Er holte sich seine ersten Lorbeeren in der Vorbereitung des Bundestagswahlkampfes 1953 und war auch der »Generalstabschef« des Wahlsiegs von 1957. Auch gelang es ihm, den »stark improvisierten Charakter der Bundespartei« (Kiesinger) zu überwinden. Der Aufbau der Bundesgeschäftsstelle begann mit einer bescheidenen Mittel- und Personalausstattung. 1953 verfügten der Bundesgeschäftsführer und sein Stellvertreter über ein winziges Sekretariat, das aus nur drei Personen bestand, dazu kam ein Fahrer. Die fünf Abteilungen der Bundesgeschäftsstelle waren zuständig für Verwaltung, Recht und Haushalt, für Organisation und Propaganda (Wahlen, Mitglieder), Wirtschafts- und Sozialpolitik (ursprünglich nur als Referat geplant), Presse und Information sowie für die sechs Referate Außenpolitik und NEI, Agrarpolitik, Kultur, Rundfunk, Frauen und Vertriebene, mit zusammen 120 Personen, einschließlich der Hausmeister und Putzfrauen sowie der Redaktionsmannschaft von UiD, DUD, »Deutschem Monatsblatt« und »Evangelischer Verantwortung«. Zum Vergleich: in den großen Landesverbänden Westfalen-Lippe und Rheinland waren damals 104 bzw. 94 Personen beschäftigt.

Aufgrund des Wahlerfolgs von 1953 wuchs die Dringlichkeit, den organisatorischen Apparat der Partei zu erweitern. Als Hauptaufgabe sah man es an, die Mitgliederzahl auf 500 000 zu steigern, um einer »Funktionärs- und Kaderpartei à la SPD« gewachsen zu sein. Hauptamtliche Geschäftsführer in den Wahlkreisen, Intensivierung der Mitgliederwerbung und Beitragserfassung, Verbesserung der technischen Ausrüstung, Einrichtung eines Länderreferats, um die landespolitische Entwicklung laufend verfolgen zu können, regelmäßige Verbindung zur Bundestagsfraktion durch Teilnahme von Vertretern der Bundesgeschäftsstelle an Fraktionsberatungen und Arbeitskreissitzungen, Abstimmung der CDU-Fachausschüsse auf die Gesetzgebungsvorhaben – all das diente dazu, »aus der Union mehr zu machen als eine Partei, die nur zur Vorbereitung und Durchführung von Wahlen aktiv wird«. Die Partei, so die Zielvorstellung, sollte »eine lebendige und eigenständige Funktion nicht nur im organisatorischen und publizistischen, sondern auch im politischen Raum gewinnen«. Gedacht war auch an eine »Ausbildungs- und Schulungsstätte« in unmittelbarer Nähe von Bonn. Schon am 10. Juli 1954 konnte – »in der ländlichen Stille des Vorgebirges zwischen Bonn und Köln« – als ein Forum der politischen Bildung die Politische Akademie Eichholz eröffnet werden.

Von Anfang an bereitete die Finanzierung der Bundespartei das meiste Kopfzerbrechen. »Finanziell hängen wir vollständig in der Luft«, so stöhnte Bundesgeschäftsführer Heck über das Parteibudget (1953). Die Einnahmen aus Mitgliedsbeiträgen waren für die Gesamtausgaben praktisch bedeutungslos, weil sie nahezu ausschließlich den unteren Gebietsverbänden zugute kamen. Die Partei finanzierte sich hauptsächlich aus Spenden, denen sie durch regionale Fördervereine System gab. 1957 trugen diese Fördergesellschaften fast vier Fünftel der Kosten der CDU-Zentrale. Der Rest kam größtenteils von den Abonnenten der periodischen Mitteilungen für »wirtschaftspolitisch interessierte Kreise«. Am erfolgreichsten war das selbständige Verlagsunternehmen »Wirtschaftsbild« mit seinen Schriftenreihen (»Briefen«) für Wirtschaft, Mittelstand und Landwirtschaft. An Grundvermögen besaß die Partei lediglich neben der Hausgesellschaft Nassestraße den Grundstücks- und Gebäudekomplex Eichholz sowie das Grundstück an der Friedrich-Ebert-Allee, wo sich heute das Konrad-Adenauer-Haus befindet, dessen Bau 1963 ausgeschrieben wurde. Schon in der ersten Wahlperiode wurde die Idee verfolgt, die CDU und die anderen Parteien als Träger des politischen Willens, nach dem Vorbild der Körperschaften öffentlichen Rechts, durch Staatszuschüsse finanziell unabhängig zu machen. Erstmals wurden 1959 Mittel aus dem Bundeshaushalt zur Förderung der politischen Bildungsarbeit der Parteien bereitgestellt. 1962 setzten CDU und FDP die Bewilligung zusätzlicher Staatsgelder ohne Zweckbindung durch. Die unsichere Finanzlage war jedenfalls ein Hauptgrund für die zurückbleibende Parteiorganisation. Das heißt auch, daß erst die im Parteiengesetz von 1967 erreichte staatliche Parteienfinanzierung die materielle Grundlage schuf, um die Transformation der Union zur modernen Großpartei zu ermöglichen.

Es wäre aber übertrieben, wollte man behaupten, daß die Partei in einem »embryonalen Stadium« der Organisation verharrte, solange Adenauer ihr Bundesvorsitzender war. Solche Kritik, wie sie der Perspektive von 1969 entsprochen haben mag, als die Union unvorbereitet in die Opposition gehen mußte und schockiert nach Fehlern und Schuldigen suchte, hat die Parteigeschichte der Adenauer-Ära verzerrt. Was man vielmehr in der Aufbauphase wollte, war zunächst einmal auch organisatorisch ein »neuer Stil«, »wie er unserer Union gemäß ist« (Heck auf dem Stuttgarter Bundesparteitag 1956). Bewußt setzte man sich vom Funktionärswesen der SPD und vom »pseudoliberalen Geschäftsführersystem« ab. Mit einem gemischten System von hauptamtlichen Geschäftsführern für die Bundestagswahlkreise und ehrenamtlichen Kommunalpolitikern sowie Vertrauensleuten in den kleineren Gemeinden trug man unter anderem der Tatsache Rechnung, daß die Partei ein Großteil ihrer besten Kräfte in Parlaments-, Regierungs- und Verwaltungspositionen abgegeben hatte, nachdem ihr im Bund und in den Ländern die politische Verantwortung zugefallen war.

Abgesehen davon mußten auch erst an der »Basis« die organisatorischen Voraussetzungen für das Funktionieren eines zentralen Parteiapparats und für ein innerparteiliches Leben mit politischen Willensbildungsprozessen geschaffen werden. Es sei daran erinnert, daß die CDU als eine »Bewegung von unten« sozusagen im Wildwuchs expandiert war. 1956 gliederte sich die Bundesunion in siebzehn Landesverbände (einschließlich der Exil-CDU und des Landesverbandes Oder-Neiße) mit 387 Kreisverbänden und 4400 Ortsgruppen

(1958: nach der Konsolidierung im Saarland 18 Landes-, 396 Kreis-
und 4500 Ortsverbände). In Niedersachsen (Hannover, Hildesheim,
Lüneburg, Osnabrück-Emsland, Ostfriesland, Stade), in Westfalen-
Lippe (Industriegebiet, Münsterland, Ostwestfalen, Sauer-/Sieger-
land) und in Rheinland-Pfalz (Trier, Koblenz, Montabaur, Rheinhessen, Pfalz) gab es zwischen Land- und Kreisorganisationen auch
noch Bezirksgliederungen. Sie entsprachen regionaler Eigenart und
Zusammengehörigkeit. Es ging also für die Union in den fünfziger
Jahren primär darum, in ihrer föderalen Grundstruktur überhaupt
erst ein effektives Zusammenwirken zu ermöglichen. Eine der ersten
Aufgaben war, die organisatorische Gliederung auf allen Ebenen einheitlich zu gestalten, damit die Landesparteien unter sich wie auch
mit der Bundespartei reibungsarm und interaktiv kommunizieren
konnten. Diesem Ziel diente seit 1952 die ständige Konferenz der
Landesgeschäftsführer ebenso wie die bereits 1948 etablierte Konferenz der Landesvorsitzenden.

Der Organisationsaufbau der CDU richtete sich im allgemeinen
nach den Erfordernissen und Aspekten der Regierungsverantwortung, denn diese war die Hauptsache. Die Frage nach der Funktion
der Partei als eigenständigem politischen Entscheidungsorgan, als
»Ort« politischer Willensbildung trat demgegenüber zurück. So
übernahm die Partei mit ihrem Apparat und ihrer Gliederung vorerst
eine »dienende Funktion« (Schönbohm). Verlangt war als Schwerpunkt ihrer Organisation die innerparteiliche Zusammenarbeit bei
der Propagierung und Durchsetzung der Regierungspolitik. Das betraf nicht nur die Mitgliederwerbung und die »Pflege« von Stamm-
wählern »vor Ort«, nicht nur das überregionale Zusammenspiel von
Parteiverbänden und Vereinigungen, sondern vor allem auch die Koordinierung von Partei- und Fraktionsarbeit.

In dieser Hinsicht kam unter anderem den Bundesfachausschüs-
sen der Partei, die sich seit 1951 konstituiert hatten, eine beachtliche integrative Bedeutung zu. Für bestimmte Sachfragen vom Parteivorstand zu seiner »Unterstützung und Beratung« gebildet, führten sie Vertreter der verschiedenen Interessen, Richtungen und
Parteigliederungen zusammen. Zwar bestand für sie gegenüber den
korrespondierenden Arbeitsgremien der Bundestagsfraktion Un-
terrichtungspflicht, und Fraktionsmitglieder besaßen auch das

Recht, an den Ausschußberatungen teilzunehmen. Doch sollten sie, was die Sachkompetenz betraf, die »Rechte der Partei wahren« (Adenauer). Vor Beginn der Reformdiskussion Ende der fünfziger Jahre gab es 16 CDU-Fachausschüsse: seit 1953 für Familienrecht, Frauen, Kommunalpolitik, Kriegsopfer, Kultur, Landwirtschaft, Öffentliche Dienste, Rundfunk, Presse und Film, Sozialpolitik, Wahlrecht, Wehrmachtsfragen, Wirtschaftspolitik sowie Vertriebene; dazu kamen bis 1957 noch Recht, Gesundheitswesen sowie Sport. 1959 erfolgte eine Beschränkung auf elf Ausschüsse, indem man Bereiche, die politisch überholt waren oder wie »Kommunalpolitik« und »Frauen« von CDU-Vereinigungen »bestellt« wurden, dort konzentrierte.

CDU/CSU-Bundestagsfraktion

Bewegung und Entschlossenheit gingen in der CDU weniger vom Zentrum der Partei als von Bundestagsfraktion, Vereinigungen und Landesverbänden aus. Zwar bezeichnete sich die Fraktion gerne als »Vollstreckerin des politischen Willens der CDU im parlamentarischen Raum« (Cillien 1956). Aber das bedeutete nicht, daß sie bloß verlängerter Arm von Partei oder Regierung sein wollte. Gerade in der dritten Legislaturperiode, als die Union über die absolute Mehrheit verfügte, zeigte sich, daß ihre Abgeordneten in Bonn nicht leicht »auf Vordermann« zu bringen waren und alles andere als bereit waren, die »getreuen Stimmgardisten der Bundesregierung« (Alfred Rapp) zu spielen. Die CDU/CSU-Fraktion präsentierte sich vielmehr – darin ein Spiegel der Unionswählerschaft – so vielfältig in ihren Auffassungen und Gruppierungen, daß sie sich bei den innenpolitischen Entscheidungen schwertat. Im ersten Bundestag erreichte sie beispielsweise von 107 namentlichen Abstimmungen nur 15 mal die so oft beschworene »Geschlossenheit«. Hinzu kam das eigentümliche Fraktionsbündnis mit der bayerischen Schwesterpartei, das eine besonders sensible Qualität erhielt, als Strauß 1961 mit dem Vorsitz der CSU und 1963 als Landesgruppen-Chef eine Schlüsselposition übernahm.

Zumal in der Zeit ihrer Alleinherrschaft durchlebte die CDU/CSU-Fraktion, so hat man beobachtet, eine »Abfolge immer wieder ausbrechender, zugleich aber auch behutsam zum Ausgleich gebrachter Interessengegensätze« (Hans-Peter Schwarz). Diese politische Buntheit der CDU/CSU fand ebenso wie ihre ausgleichende Kraft in dem vielköpfigen Fraktionsvorstand – 41 Mitglieder in der dritten, 43 in der vierten Wahlperiode – Niederschlag. Das Proporzprinzip dominierte. Nicht zuletzt auch im Fraktionsvorsitz, wo die Zahl der Stellvertreter von zuerst drei auf vier im zweiten und dann auf fünf im dritten und vierten Bundestag kletterte, um schließlich auf den Oppositionsbänken 1976–1980 mit acht zu kulminieren. Damit verband sich jeweils ein Stabwechsel. So fand sich im Vorsitz der CDU/CSU-Fraktion des dritten Bundestages außer dem Fraktionsvorsitzenden Krone, der selbst erst 1955 sein Amt übernahm, kein Mitglied der Fraktionsführung aus den ersten beiden Wahlperioden wieder. Die fünf stellvertretenden Fraktionsvorsitzenden waren Arnold, dessen Platz 1958 Arndgen einnahm, Cillien, Höcherl (CSU), Struve sowie Elisabeth Schwarzhaupt, die erste Stellvertreterin. Seitdem gab es immer eine Frau in der Fraktionsspitze.

Etwas weniger »gründlich« war die Wachablösung der vierten Wahlperiode, in der nur Arndgen und Struve, als Vertreter des Arbeitnehmerflügels und der »Grünen Front«, wiedergewählt wurden. Die parlamentarische Geschäftsführung zeigte dagegen, seit sie sich 1953 auf drei Abgeordnete verteilte, in der Besetzung Will Rasner und Josef Rösing bis in die Oppositionszeit hinein Kontinuität. Die 1953 eingerichteten Arbeitskreise für Allgemeine und Rechtsfragen (AK I), Wirtschafts- und Landwirtschaft (AK II), Finanzen und Steuern (AK III), Arbeit und Soziales (AK IV) sowie Auswärtiges und Verteidigung, seit 1957 auch gesamtdeutsche Fragen (AK V) wurden 1962/63 um den AK VI für Gesellschaftspolitik, Kulturpolitik und Publizistik vermehrt.

Das Erscheinungsbild der Fraktion wurde selbst von Mitgliedern bisweilen als »verwirrend bunt und vielschichtig« empfunden (Krone 1960). Wenn es gar zu bunt wurde, wie während der »Präsidentschaftskrise« oder in den Diskussionen um das »Sozialpaket«, sah sich die Fraktionsführung sogar genötigt, dem »Märchen« vorzubeugen, hier agiere »ein Haufen von Interessenten, eine Mannschaft ohne innere Bindung«. Als Rückhalt und Stärke der Fraktion erwies sich dann stets der christlich-demokratische Grundkonsens, der Partei- und Programmzwängen entzogen war. Politik aus christlicher Verantwortung schloß Kompromißbereitschaft und Flexibilität ein. So verkörperte gerade die CDU/CSU-Fraktion der Ära Adenauer die Integrationsform der »politischen Familie«, wie sie für den Volksparteicharakter der Union überhaupt herangezogen worden ist (Claus Leggewie).

Vereinigungen

Gleiches gilt für die Vereinigungen, ihre Mitarbeit in der Partei und ihre Berücksichtigung im parlamentarischen Raum. Durch Parteisatzung von 1956 bekamen Junge Union, Frauenvereinigung, Sozialausschüsse (CDA), Kommunalpolitische Vereinigung und Mittelstandsausschüsse den Status einer »Vereinigung«. 1962 wurden sie als organisatorische Zusammenschlüsse definiert, die das Ziel hätten, »das Gedankengut der CDU in ihrem Wirkungskreis zu vertreten und zu verbreiten«. Daneben bestanden als »Vereinigungen« im weiteren Sinn, wie im Jahrbuch der CDU 1957 aufgeführt, der RCDS und der Evangelische Arbeitskreis.

1967 kam statutenmäßig die »Union der Vertriebenen und Flüchtlinge« als »Vereinigung« der bestehenden Arbeitsgemeinschaften von mitteldeutschen Flüchtlingen und dem »CDU/CSU-Landesverband Oder/Neiße« hinzu. Ferner sollte die Wirtschaftsvereinigung eine Kooperation von Wirtschaftsrat e. V. und Mittelstandsvereinigung ermöglichen, was jedoch auf keine Gegenliebe stieß und deshalb bis heute nicht vollzogen worden ist. Zur Unionsgeschichte gehörte die Tendenz eines »organisationslogischen Einbaus« der Vereinigungen in die Gesamtpartei. So wurde 1967 beschlossen, daß die Vereinigungen auch im Bundesausschuß, der zwischen den Parteitagen für alle politischen und organisatorischen Fragen der Bundespartei zuständig war, mit je einem offiziellen Delegierten vertreten waren (abgesehen von jenen Mitgliedern, die durch die Kreis- und Landesverbände entsandt wurden oder aufgrund ihres Sitzes im Bundesvorstand dazugehörten).

Das Verhältnis der Vereinigungen zur CDU (und auch CSU) läßt sich in all seinen Spielarten nicht allein strukturell erklären. Es ist historisch entstanden. Die Satzungen schrieben meistens nur das fest, was sich bereits in jahrelanger Praxis herausgebildet hatte. Man vergleiche nur die unterschiedlichen Bestimmungen zur Mitgliedschaft. Der Jungen Union, einer »Gemeinschaft in der CDU und CSU«, konnte man beitreten, ohne Parteimitglied zu sein oder zu werden, ebenso den CDU-Sozialausschüssen, die allen Arbeitern, Angestellten und Beamten offenstanden, wenn sie sich zu den Grundsätzen und Zielen der CDA (in Bayern Christlich-Soziale Arbeitnehmerschaft) bekannten. Die Mitgliedschaft im Mittelstandskreis der CDU/CSU wiederum konnten neben natürlichen auch »juristische« Personen erwerben, »deren Tätigkeit im Bereich des Mittelstandes lag«. Mitglieder der Kommunalpolitischen Vereinigung waren gar nur die kommunalpolitischen Landesvereinigungen der CDU und CSU, die Delegierte in eine Bundesvertreterversammlung entsandten; auch waren auf Landesebene nicht alle kommunalen Mandatsträger ohne weiteres Mitglied. Die Frauenvereinigung definierte sich als »organisatorischer Zusammenschluß der weiblichen Mitglieder der CDU«. Ähnlich die Union der Vertriebenen und Flüchtlinge, die alle jene Mitglieder von CDU und CSU zusammenfaßte, die aus den ehemaligen deutschen Ostgebieten und aus Mitteldeutschland geflüchtet oder vertrieben waren. Da man durchwegs Mitglied in mehreren Vereinigungen sein konnte, entstand mit der Zeit ein immer dichter werdendes Mitgliedschaftsgeflecht – ein wichtiger struktureller Unterzug der Union.

Aufgrund ihres relativ eigenständigen politischen Lebens und ihrer ausgeprägteren Organisation konnten zunächst nur die Junge Union und die Sozialausschüsse nachhaltiger und auf ganzer Breite in die Partei hineinwirken. Mit ca. 70 000 bzw. 110 000 Mitgliedern um 1959, von denen aber durchschnittlich nur gut die Hälfte auch der Union angehörten, verfügten sie über die stärksten Bataillone. In den sechziger Jahren kehrte sich allerdings dieses Verhältnis um. Die Junge Union übernahm die Fackelträgerposition bei den Vereinigungen. Die Gründergeneration, in der die alte Garde aus den Christlichen Gewerkschaften der Weimarer Republik eine so hervorragende Rolle gespielt hatte, nahm Abschied von der aktiven Politik. Das machte sich um so stärker bemerkbar, als im Zuge der Parteireform die Mitgliederzahl der Gesamtpartei zugleich nach oben kletterte. Die Sozialausschüsse begannen in ihrer Entwicklung zu stagnieren, während die Junge Union mit dem frischen Wind in der Partei Auftrieb erhielt.

Von dem Sonderfall des Evangelischen Arbeitskreises abgesehen, blieben die übrigen Vereinigungen zunächst mehr oder weniger auf ihren Wirkungsbereich konzentriert. Das galt gleichermaßen für den Frauenausschuß bzw. (seit 1958) die Frauenvereinigung, die erst nach ihrem inneren Ausbau unter dem Vorsitz von Aenne Brauksiepe (1958–1971) dazu überging, durch politische Stellungnahmen zur innerparteilichen Willensbildung beizutragen. Als innerparteiliche »Opposition«, als »Salz in der Parteisuppe«, taten sich vor allem Junge Union und Sozialausschüsse hervor – oft sogar im Bündnis miteinander; die einen als engagierte Vertretung der in den zwanziger und dreißiger Jahren geborenen Generationen und ihrer Interessen an der politischen Gestaltung des neu wachsenden Staates, die anderen als Hausmacht der christlich-sozialen Kräfte zur Durchsetzung von Arbeitnehmeranliegen in der Partei- und Parlamentsarbeit, aber auch zur »Aktivierung der christlich-demokratischen Arbeitnehmerschaft zu gemeinsamem Handeln ... in den Gewerkschaften«, wie es in der Satzung hieß.

Die *CDU-Sozialausschüsse,* gesteuert von der Hauptgeschäftsstelle in Königswinter (»Adam-Stegerwald-Haus«), demonstrierten – vor allem im Rheinland und in Westfalen-Lippe, wo über Dreiviertel der Mitglieder zu Hause waren – ihren politischen Selbständigkeitsanspruch mit durchorganisierten Landes- und Kreissozialausschüssen sowie mit Arbeitsgemeinschaften als Untergliederungen, die das Vereinigungssystem der Union nachahmten: unter anderem Junge Arbeitnehmerschaft, AG berufstätiger Frauen, AG christlich-demokratischer Gewerkschafter, AG leitender Angestellter. In der CDU/CSU-Fraktion waren sie zudem durch die sogenannte Arbeitnehmergruppe überproportional vertreten (55 Abgeordnete in der 4. Wahlperiode). Aufgrund ihrer organisatorischen Dichte und ihrer stringenten Orientierung an der christlichen Soziallehre bekam ihr Einfluß eine Bedeutung, die sowohl in der Programmatik der CDU als auch in der gesamtparteilichen Position des jeweiligen CDA-Bundesvorsitzenden Niederschlag fand.

Kaiser, stellvertretender CDU-Vorsitzender und Vorsitzender der

Exil-CDU, gab 1957 krankheitshalber die Führung der Sozialausschüsse aus der Hand. Ihm folgte 1958 der um eine halbe Generation jüngere Arnold, an den sich große Hoffnungen der Christlich-Sozialen in der Union knüpften. Zwei Jahre zuvor war er zum Stellvertreter des Parteivorsitzenden gewählt worden (1956), und seit 1957 hatte er auch in der Bundestagsfraktion einen stellvertretenden Vorsitz inne. Als er kurz darauf plötzlich starb, waren die Sozialausschüsse verlegen um einen Ersatz. Sie wählten schließlich den 68jährigen Johannes Albers, einen christlichen Gewerkschafter vom alten Schlag, ehemals Gewerkschaftssekretär und Politiker der Kölner Zentrumspartei, der dann bis 1963 »regierte«. Erst mit der Wahl ihres langjährigen Bundesgeschäftsführers Hans Katzer zum Vorsitzenden wurde der Stab an einen Vertreter der nächsten Generation weitergegeben. Mit ihm hielt auch in der CDA die Reform Einzug (10. Bundestagung 1963 in Oberhausen).

Die »außerparteiliche« Funktion der CDU-Sozialausschüsse, die alle zwei Jahre ihre Bundestagung abhielten, zielte auf die Gewerkschaften und die Betriebe sowie im weiteren Sinne auf die Mitglieder der katholischen und evangelischen Arbeitnehmerorganisationen. In den fünfziger Jahren bemühten sie sich besonders um den Aufbau von christlich-demokratischen Betriebsgruppen, die es 1959 in etwa tausend Mittel- und Großbetrieben gab, was allerdings nur ein Siebentel der SPD-Betriebsgruppen ausmachte. Intensive Beziehungen gab es dabei zur »Christlich-sozialen Kollegenschaft im DGB«, die seit ihren ersten Arbeitsgemeinschaften 1952 innerhalb der Einheitsgewerkschaft ein solidarisches Zusammenstehen des christlich-sozialen »Häufleins« zu praktizieren suchte. Als ihr Organ erschienen seit 1954 die »Gesellschaftspolitischen Kommentare«. 1960 (Beschluß von Mehlem) gab man jedoch den Status einer innergewerkschaftlichen Gruppe auf und distanzierte sich vom DGB, dem eine »totale Sozialdemokratisierung« vorgeworfen wurde. Die Zielsetzung der »Kollegenschaft«, »christlich-soziale Menschen zu denkenden Minderheiten aufzurüsten«, wurde indes weiterverfolgt.

Gegen Ende der Adenauer-Ära unternahmen die Sozialausschüsse verstärkte Mobilisierungsanstrengungen, um den an die »Unionsliberalen« um Erhard und Gerstenmaier verlorenen Boden wieder wettzumachen. Auf dem Höhepunkt der innerparteilichen Diskussion um die Sozialreform blies der »linke Flügel« der CDU zum Sammeln. Dazu gehörte, zurückgehend auf eine Initiative Kaisers (Herne 1955), die Wiederbelebung des Christlich-sozialen Arbeitnehmerkongresses. Mit dem 5. Kongreß am 26./27. März 1960 in Köln knüpfte man an die im Ersten Weltkrieg abgebrochene Tradition der Christlichen Gewerkschaften an; es folgten Kongresse in Königstein 1964 und Bonn 1969. Beteiligt waren im »Ständigen Ausschuß« neben den Sozialausschüssen auch die Arbeiterbünde und Gesellenvereine beider Konfessionen. Ihr Ziel war, die »Einigkeit aller christlich-sozialen Kräfte in den Grundsatzfragen der Gesellschaftsordnung herauszustellen«. Was kritische Stimmen als »platten Anachronismus« abtaten, verstand sich selbst als »Neuanfang« im Geiste der christlichen Sozialethik. Abgrenzung gegen »Neoliberalismus« und »Sozialismus«, aber auch Kampfansage an jeden Konservativismus in der Christlichen Demokratie prägte die politischen Forderungen sowohl in Sachen Sozialversicherung, Familienrecht und Eigentumsbildung als auch – unter der Devise »Ausgleich zwischen Kapital und Arbeit« – nach Ausbau der überbetrieblichen Mitbestimmung und nach Schaffung eines Bundeswirtschaftsrates.

Auf ihrer 7. Bundestagung in Herne 1955 (17./18. September), am zehnten Jahrestag ihres Wirkens, hatten die Sozialausschüsse die Grundsätze ihrer »sozialwirtschaftlichen« Politik festgelegt. Auf ihrer 9. Bundestagung in Königswinter 1961 eröffneten sie mit ihrem Programm einer »sozialgerechten Vermögensbildung« und der darauf aufbauenden Idee der Sozialpartnerschaft die »zweite Phase der Sozialen Marktwirtschaft«. Das »neue Stück Union«, das sie ein Jahr darauf in Oberhausen mit ihren Entschließungen zur Eigentums-, Familien-, Arbeitsrechts-, Steuer-, Bau- und Bodenpolitik aufführten, erhöhte den »Linksdruck« in der Partei, wie die »Zeit« kommentierte. Andere sprachen – ernsthaft oder ironisch – von der »besten SPD, die es je gab«.

Ähnlich wie die Sozialausschüsse suchte sich auch die *Junge Union* in der Adenauer-Ära als »Motor und Gewissen« der Union zu profilieren. Ihr jährlicher Deutschlandtag, ihre oberste beschließende Vertretung, wurde oft als Seismograph der politischen Meinungsbildungsprozesse und Kräfteverschiebungen in der Union angesehen. Als koordinierendes Organ für gemeinsame Interessen der JU-Landesverbände wirkte der Deutschlandrat. Der Bundesvorstand bestand aus dem Vorsitzenden, seinen beiden Stellvertretern und acht weiteren Mitgliedern (Satzung von 1953). 1955 gab Ernst Majonica – 35 Jahre alt geworden – das Amt des Bundesvorsitzenden ab, das er, seit 1950, gerade in den Jahren des hitzigen Streits um den deutschen Verteidigungsbeitrag mit vermittelndem Geschick verwaltet hatte. Die geschundene Generation der Arbeitsdienstmänner, Frontsoldaten und Flakhelfer akzeptierte die Wiederbewaffnung in der Verbindung mit der Europa-Idee. Die Junge Union wurde zum Hauptträger der zukunftsweisenden Politik eines geistig, wirtschaftlich und politisch geeinten Europa. In der Innenpolitik konzentrierte sie sich vor allem auf Jugend- und Familienfragen. Auf dem Augsburger Deutschlandtag 1955 wurde der 28jährige Stoltenberg zum Bundesvorsitzenden gewählt. In seine sechsjährige Amtszeit fielen nicht nur die politischen Auseinandersetzungen über den Ausbau des sozialen Rechtsstaats, sondern auch die parteiinternen Diskussionen um eine Reform der Union. Die junge Generation der CDU bekannte sich zu einem Staat, der christlich, demokratisch und sozial sein sollte. Auch innerhalb der Partei trat sie für eine demokratische innere Ordnung unter dem Motto »Alle Macht dem Mitglied« ein.

Dabei ließ sie nie einen Zweifel daran aufkommen, daß sie »Adenauers getreue Mannschaft« war. Und dieser zeigte sich der Jungen Union durchaus wohlgesonnen, weil sie durch ihre Aktivität so manches organisatorische Defizit der Union wettzumachen imstande war. Erst gegen Ende der Adenauer-Ära, als es mit der »Modernisierung« der Partei nicht recht klappte und die Union unter der Nachfolgefrage litt, insbesondere unter dem Zerwürfnis zwischen Adenauer und Erhard, ging der politische Nachwuchs mehr und mehr auf Distanz zum Gründungskanzler. Auf dem Deutschlandtag in Oldenburg 1961, wo der Landesvorsitzende der JU Rheinland, Bert Even, den Bundesvorsitz (bis 1963) übernahm, forderte die Junge Union die Anpassung an die veränderten gesellschaftlichen Gegebenheiten durch Förderung innerparteilicher Demokratie, Beseitigung von Resten des Honoratiorensystems und Stärkung der Partei gegenüber den Fraktionen und Regierungsmitgliedern. Der

aus der katholischen Jugendbewegung kommende Even forcierte
eine weltanschauliche Ausrichtung der Jungen Union: Dem politischen Zweckdenken sollte durch Besinnung auf die geistigen Grundlagen der Partei gesteuert werden. Im »Appell von Berlin« (20. Januar 1962) gelobte die Junge Union »angesichts der Mauer … unbe-
irrbare Treue zum christlich-sozialen Leitbild«. Mit ihrer »Absage
an ein Leben in selbstzufriedener Sattheit«, ihrer Kampfansage »gegen zersetzende Einzel- und Gruppenegoismen« gingen die »zor-
nigen jungen Männer« (»Deutsche Zeitung«) daran, der Union
Trägheit, Honoratiorendenken, Konfessionsproporz und Patronage
auszutreiben. Es wurde bald klar, daß sich ihre Reformvorstellungen
nicht nur auf das »Haupt« Adenauer bezogen, sondern auch den
»Gliedern« galten, für die sie verantwortliche Mitarbeit reklamierten.

Am Ende der Adenauer-Ära zählte die Junge Union rund 85 000
Mitglieder, von denen gut die Hälfte gleichzeitig auch Mitglied der
CDU oder der CSU war. In den siebzehn Landesverbänden mit ihren
562 Kreisverbänden überwogen die Männer im Verhältnis eins zu
sieben; die Katholiken machten zwei Drittel der Mitglieder aus. In
der Altersstruktur bildete die Generation der Fünfundzwanzig- bis
Fünfunddreißigjährigen den Kern; in der Berufsstruktur waren es –
in der Reihenfolge ihres Anteils – die Angestellten, Arbeiter, Handwerker und Landwirte, die zusammen rund zwei Drittel der Jungen
Union stellten. Daraus erklärte sich unter anderem die starke soziale
Komponente der JU-Politik und das häufige Zusammengehen mit
den Sozialausschüssen.

In den Fünfzigern stellte der Aufstieg der Union zur Mehrheitspartei starke Anforderungen an die Personalsubstanz der Jungen
Union. 1962 gehörten ihr rund zwanzig Abgeordnete des Bundestages und siebzig Mitglieder von Landesparlamenten an sowie fünf
Landesminister und 127 Bürgermeister und Landräte, ganz zu
schweigen von über 3000 Stadtverordneten, Kreis- und Gemein-
deräten. Aus ihr rekrutierte sich auch in wachsendem Maße der
Unionsnachwuchs. Hinter dem Engagement in der Jungen Union
versteckte sich oft genug der Ehrgeiz einer Parteikarriere. Das
brachte Probleme mit dem eigenen Führungsnachwuchs mit sich
und bremste zeitweise den »bekannten Elan der Jungen Union«

(»FAZ«). Auch die Anfang der Sechziger aufkommende Kritik an der »atlantischen« Außenpolitik Schröders wirkte nur wenig stimulierend, obwohl die Junge Union sich für die europäische Einheit und die Zusammenarbeit mit Frankreich stark machte. Die eigenen Personalsorgen schoben sich in den Vordergrund. Auf dem Deutschlandtag in Fulda 1963 entschied der 33jährige ehemalige hessische JU-Landesvorsitzende Egon Klepsch, Dozent an der Koblenzer Schule für Innere Führung, die Wahl zum Bundesvorsitzenden knapp für sich, in einer Kampfabstimmung gegen den 34jährigen Münsteraner Landgerichtsrat Friedrich Vogel, der neben dem CSU-Mann Helmut Bühl Stellvertreter wurde. Es begann eine durch Arbeitskreise vorbereitete und vertiefte Programmdiskussion, die Kontakte zu Verbänden und Gewerkschaften wurden intensiviert, die europäischen Aktivitäten verstärkt. Die Junge Union sah es als ihre Aufgabe an, der Union als »Klammer« den Übergang zu einer »neuen« Parteiwirklichkeit (Klepsch) zu erleichtern.

Für alle Vereinigungen der Union galt, daß sie mit dem Ende der Adenauer-Ära – wie die Partei selbst – auf dem Weg zu mehr Eigengewicht und Mitverantwortung in eine Zeit des Umbruchs gerieten. Entlassen aus der Zucht Adenauers, ihres großen Meisters, begab sich die Union in den sechziger Jahren auf die Suche nach sich selbst – politisch, organisatorisch, programmatisch. Großangelegte Kongresse in jenen politischen Gefilden, die von den Vereinigungen nicht bestellt wurden, dienten der Kursbestimmung. So fanden insbesondere die beiden Agrarpolitischen Bundestagungen der CDU in Köln (15. Juli 1957) und in Bad Godesberg (7. Juli 1961) sowie die Kulturpolitischen Kongresse der CDU/CSU in Gelsenkirchen (28.–30. November 1960), Augsburg (4.–6. November 1962) und Hamburg (4.–6. September 1964) große Beachtung.

5. Landesverbände

Da sich die CDU-Landesverbände früher als die Bundespartei gebildet hatten, so wie die deutschen Länder vor dem Bund entstanden waren, wirkte sich hier wie dort der Föderalismus mit ähnlichen Vor- und Nachteilen aus. Auch die Unterschiede nach Größe, Struktur

und historischen Voraussetzungen sind in beiden Fällen vergleichbar. So hatte etwa die CDU im Rheinland und in Westfalen dank des
traditionellen politischen Katholizismus ein weit kräftigeres ge-
schichtliches Profil als die CDU in Schleswig-Holstein; oder man
denke an die Schwäche der CDU in den Stadtstaaten des neuen Bun-
desstaats.

Die Parteiorganisation trug mit dem Bundesausschuß der starken
Stellung der Landesverbände Rechnung. Durch seine Zusammensetzung – aus Bundesvorstand, Vorsitzenden der CDU-Landtagsfrak-
tionen und Landesgeschäftsführern (1960) sowie Delegierten der
Landesverbände – besaß er den Charakter einer Ländervertretung.
Er mußte auf Antrag von drei Landesverbänden vom Bundesvorsitzenden einberufen werden. Den Landesverbänden gleichgestellt waren seit 1950 die Gebiete jenseits der innerdeutschen Grenze, die im
Bundesvorstand und Bundesausschuß sowie auf den Parteitagen von
der Exil-CDU und dem Landesverband Oder/Neiße vertreten wurden.

Während der Adenauer-Ära stützte sich die CDU auf ihre starke
Position (mit einem Stimmanteil von über vierzig Prozent) in Schleswig-Holstein, Nordrhein-Westfalen, Rheinland-Pfalz, Baden-Württemberg und im Saarland. Hier stellte sie auch, bis auf kurzfristi-
ge Ausnahmen, durchgängig die Ministerpräsidenten: Bartram
(1950/51), Friedrich Wilhelm Lübke (1951–1954) und Kai-Uwe von
Hassel (1954–1963); Arnold (1947–1956) und Meyers (1958–1966);
Peter Altmeier (1947–1969); Gebhard Müller (1953–1958) und Kiesinger (1958–1966); Ney (1956/57), Reinert (1957–1959) und Röder
(1959–1979). Schwierig war – mit einem Stammwählerpotential von
ca. dreißig Prozent – die Stellung der CDU in Hessen und in Berlin,
wo sie zwar seit 1948 mitregierte, aber der Regierende Bürgermeister
nur 1953/54 einmal für vierzehn Monate aus ihren Reihen kam
(Schreiber); in Niedersachsen war sie 1946–1951 und 1955–1959 an
der Regierung beteiligt; in Hamburg führte sie für eine Wahlperiode
(1953–1957) den Hamburg-Block an und stellte mit Kurt Sieveking
den Senatspräsidenten. Auf verlorenem Posten stand sie zunächst in
Bremen, wo sie in den Bürgerschaftswahlen von 1959 noch nicht einmal fünfzehn Prozent erreichte und erst in den Sechzigern auf über
dreißig Prozent kletterte.

Für das Verhältnis von Bundespartei und Landesverbänden hat man »Krach als Leitmotiv« (»Die Zeit«) feststellen zu können geglaubt. Föderative Politikmuster und Zentralisierungstendenzen haben sich seit den Fünfzigern ständig aneinander gerieben, bisweilen so stark, daß die Funken stoben. Der »Rekord«-Landeschef Altmeier – er war 22 Jahre Ministerpräsident von Rheinland-Pfalz – wollte allerdings die Rolle der Landesverbände nicht nur in Gegensatz zur Bundespartei sehen. In einer Bundesvorstandssitzung bezeichnete er sie 1959 als »Filialen der Partei«. Das gab wiederum Adenauer den Anlaß, ihn bei der nächsten Wortmeldung ironisch als »Herr Filialleiter« zu titulieren. Ohne Zweifel zehrten die Landesverbände und Landesvorsitzenden auch von den politischen Erfolgen Adenauers.

Nordrhein-Westfalen

Auch das gehörte zu den Besonderheiten der Adenauer-Ära, daß die CDU damals in den Ländern in dem Maße an Boden gewann, wie die Politik der von ihr geführten Bundesregierung beim Wähler »ankam«. Das galt vor allem für Nordrhein-Westfalen. In dem industrialisiertesten und bevölkerungsstärksten Bundesland besaß die CDU mit den großen Landesverbänden Rheinland und Westfalen-Lippe ihre stärksten Bollwerke. So wußte es Adenauer 1951 zu rühmen: »... also die CDU von Nordrhein-Westfalen ist das Kernstück der gesamten deutschen CDU und CSU. Hier sind die Wurzeln unserer Kraft, nicht nur ziffermäßig, auch weltanschauungsmäßig und der ganzen politischen Gesinnung nach.« Aufgrund dieses Potentials verfügten die Vorsitzenden der beiden nordrhein-westfälischen Landesverbände stets über eine ansehnliche politische Hausmacht. Von Adenauer abgesehen, konnte jedoch keiner seiner Nachfolger mehr über die provinzielle Schwelle hinaus zu bundespolitischer Bedeutung gelangen; am ehesten war das noch bei dem Westfalen Josef-Hermann Dufhues der Fall (1959–1971). Auf die provinzielle Ebene beschränkt blieben Lambert Lensing (1951–1959), sein Vorgänger, und die rheinischen Landesvorsitzenden Wilhelm Johnen (1951–1963) und Konrad Grundmann (1963–1969).

Ein Großteil der Parteienergien in Nordrhein-Westfalen ging im

Konkurrenzgerangel der beiden Landesverbände verloren. Hinzu kam, daß Arnold, Ministerpräsident des Landes von 1947 bis 1956, von vielen wenn nicht als eine Alternative zu Adenauer, so doch zumindest als ein geeigneter Nachfolger gesehen wurde. Aus dieser personellen Konstellation erwuchsen zwischen Land und Bund, zwischen den beiden Landesparteien und der Bundesunion Empfindlichkeiten, die sich festsetzten und bis in die achtziger Jahre immer wieder neue Nahrung erhielten. Verstärkend wirkte dabei der in Nordrhein-Westfalen seit Arnold erhobene Anspruch, das »soziale Gewissen der Bundesrepublik« zu sein. Arnold regierte in seinem zweiten und dritten Kabinett zunächst in einer »Kleinstkoalition« mit dem Zentrum, dann ab 1954 in einer »mittelgroßen« Koalition auch mit der FDP, die ihn aber, in die Enge getrieben durch die auf Einführung des Mehrheitswahlrechts sinnende Union, mitten in der Legislaturperiode stürzte; sie ging ein Bündnis mit der SPD ein. »Eine echte politische Rebellion«, wie der »Spiegel« schrieb, denn der Düsseldorfer Handstreich vom 20. Februar 1956 war zweifellos auch als eine Warnung an die CDU/CSU in Bonn gedacht. Man sah hier und da sogar ein »anderes politisches Deutschland« Gesicht und Gestalt annehmen (»Die Zeit«).

Als »politische Allianz gegen das Christentum« bezeichnete der tief getroffene Arnold das »sehr merkwürdige Zweigespann« (»Christ und Welt«) von SPD und FDP. Die nordrhein-westfälische Politik erreichte einen bis dahin unbekannten Grad der Polarisierung. In den heftigen Auseinandersetzungen um die Schul-, Wohnungsbau- und Verteidigungspolitik bewährte sich Arnold als »Kopf« der CDU an Rhein und Ruhr. Auf ihn war auch das neu geschaffene zehnköpfige gemeinsame Landespräsidium der CDU Rheinland und Westfalen-Lippe zugeschnitten. Der Vorsitz in diesem Gremium, das zum ersten Mal am 24. März 1956 zusammentrat, sollte ihn gewissermaßen über den Verlust des Ministerpräsidentenamts hinwegtrösten und ihm sein bundespolitisches Gewicht erhalten helfen. Als er kurz vor der entscheidenden Landtagswahl 1958 einem Herzinfarkt erlag, zeigte sich, daß ihm kein anderer aus dem Unionsführungskreis in Nordrhein-Westfalen an Ansehen gleichkam. Von den vier Bewerbern um seine Nachfolge setzte sich schließlich der ehemalige Innenminister Franz Meyers gegen den

bisherigen Fraktionschef und rheinischen Landesvorsitzenden Johnen, den Landtagspräsidenten Gockeln und den stellvertretenden
Vorsitzenden der westfälischen CDU, Dufhues, durch. Mit Meyers,
der Organisationstalent mit sozialer Aufgeschlossenheit und bürgerlicher Bonhomie verband – »ein Mann, der gutgelaunt in die Breite
wirkt« (»Die Welt«) – , ging die CDU jedoch das Risiko ein, »sich
ohne einen Repräsentanten des Arbeitnehmerflügels an der Spitze als
führende Partei im ›Arbeiterland‹ Nordrhein-Westfalen behaupten
zu wollen« (Friedrich Keinemann).

Den beiden Meyers-Regierungen – 1958–1962 mit absoluter
Mehrheit der CDU, 1962–1966 im Koalitionsbunde mit der FDP –
stellten sich mit der Strukturkrise in der Kohlewirtschaft und mit
den Auswirkungen der sich abschwächenden Konjunktur in der
Textil- und Eisenschaffenden Industrie schwierige politische Aufgaben. Deren Größenordnung, vor allem aber ihre internationalen
Aspekte, überstiegen vielfach die Möglichkeiten der Landespolitik
und ließen die Regierung bisweilen hilflos erscheinen. Dabei zeich-
neten sich gerade die Meyers-Kabinette – das zweite war das »jüngste« in der Bundesrepublik – durch Kreativität und Unkonventiona-
lität aus. Eine Pionierleistung war die Umweltschutzpolitik, die mit
dem Immissionsschutzgesetz von 1962, mit Meßprogrammen zur
Umweltbelastung und der Errichtung der Landesanstalt für Immis-
sions- und Bodennutzungsschutz (1963) zum ersten Mal für konkrete gesetzgeberische Maßnahmen in diesem problematischen Bereich sorgte. Auch in der Schul- und Bildungspolitik beschritt man
unter den Kultusministern Werner Schütz und insbesondere Paul
Mikat neue Wege. Durch eine intensive Landesplanung wurden
nicht nur regionale Strukturverbesserungen angestrebt, sondern
auch Grundlagen geschaffen, um das Land zu einer Einheit zusam-
menzufügen.

Neben der Landespolitik gab es auch immer wieder in der Zusammenarbeit der beiden Landesverbände der CDU Probleme. Vergeblich hatte bereits 1948 Adenauer ein »gemeinsames Organ« angeregt.
Aber dazu wollte man sich in Köln und Dortmund nur im Notfall
bequemen. So überlebte das 1956 gebildete Präsidium den Tod Ar-
nolds nicht lange. Es wurde von einem Landesausschuß abgelöst, der
1964 zu einem Koordinierungsausschuß der CDU Nordrhein-West-

falen umorganisiert wurde. Eine Gemeinsamkeit des Handelns
wollte sich jedoch nur selten einstellen; es blieb, nach einer Formulierung von Dufhues, bei einem unverbindlichen Gremium, das »gemeinsam interessierende Fragen koordiniert«. Zu groß waren die
Sorgen der westfälischen CDU, bei einer gemeinsamen Landesspitze
oder gar bei einer Fusion von ihren rheinischen Parteifreunden do-
miniert zu werden. Erst unter dem Eindruck der Landtagswahlnie-
derlage 1966 und des Abschieds von der Regierung vier Monate später einigte man sich auf ein »Präsidium der CDU in Nordrhein-Westfalen« unter dem Vorsitz von Dufhues und mit Sitz in Düsseldorf.

Baden-Württemberg

Die zweite CDU-Hochburg unter den Bundesländern – Baden-
Württemberg – bietet ein Paradebeispiel dafür, daß der Unionserfolg
auf Bundesebene die Partei auch im Land mehrheitsfähig machte.
Unter dem Eindruck des Bundestagswahlsiegs von CDU und CSU
1953 war Ministerpräsident Reinhold Maier (FDP) zurückgetreten
und hatte Gebhard Müller, dem Vorsitzenden der CDU Württem-
berg-Hohenzollern, Platz gemacht. Er wie auch sein Nachfolger
Kiesinger (seit 1958) regierte mit einer Allparteienkoalition; nach der
Landtagswahl 1960, in der die CDU mit einem Stimmenanteil von
42,6 Prozent und gleich 52 von 121 Abgeordneten einen über-
zeugenden Sieg errang, konnte Kiesinger eine Koalition mit FDP und
BHE-GDP bilden. Die landespolitische Arbeit nach der schweren
Geburt des Südweststaats 1952 konzentrierte sich zunächst auf zwei
Komplexe: Die Gegensätze zwischen den Altbadenern und den
Anhängern der Südweststaatslösung mußten abgebaut werden. Zugleich wurden mit großangelegten Förderungsprogrammen die
kriegsgeschädigten und entwicklungsgehemmten Landesteile zu
Musterbeispielen des Wirtschaftswunders aufgebaut.
    1956 unternahmen die Altbadener mit einem Volksbegehren noch
einmal einen verzweifelten Anlauf zur Wiederherstellung des früheren Landes Baden. Nach einem endlos scheinenden, vom Widerstreit
der Parteien immer wieder unterbrochenen Weg durch die Gesetz-
gebungsinstanzen brachte der Volksentscheid von 1970 mit einem
eindrucksvollen Bekenntnis der badischen Bevölkerung für Baden-

Württemberg den Durchbruch. Fast gleichzeitig schlossen sich die vier baden-württembergischen Landesverbände der Union in einem Dachverband zusammen. Der erste Landesparteitag der CDU Baden-Württembergs fand zum Jahresbeginn 1971 in Baden-Baden statt. Zum ersten Vorsitzenden des mit rund 45 000 Mitgliedern drittstärksten Landesverbandes wurde Hans Filbinger (1971–1979) gewählt. Die Union sollte, nach seinen Worten, die »Partei der einigenden Mitte« sein.

Gerade an der Badenfrage zeigt sich, wie stark die Union in den Regionen verwurzelt war und von ihnen auch ihr unterschiedliches Gepräge erhielt. So rechtfertigte der Fraktionsvorsitzende Gurk 1952 die Existenz der vier CDU-Landesverbände Nord- und Südbaden, Nordwürttemberg sowie Württemberg-Hohenzollern mit den Worten: »Die CDU kann es sich als freiheitliche Partei ihrem Wesensgefüge nach leisten, bei organisatorischer Vielfältigkeit ihre geistig-politische Einheit zu wahren. Die CDU ist gewohnt, im Gegensatz zu den Regierungsparteien, föderalistisch zu denken« (UiD). In diesem Sinn hatte man, ganz dem eigenwilligen Nachkriegsföderalismus verhaftet, als Koordinierungsinstrument die Viererkonferenz der Landesvorsitzenden geschaffen. Sie handelten auch die jeweilige Landesliste bei Wahlen aus. Erst Ende der Fünfziger kam aus der Parteireformdiskussion um die Bundes-CDU auch der Anstoß, den Zusammenschluß der baden-württembergischen Landesverbände unter einer Führungsspitze vorzuschlagen. Nordwürttemberg machte den Vorreiter; am stärksten drängte die Junge Union. In Württemberg-Hohenzollern gab es gleichfalls Zustimmung für das Einigungsprojekt, aber der Landesvorsitzende, Eduard Adorno, verhielt sich abwartend. Die Badener unter ihren Vorsitzenden Dichtel (Süd) und Gurk (Nord) verweigerten sich; sie wollten vor der Volksabstimmung über die Badenfrage nichts von der Bildung eines gemeinsamen Landesverbandes wissen. Im Oktober 1962 gab es aber immerhin einen ersten gemeinsamen Parteitag der vier Landesverbände. 1966, als Hans Filbinger den Vorsitz der CDU Südbaden übernahm, konnte endlich der »schädliche Parteiföderalismus« (»Echo der Zeit«) überwunden und auf einem Zusammenschluß hingearbeitet werden. Mit der Gründung des Landesverbandes setzte, analog zur Entwicklung der Bundespartei, nach der Gründungsdynamik (1945–1952) und der Stagnation in den Fünfzigern und Sechzigern ein Entwicklungsschub zur Mitgliederpartei ein.

Rheinland-Pfalz

In Rheinland-Pfalz erlangte die CDU in der Konsolidierungsphase der Fünfziger eine Sonderstellung, die man mit derjenigen der CSU in Bayern vergleichen kann. Sie entwickelte eine politisch-organisatorische Infrastruktur, die besser und effizienter war als die ihrer Konkurrenten. In der Landtagswahl am 19. April 1959 kam sie mit 48,4 Prozent der abgegebenen Stimmen in den Bereich der absoluten Mehrheit. Auf die Eroberung der Alleinherrschaft mußte sie jedoch noch bis 1971 warten. Maßgebend für die Organisation des Landesverbandes blieben zunächst die fünf Bezirke, die ihn 1947 ins Leben gerufen hatten. Nach ihnen bestimmte sich die Zusammensetzung des Landesvorstandes, der den Landesvorsitzenden und fünf Stellvertreter (Präsidium), fünf gewählte Mitglieder, die jeweiligen fünf Bezirksvorsitzenden und Landesgeschäftsführer, 15 Bezirksvertreter (fünf Koblenz, fünf Pfalz, drei Trier, einer Rheinhessen, einer Montabaur) sowie die Vorsitzenden der Vereinigungen und acht ständigen Fachausschüsse umfaßte. Für die Erfolgsgeschichte der Union in diesem aus heterogenen Geschichtsräumen »künstlich« geschaffenen Bundesland war entscheidend, daß fast zwanzig Jahre lang der Landesvorsitzende der Partei zugleich auch Ministerpräsident war. So konnte die CDU dort, ähnlich wie während der Adenauer-Ära auf Bundesebene, aus der Regierungsverantwortung Kraft ziehen. Altmeier stellte seine Regierung, die seit 1951 auf einer CDU/FDP-Koalition beruhte, zunächst darauf ab, das Besatzungskind Rheinland-Pfalz zu einem »lebenskräftigen Staatsgebilde« und integrierenden Bestandteil der Bundesrepublik großzuziehen. Daraus leitete sich auch seine oft bemerkte »Kanzlertreue« ab, die es ihm zur »ersten Pflicht und Aufgabe« machte, die Bundesregierung »in den großen Grundlinien ihrer Politik mit aller Kraft zu unterstützen« (Regierungserklärung 1951). Die Grenzlage, die schweren Kriegs- und Besatzungsschäden, die ungünstige Wirtschaftsstruktur mit bäuerlichen und gewerblichen Klein- und Kleinstbetrieben ließen das Land beim Wiederaufbau auf die Hilfe des Bundes angewiesen sein.

Analog gehörte es für die Landespartei zur »Räson«, mit der Bundesunion politisch-programmatisch eng zu kommunizieren. Dabei handelte es sich um eine Gegenseitigkeit zum »Wohle des Ganzen«, wie eine Lieblingsformel Altmeiers lautete, der sich nicht ungern als »Wachtmeister des Föderalismus« apostrophieren ließ. So übernahm das Land bei der Aussöhnung mit Frankreich und Luxemburg eine wichtige Brückenfunktion, der es durch eine entsprechende Verkehrspolitik Rechnung trug. In der Saarfrage machte sich die Mainzer Regierung allerdings – entgegen Adenauers Kurs – für eine nationale Lösung stark. Die rheinland-pfälzische CDU ihrerseits agierte als Anwalt der 1952 illegal gegründeten Saar-CDU. Landesregierung und Landespartei von Rheinland-Pfalz haben in der Ära Altmeier durch gemäßigte Positionen, wie sie auch in der Bildungs- und Sozialpolitik vertreten wurden, eine wichtige Rolle beim Ausgleich zwischen den verschiedenen Flügeln und Richtungen der Union gespielt.

Seit Anfang der Sechziger regten sich auch in der rheinland-pfälzischen Landespartei die Reformkräfte. Als die Landtagswahl am 31. März 1963 der Partei ein Minus von vier Prozent einbrachte, bekamen die Reformvorschläge Konjunktur: organisatorische Straffung des Landesverbandes, Trennung von Ministerpräsidentenamt und Parteivorsitz, Verjüngung der Parteispitze, Emanzipation von der katholischen Kirche, ein neues Grundsatzprogramm im Stil der Kölner Leitsätze von 1945 – mit ironischer Selbstkritik äußerte sich ein führendes Parteimitglied: »Mit Hirtenbriefen und Faulheit ist nichts mehr zu gewinnen.« Der im Herbst 1963 neugewählte Vorsitzende des Bezirksverbandes Pfalz, der 33jährige Helmut Kohl, empfand die von der Wahlschlappe ausgehende Wirkung als »wohltuend«; sie habe die Partei wachgerüttelt. Er war der kommende Mann. 1966 löste er, als jüngster Landesvorsitzender im Bundesgebiet, Altmeier im Parteivorsitz ab. Der Informationsdienst der Union sprach von einem »vorbildlichen Generationenwechsel«.

Saarland

Von der Wiedervereinigung mit dem Saarland, dem jüngsten Kind der Bundesrepublik, hatte sich Rheinland-Pfalz eine Stärkung seiner Position im Südwestraum erhofft, nach außen für die Politik der nachbarlichen Verbundenheit gegenüber Frankreich und Luxemburg, nach innen für die Interessenvertretung der Region gegenüber dem Bund. Folglich ließ man sich hier die Rückkehr der Saar und die offizielle Zulassung der CDU besonders angelegen sein. Der Charakter des »Zuspätgekommenen« blieb lange am Saarland hängen. Für die Landes-CDU ist im Vergleich zur Bundes-CDU gar von einer »zehnjährigen Phasenverschiebung« der politischen Entwicklung gesprochen worden. Den langjährigen Landesvorsitzenden Franz-Josef Röder (1959–1973) hat man nach seiner Rolle in der Partei mit Adenauer verglichen, weil er ebenso wie dieser beide Spitzenämter in Regierung und Partei auf sich vereinigte und die innerparteiliche Führungsstruktur unter ihm monokratische Züge aufwies. Der Dillinger Oberstudiendirektor, der gegenüber Adenauer die Anerkennung der Saar-CDU als Landesverband durchsetzte, wurde ihre Integrationsfigur.

Eine Besonderheit der saarländischen CDU war, daß sie sich in ihrer Aufstiegsphase mit der Spaltung des christlichen Lagers herumschlagen mußte, die mit dem Wirken der Christlichen Volkspartei bis in die sechziger Jahre hinein existierte. Die saarländischen Christdemokraten fanden ihre Identität zunächst im Widerstand gegen die Abtrennung der Saar von Deutschland. Zu ihrem Image gehörte auch die sehr starke katholische Prägung durch einen fast neunzigprozentigen Anteil katholischer Mitglieder, vornehmlich aus der Arbeitnehmerschaft. Auch ein ausgeprägt regionales Denken war den saarländischen Christdemokraten eigen. Das kam unter anderem darin zum Ausdruck, daß die Saar-CDU – nach schwierigen Anfangsjahren – in den Siebzigern die höchste Organisationsdichte aller CDU-Landesverbände erreichte.

Seit 1956 stellte die CDU an der Saar den Ministerpräsidenten, jeweils mit ihren Landesvorsitzenden. Bis 1961 war die SPD mit im Kabinett vertreten, von 1956 bis 1959 und von 1961 bis 1970 die FDP/DPS. In dieser Zeit schwang sich die CDU von 26 Prozent auf die stolze Höhe von 47,8 Prozent. Die Wähler honorierten so die pragmatisch orientierte Rückgliederungspolitik, die ohne allzu einschneidende gesellschaftliche und wirtschaftliche Opfer die Rechtsangleichung, die Überwindung der Isolation und die Umstellung auf eine breitgefächerte Industriestruktur schaffte.

Schleswig-Holstein

Als »Aufbaupartei« bewährte sich die Union ebenfalls in Schleswig-Holstein. Dabei verschafften auch hier die bundespolitischen Regierungserfolge der CDU/CSU der Landespartei Kredit. Es gelang ihr, in Koalition mit der FDP und dem BHE seit 1950, die »Küste der Gestrandeten« zu einem wirtschaftlich gefestigten Land zu machen. Die Schwerpunkte (Landesprogramm, verabschiedet auf dem Parteitag in Itzehoe 1953) lagen dabei auf der Eingliederung der Flüchtlinge und Vertriebenen, auf dem Wohnungsbau und der Schaffung neuer Arbeitsplätze durch Industrieansiedlung. Durch das »Programm Nord«, das während der Ministerpräsidentschaft Lübkes eingeleitet und unter von Hassel zielstrebig fortgesetzt wurde, konnten Strukturverbesserungen und Produktivitätserhöhungen im Agrarsektor erreicht werden. Da das Land im besonderen Maße auf die Hilfe des Bundes angewiesen war, entwickelten sich die Beziehungen zwischen Kiel und Bonn, zwischen Landes- und Bundespartei ähnlich gut, wie dies bei Rheinland-Pfalz der Fall war.

Dies alles zahlte sich in den Landtagswahlen aus: Von knapp zwanzig Prozent im Jahr 1950 steigerte sich die CDU auf 45 Prozent der Stimmen bei der Landtagswahl am 23. September 1962; die absolute Mehrheit kam in Sicht. Anfangs noch in Wählerblocks, mit wachsendem Zuspruch auf eigenen Beinen stehend, wurde die CDU für über drei Jahrzehnte zur stärksten Partei im nördlichsten Bundesland. Damit ging eine organisatorische Straffung der Landespartei einher, die sich – bei starker Verankerung in lokalen Traditionen und Honoratiorenstrukturen – schon früh auf einen leistungsfähigen administrativen Apparat stützen konnte. So meisterte sie die Krise um ihren ersten Landesvorsitzenden Carl Schröter, der 1951 wegen des Vorwurfs zurücktrat, Entnazifizierungsverfahren beeinflußt zu haben. Sein Nachfolger wurde auf dem Rendsburger Außerordentlichen Landesparteitag Friedrich-Wilhelm Lübke, der zwei Tage darauf auch die Wahl zum Ministerpräsidenten annahm. Seine Stellvertreter in der Partei wurden Innenminister Paul Pagel und die Landtagsabgeordneten Kai-Uwe von Hassel und Walter Richard Gerlich. Nach Lübkes Tod 1954 übernahm von Hassel für zehn Jahre die Parteiführung wie auch – bis 1963 – das Ministerpräsidentenamt.

Einen 4. stellvertretenden Vorsitz erhielt auf dem 8. Landesparteitag
(1956) der Bundes- und Landesvorsitzende der Jungen Union, Gerhard Stoltenberg, Landesparteivorsitzender 1971–1989 und Ministerpräsident 1971–1982. Auf dem 16. Parteitag der Landespartei
1964 stellte der scheidende von Hassel fest, daß die CDU in Schleswig-Holstein eine »neue Wirklichkeit« geschaffen habe, die er in der
Demokratisierung der Gesellschaft, in der Bejahung von Eigentum
und Familie, in sozialer Sicherheit und wachsendem Wohlstand gegeben sah.

   In der Ära Adenauer durchbrach der Fall Schleswig-Holstein die
Regel des Süd-Nord-Gefälles der Unionsattraktivität. Eine Oase der
CDU in einem sonst spröden evangelischen Norden! Dort, wo es
kein reich gegliedertes katholischen Vorfeld gab, blieb die CDU
im Dreißig-Prozent-Ghetto stecken. Die Ausnahmeerscheinung
Schleswig-Holstein erklärt sich durch den großen Anteil von Flüchtlingen, Vertriebenen und Neubürgern, die mehrheitlich traditionell-
konservativ orientiert waren. Erst die intensiven organisatorischen
und programmatischen Reformen auf Landesebene, als Ende der
sechziger und Anfang der siebziger Jahre die CDU auf breiter Front
den Kampf gegen die SPD/FDP-Koalition in Bonn aufnahm, ermög-
lichten auch in Niedersachsen, Berlin, Hessen und Hamburg den
Sprung zur Mehrheitsqualität. Davon konnte in der Adenauer-Ära
jedoch noch keine Rede sein.

Hessen

Im »roten« Hessen hatte die CDU bis Anfang der Siebziger nur wenig mitzureden; sie mußte froh sein, wenn sie in den Landtagswahlen einmal, wie 1958, auf über dreißig Prozent der Stimmen kam. Der
katastrophale Landtagswahlausgang vom 19. November 1950, mit
nur 18,8 Prozent der Stimmen, bedeutete das Ende der Mitregierung
in der Großen Koalition von Ministerpräsident Christian Stock
(SPD) 1947–1951. Damit waren zugleich auch die Tage des ersten
Landesvorsitzenden der hessischen CDU gezählt. Mit nicht gerin-
gem Druck seitens der Bundesparteiführung zog sich Werner Hilpert, der sein Amt seit 1945 bekleidet hatte und zuletzt gleichzeitig
auch Fraktionsvorsitzender gewesen war, 1952 aus der Politik

zurück. An seine Stelle wurde der um eine halbe Generation jüngere Wilhelm Fay gewählt. Indes gelang es auch diesem nicht, die feste Position der SPD während der fünf Regierungen des »Landesvaters« Georg-August Zinn (1951–1969) zu erschüttern.

Aus der Heterogenität der Bezirksverbände Kassel, Fulda, Starkenburg, Gießen, Marburg, Wiesbaden und Frankfurt, die lediglich als regionale Arbeitsgemeinschaften der angeschlossenen Kreisverbände fungierten, ergaben sich wiederholt innerparteiliche Spannungen. Sie wirkten sich um so nachteiliger aus, als der Organisationsgrad der hessischen Union gering war und Fay als Landesvorsitzender auch über keine Hausmacht verfügte. Zudem bildete die CDU-Landtagsfraktion mit ihrem Vorsitzenden Erich Großkopf einen zweiten Schwerpunkt der Opposition, der nicht immer in der gleichen Richtung wie die Parteiführung wirkte. Der Landesvorstand mit vier geschäftsführenden Mitgliedern und zwei stellvertretenden Vorsitzenden – einer katholisch und christlich-sozial (Heinrich Lünendonk), der andere evangelisch und Kommunalpolitiker (Walter Jansen) – stellte ein getreues Abbild der regionalen, sozialen und konfessionellen Zusammensetzung des Landesverbandes dar. Als Mitte der fünfziger Jahre, im Zusammenhang mit der Landtagswahl von 1954, nach bundespolitischem Vorbild der Versuch einer Wahlvereinbarung mit der FDP gemacht wurde, geriet die Partei in einen heftigen Richtungsstreit über die Frage: Öffnung hin zum liberalen Lager oder Betonung des christlichen Parteicharakters? Sollte die CDU als Weltanschauungspartei Anhänger suchen oder den Weg zur »Allerweltspartei« beschreiten? Als sich die CDU in der Bundestagswahl 1957 den Wählern als Sammlungsbewegung präsentierte, die alle umfassen sollte, »die sich nicht zum Sozialismus bekennen« (Fay), zeigten die 40,9 Prozent, mit denen sie erstmals die SPD überflügeln konnte, was auch in Hessen für sie »drin« war.

Nach der wiederum eindeutig verlorenen Landtagswahl von 1962 (28,8%) setzte die hessische CDU ihre Hoffnung auf eine grundlegende Parteireform: Verbreiterung der Basis durch gezielte Mitgliedererwerbung, Straffung und Ausweitung der Parteiorganisation, Ausarbeitung eines Aktionsprogramms, Verbindung mit Wissenschaft und Verbandsleben wurden angestrebt. Fay selbst stellte sich mit seiner »Reform-Rede« vom 16. November 1963, in der er der

CDU eine »Verjüngungskur« (»Frankfurter Neue Presse«) verordnete, an die Spitze des neuen Kurses. Doch der Neubeginn, der den
Kampf um die Mehrheit in Hessen möglich machte, gelang der Partei
erst unter dem Vorsitz Dreggers (1967–1982). Der Fuldaer Oberbürgermeister stand bald für die »härteste Opposition in der Bundesrepublik« (»Frankfurter Neue Presse«). Das Rezept hieß, die CDU als
die große Volkspartei zu profilieren, die auf der Grundlage des
christlichen Menschenbildes das soziale, das nationale und das liberale Element miteinander verbindet. Der Durchbruch kam in den
Siebzigern. Die CDU wurde zur stärksten Partei Hessens (1974 =
47,3%).

Niedersachsen

»CDU-freie Gegenden« (Franz Meyers 1956) bereiteten der Parteiführung während der fünfziger Jahre auch in Niedersachsen erhebliche Sorgen. In den von der SPD majorisierten Landesregierungen war die CDU in der Nachkriegszeit bis 1951 vertreten, dann
noch einmal in den beiden Kabinetten des DP-Ministerpräsidenten
Heinrich Hellwege 1955–1959. Seitdem drückte sie die Oppositionsbänke. Ihr Ziel, in den Landtagswahlen 1963, gestärkt durch den
Übertritt vieler DP-Abgeordneter, die Wachablösung im Leine-
Schloß zu erreichen, verfehlte sie mit enttäuschenden 37,7 Prozent
relativ eindeutig. Erst nach dem Bruch der SPD/FDP-Regierungs-
koalition 1965, infolge von Differenzen über das niedersächsische
Konkordat, konnte sie in einer Großen Koalition erneut Regierungsverantwortung übernehmen.

Die anhaltende Schwäche der CDU in Niedersachsen rührte vor
allem daher, daß es schwierig war, zwischen den drei auf Eigenständigkeit pochenden Landesverbänden Braunschweig, Hannover und
Oldenburg politisches Einvernehmen herzustellen und aufrechtzuerhalten. Auch der Wettbewerb, den die CDU hier in den Fünfzigern
mit der konservativen Deutschen Partei um den ländlichen und städtischen Mittelstand zu bestehen hatte, minderte ihre in diesem Raum
ohnehin bescheidenen Chancen. Der zunächst im Sog der Bundes-
parteigründung 1950 vereinbarte lose Zusammenschluß zur »CDU
in Niedersachsen« bedeutete keine Stärkung. Die Vorsitzenden
Adolf Cillien (1950–1960) und Otto Fricke (1960–1968) hatten kein

leichtes Amt. Die Bemühungen um eine engere Zusammenführung der Landes- und Bezirksverbände erbrachten als konkretes Ergebnis nur eine Erweiterung der Landesleitung auf fünf Mitglieder und Stellvertreter (1958). Der von einer Kommission unterbreitete Vorschlag, die Vereinbarung von 1950 durch eine Satzung zu ersetzen, scheiterte am Widerstand des »CDU-Herzogtums Oldenburg« (»Oldenburgische Volkszeitung«), dessen Vorstände mit ihren eigenwilligen Vorsitzenden Ehlers (1952–1954) und Wegmann (1955–1965) sich am hartnäckigsten der Gründung eines einheitlichen Landesverbandes verweigerten.

So wurde die ursprüngliche Vereinbarung der »CDU in Niedersachsen« mit Zusätzen bis 1968 fortgeschrieben. Dann kam es zum Kompromiß, in dem die niedersächsischen CDU-Landesverbände ein Teil ihrer Rechte an einen im Statut verankerten Dachverband abgaben. Als seine Organe wurden ein vom Parteitag gewählter Vorstand und ein Landesausschuß eingeführt. Damit war die Voraussetzung zu einer umfassenden Modernisierung und Stärkung der Parteiorganisation mit wachsenden Mitgliederzahlen und gezielter Programmarbeit geschaffen. Der Führungswechsel auf den agilen Wilfried Hasselmann, Vorsitzender 1968–1990, leitete den Umschwung zugunsten der Union ein.

Die »Stadtstaaten«

In Hamburg, Bremen und Berlin stellten Sozialstruktur und politische Tradition für die CDU besonders hohe Hürden dar. Sie war noch weit davon entfernt, eine Großstadtpartei zu sein, zumal im evangelischen Norden. In *Hamburg* setzte die CDU darauf, im Bund mit anderen bürgerlichen Parteien die Übermacht der SPD zu brechen. Das schlug beim ersten Anlauf fehl: In der Bürgerschaftswahl von 1949 erreichte sie zusammen mit der FDP und den Konservativen nur 34,5 Prozent. Doch ihre große Stunde schlug schon beim nächsten Wahlgang in der Elbe-Stadt 1953. Der Hamburg-Block, der CDU, FDP und DP vereinte, überwand die SPD mit einem Stimmenanteil von fünfzig Prozent und übernahm mit Kurt Sieveking (CDU) als Bürgermeister die Regierung von »Deutschlands Tor zur Welt«. Seine auf Privatinitiative setzende Politik, die sich vor allem die Förderung des Wohnungsbaus und der mittelständischen Wirtschaft angelegen sein ließ, kam zwar dem Wiederaufbau Hamburgs zugute, war aber nicht dazu angetan, die Mehrheit der Wähler zu gewinnen.

Mit der Bürgerschaftswahl 1957, in der die CDU allein wieder nur auf 32,2 Prozent kam, begann die Zeit ungefährdeter absoluter Vorherrschaft der SPD. Die CDU, unter dem Vorsitz des Kaufmanns Erik Blumenfeld (1958–1968) und in der Bürgerschaft geführt von Sieveking (bis 1963, dann Wilhelm Witten), stellte sich auf eine konstruktive Opposition ein. Gleichzeitig ging sie daran, sich zu modernisieren und das Fundament für eine Großstadtpartei zu legen – mit neuen Aktionsformen, mit Kontinuität in der Parteiführung und klaren »landespolitischen« Grundpositionen (Verwaltungsreform, Schul- und Bildungspolitik, Wirtschafts- und Finanzpolitik). Die Satzung von 1950 erfuhr 1958 eine wesentliche Änderung durch Verankerung der sich konstituierenden Vereinigungen. Durch das Wirken des Vorsitzenden Hugo Scharnberg (1948–1954/1956–1958) und des langjährigen Geschäftsführers Heinrich Zettel (1953–1971) hatte sich der Landesverband mit seinen Stadtbezirken in zentraler Ausrichtung auf die Führungsspitze hin konsolidiert. Nun wurde Abschied von der »althamburgischen« Honoratioren-Politik genommen. »Dreh- und Angelpunkt der Partei« (Schmid) war dabei die Junge Union Hamburgs. Nicht nur, daß aus ihren Reihen die Landesvorsitzenden der folgenden Jahrzehnte hervorgingen (Rollmann, Echternach), ihre führenden Kräfte entwickelten auch einen auffallend starken bundespolitischen Ehrgeiz, der insbesondere in der Reformdiskussion der Bundesunion zum Tragen kam.

Am undankbarsten war die Aufgabe der Union in *Bremen,* dem kleinsten Bundesland. Der Landesverband hatte hier nur vier Kreisverbände: Bremen, Bremerhaven, Vegesack-Lesum und Blumenthal. Auf schmaler Basis spät gestartet, konnte die Union die auf Mehrheit abonnierte SPD nie ernsthaft in Verlegenheit bringen. Dabei ließ die Partei es unter ihrem Vorsitzenden Eberhard Noltenius (1954–1968), dem Nachfolger von Martin Heinrich Wilkens (1951–1952) und Heinrich Barth (1952–1954), ebensowenig an Anstrengungen fehlen wie die CDU-Fraktion in der Bürgerschaft. Doch die Auseinandersetzung mit der DP und dem BHE, die der CDU ne-

ben der FDP im bürgerlichen Lager das Feld streitig machten, noch
mehr aber die Disharmonien innerhalb der Partei zwischen dem katholischen, christlich-sozialen Gründerpotential und den evangelischen, großbürgerlich gesinnten Elementen der Hansestadt zehrten
an der Substanz der Partei. Übertritte von Abgeordneten zur DP und
zur SPD machten das deutlich. Dagegen trog die Hoffnung, daß der
Sog der Bundespolitik die Unionsposition, insbesondere in den zentralen Themen Schule und Wohnungsbau, attraktiver machen würde.

Die bremische Union konnte auch keinen Nutzen daraus ziehen,
daß sie aufgrund des Wahlpatts zwischen SPD und Bürgerblock 1951
zusammen mit der FDP für zwei Legislaturperioden im Senat Wilhelm Kaisens (SPD) Regierungsverantwortung übernahm. Die Rede
ging sogar von einem »absoluten Abhängigkeitsverhältnis zur SPD«.
Das änderte sich nach dem wiederum mageren Wahlergebnis von
1959 (14,8%), das die siegreiche SPD zur weiteren Zurückdrängung
der CDU benutzen wollte. Wieder in die Opposition gezwungen,
ging es, begünstigt durch den Zerfall der DP, sprunghaft aufwärts. In
der Bürgerschaftswahl am 29. September 1963 konnte die CDU ihren
Stimmenanteil nahezu verdoppeln. Sie kam auf 28,9 Prozent, was –
wie die »FAZ« kommentierte, einem »Erdrutsch« gleichkäme – »unter anderen Verhältnissen und bei anderen Größenordnungen als in
Bremen«.

Ein Sonderfall war auch *Berlin*. Aufgrund der außenpolitischen
Exponiertheit des freien Teils der deutschen Hauptstadt legte die
CDU, die hier um ein Drittel der Wählerschaft stets schwer zu kämpfen hatte, Wert auf eine Regierungsbeteiligung. Vor allem in der für
West-Berlin so schicksalhaften Oberbürgermeisterzeit Ernst Reuters
(1948–1953) entstand ein spezielles Gemeinschaftsbewußtsein der
demokratischen Kräfte. So sprach der Landesvorsitzende Lemmer
1957 von einem »Minimum politischer Kameradschaft«, das »für die
innere Stabilität dieser von außen bedrohten Stadt sowie im Interesse
einer ruhigen Entwicklung ihrer Wirtschaft« unerläßlich sei. Nach
einer 15monatigen Regierungskoalition mit der FDP unter Walther
Schreiber (CDU) entschied sich die Berliner Union Anfang 1955
wieder für eine Große Koalition, die zunächst von Otto Suhr
(1955–1957) und dann von Willy Brandt (1957–1966) als Regierenden Bürgermeistern gebildet wurde.

234   Die Ära Adenauer 1950–1963

Ihr bestes Ergebnis bei Wahlen zum Abgeordnetenhaus während der Adenauer-Ära erreichte die CDU 1958 mit 37,7 Prozent – ein Reflex des Chruschtschow-Ultimatums, das die Freiheit und Sicherheit der 2 Millionen Westberliner bedrohte. Ihre Hochburgen hatte sie in den südwestlichen und westlichen Bezirken des amerikanischen und britischen Sektors: in Tempelhof, Steglitz, Zehlendorf, Wilmersdorf und Charlottenburg. Den insgesamt für die Union abgegebenen über 600 000 Stimmen stand eine Mitgliederzahl von wenig mehr als 10 000 (1959) gegenüber, was etwa dem Bundesdurchschnitt entsprach. Trotzdem hat man der Berliner CDU für die Zeit bis 1963 ein »Schattendasein« nachgesagt (Klaus Otto Skibowski). Tatsache ist, daß sie trotz so prominenter Landesvorsitzender wie Schreiber (1947–1952), Tillmanns (1952–1955) und Lemmer (1955–1961) kein eigenes Profil gewinnen konnte, sondern teils als »Anhängsel der Mehrheitspartei«, teils als Sprachrohr der Bonner Regierungspolitik im sozialdemokratischen Berlin galt.

Mit dem »Bekenntnis zur Kanzler-Politik« (UiD 1952) teilte sie denn auch die Schwankungen der Sympathiewerte Adenauers. Nach den Zugewinnen von 1958 traute sie sich sogar zu, die Mehrheit im Abgeordnetenhaus erlangen zu können (Landesversammlung 1960). Aber der Mauerbau 1961 und der damit verbundene Rückschlag für Adenauer und die Union machten ihr einen dicken Strich durch die Rechnung. In der darauffolgenden Wahl zum Abgeordnetenhaus blieb der »zweite Mann« der Berliner Administration, der 47jährige Franz Amrehn, seit 1955 Berliner Bürgermeister, gegen Brandt ohne jede Chance. Seine einstimmige Wahl zum Ersten Landesvorsitzenden nach dem Verzicht Lemmers im Mai 1961 bedeutete zwar, zusammen mit der Wahl des 37jährigen Peter Lorenz als zweitem Vorsitzenden, eine Verjüngung der Parteispitze. Aber der Schwung, die Impulse, die man sich daraus erhoffte, blieben bescheiden. Amrehn war kein »Brandt-Bekämpfer«, wie ihn die Berliner CDU brauchte. Das Wahlergebnis mit einem Stimmenanteil von 28,8 Prozent, also einem Absturz um fast neun Punkte, beendete jäh die Blütenträume. Die Oppositionsführung Amrehns sammelte während der Kanzlerschaft Erhards und der Bonner Großen Koalition nur wenige Pluspunkte. Unbehagen löste vor allem seine starr-ablehnende Haltung gegenüber jeglichen entspannungspolitischen Ansätzen aus. Als sich

Ende der Sechziger daraus sogar Konflikte zwischen dem Berliner
Landesverband und der Bundesführung der Union ergaben, schmolz
seine persönliche Gefolgschaft rasch dahin. Mit dem 1969 neu gewählten Landesvorsitzenden Lorenz fand die Berliner CDU zu
neuem Selbstbewußtsein und neuer Stärke. Mitte der Siebziger erreichte sie es sogar, die stärkste politische Kraft des »Vorpostens der
Freiheit« zu werden.

Landesverband Oder/Neiße und Exil-CDU

Den Status von Landesverbänden besaßen, aufgrund der Goslarer
Satzung der Bundes-CDU, auch die Organisation der Vertriebenen
und Flüchtlinge in der Partei sowie die Exil-CDU, die in der gesamtdeutschen Union die »echte CDU« der sowjetisch besetzten Zone
bzw. der DDR repräsentierte.

Dem »Landesverband für die Gebiete östlich der Oder/Neiße«,
1950 auf dem Goslarer Bundesparteitag gegründet, oblag auf der
Bundesebene der Partei die Vertretung der heimatvertriebenen und
geflüchteten CDU- und CSU-Mitglieder. Er setzte sich aus den Lan-
desvertriebenenausschüssen der CDU-Landesverbände zusammen
sowie aus den gleichwertigen Verbänden der »Union der Vertriebenen« in Baden-Württemberg und der »Union der Heimatvertriebenen« in Bayern. Sie beschickten die Delegiertenversammlungen des
Verbandes. Vorsitzende waren in den fünfziger und sechziger Jahren
Linus Kather 1950–1953, Hermann Eplée 1954–1958, Theodor
Oberländer 1958–1964 und Josef Stingl 1964–1969.

Der Name »Exil-CDU« bürgerte sich als Kurzbezeichnung für
den legalen Hauptvorstand der CDU der SBZ ein. Sie bestand ursprünglich aus jenem Hauptvorstand der Ostzonen-CDU, der auf
dem letzten freien Parteitag am 7. September 1947 in geheimer Abstimmung und damit demokratisch legitimiert gewählt worden war
(neben den Vorsitzenden Kaiser und Lemmer noch Friedensburg,
Krone, Gradl und Tillmanns). Er betrachtete sich als allein befugt,
für die CDU der sowjetischen Zone zu sprechen. Jedes CDU-Mitglied, das aus der »Zone« flüchtete, hatte sich im Westen der CDU
seines neuen Wohnsitzes anzuschließen, um politisch tätig zu sein.

Die Exil-CDU war also ihrem Selbstverständnis nach keine Organisation im Exil, die etwa Flüchtlingsinteressen wahrnahm, sondern das »Sprachorgan des politischen Willens« der CDU der Sowjetzone im freien Teil Deutschlands. Insofern hatte sie strenggenommen keine Mitglieder und dementsprechend auch kein eigenes Beitragsaufkommen. Im Bundesparteiausschuß stellte sie acht Vertreter, und sie bestand auch auf einer angemessenen Vertretung im Parteivorstand und in den Parteiorganisationen. Seit 1955 erschien ihr periodisches Organ »Stimme im Exil«. Alle zwei Jahre hielt sie einen »Exil-Parteitag« ab, zu dem die Delegierten des 47er Parteitages, soweit sie in der Bundesrepublik oder West-Berlin wohnten, und andere ehemalige Funktionsträger, die geflüchtet waren, eingeladen wurden. Für die in der DDR lebenden Delegierten wurden Vertreter bestellt. Auf dem 1. Exil-Parteitag im Schöneberger Ratskeller am 24./25. September 1950 erhielten Kaiser und Lemmer ihre Bestätigung als Erster und Zweiter Vorsitzender. Nach dem Tode Kaisers 1961 übernahm Lemmer den ersten Vorsitz, zunächst nur in Wahrnehmung des Amtes, dann auf dem Coburger Parteitag 1963 nach ordentlicher Wahl. Als er 1970 starb, wurde der Zweite Vorsitzende Gradl sein Nachfolger.

In der Union trat die Exil-CDU mit ihren Landesgruppen Brandenburg, Mecklenburg-Vorpommern, Sachsen, Sachsen-Anhalt und Thüringen als Anwalt einer auf Deutschland als Ganzes gerichteten Politik auf. »Nicht Parteipolitik im engeren Sinne zu betreiben, sondern die jeweils politische Situation unter gesamtdeutschen Gesichtspunkten zu prüfen«, das betrachtete sie nach den Worten Gradls als ihre ureigene Aufgabe (6. Exil-Parteitag in Fulda 1959). Kaiser nannte die Exil-CDU berufen und verpflichtet, Klarheit darüber zu schaffen, »daß es keine dauerhafte Entspannung in der Weltpolitik ohne die deutsche Wiedervereinigung gibt« (4. Parteitag in Göttingen 1955). In diesem Sinn appellierte sie mit den Mottos ihrer Exil-Parteitage immer wieder an die Öffentlichkeit: »Das ganze Deutschland in ein geeintes Europa« (1953), »Selbstbestimmung – auch für uns Deutsche!« (1959), »Friede – aber mit EINEM Deutschland« (1961), »Ohne Wiedervereinigung keine Entspannung« (1965). So erfüllte sie in der Union eine doppelte Funktion: Zum einen verkörperte sie das Sehnen und Streben der Christlichen Demokraten im Westen und Osten nach Verwirklichung der deutschen Einheit in

Freiheit, zum anderen trug sie dazu bei, den »Widerstand gegen die Gefahren der Bolschewisierung aufzurütteln« (Adenauer 1959).

6. Die CDU in der DDR

Deutschland war ein Hauptopfer des Kalten Krieges, der in der Adenauer-Ära weltpolitisch seine tiefsten Temperaturen erreichte. Die deutsche Teilung verfestigte sich in diesem Klima von Jahr zu Jahr mehr. Mit der völligen Abriegelung der DDR durch Todesstreifen, Mauerbau und andere Zwangsmittel schien das Scheitern der Adenauerschen Wiedervereinigungspolitik besiegelt. Auch die Zerreißung der Union in die CDU der Bundesrepublik Deutschland und in die Ost-CDU nahm man gemeinhin für eine endgültige Tatsache. Nach dem 17. Juni 1953 gab es für kurze Zeit unter dem Druck der Basis noch einmal Bestrebungen, die auf ein eigenständiges politisches Gewicht der Ost-CDU innerhalb des »Blocks« abzielten. Doch im zehnten Jahr nach der Berliner Gründung definierte sich die Ost-CDU nur noch als eine die führende Rolle der SED anerkennende »kleinbürgerliche Partei der neuen Demokratie«. Christlich-Demokratische Union hieß in der DDR von nun an offiziell »Organisierung der Christen für die Erfüllung der großen gesellschaftlichen Aufgaben«, die ausschließlich von der SED bestimmt wurden. Die Abhängigkeit der Ost-CDU von der SED zeigte sich in der Öffentlichkeit nicht selten in platten Ergebenheitsposen. Hoffte man, mit solcher Willfährigkeit sich einen kleinen Freiraum im SED-Regime erkaufen zu können? Unter diesen Bedingungen kamen offizielle Kontakte, geschweige denn eine Zusammenarbeit zwischen CDU und Ost-CDU, nicht mehr in Frage.

Auf dem 3. Bundesparteitag in Berlin 1952 verlas ein Vorstandsmitglied der Exil-CDU eine Grußbotschaft von Vertretern der Ost-CDU. Darin bekannten sich diese als »Teil der gesamtdeutschen Union« zum Berliner Gründungsaufruf und zur legalen Parteiführung unter Kaiser. »Nachdem die Führungsstellung der SED auch in den neuen Satzungen der Nuschke-Partei verankert ist, lebt in der Sowjetzone die wahre Union nur noch in der Stille.« In der Ost-CDU tat sich seit Anfang der Fünfziger zwischen der Anpassungspolitik der Parteispitze und dem mehrheitlichen Willen der Basis eine Kluft auf, die zum Charakter der »Blockpartei« gehörte. Darauf stellte die Exil-CDU ihre Beeinflussungsversuche ab. Das Ziel war, die Parteiführung der Ost-CDU zu isolieren. »Macht sie zu Offizieren ohne Truppe!... Der Tag der Freiheit wird nicht die Verräter, sondern die Getreuen in die Verantwortung rufen«, hieß es in einer Entschließung »An die Freunde in der Sowjetzone« 1951.

Den Gewaltakt vom 13. August 1961 begrüßte die Führung der Ost-CDU, »eins mit dem mächtigen Lager des Sozialismus und den vielen Millionen des Weltfriedenslagers«, als »wohlabgewogene« Maßnahme zum Schutz des Friedens. Kurz darauf sah sich ihr »Chef« Gerald Götting, der stellvertretende Vorsitzende des Staatsrates der DDR, mit dem »Vaterländischen Verdienstorden in Gold« belohnt. 1970, als die CDU diesseits und jenseits der innerdeutschen Grenze den 25. Jahrestag ihres Berliner Gründungsaufrufes beging, feierte sich die Götting-Partei als die von der Geschichte legitimierte CDU. Die »CDU/CSU« wurde als »parteipolitischer Hauptexponent des Herrschaftssystems des Imperialismus« verunglimpft und des Mißbrauchs christlicher Grundsätze geziehen.

Um den Preis der völligen Aufgabe politischer Eigenständigkeit sicherte sich die Ost-CDU einen bescheidenen Anteil an der Repräsentation von Staat und Regierung der DDR. In der Volkskammer und in Bezirksversammlungen stellte sie rund zehn Prozent der Abgeordneten. Für den Verzicht auf jegliche Kritik, ja selbst auf Diskussion von Beschlüssen der SED wurden ihre führenden Funktionäre mit Stellvertreterposten hoher Staatsämter bedacht. Die CDU in der DDR ist seit 1953 ein »Transmissionsriemen der SED« (Michael Richter) gewesen, durch den die Christen des Landes, Kleinunternehmer, Handwerker und Bauern dem System zugeführt werden sollten. In dieser Funktion besaß sie keinen Raum zu eigenen Initiativen, sondern durfte bei grundsätzlicher Anerkennung der Führungsrolle der SED allenfalls auf Sachebene Korrektur- und Ergänzungsvorschläge zur amtlichen Politik machen. In ihrer systemstabilisierenden Bedeutung war sie den Massenorganisationen der DDR vergleichbar. Wie diese unterlag sie der Kontrolle der SED, insbesondere in personeller Hinsicht.

Nicht wenigen CDU-Mitgliedern in der DDR diente das Parteibuch als Alibi für politische Zuverlässigkeit, um so einen gewissen Freiraum zu erhalten. Für manche mochte auch beim Parteieintritt das religiöse Engagement den Ausschlag geben. Als Partei, deren Name sich vorzüglich als Aushängeschild eignete, ohne daß sie unter Berufung auf eben diesen Namen Zugeständnisse forderte, war sie für die SED nur »von Nutzen, ohne unbequem zu sein« (Gisela Helwig).

Dennoch ist die Ost-CDU nicht mit der SED zu identifizieren. Ihr Weg zu einer SED-kontrollierten zentralistischen Kaderpartei war für viele ihrer Mitglieder eine komplizierte Gratwanderung zwischen Anpassung und Verweigerung. Im Unterschied zu den Führungskadern, wo kritische Stellungnahmen nicht vorkamen, wurde in den Ortsgruppen offener geredet. An der Basis entstanden Anfang der siebziger Jahre auch vermehrt Kontakte zu oppositionellen Gruppen in der evangelischen Kirche. Wie viele der mehr als 100 000 CDU-Mitglieder jedoch die Partei als politische Plattform benutzten, um die Grenzen des Machbaren auszuloten, läßt sich kaum abschätzen. Inmitten von Opportunisten und Kollaborateuren der Kommunisten gab es immer auch solche Parteiangehörigen, die sich auf das »Wagnis des Daseins für den Mitmenschen, auch unter den Bedingungen, die sich sozialistisch nannten« (Lothar de Maizière), einließen.

III.
Von den sechziger in die siebziger Jahre

1. Erhards Kanzlerschaft 1963–1966

Der Rücktritt Adenauers vom Kanzleramt und die Wahl Erhards zu seinem Nachfolger am 16. Oktober 1963 – mit 279 gegen 180 Stimmen bei 24 Enthaltungen – brachten die CDU in eine für sie ungewohnte Situation. Der politisch mächtigste Mann im Staate war nicht mehr zugleich auch der Parteichef. Der in einer Demokratie stets im Keim angelegte Konflikt zwischen der Regierung und der Partei, die sie trägt, bekam nun Kontur, ja gedieh im Klima der fortschwelenden Adenauer/Erhard-Fehde rasch zu einem kräftigen Gewächs. Alles wäre freilich anders gekommen, wenn Erhard sich durch außen- oder innenpolitische Erfolge unangreifbar hätte machen können.

Das Verhältnis Erhards zur CDU nahm tragische Züge an. Seine Kanzlerkandidatur war trotz einiger Bedenken in christlich-sozialen und konservativ-katholischen Kreisen schließlich allgemein akzeptiert worden, weil die Popularität des »Wirtschaftswunder«-Ministers einen Bonus bei der nächsten Bundestagswahl verhieß. Hierin war er konkurrenzlos. Eine der Grundsubstanzen der Union, die Soziale Marktwirtschaft, verkörperte er wie kein anderer – als ihr Künder und Praktiker. Für die Protestanten und die Liberalen in der Union stellte er die Integrationsfigur dar. Von seinem »Schwergewicht« erwartete die Partei, das Ende der Ära Adenauer einschließlich des Wechsels im Vorsitz ohne Balanceverlust durchstehen zu können.

Doch bald stellte sich die Schwäche Erhards heraus. Er war weder ein gestandener Parteimann noch der Typ des durchsetzungsfähigen Politikers. Nun rächte sich, daß er sich nicht durch das Dickicht von

Beziehungen in der Partei, im Umgang mit Personen und Ämtern, hatte hocharbeiten müssen. Die führenden Positionen, die ihm zuteil geworden waren, bildeten den Lohn für Verdienste, bedeuteten Anerkennung seiner Kompetenz und seines Einsatzes, erstritten hatte er sie nicht. Um das Kanzleramt mußte er jedoch kämpfen. Er tat es beherzt, aber ohne Gespür für taktische Möglichkeiten.

Ein Fehler war schon, daß er weder den »Ehrgeiz« noch die »Absicht« hatte, wie er freimütig gestand, »zugleich Parteivorsitzender der CDU zu werden«. Er hielt die Verbindung »für etwas problematisch«. Es wirkte sich auch nachteilig für ihn aus, daß er so profilierte und ehrgeizige Köpfe der Union entweder nicht gewinnen konnte wie Dufhues oder wie Barzel und Strauß unberücksichtigt ließ, als er sein Kabinett bildete. Sie zeigten in der Folge denn auch wenig Neigung, sich ins Zeug zu legen, um den Kanzler wieder vor den Wind zu bringen, als die weltpolitische Wetterlage schlechter wurde und ein konjunkturelles Tiefdruckgebiet aufzog. Vielmehr sammelte sich um sie die innerparteiliche Kritik am Führungsstil, am politischen Durchblick und Geschick des Adenauernachfolgers. Der Altkanzler und Parteivorsitzende hintertrieb seinerseits jede Hilfsaktion. Er hatte es ja schon immer gewußt.

Zunächst schien sogar die Tandem-Lösung mit Erhard als Bundeskanzler und Adenauer als Parteivorsitzendem der Union Auffrischung und Auftrieb zu bringen. Der »neue Stil«, den Erhard in seiner Regierungserklärung als »Politik der Mitte und der Verständigung« beschrieb, schien auch in der CDU Einzug zu halten. Auf dem 12. Bundesparteitag in Hannover (14.–17. März 1964), fünf Monate nach dem Kanzlerwechsel, gab es geradezu sensationelle Rahmenangebote, mit denen dem sich wandelnden Zeitgeist Rechnung getragen wurde. Der neue Kanzler stellte sich auf einem »Jugendforum« Fragen der jungen Generation zwischen 16 und 40 Jahren. Am folgenden Tag, dem 15. März, fanden sich Gerstenmaier und Mikat als Repräsentanten der »CDU-Intellektuellen« zu einem Podiumsgespräch mit Walter Jens, Martin Walser, Hans Schwab-Felisch und Arnold Gehlen zusammen, um das Thema »Geist – Stiefkind der Nation?« auszuloten – und für die CDU einen »Lasterkatalog« (Jens) aufgezählt zu bekommen. Auch die ungewöhnlich regen Diskussionen der fünf Arbeitskreise über Grundsatzfragen der Parteiarbeit,

Amtsübernahme.
Karikatur von Ironimus.

Außen- und Sicherheitspolitik, Wirtschaft und Soziales, Kultur und Agrarpolitik zeugten davon, daß die Unruhe der Sechziger die CDU erfaßt hatte.

Nachdem die alarmierte Unionsführung 1962 in Dortmund die Parole »Parteireform« ausgegeben hatte, war die Basis nicht mehr zu halten. Die Trennung von Parteivorsitz und Kanzleramt bedeutete eine Befreiung, eröffnete nun die Chance, die Partei aus der Defensive zu bringen: als Klammer zwischen Regierung, Fraktion und Parteivolk. Sie wollte jetzt mehr sein als eine Hilfsorganisation der Regierung, als ein Anhängsel der Bundestagsfraktion, als eine Wahlkampfmaschine. So präsentierte sich der Parteitag von Hannover selbstbewußt als »Organ umfassender demokratischer Willensbildung« (Dufhues). Er verabschiedete als Prototyp konkreter Politikaussagen das »Agrarpolitische Aktionsprogramm der CDU«. Auch ein gesundheitspolitisches Programm wurde beraten. Durch Formulierung solch »moderner« Aktionsprogramme gedachte man nicht nur das Parteiprogramm ständig zu überprüfen, sondern auch einen geistigen Erneuerungsprozeß in der Union in Gang zu bringen. Für die angestrebte Grundsatzerklärung schließlich, die – in Anknüpfung an die Dortmunder Ausarbeitung von Barzel – das Selbstverständnis der Christlichen Demokratie enthalten sollte, sah der Parteitag eine ausführliche Diskussion in den Kreis- und Ortsverbänden vor.

Mittelpunkt des Parteitags war die mit »standing ovations« gefeierte Rede Erhards, in der er die CDU als Brücke zwischen Vergangenheit und Zukunft, als soziale, als junge Partei vorstellte. Als seine Wahl ins Präsidium auch noch mit 481 gegen drei Stimmen und vier Enthaltungen das beste von allen Ergebnissen erbrachte, schien die stets berufene Einheit und Geschlossenheit der Partei vollends hergestellt. »Der Kongreß«, so schrieb die »Kölnische Rundschau«, »ist in seinem starken reformerischen Gehalt über einen ›Parteitag des Übergangs‹ hinausgewachsen und rechtfertigt – im Vergleich mit zurückliegenden Bundesparteitagen der CDU – die Bezeichnung eines Wendepunkts in der Geschichte der Christlichen Demokraten«. Nicht nur für die Bundestagswahl 1965, sondern auch für eine neue Ära christlich-demokratischer Regierungsverantwortung standen also die Zeichen gut.

Erhards Politik des »großen Konsenses« führte über die Parteiebene hinaus; sie war gesamtgesellschaftlich gemeint. Sie beruhte auf der idealistischen Grundvorstellung, daß sich Einzel-, Gruppen- und Parteiinteressen letztlich der Sache, dem Gemeinwohl unterordnen müßten. In der sich entwickelnden Anspruchsgesellschaft und Stimmungsdemokratie der Bundesrepublik wirkte er damit zunehmend unzeitgemäß. Sein Nachkriegspathos weckte angesichts der außen- und innenpolitischen Probleme, die zur Lösung anstanden, nur mehr wenig Begeisterung. Dabei war das meiste davon aus der Adenauer-Ära geerbt.

Das europäische Integrationswerk drehte sich im Gestrüpp der Agrarpreispolitik, im Konkurrenzgeschiebe zwischen EWG und EFTA und in den von de Gaulles Europakonzeption gesteckten Grenzen im Leerlauf. Der globale Entspannungsprozeß, der zwischen den USA und der UdSSR auf dem Weg über Atomteststopp-Verhandlungen in Gang gekommen war, stellte die Bundesrepublik mit wachsendem Druck vor die Frage, welchen Beitrag sie dazu, vor allem in der Deutschlandpolitik, leisten wolle. Bonns Außenpolitik befand sich Anfang der Sechziger in einem doppelten Dilemma: Im Westen waren das deutsch-amerikanische und das deutsch-französische Verhältnis auch infolge der Alleingänge de Gaulles und der beginnenden Entspannungspolitik nicht mehr wie bisher zur Deckung zu bringen, sondern machten fallweise Interessenabwägungen zugunsten des einen oder des anderen Partners notwendig. Gegenüber dem Osten galt es, die Stagnation in der deutschen Frage zu überwinden, ohne das Grundziel eines freien Gesamtdeutschland, das Selbstbestimmungsrecht des deutschen Volkes und die im Westen verankerte Sicherheitskonstruktion anzutasten. Unsicherheiten entstanden für die deutsche Politik zudem aus den personellen Veränderungen an der Spitze der Großmächte: in den USA die Regierungsübernahme durch Johnson nach der Ermordung Kennedys (1962), in Großbritannien der Wechsel von den Konservativen zu Labour unter Premierminister Wilson (1964) und in der UdSSR die Entmachtung Chruschtschows durch Breschnew.

In der Innenpolitik richtete sich gleichzeitig die Aufmerksamkeit auf solche Problembereiche, die zugunsten der Wiederaufbaudynamik zurückgestellt worden waren: auf Bildungsplanung und Wissenschaftsförderung, auf Verkehrspolitik, auf die Situation junger und alter Menschen sowie die Ausgestaltung der rechtsstaatlichen Ordnung (u. a. Notstandsgesetzgebung, Verjährung nationalsozialistischer Gewaltverbrechen). Die Sorge um die Stabilität von Wirtschaft und Währung der Bundesrepublik trat hinzu. Die Aufwärtsbewegung des Preisindex beschleunigte sich. Fatalerweise schien hieran auch die Politik stimulierend mitzuwirken – durch Entlassung des Wohnungsmarktes aus der Zwangswirtschaft, mit Mietsteigerungen im Gefolge, und durch Erhöhungen der Gebühren und Tarife bei Post und Bahn. Erhard, der stets der Stabilität den Vorrang gegenüber dem Wachstum gab, setzte auf eine antizyklische Konjunkturpolitik, in deren Mittelpunkt das »Maßhalten« stand. Er verlangte damit vom Bürger ein Höchstmaß an Informiertheit, an Einsicht und Verantwortungsbewußtsein. Das aber war das tragische Mißverständnis Erhards. Er war ein einzigartig erfolgreicher »Bergführer«

beim Aufstieg zu Freiheit und Wohlstand gewesen. Oben angekommen, wollte man nicht mehr auf ihn hören. Seine Appelle verhallten. Mit der Kumulation politischer Schwierigkeiten stieg die Hitze der Auseinandersetzung zwischen Regierungsparteien und Opposition. Aber auch das Verhältnis der Koalitionspartner zueinander wurde gespannter. Erhards Führungsschwäche hatte zudem zur Folge, daß selbst in der Union sich die Turbulenzen vermehrten; Verwerfungen zeigten sich wieder, zwischen Protestanten und Katholiken, zwischen Parteireformern und Honoratioren, zwischen Bundespartei und Landesverbänden, zwischen dem linken Flügel und den liberalen Elementen, zumal nach der Gründung des Wirtschaftsrates der CDU (Dezember 1963). Der ressentimentgeladene Konflikt zwischen Adenauer und Erhard trug weiteren Unfrieden in die Partei hinein. Die Partei brauchte den politischen Erfolg als Halt und Selbstvergewisserung. Blieb er aus, lief sie Gefahr, ins Schlingern zu geraten. So wuchsen im Innern der Union die Vorbehalte gegen den Kanzler, obwohl sie ihn nach außen mit einhelliger Zustimmung zu tragen schien. Die Bundestagswahl 1965 mußte die Entscheidung bringen.

Der Kampf um den Wähler zwang zur Konzentration aller Kräfte und überdeckte so vorerst die Schwächen von Regierung und Partei. Trotz allem konnte man also in der Union zuversichtlich sein. Als Erhard und Barzel vor dem Bundesausschuß am Jahresende 1964 den politischen Lagebericht erstatteten und die Ziele der zukünftigen Arbeit absteckten, gaben sie sich sehr optimistisch. Der Bundeskanzler verlangte von der CDU Selbstbewußtsein und Offensive: »Wo hatte jemals eine Partei in der vordersten Linie der Verantwortung in einer so kurzen Zeit solche Erfolge, wo hat sie solche segensreiche Arbeit leisten können, dank des Vertrauens des deutschen Volkes und des Mutes, den es an den Tag gelegt hat?« Barzel, der am 1. Dezember als Nachfolger Brentanos mit 179 von 189 Stimmen zum Vorsitzenden der CDU/CSU-Fraktion gewählt worden war, beanspruchte für die CDU, die bessere Politik und die bessere Führung zu haben. Wenn sich die Partei um Erhard schare, werde sie die kommende Wahl gewinnen.

Der »Vater des Wirtschaftswunders« als Wahllokomotive, Sicherheit und Modernität gleichermaßen ausstrahlend – mit diesem Konzept ging die CDU in den Wahlkampf. Hinter diesem Konzept suchte sie aber auch die Uneinigkeit und Unsicherheit in ihren Reihen zu verbergen. Erhard selbst warb um den Wähler, den »Staatsbürger«, mit dem Image des »Volkskanzlers«, als der er sich verstand und verstanden wissen wollte. Er suchte die Identifizierung, die Verbundenheit mit den Generationen, die im Vertrauen auf die eigenen Kräfte und die Möglichkeiten der Freiheit den marktwirtschaftlichen Wiederaufbau gewagt hatten. Das Lebensgefühl und die Weltsicht der Nachkriegsgeneration blieben ihm fremd, ja er bekämpfte sie nicht selten mit polemischer Intoleranz. Bekannt wurde sein »Pinscher«-Vorwurf gegen kritische Schriftsteller.

Auf dem Düsseldorfer Bundesparteitag vom 28. bis 31. März 1965, im Wahljahr, zeigte sich die CDU als moderne Partei, die »Offenheit« gegenüber allen in Betracht kommenden Wählerschichten mit der Geschlossenheit einer »Gesinnungsgemeinschaft« verband. Sie zählte damals, wie im Anhang des Parteitagsprotokolls aufgeführt, über 285000 Mitglieder, sie hatte also innerhalb von zwei Jahren um mehr als 30000 Mitglieder zugenommen. Die »Kanzlerpartei« befand sich auf dem Weg, eine Mitgliederpartei zu werden. Eine zentrale Mitgliederkartei war seit 1963 im Aufbau: Registriert wurden 86 Prozent Männer und 14 Prozent Frauen, 36,7 Prozent Protestanten und 62,3 Prozent Katholiken, 45,1 Prozent Arbeitnehmer, 17 Prozent Selbständige, 5,2 Prozent Freie Berufe, 14,8 Prozent Landwirte und 17,8 Prozent Sonstige wie Hausfrauen, Rentner und Studenten.

Die »Düsseldorfer Erklärung«, mit deren Verabschiedung der 13. Bundesparteitag die Mobilisierung für den Wahlkampf eröffnete, enthielt vertraute, ja bewährte Themen und Ziele: Freiheit und Selbstbestimmung aller Deutschen, Friedenssicherung im Bündnis mit den Mächten der freien Welt, Einheit Europas, wirtschaftliche Stabilität, Gesellschaftspolitik des vernünftigen Miteinanders – das alles ging später verdichtet in den Wahlslogan: »Es geht um Deutschland – CDU« ein. Doch in den Plenarsitzungen und Arbeitskreisen des Parteitags wartete die CDU auch mit einer zukunftszugewandten Programmatik auf, für die dann mit dem Wahlslogan »Komm mit ins Jahr 2000« geworben wurde.

Nach Gerstenmaier sollten die Deutschen »das Verhältnis zu sich

selbst« wieder patriotisch-nationalbewußt sehen, damit Deutschland
»als Vaterland statt als Konsumverein« auch vom Moralischen her als
gleichberechtigter Partner in der westlichen Völkergemeinschaft bestehen könne. Barzel ortete Deutschland »am Wegkreuz in eine neue
Zeit«, in welcher der Sozialismus endgültig historisch abdanken
würde; die Chance, »eine Welt ohne Krieg, eine Welt ohne Wirtschaftskrisen menschlich zu gestalten«, war für ihn die Stunde der
Union. Seine Rede lief gar auf eine Beschwörung hinaus: »Es gibt
nichts Moderneres als diese unsere Union«. Modern war es ohne
Zweifel, wenn die Partei die Umweltproblematik als Resultante der
Faktoren Gesundheit, Wohnungs- und Städtebau sowie Raum- und
Verkehrsplanung begriff und diskutierte. Modern wirkte es gleich-
falls, wenn die Berufsausbildung und Berufstätigkeit der Frau sowie
die Situation der alten Menschen behandelt wurden, für die Prälat
Schulte (KAB) mit seinen Vorstellungen von einer »Altenbewegung«
und von »Altenausschüssen« eine fast revolutionäre gesellschaftliche
Aufwertung einforderte. Auf der Höhe der Zeit bewegte sich der
Parteitag auch damit, daß er sich des von der öffentlichen Meinung
entdeckten »Bildungsnotstandes« besonders annahm und unter dem
Generalthema »Schule und Ausbildung – jedem seine Chance« dem
sozialen Bildungsstaat (Hahn) das Wort redete.

Die Aufgabenstellung der Union für eine neue Gesellschaftsordnung gipfelte in Erhards Vision einer »formierten Gesellschaft«.
Dieser Begriff, von des neuen Kanzlers »brain-trust«, dem sogenannten »Sonderkreis«, ersonnen, zu dem unter anderem Rüdiger
Altmann, Johannes Gross, Hans Klein und Rudolf Wildenmann
gehörten, meinte das »Zusammenwirken aller Gruppen und Interessen ... aus eigener Kraft, aus eigenem Willen, aus der Erkenntnis und
dem wachsenden Bewußtsein der gegenseitigen Abhängigkeit«. Dahinter stand die Überzeugung Erhards, daß die Interdependenzen
der modernen Industriegesellschaft, sollten sie bei der Wahrnehmung von Sonderinteressen und beim Streit der Interessenten um
die Verteilung des Sozialprodukts funktionieren, ein entsprechendes
Bewußtsein und einen entsprechenden Willensbildungsprozeß erforderten (Volkhard Laitenberger). Die »formierte Gesellschaft«
konnte ihrem inneren Wesen nach nur demokratisch sein. Sie war –
kurz gesagt – der Versuch einer Weiterentwicklung der Sozialen

Marktwirtschaft. Als ihr Auftakt war das »Deutsche Gemeinschaftswerk« gedacht, das – vom Kanzler gleichfalls in Düsseldorf vorgestellt – zur mittelfristigen Finanzierung der Gemeinschaftsaufgaben Raumordnung, Städtebau, Verkehr, wissenschaftliche Forschung, Gesundheit usw. beitragen sollte – ein »parafiskalisches Gebilde«, das, aus Steuermehreinnahmen von Bund, Ländern und Gemeinden gespeist, nicht nur ein stabilitäts-, sondern auch ein gesellschaftspolitisches Steuerungsinstrument gewesen wäre. Was Erhard vorschwebte, war nicht mehr und nicht weniger als eine »Reform der deutschen Demokratie«.

Wie viele in der CDU spürte er, daß die geistig-werthafte Entwicklung im Wiederaufbaujahrzehnt der Bundesrepublik mit dem rasanten Wirtschaftswachstum nicht Schritt gehalten hatte. Die Christliche Demokratie sah sich mit Werthaltungen und Bewußtseinslagen konfrontiert, die für sie eine bis an die Substanz gehende Herausforderung bedeuteten. Mitte der Sechziger weitete sich die Parteireform deshalb auch immer mehr zur Auseinandersetzung um die Weltanschauungsgrundlagen der Union aus. Das kam auf dem Düsseldorfer Parteitag fast demonstrativ zum Ausdruck. Wie sogar Adenauer dem Parteitreffen bescheinigte, fand es auf einem ungewöhnlich hohen geistigen Niveau statt. Der Altbundeskanzler und Parteivorsitzende hielt nichtsdestoweniger Wermutstropfen der Skepsis für die Delegierten bereit: »So schön Worte und so gut gute Vorsätze sind, die man danach faßt – die Hauptsache ist die Tat …«

Das hieß: die bevorstehende Bundestagswahl! Die CDU führte unter der einfallsreichen Regie ihres Bundesgeschäftsführers Kraske einen ihrer besten Wahlkämpfe. Er konzentrierte sich auf die Persönlichkeit des populären Kanzlers, wurde aber auch im Hinblick auf Sachprogrammatik und Gruppeninteressen vorbereitet und war begleitet von einer Vielzahl von Kongressen und Kontaktveranstaltungen, darunter neben den üblichen Fachtagungen für Kommunalpolitiker, Mittelstand und Vertriebene der 3. und 4. Kulturpolitische Kongreß (Hamburg, 9./10. November 1964 und München, 27./29. Juni 1965) sowie ein Gesundheitspolitischer Kongreß (Oberhausen, 29./30. Januar 1964), ein Kongreß berufstätiger Frauen (2.–4. Dezember 1964 in Bochum), ein Bauern- (Oldenburg, 4./5. März 1965) und ein Raumordnungskongreß (Saarbrücken, 24.–26. Mai 1965).

Die positiven Landtagswahlergebnisse von Baden-Württemberg 1964 und vom Saarland 1965 mit jeweils über 6-Prozent-Gewinnen ließen die Union darauf hoffen, daß sie den Einbruch von 1961 wieder wettmachen könnte. Andererseits dämpften die enttäuschenden Resultate aus den Kommunalwahlen 1964, insbesondere in den CDU-Hochburgen Nordrhein-Westfalen und Rheinland-Pfalz, wo die SPD zulegen konnte, die allgemeine Siegeszuversicht. Die Meinungsumfragen sagten ein Kopf-an-Kopf-Rennen von Union und SPD voraus. Kein Wunder also, daß die Bundestagswahl vom 19. September im Wahlaufruf der CDU als »eine der folgenschwersten Entscheidungen seit Gründung der Bundesrepublik« bezeichnet wurde. Ein Satz, der im historischen Rückblick eine sibyllinisch-vieldeutige Aussagekraft bekommt. Die Unionsparteien mit Erhard errangen einen »klaren Sieg«: 47,6 Prozent; noch niemals wählten so viele Menschen CDU (35,8%) oder CSU (9,5%): 390000 mehr als 1957! Nicht nur, daß dieser Wahlausgang als ein großer persönlicher Erfolg des »Volkskanzlers« gefeiert werden durfte, die Union sah sich auch als »Volkspartei« bestätigt. Auffallend hohe Wählergewinne verbuchte sie in den norddeutschen Ländern bei evangelischen Wählern. Allerdings vermochte sie auch diesmal nicht, die Spanne zwischen den rein bäuerlich-ländlichen Kreisen, in denen sie mit 57 Prozent der Stimmen dominierte, und den Großstädten zu vermindern, denn dort blieb sie mit rund 39 Prozent weit unter ihrem Stimmenanteil im gesamten Bundesgebiet. Die Wahlanalyse hinterließ also gemischte Gefühle.

Ein Anlaß zum großen Jubel bot sich nicht. Der Wahlausgang hatte die Lage der Union keineswegs erleichtert. Im Gegenteil, jetzt, da der Disziplinierungsdruck gewichen war, der sich angesichts der Wahlentscheidung aufgebaut hatte, kam wieder zum Vorschein, was die Partei verstörte und blockierte: die schleppende Parteireform, die Unsicherheit über die Grundsatzprogrammatik, das Provisorium der Triumviratslösung in der Parteiführung mit Adenauer als Bundesvorsitzenden, mit Dufhues als Geschäftsführenden Vorsitzenden, mit Erhard, dem Bundeskanzler und Präsidiumsmitglied, nicht zuletzt die »neurotische Turbulenz einer Strindberg-Ehe« (»FAZ«) in der Regierungskoalition mit der FDP. Ein weiterer Störfaktor war die brisante Diskussion um die deutsch-französischen Beziehungen.

In der Partei begann man nun, die innere Unzufriedenheit, die eigene Unzulänglichkeit auf Erhard zu projizieren. Je glückloser die zweite Regierung Erhards operierte, desto mehr Schwächen entdeckte man an ihm, dem Bundeskanzler: Bald gab es in der Unionsführung die stille Übereinkunft, daß Erhard als »Übergangskanzler« anzusehen sei.

Die Demontage des »Volkskanzlers« vollzog sich in Raten. Erhard gelang zwar innerhalb von 35 Tagen die bis dahin kürzeste Kabinettsbildung, aber der Öffentlichkeit erschien sie gleichwohl als »Zangengeburt«, die der Koalition kein langes Leben versprach. Die Stabilitätsgesetzgebung, die Notstandsverfassung und die Finanzreform erforderten Grundgesetzänderungen, die ohne Zustimmung der SPD nicht durchzusetzen waren. Für viele – so auch für Adenauer – hieß deshalb die Notlösung: Große oder Allparteien-Koalition. Das Zusammengehen mit der FDP, das Erhard selbst nie in Frage gestellt wissen wollte, war also von vornherein ein Risiko, das dadurch nicht geringer wurde, daß der Koalitionspartner aufgrund seines schlechten Wahlergebnisses einen Ministersitz, das Justizressort, an die CSU (Richard Jaeger) abtreten mußte. Von den 12 CDU-Ministern übernahm Paul Lücke das Innenressort an Stelle Hermann Höcherls, der Minister für Ernährung, Landwirtschaft und Forsten wurde; Hans Katzer folgte Blank im Ministerium für Arbeit und Sozialordnung nach, und Gradl löste Lemmer als Bundesvertriebenenminister ab; neu in das Kabinett trat Stoltenberg ein, der das Ministerium für wissenschaftliche Forschung erhielt.

Weder diese wenigen »verjüngenden« Wechsel in den Ministerressorts noch das in der Regierungserklärung vom 9. November verkündete Regierungsprogramm gaben der Leitidee, unter der der neue Kanzler antrat, konkreten Gehalt. Die am »Ende der Nachkriegszeit« orientierte Politik der Strukturförderung, der verstärkten Eigentumsbildung und des Umweltschutzes blieb schon im Ansatz stecken, weil das Hauptproblem, Preisstabilität und Haushaltssicherung, alles in seinen Bann zog. Eine Regierung, die mit der Zurücknahme von Wahlversprechen, mit Sparmaßnahmen und der Forderung nach Erhöhung der Arbeitszeit ihre Tätigkeit aufnahm, mag nüchterner Notwendigkeit gehorchen, aber sie setzt damit zugleich ihr Vertrauenskapital aufs Spiel. Die Tragik Erhards war, daß er verkannte, wie sehr er mit seiner Kanzlerkandidatur einen Wechsel auf eine Wirtschaftspolitik der Stabilität und des Wohlstands ausgestellt hatte. Prompt bekam er diesen – auch aus den Reihen der Union – präsentiert, als 1966 die ersten rezessiven Erscheinungen auftraten.

Zum Sturze Erhards im Herbst 1966 führte vieles. Manches lag in seiner Person begründet, wie die oft übersehene Tatsache, daß er für die Wachstumskrise von 1966 kein direkt greifendes Rezept besaß. Er war kein Keynesianer. Doch ausschlaggebend war eher, daß er in der Krise von der Union, die ihm so viel verdankte, im Stich gelassen oder besser: geopfert wurde. Dabei wirkten Fraktion, Parteispitze und Kabinettsmitglieder in seltener Eintracht zusammen. Als treibende Kraft agierte die Bundestagsfraktion, die in der 5. Wahlperiode mit der Wahl Barzels und seiner Stellvertreter Franz Josef Strauß, Eduard Adorno, Peter Wilhelm Brand, Aenne Brauksiepe, Theodor Blank, Detlev Struve einen neu zusammengesetzten Vorstand erhielt. Auch in der Leitung der sechs Arbeitskreise erfolgte ein verjüngender Wechsel: I (Rechtsfragen) Benda, II (Wirtschaft) Burgemeister, III (Finanzen) Pohle, IV (Sozialfragen) Stingl, V (Auswärtiges und Verteidigung) Majonica, der sein Amt als einziger auch schon die ganze 4. Legislaturperiode über innegehabt hatte, VI (Kultur) Martin. Hier war schon aus strukturellen Gründen, ganz abgesehen von persönlichen politischen Ambitionen, keine unbedingte Gefolgschaft des Kanzlers gegeben.

Zunächst war jedoch der gute Wille da, wie Barzel dem Kanzler versicherte: »Sie wissen, daß wir Sie und Ihre Regierung tragen werden in der gemeinsamen Verpflichtung, die uns verbindet.« Der Wiedereinzug ins Palais Schaumburg erlaubte Erhard auch, seinen Anspruch auf den Parteivorsitz mit Erfolg geltend zu machen, als Ende 1965 klar wurde, daß Adenauer nicht mehr zur Verfügung stand. Jetzt erschien ihm »im Interesse der politischen Wirksamkeit der CDU nach innen und außen sowie der harmonischen Zusammenarbeit mit der Bundesregierung« die Übernahme der Parteiführung durch den Regierungschef als die beste Lösung. Dies war eine Kampfansage an seine Gegenspieler in der Union. Erhard suchte die Entscheidung. Denn zur selben Zeit, da die Frage der Kandidatur für den Parteivorsitz aufs Tapet kam, trieben wieder Spekulationen über eine Große Koalition wilde Blüten und lähmten die politische Arbeit in Partei und Parlament, ja sie drangen selbst ins Kabinett vor.

Da Dufhues sich mit Rücksicht auf seine Gesundheit und seinen Beruf nicht zur Wahl stellte, kam es zu einem kurzen Duell zwischen Barzel und Erhard um die Kandidatur für den Parteivorsitz. Die Mehrheit der Landesverbände sprach sich für den Kanzler aus, nur das Rheinland und Westfalen-Lippe unterstützten den Fraktionsvorsitzenden, der ferner die Sozialausschüsse zu seinen Truppen zählen durfte. Unter erheblichem Zeitdruck – der neue Steuermann mußte vor Beginn des heißen Wahlkampfes in Nordrhein-Westfalen das Ruder sicher in Händen haben – fand man sich zu dem Kompromiß einer Satzungsänderung bereit. Der Bundesvorsitzende sollte Erhard heißen, aber mit Barzel einen 1. Stellvertreter haben. Der 14. Bundesparteitag in Bonn (21.–23. März 1966) wurde zum Schauplatz für den »ersten historischen Wechsel in der Parteiführung«. Erhard erzielte ein Wahlergebnis, mit dem er zufrieden sein durfte – 413 Ja- gegen 80 Nein-Stimmen bei 50 Enthaltungen –, zumal er damit besser abschnitt als Barzel, der »seine« Wahl mit nur 385 Ja- gegen 108 Nein-Stimmen und 63 Enthaltungen gewann.

Aus dem Duell schien so, im Gegensatz zu Pressekommentaren, doch noch ein »Duett« zu werden. Die CDU schwelgte in Frühlingsstimmung. Daß sie als Regierungspartei seit Bestehen der Bundesrepublik Deutschland »eine Wachablösung ohne Revolutionen, ohne Krisen und ohne Bitterkeit« vollzog, wunderte sie anscheinend selbst und ließ sie von einem »neuen Frühling« (Meyers) träumen. Der scheidende Vorsitzende, zum Ehrenvorsitzenden auf Lebenszeit gewählt, mit Sitz und Stimme in allen Gremien der Union, der gefeierte Staatsmann, der die Union zur bestimmenden politischen Kraft in der jungen Republik geformt hatte, er gab der Partei als Vermächtnis ihre Gründungsidee mit auf den weiteren Weg: »eine große christliche Volkspartei zu sein«.

Der Elan zur Parteireform, den in der Endphase des Parteivorsitzes Adenauers die Schwierigkeiten der aktuellen Politik gebremst hatten, bekam von der neuen Konstruktion der Führungsspitze her wieder frische Impulse. Der neue Vorsitzende und Bundeskanzler stellte die Partei, nach einer politischen Tour d'horizon im Stile einer Regierungserklärung, unter die Parole: »Zusammenstehen! Voraus-

Ludwig Erhard
Bundesvorsitzender der CDU 23. 3. 1966–23. 5. 1967.
Bundeskanzler der Bundesrepublik Deutschland
16. 10. 1963–30. 11. 1966.

denken! Arbeiten!« Barzel, der Fraktionschef und 1. Stellvertretende
Vorsitzende der CDU, legte sich für die Parteierneuerung ins Zeug,
verlangte Prinzipientreue, Stetigkeit, Wagemut und Führungskraft
im Sinne der »drei großen Dinge«, die von der Union geleistet und
zur Grundlage eines »erneuerten Deutschland« gemacht worden
seien: die Gründung der Union als ein maßgeblicher Stabilitätsfaktor
der Nachkriegsdemokratie, der Durchbruch zur Sozialen Marktwirtschaft und die Politik der Westorientierung.

Deutlich schien die Bemühung der Parteiführung auf, der Basis das
ermutigende Gefühl eines Neubeginns zu vermitteln. Die Wahl der
neuen Vorsitzenden sollte von der gesunden Regenerationskraft der
Partei zeugen und die »Lebendigkeit der Idee« erweisen. »Entschlossen zur politischen Verantwortung und bereit, auf neue Fragen neue
Antworten zu geben«, mit diesem Abschlußwort des nordrhein-
westfälischen Ministerpräsidenten Meyers kehrten die Delegierten in
den Parteialltag zurück. Damit hatten auch die Erhard-Gegner in der
Partei eine Schlacht verloren. Mit der Autorität des Bundesvorsitzes

im Rücken, sammelte der Kanzler sowohl innenpolitisch als auch außenpolitisch wieder Punkte. Die Friedensnote der Bundesregierung vom 25. März 1966, an fast alle Staaten der Welt gerichtet, fand als Versuch Anerkennung, die Stagnation in der deutschen Frage durch Gesprächsbereitschaft gegenüber dem Osten zu überwinden. Mit der Verabschiedung des Bundeshaushalts 1966 in Höhe von 68,9 Milliarden DM geschah ein beispielgebender Schritt hin zur Ausgabendrosselung der öffentlichen Hand. Die Arbeiten an der Gesetzesvorlage zur wirtschaftlichen Stabilisierung kamen zügig voran, so daß die Lesung des Stabilitätsgesetzes nach der Sommerpause 1966 beginnen konnte. Auch für die Behandlung der Notstandsverfassung wurde ein praktikabler Weg gefunden. Zur Jahresmitte hatte sich damit die Position Erhards im eigenen Parteilager so stark gefestigt, daß die CDU mit ihm »durch dick und dünn« (»Der Mittag«) zu gehen entschlossen schien, zumal ein Kronprinz nicht in Sicht war und die Zahl der Anwärter mit Barzel, Schröder, Lücke, Strauß und Gerstenmaier »Diadochenkämpfe« erahnen ließ, die im Interesse der Partei unter allen Umständen vermieden werden mußten.

Der Ausgang der Nordrhein-Westfalen-Wahl am 10. Juli 1966 zeigte dann aber an, daß für Erhard und die Union kein Frühlingsspaziergang, sondern ein Marsch durch schweres Gelände bevorstand. Die CDU verlor gegenüber der Landtagswahl 1962 ganze 3,6 Prozent und mußte mit einem Stimmenanteil von nur 42,8 Prozent den ersten Platz an die SPD abtreten. Überdurchschnittliche Verluste waren bei der katholischen Arbeiterschaft und in einigen katholisch-bäuerlichen Hochburgen sowie in den großstädtischen Wahlkreisen des Ruhrgebietes und Rheinlandes, insbesondere in Köln, Düsseldorf und Wuppertal, zu registrieren. Dieses schlechte Abschneiden führte die CDU im wesentlichen auf die verbreitete pessimistische Stimmungslage zurück, die sich dem politischen Gegner zur »Schwarzmalerei« angeboten habe.

Tatsächlich mehrten sich die Zeichen einer Verschlechterung der allgemeinen Wirtschaftslage: Die Zahl der Arbeitslosen kletterte im Juli zum ersten Mal auf über 100 000; der Rückgang der privaten und öffentlichen Investitionsnachfrage deutete auf eine scharfe Rezession hin; die Krisenerscheinungen ließen nicht nur das Klima zwischen den Tarifpartnern sich schlagartig abkühlen, sondern auch zum er-

sten Mal in der Bundesrepublik Prozesse einer »sozietären Desinte-
gration« (Deuerlein) sichtbar werden. Der drohende Abstieg in die
Rezession und der heftige politische Gegenwind aus Nordrhein-
Westfalen versetzten die Unionsführung in höchsten Alarmzustand.
Erhards »ernste Mahnung« an die Union, »die Zügel zu straffen und
zur Offensive überzugehen, die Einheit aller Kräfte der Partei zu
wahren, um unsere Politik konsequent fortsetzen zu können«, zeigte
an, was auf dem Spiel stand – vor allem für ihn selbst. Die wirtschaftlichen und politischen Rückschläge machten seine Kanzlerschaft sofort wieder zum Hauptstreitthema der Union.

Erhards Attraktivität nahm auf bestürzende Weise ab; seine Politik der Mehrleistung, des Maßhaltens und Vertrauens auf die heilen-
den Kräfte der Marktwirtschaft stießen in der zweiten Jahreshälfte
1966 auf eine sich rasch ausbreitende pessimistische Stimmung. War
er noch der richtige Mann für das Kanzleramt? Nach seinem Urlaub
am Tegernsee entschied sich sein Schicksal. Loyalitätserklärungen,
wie etwa von der CDU/CSU-Fraktion (»Erhard ist und bleibt Bundeskanzler«), brachten keine Klärung. Sie wurden, nach den Worten
des Bonner Korrespondenten der »Neuen Zürcher Zeitung«, von
niemandem, ihre Urheber eingeschlossen, ernst genommen und geglaubt. Vielmehr weitete sich die Kritik an Erhard auch noch auf die
Außenpolitik und die Schwäche der Führung aus. Die Öffentlichkeit
erhielt sogar den Eindruck von beginnenden »Zerfallserscheinungen« (Fred Luchsinger) in der Union.

Die »offene Diskussion« über einen neuen Bundeskanzler, die in
der CDU Ende September entbrannte, war begleitet von kaum ver-
hüllten Rivalitätskämpfen. Eine »Geheimkonferenz« in Gerstenmaiers Hunsrücker Jagdhaus, an der neben dem Bundestagspräsidenten
das geschäftsführende Präsidiumsmitglied Heck und die Landesvorsitzenden von Westfalen-Lippe und Rheinland-Pfalz teilnahmen,
Dufhues und Kohl (dieser war noch so wenig bekannt, daß ihm ein
Teil der Presse den Vornamen Hermann verpaßte), erschien in den
Schlagzeilen schon als Vorbote des Kanzlersturzes. Der rheinische
Landesvorsitzende Grundmann machte eine »Bilanz« vom Ausgang
der bevorstehenden Landtagswahlen in Bayern und Hessen abhängig. Adenauer ließ aus Cadenabbia wissen, daß er Gerstenmaier für
einen geeigneten Nachfolger Erhards halte. Ein Sonderparteitag

wurde vorgeschlagen, eine Kabinettsreform in Aussicht genommen; sie sollte »weit über einen Ministerwechsel hinausgehen«(»FAZ«) …

Den Anstoß zum Anfang vom Ende der Erhardschen Kanzlerschaft gab schließlich der Koalitionspartner. Zwischen den Freien Demokraten und den Unionsparteien bestanden grundsätzliche Meinungsverschiedenheiten über den Haushaltausgleich 1967. Insbesondere die Devisenhilfe-Verpflichtungen gegenüber den USA hatten Deckungslücken aufgerissen. Die FDP lehnte in den Koalitionsgesprächen über dieses Problem jede Ausweitung des Haushalts ab, vor allem sollte es keine Steuererhöhungen geben, wie von der CDU/CSU erwogen. Statt dessen bestand sie auf einer weiteren Durchforstung der Einzeletats, wobei in erster Linie an eine kräftige Reduzierung des Verteidigungshaushalts gedacht wurde. Das wollte wiederum die CDU/CSU nicht mitmachen.

Der Termin zur Vorlage der Finanzplanung für die nächsten fünf Jahre stand fest. Er wurde für die Regierung Erhard zur Stunde der Wahrheit. Jedermann war klar, daß es bei der Koalitionskrise um Erhards Kopf ging (»Bonner Rundschau«). Die Erhard-Gegner und Erhard-Rivalen erkannten ihre Chance. Bei einem Bruch der Koalition würde er sich nicht mehr halten können. Als die Bundestagsfraktion der Freien Demokraten die Kompromißbereitschaft ihrer vier Minister in der Steuerfrage nicht mittrug, sahen sich diese zum Rücktritt gezwungen (27. Oktober 1966). Die FDP hatte damit zum dritten Mal, wie schon 1956 und 1962, die von ihr mit der CDU/CSU eingegangene Koalition gesprengt.

Der Versuch Erhards, sich mit einer Minderheitsregierung politisch durchzusetzen, war zum Scheitern verurteilt. Seine Hoffnung, bis zu den Wahlen in Hessen und Bayern am 6. bzw. 20. November durchhalten zu können, trog. Adenauers Erbe war am Ende ein einsamer Mann, ein »blinder König Lear«, wie der Bonner »Generalanzeiger« schrieb. Maßgebliche Kräfte der Union wie die Sozialausschüsse, die Junge Union und die dem Wirtschaftsrat zugehörenden Kreise fürchteten um das Prestige der Partei, wenn sie auf längere Zeit durch eine kaum handlungsfähige Regierung belastet sein würde. In dem Maße, wie Erhard zum Schluß den Kampf um seine Position nicht aufgeben wollte, wuchs also der Widerstand in den Spitzengremien von Partei und Fraktion gegen den Kanzler. Das hieß: Sie suchte hinter den Kulissen einen neuen Kanzlerkandidaten. Schröder, Barzel, Gerstenmaier, Hallstein und Kiesinger galten dabei als »erste Adressen«.

Auch mußte eine Verständigung mit der CSU und ihrem Vorsitzenden Strauß herbeigeführt werden, was nicht leichtfiel, weil das bayerische Interesse an einer Bereinigung der Kanzlerkrise noch vor den Landtagswahlen für zusätzlichen Druck sorgte. Am 2. November war es dann soweit. Vorstand und Fraktion einigten sich, nicht zuletzt auf alarmierende Stimmungsberichte aus den Landesverbänden hin, nach einer Serie von Sondersitzungen darauf, dem Kanzler eindringlich den Rücktritt zu empfehlen. Dufhues, der den Übergang von Adenauer zu Erhard vorbereitet und durchgeführt hatte, sprach für die Mehrheit in den Parteiführungsgremien, wenn er an Erhard appellierte, die seelische Kraft aufzubringen und den Weg zur Wahl eines neuen Kanzlers freizumachen. Aus einer Entschließung des Parteivorstands, die auch von der CDU/CSU-Fraktion akzeptiert wurde, erfuhr die Öffentlichkeit, daß die Bemühungen der CDU und CSU, »eine von einer parlamentarischen Mehrheit getragene Bundesregierung zu schaffen«, nicht an der Person Erhards scheitern werden.

Mit dem Rücktritt Erhards (30. November 1966) begann – nach einem Wort des Publizisten Paul Sethe, auch sein »Nachruhm«: ein Wirtschaftsprofessor, dem zu verdanken war, daß »dieses verelendete und hungernde Volk seinen Weg nach oben ging«, der oft »wie ein Träumer durch die Welt der Fallen, der Wolfsgruben und der Fußangeln« ging, der mit seinen Eigenschaften der Redlichkeit und des Vertrauens auf die Treue anderer im politischen Geschäft nicht zurechtkam. Sein Sturz – wenige Tage vor seinem 70. Geburtstag – war kein Ruhmesblatt in der Geschichte der CDU. Zu schnell verdrängte man in den Fraktionszimmern und Parteibüros der Union die eigenen Fehler, die eigenen Verantwortlichkeiten an der Krise aus dem Gedächtnis. Wie eilfertig man auch immer zur Tagesordnung überging, bei der Auseinandersetzung um Erhard und seine Nachfolge zeigten sich Risse und Sprünge – wie Abnutzungserscheinungen – im Parteikörper der Union. Zwischen den süddeutschen, den rheinischen Katholiken und den norddeutschen Protestanten, zwischen den christlichsozialen, liberalen und konservativen Elementen des Unionsbauwerkes formierten sich Fronten – für die Wähler sichtbarer denn je. Die Kanzlerkrise von 1966 ging der Partei stärker an die Substanz, als sie es wahrhaben wollte. »Bricht die CDU auseinander?« war damals eine oft und gern gestellte Frage.

2. Die CDU am Scheideweg

Die CDU litt an drei Erbübeln: dem Honoratiorenproblem, dem Generationenproblem und dem Organisationsproblem. Um sie loszuwerden, unterzog sich die Partei einer modernisierenden Kur. Doch der Elan zur Parteireform, der in der Endphase des Parteivorsitzes Adenauers die Geschäftsstellen und Mitgliederversammlungen beflügelt hatte, war durch die Erfordernisse der aktuellen Politik gebremst worden. In der Krise um Erhard und danach im Experiment der Großen Koalition glaubte man sich mit der Rundum-Erneuerung Zeit lassen zu können, und dann war es auf einmal zu spät.

In der Erhard-Wahl 1965 hatte es sich wieder bestätigt, daß die CDU »zu alt und zu klein, zu katholisch und zu ländlich« (»FAZ«) war. Außerdem zu männlich. Dieses Bild ergab sich in voller Schärfe aber erst durch die Mitgliederstatistik. Denn nach wie vor prägten die Züge einer Wählerpartei das Gesicht der Union. Die Schere zwischen der Wählerschaft und der Mitgliederschaft klaffte bei ihr seit 1949 weiter und weiter auseinander. Hier fanden die Parteireformer also eine Hauptaufgabe. Durchschnittlich kamen in der Bundesrepublik auf je 1000 Einwohner sechs CDU-Mitglieder. Die einzelnen Landesverbände wiesen dabei allerdings erhebliche Abweichungen auf, die zwischen 13,7 Parteimitgliedern im Saarland und 1,8 in Hamburg und Bremen lagen. Über die Wahlerfolgschancen sagten diese Zahlen wenig aus, wie am Beispiel Südwürttembergs zu ersehen ist, das mit 4,7 CDU-Mitgliedern pro 1000 Einwohner klar unter dem Durchschnitt der Mitgliederdichte lag, aber über durchweg sichere Wahlkreise für die Union verfügte.

Als man auf dem Dortmunder Parteitag 1962 den Weg zur Mitgliederpartei einschlug, war kaum einem klar, daß dieser Wachstumskurs nicht nur eine Vergrößerung, sondern auch eine Veränderung

der Partei bedeutete. Aus der Öffnung der Union für neue Mitglie-
der- und Wählergruppen erwuchs unversehens die Gefahr, als Volkspartei zu einer »Jedermanns«-Partei zu werden, zu einer labilen,
konturlosen »Superstruktur in einer wabernden Schicht« von Stim-
mungen und Vorurteilen, wie der Politikwissenschaftler Wilhelm
Hennis den Typus beschrieben hat. Das Verdienst, einer solchen
Entwicklung der Partei rechtzeitig mit der Arbeit an einem Aktions-
und Grundsatzprogramm entgegengesteuert zu haben, dürfen sich
in erster Linie Dufhues, Heck und Barzel teilen.

Je wilder die sechziger Jahre wurden, desto mehr ging es für die
Union darum, dem aufkommenden Image von »Opas Partei« durch
Verjüngung und Liberalisierung vorzubeugen, dabei zugleich aber
die »leitenden Gedanken und tragenden Ideen« zu bewahren, »zu
deren Verwirklichung sie ins Leben gerufen worden war«, wie
Dufhues in seinem Adenauer-Nachruf auf dem 15. Bundesparteitag
in Braunschweig 1967 betonte. An dieser Kernaufgabe ihrer Parteireform trug die Union zunehmend schwerer, vor allem vor dem Hintergrund der Erhard-Krise und des Zusammenbruchs ihrer bisherigen Koalitionspolitik. Das Verhältnis zwischen Bundespartei und
Landesverbänden, zwischen Partei und Vereinigungen war davon
ebenso betroffen wie die Konstruktion der Parteispitze und der Status der Parteizentrale.

Auch in den sechziger Jahren bot die Bundesgeschäftsstelle in dem
graubraunen vierstöckigen Altbau der Nassestraße keinen »Platz für
Machtentfaltung« (»Der Spiegel«). Wie ein Symbol der Parteire-
formbestrebungen erschien das Bauvorhaben für ein zwölfstöckiges
Hauptquartier der Parteizentrale an der Friedrich-Ebert-Allee, das,
Anfang der Sechziger beschlossen, 1964 im Modell vorliegend, 1968
vom Bonner Bauamt genehmigt, 1971 (15. November) bezugsfertig
und 1973 offiziell eingeweiht (27. Januar), die vordem an zehn verschiedenen Stellen in Bonn untergebrachten Büros der Bundesgeschäftsstelle vereinigte. Kein Wunder, daß auch in den sechziger Jahren noch nach wie vor Kabinett und Fraktion sowie die sechzehn
»Landesfürsten« das Maß der Unionspolitik bestimmten. Weit davon entfernt, die »oberste Kommandobehörde der Partei« zu sein,
begrüßte die Bundesgeschäftsstelle damals ein »wachsendes Vertrauen« in ihre Arbeit bereits als Fortschritt. Die dauernde Ebbe in

der CDU-Kasse, das »bunte Gemisch« des hauptamtlichen Mitarbei-
terstabs der Partei, die Koordinierungsmängel der Informations-
und Pressearbeit, die föderalistische Struktur ließen den Modernisie-
rungsprozeß nur stockend und mühsam vorankommen. »Eine Zentralisierung der Partei wird immer auf bestimmte Situationen oder
auf bestimmte Sachgebiete beschränkt bleiben müssen; es wird kaum
je möglich sein, die innere Struktur der Partei in ihren Grundlagen
zu ändern«, hieß es fast resignierend in einer internen Studie.

Seit September 1963 war mit Arthur Rathke, dem ehemaligen
Pressechef des Deutschen Beamtenbundes, ein Sprecher des Bundes-
parteivorstands tätig, um der Unionsführung eine Stimme zu geben
und endlich ihr »Quot homines tot sententiae«-Gebaren zu beenden, von dem schon 1953 eine Bierzeitung der Mitarbeiter (»Nasser
Argelander-Spiegel«) ein Lied zu singen wußte. Daneben bestanden
jedoch die Hauptabteilungen Presse und Öffentlichkeitsarbeit unter
eigener Leitung fort; sie wurden erst 1966 dem Sprecher unterge-
ordnet, so daß zusammen mit den Zuständigkeiten für Organisation,
Politische Sachreferate und Verwaltung nur noch vier Sektionen
übrig blieben. Der starke Mitgliederschub nach 1969, in Verbindung mit dem erhöhten Anteil staatlicher Mittel an der Parteifinanzierung, erlaubten dann Anfang der siebziger Jahre eine Vergrößerung des bürokratischen Apparates der Parteizentrale. Der Sprecher
der CDU – seit 1970 Willi Weiskirch – behielt zwar die Leitung der
Abteilung Presse, aber die Sachbereiche Öffentlichkeitsarbeit und
Information/Dokumentation verselbständigten sich wieder.

Das Hin und Her in der Organisation der Bundesgeschäftsstelle
spiegelte die Metamorphosen des Parteivorstands wider. 1966, im
Zusammenhang mit der Wahl Erhards zum Bundesvorsitzenden, erfuhren die Vorstandsartikel der Parteisatzung zum sechsten Mal eine
Änderung; es sollte nicht die letzte sein. Aus der Führungstroika bei
Gründung der Bundespartei entstand über verschiedene Zwi-
schenstationen ein Zwölferrat – eine Konstruktion, die dem Ehrgeiz
des auf den Bundesvorsitz reflektierenden Barzel zwar genügen, zugleich aber durch »Einkreisung« Zügel anlegen sollte. Stets war es so
gewesen, daß die statutarischen Veränderungen der Parteispitze in
erster Hinsicht auf Personen zugeschnitten waren, die als Inhaber
bestimmter Ämter gedacht waren.

Nassestraße 2, Bonn: bis Anfang der siebziger Jahre
Adresse der Bundesgeschäftsstelle der CDU.

Das Konrad-Adenauer-Haus in der Bonner Friedrich-Ebert-Allee,
Sitz der Christlich-Demokratischen Union Deutschlands;
eingeweiht am 27. Januar 1973.

Der Bundesvorstand war am 16. Februar 1966 übereingekommen, den Fraktionschef der CDU/CSU als Ersten Stellvertreter des neu zu wählenden Bundesvorsitzenden zu nominieren. Alle weiteren personellen und organisatorischen Fragen der Parteiführungsstruktur sollte eine Kommission unter dem Vorsitz von Dufhues klären. Ihr gehörten Stoltenberg, Kohl sowie die Landesverbandsvorsitzenden Grundmann (Rheinland) und Adorno (Württemberg-Hohenzollern) an, außerdem als Vertreter der Vereinigungen der Hauptgeschäftsführer der Sozialausschüsse, Russe, und die Vorsitzende der Frauenvereinigung, Brauksiepe.

Den Vorschlägen von Vorstand und Kommission folgend, stimmte der 14. Bundesparteitag (Bonn, 21.–23. März 1966) einer Satzungsänderung zu und wählte zwei weitere, einander gleichberechtigte stellvertretende Vorsitzende (von Hassel und Lücke) sowie sechs weitere Mitglieder des Präsidiums, dessen Höchstgrenze auf zwölf Personen (bisher sieben) festgesetzt wurde (Blank, Brauksiepe, Dufhues, Gerstenmaier, Amrehn, Schröder). Mit der Funktion eines Geschäftsführenden Präsidialmitgliedes wurde Bundesfamilienminister Heck betraut.

Die Wunschvorstellung ging dahin, keine Einrichtung von Honoratioren, sondern ein Arbeits- und Führungsteam zu schaffen, das durch seine personelle Zusammensetzung sowohl die Verbindung zu Kabinett und Bundestagsfraktion garantieren als auch die Parteigruppierungen, Landesverbände und Vereinigungen angemessen repräsentieren sollte. Dem »Spiegel« erschien das als »Führungsmodell von kaum überbietbarer Kompliziertheit«. Darin entsprach es aber der komplizierten Architektonik der Union. Wichtig für die CDU-Führung selbst war das Kriterium, daß es ihr gelang, mit organisatorischer Flexibilität auf eine veränderte Situation zu reagieren. Die Partei war größer und kräftiger geworden; sie registrierte rund 290 000 Mitglieder, die Zahl ihrer Kreisgeschäftsstellen hatte sich kräftig erhöht; und dieses Wachstum warf Probleme der innerparteilichen Demokratie und des Profils der Partei auf. Die Union war, wie Barzel wußte, nicht allein »nach dem Gesetz der Zahl« zu leiten. Das trat um so deutlicher hervor, je weiter sie auf dem Weg zur Mitgliederpartei vorankam. Je mehr sie »personenunabhängig« (Dufhues) wurde, desto nötiger bedurfte sie einer Neubelebung und Neuformulierung ihres christlich-demokratischen Gehalts, desto bewußter mußte sie Partei sein.

Im dritten Jahrzehnt ihres Bestehens erlebte die Union einen Umbruch, der nicht nur ihre Struktur, sondern auch ihr Selbstverständnis betraf. Rasch hintereinander folgende Satzungsänderungen, programmatische Konzentration, Vitalisierung durch den Vormarsch politischer Nachwuchskräfte waren seine Symptome. Neben und hinter Barzel und Stoltenberg setzten der rheinland-pfälzische Landesvorsitzende Kohl, vom »Spiegel« als »neues Wunderkind der CDU-Junioren« apostrophiert, der Bundesvorsitzende der Jungen Union, Egon Alfred Klepsch, sowie agile jüngere Bundestagsabgeordnete wie Ernst Benda, Bert Even, Walther Leisler Kiep, Olaf Baron von Wrangel, Hansjörg Häfele und Dietrich-Wilhelm Rollmann zum Sprung nach oben an.

Die Stimme der jungen Generation meldete sich schon unüberhörbar auf dem 15. Bundesparteitag in Braunschweig 1967 (22./23. Mai) zu Wort, der ersten Heerschau der CDU ohne Adenauer, der wenige Wochen zuvor – 91jährig – gestorben war (19. April). Seinen Platz als Ehrenvorsitzender nahm nun Erhard ein, der nach seinem Rücktritt als Bundeskanzler auch den Parteivorsitz der CDU zur Verfügung gestellt hatte. Er schied mit der besorgten Mahnung, daß die CDU auch das »geistige Feld« beackern müsse, »wenn sie nicht Gefahr laufen soll, sich in einer nur pragmatischen Tagespolitik zu erschöpfen und damit an Anziehungskraft zu verlieren«.

Die Neuwahl des Parteichefs gab Gelegenheit zu einem abermaligen Umbau der gesamten Führungsstruktur. Namentlich aus den Reihen der Jungen Union, aber auch vom mitgliederstärksten rheinischen Landesverband wurde die Einrichtung eines hauptamtlichen Generalsekretärs gefordert, dem »die Koordination der gesamten Parteiarbeit aller Gebietsverbände, der Vereinigungen und der Sonderorganisationen« obliegen sollte. Diese Lösung wurde mit der Wahl von nun wieder fünf stellvertretenden Vorsitzenden verbunden, die zusammen mit dem Bundesvorsitzenden, dem Generalsekretär und dem Schatzmeister das Präsidium bildeten. Als erster Generalsekretär übernahm Heck, auf Vorschlag des Bundesvorsitzenden für vier Jahre gewählt, die Geschäftsführung. Um sich ganz auf den Bundestagswahlkampf 1969 konzentrieren zu können,

Bruno Heck
Generalsekretär der CDU
23. 5. 1967–5. 10. 1971.

verzichtete. er im Jahr darauf (1. Oktober 1968) auf sein Minister-
amt. Unter dem Motto »sinnvolle Koordinierung statt schemati-
scher Zentralisierung« waren die Parteireformer Anfang der sechziger Jahre angetreten. Der Strukturwandel der Partei, der mit dem
Ende der Nachkriegszeit kräftig einsetzte, vor allem aber die Bedrohung ihrer Position als »geborener Regierungspartei« durch
eine zur Volkspartei erstarkte SPD und eine schwankende FDP verlangten eine Stärkung der Zentrale und eine energische Straffung
der Parteiorganisation.

    Doch »Revolutionäres« im Sinne einer grundlegenden Parteimo-
dernisierung bot auch dieser zweite Führungswechsel nicht. Dem
Generalsekretär wurde die Hauptamtlichkeit nicht in die Satzung
geschrieben, und die Wahl des Bundesvorsitzenden fiel traditionsgemäß auf den Kanzler, auf Kurt Georg Kiesinger, der seit dem
1. Dezember 1966 die Regierung der Großen Koalition anführte. Als

seine Stellvertreter im Parteivorsitz setzten sich Brauksiepe, Dufhues, von Hassel, Lücke und Schröder durch; als Bundesschatzmeister mußte der seit 1960 amtierende Burgbacher dem von Bundesvorstand und Bundesausschuß favorisierten Hans Christoph See-
bohm Platz machen. Der Vorstand wurde von 60 auf 30, der
Bundesausschuß von 200 auf 120 Mitglieder reduziert, um den
Führungsgremien mehr Effektivität zu geben.

Die eigentliche Steuerfunktion für die politische und organisatorische Integration der Partei fiel jedoch dem Generalsekretär zu. Er
übernahm die »Koordination der gesamten Parteiarbeit« aller Gebietsverbände, Vereinigungen und Sonderorganisationen. Er konnte
jederzeit von ihnen Unterrichtung verlangen, sie mußten ihn jederzeit hören; namentlich die Bestellung der Hauptgeschäftsführer und
die Etats der Vereinigungen bedurften seiner Zustimmung. Auch die
gesamte Publikationstätigkeit der Partei unterlag seiner Aufsicht.

In der Zeit der Großen Koalition, mit einer Art Schuldgefühl, das
die bislang verachtete Verbindung mit der SPD erzeugte, geschah so
ein neuer Anlauf, um die Bundespartei zum wirklichen Kern der
Union zu machen. Keine geringe Hilfe bot dabei das Parteiengesetz.
Es machte eine neue Finanz- und Beitragsordnung nötig, wie sie der
17. Bundesparteitag (Mainz, 17./18. November 1969) verabschiedete: Sie gaben nicht nur dem Bundesschatzmeister und dem zu bil-
denden Bundesfinanzausschuß der Partei mehr Befugnisse, sondern
sprachen auch dem Bundesparteitag das Recht zu, die von den Landesverbänden für jedes Mitglied an die Bundespartei abzuführenden
Beträge festzusetzen. Nach dem im Oktober 1969 vorgelegten Re-
chenschaftsbericht umfaßte der Haushalt der CDU knapp 34,5 Millionen DM, von denen auf die Bundespartei etwa vierzig Prozent entfielen. 28,5 Prozent waren Mitgliedsbeiträge (einschließlich der Son-
derabgaben von Abgeordneten), 14,6 Prozent flossen aus Spenden,
2 Prozent aus Vermögen, 1,6 Prozent aus Veranstaltungen und
Publikationen, 1,8 Prozent fielen unter Sonstiges wie Kredite; der
Löwenanteil mit 51,5 Prozent, also gut die Hälfte, entfiel auf die Er-
stattungsbeträge gemäß dem Parteiengesetz. Die »reichsten« Landesverbände waren der rheinische, mit einem Anteil an den Gesamteinnahmen von knapp 10 Prozent, gefolgt von Hannover (8,5%),
Westfalen-Lippe (8,3%) und Hessen (7,4%). Die württembergischen

und badischen Landesverbände sowie Schleswig-Holstein bildeten das Mittelfeld, während als Schlußlichter die kleinen Landesverbände von Oldenburg (0,7%) und Bremen (0,5%) rangierten.

Durch finanzierungs- und personalpolitische Einflußnahme wie auch durch Einwirkung auf die publizistische und propagandistische Tätigkeit verdichtete die Zentrale die Zusammenarbeit mit den Landes- und Kreisverbänden; die Folge war, daß die Länder und ihre »Herzöge« anfingen, an Macht einzubüßen. Damit war für eine Übergangszeit, bis sich Selbstverständnis und Parteiorganisation der Bundespartei so weit geformt und gefestigt hatten, daß sie die ihr zugedachte Rolle ausfüllen konnte, eine Schwächung der Union verbunden. Die Auseinandersetzung mit der rivalisierenden SPD in der Großen Koalition und die Herausforderung durch das Regierungsbündnis von SPD und FDP erwischten die Union sozusagen auf dem falschen Fuß.

Es kam hinzu, daß der neue Parteivorsitzende und Bundeskanzler nicht ohne »Schwierigkeiten im eigenen Haus« blieb, wie die Presse bald bemerkte. Seine Parteitätigkeit stand im Schatten des tüchtigen Generalsekretärs Heck. Kiesingers reservierte, fast vornehme Art der Auseinandersetzung mit dem politischen Gegner ließ zudem – hinter vorgehaltener Hand – Deutungen von übertriebener Vorsicht, von Desinteresse und unpersönlicher Politik zu. Ihm fehlte die Gloriole des Wiederaufbau-Politikers, des Tatmenschen; eine »dialogische Natur« hat man ihn genannt. Das Regierungsbündnis der beiden großen gleichstarken Parteien verstärkte noch seinen vermittelnden, auf Kompromiß abgestellten Arbeitsstil. Und für manches CDU-Mitglied, das dem Vorbild Adenauer nachträumte, war er damit nicht der rechte Mann, um der »Kanzlerpartei« das nötige Profil zu geben. Auch Rivalitäten in der Parteispitze machten Kiesinger zu schaffen. Vor allem der »Atlantiker« Bundesverteidigungsminister Schröder, der seine Niederlage bei der Kanzlerkandidatur der Union nicht verwinden konnte, wurde von der Öffentlichkeit wiederholt als Widerpart ausgemacht. Kurz: Als Kanzler der Großen Koalition wie als Bundesvorsitzender der CDU erschien Kiesinger, bei allen Sympathiewerten, die er beim Wählervolk verzeichnen konnte, immer wie eingeengt, gezwungen, der Notwendigkeit gehorchend. Auf Bundesebene verlor sich das Charisma, das er als baden-württem-

Kurt Georg Kiesinger
Bundesvorsitzender der CDU 23. 5. 1967–4. 10. 1971.
Bundeskanzler der Bundesrepublik Deutschland
1. 12. 1966–20. 10. 1969.

bergischer »Landesvater« ausgestrahlt hatte. Nach eigenem Bekenntnis, im Gestrüpp der tausend »petites querelles«, die Tag für
Tag zu erledigen waren, fühlte er sich eher als »Inhaber einer Repa-
raturwerkstatt als eines Großbetriebes«. Schließlich darf auch nicht
vergessen werden, daß ihn seine ehemalige NSDAP-Mitgliedschaft
und Tätigkeit in der Propagandaabteilung des Auswärtigen Amts
öffentlich angreifbar machten – im Entstehungsjahr der Studentenrevolte eine Achillesferse auch für die CDU, wie der Zwischenfall auf
dem Berliner Parteitag zeigte, als der Parteivorsitzende und Kanzler
am Vorstandstisch von einer jungen Frau geohrfeigt wurde.

Der Aktivität, welche die CDU unter Kiesinger zweifelsohne entfaltete, haftete trotz allem der Anschein des Pflichtschuldigen an, es
mangelte der Partei trotz der ausgestandenen Konflikte an Selbstbewußtsein. Dem radikalen Umbruch der Werthaltungen und Lebensformen in der zweiten Hälfte der sechziger Jahre stand die Union
fremd gegenüber. Auf die Demonstrationen und Provokationen der
Protestbewegung reagierte sie irritiert, unentschieden, ja entmutigt.
Ihre alten Formeln stimmten nicht mehr. Sie fühlte sich auf einmal in
die Ecke gestellt.

Auf dem 16. Bundesparteitag in Berlin (4.–7. November 1968)
warf ihr Kiesinger vor, sie sei noch gar nicht gewahr geworden, wie
gut sie eigentlich in der Großen Koalition abschneide. Es gab unübersehbare Schwachpunkte in der Partei. Die Mitgliederzahl stagnierte. Erst gegen Ende 1969 kletterte sie, trotz neuerlicher Mitglie-
derwerbungsaktionen, mühselig über die 300 000-Marke. Statt nach
außen kämpferisch aufzutreten, wendete sie sich nach innen. Sie be-
schäftigte sich fast ausschließlich mit der Diskussion ihres Aktionsprogrammes und meinte, damit würde alles wieder gut. Nicht zuletzt
ließ sie sich durch die bescheidenen Wahlerfolge in den Landtagswahlen 1967/68 einlullen: in Berlin (12. März 1967) mit plus 4,1; in
Schleswig-Holstein und Rheinland-Pfalz (23. April 1967) mit plus 1
und 2,3 ; in Niedersachsen (4. Juni 1967) mit plus 4; in Bremen
(1. Oktober 1967) mit plus 0,6 Prozent; lediglich in Baden-Württemberg (28. April 1968) gab es mit minus zwei Prozent einen
Dämpfer, der als Reaktion auf Filbingers Große Koalition (seit
16. Dezember 1966) leicht zu erklären war, nichtsdestoweniger
aber eine deutliche bundespolitische Warnung enthielt. Insbesondere
das Erstarken der neonazistischen NPD als Sammlungsort für
Protestwähler jeder Art mußte der CDU Sorgen bereiten. Unter
diesen Umständen erschienen die Probleme ihrer inneren Verfassung manchmal viel gravierender als die Schwierigkeiten im Regierungsbündnis zweier gleichstarker, bisher entzweiter politischer
Gegner.

3. 1968 – Das Berliner Programm

Alles in allem schien die Situation der CDU nach Bestehen der Erhard-Krise jedoch stabil genug, um auf dem Weg zur »modernen Volkspartei« (Berliner Programm, Präambel), wie das Schlagwort lautete, voranzugehen. Anstrengungen und Hoffnungen der Partei galten dabei vor allem der Programmatik, die als Standortbestimmung, als Wegweiser der Modernisierung und als Kitt im bröckelnden Unionskörper dienen sollte. So wurde der Bundesparteitag in Berlin 1968 mit der Diskussion und Billigung des Aktionsprogrammes als »Meilenstein in der Entwicklung der CDU« empfunden. Das »Berliner Programm« sollte, wie die Düsseldorfer Leitsätze 1949 und das Hamburger Programm 1953 für die Adenauer-Regierungen, die Grundlage der Unionspolitik für die siebziger Jahre enthalten: »Wir müssen eine überzeugende Antwort geben auf die Herausforderungen unserer Zeit«. Die Orientierung am Vorbild des Godesberger Programms der SPD war nur allzu deutlich. Das Neue lag dabei weniger im Inhalt, der eindeutige Prioritäten und zukunftsweisende Rezepte vermissen ließ, sondern im Grad der Mitgliederpartizipation. Die innerparteiliche Diskussion des von 24 Kommissionen erarbeiteten Programmentwurfs war ein Stück praktizierter Demokratie, wie es in der deutschen Parteiengeschichte noch keines gegeben hatte. Vom politischen Anspruch her vermochte das Berliner Programm die Kommentatoren allerdings nicht zu begeistern; sie sprachen von »verspäteten Antworten auf die Fragen der auslaufenden Sechziger« (Neumaier). Sie entdeckten andererseits aber auch die CDU als »Partei mit Eigenleben«, als Partei, die ihr Eigeninteresse geltend machte, über sich selbst nachdachte, sich zu Wort meldete und diskutierte.

Mit dem Berliner Programm befreite sich die CDU von dem Geruch, nur eine »Gesinnungspartei« zu sein. Noch nie war eine Entscheidung in der Partei in solchem Maße Sache der gesamten Mitgliedschaft auf allen ihren Ebenen gewesen. Über ein halbes Jahr lang wurde der Vorstandsentwurf, der in 750 000 Exemplaren verteilt wurde, in den Verbänden, Vereinigungen und Fachausschüssen der Partei beraten; mehr als 30 000 Stellungnahmen und über 400 Änderungsanträge spiegelten das breite Interesse der Basis wider.

Das Programm, das schließlich nach viertägiger, ausschließlich in Plenumssitzungen geführter Debatte beschlossen wurde, gliederte sich in die beiden Hauptteile »Deutschland in Europa und in der Welt« und »Deutschlands innere Ordnung«. Zu Recht ist dazu bemerkt worden, daß das außenpolitische Kapitel mit seinen Abschnitten Deutschlandpolitik, Europapolitik sowie Außen- und Sicherheitspolitik für die Bundesrepublik keine Neubestimmung ihrer Rolle im internationalen System leistete, sondern weiter auf die Adenauerschen Positionen vertraute. Den Kritikern schien auch angesichts weltweiter Fortschritte des entspannungspolitischen Denkens der sicherheitspolitische Aspekt überbewertet. Sie vermißten ferner eine zukunftsorientierte Verknüpfung der Europa- und Deutschlandpolitik. So zeigte sich der RCDS, von der Woge der Studentenrevolte erfaßt, sogar bereit – ähnlich der SPD –, das Ziel einer nationalstaatlichen Wiedervereinigung »zugunsten des Aufgehens der zwei derzeit bestehenden deutschen Teilstaaten im Rahmen einer dauerhaften gesamteuropäischen Staatenorganisation aufzugeben« (Delegiertenversammlung 1968).

Das innenpolitische Kapitel überraschte dagegen mit einem Abschnitt zur »Reform der Demokratie«, der den übrigen Abschnitten über Bildung, Jugend, Kunst, Forschung (V), Wirtschaft und Finanzen (VI), Landwirtschaft VII), Raumordnung, Wohnungsbau, Verkehr (VIII), Soziale Sicherung (IX), Gesundheit und Sport (X) vorausging. Es fiel nicht allzu schwer, hierin eine eher zaghafte als aufgeschlossene Reverenz an den Zeitgeist zu sehen, zumal Demokratie unter den Punkten Familie, Föderalismus, Mehrheitswahlrecht, Parlamentsreform, Modernisierung der Verwaltung, Kirchen und Medienpolitik weniger als politische Lebensform denn als Ordnungskonzept des Staates begriffen wurde. Immerhin wartete die notorisch föderalistisch gesinnte CDU mit einer kleinen Sensation auf, als sie – wenngleich mit knapper Mehrheit – die Errichtung eines Bundesministeriums für das Bildungswesen »zur Koordinierung der gemeinsamen Anstrengungen der Länder« auf Antrag des Landesverbandes Hamburg ins Programm schrieb.

In den wirtschafts- und finanzpolitischen Artikeln zeigte sich »manche Verbeugung vor Schillerschem Gedankengut« (Hartmut Wasser). So gab es bei der Strukturpolitik, der Konjunktursteuerung und mittelfristigen Finanzplanung nur graduelle Unterschiede zur SPD-Programmatik: Die Zeit prinzipieller Gegensätze in der Wirtschaftspolitik der beiden großen Volksparteien war vorbei. Das erwies sich als Nachteil für die Union, die ihre große Anziehungskraft nicht zuletzt der werthaften Orientierung an der Sozialen Marktwirtschaft und der entschiedenen Ablehnung des Sozialismus verdankt hatte. In der Zeit der Großen Koalition, die in erster Linie effizienzorientiert arbeitete, trat nicht nur politisch, sondern auch programmatisch die prinzipielle Auseinandersetzung zurück. Vorherrschend wurde vielmehr das Bemühen, möglichst viele Wählerkreise anzusprechen. Als Ergebnis entstand eine Aneinanderreihung von Einzelmaßnahmen »ohne inneren Zusammenhang« (so der damalige Bundesvorsitzende des RCDS, Uwe-Rainer Simon, in der »Sonde«). Ein »bunter Strauß detaillierter Postulate« löste nun die alternative Profilierung und weltanschauliche Grundsatzformulierung der frühen Programmäußerungen ab.

Die erfolgspolitische Orientierung der CDU in der Umbruchzeit Ende der sechziger Jahre verstärkte bei ihr die Tendenz zu taktischer Stellungnahme anstelle prinzipieller Standortbestimmung. Das zeigte sich insbesondere bei so heißen Eisen wie der Vermögensverteilung und der Ausweitung der Mitbestimmung. In beiden Fällen fand der Berliner Parteitag, nach heftigem Ringen zwischen den vom Wirtschaftsrat auf der einen Seite und von den Sozialausschüssen auf der anderen angeführten Delegiertengruppen, zu pragmatischen Kompromissen, die sowohl die Problemlösung im einzelnen als auch die Union selbst »für neue Strukturen offen« (Katzer) hielten.

Für die CDU im Übergang zur »modernen Volkspartei« besaß das Berliner Programm eine doppelte Funktion: Es diente als Wahlkampfplattform für die kommenden Wahlentscheidungen, und es übernahm die Rolle eines Integrationsfaktors im Raum der Union. Es beendete für eine gewisse Zeit die Diskussion um das Selbstverständnis der Partei, namentlich um ihr »C«, das im Sinne eines Appells für eine »Politik aus der gemeinsamen Verantwortung der Christen in der Welt« interpretiert wurde: »Die Christlich-Demokratische Union Deutschlands orientiert sich am christlichen Glauben und Denken«, hieß es in der Präambel des Berliner Programms. Das schloß zugleich Offenheit für Nicht-Christen ein, auf der Grundlage

eines Menschenbildes, das – wie eine damals häufig gebrauchte Formel lautete – »nicht spezifisch christlich, aber auch christlich ist«.

Der Berliner Parteitag beschloß außerdem eine Reihe von Satzungsänderungen; sie waren durch das 1967 beschlossene Parteiengesetz, das 1969 in Kraft trat, notwendig geworden. So mußte die
Vertretung des Landesverbandes Oder/Neiße und der Exil-CDU in
der Partei anders geregelt werden. Ersterer, »das Sprachrohr jener
Christlichen Demokraten, die aus den Vertreibungsgebieten kommen«, wurde als Vereinigung der CDU unter dem Namen »Union
der Vertriebenen und Flüchtlinge« mit Vertretung im Parteivorstand
organisiert. Die Exil-CDU blieb dagegen weiterhin neben den Landesverbänden bestehen, »als politische Vertretung der Christlichen
Demokraten Mitteldeutschlands, denen dort seit 1948 das politische
Selbstbestimmungsrecht versagt ist«. Entsprechend den Bestimmungen des Parteiengesetzes wurde jedoch die Zahl ihrer Parteitagsdelegierten von 75 auf 50 reduziert; ihre Stimmen blieben außerdem bei
Personalwahlen und Beschlüssen über das Parteistatut unberücksichtigt. Auf Antrag des Landesverbandes Rheinland wurde ferner
eine »Wirtschaftsvereinigung« in die Satzung eingefügt. Mit diesem
Kompromiß erhielten Mittelstandsvereinigung und Wirtschaftsrat
der CDU e.V. die Möglichkeit eingeräumt, sich über eine Fusion zu
einigen.

Die Reaktion der Öffentlichkeit auf den Berliner »Programm«-Par-
teitag fiel bei aller Einzelkritik im ganzen doch positiv aus: Man erklärte die »Herrschaft der Honoratioren« für beendet, begrüßte die
Wendung zum Programm, sah die Partei in einem Regenerationspro-
zeß und innerhalb der Parteihierarchie den Nachwuchs auf dem Vormarsch. Konnte die CDU demnach »mit Vertrauen in die Zukunft
blicken«, wie der Parteichef und der Vorsitzende der CDU/CSU-Bun-
destagsfraktion zu Beginn des Wahljahres 1969 mit übereinstimmen-
dem Optimismus versicherten? Tatsächlich verbarg sich hinter den
Programmaktivitäten und Satzungsänderungen, dem äußerlich geschlossenen Auftreten unter der Ägide Kiesingers und dem entschiedenen Führungsanspruch als »Staatspartei« ein gerütteltes Maß an Unsicherheit, Selbstzweifel, Krisenstimmung. Mit der innerparteilichen
Demokratie, in der Diskussion über Parteireform und Aktionsprogramm erstmalig praktiziert, hatte die CDU sozusagen vom Baum der

Erkenntnis gegessen. Sie wurde gewahr, wie Kiesingers Bilanz es auf dem Saarbrücker Bundesparteitag von 1971 zusammenfaßte: Sie war ihrem Wesen nach noch immer – trotz stetigen Mitgliederzuwachses – eine Wählerpartei, sie lebte weiter aus der ursprünglichen Kraft ihres politischen Anfangs, aber die »alten großen Parolen« verblaßten mehr und mehr, das Vertrauenskapital, über das sie verfügte, geriet mit dem Gesellschafts- und Wertewandel zunehmend unter Druck, vor allem bei den nach 1945 Geborenen. Es bedurfte erst der harten Schule der Oppositionszeit, damit sich die Union aus dem Status der Wiederaufbau- und Nachkriegspartei herausarbeiten konnte. Die Leistung der Parteiführung unter Kiesinger ist vor allem darin zu sehen, daß die auseinanderstrebenden Flügel der Union zusammengehalten wurden und an Substanz nichts verlorenging, obwohl sich die SPD als zweite Volkspartei etablierte und die NPD am rechten Rand des Parteienspektrums in besorgniserregendem Maß Stimmen sammelte.

4. Vereinigungen

Viele wichtige Reformvorstellungen und Reformaktivitäten innerhalb der CDU seit Ende der Adenauer-Ära kamen aus den Vereinigungen als dem »einzigen organisierten Subsystem der Partei, das auf allen Ebenen der Parteiorganisation präsent ist« und dessen Funktion es ist, spezifische Interessen und politische Fragestellungen zu artikulieren (Schönbohm). Aufgrund des starken Eigenlebens der Vereinigungen treten deshalb auch die unterschiedlichen Interessenstandpunkte innerhalb der Union deutlicher als in anderen Parteien zutage. Das ist besonders in Zeiten grundlegender Entscheidungen und Reformen der Fall.

Im Zusammenhang mit der Entwicklung der Union zur »modernen Volkspartei« verteilten sich Gewicht und politischer Einfluß der Vereinigungen neu. Am auffälligsten veränderte sich dabei die Position der Sozialausschüsse (CDA). Die Abschwächung ihres Einflusses ging zu einem wesentlichen Teil darauf zurück, daß der alte Stamm der katholischen Arbeiterführer vom Schlage eines Kaiser, Arnold, Albers, Lücke, Blank, die beim Aufbau und Aufstieg der CDU in der Nachkriegszeit große Verdienste erworben hatten, allmählich ausstarb. Zum anderen ging generell der Anteil der Arbeiter in der modernen Industrie- und Dienstleistungsgesellschaft der Bundesrepublik zurück, gesamtgesellschaftlich und auch in den Parteien. Dazu kam die fortschreitende Säkularisierung des Lebens, mit der die christliche Soziallehre, der »Lebensnerv« der Sozialausschüsse, viel von ihrer Geltungskraft verlor. Die Sozialausschüsse gerieten also in eine doppelte Bedrängnis: soziologisch und ideologisch. Von ihrer Niederlage, die sie unter Katzers Führung im Kampf um die paritätische Mitbestimmung (1968–1973) erlitten, erholten sie sich nie mehr ganz. In den Siebzigern lief ihnen die Mittelstandsvereinigung, die im 1963 gegründeten und bis Ende der Sechziger organisatorisch ausgebauten Wirtschaftsrat der CDU e. V. einen einflußreichen Bündnispartner fand, den Rang als innerparteiliche pressure group ab.

Gleichzeitig entwickelte sich die *Junge Union* »vom nur innerparteilich bedeutenden Karriere-Sprungbrett zur eigenständigen, auch außerhalb der Partei akzeptierten Organisation« (»Die Welt«). Der 1968 kulminierende Generationenkonflikt zwischen den Jahrgängen, die den Wiederaufbau geleistet hatten, und den Nachkriegsgeborenen machte auch vor der Union nicht halt. Die Junge Union, »die selbständige Vereinigung der jungen Generation« in CDU und CSU (§ 1 des Statuts) war die mitgliederstärkste und umtriebigste Vereinigung. In der »Ära Echternach« 1969–1973 wuchs sie von 117500 auf rund 170000 Mitglieder an. Davon gehörte knapp die Hälfte auch zugleich der Union an. Knapp 15 Prozent waren Frauen. Nach der Größe folgten dem Spitzenreiter Bayern mit fast einem Viertel der Mitglieder die Landesverbände Rheinland (1969: 22284), Rheinland-Pfalz (12900) und Westfalen (9844) vor Hannover, dem Saarland und Hessen.

Dem Anspruch, der »Motor der Partei« zu sein, kam sie wohl in den Jahren der Reformdiskussion am nächsten, auch wenn böse Zungen meinten, sie hätte mehr die Rolle eines »Lautsprechers« gespielt. Tatsache ist, daß sich die Junge Union im innerparteilichen Ringen um Programmpositionen und Personen seit dem Abgang Adenauers als ein Faktor erwies, mit dem jeder rechnen mußte. Sie war als Bundesgenosse gefragt. So kam es nicht von ungefähr, daß Erhard, Kiesinger und Barzel bei der Nominierung zum Kanzlerkandidaten und der Wahl zum Parteivorsitzenden die Junge Union jeweils für sich hatten. Die junge Garde der Union verhalf einer positiveren Frankreichpolitik gegen die »Atlantiker« in der Partei zum Siege. Sie trat 1967 entschieden für ein Mehrheitswahlrecht ein. Sie zwang die Union durch ihr deutschlandpolitisches Konzept, das sich der »neuen Ostpolitik« näherte, zur Überprüfung der in der Deutschlandfrage eingenommenen Positionen.

Zunächst – bis 1968 etwa – lagen ihre politischen Schwerpunkte im Jugend- und Bildungsbereich, in der Europaidee und der Auseinandersetzung mit den linksradikalen Kräften an den Hochschulen. Das »Jugendpolitische Programm« vom 1. Mai 1965 entsprach noch ganz dem Image von den »wohlerzogenen Kindern« der Union. Mit der Reformdiskussion des »Berliner Programms« änderte sich das jedoch rasch. Die Junge Union setzte sich an die Spitze der Reformkräfte für eine Dynamisierung und Demokratisierung der Partei. »Ein Eisberg von Unmut«, »Die Junge Union schießt scharf«, »Junge Union will Vorhut der Partei sein«, so und ähnlich lauteten nun die Schlagzeilen. Auf der Landestagung der JU Rheinland in Bad Godesberg am 11./12. Mai 1968, auf dem Höhepunkt des Konflikts um die Notstandsgesetze, wurde im sogenannten Rheinischen Papier »Gesellschaft und Demokratie« für die Junge Union die Parole der »innerparteilichen Opposition« ausgegeben. Die bayerische Junge Union nahm einen Monat später das Signal auf und kritisierte auf ihrer Landesversammlung den »antiquierten Führungsstil«. Kritische Distanz zur Mutterpartei, nicht aber Rebellion wie bei Jungsozialisten und Jungdemokraten war angesagt. Auf jeden Fall wollte die Junge Union nach den Worten ihres Bundesgeschäftsführers Lothar Kraft (Deutschlandtag in Ludwigshafen am 4.–6. Oktober 1968) »künftig für die Partei unbequemer sein«.

Auf dem Berliner Deutschlandtag 1967 (17.–19. November) wurde Klepsch zum dritten und letzten Mal als JU-Bundesvorsitzender bestätigt. Man braucht sich nur einige der damaligen JU-Landesvorsitzenden und Vorstandsmitglieder namentlich in Erinnerung zu rufen, um zu erkennen, welche Prägung die Unionsparteien in den folgenden Jahrzehnten von ihren Junioren erfahren haben: Stoltenberg, Echternach, Rollmann, Rühe, Neumann, Seiters, Remmers, Rawe, Alo Hauser, Gölter, Riesenhuber, Geißler, Teufel, Anton Pfei-

fer, Warnke, Streibl, Wohlrabe u. a. m. Ihre Stunde schlug, als nach
der Bundestagswahl die Oppositionszeit anbrach und der Ruf nach
Modernisierung der Partei laut wurde. Auf dem Deutschlandtag in
Hamm (7.–9. November 1969), wo der Hamburger Rechtsanwalt
Echternach mit 134 von 180 Stimmen zum neuen Bundesvorsitzenden gewählt wurde, übernahm die Junge Union die Rolle der »Opposition in der Opposition«. Der »Geist von Hamm« bedeutete
»kritische Eigenständigkeit«: Die Junge Union sollte, als Sprachrohr
der jungen Generation in CDU und CSU, auf Zukunftsorientierung,
Weiterentwicklung der Demokratie, Pluralismus und Durchsichtigkeit dringen, vor allem in den Personaldebatten. Und die Junge
Union sollte jünger werden: In Hamm wurde die Altersgrenze für
die JU-Mitgliedschaft von 40 auf 35 Jahre, in Bremen (1.–3. Oktober
1971) das Eintrittsalter von 16 auf 14 Jahre gesenkt.

Bezeichnend für den neuen Kurs war es auch, daß die Junge Union
mit ihren gesellschaftspolitischen Konzepten die Nähe der Sozialausschüsse suchte, wo sich in ähnlicher Weise Kerne kritischen Potentials in der Union bildeten. In der Mitbestimmungsfrage kam es
zum Schwur, wobei sich allerdings zeigte, daß auch die Junge Union
ihre Flügel und Gruppierungen hatte. Zwischen den Landesverbänden Hamburg und Saarland, die für die reine paritätische Mitbestimmung ohne neutrale Dritte waren, und den Gegnern der Parität
(Bayern, Bremen, Hessen, Niedersachsen und Westfalen-Lippe) trat
der Landesverband Rheinland (unterstützt von Schleswig-Holstein
und Baden-Württemberg) für das sogenannte Biedenkopf-Modell
ein, das sechs Anteilseigner, vier Arbeitnehmer und zwei neutrale,
aus dem Kreis der leitenden Angestellten zu wählende Aufsichts-
ratsmitglieder vorsah (Deutschlandtag in Braunschweig, 25.–27. September 1970). Auf dem Deutschlandtag in Herford 1973 (1.–3. Juni)
gelangte dann als Kompromiß ein an den Mitbestimmungsforderun-
gen der Sozialausschüsse orientiertes Modell zur Verabschiedung.
Die Lösung wurde in einer ganz neuen Unternehmensverfassung gesucht, die ein partnerschaftliches Verhältnis von Arbeitnehmern, Kapitaleignern und Unternehmungsleitung auf der Grundlage »gleich-
gewichtiger Legitimation der Faktoren Arbeit und Kapital« garantieren sollte. Die in der Union seit Gründungstagen schwelende Idee
eines »dritten Weges« zwischen Kommunismus und Kapitalismus

flammte, in Anküpfung an das Ahlener Programm, noch einmal kurz auf.

Den Versuch, zwischen linker Revolutionsutopie und traditioneller Sprachführung der Union einen eigenen neuen Standort zu definieren, unternahm auch das Grundsatzprogramm der Jungen Union, das, in Bremen angekündigt, im Sommer 1972 zur Diskussion vorgelegt und auf dem Fuldaer Deutschlandtag (29. September–1. Oktober) beschlossen wurde. Mit diesem Programm, das von einer Kommission unter der Leitung des JU-Vorstandsmitglieds Wulf Schönbohm erarbeitet wurde und den Titel »Für eine humane Gesellschaft« erhielt, verfügte die Junge Union zum ersten Mal in ihrer 25jährigen Geschichte und als einzige politische Jugendorganisation über eine verbindliche Formulierung ihrer Grundpositionen. Darin stellte sich die Junge Union als »Initiator fortschrittlicher Reformpolitik« vor, wobei Reform »Fortschritt für den Menschen und nicht für ein System«, also Parteinahme für die »unterdrückten, leidenden und sozial benachteiligten Menschen« bedeuten sollte.

Insbesondere von den wirtschafts- und gesellschaftspolitischen Abschnitten des JU-Grundsatzprogramms mußte sich die CDU-Führung herausgefordert fühlen. Aber auch die konservativeren Kräfte der Jugendorganisation, allen voran die Landesverbände Bayern und Westfalen-Lippe, wollten eine weitere »Öffnung nach links« nicht mitmachen. Insbesondere waren ihnen die Forderungen des »progressiven« Flügels nach Anerkennung der Oder-Neiße-Grenze und nach Zustimmung zum Grundvertrag mit der DDR sowie die Kontaktaufnahme mit kommunistischen Jugendorganisationen ein Dorn im Auge. Die Teilnahme der Jungen Union an den kommunistischen Weltjugendspielen in Berlin 1973 erregte in der CDU viel Unmut. Der »Höhepunkt der kämpferischen Auseinandersetzung« (Matthias Wissmann) mit der Mutterpartei fiel in die Jahre 1972–1974, als das Wahldebakel von 1972 die Union aufrüttelte und ihr Bundesvorsitz von Barzel auf Kohl wechselte.

Auf dem Deutschlandtag in Hamburg (19.–21. Oktober 1973), wo der 24jährige Tübinger Jurastudent Matthias Wissmann Nachfolger des aus Altersgründen ausscheidenden Echternach wurde, votierte die Junge Union für den »konstruktiven Konflikt« mit dem Bundesvorstand der Partei. Auf den Gebieten Mitbestimmung, Vermögensbildung, Bodenrecht und Berufliche Bildung ging man mit dem »linken Flügel« der Union, angeführt von Katzers Sozialausschüssen, gemeinsam vor – und unterlag auch – auf dem Hamburger Bundesparteitag – gemeinsam. Eine Zeitlang bemühte man sich noch um Aufrechterhaltung des Bündnisses, um in der Union für den »nötigen Reformdruck« zu sorgen, wie man sich tröstete. Doch die Strategie des »dritten Weges«, in Lahnstein (Deutschlandtag 4.–6. Oktober 1974) noch heiß diskutiert, mit dem kühnen Anspruch, die Soziale Marktwirtschaft zu einer freieren und gerechteren Gesellschaftsordnung weiterzuentwickeln, verlor mit dem Schwinden der allgemeinen Reformeuphorie Mitte der Siebziger ihre Attraktivität. Die Sorge um die demokratische Verfassung und jugendpolitische Fragen wie z.B. in der Initiative »Zukunftschancen der jungen Generation« traten jetzt in den Vordergrund der JU-Aktivitäten.

Wichtiger als diese manchmal zu offenkundig der politischen Aktualität verhafteten Reformvorhaben der Jungen Union war für die Unionsgeschichte, daß auch unter der bis 1981 währenden Ägide Wissmanns, eines »Meisters der gezähmten Revolte« (»Stuttgarter Zeitung«), die Entwicklung vom »Karriereverein« zu einer sowohl innerhalb der Union als auch vom politischen Gegner respektierten Nachwuchsorganisation konsequent weitergetrieben wurde. Eine besondere Leistung stellten Gründung (2. Juli 1972 in Bad Godesberg) und Aufbau der »Schüler-Union« (SU) dar. Sie wuchs bis 1975 auf 31400 Mitglieder an – davon die Hälfte allein in den Landesverbänden Westfalen-Lippe, Bayern und Rheinland. Die Schülerunion war damit die größte selbständige »Pennälertruppe« in der Bundesrepublik (70% Gymnasiasten, 15% Realschüler, 10% Berufs- und nur 5% Hauptschüler). Ihre fast 2000 Gruppen und über 200 Schülerzeitungen halfen bei der Rekrutierung des Nachwuchses für die Junge Union und hatten auch erheblichen Einfluß auf Erstwähler.

Sehr eng gestaltete sich aufgrund programmatischer Homogenität und fließender Übergänge beim Führungspersonal die Zusammenarbeit der Jungen Union mit dem *RCDS*. Auch bei ihm bildeten, wie in der Mutterpartei und den Vereinigungen, grundsatzprogrammatische Festlegungen den Höhepunkt der Reformphase, die in der ausgehenden Adenauer-Ära begann. Das Grundsatzprogramm des RCDS, »Plädoyer für eine offene und solidarische Gesellschaft«, das auf der 27. Bundesdelegiertenversammlung in Bonn (5.–7. März 1976) einstimmig beschlossen wurde und noch heute gültig ist, schuf eine feste Grundlage für das Verhältnis des Studentenverbandes zur Union. Bei aller Eigenständigkeit seiner Politik bekannte sich darin der RCDS zur Übereinstimmung mit CDU und CSU in den »politischen Grundwerten«. Gemeinsam sei ihnen das Menschenbild, dessen wesentliche Quelle die christliche Ethik sei. 1969, im ersten Grundsatzprogramm, den »39 Thesen zur Reform und zu den Zukunftsaufgaben deutscher Politik«, war die Verbindung zur Union peinlichst verschwiegen worden. Auch vom christlichen Menschenbild war auf dem Höhepunkt der Studentenrevolte wenig zu hören und zu lesen. Statt dessen suchte man im Namen der pluralistischen Demokratie »kreative, die politische Anteilnahme fördernde Visionen« zur sozialen Integration und politischen Orientierung der Gesellschaft. Auch die starke gesamtdeutsche Arbeit des RCDS wurde in dieser Phase zusammen mit wesentlichen deutschlandpolitischen Grundpositionen der Union aufgegeben. Die Grundsatzdebatte und Diskussion neuer politischer Strategien leistete seit 1968 die vom RCDS-Bundesvorsitzenden herausgegebene Zeitschrift für »neue christlich-demokratische Politik«, die »Sonde«.

Die rund sechzig RCDS-Hochschulgruppen (1969) mußten einen harten Kampf für eine vernünftige Reformbewegung gegen die Radikalen bestehen (Mai 1971 Gründung des kommunistischen MSB Spartakus). Dies verschob die Schwerpunkte der RCDS-Arbeit völlig. Seit 1968 trat an die Stelle der politischen Bildungsarbeit, die bis dahin im Vordergrund gestanden hatte, die Auseinandersetzung mit den Gegnern der freiheitlichen demokratischen Grundordnung an den Universitäten. Nach dieser »Systemdiskussion« fand man Mitte der Siebziger wieder zu einem intensiven hochschulpolitischen Engagement, mit dem sich der RCDS als unabhängiger und offener Studentenverband (1976: 6500 Mitglieder) konsolidieren konnte (1975 Gründung der RCDS-Bundesvereinigung Freundes- und Fördererkreis e.V.). Als »Dauerproblem des RCDS« (Weberling) wirkte der schnelle Wechsel der Mitglieder- und Vorstandsgenerationen; die Bundesvorsitzenden seit Anfang der Sechziger waren: Martin Ratmann (1961), Hans-Jürgen Vogt (1962), Kurt Struppek (1963/64), Gert Hammer (1965/66), Wulf Schönbohm (1967), Uwe-Rainer

Simon (1968/69), Gerd Langguth (1970–1974), Ulrich Schröder (1974), Hans Reckers (1975/76). Die Kontinuität der Verbandsarbeit konnte 1973 durch Neustrukturierung der Bundesgeschäftsstelle und Einstellung eines hauptamtlichen Bundesgeschäftsführers (Norbert Kühne bis 1986) erheblich verbessert werden.

Die Vereinigungen profitierten in ihrem Bemühen um Profilierung und Eigenständigkeit von der verstärkten Hinwendung der Wähler zur Union und der Verdopplung der Mitgliederzahl in der ersten Hälfte der Siebziger. Entscheidend für die Bereitschaft zum Neuaufbruch war aber auch der Wechsel von einer Führungsgeneration zur anderen. So kam es bei den *Sozialausschüssen* zu einer Kursänderung, nachdem Hans Katzer den CDA-Bundesvorsitz übernommen hatte (1963). Die älteste der Vereinigungen begann ihr Interessenfeld über die klassische Sozial- und Gewerkschaftspolitik hinaus – dem Zeitgeist gemäß – auf eine Gesellschaftspolitik auszuweiten, die auch die Bereiche der Wirtschaft, Staatsfinanzen und Bildung umfaßte. Das Traditionskorps der Union kam im Zuge der Parteierneuerungsbestrebungen als erste Vereinigung mit einem Grundsatzpapier heraus. Für die 12. CDA-Bundestagung in Offenburg 1967 (8./9. Juli) legte ein vom stellvertretenden Bundesvorsitzenden Gerd Orgaß geleiteter Arbeitskreis eine Erklärung vor, die als Beitrag zum Aktionsprogramm der CDU die Vorstellungen der Sozialausschüsse über die zukünftige Gestaltung von Staat und Gesellschaft neuformuliert zusammenfaßte. Diese sogenannte »Offenburger Erklärung« ist als Grundsatzprogramm der CDA anzusehen.

Die Programmaussagen orientierten sich am Leitbild einer »offenen und solidarischen Gesellschaft«. Sie trugen, indem sie die Vorrangstellung der Arbeit (verstanden als »Leistung jedweder Art«) betonten, der Tatsache Rechnung, daß die abhängige Arbeit, das heißt der Arbeitnehmer, das Gesicht der modernen Gesellschaft prägt. Die gesellschaftspolitischen Zielbestimmungen Freiheit, Gerechtigkeit und soziale Sicherheit führten zu den konkreten Forderungen nach einem »fortschrittlichen Bildungssystem«, einer wirtschaftlichen und sozialen Besserstellung der Familie, nach Gleichberechtigung der Frau und nach Fortentwicklung der Arbeitnehmerrechte (paritätische Gesamtrepräsentation).

Es wirkte sich für die Sozialausschüsse nachteilig aus, daß sie es in der Mitbestimmungsdiskussion der folgenden Jahre auf eine partei-interne Machtprobe ankommen ließen. Sie merkten an ihrer stagnie-renden Mitgliederzahl, an der abnehmenden Repräsentanz in Vor-ständen, Delegiertenversammlungen und auf Parteitagen, daß ihnen allmählich die Felle wegschwammen. Von der Mitbestimmung der Arbeitnehmer »als erstrangiger Frage unserer gesellschaftlichen und wirtschaftlichen Verfassung« (Entschließung der Vorstände der CDA des Rheinlands und Westfalen-Lippes, Bochum, 12. Oktober 1968) erhofften sie eine werbende und disziplinierende Wirkung im Interesse ihrer Sache.

Auch durch organisatorisches Zusammenrücken suchten die Sozi-alausschüsse ihre Ausnahmestellung unter den Vereinigungen zu verteidigen. Anfang 1969 beschlossen die Landesverbände Rhein-land und Westfalen-Lippe, auf die allein vier Fünftel des Mitglieder-potentials der CDA entfielen, die Bildung einer gemeinsamen Lan-deskonferenz und eines gemeinsamen Landesausschusses.

Derart programmatisch und organisatorisch gefestigt, fuhren die Sozialausschüsse fort, sich als »Motor der Partei« zu fühlen (16. Bundestagung in Kiel, 14./15. Juni 1975), von dem Tempo, Stärke und Richtung des gesellschaftspolitischen Engagements der Union für Arbeitnehmerinteressen abhingen. Schritt für Schritt, durch verstärkte Öffentlichkeitsarbeit und gezielte Stellungnahmen, durch thematisch anspruchsvolle Bundestagungen sollte die Rolle der Sozialausschüsse in der Partei wieder aufgewertet werden. Die Idee, als soziale Volkspartei der SPD den Rang abzulaufen – wie sie Sozialausschüsse, Junge Union und Teile des RCDS Ende der sechzi-ger/Anfang der siebziger Jahre für die Union verfolgten –, entstand aus der reformpolitischen Konkurrenzsituation während der Großen Koalition und der Morgenröte des SPD/FDP-Regierungs-bündnisses, sie verlor sich jedoch mit der Desillusionierung der Re-formpolitik Mitte der Siebziger.

Die Oldenburger Bundestagung der Sozialausschüsse (5./6. Juli 1969), auf der Katzer wieder mit überwältigender Mehrheit als CDA-Vorsitzender bestätigt wurde, verabschiedete 33 Thesen zur »sozia-len Strukturpolitik« mit den Schwerpunktbereichen Raumordnung, Wirtschaftsstruktur und Berufsstruktur. Gleichheit hieß die Devise:

gleichberechtigte Stellung der Arbeit in den Aufsichtsratsorganen der Unternehmen, Verteilungsgerechtigkeit durch Einführung eines gesetzlichen Beteiligungslohns, gleichwertige Lebensverhältnisse in allen Regionen der Bundesrepublik durch »Schaffung neuer städtischer, gemeinschaftsfördernder Zivilisationsformen«, Integration beruflicher und allgemeiner Bildung in einem einheitlichen Bildungssystem, unter anderem durch Einführung eines bezahlten Bildungsurlaubs – mit solchen Forderungen, die vom demokratischen Sozialismus nicht weit entfernt waren, stießen die Sozialausschüsse beim Gros der Partei auf wenig Gegenliebe.

Die Sozialausschüsse der Katzer-Ära wollten eine »kritische und unbequeme Gruppierung« sein, die sich »nicht damit begnügt, auf das zu schauen, was geschaffen ist« (14. Bundestagung in Lahnstein am 2.–4. Juli 1971). Ein Hauch von Systemveränderung ging von ihnen aus und durchwehte die Union. Schon liebäugelten ein paar radikale CDA-Mitglieder mit der Gründung einer neuen Partei links von der CDU. Als nach der verlorenen Bundestagswahl von 1972 in der Union sachpolitische und personelle Positionskämpfe ausbrachen, gedachten die Sozialausschüsse das Eisen zu schmieden, solange es heiß war. Auf der 15. Bundestagung in Bochum (19./20. Mai 1973) unternahmen sie eine Standortbestimmung im Verhältnis zur CDU und zu den Gewerkschaften.

Sie wiesen sich die Aufgabe zu, für den »Brückenschlag zwischen den Interessen der Arbeitnehmer und dem politischen Willen der CDU« zu sorgen. Sie sahen sich als »zahlenmäßige Minderheit«, der »oft eine größere Bedeutung zukommt als einer Mehrheitsmeinung«. Mit solch »moralischem Rigorismus« (Katzer 1973 in Bochum) definierten sie als ihr Ziel, »die Politik der beiden Unionsparteien an den Bedarf humaner Intervention in die technologischen, wirtschaftlichen und machtpolitischen Prozesse anzupassen« (Entschließung »CDA und CDU«, verabschiedet Bochum 1973). Für die Gewerkschaften präsentierten sie sich als deren Partner innerhalb der Union. Dabei fiel ihnen die doppelte Aufgabe zu, einerseits das »sozialkritische Potential der christlich-sozialen Bewegung im gewerkschaftlichen Raum« einzubringen, andererseits die Distanz der CDU zu den Gewerkschaften zu vermindern und dem zur Einheitsgewerkschaftsidee gehörenden Prinzip weltanschaulicher, parteipolitischer sowie religiöser Unabhängigkeit Geltung zu verschaffen.

Wie bei keiner anderen Vereinigung klafften bei den Sozialausschüssen Anspruch und Wirklichkeit auseinander. Der Fülle ihrer Forderungen und Vorstellungen stand eine geringe politische Durchsetzungskraft gegenüber. Es gab kaum ein Gebiet, das ihre Postulierungspolitik ausließ. Selbst für das Verhältnis zwischen Industrie- und Entwicklungsländern entwarfen sie Leitlinien einer »Neuordnung der Gesamtheit aller sozialen Beziehungen« (Kieler Leitsätze zur Entwicklungspolitik 1975). Gewiß machte ihnen der soziale Wandel der Bundesrepublik hin zu einer Mittelstandsgesellschaft stark zu schaffen. Aber lag das Schwinden ihres einstigen Einflusses in der Union nicht auch daran, daß sie sich mit ihren Anstrengungen, der Union zu einem neuen »wohlfahrtsstaatlichprogressiven« Profil zu verhelfen, immer weiter von ihrem traditionellen Standort entfernten?

Auf wirtschafts- und gesellschaftspolitischem Terrain trat Ende der Sechziger/Anfang der Siebziger die *Mittelstandsvereinigung* der CDU/CSU als Gegenspieler der als »Fortschrittsfraktion« der Partei agierenden Allianz von Junger Union, RCDS und Sozialausschüssen auf. Daß der Mittelstand seine »politische Heimat« in der CDU/CSU fand (10. Delegiertenversammlung des Mittelstandskreises, 10./11. Juli 1965), hat die Entwicklung der Union im dritten und vierten Jahrzehnt ihrer Geschichte entscheidend geprägt. Die Bedeutung des 1956 gegründeten »Bundesarbeitskreises Mittelstand der CDU/CSU« wuchs etwa gleichzeitig mit der Herausbildung mittelstandspolitischer Vertretungen auf Verbandsebene seit der zweiten Hälfte der fünfziger Jahre. Das kam unter anderem darin zum Ausdruck, daß sich seit 1957 eine personelle Trennung im Vorsitz der Vereinigung und des Diskussionskreises Mittelstand der CDU/CSU-Bundestagsfraktion durchsetzte. Für beide – mit eigenen Geschäftsstellen – blieb aber zunächst ein gemeinsamer Geschäftsführer zuständig. Nach dem Ausscheiden von Klaus Oertel, der 1963 mit Schmücker in das Bundeswirtschaftsministerium überwechselte, übernahm der Bundestagsabgeordnete Heinrich Gewandt für die Parlamentsgruppe, sein Kollege Clemens Riedel für die Vereinigung die Geschäftsführung.

Das Erstarken der Mittelständler in der Union zeigte sich nicht nur in dem hohen Mitgliederzuwachs, der in den Siebzigern nur noch von der Frauenvereinigung überboten wurde, sondern auch in der Entwicklung zur stärksten »soziologischen« Gruppierung der CDU/CSU-Bundestagsfraktion. Die rheinische Basistruppe, die 1969 fast zwei Drittel (64,3%) der Mitgliedschaft ausmachte, blieb zwar dominant, aber mit der Öffnung der Vereinigung für leitende Angestellte der Wirtschaft und Angehörige des höheren öffentlichen Dienstes nahm die bundesweite Aktivität zu. Die politische Arbeit der Vereinigung erfolgte in dem Selbstverständnis, daß der Mittelstand zum »Rückgrat der CDU« geworden sei (1970). Der 14. Bundeskongreß am 27./28. Mai 1969 in Dortmund eröffnete eine neue Epoche in der Geschichte der »Mittelstandsvereinigung der CDU/CSU«. Mit einer modernisierten Satzung nahm sie auch offiziell diesen Namen an. Die gleichzeitig verabschiedeten Leitsätze verfochten eine marktwirtschaftliche und freiheitliche Ordnungspolitik, die auf Förderung des Leistungswettbewerbs sowie auf strukturpolitische Ausgewogenheit zwischen Sektoren, Regionen und Betriebsgrößen gerichtet war. Eine Besteuerungsreform im Sinne einer gerechten Verteilung der Steuerlast und einer Vereinfachung des Verfahrensrechts, eine Öffnung der gesetzlichen Altersversorgung auch für Selbständige und Angehörige der freien Berufe, ein partnerschaftliches Zusammenwirken von Arbeitgebern und Arbeitnehmern auf der Grundlage des bestehenden Betriebsverfassungsgesetzes, eine behutsame Überführung der Verkehrswirtschaft in die Wettbewerbswirtschaft sollten den Mittelstand in seiner Funktion als »Grundpfeiler« der sozialmarktwirtschaftlichen Ordnung stärken helfen.

Auch der Umzug in die neue Geschäftsstelle, Bonn, Heussallee 40 (1. April 1969) und die Wahl des Bundestagsabgeordneten Egon Lampersbach zum neuen Bundesvorsitzenden (Bundeskongreß in Ansbach, 27./28. September 1970) standen im Zeichen der »neuen Chancen des Mittelstandes«, wie sie der CDU-Generalsekretär Biedenkopf auf dem Berliner Bundeskongreß (8. Juni 1974) der Vereinigung darlegte.

Diese Neuorientierung bestimmte auch die Formulierung der »Grundsätze einer Politik der fortschrittlichen Mitte«, die auf dem

21. Bundeskongreß in Bonn 1975 (13. November) einstimmig verabschiedet wurden.

Für alle Vereinigungen der CDU war es ein Problem, mit dem Ende der Nachkriegszeit, des »Goldenen Zeitalters« der Union, fertig zu werden. Bei der *Kommunalpolitischen Vereinigung*, die 1969 rund 10 500 Mitglieder verzeichnete, sich aber auch als Vertretung der rund 60 000 CDU/CSU-Mandatsträger in den Kommunen verstand, begann die Umbruchphase mit dem Tod ihres Gründungsvaters und ersten Bundesvorsitzenden Wilhelm Bitter (9. Juni 1964). Als sein Nachfolger wurde auf der Bundesvertreterversammlung in Mainz (18.–20. Juni 1964), die erstmals unter der Bezeichnung »Kommunalkongreß« zusammentrat, der bisherige stellvertretende Vorsitzende und Schatzmeister der KPV, der Schlüchterner Landrat Walter Jansen, gewählt. In der zweiten Hälfte der sechziger Jahre begann, im Zuge der Parteireform, organisatorisch und programmatisch eine starke Orientierung der Vereinigung auf die Bundespolitik. Nicht nur, daß der KPV-Sitz von Recklinghausen 1968 nach Bonn verlegt wurde und dort 1973 sogar in das Hauptquartier der CDU übersiedelte; durch eine Reihe von Leitsätzen, unter anderem zur Gemeindefinanzreform, Landesverteidigung, Familie, Jugend und Sozialpolitik sowie zur Gemeindeverwaltungsreform 1965/66 nahm die KPV auch aktiven Einfluß auf die Vorbereitungen für das »Berliner-Programm« der CDU. Auf dem Kommunalkongreß 1968 in Frankfurt (6./7. Oktober) wurde mit der Neuwahl des Vorstands – den Bundesvorsitz übernahm der ehemalige nordrhein-westfälische Finanzminister Joseph Pütz – eine »Modernisierung« der politischen Arbeit in den Gemeinden propagiert. Die Zauberworte hießen Raumordnung, Personalplanung, EDV und Transparenz.

Das Interesse an der Kommunalpolitik nahm in der Union merklich zu, als sie sich in der Opposition auf die »Rathäuser« besann, um von ihnen aus den Marsch zurück an die Macht in Bonn anzutreten. Personalpolitischer Ausdruck dieser Strategie war 1973 die Wahl des Bundestagsabgeordneten und Vorsitzenden des fraktionellen Diskussionskreises »Kommunalpolitik«, Horst Waffenschmidt, zum neuen KPV-Chef. Auf seinen Vorschlag wählten Vorstand und Hauptausschuß der Vereinigung den ehemaligen Siegburger Bürgermeister Adolf Herkenrath zum Hauptgeschäftsführer. Er löste den Rechtsanwalt Hans Michael Moll ab. Dieser wiederum war 1970 Nachfolger Dr. Lesers geworden, der die Geschäfte der Vereinigung über 22 Jahre geleitet hatte. Die Neufassung der KPV-Satzung vom 5. Dezember 1970 fiel noch in seine Amtszeit. 1975 konnte ein eigenes Grundsatzprogramm vorgelegt werden, das erstmals Kommunalpolitik auf die allgemeinen Grundwerte bezog und ihren Zusammenhang mit der Landes-und Bundespolitik deutlich machte.

Die Diskussion über die Grundwerte als Voraussetzung politischer Entscheidung und über den »Brückenschlag« zwischen christlicher Botschaft und politischer Verantwortung machte der *Evangelische Arbeitskreis* zu seinem besonderen Anliegen. Nachdem Mitte der sechziger Jahre die Mitarbeit breiter evangelischer Kreise in der Union eine Tatsache geworden war, verlor er viel von seinem Charakter als »evangelische Lobby«. Als »Transformator zu wirken im Bereich von Christ und Welt«, darin sollte nun seine »große Funktion« bestehen (von Hassel auf der 18. Bundestagung, 7.–9. September 1973 in München vor 1100 Teilnehmern).

In der innerparteilichen Auseinandersetzung um Reformschritte und Grundsatzfragen entwickelte er sich zu einer Institution des »Dialogs mit der Gesellschaft von heute« (14. Bundestagung in Stuttgart, 7.–9. März 1968), und zwar mit dem doppelten Auftrag: zum einen für die Programmatik der Union einen spezifisch eigenen evangelischen Beitrag zu erarbeiten und zum anderen – darüber hinaus – »eine geistige und sittliche Durchdringung des politischen Alltags zu erreichen«. Die auf der 17. Bundestagung in Pforzheim am 12. März 1972 verkündeten vier »Pforzheimer Thesen« enthielten in diesem Sinne grundsätzliche Aussagen über sein politisches Wollen. Während der Hochphase der Reform- und Programmdiskussion ist der Einfluß des in 16 Landesarbeitskreisen organisierten EAK merklich gewachsen, auch in personeller Hinsicht, was Namen wie Gerhard Schröder, Gerhard Stoltenberg, Wilhelm Hahn, Kai-Uwe von Hassel, Konrad Kraske, Detlef Struve, Ernst Müller-Hermann, Ernst Albrecht, Friedrich Vogel, Richard von Weizsäcker, Ernst Benda und ihre politische Rolle in der Partei erkennen lassen.

Die Vereinigungen mit ihrer interessenaggregierenden und interessenartikulierenden Doppelfunktion sind Gradmesser dafür, wie

hart am Wind des gesellschaftlichen Wandels sich die Entwicklung
der Union vollzog, ja wie sie selbst Teil dieses Prozesses war. So erfuhr die politische Arbeit der *Frauenvereinigung* einen grundlegenden Wandel mit der veränderten Rolle der Frau in Staat und Gesellschaft. Frauenpolitik – für Frauen und von Frauen – wurde für die
Union eine Notwendigkeit, als das Wahlverhalten der Frauen seit
1972 (= 46% Stimmenanteil der Frauen) nicht mehr eine »Bank« von
über 50 Prozent der Stimmen bedeutete. Besonders die Gewinnung
der jüngeren Frauen wurde für die Union seit Ende der Sechziger ein
Problem. Das wertete die Bedeutung der Frauenvereinigung und ihrer führenden Repräsentantinnen in der Partei auf, erweiterte aber
auch deren Aufgabenstellungen und Einsatzfelder. 1967 erhielt die
Bundesvorsitzende Aenne Brauksiepe als erste Frau eines der vier
Ämter eines stellvertretenden Parteivorsitzenden. 1969 wurden
Helga Wex, 1977 Hanna-Renate Laurien zu stellvertretenden Parteivorsitzenden gewählt. Die Zahl der weiblichen CDU-Mitglieder
stieg von 37 000 oder 13 Prozent im Jahr 1968 auf 131 000 oder 20
Prozent im Jahr 1977 an. Dabei entwickelte sich vor allem in den
Stadtstaaten der Anteil weiblicher Unionsmitglieder positiv. Am
schlechtesten war das Verhältnis von weiblichen Mitgliedern und
wahlberechtigten Frauen in Baden-Württemberg, Rheinland-Pfalz
und Westfalen-Lippe. Als Faustregel gilt: Der Prozentsatz der weiblichen Mitglieder war um so höher, je höher der evangelische Anteil
ausfiel und je weniger Mitglieder in der Landwirtschaft beschäftigt
waren. Was sich in der Frauenvereinigung tat, zeigte sich schon
daran, daß sie den höchsten Mitgliederzuwachs von allen Vereinigungen aufwies, doppelt so hoch wie derjenige der Gesamt-CDU.

Neben dem organisatorischen Ausbau, wie der regelmäßigen Zusammenarbeit der Bundesvereinigung mit Landesvereinigungen,
Parteiorganisationen sowie Interessenverbänden, der Einrichtung
von Fachausschüssen und der Durchführung von Frauenseminaren
zur Politischen Bildung, ließ sich die Frauenvereinigung angelegen
sein, die »Politik als Herausforderung und Aktion« für Frauen ins
öffentliche Bewußtsein zu rücken (Laurien). Zwei große Frauen-
kongresse – in Bochum am 2.–4. Dezember 1964 und in Ludwigshafen am 11./12. April 1969 – waren den Themen »Frau und Arbeits-
welt« und »Die Frau im Spannungsfeld unserer Zeit« gewidmet. In

der Amtszeit der Bundesvorsitzenden Brauksiepe (bis 1971) galt die politische Arbeit der Frauenvereinigung insbesondere der berufstätigen Frau, für die Möglichkeiten geschaffen werden sollte, Beruf und Familie zu vereinen.

1969, auf dem 6. Delegiertentag in Bad Godesberg (17./18. Januar), gab es für die Frauenvereinigung eine Neukonstruktion an der Spitze: Das bisherige Nebeneinander von zwei gleichberechtigten Vorsitzenden, von denen eine katholisch, die andere evangelisch sein mußte, wurde abgelöst durch eine Führungstroika mit einer Ersten Vorsitzenden (Brauksiepe) und zwei Stellvertreterinnen (Fera/Hamburg und Pieser/Berlin). Auf dem 7. Delegiertentag in Lübeck am 27./28. Februar 1971 wurde Helga Wex zur Bundesvorsitzenden (bis 1986) gewählt. Mit einer intensiven Programmarbeit wollte sie die Frauen zur »stabilisierenden Mitte« der Union machen, und dementsprechend setzte sie sich auch für eine stärkere Beteiligung der Frauen in der Partei ein. Partnerschaft zwischen Mann und Frau, Ausbildung und Weiterbildung der Frauen, Teilzeitarbeit, Wiedereingliederung der Frauen in den Beruf, Anerkennung von Erziehungsleistungen in der Rentenversicherung, Gleichwertigkeit von häuslicher und außerhäuslicher Berufstätigkeit waren die beherrschenden Themen der siebziger Jahre.

Ein Höhepunkt in der Geschichte der Frauenvereinigung war die Verabschiedung ihres »Dortmunder Programms« (9. Delegiertentag 21.–23. Februar 1975), das, ausgehend von den Grundwerten Freiheit, Gerechtigkeit und Solidarität, die Verwirklichung der Partnerschaft zwischen Frau und Mann anstrebte. Auf seiner Grundlage konkretisierte der Mannheimer Parteitagsbeschluß »Frau und Gesellschaft« in dreißig Leitsätzen die Anwendung des Prinzips Partnerschaft auf die Stellung der Frau in Familie und Gesellschaft (23. Bundesparteitag, 23.–25. Juni 1975).

Den Vereinigungen der Union – insbesondere die satzungsmäßigen: Junge Union, Frauenvereinigung, Sozialausschüsse, Kommunalpolitische Vereinigung, Mittelstandsvereinigung, Wirtschaftsvereinigung sowie Union der Vertriebenen und Flüchlinge – fiel eine doppelte Aufgabe zu: Sie hatten die Interessen jener Gruppen und Kräfte, die sie repräsentierten, zu artikulieren und wahrzunehmen; sie sollten aber auch gleichzeitig diese Interessen »auf das Allgemeinwohl hin in das Ganze der Union ...einordnen«, um so die Union fortlaufend als Volkspartei zu verwirklichen (Heck 1969). Zu Beginn der siebziger Jahre, auf dem 19. Bundesparteitag in Saarbrücken (4.–5. Oktober 1971), stellte man fest, daß die Partei dabei war, sich zu einem Parteienbund mit angegliederten Vereinigungen von bemerkenswerter Selbständigkeit zu entwickeln. Das warf wieder verstärkt Fragen der inneren Balance und der Führungsstruktur auf.

5. Die CDU in den Ländern

Nicht nur auf Bundesebene, sondern auch in den Ländern machte sich das Ende der Nachkriegszeit mit neuen Entwicklungen bemerkbar. Die Lebensverhältnisse der Länder glichen sich weitgehend an; ihre politischen Strukturen konsolidierten sich. Die Länder gewannen Identität, und daran hatten auch die Landesparteien gehörigen Anteil.

Die Union war dabei auf Landesebene, im Modernisierungsjahrzehnt von der Mitte der Sechziger bis zur Mitte der Siebziger, zwei gegenläufigen Tendenzen ausgesetzt. Sie lassen sich dort am deutlichsten erkennen, wo wie in Baden-Württemberg, Nordrhein-Westfalen und Niedersachsen als Folge der Gründungsgeschichte noch mehrere CDU-Landesverbände bestanden. Zum einen wurden die Landesparteien in die Zentralisierungs- und Vereinheitlichungsreformen der Bundespartei einbezogen, zum anderen paßten sie sich in ihren Organisationskomponenten, ihrem sozialen Hintergrund und programmatischen Profil den landespolitischen Gegebenheiten an. Ein kräftiger Anstoß zur Änderung der Landessatzungen kam 1967 auch vom Parteiengesetz. Am Ende stand eine weitgehende Verflechtung der Bundes- und Landesgliederungen, erkennbar am Anteil der Landespolitiker in den Führungsgremien von Fraktion und Partei (J. Schmid).

Die Modernisierungsbewegung, die nach der Adenauer-Ära die Union erfaßte, bezog ihre Energien nicht zuletzt aus den Ländern. In fast allen Landesparteien vollzogen sich während dieses Prozesses entscheidende Generations- und Führungswechsel. Die Zeit der noch unter Adenauer gewählten Landesvorsitzenden ging zu Ende.

Noch nicht typisch war der Wechsel in Schleswig-Holstein, wo 1964 der neue Ministerpräsident Helmut Lemke (Jg. 1907) auch im Amt des Parteichefs dem in die Bundespolitik abgewanderten von Hassel nachfolgte. Mit Gerhard Glup (Jg. 1920), der 1965 im Landesverband Oldenburg den 76jährigen Wegmann ablöste, meldete erstmals die Generation der in der Weimarer Republik Geborenen ihren Anspruch auf die politische Führung an. Im folgenden Jahr mußten in Südbaden und Rheinland-Pfalz zwei »Heroen« der Gründungsepoche, Dichtel und Altmeier, ihr angestammtes Amt an Jüngere abtreten: an Filbinger (Jg. 1913) und Kohl (Jg. 1930). Ende 1967 setzte sich in Hessen, in einer Stunde grundlegender Neuorientierung und unter erheblicher Beteiligung der Jungen Union der Fuldaer Oberbürgermeister Dregger (Jg. 1920) als Kandidat für das Vorsitzendenamt gegen Schwarz-Schilling und Kiep durch. 1968 wurde dann zu einem wahren Zäsurjahr: So hielt in Hamburgs CDU mit dem aus der Jungen Union kommenden Dietrich Rollmann (Jg. 1932) modernes Parteimanagement Einzug. In Nordbaden konnte sich der Karlsruher Bürgermeister Otto Dullenkopf (Jg. 1920) gegen den baden-württembergischen Kultusminister Wilhelm Hahn (Jg. 1909) als Nachfolger Franz Gurks durchsetzen, der die Partei achtzehn Jahre lang geführt hatte. Mit einem »neuen Führungsstil« begann auch die »CDU in Niedersachsen« unter ihrem ersten Vorsitzenden Hasselmann (Jg. 1924). In Bremen übernahm Müller-Hermann (Jg. 1915) nach einer Kampfabstimmung das Vorsitzendenamt von Noltenius. In Berlin und im Rheinland kam es 1969 mit der Wahl von Peter Lorenz (Jg. 1922) und Heinrich Köppler (Jg. 1925) zu Führungswechseln, die über das folgende Jahrzehnt hinaus Bestand hatten.

Unter dem Eindruck des Machtverlustes in Bonn erfolgte 1970 die Veränderung der Parteispitze in Nordwürttemberg, wo Gerhard Mahler (Jg. 1930) den seit 1958 amtierenden Scheufelen ablöste, und in Westfalen-Lippe, dem »kantigen Eckpfeiler der Union«, wo Heinrich Windelen (Jg. 1921) Nachfolger des nach 11jähriger Amtszeit resignierenden Dufhues wurde. Personelle Erneuerung war die notwendige Voraussetzung für die Modernisierung der Union in den Siebzigern unter dem Vorsitz Kohls.

Als Modernisierung wurden auch die Fusionsbestrebungen der

Unionsverbände in den großen Bundesländern betrachtet. In Niedersachsen beschloß 1968 der Bad Rothenfelder Parteitag der zur »CDU in Niedersachsen« zusammengeschlossenen Landesverbände eine organisatorische Straffung durch Bildung eines Landesausschusses und durch Wahl eines gemeinsamen Vorstands. Der »neue Kurs«, gekennzeichnet von regelmäßigen Vorstandssitzungen, ständigem Dialog mit der Parteibasis, enger Zusammenarbeit mit der Landtagsfraktion sowie gezielten Aktionsprogrammen und Mitgliederwerbungen, führte binnen kurzem zu Erfolgen, die mit dem Schub der Popularität Albrechts die CDU 1974 zur stärksten politischen Kraft im Lande machten (48,8%) und knapp zwei Jahre später an die Regierung brachten. Seit 1967 wurde zudem die Zusammenarbeit der norddeutschen CDU-Verbände (einschließlich Berlins) durch den »Soltauer Kreis« intensiviert, dem die Landes- und Fraktionsvorsitzenden, die Landesgeschäftsführer sowie die CDU-Landesminister angehörten, ferner die CDU-Bundesminister und die Vorstandsmitglieder der CDU/CSU-Bundestagsfraktion, die aus den beteiligten Ländern kamen.

In Nordrhein-Westfalen bildeten die Landesverbände Rheinland und Westfalen-Lippe als »politische Plattform« für den Spitzenkandidaten Dufhues ein Präsidium mit Sitz in Düsseldorf. Am 11. Dezember 1967 konstituiert, sollte es die CDU des Bundeslandes – als Ersatz für den bis dahin tätigen Koordinierungsausschuß – repräsentieren und ihre Politik in Bund, Land und Gemeinden aufeinander abstimmen. Den Vorsitz übernahm Dufhues, die Stellvertretung der rheinische Vorsitzende Grundmann; neben ihnen sowie den Vorsitzenden der Unionsfraktionen in Bonn und Düsseldorf, Barzel und Wilhelm Lenz, sollte es, bei paritätischer Besetzung, bis zu acht, später insgesamt bis zu zwölf weitere Präsidiumsmitglieder geben. Die statutarische Einführung einer gemeinsamen Landesversammlung stellte einen weiteren wichtigen Schritt zur Aktionseinheit der CDU in Nordrhein-Westfalen dar. Aus dem Landespräsidium und 300 Delegierten bestehend, trat die Landesversammlung in Gelsenkirchen am 19. Juni 1971 zusammen. Neben der Beratung und Beschlußfassung über politische Fragen oblag ihr die Wahl der Präsidiumsvorsitzenden. Ein erster gemeinsamer Parteitag der CDU-Landesverbände Rheinland und Westfalen-Lippe fand mit Blick auf die Landtagswahl vom 14. Juni 1970 in Leverkusen am 17./18. April des Jahres statt. Man zeigte sich als »Verlobte«, aber die »Ehe« ließ bis 1986 auf sich warten; zum Vorteil gereichte diese Zweisamkeit der Union in Nordrhein-Westfalen nicht gerade. Sie büßte im Jahrzehnt von 1975 bis 1985 fast ein Viertel ihrer Wählerschaft ein.

Auch die hessische Landespartei verankerte in ihrer neuen Satzung von 1968 ein Präsidium, das sich aus dem Landesvorsitzenden, seinen fünf Stellvertretern und bis zu fünf weiteren Mitgliedern zusammensetzte. In der Dregger-Dekade überzeugte der Landesverband Hessen durch politisch-programmatische Geschlossenheit. Die durch das Parteiengesetz notwendig gewordene Satzungsänderung bot allenthalben Gelegenheit, dem Parteileben neue Impulse zu geben. So trug die 1968 verabschiedete neue Satzung Nordwürttembergs bereits einem Zusammenschluß der vier baden-württembergischen Landesverbände Rechnung. Der bestehende gemeinsame Landesausschuß sollte abgelöst werden. Der erzwungene Abschied von der Regierung in Bonn 1969 verstärkte die Forderung nach einem zentralen Landesverband der baden-württembergischen CDU. Auch die beiden badischen Landesverbände machten sich für eine einheitliche Führung stark. Gemeinsame Parteitage und ein gemeinsamer Vorstand sollten Grundlinien der Landes- und Kommunalpolitik festlegen sowie eine gemeinsame Haltung der vier Landesverbände in bundespolitischen Fragen garantieren. Für den am 21. März 1970 geplanten Zusammenschluß lautete die Parole: »Unser Ziel heißt Integration«, so formulierte der südwürttembergische Parteivorsitzende Adorno, der keineswegs als Befürworter der Fusion hervorgetreten war. Nachdem aber auch die Union Württemberg-Hohenzollerns schließlich einem Dachverband mit großer Mehrheit zugestimmt hatte, präsentierte sich die neue Landespartei auf ihrem ersten Parteitag (Baden-Baden, 15./16. Januar 1971) als »einzige Volkspartei der Mitte« (Filbinger) in Baden-Württemberg. Die Wahl zum ersten Vorsitzenden des mit rund 45 000 Mitgliedern nun drittstärksten Landesverbandes der CDU entschied der baden-württembergische Ministerpräsident Filbinger für sich. Die Junge Union Baden-Württembergs ging sogar noch einen Schritt weiter und vollzog die Umwandlung zum einheitlichen Landesverband, dessen Vorsitzender Anton Pfeifer wurde (1970).

In Rheinland-Pfalz kam 1969 mit der Zusammenlegung der Regierungsbezirke die Gelegenheit, die Bezirksverbände Pfalz (12 300 Mitglieder) und Rheinhessen (3800) sowie Koblenz (12 200) und Montabaur (2400) zu zwei Verbänden neben Trier zusammenzuschließen. Mit der Devise »Auf neuen Wegen für eine sichere Zukunft« wurde der rheinland-pfälzische Kultusminister Bernhard Vogel zum Vorsitzenden des neuen Bezirksverbandes Rheinhessen-Pfalz gewählt. Als Vorsitzender von Koblenz-Montabaur konnte sich der Hönninger Bürgermeister Heinz Schwarz gegen Egon Klepsch durchsetzen. Seit 1966 bestand außerdem schon eine regionale Arbeitsgemeinschaft der CDU für den Rhein-Neckar-Raum mit der Aufgabenstellung, die »bisher oft dominierende Kirchturmperspektive« (Kohl) zu überwinden.

Die Parteireformideen und die politischen Herausforderungen seit der Erhard-Krise, zumal die Verweisung auf die Oppositionsbänke des Bundestages, verlangten von der Union Selbstprüfungen und Reaktionen auf allen Ebenen. Rasch wurde klar, daß es mit organisatorischer Straffung und Zentralisierung allein nicht getan war. Mit den regionalen Zusammenschlüssen, mit der Zusammenarbeit von Parteiverbänden, Vereinigungen und Gruppen über Ländergrenzen hinweg mußte zugleich eine innere Integration verbunden sein. So meinte Heck 1969, daß es nicht um Korrekturen am föderativen Aufbau der Union gehe, sondern um die Fähigkeit der Partei, die Flügel, Vereinigungen und landsmannschaftlichen Gruppen »fortlaufend auf das allgemeine Wohl hin zu integrieren«. Eine Partei müsse ständig dabei sein, »neue Fragen aufzunehmen und sich um neue Antworten zu bemühen« (UiD).

Was in den Landesparteien der Union um die Wende des siebten Jahrzehnts vor sich ging, lief auf einen Neuaufbruch hinaus. So in Rheinland-Pfalz, wo der Landesvorsitzende Kohl, seit 1969 auch Ministerpräsident des Südwestlandes, zu einem der Hauptwortführer gegen ein »starres Verharren in überkommenen gesellschaftlichen und politischen Institutionen und Gewohnheiten« wurde (Landesparteitag in Ludwigshafen, 23./24. Mai 1970). So auch in Schleswig-Holstein, wo mit der Verjüngung des Landesvorstands zugleich ein »neuer Stil« Einzug in die CDU des Landes hielt (21. Landesparteitag in Kiel, 19./20. Dezember 1969). So in Bremen, wo die Satzung

im Sinne einer »dynamischen Demokratie« geändert wurde und die
Partei »geschlossener denn je« ihr »Wächteramt« gegenüber der
Landesregierung wahrzunehmen gedachte.

Der Wandel der politischen Landschaft in der Bundesrepublik
zeigte sich besonders »vor Ort«, in den Ländern: Die Abnahme traditioneller gesellschaftlicher Bindungen in Familie, Schule und Kirche, die Abschwächung regionaler und milieuhafter Orientierungen,
die Pluralisierung der Lebensstile, die Entstehung einer neuen Mittelschicht, die Möglichkeiten der medialen Führungsmittel Presse,
Rundfunk, Fernsehen, Film – sie veränderten die Wettbewerbskon-
stellation der CDU auf dem Wählermarkt. Darauf hatte sich die Partei einzustellen. Nach 1969, als die Partei sich an der Oppositionsfront zu bewähren hatte, traten die Landesparteien als »Reserve«
stark in Erscheinung. Ihre Erfolge wurden vielfach richtungweisend
auch für die Unionspolitik auf Bundesebene. So war es schließlich
auch kein Zufall, daß der Parteivorsitzende und Oppositionsführer,
der die CDU wieder zurück in die Regierungsverantwortung führte,
aus einem der Länder mit starker CDU-Position kam, auch wenn es
zu den kleineren gehörte.

Die politische Geschichte der Union in den Ländern spiegelte die
veränderten Strukturbedingungen wider. Symptomatisch für die
Herausforderungen, denen sich die Union am Ende der Nachkriegszeit gegenübersah, war die Entwicklung in Nordrhein-Westfalen. In
ihrer »Urheimat« verlor sie an Boden; dort, wo weit über ein Viertel
der Einwohner der Bundesrepublik lebten, zeigten sich die Trends
des gesellschaftlichen Wandels am ersten und deutlichsten. Die
Wahlen der späten Sechziger und frühen Siebziger sahen die beiden
großen Volksparteien im Kräftegleichstand mit durchschnittlich 44
Prozent für die CDU und 45 Prozent für die SPD. Legt man die
Landtagswahlergebnisse zugrunde, dann scheint es, als habe die
CDU in Nordrhein-Westfalen den »Erdrutsch« von 1966, als sie nur
auf 42,8 Prozent kam, und den folgenden Schock, den Sturz des Kabinetts Meyers, überwinden können. 1970 machte sie ihre Verluste
wieder wett und eroberte die Position als stärkste politische Kraft
des Landes zurück. 1975 errang sie sogar 47,1 Prozent der Stimmen.

Das waren jedoch, im Rückblick betrachtet, eher späte Blüten als
Zeichen innerer Kraft. Wegen des ständigen Bruderzwists zwischen

der rheinischen und westfälischen CDU, insbesondere wenn es sich um Personaldiskussionen handelte, kam es hier nicht zu einem kontinuierlichen Erneuerungsprozeß. Solange es ging, baute man auf die traditionelle Wählerschaft, die aktiven Katholiken, die christliche Arbeiterschaft, die Beamten, Angestellten und Selbständigen, die Hochburgen im Sauerland, im Münsterland, in Paderborn und am Niederrhein. Als die Erosion durch den gesellschaftlichen Strukturwandel dann Wirkung zeigte, scharten sich diese Traditionsbataillone nicht mehr geschlossen um die Unionsfahne – die Verabschiedung der CDU als potentielle Regierungspartei in den Achtzigern war die bittere Konsequenz.

Das Motto des 17. Landesparteitages der rheinischen CDU »Union in der Bewährung« (Oberhausen, 25./26. November 1966) traf mit seinem Doppelsinn, ein Vierteljahr nach dem Wahldesaster, ins Schwarze. Die Zeitungen waren noch deutlicher: Im »Tief«, im »Dschungel der Intrigen«, im »Krisental« – so sahen sie die CDU an Rhein und Ruhr ihren Weg gehen (1969: Rheinland 61 000, Westfalen-Lippe 53 000 Mitglieder). Richtungskämpfe zwischen den gewerkschaftlich und den mittelständisch orientierten Parteigruppierungen, vor allem um die Mitbestimmung, spalteten Mitglieder- und Anhängerschaft tiefer als in anderen Landesverbänden. Noch verbissener wurde jedoch um die Position des Spitzenmannes gekämpft. Nach der Entmachtung der Union durch ein konstruktives Mißtrauensvotum, das, unterstützt von SPD und FDP, den Ministerpräsidentensessel für Heinz Kühn (SPD) freimachte (8. Dezember 1966), richteten sich Kraft und Interesse der Partei vor allem darauf, wer Spitzenkandidat der CDU für die nächste Landtagswahl sein sollte. Um diese Position rivalisierten der frühere Ministerpräsident Meyers, der Oppositionsführer im Landtag, Lenz, sowie die Vorsitzenden der beiden Landesverbände, Grundmann (Rheinland) und Dufhues (Westfalen-Lippe), der sich schließlich durchsetzte (21. Oktober 1967). Gesundheitlich angeschlagen, zermürbt von Angriffen aus den eigenen Reihen, besonders seitens der Jungen Union, stellte der Sechzigjährige jedoch schon ein Jahr darauf seine Ämter einschließlich der Spitzenkandidatur zur Verfügung.

Das Personalkarussell rotierte erneut heftig. In der ersten Runde wählten die Landesdelegiertenversammlungen der beiden Landesverbände schließlich, auf Vorschlag des Landespräsidiums, am 22. Februar 1969 den Chef der CDU-Landtagsfraktion, Lenz, zum Präsidiumsvorsitzenden und damit zum neuen Spitzenkandidaten für die Landtagswahl 1970. Der Führungswechsel in der rheinischen CDU, wo der Parlamentarische Geschäftsführer der CDU/CSU-Bundestagsfraktion, Heinrich Köppler, Nachfolger von Grundmann (seit 1963) als Landesvorsitzender wurde (Landesparteitag Düren, 22. November 1969), eröffnete die zweite Runde im Kampf um das Spitzenamt. Diesmal zog Lenz den kürzeren, wobei auch die Diskussion um das von ihm maßgeblich mitverfaßte Aktionsprogramm der beiden CDU-Landesverbände eine Rolle spielte, das vielen »zu modernistisch und zu wissenschaftsgläubig« erschien. Köppler siegte auf dem Delegiertentag in Bochum am 31. Januar 1970 mit 86:34 Stimmen. »Mit Köppler nach vorn« sollte es mit der Politik der Union in den siebziger Jahren gehen. Als Vorsitzender des Landespräsidiums der CDU (bis 1980) vertrat er zwei Fünftel aller Unionsmitglieder, aber seine Macht glich der eines »konstitutionellen Landesfürsten«. Der Dualismus der CDU in Nordrhein-Westfalen, der auch mit den Dufhues-Nachfolgern Windelen (1971–1977) und Biedenkopf (1977–1986) zu heftigen »Hauskrächen« führte, bedeutete eine erhebliche politische Schwächung; er schmälerte zugleich den Einfluß der beiden Landesverbände in der Bundespartei.

Wie landesparteiliche Politik mit dem Interesse der Gesamtunion zu beiderseitigem Nutzen betrieben werden konnte und wie vor allem die Wähler zu überzeugen waren, machte man in anderen Bundesländern vor. In Baden-Württemberg, wo die regionalen Eigenwilligkeiten und Eifersüchteleien – zwischen Württembergern und Badenern – mindestens so ausgeprägt waren wie an Rhein und Ruhr, gelang mit der Umwandlung der vier Landesverbände in Bezirksverbände eines gemeinsamen Landesverbandes ein »echter Eingriff« (»Christ und Welt«). Die organisatorischen Voraussetzungen für eine kontinuierliche Politik des »Erneuerns und Bewahrens« (Motto des 4. Landesparteitages 1973) waren damit geschaffen. Die Profilierung der CDU als »liberale und soziale Volkspartei der Mitte« (Leitsatz des Ulmer Landesparteitags 1975), offen für alle Gruppen der Bevölkerung, sorgte in den Siebzigern für Traumwahlergebnisse von weit über 50 Prozent der Stimmen (1976: 56,7%), so daß über vier Legislaturperioden lang – zuerst mit Filbinger, dann seit 1978 mit Späth als Landeschef – die Alleinregierung der CDU möglich wurde. Die »Personalunion« von Ministerpräsidentenamt und Parteivorsitz – in letzterem wurde Filbinger 1973 mit 212 von 291, 1975 mit 235 von 263 Delegiertenstimmen bestätigt – machte zusammen mit den Wahlerfolgen der Partei den Südweststaat zum respektierten CDU-»Musterländle«. Ja, zeitweise galt Filbinger als »Geheimtip« für das Bonner CDU-Establishment.

Auch die Unionserfolge in Rheinland-Pfalz und Schleswig-Holstein konnten der CDU zur Bestätigung dafür dienen, daß in der bundespolitischen Konstellation seit 1969 am ehesten eine konsequente Standortbestimmung und grundsätzliche Auseinandersetzung mit dem politischen Gegner die Wende zu ihren Gunsten herbeiführen würden. In Rheinland-Pfalz ging 1969 mit der Wahl des 39jährigen Helmut Kohl zum neuen Ministerpräsidenten, zum »größten regierenden Deutschen (1,93 m)«, wie der »Spiegel« flachste, die 22jährige »Ära Altmeier« zu Ende. Auch hier trug die Verbindung von Regierungsamt und Landesparteivorsitz zur Grundlegung einer erfolgreichen Politik bei. Auf dem Ludwigshafener Landesparteitag 1970 mit 326 von 352 Stimmen erneut eindrucksvoll als Landesvorsitzender (seit 1966) bestätigt, stellte er sich als Spitzenkandidat der CDU mit dem Programm »Junges Land mit Zukunft« 1971 zur Wahl. Er erzielte auf Anhieb ein Rekordergebnis: 50 Prozent. Auch in den folgenden Legislaturperioden sollte die absolute Mehrheit sicher verteidigt werden. Erstmals hatten sich auch die Jungwähler zwischen 18 und 25 Jahren mehrheitlich für die CDU entschieden – Lohn einer Parteiarbeit, die im Zeichen der Demokratisierung mehr Öffentlichkeit bei der Kandidatenwahl, mehr Diskussionsbereitschaft und eine stärkere Beteiligung der Parteibasis wie auch der Wählerschaft anvisierte. Die Politik der gesellschaftlichen Prioritäten, der Neuordnung des Bildungssystems sowie der infrastrukturellen Öffnung unter europäischem Aspekt zahlte sich aus. Mehr noch: Der Beweis war erbracht, daß die CDU mit einem Kurs der liberalen Offenheit und der maßvollen Reformen niemanden zu fürchten brauchte. Das hatte wiederum bundespolitische Signalwirkung. Zu Beginn der Siebziger galt der dynamische rheinland-pfälzische Regierungschef als »Entwicklungshelfer der Union« (Heck).

In den Ländern wurden die Rezepte entworfen und erprobt, mit denen die Regierungsverantwortung im Bund zurückerobert werden sollte. Gemeinsam war ihnen die Leitvorstellung der »modernen Volkspartei«. So wurden auch in Schleswig-Holstein seit 1967 durch Intensivierung der Öffentlichkeitsarbeit, durch »Bürgernähe« im kommunalen Bereich und Entwicklung langfristiger Grundvorstellungen die Kräfte der Erneuerung geweckt. Als auf dem 21. Landesparteitag in Kiel am 19. Dezember 1969 noch einmal der 62jährige Helmut Lemke zum Landesvorsitzenden gewählt wurde, erschien er der Öffentlichkeit schon als »unzeitgemäße Vaterfigur auf Zeit« (»Mainzer Allgemeine Zeitung«). Das Ringen zwischen Reformern und Konservativen, das die Arbeit der schleswig-holsteinischen CDU lange Zeit bestimmt und gehemmt hatte, entschied sich praktisch ein Jahr darauf mit der Nominierung Stoltenbergs zum Spitzenkandidaten für die Landtagswahl 1971. Das Rekordergebnis von 51,9 Prozent der Stimmen, das gegen den linksradikalen SPD-Kandidaten Jochen Steffen erzielt wurde, wollte die CDU nicht nur als Absage an sozialistische Experimente, sondern auch als Wählervotum gegen eine Koalition von SPD und FDP aufgefaßt wissen. Damit gab sie sich zwar einer Täuschung hin, wie die Bundestagswahl des folgenden Jahres bewies, aber die Stärke der Landespartei, ständiger Dialog mit interessierten Bürgern und gesellschaftlichen Gruppen sowie Klarheit in den Grundsätzen machte sie – trotz relativ geringen Mitgliederzahlen (1969: 16780; 1976: 33300) – in der Dekade Stoltenbergs, der 1971 das Amt des Ministerpräsidenten und den Vorsitz der Landesunion auf sich vereinigen konnte, zu einem der »Vororte« der Union und ihrer Politik. Die Verteidigung der absoluten Mehrheit in den Wahlen von 1975 (50,4%) und 1979 (48,3%) sowie eine achtmalige Bestätigung als Landesvorsitzender (bis 1989) sicherten dem »großen Klaren aus dem Norden« auch auf Bundesebene eine starke Position, die in der wiederholten Wahl zum stellvertretenden CDU-Vorsitzenden Ausdruck fand.

Wie sehr der landespolitische Aufschwung der Union in ihrer Reformepoche Ende der Sechziger/Anfang der Siebziger vom Engagement starker Persönlichkeiten abhing, zeigt eindrucksvoll das Beispiel Hessen. Hier wurde das Erfolgsrezept des »Marsches durch die Rathäuser« am konsequentesten mit moderner Parteiführung, mit Ausweitung der Öffentlichkeitsarbeit, Mitgliederwerbeaktionen, organisatorischer Neuordnung und gezielter Programmarbeit verknüpft. Die »Dregger-Ära« mit dem ersten Generalsekretär Christian Schwarz-Schilling (1967–1979) und dem Geschäftsführer Manfred Kanther wurde zur »großen Zeit« der hessischen CDU. Bereits in der Landtagswahl von 1970 machte sie mit einem Plus von 13,3 Prozent einen Riesenschritt auf dem Weg zur Mehrheit. Das Programm »Für die liberale Erneuerung Hessens« mit seinen Schwerpunkten Schule, Universität und innere Sicherheit führte der CDU in den nächsten Landtagswahlen weitere Wähler zu, insbesondere aus dem Lager der Freien Demokraten, so daß sie zum ersten Mal in der Nachkriegsgeschichte die stärkste Partei des Landes wurde: 47,3 Prozent (1974); 46 Prozent (1978); 45,6 Prozent (1982). Der Eroberung des »roten« Hessen parallel ging die Entwicklung der Landesunion von einer konfessionell geprägten Honoratiorenpartei zu einer modernen, politisch offenen Mitgliederpartei (Mitgliederzahl 1962: 16 600, 1969: 23 500, 1976: 61 350).

Ähnlich deutliche Stimmengewinne in Landeswahlen und vergleichbare Zuwachsraten bei der Mitgliedschaft konnten auch die Christlichen Demokraten Berlins, Hamburgs und des Saarlands im Übergang zu den Siebzigern, während der Oppositionszeit der Union in Bonn, verzeichnen. In Berlin legte die CDU zwischen 1967 und 1975 um elf Prozent zu, in Hamburg zwischen 1966 und 1974 um 10,6, im Saarland zwischen 1965 und 1975 um 6,4 Prozent. In der Mitgliederbewegung 1969–1976 schwang sich Hamburg sogar zum Spitzenreiter aller Landesverbände mit einem Zuwachs von 252,5 Prozent auf (Bundesdurchschnitt bei 115%). Wie in Berlin entwickelte sich die CDU hier zur »Großstadtpartei«. Offensichtlich profitierte die CDU mit ihren Reformanstrengungen von der politischen Dynamik des föderalistischen Verfassungsstaates, die in den Ländern oft Gegenbewegungen zur Bundespolitik auslöst.

6. In der Großen Koalition 1966–1969

Das »tektonische Ereignis« (Jürgen Tern), als das die Bildung einer schwarz/roten Regierung in der Geschichte der Bundesrepublik weithin empfunden wurde, blieb für die Union nicht ohne Folgen. Es gab – wie in der SPD – auch in ihren Reihen erhebliche Vorbehalte gegen die Große Koalition. Bei der Wahl Kiesingers zum Bundeskanzler stimmten lediglich 340 für ihn, gegen ihn immerhin 109 bei 23 Enthaltungen. Was öffentlich mal als »Experiment«, »Hochseilakt« oder »Volkskoalition« (»Süddeutsche Zeitung«) namhaft gemacht, mal zum »Kartell der Angst« (»Der Spiegel«) und zur »miesen Ehe« (Günter Grass) abgestempelt wurde, war für die CDU ungleich schwerer zu bewältigen als für ihren sozialdemokratischen Partner-Rivalen. Abgesehen davon, daß für sie mehr auf dem Spiel stand: Die Regierungsverantwortung, die sie seit dem politischen Start der Bundesrepublik mit Erfolg ausgeübt hatte, die Gegnerschaft zur SPD war ihr in den fünf voraufgegangenen Legislaturperioden gleichsam zur zweiten Natur geworden, so daß sie eine Große Koalition nur als Notlösung, als letzten politischen Ausweg ansehen konnte, während die SPD darin den Weg zur Macht erkannte. Ironisch trauerte Kiesinger in Berlin den guten alten Zeiten nach, als es »doch so schön mit einem kleinen niedlichen Koalitionspartner« war und erinnerte mit Blick auf die SPD an den bayerischen Bauer, der – nach 1871 gefragt, wie es ihm im neuen Reich behage – geantwortet habe: »Ja, dös war'n halt no Zeit'n, wo ma' af Preissn had schiassn derfa.«

Die Führung der Union litt denn auch unter Gewissensqualen. Von vornherein deklarierte sie das Regierungsbündnis gegenüber ihren Anhängern als »Ehe auf Zeit«. Der Tag – so Kiesinger – würde kommen, daß wieder auf die »Preußen« geschossen werden dürfe. Viele in der Union fürchteten, daß der Eigenanteil der CDU/CSU im Regierungsbündnis mit der SPD untergehen würde, daß jeder aktuelle Erfolg der Großen Koalition nur die SPD aufwerten, aber die in zwei Jahrzehnten erbrachte Unionsleistung insgesamt schmälern würde.

Die CDU betrachtete sich selbst als »Motor der Großen Koalition« (Kiesinger auf dem Deutschlandtag der JU November 1967). Hinter diesem Anspruch stand bereits die Erfahrung, daß der Koalitionspartner, der als Neuling ans Regierungsruder gelangte, sich

auch leichter als Erneuerer verkaufen konnte. Nicht nur, daß
die CDU dadurch in die politische Defensive geriet, sie wurde auch
noch damit konfrontiert, daß die in der 68er-Bewegung und
der »Außerparlamentarischen Opposition« (APO) konzentrierten
Tendenzen das bestehende Gemeinwesen als »CDU-Staat« in Frage
stellten. Wesentliche Elemente der Unionspolitik wie vor allem ihre
Orientierung an den westlichen Demokratien, ihr entschiedener
Antikommunismus, ihre Wiedervereinigungsmaxime sowie ihr
strenges Rechtsstaatdenken, ihr Marktwirtschaftskonzept und soziales Subsidiaritätsprinzip, ihre Werthaltung der Familie und ihr
positives Verhältnis zum »C« hatten in der Auseinandersetzung mit
Verweigerungsmoral und Revolutionsideologie eine Feuerprobe zu
bestehen.

Das gehörte zu den prekären Bedingungen, unter denen die Unionsmitglieder des neuen Kabinetts und die CDU/CSU-Bundestags-
fraktion ihre politischen Auffassungen vertreten mußten. Dank dem
sensiblen Führungsstil Kiesingers und seiner sachbezogenen Kooperation mit dem »Vize« Brandt, der das Außenressort innehatte, dank
der effektiven Zusammenarbeit zwischen den »starken« Ministern
Strauß (Finanzen) und Schiller (Wirtschaft) im Kabinett sowie den
dynamischen Fraktionsvorsitzenden Barzel und Schmidt im Parlament erwies sich die schwarz-rote Regierungsmannschaft als äußerst
erfolgreich. Die sieben CDU-Minister – vier katholisch, drei evangelisch – hatten allesamt auch dem letzten Erhard-Kabinett angehört
(Innen, Soziales, Verteidigung, Vertriebene, Wissenschaft, Familie
und Schatz); im April 1968 übernahm Benda das Innenressort von
Lücke, der wegen des Scheiterns der Wahlrechtsreform zurücktrat,
und im Oktober Aenne Brauksiepe das Familienressort von Heck,
der sich ganz auf das Amt des CDU-Generalsekretärs konzentrieren
wollte. An die Stelle von Hassels, der als Nachfolger Gerstenmaiers
zum Bundestagspräsidenten gewählt wurde, trat als Bundesvertriebenenminister Anfang 1969 Heinrich Windelen.

Das »Kabinett der politischen Köpfe«, wie man es genannt hat,
setzte bedeutende innenpolitische Reformgesetze durch und
bemühte sich in der Außenpolitik, den Entspannungsdialog mit den
osteuropäischen Staaten in Gang zu bringen. Unter dem Eindruck
der Besetzung der Tschechoslowakei durch die Warschauer-Pakt-

Staaten machte dabei die CDU/CSU die Sicherheit und Einigung
Westeuropas zur unabdingbaren Voraussetzung einer gesamteu-
ropäischen Friedensordnung. Gegenüber dem Westen war es das
Verdienst Bundeskanzler Kiesingers, der sich persönlich stark in der
Außenpolitik engagierte, die gefährliche Alternative einer Wahl zwischen Frankreich und dem Atlantischen Bündnis zu überwinden
und damit auch den lästigen Streit zwischen »Gaullisten« und den
»Atlantikern« in seiner Partei zu beenden. Mit Zustimmung der
Union zu der von Außenminister Brandt vertretenen neuen Flexibilität gegenüber dem Osten wurde eine Politik der innerdeutschen
Entspannung durch offizielle Kontakte (Kiesinger-Stoph-Brief-
wechsel) eingeleitet. Wenn auch infolge der CSSR-Invasion die meisten Initiativen steckenblieben, die Diskussion über die Modifizie-
rung des bislang eisern vertretenen Rechtsstandpunktes war nun in
der Union kein Tabu mehr.

Der Sachzwang, unter den sich die Zusammenarbeit der beiden
gleichstarken, aber doch ungleichen Partner stellen mußte, gab nur
wirklichkeitsnahen Vorhaben eine Realisierungschance. So lag das
Schwergewicht der Reformpläne auf der Wirtschafts- und Sozialpolitik sowie der Rechtspolitik. Vor allem die Konzertierte Aktion, das
Stabilitätsgesetz und die Konjunkturprogramme führten zu einer
Wiederbelebung der Wirtschaft. Die Stabilisierung der öffentlichen
Finanzen gelang durch Mittelfristige Finanzplanung, Haushalts-
rechtsreform und Neuverteilung der Steuereinnahmen zwischen
Bund, Ländern und Gemeinden. Die Erhebung des Hochschulbaus,
der regionalen Wirtschafts- und Agrarstrukturpolitik zu Gemeinschaftsaufgaben von Bund und Ländern sorgte dafür, daß diese
Bereiche in Schwung kamen. Die von Katzer verantwortete Sozialpolitik setzte den Ausbau des sozialen Netzes fort durch eine Verbesserung des Kündigungsschutzes, die Ausdehnung der Lohnfort-
zahlung im Krankheitsfall auf die Arbeiter sowie durch das Arbeits-
förderungsgesetz und das Bundesausbildungsgesetz; das erste
Sozialbudget (1. Januar 1969) ermöglichte erstmals eine langfristige
Planung der sozialen Sicherung.

Das Urteil, wonach die Bundesrepublik mit der großen Koalition
ein »großes Stück« (Dönhoff) weitergekommen sei, vermag insbesondere die Rechtspolitik zu rechtfertigen: Mit dem Reformgesetz

über die rechtliche Stellung der unehelichen Kinder, mit der Entkriminalisierung des Verkehrsrechts, der Entschärfung des Strafprozeßrechts, der Großen Strafrechtsreform und der Regelung der umstrittenen Verjährungsproblematik, vor allem aber mit der Notstandsverfassung, die gegen heftigsten Widerstand revoltierender Studenten, Gewerkschafter und Teilen der SPD die seit 1952 bestehenden alliierten Vorbehaltsrechte durch grundgesetzliche Bestimmungen erlöschen ließ, bewährte sich die rechtsstaatliche Ordnung, die seit 1945 ein zentrales Unionsanliegen war. »Die Notstandsgesetzgebung ist gemacht worden, um die Stunde der Not von uns fernzuhalten, oder wenn sie dennoch eintreten sollte, das Prinzip der Rechtsstaatlichkeit auch in dieser Situation aufrechtzuerhalten«, so formulierte Barzel, der Fraktionsvorsitzende, den Sinn dieser Gesetzgebung.

Fast alles, was die Regierungserklärung Kiesingers der Großen Koalition zur Aufgabe gemacht hatte, war verwirklicht worden, wenn auch manchmal nur in mühsam ausgehandelten Kompromissen – bis auf die Reform des Wahlrechts, die eine Mehrheitsbildung in Zukunft erleichtern sollte. Die Einführung eines relativen Mehrheitswahlsystems scheiterte Mitte 1968 am sozialdemokratischen Partner, der Schwierigkeiten mit seiner Parteibasis bekam. Aber auch die CDU-Führung war letztlich froh, daß sie den von ihr propagierten »Mut zum wahlpolitischen Risiko« nicht zu beweisen brauchte. Nicht nur, daß es in den schwächeren Landesverbänden der Partei erhebliche Bedenken gegen eine derart radikale Änderung des Wahlrechts gab; in den öffentlichen Debatten darüber wurde auch mehr und mehr deutlich, daß das Wahlsystem durch allgemeine Akzeptanz mittlerweile ein besonders legitimierter, gegen technokratische Eingriffe gefeiter Bestandteil der politischen Kultur der Bundesrepublik geworden war.

Die gesetzgeberische Gesamtbilanz der Großen Koalition mit 436 verabschiedeten Gesetzen fiel erstaunlich gut aus, was alle politischen Beobachter anerkannten. Fast noch mehr beeindruckte, daß sie die von ihren Kritikern zunächst geäußerten Vermutungen über eine »Proporzdiktatur« oder eine »Entwertung des Parlaments« Lügen strafte. Der »Kreßbronner Kreis«, der dabei – mit Argwohn beäugt – eine Rolle spielte, war kein geheimes Führungszentrum, kein Stab Grauer Eminenzen, die sich als Nebenregierung verstanden, sondern schlicht und einfach eine Clearing-Instanz, die erstmals im Sommer 1967 beim ersten koalitionsinternen Kriseln an Kiesingers Urlaubsort am Bodensee zusammengetreten war. Aus führenden Politikern der drei Parteien gebildet, oblag es von da ab dem auch als »Dienstag-Kreis« bezeichneten Gremium, Konflikte zwischen den Partnern im Ansatz zu begrenzen, die gesetzgeberische Generallinie zu überprüfen und Empfehlungen für das Gesamtkabinett auszuarbeiten – also ein Koalitionsausschuß, dessen Funktion es war, das Ganze anständig über die Runden zu bringen.

Das problematische Regierungsbündnis mit dem früheren politischen Gegner berührte in seinen Auswirkungen nicht nur die Parteispitze der Union. Von größerer politischer Tragweite für die Unionsgeschichte war es, daß in der Zeit der Großen Koalition die Bundestagsfraktion an Gewicht zunahm. Von den zwölf Mitgliedern des CDU-Präsidiums saßen 1967/68 elf im Deutschen Bundestag als Abgeordnete oder auf der Regierungsbank. Über die Hälfte der Mitglieder des Bundesvorstandes waren Bundestagsabgeordnete, und noch im Bundesausschuß betrug der MdB-Anteil etwa 25 Prozent. So hat man behaupten können, daß die »führenden Persönlichkeiten der Fraktion«, aufgrund der Verflechtung ihrer Führungspositionen in Fraktion und Partei, »den innerparteilichen Willens- und Entscheidungsprozeß maßgeblich zu beeinflussen und zu lenken« vermochten (Knorr).

In den Koalitionsverhandlungen, bei der Regierungsbildung und der Konfliktbegrenzung während der Regierungsarbeit blieben die Parteiführungsorgane weitgehend im Hintergrund gegenüber dem Hauptakteur Fraktion. Das lag auch am Kanzler, der die Beziehungen zur Fraktion – in frischer Erinnerung an deren entscheidende Rolle beim Sturze Erhards – deutlich mehr pflegte als das Verhältnis zur Partei. Trotzdem konnte er nicht verhindern, daß um den Fraktionsvorsitzenden Barzel »ein zweites Gravitationszentrum im Fraktionszimmer« existierte. Der sogenannte »Elferrat«, ein offiziöser »engerer Vorstand« der Fraktion, der seit der 2. Legislaturperiode nachweisbar ist, entwickelte sich dabei zum wichtigsten Lenkungsgremium ihres Meinungsbildungs- und Entscheidungsprozesses.

Zugleich traten auch einzelne organisierte Abgeordnetengruppen der CDU/CSU-Fraktion energischer in Erscheinung. Sieht man einmal von der Landesgruppe der CSU ab, die sowieso als parlamentarische Vertretung einer eigenständigen Partei auftrat, so machten sich im innerfraktionellen Entscheidungsprozeß vor allem die interessengebundenen Gruppierungen stark, der Arbeitnehmerflügel und die Arbeitgebergruppe, der seit 1956 bestehende »Diskussionskreis Mittelstand« sowie die Arbeitsgemeinschaft Landwirtschaft und Ernährung. Letztere wehrte sich im Laufe der Legislaturperiode erfolgreich gegen den »Höcherl-Plan«, der eine Neugestaltung der bäuerlichen Infrastruktur vorsah. Die fraktionsinternen Machtverlagerungen waren dadurch geprägt, daß der Arbeitnehmerflügel, der sich in den Koalitionen aus CDU/CSU und FDP als das Zünglein an der Waage Gewicht verschaffen konnte, gegenüber dem Unternehmerflügel ins Hintertreffen geriet und seine Chance in der interfraktionellen Allianz der Sozialpolitiker suchen mußte. Umgekehrt gewann der Unternehmerflügel mit seinen »Köpfen« Heinrich Gewandt und Wolfgang Pohle, namentlich sein mittelständischer Kern, in dem Maße an Bedeutung und Einfluß, wie die Union mit den hochfliegenden sozial- und wirtschaftspolitischen Plänen der SPD (so in der Berufsbildungs-, Mitbestimmungs-, Steuer- und Kartellgesetzgebung) konfrontiert wurde.

Mit dem Wahljahr 1969 bekamen in der Großen Koalition wieder wahltaktische Überlegungen die Oberhand. Die Koalitionspartner kehrten zum alten Gegeneinander zurück: Von der »Strategie des begrenzten Konflikts« ging man zur »totalen Konfrontation« (Knorr) über. Die CDU hatte gleich zu Jahresbeginn die Gerstenmaier-Affäre zu verdauen. Der seit 1954 amtierende Bundestagspräsident, einer der profiliertesten, aber auch eigenwilligsten Unionspolitiker, fiel wegen der im Rahmen eines Wiedergutmachungsverfahrens geltend gemachten Ansprüche auf Besoldungsnachzahlung aus einer Hochschullehrertätigkeit, die ihm von den Nationalsozialisten unmöglich gemacht worden war. Obwohl keine Abweichung von Recht und Gesetz vorlag, war die Sache an sich in der Öffentlichkeit sehr umstritten, zumal der Vorwurf erhoben wurde, Gerstenmaier habe bei der Gesetzgebung Abgeordnete zu seinen Gunsten beeinflußt. Als er dann noch eine Grundstücksaffäre angehängt bekam, war er nicht mehr zu halten. Daß die SPD in dieser für die CDU unangenehmen

Situation das Nominierungsrecht der stärksten Fraktion für das Bundestagspräsidentenamt nicht respektierte und Gerstenmaiers Nachfolger von Hassel ihre Stimme versagte, zeigte schon an, daß die Fundamente der Großen Koalition brüchig geworden waren.

Die Bundespräsidentschaftsfrage geriet zur entscheidenden Probe. Seit dem Sommer 1967 war bekannt, daß die SPD als Nachfolger Heinrich Lübkes, dessen zweite Amtszeit im Frühjahr 1969 endete, die Wahl eines der ihren anstrebte. Verständlich, daß sie als Regierungspartei wenigstens eines der drei obersten Staatsämter besetzen wollte. Die Frage war nur, ob die Koalitionsparteien sich auf einen gemeinsamen Kandidaten einigen konnten oder ob jede für sich einen eigenen Bewerber ins Feld schicken würde. Das hätte allerdings das Ende der Großen Koalition signalisiert. Denn die SPD konnte dabei aufgrund der Mehrheitsverhältnisse in der Bundesversammlung nur durch ein »alternatives Bündnis« (Arnulf Baring) zum Zug kommen, das heißt mit der FDP.

So geschah es auch. Am 5. März wurde mit den Stimmen von SPD und FDP Gustav Heinemann zum Bundespräsidenten gewählt, einst Mitgründer der CDU in Essen, erster Bundesinnenminister; aus Protest gegen die Wiederbewaffnungspolitik Adenauers war er 1950 zurückgetreten und hatte 1952 auch die CDU verlassen. Als »Symbol eines neuen Konsenses« (Baring) setzte er sich in drei Wahlgängen mit 514, 511 und 512 gegen den von der CDU/CSU nominierten Schröder (501, 507, 506) durch. Der politische Wind blies der Union voll ins Gesicht. Auch mit einem weniger konservativen Kandidaten – auch von Weizsäcker hatte bereitgestanden – hätte sie wohl den kürzeren gezogen. Die Zeichen der Zeit standen auf Veränderung.

Das »Stück Machtwechsel«, wie Heinemann in einen Interview seine Wahl verstanden wissen wollte, klang der Union wie ein Menetekel in den Ohren. Nun mußte sie zum erstenmal wirklich um ihre Position als Regierungspartei bangen. Nun galt es, alles daran zu setzen, 1969 eine klare Mehrheit zu erringen, den Sieg, »den wir haben müssen«, wie Kiesinger das Schicksal beschwor. Am 20. Juni kam sie mit dem Entwurf ihres Wahlprogramms heraus, das auf dem Berliner Programm basierte und unter dem Motto stand: Mit Kiesinger sicher in die 70er Jahre. Der Wahlkongreß in Essen am 8. Juli, der das Wahlprogramm verabschiedete, machte dem Parteivolk klar, daß es ums Ganze ging. Das Ziel hieß: »Bestätigung des Führungsanspruches und Schaffung einer regierungsfähigen Mehrheit«. Heck, der CDU-Generalsekretär, legte die Partei auf die SPD als Hauptkonkurrenten fest. Als Hauptangriffspunkt wurde die Deutschland- und Ostpolitik der SPD ins Auge gefaßt. Die Union machte sich zum Verteidiger der »Interessen des deutschen Volkes«. Als Entscheidung zwischen Realitäten und Illusionen stellte sie die Wahl hin. Kanzler, Generalsekretär und Fraktionsvorsitzender warnten einmütig vor Anerkennung der DDR und der Oder-Neiße-Linie, die nur die Teilung Deutschlands besiegeln würde. Keine Experimente sollte es hier geben! Der Auftritt des Präsidenten des Bundes der Vertriebenen, des wegen der Brandtschen Ostpolitik von der SPD zur CDU übergetretenen Reinhold Rehs, sollte demonstrieren, daß die Deutschlandpolitik bei der CDU am besten aufgehoben sei.

Auch die Vereinigungen legten sich auf ihren Bundestagungen und Kongressen verstärkt ins Zeug, um die CDU bei ihren Zielgruppen ins beste Licht zu rücken. Ein Gesellschaftspolitischer Kongreß der Jungen Union in Bensheim-Auerbach (21./22. Juni) legte das Schwergewicht auf die Eigentums- und Familienpolitik und verabschiedete Leitsätze für die Regelung des gesetzlichen Investivlohns und für steuerpolitische Sofortmaßnahmen zur Vorbereitung einer einheitlichen Familienzulage.

Der Frauenkongreß in Ludwigshafen/Rhein (11./12. April 1969) versuchte sich an einer »Standortbestimmung der Frau in dem Spannungsfeld unserer Zeit«. Die CDU bekannte sich zum »neuen Rollenbild der Frau«. Mit dem Eintreten für ein stärkeres Engagement der Frauen in der Gesellschaft verband sie zugleich den Appell an die Parteien, den Frauen »attraktive Chancen« in der politischen Arbeit zu geben und zu ermöglichen.

Die Sozialausschüsse verabschiedeten auf ihrer Bundestagung in Oldenburg am 5./6. Juli 1969 dreiunddreißig Thesen zur sozialen Strukturpolitik, die durch Raumordnung, ausgewogene Machtverteilung in der Wirtschaft und Bildung jedem gleiche Chancen im beruflichen und gesellschaftlichen Leben ermöglichen sollte.

Der Mittelstandskongreß 1969 in Dortmund (28. Mai) legte Leitsätze vor, die mit der Förderung des Leistungswettbewerbs, der strukturpolitischen Anpassung wirtschaftlicher Problemgebiete sowie mit Reformen der Besteuerung und der wirtschaftlichen Sicherung im Alter Hauptanliegen einer Ordnungspolitik jenseits konjunkturpolitischer Maßnahmen herausstellten.

Der Wirtschaftstag der CDU/CSU, ausgerichtet vom Wirtschaftsrat in Bonn am 26./27. Juni 1969, gab einem mit Wissenschaftlern und Politikern erstklassig besetzten Wissenschaftsforum Gelegenheit, das Bild einer künftigen Wirtschaftspolitik zu entwerfen, die als Balance zwischen einem System des organisierten Interessenausgleichs und einer Reorientierung an marktwirtschaftlichen Prinzipien definiert wurde.

Der Evangelische Arbeitskreis widmete seine Diskussionen, aus Sorge vor dem organisierten Linksradikalismus, dem Thema »Freiheit und Demokratie in unserem Staat« (15. Bundestagung vom 20.–22. März in Düsseldorf). Dabei unternahm er eine »inhaltliche« Neubestimmung der Autorität in Staat, Familie und Schule anhand der Schlüsselbegriffe Partnerschaft, Mitverwaltung und Wettbewerb.

Der RCDS machte sich auf der 19. Bundesdelegiertentagung in Bonn daran, gegen die sich immer mehr radikalisierenden linken Studentenverbände seine Chance wahrzunehmen, um die Mehrheit der Studenten für die Erneuerung und Umstrukturierung der deutschen Hochschulen zu gewinnen. Ein Kulturpolitischer Kongreß in Bad Godesberg (28. Februar–1. März 1969) veröffentlichte die »Deidesheimer Leitsätze« der Union für eine moderne Bildungspolitik. Ausgehend von den Grundsätzen, daß Bildung ein Grundrecht jedes Menschen sei und daß jeder die gleichen Chancen zur Entfaltung seiner Begabungen und Fähigkeiten erhalten solle, wurden die einzelnen Reformvorstellungen für Schule und Hochschule auf das Leistungsprinzip, die Mitentscheidung der Eltern und die Zusammenarbeit aller Beteiligten in der Bildungsplanung bezogen.

Auf dem Bauernkongreß in Münster (3.–8. März 1969) wandte sich die CDU gegen den Mansholt-Plan zur Reform der EWG-Landwirtschaft. Durch Kiesinger und Höcherl unterstrich sie ihr Eintreten für »die Erhaltung einer gesunden Landwirtschaft aus bäuerlichen Voll-, Zu- und Nebenerwerbsbetrieben«.

Modern, aufgeschlossen, zukunftsfroh, und dazu noch kraftvoll und siegesbewußt – so sollte die Union nach dem Wunsche ihrer

Führung wirken. Aber war das nicht ein Trugbild, hinter dem sich vielerlei Unbehaglichkeiten und Bedenklichkeiten verbargen? Anscheinend war solch vollmundige Image-Werbung den Wahlstrategen der Union selbst nicht geheuer. Denn je näher der Wahltag rückte, desto mehr konzentrierte sich ihr Wahlkampf auf die Kanzlerfrage. Bei der Eröffnung der »heißen« Wahlkampfphase in der Dortmunder Westfalenhalle am 31. August kam die CDU mit dem offensiven Slogan »Auf den Kanzler kommt es an!« heraus. Der Kanzlerbonus, der Kiesinger (40%) eine nahezu doppelt so hohe Zustimmung verschaffte wie seinem Gegenspieler Brandt (21%), sollte voll für die CDU genutzt werden. Die SPD konterte hintergründiglistig: »Auf den Wähler kommt es an«. Kiesinger oder Brandt? Eine sozialdemokratisch oder eine unionsgeführte Bundesregierung? Die Ungewißheit des Wahlausgangs wurde auch dadurch vergrößert, daß der rechtsradikalen NPD Chancen eingeräumt wurden, den Sprung über die 5-Prozent-Hürde zu schaffen und in den Bundestag einzuziehen. »Unser Land steht an einem Scheideweg«, so machte der Wahlaufruf der CDU die Wahl am 28. September zur Schicksalsentscheidung über Deutschlands Zukunft.

Das Wahlergebnis wurde – am Ende einer Wahlnacht mit ständig wechselnden Hochrechnungen – allgemein mit großer Überraschung aufgenommen, weil CDU und CSU ihre führende Position unerwartet deutlich behaupteten. Mit einem Stimmenanteil von 46,1 Prozent lagen die Unionsparteien nur um 1,5 Prozent unter der Marke von 1965. Sie verfehlten die absolute Mehrheit der Mandate knapp. Trotz der Verschleißeffekte nach zwanzig Jahren Regierung zeigte sich die Union als Volkpartei in allen Schichten und Landschaften stabil verankert. Der schwere Gang in die Opposition blieb ihr dennoch nicht erspart. Die SPD hatte 42,7 Prozent der Stimmen erhalten; sie war damit zwar nicht der Sieger, wohl aber der Gewinner der Wahl, weil eine Koalition mit der FDP gegen die stärkste politische Kraft möglich war.

In den Tagen der Enttäuschung und Beunruhigung handelte die Parteiführung der CDU besonnen, als sie sich auf dem Mainzer Parteitag am 17./18. November 1969 weit der Reform öffnete. Kritische Besinnung als Voraussetzung eines Aufbruchs zu neuen Ufern lautete die Rezeptur. Durch Einsetzung einer »Reformkommission«, die »unter Berücksichtigung der neuen Aufgaben der Union ein Reformkonzept« finden sollte, wurden Betroffenheit und Nervosität der Basis auf die Grundlagenarbeit hingelenkt: Ausrichtung der Reformansätze auf die Zielgruppen der jüngeren Generation, der Großstadtbevölkerung und Arbeitnehmerschaft sowie der »in den publizistischen Berufen Tätigen«, Erreichen einer größeren innerparteilichen Demokratie, Heranziehung jüngerer Kräfte, Aufbau parteipolitischer Bildungseinrichtungen und eine leistungsstarke Organisation waren die Leitpunkte.

Nüchtern und »manchmal hart zupackend« (Kohl) hielten Kiesinger, der Bundesvorsitzende, und Heck, der Generalsekretär, in Mainz der Partei den Spiegel vor: Das politische Profil der Union sei zu traditionell; sie habe noch immer zu stark das »Image der Fünfziger«. Noch immer sei ihr die starke Prägung als Gesinnungspartei auf dem Weg zur modernen Volkspartei hinderlich. Zudem sei ihre Wählerschaft strukturell unausgewogen. Die Distanz der jüngeren Wählerjahrgänge und des sogenannten »neuen Mittelstands« zur Union, der urbanen Mittelschicht der gehobenen unselbständig Beschäftigten, nehme zu. Zugleich schmelze der frühere hohe Überhang an Frauenstimmen ab. Das Verhältnis zu den Intellektuellen und zur veröffentlichten Meinung, »unser Verhältnis zum Geist« (Heck), lasse mehr denn je zu wünschen übrig. Mangelhaft sei auch die informierende und werbende Arbeit der Union auf Bundes-, Landes- und Kreisebene. Noch immer herrsche die Parteiarbeit in »Hinterzimmern« vor. Auch bestehe nach wie vor eine Organisationsschwäche der Partei. Das Entscheidungszentrum habe bislang im Bundeskanzleramt gelegen, während die Parteigremien wie Präsidium, Vorstand und Bundesausschuß »politisch unterernährt« geblieben seien, wie Kiesinger sich ausdrückte.

»Heraus aus der Situation der Kanzlerpartei«, hieß jetzt die Devise. Das bedeutete Anpassung der Union an den »permanenten Wandel im Industriezeitalter«. Es ging darum, die Union als »Partei der integrierenden Mitte« zu profilieren. Dazu wurde ihr eine Stärkung der zentralen Instanzen der Partei verordnet, unter anderem durch Bau eines Hauptquartiers (in Mainz wurde eine »Kommission zur Errichtung des Parteihauses« eingesetzt); ein qualifizierter Mitarbeiterstab, eine konsequente Mitgliederwerbung und Transparenz der Parteiarbeit zwischen oben und unten waren weitere Desiderata. Ferner galt es, den Parteiföderalismus »zeitgerecht« weiterzuentwickeln. Dies alles wurde als eine Reform der langfristigen Dimensionen ins Auge gefaßt, wobei der Leitgedanke war, die Partei »vom Kopf auf die Füße« zu stellen. Das hieß, daß der Wandel zur Mitgliederpartei nicht nur in der Zahl, sondern auch im Grad der Partizipation am Willensbildungsprozeß zum Ausdruck kommen sollte. Diskussions-Parteitage sollten zur Regel werden und endgültig die Rede-Parteitage ablösen.

Der Verlust der Regierungsverantwortung gab den Reformforderungen den nötigen Nachdruck. Noch ging es nicht um Personen. Zunächst stand man in Treue fest – nach einstimmiger Nominierung durch den Bundesvorstand – zu Kiesinger, der mit 386 Ja- gegen 51 Nein-Stimmen und 33 Enthaltungen erneut zum Vorsitzenden der Bundes-CDU gewählt wurde. Der RCDS sprach vorlaut vom »letzten Versuch mit Kiesinger«. Seine Stellvertreter wurden Stoltenberg (451), Kohl (392), Katzer (387), Wex (312) und Schröder (267). In den Bundesvorstandswahlen entfielen die Spitzenplätze auf Weizsäcker (443), Windelen (398) und Dregger (396). Also doch eine Wachablösung an der Parteispitze in Anbetracht der Tatsache, daß sieben aus der alten Parteigarde verzichteten, darunter Blank, Brauksiepe, Meyers und Fricke. Noch zeichnete sich nicht ab, wer der kommende Mann sein würde. In der Presse war vom »Mister X« die Rede. Das Programm stand im Vordergrund des Interesses; an ihm hielt sich die Partei jetzt fest; mit ihm sollte das negative Bild, das der Union anhaftete, geändert werden; ihm war zugedacht, der Öffentlichkeit »die Union der Zukunft zu präsentieren« (Heck).

Die vom Mainzer Parteitag beschlossene Reformkommission konstituierte sich als Programmkommission zur Fortschreibung des Berliner Programms am 20. Januar 1970 unter dem Vorsitz des rheinland-pfälzischen Ministerpräsidenten Kohl. Die etwa neunzig Mitglieder formulierten nach fast fünfzig Sitzungen den Entwurf der zweiten Fassung des Berliner Programms, der zusammen mit einer Vorlage zur Mitbestimmung nach eingehender Beratung durch die Parteigremien aller Ebenen am 28. November 1970 vom Parteivorstand verabschiedet wurde. Ein »Reformparteitag« sollte diesem »Koordinatensystem der Partei« bei Mitgliedern und Wählern, ja in der breiten Öffentlichkeit zu einem neuen Unionsgefühl verhelfen. Er fand, ursprünglich für Ende 1970 geplant, in Düsseldorf am 25.–27. Januar 1971 statt.

Die 675 Delegierten, die sich mit 940 Anträgen herumzuschlagen hatten, knüpften mit ihren lebhaften und ausgiebigen Diskussionen an die Erfahrungen des Berliner Parteitags von 1968 an: »Die innerparteiliche Demokratie blüht auf«, wie die »Rheinische Post« konstatierte. Die Partei präsentierte sich als »weitgespannte Union der Mitte«, die mit einer Neubestimmung ihres programmatischen Generalnenners die unterschiedlichen, teilweise sogar sich widersprechenden Interessen, politischen Anschauungen und Traditionen ausglich, die sie in sich vereinigte. Nichts davon war zu spüren, daß sie in der Opposition, ohne daß die Macht sie zusammenhielt, in ihre Bestandteile zerfallen könnte, wie manche Beobachter mutmaßten.

Das Programm, das – Kiesinger zufolge – nach außen als »Gesamtbild unseres politischen Wollens«, nach innen mit »integrierender Kraft« wirken sollte, hatte die vier Kapitel: Deutschland in Europa und in der Welt (Ziff. 1–26), Bildung, Wissenschaft und Forschung (Ziff. 27–60), Die Soziale Marktwirtschaft – Grundlage einer freiheitlichen Gesellschaftsordnung (Ziff. 61–106), Bürger, Gesellschaft, Staat (Ziff. 107–131). Die Präambel paraphrasierte den Parteinamen durch Bekenntnis zur christlichen Verantwortung, zur demokratischen Ordnung und zum schichtenübergreifenden Charakter der »modernen Volkspartei«; im Unterschied zur 1. Fassung, wo der Volkspartei-Begriff voranging, wurde also das »C« in seinem grundlegenden Stellenwert bestätigt. Auch sonst gab es andere Gewichtungen und Formulierungen. So standen nicht mehr Einheit und Freiheit für das ganze deutsche Volk an der Spitze aller Forderungen, sondern der Wille zum Frieden und der Ausgleich des Ost-West-Konflikts. In der Deutschlandpolitik forderte man – neben der Selbstbestimmung für das deutsche Volk –, daß die staatliche Einheit zusammen mit der Überwindung der Teilung Europas angestrebt werden müsse. Ausdrücklich wurden nun auch Verhandlungen und Vereinbarungen zwischen den beiden Teilen Deutschlands bejaht.

Der europapolitische Teil konkretisierte mit einem Zehn-Jahres-Plan die Entwicklung der EG zur Wirtschafts- und Währungsunion sowie zu einer gemeinsamen Politik nach außen und in Fragen des gemeinsamen Lebens. Bei der Außenpolitik erfuhren die Bereiche Ostpolitik und Entwicklungspolitik durch eigene Kapitel eine stärkere Akzentuierung. Als zentrale Aufgabe deutscher Politik wurde die Verbesserung und der Ausbau der Beziehungen zu den Völkern Mittel-, Ost- und Südosteuropas bezeichnet. Die entwicklungspolitischen Aussagen orientierten sich an den Schlüsselbegriffen internationale Solidarität, Chancengleichheit im internationalen Handel und partnerschaftliche Zusammenarbeit; die Sicherheitspolitik wurde als aktive Friedenspolitik begriffen.

Was über Kindergärten und Schulwesen, über berufliche Bildung und Erwachsenenbildung, Hochschulen und Forschungsförderung sowie über Lehr- und Lernmethoden, Bildungsberatung und -planung gesagt wurde, entsprach der Bildungsreformdiskussion der Zeit: Chancengleichheit, differenzierte Bildungseinrichtungen mit probeweisen »Integrationen«, Fortentwicklung der Bildungsziele und -inhalte, Abstimmung des Bildungssystems auf den »lebenslangen Lernprozeß« in der modernen industriellen Gesellschaft – darauf waren die einzelnen Forderungen zugeschnitten. Das Elternrecht, einst eine kategorische Grundforderung der Union, erhielt die »Gummi«-Fassung, nach der es allen Eltern ermöglicht werden sollte, »ihrer Verantwortung für Erziehung und Ausbildung der Kinder gerecht zu werden«.

Das wirtschafts- und gesellschaftspolitische Programm mit den Abschnitten Konjunktur- und Steuerpolitik, Struktur- und Mittelstandsförderung, Mitbestimmung, Vermögensbildung, Agrar- und Verkehrspolitik sollte zur Fortentwicklung der Sozialen Marktwirtschaft dienen, die im Gegensatz zur »sozialistischen Einengung freiheitlicher Rechte« wie zu »unkontrollierten Wirtschaftsformen liberalistischer Prägung« definiert wurde. Auch die Familien- und Gesundheitspolitik wurde ebenso wie die Forderungen für Frauen, Jugend und soziale Sicherung im Sinne der »Teilhabe am gesellschaftlichen und wirtschaftlichen Fortschritt« formuliert.

Der »Staatsbürger« fand sich im Schlußkapitel bedient, das die Vorstellungen und Forderungen der Union zur demokratischen Ordnung, zum Recht von Presse und Rundfunk, zur Verwaltung einschließlich des öffentlichen Dienstes, zur Rechts- und Justizpoli-

tik, zur Raumordnung und zum Wohnungsbau sowie zum Umweltschutz umfaßte.

Im ganzen handelte es sich eher um eine gründliche Neufassung
als um eine Zweitauflage des Berliner Programms, wobei eine Vielzahl konkreter Forderungen den Stempel der Opposition trug, die
sich weit weniger Zurückhaltung aufzuerlegen brauchte als eine Regierungspartei. In der öffentlichen Meinung war wenig Kritisches
über das Programm zu vernehmen; man fand es in sich geschlossen
und auch aufgeschlossen, von pragmatischer Zweckmäßigkeit, aber
den Zuschlag als Regierungsprogramm von morgen wollte man ihm
dennoch nicht erteilen. Gleichwohl gingen von ihm politische Impulse aus, die es der Union mittelfristig erleichterten, wieder Fasson
zu gewinnen und Schritt zu fassen.

IV.
In der Opposition.
Erste Phase 1969–1976

1. Die Fraktion als »Speerspitze« der Opposition

Nach längerem Anlauf war die Erneuerung der Partei im Jahrfünft, in dem Kiesinger den Bundesvorsitz innehatte, in Schwung gekommen. Der Druck der Basis, die durch die Reformdiskussion rege gemacht und ihrer Möglichkeiten bewußt geworden war, hatte dabei ebenso mitgewirkt wie das besondere Konkurrenzverhältnis zur SPD, in dem sich die Union während der Großen Koalition als Partei »eigener Qualität« (Kiesinger) beweisen mußte. In der Oppositionszeit seit 1969 wurde nun das Bemühen um eine organisatorische und programmatische Kräftigung der Union zu einem Teil der Auseinandersetzung mit den regierenden Sozialliberalen. Die neue Aufgabe der Opposition verstand die CDU auch als »eine Chance zur personellen, organisatorischen und sachlichen Erneuerung«. Die Kassandra-Rufe, die von einem Zerfall der Union in der Opposition kündeten, verhallten bald.

In der Bundestagswahl 1969 hatten die Unionsparteien, mit nur leichten Einbußen gegenüber 1965, 46,1 Prozent der abgegebenen gültigen Stimmen erhalten. Weniger als ein Prozent fehlte ihnen an der absoluten Mehrheit der Mandate! Und dies, nachdem sie mit doppelter Frontstellung auch gegen die rechtsextreme NPD hatten kämpfen müssen, die von den Stimmen bürgerlicher Protestwähler gegen die Große Koalition profitierte und immerhin 4,3 Prozent erreicht hatte. Gleichwohl waren CDU und CSU die stärkste politische Kraft geblieben. Aus dem Wahlergebnis ließ sich ein Mandat der Wähler für einen »Machtwechsel« also nicht ableiten. Die Unionsparteien stellten im Bundestag mit 242 Sitzen (mit Berlinern 250)

nach wie vor die stärkste Fraktion. Daß sie nun von der »Koalition
der Verlierer«, von SPD und FDP, in die Opposition verwiesen wurden, wirkte zwar nicht wie ein lähmender Schock – schon seit der
Entscheidung der FDP für Gustav Heinemann als Nachfolger Bundespräsident Lübkes Anfang März 1969 mußte ja mit einem Zusammengehen von SPD und FDP gerechnet werden –, aber als es dann
eine Woche nach der Wahl tatsächlich zum Abschluß des »sozialliberalen« Regierungsbündnisses kam, reagierten Spitzen wie Gefolgschaft der Union verwirrt und verbittert. »In der Bundesgeschäftsstelle, in den Landes- und Kreisverbänden steht das Telefon
nicht mehr still«, wußte der Informationsdienst der CDU zu berichten. »Mitglieder und vor allem Wähler der Union, aber auch der
FDP, prangern den Versuch der Sozialdemokraten an, das Wahlergebnis zu verfälschen.« Davon konnte freilich keine Rede sein, denn
nach Stimmenzuwachs war die SPD eindeutig der Wahlgewinner,
und gegen ihre Regierungsbildung mit den Freien Demokraten war
weder vom Grundgesetz her noch nach demokratischen Spielregeln
etwas einzuwenden.

Nachdem die Union über zwanzig Jahre lang die Regierungsverantwortung getragen hatte, fand sie sich nur schwer in die ungewohnte Rolle der Opposition. Mit einer »Nun erst recht!«-Haltung
wurde zunächst das Wahlergebnis als Bestätigung ihres »Führungs-
anspruchs« ausgelegt. Ihre Oppositionstätigkeit begann in dem Bewußtsein, die »verhinderte Regierungspartei« zu sein. Dabei spielte
ohne Zweifel mit, daß ihr der Wechsel auf die Oppositionsbänke
auch organisatorische Schwierigkeiten bereitete. Seit Adenauer war
die CDU als Partei auf das Palais Schaumburg und die Bundesregierung hin orientiert gewesen. Sie hatte meistens davon gelebt, sich mit
den Erfolgen der Regierung identifizieren zu können. Nun, in die
Opposition gedrängt, mußte die Partei ganz aus sich selbst heraus
Politik machen. Darauf war sie nicht vorbereitet. Der »Kanzlerpartei« fehlte es zudem an der Verzahnung von Parteiapparat und Bundestagsfraktion. So fiel vor allem dieser in der Praxis die neue Aufgabe der Opposition zu, als deren »Rückgrat«. Man begann in der
Öffentlichkeit von der »Fraktionspartei« CDU zu sprechen.

Die Bundestagsfraktion sollte der »parlamentarische Degen der
Partei« sein, wie der Hamburger Landesverbandsvorsitzende und

Bundestagsabgeordnete Dietrich Rollmann forderte. Aber das erwies sich in den Anfängen der Oppositionszeit als bloße Wunschvorstellung. Denn zum einen war es mit der Hilfestellung und dem Informationsfluß aus der Ministerialbürokratie, auf die jede Regierungspartei rechnen kann, nun weitgehend zu Ende. Zum anderen war die Partei von ihrer Struktur und ihrem Selbstverständnis her zu dieser Zeit noch gar nicht in der Lage, für die Oppositionsrolle der CDU/CSU-Fraktion das politische Drehbuch zu liefern. Es kam hinzu, daß in der Parteiführung – ganz abgesehen von den sich in der Opposition verstärkenden Reibereien mit der CSU und ihrer Landesgruppe in der Fraktion – erhebliche Meinungsverschiedenheiten über Stoßrichtung und Strategie der Opposition entstanden.

Da war die Gruppe um Kiesinger, die mit der CSU zusammen der FDP den schonungslosen Kampf ansagte, um sie bei den 1970 anstehenden Landtagswahlen »herauszukatapultieren« und damit auch als Schlüsselfaktor auf Bundesebene zu demontieren. Anders als der Parteivorsitzende wollte Fraktionschef Barzel die Oppositionsangriffe gegen die SPD als Hauptgegner gerichtet wissen. Der Appell des CDU-Generalsekretärs Heck zu einem entschlossenen Handeln im politischen Kampf gegen die »Linkskoalition« war vermittelnd gemeint, in der Hoffnung, daß aus Entschlossenheit auch Geschlossenheit erwachsen würde.

Die Geister schieden sich aber auch an der Frage, ob die Union nicht auf einen frühzeitigen Regierungssturz ausgehen sollte. Angesichts der schwachen Mehrheit der sozialliberalen Regierungskoalition mit einem Plus von nur zwölf Sitzen und einigen unsicheren Kantonisten in der FDP lag dieser Gedanke nahe. Hierin stimmten Kiesinger und Barzel wiederum überein. Andere traten dafür ein, die Oppositionsrolle für einen längeren Zeitraum zu akzeptieren und als Chance zur Regeneration der Partei, als Lehrjahre zur Entwicklung zukunftsweisender programmatischer und personeller Alternativen zu nutzen. Dafür machten sich vor allem jüngere Führungsmitglieder und Abgeordnete stark, unter ihnen Wörner, Stoltenberg und Benda. »Es kann kein aktuelles Ziel der Opposition sein, die gegenwärtige Regierung so schnell wie möglich zu stürzen«, mahnte beispielsweise 1970 Wörner, »... die CDU wird nur dann aus der Opposition neu gekräftigt in die Regierung zurückkehren, wenn sie sich

klar wird über ihren Kurs in den politischen, sozialen, ökonomischen und geistigen Fragen des neuen Jahrzehnts.«

An Stimmen, die von den richtigen Mitteln und Wegen kündeten,
um bald wieder an die Regierung zu kommen, an schlagkräftigen
Worten, mit denen die Parteispitze Anhängern und Sympathisanten
– nicht zuletzt aber auch sich selbst! – Mut machte, um den vor der
Partei liegenden »Weg durch Disteln und Dornen mit Gewinn
durchschreiten zu können« (Barzel), fehlte es nicht. Man wollte »auf
dem neuen Platz neue Maßstäbe« setzen (Heck); man wollte »die
bessere Mannschaft für die bessere Politik« präsentieren (Barzel);
man wollte die CDU »als Reformpartei profilieren« (Stoltenberg).
Doch wie sich all diese Zielvorgaben in der praktischen Oppositionsarbeit verbinden und umsetzen sollten, blieb lange Zeit strittig:
Sollte die Opposition als totale Konfrontation betrieben werden, auf
breiter Front im Bundestag ebenso wie im Bundesrat, wo die von der
Union geführten Länder die Mehrheit hatten? Sollte die Große Koalition durch die große Kontroverse ersetzt werden, wie Barzel
fragte, oder sollte eine konstruktive, ja kooperative Opposition versucht werden? Sollte sie mehr das Wächteramt ausüben oder mehr
als »Gegenregierung« fungieren? Da die Entscheidung dieser Frage
jedoch jeweils von dem außen- und innenpolitischen Kurs der Regierung abhing, der zu weiteren Meinungsverschiedenheiten innerhalb der Union Anlaß gab, war hiermit eine Quelle ständiger
Störung der propagierten geschlossenen Oppositionsfront gegeben.

Letztlich ist die Oppositionszeit der Union von Uneinigkeit über
diese Grundfragen durchzogen gewesen. Diese Streitigkeiten ver-
mischten sich in den folgenden Jahren mit den Kontroversen über
die aktuelle Politik und – jeweils vor den Bundestagswahlen – mit
den Auseinandersetzungen über den gemeinsamen Kanzlerkandidaten der Unionsparteien. Opposition bedeutete für die Union also
nicht nur Konzentration der Partei auf das parlamentarische Ringen
mit der SPD/FDP-Regierung und den sie tragenden Parteien, nicht
nur die entschlossene, klar artikulierte Vertretung ihres politischen
Standorts nach außen, sondern auch ständige innerparteiliche Auseinandersetzung. Die Oppositionsrolle verlangte der CDU in Partei
und Fraktion, in Führungsgremien und Landesverbänden außerge-
wöhnliche Bemühungen um Koordination und Disziplin ab.

Die Hauptlast der Opposition hatte nach dem Regierungswechsel die CDU/CSU-Bundestagsfraktion zu tragen; sie war der meinungsbildende Teil der Union. Das hatte zur Folge, daß sie – oder genauer gesagt: ihr Vorstand – gegenüber allen anderen Parteiinstanzen in Vorhand war, wenn es um die Entscheidung über Kurs und Intensitätsgrad der Opposition ging. Damit kam auch dem Fraktionsvorsitzenden eine politische Schlüsselrolle zu. Das vermag unter anderem die führende Stellung zu erklären, die Barzel während der ersten Legislaturperiode in der Oppositionszeit behauptete und die ihm 1971 ermöglichte, Kiesinger im Bundesvorsitz der CDU abzulösen. Mit der Parole »Keine Schonfrist für die Koalition« nahm er das Heft im Parteipräsidium und in der Bundestagsfraktion energisch in die Hand.

Die Richtlinien, die er bereits unmittelbar nach seiner Wiederwahl zum Vorsitzenden der CDU/CSU-Fraktion im 6. Deutschen Bundestag für die Aufgaben der Opposition absteckte, fanden die Bestätigung des Bundesvorstandes der CDU: Man wollte vor allem über die Einhaltung der Kontinuität der Außen- und Deutschlandpolitik und der Stabilität im Innern wachen! Die Fraktionsarbeit wurde in der Sache für das Gebiet der Außen- und Sicherheitspolitik auf die Themen festgelegt: Status Berlins, Oder-Neiße-Linie, Gewaltverzicht, europäische Sicherheitskonferenz, EWG-Politik, Präsenz der USA in Europa, atomare Trägerwaffen, Wehrdienstpflicht, Innere Führung und Organisation der Bundeswehr, für das Gebiet der Innenpolitik auf die Schwerpunkte: Konjunktur und wirtschaftliche Stabilität, mittelfristige Finanzplanung, Steuerreform, Mitbestimmung, Vermögensbildung, Agrar- sowie Bildungspolitik.

Zur organisatorischen Straffung sollte die Fraktionsarbeit auf die Basis von Präsenz, Information und Diskussion gestellt sein. Eine fünfköpfige Reformkommission der Fraktion (»Benda-Kommission«) arbeitete Vorschläge zur Organisation der künftigen Arbeit aus. Danach wurde ein Lenkungsausschuß gebildet, der für den Fraktionsvorstand alle Vorlagen aus den verschiedenen Arbeitskreisen auf ihre politische Wirkungsmöglichkeit zu überprüfen und aufeinander abzustimmen hatte. Die Arbeitskreise ihrerseits sollten nicht nur häufiger zusammentreten, sondern auch klare Verantwortlichkeiten für Presseinformation, Präsenz der Fraktion bei Veran-

staltungen und europäische Fragen verteilen. Weiter kam es darauf
an, die Zusammenarbeit mit der CSU reibungsloser zu gestalten und
die Absprache mit den Unionspolitikern in den Bundesländern mehr
zu pflegen. Ein Planungsstab unter der Leitung des Ministerialdirek-
tors a. D. Johann Frank fungierte als Koordinierungsstelle für Information und Konsultation, namentlich was die Wirtschafts- und Gesellschaftspolitik betraf. Erstmalig wurden neben den bestehenden
sechs Arbeitskreisen besondere Arbeitsgruppen eingerichtet, deren
Aufgabengebiete sich mit denen der entsprechenden Bundesressorts
deckten. Der Ausbau der parlamentarischen Geschäftsführung
brachte eine Verdoppelung des administrativen Personals und eine
Vermehrung der Assistenten und wissenschaftlichen Mitarbeiter.
Der Kreis der Geschäftsführer wurde auf fünf erweitert: Zu Rasner,
Rösing und Windelen gesellten sich Olaf von Wrangel, um die Pressearbeit der Opposition zu verstärken, und Heinrich Köppler, um
die Aktivitäten im Bundestagsplenum vorzubereiten.

Unter dem Zwang des parlamentarischen Betriebes fand sich die
CDU/CSU-Bundestagsfraktion unter Barzel zu ersten stärkeren Impulsen für eine Reform bereit. Die Fraktionsführung erhielt durch
Erweiterung und Verjüngung ein neues Profil. Von den sieben Stellvertretern Barzels blieb neben Stücklen, dem Vorsitzenden der CSU-
Landesgruppe, nur noch der Agrarexperte Detlef Struve vom engeren Vorstand des 5. Bundestags übrig. Um den Anforderungen der
Oppositionsarbeit im Parlament gewachsen zu sein, hatten »ehrwür-
dige Repräsentanten« wie etwa Theodor Blank einem Arbeitsteam
zu weichen. Den ehemaligen Ministern Schröder, Schmücker, Brauksiepe, Höcherl und Dollinger wurden Vertreter der jüngeren Uni-
onsgeneration bei der Betrauung mit Vorstandsaufgaben vorgezo-
gen: Stoltenberg, Griesinger, Windelen, Katzer, Wörner. Als Vorsitzende der Arbeitskreise wurden Benda (Justiz), Müller-Hermann
(Wirtschaft und Verkehr), Pohle, der im Sommer 1971 starb, sein
Nachfolger Höcherl (Haushalt, Steuern und Finanzen), Götz (Arbeit und Soziales), Marx (Außenpolitik und Verteidigung) und Martin (Kultur und Gesellschaftspolitik) berufen.

Die Reformansätze in der Fraktion entsprangen aber – das muß
man sehen – in erster Linie dem Aktionismus, den der Absturz der
Partei in die Opposition auslöste. Eine breite, eingehende Mei-

nungsbildung lag ihnen nicht zugrunde. Je länger die Legislaturperiode dauerte, desto zäher ging es mit den Reformen voran. Die Fraktionsordnung, die schließlich am 4. Mai 1971 beschlossen wurde, sah nur für den Vorstand einen neuen Wahlmodus und eine Verkleinerung von 60 auf 48 Mitglieder vor, während Anzahl und Aufgabenstellung der Fraktionsgremien unangetastet blieben. Die gleichzeitige Bestätigung des amtierenden Vorstands für ein weiteres Jahr bedeutete letztlich eine Verschiebung der inneren Fraktionsreform auf die folgende Legislaturperiode.

Barzel, der unter dem Eindruck des Bundestagswahlergebnisses für vier Jahre und nicht nur wie bis dahin üblich für ein Jahr zum Fraktionsvorsitzenden gewählt worden war, um eine kontinuierliche Oppositionsarbeit gewährleisten zu können, schien sich mit seinem »Regie«-Führungsstil in der Mitte der Wahlperiode festzulaufen. Sein »Bündnis« mit den neuen und jungen Abgeordneten – achtzig Mitglieder kamen zum ersten Mal in den Bundestag, und die Fraktion war mit dem Durchschnittsalter von 50,1 Jahren die »jüngste« seit 1949 – sowie seine Balance- und Teilungsstrategie gegenüber den verschiedenen in der Fraktion vertretenen Gruppierungen der Union (Arbeitnehmerflügel, Mittelstand, Wirtschaftsrat u. a.), aber auch gegenüber der CSU ließen andererseits keinen ernsthaften Konkurrenten um die Führung aufkommen.

Barzel galt damals, nach den Worten des Publizisten Johannes Gross, als »der beste Fraktionsvorsitzende«, »den die CDU/CSU je gehabt hat«, ja als »der effizienteste Fraktionsvorsitzende in der Geschichte des Bundestages überhaupt«. Vor allem hatte er damit Erfolg, zwischen dem Establishment und den reformfreudigen Kräften der CDU zu vermitteln. Was in Fraktion und Partei zu Skepsis und Reserve ihm gegenüber führte, war sein Image in der Öffentlichkeit. Bei aller Wortgewandtheit, Informiertheit und Urteilssicherheit fehlte ihm die Gabe, die Menschen für sich einzunehmen, Sympathie zu erringen. Das Charisma eines populären Oppositionsführers, der gegen Brandt, den Kanzler, hätte bestehen können, besaß er nicht. Das Arrangement war seine Stärke. Er wirkte oft zu geschmeidig, zu emsig, zu berechnend. Für die aus der Regierungsverantwortung verdrängte Union wurde er dennoch zum Mann der Stunde, weil er sich rascher und nüchterner als die meisten ihrer führenden Politiker, vor allem als der durch den Regierungswechsel völlig irritierte Parteivorsitzende Kiesinger, in die Rolle der Opposition fand. Er blieb, wie eine Zeitung schrieb, »Sieger auf dem Felde der Leere«. Die großen Bundestagsdebatten, beginnend mit der Aussprache nach der Regierungserklärung Brandts, standen auf seiten der Opposition unter seiner Regie. Am 29. Oktober 1969 formulierte er das Oppositionsverständnis der Union: »Wir fühlen uns nicht als abgelöste Wache, die schlafen gehen und die Augen zumachen darf ... Wir sind als Opposition nicht aus der Verantwortung für unseren Staat entlassen ... Wir halten es für unsere Pflicht, unbequem und kritisch zu sein, Kontroversen und Konflikte sichtbar auszutragen – auch um politische Entscheidungen durchsichtig und verständlich für jedermann zu machen. Wir halten es für unsere Pflicht, nicht einfach ›Nein‹ zu sagen, sondern Besseres vorzuschlagen.«

Die Übernahme der Oppositionsrolle wurde zu einer verwickelten Geschichte mit dramatischen Zügen, als es um Personen und um die Führung der Partei ging. Durch seine Wahl in Mainz war Kiesinger zum »ersten Mann der Opposition« (Barzel) gemacht worden. Das hieß, er sollte auch Kanzlerkandidat der Union sein. Doch nach einem Vierteljahr hob wieder ein »Nachdenken« über Alternativen an. Denn es stellte sich heraus, daß die SPD/FDP-Koalition sich besser schlug, als man auf Unionsseite erwartet hatte, und daß ihr Bruch, auf den Kiesinger setzte, nicht so bald erfolgen würde. Auch kam der Unionschef mit seiner engsten Führungsmannschaft im Präsidium nicht gut zurecht, weil Stellvertreter wie Stoltenberg, Kohl oder Katzer eigene Interessen verfolgten. Nun, in der Opposition, als die Bundestagsfraktion eine größere Bedeutung für die Union erhielt, vergrößerte sich entsprechend auch das Gewicht des Fraktionsvorsitzenden. Das war Barzel. Da in der Partei der Generalsekretär – Heck – die Führung der Geschäfte im Griff hatte, geriet Kiesinger schon bald in die Isolierung und fühlte die Zügel aus seinen Händen gleiten. Die prekäre Führungssituation rief wiederum Unzufriedenheit bei Mandatsträgern und Mitgliedern hervor. Der Eindruck verbreitete sich, der Vorsitzende sei untätig und teilnahmslos. Ohnehin war er an der Parteiarbeit nicht sonderlich interessiert.

Im Frühjahr 1970 ging die Nachricht durch den Pressewald, daß Kiesinger an Rücktritt denke. Sie wurde ausgelöst durch Gespräche,

die der frühere Kanzler mit Vertrauten über die Frage seiner Nachfolge im Parteivorsitz geführt hatte. Anders als Erhard wollte er wenigstens die Initiative behalten, die Art seines Abganges selbst bestimmen und bei der Auswahl seines Nachfolgers mitwirken. Trotz
eines offiziellen CDU-Dementis lebten nun die »Mutmaßungen über
den Altkanzler« (»FAZ«) auf. Unter den Kandidaten für das Amt des
Vorsitzenden erschienen an erster Stelle Barzel, Stoltenberg und
Kohl. Am Rande wurden auch noch Schröder, Köppler und Dregger
genannt. »Prinzen machen noch keinen Kronprinzen«, orakelten die
»Ruhr-Nachrichten«. Und solange dieser noch nicht gefunden war,
blieb Kiesinger satzungsgemäß für zwei Jahre an der Spitze der
Partei, also bis Herbst 1971. Bis dahin schwemmten periodisch

Rainer Barzel
Bundesvorsitzender der CDU 4. 10. 1971–12. 6. 1973.
Vorsitzender der CDU/CSU-Fraktion des Deutschen Bundestages
1. 12. 1964–9. 5. 1973.

Gerüchte über seinen vorzeitigen Rücktritt hoch, wechselten an der Nachrichtenbörse die Chancen der Kandidaten für seine Nachfolge wie die tägliche Wettervoraussage: Barzel passé, Stoltenberg sichtbar entschlossen, Kohl von Kiesinger favorisiert ... Dieser verlor jede Lust am Weitermachen, als die Kritik aus den eigenen Reihen an seinem Oppositionskurs, insbesondere an seiner negativen Beurteilung des Moskauer Vertrages, zunahm. Unter diesen Umständen gab es für ihn auch nicht den gewünschten großen Abgang von der Unionsbühne.

Die Fronten klärten sich erst im Vorfeld des 19. Bundesparteitags (Saarbrücken, 4./5. Oktober 1971). Mitte Juni, in einer Sitzung des Präsidiums, stiegen Barzel, Kohl und – mit Vorbehalt – Schröder in die Arena, wenn auch mit ganz unterschiedlichem Anspruch. Kiesinger seinerseits zierte sich noch bis zur Vorstandssitzung am 5. Juli mit seinem Verzicht auf eine abermalige Kandidatur. Dagegen ging Barzel aufs Ganze und bewarb sich sowohl um den CDU-Vorsitz als auch um die Nominierung zum Kanzlerkandidaten. Kohl – im Bewußtsein, daß er noch über eine zu schwache bundespolitische Kontur verfügte, um für beides zu kandidieren – strebte nur nach der Parteispitze. Schröder machte seine Kandidatur für den Parteivorsitz davon abhängig, ob die Partei eine Kopplung beider Positionen wünsche oder nicht.

Paradoxerweise war es gerade diese Frage, die in der Folge die Personalentscheidung erleichterte, denn nicht zuletzt aufgrund kräftiger Einlassungen der CSU und ihres Vorsitzenden Strauß, der bei der Nominierung des gemeinsamen Spitzenkandidaten von CDU und CSU ein gewichtiges Wort mitzureden hatte, schien sich der Trend zur Trennung von Parteivorsitz und Kanzlerkandidatur durchzusetzen. Das nahm Schröder zum Anlaß, aus der Konkurrenz auszuscheiden. So mußten in einer Kampfabstimmung auf dem Saarbrückener Parteitag die Würfel fallen: Barzel oder Kohl; es war zugleich eine Entscheidung über Personalunion oder Trennung der beiden höchsten Ämter, die die Union zu vergeben hatte.

Den Ausschlag gab, daß die Union als Opposition ihre politische Bewährung im Bundestag zu suchen hatte. Barzel besaß deshalb als Fraktionsvorsitzender einen nicht wettzumachenden Bonus gegenüber Kohl. In einer kämpferischen, Akzente setzenden Rede bot er den Delegierten zudem eine Formel an, die sie überzeugte: »Vorrang und Mitwirkung der Partei sind gesichert, wenn wir alle uns als Partei begreifen und nicht nur grundsätzlich entschlossen, sondern (auch) zu Grundsätzen entschlossen sind.« So kam es zu einem Ergebnis, das die »FAZ« als »logischen Ausweg aus einem Führungsdilemma« bezeichnete, in das die Union seit Adenauers Abgang verfangen war. Die Wahl Barzels war für die Union ein weiterer Schritt der Emanzipation von der Riesengestalt ihres Gründungsvorsitzenden. Nun war »Vierzehnstundentag statt Charisma« (Fack) angesagt. Von 520 gültigen Delegiertenstimmen entfielen 344 auf Barzel, 174 auf Kohl. Mit dieser Zweidrittelmehrheit für Barzel war praktisch auch die Frage der Kanzlerkandidatur entschieden. Zum Partner des Parteivorsitzenden Barzel wählte der Parteitag mit 305 Stimmen bei »vereinzeltem Zischen« als CDU-Generalsekretär Konrad Kraske, der sein Amt bis Juni 1973 in der neuerbauten Parteizentrale an der Friedrich-Ebert-Allee ausübte. Zum Bundesschatzmeister wurde Walther Leisler Kiep mit 401 von 442 gültigen Stimmen gewählt.

Nachdem die Führungsfrage gelöst war, blieb als lastende Hypothek das Problem der Parteifinanzen. Das Urteil des Bundesverfassungsgerichts und das Ausscheiden aus der Regierung ließen den Spendenfluß abebben. Die Finanzlage gestaltete sich nach zwei Jahren Opposition »äußerst prekär« (Schmücker): Ein Schuldenberg von zwölf Millionen DM mit einer jährlichen Zinslast von 700 000 DM hatte sich aufgetürmt, der Kreditplafond war fast erreicht, 24 Millionen DM Baukosten für das neue Parteihaus mußten bewältigt werden. So führte man in Saarbrücken zur Konsolidierung der Finanzen einen einheitlichen Mitgliedsbeitrag ein, der aus einem Grundbetrag und einem nach Einkommen gestaffelten Zuschlag bestand. Zudem wurde der Anteil der Bundespartei an den Beiträgen der Mitglieder verdoppelt.

»Leere in den Kassen und Zweifel im Herzen«, so beschrieb die »Hamburger Morgenpost« den Zustand der Partei zu Beginn der Siebziger, als Barzel den Vorsitz übernahm. Die nächste Bundestagswahl warf schon ihre Schatten voraus. In der Parteiführung wie an der Basis war man sich darüber im klaren, daß nur der Gewinn der absoluten Mehrheit die Union wieder in die Regierungsverantwortung zurückbringen könne. Und man brauchte kein übertriebener

Realist zu sein, um voraussagen zu können, daß solch überzeugender Sieg unter der gegebenen personellen und politisch-programmatischen Situation einfach nicht »drin« war. Die CDU hatte allen Grund, sorgenvoll in die Zukunft zu blicken.

Der neugewählte Vorstand ging mit einem Elan an die Arbeit, als wolle er binnen kurzem die öffentlich geäußerte Erwartung erfüllen, daß die CDU unter ihm das werden könne, »was sie bisher eigentlich nie richtig war, eine Parteiorganisation ...« (Saarländischer Rundfunk). Die Verteilung von Sachressorts auf die Präsidiumsmitglieder, die Ernennung eines neuen Bundesgeschäftsführers zum 1. Januar 1972 (Ottfried Hennig), die Vorlage eines Berichts über die Finanzsituation, die Berufung einer Organisationskommission, die Gründung einer Kommission Massenmedien, die Einsetzung des Grundsatzausschusses, eine größere Sitzungsfrequenz der Führungsgremien – unter anderem hielt das Präsidium regelmäßig wöchentliche Montagssitzungen ab –, ständige Kontakte zwischen der Bundesparteispitze und den Landesvorsitzenden, den Bundesvorsitzenden der Vereinigungen, den Schatzmeistern und Landesgeschäftsführern sorgten für eine bislang unbekannte Intensität der Parteiarbeit.

Die Grundsatzkommission, die unter der Leitung des Bundestagsabgeordneten von Weizsäcker stand und der Ernst Albrecht, Albrecht Hasinger, Kurt Biedenkopf, Paul Mikat und Wulf Schönbohm angehörten, stellte sich die Aufgabe, den politischen Willen der CDU »in bezug auf den Menschen in der zu erwartenden Gesellschaft« zu bestimmen. Aufgrund ihrer Zwischenberichte auf den Bundesparteitagen 1972 und 1973 wurde am 18. März 1974 eine Kommission zur Ausarbeitung eines Grundsatzprogramms berufen, das im April 1976 als Entwurf der Öffentlichkeit vorgestellt und den Parteigliederungen zur Diskussion zugeleitet wurde.

Freilich war der Mitgliederzustrom, der Anfang der siebziger Jahre einsetzte, mit jährlichen Zuwächsen von 26 000 (1971) bis 73 000 (1975) – 1972 wurde die 400 000-, 1975 die 500 000-, 1977 die 600 000-Marke überschritten – wohl kaum schon ein Resultat der Reformbemühungen. Er beeinflußte vielmehr umgekehrt Richtung und Schwerpunktsetzung der Parteiarbeit. Die Sorge um die Soziale Marktwirtschaft und Innere Sicherheit sowie die Konzentration auf die Innenpolitik und – innerparteilich – auf die Verstärkung der politischen Unterrichtung von Mitgliedern und Funktionsträgern entsprach den von einer immer größeren Zahl von Menschen in die CDU als Kraft der Mitte und des Maßes gesetzten Erwartungen (Arbeitsplan des Präsidiums für 1972). Als Schwerpunkte der Parteiarbeit und damit indirekt als »Voraussetzungen für einen Wahlsieg der Union« nannte Kraske zu Beginn des Jahres 1972 die Kooperation und den Informationsfluß zwischen Bundespartei und den Organisationen auf Landes-, Kreis- und Ortsebene sowie die gesamte Öffentlichkeitsarbeit. Bei der vielschichtigen Struktur der Union erforderte das einen langen Atem.

Auf der anderen Seite waren da die Haushaltsklemme der Regierung Brandt, die schrumpfende parlamentarische Mehrheit der SPD/FDP-Koalition, die Wählerbewegung, die in den Landtagswahlen von Rheinland-Pfalz (1971) und Baden-Württemberg (1972) die CDU mit absoluter Mehrheit ausstattete – sie legten der Unionsführung nahe, den kurzen Weg zu gehen und im Sturmangriff zu versuchen, die Regierung in Bonn zu stürzen oder zumindest Neuwahlen zu erzwingen. Doch das konstruktive Mißtrauensvotum gegen Bundeskanzler Brandt am 27. April 1972 scheiterte. Die nach der Bundestagsauflösung auf den 19. November angesetzten Neuwahlen, in denen Barzel als Spitzenkandidat von CDU und CSU stritt, gingen mit einer Niederlage aus. Barzel und mit ihm die Union spielten hoch und verloren.

2. Innenpolitik und Außenpolitik

Hauptangriffspunkte für die Opposition boten die wirtschaftliche Stabilisierungspolitik und die mit den Formeln »Gewaltverzicht« und »Entspannung« vorgenommene ost- und deutschlandpolitische Neuorientierung. Die Temperatur der politischen Auseinandersetzung zwischen Opposition und regierender Koalition stieg, als im Herbst 1970 die drei FDP-Abgeordneten Mende, Starke und Zoglmann, die den linksliberalen Scheel-Kurs ablehnten, zur CDU/CSU-Fraktion überwechselten. Angesichts der geschwächten parlamentarischen Basis der Regierung, mit der realen Möglichkeit eines baldigen Kanzlersturzes vor Augen, tendierte die Mehrheit der Union in

Fraktion und Partei zu einem oppositionellen Polarisierungskurs.
In der Innenpolitik machte die überhitzte Konjunkturentwicklung
es der Opposition leicht, der Regierung wirtschafts- und finanzpoli-
tisches Versagen vorzuwerfen. Sie sah die Bundesrepublik von einer
»Teuerungswelle« überrollt. Zur »Halbzeit« der Legislaturperiode
(September 1971) betrug die Zunahme der privaten Lebenshaltungskosten gegenüber dem Vorjahr fast sechs Prozent. Die CDU machte
außerdem die Rechnung auf, daß in einem Jahr der sozialliberalen
Regierung den Sparern durch Inflation rund fünfzehn Milliarden
DM verloren gegangen seien. Der stellvertretende Fraktionsvorsitzende Stoltenberg prophezeite der Regierung Brandt, daß sie als
»Kabinett der einkalkulierten Inflation« in die deutsche Wirtschafts-
geschichte eingehen werde.

Der Geldwertverlust, die unzulänglichen Stabilisierungsmaßnah-
men und die Einbußen an sozialstaatlicher Leistungsfähigkeit, etwa
bei der Rentenpolitik, dienten als Hebel gegen die Regierung. Die
Angriffe richteten sich besonders gegen den Finanzminister Alex
Möller, dem die Opposition vorwarf, daß seine Haushaltspolitik mit
ihren hohen Ausgabenzuwächsen eine Hauptinflationsquelle sei, die
schleichende Inflation also »hausgemacht« werde. Als der Minister
schließlich ein dreiviertel Jahr später wegen der Haushaltsbilanzlage
im Gefolge der Währungskrise vom Mai 1971 sein Amt zur Verfügung stellte, nahm das die CDU/CSU als Indiz für eine »schwere
Krise« der SPD/FDP-Koalition und sprach von Neuwahlen. Angesichts der Finanzmisere forderte sie die Rückkehr zu einer sta-
bilitätsgerechten Finanz- und Haushaltspolitik als Voraussetzung
einer Politik der inneren Reformen.

In der Tat wurde die von Brandt in seiner Regierungserklärung angekündigte Politik der inneren Reformen durch die Finanzprobleme
erheblich gehemmt. Die Opposition bekam dadurch nicht nur zu-
sätzliche Munition zum Angriff gegen die Regierung, sondern erhielt auch im Positiven Gelegenheit, sich zum Sachwalter steckenge-
bliebener oder ausbleibender Reformen zu machen. Die parlamentarischen Initiativen der Union zur Innenpolitik konzentrierten sich
insbesondere auf die Gesellschaftspolitik (Vermögensbildung, Mitbestimmung) und Bildungspolitik, auf Renten, Innere Sicherheit und
Landwirtschaft. Im April 1970 brachte die CDU/CSU-Fraktion den

Gesetzentwurf über die Beteiligung der Arbeitnehmer am Produktiv-
kapital (Beteiligungslohngesetz nach dem Burgbacher-Plan) im
Deutschen Bundestag ein, als »einzige Gesetzesinitiative, die auf die
breite Schichtung des Produktivvermögens in allen Teilen der Bevölkerung gezielt ist« (Katzer). Im Februar 1971 kam der Gesetzentwurf über die Mitbestimmung, der von einer Fraktionskommission
unter dem Vorsitz von Thomas Ruf erarbeitet worden war, zur ersten Lesung. Er zeichnete sich dadurch aus, daß er die eigenständige
Vertretung der leitenden Angestellten vorsah, also die Unterneh-
mensmitbestimmung nicht, wie es der Regierungsentwurf tat, ausklammerte, und daß er die Mitwirkungs- und Initiativrechte des Be-
triebsrates erheblich ausweitete, um dessen Integrationsfunktion zu
stärken.

In der Bildungspolitik legte die CDU/CSU ein Hochschulrahmen-
gesetz vor, das die Funktionsfähigkeit der Hochschulen im Sinne der
Freiheit von Forschung und Lehre und einer sachgerechten wissenschaftlichen Ausbildung sichern sollte. Besonders nahm sich die
Fraktion jedoch der beruflichen Bildung an, für die ein Sofortpro-
gramm verabschiedet wurde, das allen Jugendlichen zumindest eine
berufliche Grundausbildung zukommen lassen und für den zügigen
Ausbau überbetrieblicher Lehrwerkstätten sorgen wollte.

In der Rentenpolitik verfocht die CDU/CSU ein Alternativkon-
zept, das als Kernstück die Anhebung des Rentenniveaus auf durchschnittlich 50 Prozent durch Vorziehen der Rentenanpassung an die
Lohnentwicklung beinhaltete. Ihr ging es in erster Linie darum, den
von der schleichenden Inflation besonders betroffenen Kleinrent-
nern zu helfen, ohne das Prinzip der leistungsbezogenen Alterssi-
cherung, wie etwa durch pauschale Inflationszuschläge, anzutasten.
Zugleich wollte sie aber auch der Gefahr begegnen, daß Überschüsse
in der Rentenversicherung infolge inflationärer Entwicklung zu Lasten der Rentner für andere Zwecke verplant würden. Ferner waren
die Anträge der Union zur flexiblen Altersgrenze und zur Öffnung
der gesetzlichen Rentenversicherung für Selbständige und Hausfrauen zeitgemäßer und stärker auf Weiterentwicklung hin ausgelegt
als die ursprünglichen Regierungsvorschläge. Daß das Konzept der
Opposition für die Versichertengemeinschaft und die Volkswirtschaft im wesentlichen günstiger zu sein schien als das Regierungs-

konzept, wurde durch zustimmende Äußerungen von Verbänden, Gewerkschaften und Wirtschaftsinstituten bestätigt. Es war denn auch dem Druck der Öffentlichkeit zu verdanken, daß gegen den erbitterten Widerstand der Bundesregierung und der sie tragenden Parteien SPD/FDP die Vorziehung der jährlichen Rentenanpassung auf den 1. Juli jeden Jahres und die Rentenniveausicherungsklausel des Rentenreformgesetzes 1972 von der CDU/CSU durchgesetzt werden konnten.

Auf dem Gebiet der Inneren Sicherheit setzte sich die CDU/CSU für energische Maßnahmen zur Bekämpfung der allgemeinen Kriminalität, des politischen Radikalismus und Terrorismus ein. Dabei legte sie sowohl auf die Bereitstellung finanzieller Mittel als auch auf eine klare und eindeutige Haltung der politischen Führung Wert. Unter »voller Mitarbeit« der Opposition wurden noch vor der Sommerpause 1972 die Gesetze über die Erweiterung der Zuständigkeit des Verfassungsschutzes, die Ausdehnung des Aufgabenbereichs des Bundesgrenzschutzes, die Änderung des Haftrechts und ein bundeseinheitliches Waffenrecht verabschiedet.

Wie in der Programmdiskussion nahm auch in der Oppositionspolitik der Union die Landwirtschaft eine besondere Stellung ein, was nicht zuletzt darauf zurückzuführen ist, daß die meisten Landwirte CDU wählten. Entsprechend gab es in der CDU/CSU-Fraktion rund viermal soviel Abgeordnete, die »Agrarier« waren, wie bei den Regierungsparteien im Bundestag. Die CDU/CSU konfrontierte die Bundesregierung immer wieder mit Gesetzesentwürfen und Entschließungsanträgen, unter anderem zur Regelung des europäischen Agrarmarktes und zur Herstellung einer europäischen Wirtschafts- und Währungsunion sowie zur Verbesserung der Einkommenssituation der Landwirtschaft (Änderung des Mehrwert- und des Einkommensteuergesetzes, Erhöhung des landwirtschaftlichen Altersgeldes). Die Kritik an den einkommens- und strukturpolitischen Maßnahmen der Regierung für die deutsche Landwirtschaft erreichte den Höhepunkt in der Agrardebatte 1971 nach der DM-Aufwertung. Die Sprecher der Union, Bewerunge und Struve, warfen der Regierung vor, die Existenz der deutschen Landwirtschaft zu gefährden, weil sie sich über die Folgen der DM-Aufwertung für die Agrar-Erzeugerpreise schwer getäuscht hätte und infolgedessen unvorbereitet sei, die katastrophale Einkommenslage der Landwirtschaft wirkungsvoll zu verbessern.

Kein Zweifel, die CDU/CSU-Opposition unter Barzel bestach durch Fleiß und Einfallsreichtum. Sie machte, so Rolf Zundel in der »Zeit«, eine »gute Figur«: »Sie führt in der Regel die besseren Redner ins Gefecht, und wo die Koalitionsparteien oft die abgewogene Langeweile von Regierungserklärungen verbreiten, zeigen sich die Christlichen Demokraten munter und angriffsfreudig.« Andererseits darf nicht übersehen werden, daß die CDU/CSU dem sozialliberalen Konzept der »Inneren Reformen« zwar viele Einzelgesetzentwürfe, aber keine geschlossene Alternative entgegenstellte. Für Barzels Strategie der »konstruktiven Opposition« ergab sich gerade in der Innenpolitik das Dilemma, daß alle Initiativen der CDU/CSU von der Koalition übernommen, entschärft oder abgelehnt werden konnten, wie es jeweils das Ansehen der Regierung und die Wählergunst nahelegten.

Mehr noch als in der Innenpolitik hat die CDU/CSU in der Außen- und Deutschlandpolitik durch viele Gespräche, Anträge und Stellungnahmen versucht, von einer Position der integrierenden Mitte aus Gemeinsamkeiten mit den Regierungsparteien zu finden, um als mitregierende Opposition verlorenes Vertrauen wiederzugewinnen. Was die Haltung der Unionsopposition zur »neuen Ostpolitik« betraf, so war sie in nicht unerheblichem Maß auch von der strategischen Überlegung bestimmt, die Außenpolitik als Hebel zum Sturz der Regierung benutzen zu können. Zu einer einheitlichen Linie in der Außenpolitik fand die CDU erst wieder unter dem Parteivorsitz Helmut Kohls zurück. Die Union stimmte der Aufnahme von Verhandlungen zwischen der Bundesregierung und den Regierungen in Moskau, Warschau und Ost-Berlin unter der Voraussetzung zu, daß damit wirkliche Fortschritte für die Menschen und für eine europäische Friedensordnung erzielt würden. Die Politik der Vorleistungen wie Anerkennung der Oder-Neiße-Linie, Herstellung besonderer Beziehungen zur DDR mit Merkmalen völkerrechtlicher Anerkennung, Verpflichtung gegenüber der Sowjetunion, beide deutsche Staaten zu Mitgliedern der UN zu machen, lehnte sie als Vertiefung der deutschen Spaltung ab. Abgesehen von den grundsätzlichen Forderungen nach Freizügigkeit für Menschen, Informationen und Meinungen, nach Durchlässigkeit der Grenzen und Minderheitenschutz stieß sich die Union vor allem an der unkonventionellen Verhandlungsführung des Staatssekretärs Egon Bahr in Moskau und an seinen durch Indiskretion bekanntgewordenen Vertragsentwurfspapieren. Am heftigsten bemängelt wurde, daß Berlin in den Textentwürfen nicht berücksichtigt und die Wiedervereinigung als unabdingbares Ziel der deutschen Politik preisgegeben worden sei.

Während der parlamentarischen Behandlung der Ostverträge im Deutschen Bundestag verschärfte sich nicht nur die Kontroverse zwischen Oppositions- und Regierungsparteien weiter. Auch in der deutschen Bevölkerung trafen die Ansichten über die neue Ostpolitik hart und unversöhnlich aufeinander. Und dieser öffentliche Meinungsstreit wirkte wiederum auf die Union zurück, die sich selbst, wie seinerzeit im Streit zwischen den »Gaullisten« und den »Atlantikern«, über der Ratifizierungsfrage heftig entzweite. Dabei spielte auch eine Rolle, daß in der CDU/CSU die umstrittene Ostpolitik als willkommene Stolperschwelle angesehen wurde, um die Regierung Brandt/Scheel entweder zu stürzen oder – aufgrund ihrer knappen Mehrheit im Bundestag – zu Vertragsergänzungen zu zwingen. Wenn schon, dann sollte die konstruktive Mitwirkung der Union deutlich werden. So verbanden sich parteitaktische Erwägungen mit sachgerechter Argumentation und dem Pathos einer geschichtlichen Entscheidungssituation. Rigorose Gegner der Ostverträge kamen in erster Linie aus der CSU, wie beispielsweise Freiherr zu Guttenberg, der schon die Ankündigung der sozialliberalen Ostpolitik als »eine dunkle Stunde für unser Volk« bezeichnet hatte. Aber auch die Mehrheit der CDU-Politiker mit ihren Wortführern Barzel, Heck, Kiesinger, Marx und Schröder wollte nicht für die Ratifizierung der Verträge stimmen. Die Maßstäbe der Union formulierte Barzel in der 1. Lesung der Ostverträge am 23. Februar 1972: Zusammenhang des Vertragswerks mit der Europäischen Integration, Aufnahme des Selbstbestimmungsrechts der Völker und Fortschritt durch Ausweitung der Menschenrechte, namentlich der Freizügigkeit für die Bürger der DDR. Daran gemessen seien die Verträge, so der Fraktionsvorsitzende, »unvollständig, unausgewogen, mißdeutbar« und ließen daher nur das Urteil zu: »So nicht!«

Das war ebensogut als bedingte Zustimmung wie als bedingte Ablehnung zu werten – Ausdruck des politischen Dilemmas, in dem sich die Opposition befand. Eine konsequente Ablehnung der Ratifizierung, wie von der Parteimehrheit vertreten, hätte die Union unweigerlich ins Abseits gestellt, denn die neue Ostpolitik war populär. Vor allem hätte sie auch die westlichen Alliierten verärgert, die das am 3. September 1971 unterzeichnete Vier-Mächte-Abkommen über Berlin unter Dach und Fach bringen wollten, dessen Inkraftsetzung die Sowjetregierung aber von der Ratifizierung des Moskauer Vertrages abhängig machte. Andererseits hätte eine bloße Zustimmung bedeutet, eigene jahrelang vertretene Positionen und Grundsätze über Bord zu werfen und große Wählergruppen wie etwa die Vertriebenen und Flüchtlingskreise zu enttäuschen.

Die Union fühlte sich verpflichtet und hatte auch den Willen, einen konstruktiven Beitrag zur Außenpolitik der Bundesrepublik Deutschland zu leisten. Aber noch schwerfällig bei der Akzeptierung der neuen Aufgabe, überrascht von der Hast der ostpolitischen Aktivitäten des SPD/FDP-Regierungsbündnisses, gespalten durch die internen Machtkämpfe um Parteivorsitz und Kanzlerkandidatur wie auch durch die Rivalität zwischen den Reformern und den konservativen Kräften in der Partei, ließ sie in entscheidender Stunde den strategischen Alternativentwurf zur deutschen Außenpolitik vermissen. Man lese nur die Schlagzeilen der Presse von damals: »Pokerspiel um die CDU-Linie« (»Publik«), »Wirrwarr in der CDU« (»Die Zeit«), »Das Dilemma der CDU« (»Kieler Nachrichten«), um sich einen Eindruck vom Zustand der Partei und von den Schwierigkeiten der Oppositionsrolle zu verschaffen.

Auch als die Oppositionsführerfrage auf dem Saarbrückener Parteitag Oktober 1971 mit Barzels Wahl zum Parteivorsitzenden gelöst schien und sich die Pläne zum Regierungssturz durch das gescheiterte Mißtrauensvotum gegen Brandt Ende April 1972 zerschlugen, ergab sich innerhalb der Fraktion kein Kompromiß für eine einigermaßen geschlossene Haltung in der Frage der Ostpolitik.

Die »thematische Verknüpfung« (Bracher) von Regierungssturzplan und Ratifizierungsverfahren der Ostverträge, wie sie Barzel in akuter Entscheidungssituation vornahm, war dazu angetan, die innerparteilichen Meinungsverschiedenheiten und Konkurrenzhal-

334 In der Opposition 1969–1976

tungen in der Union noch zu verstärken. Nachdem der SPD-Abge-
ordnete Herbert Hupka, als Bundesvorsitzender der Landsmannschaft Schlesien und Vizepräsident des Bundes der Vertriebenen
Gegner der »neuen Ostpolitik«, zur CDU/CSU-Fraktion überge-
treten war und der FDP-Abgeordnete Wilhelm Helms aus Niedersachsen, als alter DP-Mann verärgert über die Linksdrift seiner Partei, diese verlassen hatte, konnte der parlamentarische Sturmangriff
auf die sozialliberale Regierungsbastion gewagt werden. Bei 247
sicheren Stimmen für ihn als Kanzlerkandidaten rechnete Barzel
im Bundestag auf mindestens zwei weitere Stimmen von Abgeordneten der FDP, die mit dem politischen Kurs ihrer Partei unzufrie-
den waren.

So fand der Antrag auf Einbringung eines konstruktiven Mißtrauensvotums (Art. 67 GG), mit nachdrücklicher Unterstützung der
CSU und mit Billigung der CDU-Führungsgremien, aber gegen so
gewichtige Stimmen wie die von Katzer, Stoltenberg und von Weizsäcker, die Mehrheit der Bundestagsfraktion. In der Haushaltsdebatte am 27. April 1972 begründete Kiesinger diesen Schritt der
CDU/CSU: Man wolle nicht die Macht erschleichen, sondern eine
Regierung und eine Politik ablösen, »die nach unserer Überzeugung
versagt und den Interessen unseres Volkes geschadet« habe. »Wir be-
streiten daher auf das entschiedenste«, so führte er, an Bundeskanzler Brandt gewandt, zu den beiden Hauptkritikpunkten der Opposition aus, »Ihre Behauptung, daß Ihr Versuch, die deutsche Politik
mit den herrschenden internationalen Tendenzen in Einklang zu
bringen, gelungen sei. Diese Politik sichert weder die Interessen des
ganzen deutschen Volkes, noch macht sie den Frieden in Europa si-
cherer. Daher sind wir der Überzeugung, daß die Ostverträge in ihrer jetzigen Form im Deutschen Bundestag keine Mehrheit finden
werden… Meine Fraktion hat in ihrem einstimmigen Beschluß …
festgestellt, daß die Bundesregierung in den vergangenen zweiein-
halb Jahren gesunde Staatsfinanzen zerrüttet, eine Finanzkrise in
Bund, Ländern und Gemeinden herbeigeführt, unser Volk in Inflation verstrickt, die Soziale Marktwirtschaft, die Grundlage für soziale Freiheit und soziale Sicherheit, in ernste Gefahr gebracht hat.«

Der konstruktive Mißtrauensantrag der CDU/CSU-Fraktion hatte
eine doppelte, nicht nur die Mehrheitsverhältnisse im Parlament,

sondern auch die Fronten innerhalb der Opposition betreffende Funktion. Zum einen sollte er den politischen Machtkampf zugunsten der Union entscheiden und einen Regierungswechsel erzwingen, zum anderen sollte er es der Union ermöglichen, auf jeden Fall noch vor der Verabschiedung der Ostverträge die von ihr angeregten Korrekturen durchzusetzen.

In seiner ersten und eigentlichen Funktion schlug der Antrag der CDU/CSU fehl: Die Abstimmung im Bundestag ergab nur 247 Stimmen für Barzel. Wer verweigerte dem Oppositionsführer die Stimme? Und aus welchem Grund? War der CDU-Hinterbänkler Julius Steiner aus Baden-Württemberg vom sozialdemokratischen Fraktionsgeschäftsführer Wienand tatsächlich bestochen worden, wie er behauptete? Oder noch andere Abgeordnete des Oppositionslagers? Oder gaben letztlich die prinzipiellen Vorbehalte einiger Abgeordneter der Unionsparteien gegen Barzel den Ausschlag? Diese Fragen werden sich wohl nie eindeutig klären lassen.

In seiner zweiten Funktion war der konstruktive Mißtrauensantrag immerhin ein Erfolg: Er demonstrierte der Öffentlichkeit, wie es auch die Ablehnung des Kanzlerhaushalts einen Tag später nachdrücklich unterstrich, daß die Regierungskoalition keine Mehrheit mehr besaß und damit innen- wie außenpolitisch auf die konstruktive Mitarbeit der Opposition angewiesen war. Während Brandt, sich noch zierend, nur durchblicken ließ, daß man prüfen wolle, »ob es in bestimmten Bereichen Ansatzpunkte für mehr Gemeinsamkeit in der Sache gibt«, nannte es Barzel ohne Umschweife einen »unverantwortlichen Leichtsinn«, wenn die Regierung erneut »die Angebote der Opposition für eine gemeinsame Außenpolitik« ablehnen würde.

Ein außenpolitisches »Mitregieren« der CDU/CSU setzte voraus, daß sie zusammenhielt und an einem Strang zog. Barzel mußte also als »Doppelagent der politischen Verantwortung« (L. Herrmann) versuchen, die nach Zustimmung, Ablehnung und Unentschiedenheit in drei Gruppen gespaltene CDU/CSU auf eine Linie zu bringen. Eine Aufgabe wie die Quadratur des Kreises!

Die Vorbehalte der Unionsparteien gegen die Vertragsgesetze waren, im Sinne einer »Politik des Friedens, der Verständigung und des Ausgleichs«, in der von den unionsgeführten Ländern im Bundesrat durchgebrachten 12-Punkte-Entschließung vom 9. Februar 1972 formuliert worden. Namhafte Bundestagsabgeordnete und Vorstandsmitglieder der CDU – unter anderen Majonica, bis 1969 Vorsitzender des Außenpolitischen Arbeitskreises der CDU/CSU, von Weizsäcker, Mikat, Blumenfeld, Pinger, Kraske, Blüm – traten jedoch mit Erfolg gegen die Ablehnungsfront im eigenen Lager auf. Sie gedachten die Chance wahrzunehmen, die sich dadurch bot, daß die Regierungskoalition ihre parlamentarische Mehrheit eingebüßt hatte und auf Mitwirkung der Opposition angewiesen war: Verhandlungen mit der Regierung vor der 2. und 3. Lesung über Gemeinsamkeiten in der Ostpolitik sollten erreichen, daß die Punkte, auf die es der CDU/CSU vor allem ankam, dokumentiert und auf irgendeine Weise zusammen mit den Ostverträgen berücksichtigt würden.

Für solchen vermittelnden »Brückenbau« zwischen Koalition und Opposition, ja auch zwischen den Antagonisten innerhalb der eigenen Partei machte sich mit einem bis zur Erschöpfung gehenden Einsatz der Partei- und Fraktionsvorsitzende Barzel stark. Während die CSU unter der Führung von Strauß eine schwankende Haltung einnahm, setzten sich in der CDU mit Barzel jene Politiker durch, denen die außen- und innenpolitischen Risiken eines Scheiterns der ausgehandelten Ostverträge zu groß erschienen. Eine Zustimmung der CDU/CSU zu den Ostverträgen wurde von der Klärung einer Reihe grundsätzlicher Fragen abhängig gemacht, bei denen die Eindeutigkeit in der Wahrung deutscher Rechtspositionen zu wünschen übrigließ. So kam es zu der interfraktionell erarbeiteten »Gemeinsamen Entschließung« des Deutschen Bundestages, in der einige außenpolitische Kerngedanken der Union Aufnahme fanden und die mit den zu ratifizierenden Verträgen mit der Sowjetunion und Polen am 17. Mai 1972 verabschiedet wurde. Am Vortag hatte der CDU-Bundesvorstand erklärt, daß auf die Union nicht verzichtet werden könne, »um Politik mit der Bundesrepublik Deutschland zu machen«.

Die Klarstellungen, die sie schließlich erreicht sah, wurden wie folgt benannt:

»1. Die Verträge dienen der Herstellung eines Modus vivendi.

2. Sie nehmen einen Friedensvertrag nicht vorweg und schaffen keine Rechtsgrundlage für die heute bestehenden Grenzen.

3. Die deutsche Frage ist nicht präjudiziert, das Selbstbestimmungsrecht nicht berührt. Eine friedliche Politik der Wiederherstellung der nationalen Einheit des deutschen Volkes ist mit den Verträgen vereinbar.

4. Die Bündnis- und Integrationspolitik im Westen ist unangetastet. Das Ziel ist durchgesetzt, die europäische Gemeinschaft stufenweise zu einer politischen Union fortzuentwickeln.

5. Die Deutschen dürfen in Deutschland von gesicherten Fortschritten in der Freizügigkeit für Menschen, Ideen und Informationen nicht ausgeschlossen werden.«

Nach »einer der längsten und intensivsten Beratungen ihrer Geschichte«, so Kiesinger in einer Erklärung für die CDU/CSU-Fraktion vor der Abstimmung über die Zustimmungsgesetze zum deutsch-polnischen und deutsch-sowjetischen Vertrag, einigte sich die CDU/CSU auf den kleinsten gemeinsamen Nenner, den die Einigkeit der Fraktion zuließ. Sie folgte nicht ihrem Vorsitzenden, der nach der Entgegennahme der »Gemeinsamen Entschließung« durch die Sowjetregierung für »Ja« plädierte; sie hielt sich an die Lösung, die Walter Hallstein, unterstützt von Werner Marx und Gerhard Reddemann, präsentierte: Stimmenthaltung, um einerseits die Verträge nicht scheitern zu lassen, andererseits die parlamentarische Absegnung der »Gemeinsamen Entschließung« zu erlangen, der sie die Bedeutung, eine verbindliche außenpolitische Grundlage der Bundesrepublik Deutschland zu sein, zumaß.

Bei dem sehr mühsamen, von schwer nachvollziehbaren Schwenkungen begleiteten Aushandeln dieses Kompromisses hatte die Führungsqualität Barzels gelitten. Das Scheitern des konstruktiven Mißtrauensvotums und die Gefolgschaftsverweigerung für seinen »Ja«-Appell zu den Ostverträgen waren Niederlagen, die auch ein erfahrener Taktiker wie Barzel nicht einfach kompensieren konnte. Bald las man in der Presse: Der Kampf um Barzels Stuhl hat begonnen.

Viele beteiligten sich, zumal im Hintergrund; öffentlich als Konkurrenten genannt wurden Kohl, Schröder und Stoltenberg; schließlich Strauß, der zwar selbst ohne Chance in Sachen Kanzlerkandidatur war, aber auch diejenige Barzels zumindest in Frage gestellt wissen wollte, als Reaktion darauf, daß das klare Nein der CSU zu den

Ostverträgen einer taktisch-vieldeutigen Stimmenthaltung geopfert werden mußte.

Zum Kanzlerkandidatenproblem kam also noch das Strauß-Problem, mit dem sich die Union herumschlagen mußte, solange sie in der Opposition war. Es wurde akut, nachdem in der Bundestagswahl 1969 die CSU 54,4 Prozent der Zweitstimmen in Bayern gewonnen hatte, während die CDU im übrigen Bundesgebiet nur auf 37,1 Prozent gekommen war. Dieser »Wahlsieg« erhöhte nicht nur das moralische Gewicht der CSU in der Union, sondern vergrößerte auch den Einfluß des ohnehin nach bundespolitischer Geltung strebenden CSU-Vorsitzenden. Schon die Ende 1971 ausgehandelte Nominierung Barzels zum gemeinsamen Kanzlerkandidaten von CDU und CSU für die nächste Wahl war erst nach erheblichen personal- und programmpolitischen Zugeständnissen der CDU möglich geworden.

Nach der »Stunde der Wahrheit« für Barzels Kanzlersturzpolitik und seine Haltung zu den Ostverträgen wurden die Differenzen zwischen den Vorsitzenden der beiden Schwesterparteien vollends offenbar. Ohne die Unterstützung durch Strauß und die CSU aber blieb Barzel nur die Hoffnung auf baldige Bundestags-Neuwahlen, wollte er sich als Oppositionsführer gegen die »schwester«parteiliche Konkurrenz behaupten und die Union um der gemeinsamen Sache eines Wahlsiegs willen geschlossen hinter sich scharen. Wie die Regierung Brandt/Scheel im Deutschen Bundestag, so mußte Barzel in seiner Fraktion um Handlungsfähigkeit sichernde Mehrheiten kämpfen. Für ihn war es die »sympathischste Lösung« (Barzel), als die Vertrauensfrage Brandts, die mit 248 Nein-Stimmen scheiterte, vorgezogene Bundestagswahlen am 19. November 1972 ermöglichte.

3. Die Bundestagswahl 1972

Für die Union – wie für die Bundesrepublik Deutschland überhaupt – ist die 7. Bundestagswahl ein historischer Markstein, der den gesellschaftlichen Wandel, die Veränderungen der Wertvorstellungen und des Lebensgefühls im Generationenwechsel markiert: Die Generation, die nach dem Zweiten Weltkrieg, ernüchtert gegenüber emotionaler Politik und politischen Visionen, den Wiederaufbau leistete, sah sich mehr und mehr in den Hintergrund gedrängt von einer neuen Generation, die von den Enttäuschungen und Erfahrungen ihrer Eltern nichts wissen wollte und sich wieder von der Attraktivität großer Worte und Weltentwürfe einnehmen ließ.

Die Analyse des Wahlergebnisses zeigte der Union nur allzu deutlich, daß sie, wie Barzel in einer Klausurtagung der Fraktion am 5. Februar 1973 offen einräumte, »irgendwann in den sechziger Jahren die geistige Führung verloren« hatte. Als besondere Probleme für die Union erkannte man die Strukturveränderungen der Gesellschaft, die Abnahme der familiären und freundschaftlichen Bindungen zwischen den beiden Teilen Deutschlands, die andere Bewußtseinslage der Jugend, die an Wohlstand, Frieden und soziale Sicherheit gewöhnt war und die politischen wie ideologischen Gefährdungen freiheitlich-demokratischer Ordnung geringschätzte. Barzel beschrieb das Dilemma der Union so: »Wir wissen, glauben und meinen, für unseren Staat die wesentlichen geistigen Ansätze, Impulse und Reformen gegeben zu haben und noch zu geben – von der europäischen Einordnung über Soziale Marktwirtschaft, soziale Partnerschaft, dynamische Rente bis zum Beteiligungslohn. Wir haben das moderne und dynamische deutsche Modell geschaffen! Gleichwohl hält uns die Mehrheit für weniger leistungsfähig, schöpferisch, reformwillig. Dieses Phänomen ist um so ernster, als es … der Koalition von 1969 bis 1972 nicht gelang, Reformen, die den Namen verdienen, zu verwirklichen.«

Die Aussichten der Union vor der Wahl waren nicht schlecht zu nennen. Die Inflation, insbesondere der Anstieg von Lebenshaltungskosten und Baupreisen, der Rückgang des Wirtschaftswachstums, die Haushaltslage, die zu weiterer Staatsverschuldung zwang, das Mißverhältnis zwischen versprochenen und verwirklichten Reformen, das Aufkommen terroristischer Aktivitäten, das als wachsende Unsicherheit verallgemeinert werden konnte – all das sprach sogar auf den ersten Blick für die Opposition und ihre Forderung nach einem neuen Anfang mit einer neuen und handlungsfähigen Regierung. Der Rücktritt des »Superministers« (Wirtschaft und Finanzen) Professor Karl Schiller und sein Austritt aus der SPD im Sommer 1972 – als Grund gab er die Wirtschafts- und Finanzpolitik der

Regierung Brandt an, die an den eigentlichen Schwierigkeiten vor-
beimanövrieren und die Grundsätze der Marktwirtschaft und der
Stabilität immer weniger beachten würde – konnten als Bestätigung
der Oppositionskritik aufgefaßt werden. Der Bankrott der
SPD/FDP-Koalition schien sich darin anzukündigen. Umfragen zufolge sollte allein das Ausscheiden Schillers die Sozialdemokraten
fünf Prozent ihrer Stimmen kosten. Ferner wies die Bilanz von rund
einem Dutzend Wahlen in Ländern und Kommunen seit 1969 für die
Union erhebliche Mandatsgewinne auf und signalisierte so eine Umkehr des »Genossen Trend«.

Dementsprechend war der Wahlkampf der Unionsparteien darauf
angelegt, den Wähler vor die grundsätzliche Entscheidung zwischen
Erneuerung durch die Union oder »Abgleiten in den Sozialismus der
SPD« zu stellen. Auf dem 20. Bundesparteitag der CDU in Wiesbaden (9.–11. Oktober 1972) wurde, nach einer Generalabrechnung
mit der Regierung, das – erstmals mit der CSU erarbeitete – Regierungsprogramm der Union verkündet. Es stand unter dem Leitwort
»Wir bauen den Fortschritt auf Stabilität« und ging betont nüchtern
und solide von der Sozialen Marktwirtschaft als Grundlage freiheitlichen wirtschafts- und gesellschaftspolitischen Handelns aus.

In der »Mannschaft« um Barzel tauchten neben den Politikern mit
Regierungserfahrung wie Strauß, Schröder und Katzer, von Hassel
und Stoltenberg auch schon Namen auf, die später unter der Oppositionsführerschaft Helmut Kohls die Hoffnungen der Union trugen
wie Dregger, Wörner, Wex, von Weizsäcker. Sie sollten zusammen
Garant für eine »Reformpolitik der Vernunft« sein, als deren Aufgabe die Schaffung einer »humanen Leistungsgesellschaft« definiert
wurde. Was die Unionsparteien in dieser Stunde beflügelte, war der
Blick nach vorn, die Zuversicht, wieder als »einzige Volkspartei«
(Barzel) an die Regierung zu kommen, um das formulierte Programm »einer Politik der Mitte, einer Politik des äußeren und inneren Friedens, der gesicherten Freiheit, des sozialen Ausgleichs, der
Stabilität, des Fortschritts und der Vernunft« durchzusetzen. »Ja«, so
lautete Barzels Appell an seine Parteifreunde gut einen Monat vor
dem Wahltermin, »wir trauen uns den neuen Anfang zu. Gemeinsam
werden wir es schaffen!«

In der betonten Herausstellung eines Regierungsprogramms, in der Vorstellung einer Regierungsmannschaft, in der Beschwörung einer »geschlossenen Kampfgemeinschaft von CDU und CSU« spiegelten sich jedoch auch die Schwierigkeiten wider, die die Unionsparteien im Wahlkampf mit der Sympathiefigur des politischen Gegners, mit Willy Brandt, hatten. Nicht nur, daß er den Kanzlerbonus für sich und seine Partei verbuchen konnte, er besaß auch ein politisches Charisma, das ihm über den sozialdemokratischen Stammwählerbereich hinaus Zustimmung einbrachte. Solch akzentuiertes Profil einer zentralen, weithin als sympathisch empfundenen Persönlichkeit fehlte dem Kanzlerkandidaten der Union. So stellten CDU und CSU ihre Strategie mehr auf die Sachargumentation, auf die Leistungsfähigkeit, auf die Mannschaft ab, »bereit«, wie von Hassel selbstbewußt erklärte, »mit der besseren Mannschaft für die bessere Politik eine bessere Regierung zu bilden«.

Der Bundestagswahlkampf von 1972 fällt unter anderem dadurch auf, daß er in der Wählerschaft eine ungewöhnlich starke Resonanz hervorrief. Seit den Tagen der Weimarer Republik hatte es in Deutschland nicht mehr solche Bereitschaft gegeben, sich politisch zu äußern und zu engagieren, was sich in der Gründung ungezählter Bürgerinitiativen und Aktionskreise äußerte. Die Union sah sich bei ihren Wahlveranstaltungen in einem bisher nicht gekannten Maß mit Störungen durch radikale Gruppen konfrontiert. Auch dies ein Symptom des veränderten gesellschaftlichen Bewußtseins. Die allgemeine Mobilisierung des Wählervolks hing aber auch damit zusammen, daß die Wahl weithin als eine Entscheidung zwischen zwei politischen Grundrichtungen, ja Wertordnungen empfunden wurde. Während CDU und CSU einen argumentativen Wahlkampf führten und die Sachunterschiede in den Vordergrund rückten, wies der Wahlkampf der SPD mit der Vertrauenswerbung für Brandt eine stark emotionale Komponente auf.

Der Wahlausgang zeigte, daß SPD und FDP sich mit ihrem Appell an das geänderte Lebensgefühl, an die Individualisierung der Lebensgestaltung und die Bereitschaft zur Utopie auf den gesellschaftlichen Wandel, der seit Mitte der sechziger Jahre in der Bundesrepublik die Nachkriegszeit zu Ende brachte, wesentlich besser eingestellt hatten. Die Unionsparteien mußten erkennen, daß es ihnen in der Opposition nicht gelungen war, die verbreitete Unzufriedenheit

Konrad Kraske
Generalsekretär der CDU
5. 10. 1971–12. 6. 1973.

mit der Regierung in eigene Attraktivität umzusetzen. Sie mußten es hinnehmen – was viele Anhänger als einen Schock erfuhren –, daß bei einer Wahlbeteiligung mit der Rekordhöhe von 91 Prozent die SPD mit 48,6 Prozent der Erst- und 45,9 Prozent der Zweitstimmen zum ersten Mal stärkste Partei wurde; das entsprach einem Stimmenzugewinn gegenüber 1969 von 3,2 Prozent. »CDU – was nun?«, so kommentierte der Publizist Sebastian Haffner den Wahlausgang und traf damit genau die Stimmung, die Parteiführung und Anhängerschaft der Union ergriff.

Die seit 1961 beobachtbare Attraktivitätsverlagerung von CDU und CSU zur SPD wirkte sich 1972 voll aus. Diesen Trend konnte die »fleißigste« Opposition in der Geschichte der Bundesrepublik nicht aufhalten. Ihren erfolgreichen parlamentarischen Initiativen wie die Vorschläge zur Eigentumsbildung und zur Rentenreform blieb eine positive Resonanz in der öffentlichen Meinung versagt. Woran lag es? Barzel sinnierte im Rückblick auf den Wahlausgang: »Es kann nicht anders sein, wir müssen – wohl weniger in der Sache als in der Psychologie – Fehler gemacht haben ...« Ein Bündel von Erklärungen für die Wahlniederlage der Union wurde zusammengetragen: Sie habe die Oppositionsrolle nicht verstanden und eine quasi gouvernementale Strategie verfolgt, statt sich um überzeugende Darlegung ihrer Alternativpositionen zu bemühen. Ihre zunächst ablehnende, dann kaum verständliche schwankende Haltung zur »neuen Ostpolitik« habe ihr ein Image beschert, das in Gegensatz zu den Entspannungshoffnungen und verminderten Bedrohungsgefühlen breiter Bevölkerungskreise geraten sei. Es wurde auf den großen Sympathievorsprung des sozialdemokratischen gegenüber dem eigenen Kanzlerkandidaten verwiesen; vor der Wahl präferierten über 50 Prozent der Bundesbürger Brandt und knapp 35 Prozent Barzel als Bundeskanzler. Auch die negativen Auswirkungen der ständigen Personaldebatten in und zwischen den Unionsparteien wurden für die Abneigung vieler Wähler verantwortlich gemacht. Einen anderen Erklärungsansatz bot der »emotionale« Wahlkampf wie überhaupt die »emotionale« Politik der Gegenseite.

Die Wahlanalysen ergaben, daß CDU und CSU die Jungwähler verfehlt hatten, von denen sie nur ein Drittel der Stimmen (gegenüber 55% für die SPD) bekamen. Ferner mußte die Union ihre Verluste bei den Frauen suchen, die ihr Wahlverhalten in dem Maße änderten, wie sie sich im Zuge ihrer Emanzipation aus den traditionellen Orientierungen der Familie und Kirche lösten. Mit Sorge registrierte die Union auch, daß ihr Stimmanteil in Wahlkreisen mit überwiegend katholischer Bevölkerung gegenüber SPD und FDP deutlich zurückgegangen war.

Die Schockwirkung der Bundestagswahl von 1972 ging für CDU und CSU von der Tatsache aus, daß sich ihr großer Konkurrent, die SPD, als eine sich in die politische Mitte hinein ausdehnende Volkspartei durchgesetzt hatte und damit das Selbstverständnis der Union als »einziger« Volkspartei in Frage gestellt war. Da war es kein Trost, wenn Wahlforscher darauf hinwiesen, daß angesichts der hochgradigen Mobilität unter den mittleren Einkommensschichten und Erstwählern eine Umkehr der Wahltendenzen möglich sei. Nicht nur für die öffentliche, sondern auch für die innerparteiliche Meinungsbildung wurde das Existenz- und Identitätsproblem der Union zu einem Thema. So hieß es etwa in der »Neuen Zürcher Zeitung«: »Der eigentliche Test auf die Substanz und Bindekraft der Nachkriegspartei ›neuen Typs‹, geboren aus christlichen Regenerationsimpulsen

beider Konfessionen, erfolgt mit der Verzögerung eines Vierteljahr-
hunderts, in radikal veränderter Landschaft und unter dem Streß des
Mißerfolgs.«

Nun war ganz klar, daß weder die Rückkehr an die Macht noch die
Erneuerung der Partei »wie der junge Frühling« (Kraske) über die
Union kommen würden, sondern ein langer, mühseliger Prozeß bevorstand, als eine permanente Aufgabe und nicht als ein einmaliges
Ereignis. So nahm man das Trostwort der Verlierer mit auf den Weg:
»Politik heißt Dienst und Pflicht« (UiD). Und Barzel warf im Rückblick auf die Wahlniederlage vor der Fraktion die selbstkritische
Frage auf: »Haben wir … der idealistischen und emotionalen Komponente der anderen – Aussöhnung, Frieden, Reformen – sowie deren Pathos zu wenig Theorie, Prinzipien und emotionale Grundka-
tegorien entgegengesetzt? Ist das etwa bei uns seit längerem verküm-
mert?« Das Rezept, das er verschrieben wissen wollte, enthielt das
Postulat der Identität: »Was wir brauchen, ist prinzipielle Radikalität
aus unserer Substanz.«

Die »harte Schule der Opposition« (Carstens) ging also weiter,
die inneren Spannungen und Führungsnöte lebten wieder auf,
Selbstprüfungen und Orientierungsprobleme setzten ein. Zunächst
gab der CDU-Bundesvorstand die Parole aus: Weiter mit Rainer
Barzel. Dieser hatte noch in der Wahlnacht den in Bonn anwesen-
den Präsidiumsmitgliedern seinen Rücktritt angeboten, der jedoch
abgelehnt wurde. Geschlossen wollte die Union unter seiner
Führung ihre Politik auf der Grundlage ihrer programmatischen
Erklärungen fortsetzen und weiterentwickeln. Doch schon die Verhandlungen über die Fraktionsgemeinschaft von CDU und CSU unter dem Vorsitz Barzels bereiteten Schwierigkeiten, weil sich die
Unionsparteien gegenseitig den größeren Teil der Schuld an dem
Wahlfiasko zuzuschieben versuchten. Die CSU setzte schließlich
eine Neudefinition der CDU/CSU-Fraktionsgemeinschaft durch,
nachdem sie nicht nur die Ablösung Barzels als Vorsitzenden, sondern auch eine andere Organisationsform der parlamentarischen
Zusammenarbeit mit der Union in Betracht gezogen hatte. So erfolgte die Wiederwahl Barzels zum Fraktionsvorsitzenden für ein
weiteres Jahr (mit 165 Ja- gegen 22 Neinstimmen bei zehn Enthaltungen) erst nach einer grundsätzlichen Vereinbarung zwischen

ihm und Strauß. Danach sollten die Unionsparteien ihren künftigen Oppositionskurs im Deutschen Bundestag »auf der Grundlage der Gleichberechtigung ... im Geiste voller gegenseitiger Solidarität« bestimmen können. Abmachungen über den finanziellen Ausgleich, die personelle Vertretung in der Fraktionsführung und die Entscheidungsfreiheit bei strittigen Fragen rundeten die Einigung über die Zusammenarbeit von CDU und CSU als zwei selbständigen Fraktionsteilen ab.

Dem neuen Fraktionsvorstand der Opposition gehörten neben Barzel als stellvertretende Vorsitzende der Chef der CSU-Landesgruppe, Stücklen, der ehemalige Bundesarbeitsminister und Vorsitzende der CDU-Sozialausschüsse, Hans Katzer, der Vorsitzende des Westfälischen Landesverbandes der Union, Heinrich Windelen, die Vorsitzende der CDU-Frauenvereinigung, Helga Wex, der Vorsitzende der CDU-Grundsatzkommission, Richard von Weizsäcker, und der Diplomlandwirt Burkhardt Ritz als Vertreter der »grünen Front« an. Aus dem Kreis der fünf parlamentarischen Geschäftsführer schied nur Rösing aus. Den verstorbenen Will Rasner und den zur Übernahme der Oppositionsführung in Nordrhein-Westfalen ausgeschiedenen Heinrich Köppler hatten bereits im November 1971 Wilhelm Rawe und Rudolf Seiters ersetzt, die nun wiedergewählt wurden. Neuling unter den Arbeitskreisvorsitzenden der Fraktion war der 35jährige Anton Pfeifer, der den Veteranen Martin in der Leitung des AK VI (Bildung, Wissenschaft, Forschung und Technologie) ablöste.

In Übereinstimmung mit der Mehrheit der Fraktion sagte Barzel der durch den Wahlerfolg gestärkten Regierung eine »Opposition ohne Groll« an. Er bezeichnete als Orientierungspunkt der Fraktionsarbeit die »Alternative für morgen«, nicht mehr die »Initiative für jeden Tag«. Es ging ihm nun um eine längerfristige Oppositionsstrategie, nachdem die Spekulation auf einen baldigen Regierungssturz jede Grundlage verloren hatte. Wie er der Fraktion nach seiner Wahl zum Vorsitzenden erklärte, sollten künftig bei aller Wahrnehmung des kritischen Wächteramts der Opposition die Grundsätze und Grundvorstellungen der Union in den Vordergrund gestellt werden.

Es war deutlich, daß die Unionsführung sich, der Partei und der Fraktion das Lernen verordnete – lernen sowohl aus eigenen Fehlern

als auch vom politischen Gegner. Das galt zunächst für das Verhältnis zur Oppositionsrolle, die jetzt anders als nach der Bundestagswahl von 1969 voll akzeptiert wurde: »Packen wir also die Koffer aus
in dieser neuen Wohnung und richten uns darin ein«, hieß es
(Barzel). Daß dabei Unordnung entstand, daß es Unsicherheiten und
Differenzen gab über das Was, Wie und Wohin, gehörte mit ins Bild.

Das Lernen bezog sich auch auf die Öffnung der Union gegenüber
entschiedenen Reformen. »Modernisierung« lautete das vieldeutige
Schlagwort, mit dem manche die organisatorischen Strukturen wie
die politischen Inhalte gründlich auffrischen wollten. Die Neuerer
waren vor allem in den Sozialausschüssen und in den Nachwuchs-
organisationen der Partei zu finden, im RCDS und in der Jungen
Union. Es ging ihnen um eine Stärkung der Parteibasis im Willensbildungsprozeß. Es ging ihnen darum, eine größere Breitenwirkung
der CDU in der Öffentlichkeit zu erzielen, breiter und direkter »hinein ins Volk zu gehen«. Keine »theorielose Politik« sollte getrieben
werden, die Union habe vielmehr als »Anbieter im Wettbewerb um
eine bessere Gesellschaftsordnung« aufzutreten, wie der Geschäftsführer der Sozialausschüsse und Bundestagsneuling Norbert Blüm
damals formulierte.

Die Konsequenzen, die man nach dem Wahlschock in der Parteispitze und der Basis, in Gremien, Verbänden und Vereinigungen zu
ziehen bereit war, prägten auch die wieder aufkommende Personaldiskussion. Mochten viele, wie z. B. der zum Planungskoordinator
zwischen Partei und Fraktion bestellte Hans Katzer, beklagen, daß
noch immer »Personalien« die Sacherörterungen in der Union über-
deckten, die Führungsfrage in der Opposition war auf dem Weg der
Union zu neuem Profil einfach nicht zu umgehen. Das kam dem
rheinland-pfälzischen Ministerpräsidenten Kohl entgegen, der bereits im Januar 1973 seine Kandidatur für die Wahl des Bundespartei-
vorsitzenden im Herbst des Jahres ankündigte und damit Barzel her-
ausforderte. Als weiterer Anwärter wurde vielfach Stoltenberg genannt, der 1971 in Schleswig-Holstein der CDU die absolute Mehrheit
erobert hatte (51,7%), als Ministerpräsident und CDU-Landesvorsit-
zender, ähnlich wie Kohl, bundespolitisch noch keine Verschleißspu-
ren durch den innerparteilichen Machtkampf zeigte. Wollte Barzel
demgegenüber seine Position festigen, konnte er dies nur durch Akti-

vierung der Oppositionsarbeit versuchen, das heißt, er mußte als Oppositionsführer im Parlament Erfolg haben. War es Zufall, daß die »Schlacht um Barzel«, wie es alsbald in der Presse hieß, dort stattfand, wo er mit Leib und Seele engagiert war: in der Deutschlandpolitik? Auf der Tagesordnung des 8. Deutschen Bundestags stand als erstes, heiß umkämpftes Thema der Grundlagenvertrag mit der DDR.

4. Von Barzel zu Kohl: Führungs- und Kurswechsel 1973

In den Beratungen über den am 8. November 1972 – zehn Tage vor der Bundestagswahl – in Bonn paraphierten Grundlagenvertrag zwischen der Bundesrepublik Deutschland und der DDR brauchte die Union nicht in gleicher Weise wie in der Frage der neuen Ostpolitik um ihre Geschlossenheit zu bangen und zu kämpfen. Nach dem Wahlergebnis vom 19. November, das die SPD erstmals zur stärksten Fraktion hatte werden lassen, war die CDU/CSU angesichts der neuen Mehrheitsverhältnisse nicht mehr in der Lage, das Inkrafttreten des Grundlagenvertrages zu verhindern. Um so entschiedener, weil freier von parteitaktischen Erwägungen, konnte sie ihre deutschlandpolitischen Grundpositionen vertreten. Zudem wogen, wie Karl Carstens in einer Analyse hervorhob, die Bedenken der Union gegen diesen Vertrag noch schwerer als die Bedenken gegen die beiden anderen Ostverträge. In erster Linie wurde mit großer Sorge bemerkt, daß der Vertrag in aller Form die Existenz zweier selbständiger, voneinander unabhängiger deutscher Staaten bestätige und damit die Teilung Deutschlands vertiefe. Scharf wurde auch kritisiert, daß die vertragliche Hinnahme des Staats- und Gesellschaftssystems der DDR zugleich ein Sichabfinden mit Unrecht, Unfreiheit und Unmenschlichkeit, wie sie dort zu finden waren, bedeute. Die Union vermißte ferner die Ausgewogenheit von Leistung und Gegenleistung und sprach deshalb von einem »ungleichen Vertrag«. Insbesondere die Interessen West-Berlins, wo die Fraktion regelmäßig tagte, um die Einheit der Nation und die Bindung der Stadt an die Bundesrepublik zu bekunden, schienen den Unionspolitikern nur ungenügend gewahrt, da Berlin lediglich in einer

Zusatzerklärung, nicht aber im Text des Grundlagenvertrages erwähnt wurde.

Während die CDU/CSU dem Verkehrsvertrag zwischen beiden deutschen Staaten wegen der menschlichen Erleichterungen, die er brachte, am 22. September 1972 zugestimmt hatte, lehnte sie – wie am 19. Dezember 1972, nach einer in mehreren Sitzungen über neun Stunden geführten Diskussion, beschlossen – den Grundvertrag als »flüchtig, unter Zeitdruck ausgearbeitet und schlecht«(Carstens) ab. »Unser Nein zu diesem Vertrag ist«, wie Barzel in der ersten parlamentarischen Lesung verdeutlichte, »zugleich ein Nein zu Unrecht, Unfreiheit und Diktatur in Deutschland«.

In der Deutschlandpolitik orientierte sich die Union stärker und grundsätzlicher als die anderen im Bundestag vertretenen Parteien an der verfassungsrechtlich normierten und historischen Zielsetzung von der staatlichen Einheit aller Deutschen. Aus dieser Grundhaltung heraus zeigte sie sich sowohl im Bundestag und Bundesrat wie auch in der Partei von großer Geschlossenheit bei der Ablehnung des Grundvertrages. Doch die weiteren politischen Fragen, die – sozusagen am Rande oder als Anhang – mit der Ratifizierung des Vertrags verbunden waren, ließen auch wieder neue Reibereien zwischen den Unionsparteien und ihren verschiedenen Flügeln entstehen.

Der Öffentlichkeit wurde wieder der Eindruck einer »geteilten Fraktion« vermittelt, als es darum ging, ob gegen den Grundvertrag mit einer Klage vor dem Bundesverfassungsgericht in Karlsruhe rechtliche Schritte unternommen werden sollten. Daß Barzel, der Fraktions- und Parteivorsitzende, der für eine politische Auseinandersetzung mit der Bundesregierung eintrat, in der Unionsfraktion um Mehrheiten kämpfen mußte, zeigte sich dabei deutlich. Zwar konnte er, unterstützt von einer Entschließung des Bundesparteiausschusses, die Unionsfraktion in der Frage der Verfassungsklage noch einmal auf seine Seite bringen. Von 187 Abgeordneten konnte er 102 Gegner der Verfassungsklage gewinnen. Vierzig Prozent versagten ihm jedoch die Gefolgschaft, darunter die deutschlandpolitischen Wortführer Dregger, Marx und Windelen. Das wirkte unübersehbar als Signal. In CSU-Kreisen witzelte man über die »neue Mitte der Union: Barzel zwischen zwei Stühlen«. Der Fraktionsvorsitzende sah sich dermaßen in die Enge getrieben, daß er es wagte, die im Hinblick auf den Grundvertrag eher untergeordnete Frage zur »Machtprobe« in der Fraktion zu gestalten: Welche Haltung sollte die CDU/CSU zum vorgeschlagenen Gesetz über die Vollmitgliedschaft der Bundesrepublik Deutschland in der UNO einnehmen, wenn bei einem gleichzeitigen Beitritt der DDR weder die Wahrung der Menschenrechte dort noch die UN-Vertretung Berlins beachtet würden? Die Führungskrise der Opposition erreichte ihren Kulminationspunkt.

Wenige Stunden vor der abschließenden Bundestagsdebatte über den Grundvertrag und das UNO-Beitrittsgesetz am 9. Mai 1973 trat Barzel überraschend von seinem Amt als Fraktionsvorsitzender der CDU/CSU zurück, nachdem er am Vorabend in der Fraktion eine Abstimmungsniederlage erlitten hatte. Entgegen seiner Empfehlung, trotz des Neins zum Grundvertrag mit der DDR dem Beitritt zu den Vereinten Nationen zuzustimmen, war bei einer Probeabstimmung der Fraktion eine Mehrheit von 101 zu 93 Abgeordneten auch hier für eine Ablehnung. Der überwiegende Teil der CSU mit Strauß an der Spitze und eine Gruppe um den hessischen CDU-Vorsitzenden Dregger, aber auch die Stimmen von Gradl und Czaja gaben den Ausschlag, während so prominente Unionspolitiker wie Carstens, Kiesinger, Marx und Mikat den UNO-Beitritt befürworteten. Barzels Rücktrittserklärung gipfelte in dem Satz, daß er nicht bereit sei, eine Mehrheitsentscheidung, die in einer wichtigen und grundsätzlichen Frage gegen seine engagierte Überzeugung erfolge, als Vorsitzender zu vertreten. »Demokratie kennt Ämter nur auf Zeit,« mit dieser Maxime kehrte er, wie er sagte, »ins Glied zurück«, um »seine Pflicht zu tun als Abgeordneter« seines Wahlkreises Paderborn-Wiedenbrück.

Die Konsequenz, die Barzel aus seiner Abstimmungsniederlage in der Fraktion zog, erstreckte sich auch auf den Vorsitz der Bundespartei. Er wartete nur die Wahl eines neuen Fraktionsvorsitzenden ab, bevor er dem CDU-Präsidium sowie den Mitgliedern des Bundesvorstandes und der Bundestagsfraktion auch seinen Verzicht auf seine Kandidatur für das Amt des Parteivorsitzenden bekanntgab. Das politische Schicksal Barzels war, wie es auch schon damals aufmerksame Beobachter der Bonner Szene erkannten, nur eine Oberflächenverwerfung eines tiefgehenden Dauerbebens in der CDU. Barzel war das Opfer, sein Rücktritt nicht das auslösende Moment. In der Presse fiel das Wort vom »selbstzerstörerischen Masochismus« der Union, der ihr den Rückweg zur Macht für mindestens ein Jahrzehnt verbauen könnte.

Schon zu Beginn der Oppositionszeit zeichnete sich ab, daß Barzel die Führungsmisere der Union nicht zu beenden vermochte und daß er als Oppositionsführer nur eine Übergangslösung bot. Nach der Wahlschlappe der Union im November 1972 waren seine Tage gezählt. Das Gewicht, das ihm das Amt des Vorsitzenden der Bundestagsfraktion verliehen hatte, als die CDU/CSU in die Opposition ging, nahm rapide ab, als seine Unwirksamkeit als »Wahllokomotive« offenkundig geworden war. Wenig half da die im Februar 1973 unternommene organisatorische Neufassung der Geschäfts- und Arbeitsverteilung innerhalb der Fraktion zwischen dem Vorsitzenden, seinen Stellvertretern, den parlamentarischen Geschäftsführern und Arbeitskreisvorsitzenden wie auch den Kommissionen, die nach dem Berliner Parteitag von 1968 an die Fraktion gefallen waren (Medien-, Steuer-, Familien-, Eigentumspolitik sowie Berufliche Bildung). Auch Disziplinierungsversuche wie in der Fraktionssitzung vor der dritten Debattenrunde zum Grundvertragsgesetz halfen nicht mehr, ja bewirkten eher das Gegenteil. Die Vorhaltungen Barzels an die Adresse der Fraktionsmitglieder, daß ihre mangelnde Präsenz bei den Sitzungen und im Plenum des Bundestages einen verheerenden Eindruck mache, daß es soviel bedeute wie eine verlorene Debatte, wenn die vollbesetzte Regierungsbank mit Befriedigung »in die gähnende Leere der Opposition« blicken könne, zeugten von der Distanz, die sich seit der verlorenen Bundestagswahl zwischen der Fraktion und ihrem Vorsitzenden gebildet hatte. Und nicht wenig hatte auch das unberechenbare Störpotential der bayerischen CSU mit Strauß zur Resignation Barzels und zur Verschärfung des Führungsproblems in der Opposition beigetragen.

Von der Personalfrage hingen zugleich politische Kursbestimmung und Einigung der Union ab. Aus diesem Zusammenhang erklärt sich die »personalpolitische Parforce-Tour« (Zundel), die nun die Union unternahm, um sich aus der Krise zu befreien. Eingehende Gespräche im Bundesparteivorstand, im Fraktionsvorstand sowie zwischen den Präsidien von CDU und CSU klärten zunächst die Voraussetzungen der weiteren Oppositionsarbeit: Nach wie vor sollte es kein imperatives Mandat für die Abgeordneten von CDU und CSU geben; die Fortführung der Fraktionsgemeinschaft der Unionsparteien wurde als »Selbstverständlichkeit« betrachtet und über das Verfahren einer laufenden Abstimmung zwischen ihnen in allen sachlichen und personellen Fragen Einigung erzielt; der Vorsitzende der gemeinsamen Bundestagsfraktion sollte für die Dauer der Legislaturperiode gewählt werden, um ihm die notwendige Autorität zu sichern; die Notwendigkeit, die Meinungsbildung der Organe von Partei und Fraktion in den wichtigen Gesetzgebungsfragen politisch wirksam aufeinander abzustimmen, wurde anerkannt. Unter dem interimistischen Vorsitz Kiesingers wählte die Fraktion in ihrer Sitzung am 17. Mai 1973 mit 131 von 219 gültigen Stimmen den 58jährigen Professor für Staats- und Völkerrecht Karl Carstens zum Fraktionsvorsitzenden. Die Mehrheit, mit der er sich gegen seine Konkurrenten Schröder (26 Stimmen) und von Weizsäcker (58) durchsetzte, überraschte um so mehr, als er, erst 1972 in den Bundestag eingezogen, gerade ein halbes Jahr Mitglied der Fraktion war.

Die Wahl von Carstens – übrigens der erste Fraktionsvorsitzende evangelischer Konfession – zeigte einen politischen Wechsel an. Sie brachte den Willen der Fraktion zur Erneuerung, zu einem neuen Anlauf der Opposition zum Ausdruck. Carstens besaß den Vorzug, ein Außenseiter, gewissermaßen ein Seiteneinsteiger zu sein, der keiner der Gruppierungen in der Union zugehörte und von den Fraktions- und Parteiquerelen unbelastet war. Gleichwohl hatte er seit 1949 Gelegenheit gehabt, auf den Hauptstationen seiner Karriere im Staatsdienst als Bevollmächtigter Bremens beim Bund und als Staatssekretär im Auswärtigen Amt sowie im Verteidigungsministerium und Bundeskanzleramt alle Fraktionen der CDU/CSU sowie ihre Vorsitzenden kennenzulernen. Seine energische Sachlichkeit und sein diplomatisches Talent ließen ihn vielen Unionsabgeordneten als den »metallischen Messias«, wie er einmal bezeichnet worden ist, erscheinen, der der Fraktion das erwünschte Maß an Geschlossenheit und Solidarität verschaffen würde. Tatsächlich hatte der neue Fraktionsvorsitzende einen nicht unwesentlichen Anteil daran, daß die CDU/CSU sich Mitte der siebziger Jahre im Bundestag als glaubhafte

Karl Carstens
Vorsitzender der CDU/CSU-Fraktion
des Deutschen Bundestages 17. 5. 1973–2. 12. 1976.
Bundespräsident der Bundesrepublik Deutschland
23. 5. 1979–1. 7. 1984.

Alternative zur SPD/FDP-Regierung präsentierte, sowohl in sachlicher als auch in personeller Hinsicht. Welchen Auftrieb und Optimismus der Führungswechsel auslöste, kam schon in der Antwort zum Ausdruck, die Leonid Breschnev zuteil wurde, als er bei seinem Deutschland-Besuch Ende Mai 1973 zu einem Gespräch mit drei führenden Fraktionsmitgliedern zusammenkam und seine Unerfahrenheit im Umgang mit einer Opposition zu erkennen gab: »Herr Generalsekretär, die Opposition von heute ist die Regierung von morgen.«

Nachdem die parlamentarische Entscheidung über die Ostverträge und den Grundlagenvertrag mit der DDR gefallen war, verlagerte sich die politische Auseinandersetzung auf das Feld der inneren Reformen. Themen wie Stabilitätsprogramm, Mitbestimmung, soziales Baubodenrecht, Berufliche Bildung, Eigentums- und Vermögensbildung, § 218, Sicherung der freiheitlichen Ordnung im Innern traten nun in den Vordergrund und machten klare Alternativen der CDU/CSU gegenüber den Gesetzesvorhaben der Regierung erforderlich. Strukturell wurde die parlamentarische Arbeit in der 7. Legislaturperiode dadurch bestimmt, daß der Oppositionsvorsitzende im Bundestag nicht zugleich auch Parteivorsitzender der CDU war. Diese Konstellation war ebenso konfliktträchtig, wie sie zu fruchtbarer Spannung führen konnte. Nach dem 21. Bundesparteitag in Bonn am 11./12. Juni 1973, auf dem Helmut Kohl erwartungsgemäß zum Bundesvorsitzenden gewählt worden war, wurde es rasch klar, daß die strategische Führung der Opposition von der Fraktion auf die Partei überging.

Der rheinland-pfälzische Ministerpräsident war mit 520 von 600 gültigen Stimmen gegen 51 Nein-Stimmen bei 29 Enthaltungen gekürt worden. Zu Stellvertretern wurden Stoltenberg (557), Köppler (529), Filbinger (517), Katzer (487) und Wex (437) gewählt. Ebenso auf Neuaufbruch angelegt wie die Verpflichtung der nicht mehr kriegsdienstverpflichteten Generation von 1930 war die Persönlichkeit des von Kohl vorgeschlagenen Generalsekretärs der Partei. Mit Kurt Biedenkopf, der bei seiner Wahl neun Ja-Stimmen mehr erhielt als sein »Chef«, übernahm ein gestandener Wissenschaftler und Hochschullehrer die Verantwortung für die Koordination der gesamten Parteiarbeit, mit Management-Erfahrung, ein brillanter Analytiker mit Praxisehrgeiz; nach sechsjähriger Tätigkeit als Gründungsrektor und Professor für Handels-, Wirtschafts- und Arbeitsrecht in Bochum war er seit 1971 in der zentralen Geschäftsführung des Henkel-Konzerns tätig gewesen.

Der neue Bundesvorsitzende stellte in seiner programmatischen Rede das politische Wollen der CDU unter den kategorischen Imperativ: »Wir müssen eine Wende der Politik unseres Landes einleiten.« Er beschrieb die CDU als Volkspartei, als Partei der »dynamischen Freiheit« und der vernünftigen Reformen und forderte in diesem Sinn nicht nur parteipolitische Solidarität sowie Sensibilität und Engagement »für das, was den Menschen wichtig ist«, sondern auch Diskussion, analytisches Arbeiten und eine Zukunftsvision von Staat und Gesellschaft.

Der neue Generalsekretär umriß die Aufgabe, die er sich stellte, mit der Formel: »die Substanz mehren«. Die Bundesgeschäftsstelle sollte so leistungsfähig gemacht werden, daß die Partei in der Lage sein würde, »aus der Vielfalt der Meinungen in einer Volkspartei die Kraft eines einheitlichen Willens zu formen«. Die innere Organisation der Partei, die Belebung der Grundsatzdiskussion und die Vorbereitung der Partei auf die kommenden Wahlkämpfe wurden zu Leistungsschwerpunkten erklärt. Die Parteizentrale, das Konrad-Adenauer-Haus, erfuhr eine Aufwertung seiner Funktionen: nicht nur Verwaltung, nicht nur Drehscheibe der innerparteilichen Diskussion sollte es sein, sondern auch der Brennpunkt des Gesprächs mit der gesellschaftlichen und politischen Umwelt, der Ort, »wo aus Initiativen, Ideen und Hoffnungen Politik wird«.

Hatte Carstens – in der Bonner Beethovenhalle bei sommerlicher Hitze – noch die Chancen der Union danach abgemessen, inwieweit es gelingen würde, Fraktion und Partei auf einen gemeinsamen politischen Nenner zu bringen, so war für den neuen Parteivorsitzenden ein solcher Dualismus unannehmbar. In einem Interview des Deutschlandfunks bekräftigte er, daß für die Union die Grundlage politischen Tätigseins »die Partei« sei. »Die Partei« – so Kohl unmißverständlich – »erzeugt Bundestagsfraktion und nicht umgekehrt. In allen Fragen, die von langfristiger großer Bedeutung sind, müssen Parteigremien auch abschließend sprechen. Aber die Fraktion ist die wichtige Speerspitze …« Die Zeit, in der die CDU als »Fraktionspartei« bezeichnet werden konnte, die auf den Oppositionsführer im Parlament, den Parteivorsitzenden und den Kanzlerkandidaten in einer Person zugeschnitten war, ging zu Ende.

Das bedeutete indes nicht, daß sich die Fraktion zum bloßen Vollzugsorgan des Parteiwillens entwickelte, die Opposition also von nun an bloß noch der Parteiregie gehorcht hätte. Dem stand schon allein das starke Gruppengefüge der Fraktion entgegen, jene »Koalition landsmannschaftlicher und ökonomischer Interessen«, wie sie Thomas Ellwein genannt hat. Was die Abstimmung der Oppositionspolitik zumindest zwischen CDU und Bundestagsfraktion nun reibungsloser und effektiver machte, war das persönliche Moment. Die Opposition wurde leistungsstärker, weil die »Troika« Kohl, Carstens und Biedenkopf, die ihr nun das Gepräge gab, sich ergänzend in ihren Fähigkeiten und ohne direkt in Konkurrenz zueinander zu treten, zusammen wesentlich mehr bewirken konnte, als Barzel und sein tüchtiger Generalsekretär Kraske es je vermocht hätten: Kohl, der Parteivorsitzende, hatte als erfolgreicher Landeschef inzwischen jene Statur gewonnen, die ihn nicht nur beim Parteivolk einhellig ankommen ließ, sondern auch als »Wahllokomotive« auf

Kurt Biedenkopf
Generalsekretär der CDU 12. 6. 1973–7. 3. 1977.

Bundesebene annehmbar machte, grundsatzstark, mit einem sicheren Gefühl für Machtverhältnisse ausgestattet und überzeugend in
der politischen Praxis; Carstens, der Fraktionsvorsitzende, verkörperte demgegenüber den Typ eines Politikers, der nicht durch Parteikarriere, sondern – ähnlich wie Ludwig Erhard – aufgrund von
Kompetenz und Gesinnung unbestrittene Anerkennung fand, mit
einem von Durchsichtigkeit und Diskussion geprägten Führungsstil;
Biedenkopf, der Generalsekretär, bestach durch Ideenreichtum und
Organisationstalent – ein »politischer Professor«, der theoretische
Erkenntnis und praktische Umsetzung, analytisches und strategi-
sches Denken zu verbinden suchte. Mit diesem Dreiergespann in der
Führung konnte die Union für eine gewisse Zeit die Personaldebatte
beenden, die ihr die Opposition in den ersten Jahren mit Barzel so
schwergemacht hatte.

Organisatorisch begann die »neue Ära« mit einer Neugliederung
der Bundesgeschäftsstelle. Die Zahl der direkten Unterstellungs-
verhältnisse zum Bundesgeschäftsführer wurde auf drei Hauptabteilungen verringert, womit sich einerseits die funktionale Hier-

archie gestärkt sah, sich andererseits aber auch die Möglichkeiten zur Teamarbeit verbesserten: Abteilung I (Verwaltung, Personal und Organisation) unter der Leitung von Günter Meyer, Abteilung II (Politik, Dokumentation, Information), geleitet von Dorothee Wilms, und Abteilung III (Presse- und Öffentlichkeitsarbeit), Leiter Peter Radunski. Neu eingerichtet wurde ferner eine Planungsgruppe (Leiter: Warnfried Dettling), die direkt dem Generalsekretär unterstellt war und die Aufgabe bekam, langfristige Konzeptionen für die politische Arbeit zu entwickeln. Vor allem ging man auch zu einer langfristigen, Perspektiven bietenden Personalpolitik über, um fähige Mitarbeiter zu gewinnen.

Der 22. Parteitag in Hamburg am 18.–20. November 1973 war das erste Unionstreffen unter der Ägide der neuen Führungsmannschaft, zu der – im weiteren Sinn – auch der Nachfolger Barzels im Fraktionsvorsitz, Professor Karl Carstens, gezählt zu werden verdient. Obwohl der alte Vorstand noch die Themen für Hamburg, namentlich die Vorstandsvorlagen zum sozialen Baubodenrecht, zum vermögenspolitischen Grundsatzprogramm sowie zu Reformen des Unternehmensrechts und der beruflichen Bildung ausgewählt hatte, war der neue Aufbruchsgeist allenthalben zu spüren.

Für die Pressebeobachter gab es keinen Zweifel: Unter der neuen Führung faßte die CDU wieder Tritt. Vor allem wurde gewürdigt, daß es gelang, die strapaziöse Mitbestimmungsfrage, die dem innerparteilichen Frieden nicht wohltat, einem Kompromiß nach Maß des Parteivorstands zuzuführen; die »Beinahe-Parität« wurde beschlossen: »Die Mitbestimmung der Arbeitnehmer ist Ausdruck christlich-sozialen Gedankenguts und eine Grundlage der Sozialen Marktwirtschaft. Wir wollen die gleichberechtigte Kooperation der im Unternehmen tätigen Kräfte …« Zur Auflösung eines dabei womöglich entstehenden Patts sollte die Stimme des Aufsichtsratsvorsitzenden den Ausschlag geben oder im Falle der Entscheidungsunfähigkeit des Aufsichtsrats der Vorstand ohne Zustimmung handeln können. Das gesellschaftspolitische Gegenkonzept zum Reformprogramm der SPD/FDP-Koalition hatte Gestalt angenommen. Damit gedachte man die Regierungsbastion zu stürmen.

Der 23. Bundesparteitag in Mannheim am 23.–25. Juni 1975 stand mit Blick auf die näherrückende Bundestagswahl im Zeichen der

»Alternative '76«. Die Handschrift Biedenkopfs war unverkennbar. Die »Mannheimer Erklärung« faßte die Grundaussagen und die politischen Aufgaben der CDU angesichts der weltpolitischen und weltwirtschaftlichen Veränderungen prägnant zusammen; sie lieferte, mit den Worten des Generalsekretärs, die Grundstrukturen für ein ordnungspolitisches Bezugssystem. Die CDU reagierte damit zum ersten Male aktiv auf die veränderten Verhältnisse in Deutschland und in der Welt. Die Verschiebung der politischen Machtverhältnisse und die neue Rolle der Entwicklungsländer wurden ebenso wie die neuen Probleme im Innern (»Neue soziale Frage«) zu Chancen deklariert, »neue und zukunftsweisende Antworten zu geben«. Die Zielvorgabe hieß, die »politische Wende in der Bundesrepublik herbeizuführen«.

Daß die Partei dabei Vertrauen und Hoffnung auf den neuen Bundesvorsitzenden setzte, unterstrich das Ergebnis seiner Wiederwahl. Mit 696 von 707 Stimmen erreichte Kohl die höchste Stimmenzahl aller Vorstandsmitglieder, von denen ihm – mit Abstand – Stoltenberg (640) als Stellvertretender Vorsitzender und von Weizsäcker (653) am nächsten kamen. Die Partei hatte ihr Selbstbewußtsein wiedergefunden und sah sich auf dem richtigen Weg für eine »große Sache« (Kohl).

Dementsprechend wurden organisatorisch die Weichen gestellt: Satzungsänderungen stärkten die Stellung der Bundespartei gegenüber den Landesverbänden und deren Position wiederum gegenüber den Kreisverbänden durch Zuerkennung von Prüfungsrechten. Auch sollten die Landesgeschäftsführer nur noch im Einvernehmen mit dem Generalsekretär ernannt werden können. Die Kandidatenaufstellung wurde nach Maßgabe des Parteiengesetzes im Hinblick auf das Verfahren und die stärkere Mitgliederbeteiligung »demokratischer« gemacht, die Mitgliedschaft von Ausländern in der Partei ermöglicht. Den »Erfordernissen einer modernen Partei entsprechend«, sollten bis spätestens Herbst 1976 in allen Kreisverbänden hauptamtliche Geschäftsführer tätig sein und die Kreisgeschäftsstellen demgemäß ausgestattet werden. Weitere Beschlüsse betrafen die Verbesserung der Koordination zwischen Partei und Fraktion zur »Erhöhung der politischen Schlagkraft und Geschlossenheit der politischen Aussage« sowie die Kooperation zwischen CDU und CSU.

Eine neue Beitragsregelung, die der Einkommensentwicklung Rechnung trug, trat am 1. Juli 1976 in Kraft. Die Krise der Parteifinanzen war überwunden, ja, nach den Worten des Schatzmeisters Kiep waren die Finanzen »kein Diskussionsthema« mehr. Dank der parteiinternen Finanzbeziehungen zwischen Bundespartei, Landes- und Kreisverbänden und der Erhöhung des Erstattungsbetrags bei den Wahlkampfkosten durfte man eigentlich zum ersten Mal hoffen, über die notwendigen Mittel »für die politische Arbeit einer konstruktiven und angriffsfreudigen Opposition« (Kiep) zu verfügen. Der Anteil der Mitgliederbeiträge an den Gesamteinnahmen der Bundespartei steigerte sich dabei im Jahrzehnt 1968–1978 von 15,5 auf 31 Prozent. Gut die Hälfte aller Kosten deckte sich, einschließlich der Beiträge von Mandatsinhabern, aus öffentlichen Mitteln. Auf der Ausgabenseite gab es parallel zum forcierten Ausbau der Bundesgeschäftsstelle einen starken Anstieg der Personalkosten, die in Biedenkopfs Amtszeit fast ein Drittel der Gesamtausgaben ausmachten.

In den Sachdebatten formierten sich neben der Bundestagsfraktion als weitere Zentren der Opposition die Partei und vor allem der Bundesrat, in dem die Union die Mehrheit besaß. Nach wie vor kam es zwar bei der Sachentscheidung auf die Fraktion an, wenn es um das politisch Machbare, um den Ausgleich zwischen den Gruppenstandpunkten ging. Aber ihr Spielraum wurde nicht nur von den Parteivorgaben, sondern auch von den Ländern her eingeengt. Die CDU/CSU-Länderregierungen im Bundesrat wurden ein paar Mal zu »Nothelfern der Opposition« (Theodor Eschenburg), indem sie die Gesetzgebung der SPD/FDP-Koalition blockierten. Hinzu kam der dominierende Einfluß der »Landespolitiker« wie Kohl, Filbinger, Stoltenberg und Köppler innerhalb der Parteiführung, vom Gewicht des CSU-Vorsitzenden Strauß ganz zu schweigen. Eine generelle Verweigerungshaltung von seiten der Fraktion war praktisch nicht möglich, weil die im Bundesrat herrschenden Bedingungen immer wieder zu Kompromissen zwangen.

Die Notwendigkeit eines ständigen Ausgleichs zwischen den landespolitischen, parteilichen und spezifisch fraktionellen Interessen erschwerte die Profilierung der Unionsopposition in den Sachfragen erheblich. So konnten die programmatisch bedeutsamen Beschlüsse

des Hamburger Parteitages von Mitte November 1973 über soziales
Baubodenrecht, partnerschaftliche Beteiligung am Produktivvermö-
gen, Reform der beruflichen Bildung und Neugestaltung des Unternehmensrechts (Mitbestimmung) erst nach Aufschüben und Abstri-
chen als parlamentarische Initiativen eingebracht werden. Auch waren es immer wieder die deutschland- und ostpolitischen Fragen, die
zu nur schwer überbrückbaren Meinungsverschiedenheiten in der
Fraktion führten. So wurde – nach Billigung des Grundlagenvertrags
mit der DDR und nach Aufnahme beider Staaten in die UNO – für
die Öffentlichkeit kaum begreiflich heftig darüber gestritten, ob der
Vertreter der DDR beim Bundespräsidenten akkreditiert werden
dürfe. Und bei der Ratifizierung des Atomsperrvertrags von 1968
(15. Februar 1974), durch den die Bundesrepublik auf die Herstellung und den Erwerb von Kernwaffen in nationaler Verfügungsge-
walt verzichtet, sah man, wie der Journalist Ludolf Herrmann kommentierte, »zur Rechten und zur Linken eine halbe Union darnieder
sinken«.

Alles andere als einheitlich war auch die Haltung der CDU/CSU
zur Reform des § 218, genauer: zum 5. Gesetz zur Reform des Straf-
rechts, das bis dahin die Schwangerschaftsunterbrechung generell,
außer im Fall einer medizinischen Indikation, also der ernsthaften
Gefährdung des Lebens oder der Gesundheit der Mutter, unter
Strafe stellte. Seit Ende der sechziger Jahre wurde die öffentliche
Diskussion über den Abtreibungsparagraphen von den Vertretern
der weit auseinanderklaffenden Positionen beherrscht. Dem Druck,
der davon ausging, konnten sich weder die Parteien noch Regierung
und Legislative entziehen. So kam es innerhalb der Koalition wie
auch bei der Opposition zu ernsten Divergenzen über die Neufassung von § 218. Während SPD und FDP sich schließlich auf eine Fri-
stenlösung einigten, wonach ein Schwangerschaftsabbruch in den ersten drei Monaten straffrei sein sollte, wollte die Union den straf-
rechtlichen Schutz des ungeborenen Lebens mit dem Abschluß der
Nidation beginnen lassen.

Ein Beschluß des Bundesvorstands der CDU vom 9. Dezember
1971 hatte auf die besondere Verantwortung abgestellt, die jeder
Frau durch eine Schwangerschaft aufgebürdet werde. Könne sie dieser in ihrer menschlichen Würde und in dem unantastbaren Rechts-

gut Leben begründeten Verantwortung nicht aus eigener Kraft gerecht werden, hätten ihr Staat, Gesellschaft und Wissenschaft durch Beratung, materielle Besserstellung und familienpolitische Maßnahmen alle erforderlichen Hilfen zu geben. Neben der medizinischen sollte eine eng abzugrenzende kriminologische Indikation gesetzlich werden und den Gerichten erlaubt sein, in außergewöhnlichen Konfliktfällen von Strafe abzusehen. Eine Präsidiumserklärung vom 22. April 1974 bekräftigte noch einmal kurz vor der 2. und 3. Lesung des Gesetzesentwurfs von SPD/FDP, daß die Lösung der Problematik des § 218 im christlich-demokratischen Sinn in gezielten Programmen (wie Erziehungsgeld, Beratungspflicht usw.) bestehe, um die sozialen und wirtschaftlichen Ursachen möglicher Abtreibung zu beseitigen. Eine Gruppe von katholisch-konservativen Abgeordneten der CDU und CSU um den ehemaligen Familienminister Bruno Heck legten jedoch einen gesonderten Entwurf mit einer rein medizinischen Indikationsregelung vor, der neben dem CDU/CSU-Mehrheits-Entwurf im Bundestagsplenum zur Beratung kam.

Entzweiungen in der Opposition über einzelne Grundsatzfragen wie diese waren nicht selten. Meistens gingen sie auch tiefer, als Führung und Anhängerschaft der Union wahrhaben wollten, waren sie doch ein Symptom dafür, daß das Konfliktpotential in der Union in dem Maße wuchs, wie die Spannweite der Partei größer wurde und Gewichtsverlagerungen zugunsten jener Gruppierungen erfolgten, die den Liberalen und Sozialdemokraten in gesellschaftsreformerischem Engagement nicht nachstehen wollten. Durch Differenzierungsvorschläge und Veredelungskonzepte zu Gesetzesvorhaben der Regierung, also durch alles, was mehr nach Anpassung als nach Alternative aussah, ließ sich jedoch kaum Wirkung beim Wahlpublikum erzielen. Das war das Dilemma der Opposition unter dem Vorsitz Barzels gewesen, und daran krankten letztlich auch die gesellschaftspolitischen Leitsätze über Bodenrecht, Vermögensbildung, Mitbestimmung und berufliche Bildung, wie sie – als Programmpunkte der Barzel-Amtsführung – vom Hamburger Parteitag der »Diskussion und Entscheidung« verabschiedet wurden.

Wie verhielt es sich beispielsweise mit der Mitbestimmungsfrage? Seit der frühen, stark der christlichen Soziallehre verpflichteten Programmatik (Ahlener Programm, Düsseldorfer Leitsätze) war sie ein ernstes Anliegen der Union. Nachdem sich 1951 Adenauer mit den Gewerkschaften verständigt hatte, wurde die Montanmitbestimmung eingeführt. Zusammen mit dem Betriebsverfassungsgesetz von 1952 und dem Personalvertretungsgesetz von 1955 half sie, den sozialen Frieden in der Bundesrepublik sicher zu machen. Während des langwierigen Ringens innerhalb des SPD/FDP- Regierungsbündnisses über eine Ausweitung der Mitbestimmung entwickelte die Union aus einer Fülle von Mitbestimmungsvorschlägen zwei Modelle, über die der Hamburger Parteitag von 1973 entschied: Gegen den – auch von der Jungen Union unterstützten – Antrag der Sozialausschüsse (»Katzer-Modell«), der die gleichwertige Vertretung der Faktoren Kapital und Arbeit in einem Unternehmensrat befürwortete und sich von den Vorstellungen des DGB im wesentlichen nur durch ein anderes Wahlverfahren und die Einbeziehung des Managements unterschied, setzte sich mit großer Mehrheit das Modell des CDU-Bundesvorstands durch. Es ging zwar von einem »partnerschaftlichen Verhältnis von Arbeitnehmern, Kapitaleignern und Unternehmensleitung auf der Grundlage der Parität« aus, aber bei Pattsituationen billigte es doch den Kapitalseignern die Entscheidung zu. Im Laufe der parlamentarischen Behandlung des Mitbestimmungsgesetzentwurfs näherten sich die Vorschläge der Koalitionsparteien und der Opposition so weit an, daß die Union bei der Verabschiedung (389 Ja, 22 Nein, eine Enthaltung) den Grundsatz der Verhältniswahl und das Verfahren der Pattauflösung auf ihr Konto verbuchen konnte. Nur blieb bei einem solchen »Allparteiengesetz«, bei dem zuletzt über methodische Differenzen gestritten wurde, der maßgebliche Beitrag der Union der breiten Öffentlichkeit verborgen.

Das eben war ihr Dilemma als Opposition in den Jahren 1969 bis 1972, daß sie mit der Einbringung ureigener Programmpunkte und Gesetzesvorschläge ins Leere laufen mußte, wenn diese in der Gesetzgebungsarbeit »aufgingen«. In einem Wettbewerb der Reformen, wie er von den Sozialausschüssen, der Jungen Union und der Frauenvereinigung angestrebt wurde, konnten die Regierung und die sie tragenden Parteien aufgrund der Mehrheitsverhältnisse im Bundestag die CDU/CSU immer in die Rolle des Hasen gegen den Igel manövrieren.

Genau dieser wenig erfolgversprechenden Rolle der Opposition galt es auszuweichen. Daß dies klar erkannt und daß auch dementsprechend der Oppositionskurs korrigiert wurde, war ein Verdienst der neuen Führungsmannschaft mit Kohl, Carstens und Biedenkopf. Mit ihr begann für die Unionsopposition eine Konsolidierungsphase, die weit über die folgende Wahl von 1976 hinausreichte. Es fällt auf, daß die Grundsatzrede Kohls auf dem Hamburger Parteitag die für die Diskussion vorbereiteten Hauptthemen zwar einleitend anriß, aber dann zielstrebig auf die Alternative der Union im Grundsätzlichen zu sprechen kam: auf »die entschiedene, die Innen- und Außenpolitik gleichrangig umfassende Friedenspolitik«. Darunter faßte er den Ausbau des freiheitlichen und sozialen Rechtsstaates, die Eingliederung in die westeuropäisch-atlantische Gemeinschaft und die weltweite Zusammenarbeit mit allen fortschrittlichen

Helmut Kohl
Bundesvorsitzender der CDU seit 12. 6. 1973.
Vorsitzender der CDU/CSU-Fraktion des Deutschen Bundestages
13. 12. 1976–4. 10. 1982.
Bundeskanzler der Bundesrepublik Deutschland seit 1. 10. 1982.

Kräften. Diese Politik sollte im Innern wie nach außen vom Geist der
Partnerschaft und des fairen Ausgleichs der Interessen erfüllt sein.
Ähnlich Carstens, der – ebenfalls in Hamburg und ohne überhaupt
auf die Parteitagsthemen einzugehen – als grundsätzliche Aufgaben
der Opposition herausstellte, außenpolitisch auf Festigung des
Bündnisses der Westeuropäer mit den USA hinzuwirken, für Prio-
rität der westlich-europäischen Bindungen gegenüber der Entspannungspolitik einzutreten und Entspannung als ausgewogenes Verhältnis von Leistung und Gegenleistung sowie als Gewährleistung
menschlicher Erleichterungen für die Deutschen in der DDR und die
Völker Osteuropas zu fördern; innenpolitisch sollte vor allem die
Verteidigung der freiheitlich-rechtsstaatlichen Ordnung gegen Terroristen und Extremisten Sache der CDU/CSU sein. Dazu gehörte
die Freihaltung der Universitäten von linksradikalen Fanatikern
ebenso wie die Verhinderung von Machtzusammenballungen, die –
in Gestalt von Organisationen, Apparaten, Kollektiven usw. – den
persönlichen Freiheitsspielraum der Bürger mehr und mehr einen-
gen. Auch Biedenkopf löste sich in seiner Rede auf dem Hamburger
Parteitag, als er die Aufgaben der Zukunft skizzierte, auffallend
deutlich von den Themenvorgaben der Kommissionsarbeit. Im Hinblick auf 1974 als dem Jahr der 25. Wiederkehr der Verabschiedung
des Grundgesetzes definierte er die CDU als Verfassungspartei, die
auf die Gestaltungskraft demokratischer Gesetzgebung baue, sie jedoch nicht mit dem Anspruch der Systemüberwindung mißbrauche.
Die Verfassungsrechte und die Marktwirtschaft als Voraussetzung
des Wohlstands wie auch als freie Ordnung, die sich gerade in Krisen
bewähre, habe die CDU gegen die Ideologien und Kräfte der Veränderung zu verteidigen.

   Die neue Führung der Union suchte den von zwei Niederlagen
(1969 und 1972) stimulierten, von Barzel geförderten und vor allem
von den Sozialausschüssen, der Jungen Union, dem RCDS, auch von
der Frauenvereinigung vertretenen Reformgeist so zu lenken, daß
sich daraus keine Linksdrift entwickelte. »Wie links wird die
Union?«, war damals eine beliebte Spekulation der Presse (z. B. »Die
Zeit« vom 1. Juni 1973). Die Union mußte sich den Vorwurf gefallen
lassen, sie vermöge nicht, wie in ihrer »großen Zeit«, den fünfziger
Jahren, zu unterscheiden, welche Bewegungen in der Gesellschaft

Modetrends und welche Grundströmungen sind. »So meint sie, überall mitreformieren zu müssen. Der undifferenzierte Reformismus in unserem Land aber ist eine Modeerscheinung« (Eduard Neumaier). Demgegenüber war es der Partei- und Fraktionsführung darum zu tun, die in der Union um sich greifende Reformgeschäftigkeit – zweifellos war sie vom Zeitgeist angesteckt – wieder zur Besinnung auf das politische Geschäft der Opposition zu bringen.

5. Die Union im Aufwind. Die Bundestagswahl 1976

Kohl und Biedenkopf, auch Carstens und ein Großteil der Führungsträger und Anhänger verstanden die Union als Anwalt der schweigenden Mehrheit und ihres Interesses an Ordnung und Sicherheit, Anständigkeit und Wohlstand. Das Zeitgeschehen gegen Mitte der siebziger Jahre begünstigte ihr Bestreben: Der im Nahen Osten ausbrechende Konflikt (Yom-Kippur-Krieg im Oktober 1973) führte infolge der Drosselung des Erdölexports durch die arabischen Staaten zu einer Energiekrise, die den vorherrschenden Fortschrittsoptimismus erheblich dämpfte. Zugleich begann mit steigender Inflationsrate und zunehmender Arbeitslosigkeit die Abschwächung der Konjunktur für die breite Bevölkerung fühlbar zu werden. Anfang 1974 lag der Kostenindex für die private Lebenshaltung um 7,4 Prozent höher als ein Jahr zuvor, und die Zahl der Arbeitslosen näherte sich zum Jahresende trotz eines Beschäftigungsprogramms von fast einer Milliarde DM bereits der magischen Millionengrenze. In der Außenpolitik kam es zu ernsten Differenzen mit den USA über die deutsche Neutralitätspolitik im Nahostkonflikt, insbesondere über die Lieferung amerikanischer, in der Bundesrepublik gelagerter Waffen an Israel. Die Entspannungspolitik gegenüber Osteuropa wurde immer wieder dadurch belastet, daß die östliche Seite sich der Einbeziehung Berlins widersetzte und den Vier-Mächte-Status der Stadt restriktiv behandelte. Auch die Deutschlandpolitik erlebte, trotz Grundvertrag, durch Schikanen der DDR im Transit- und Postverkehr sowie durch die Verdoppelung der Umtauschsätze für DDR-Besucher und den Ausbau der Grenzsperren herbe Enttäuschungen, bis hin zu der Enttarnung des ostdeutschen Agenten Günter Guillaume im Mitarbeiterstab Willy Brandts. Für ihn, den Bundeskanzler, der angesichts der wachsenden wirtschaftlichen und außenpolitischen Schwierigkeiten resignierte, war indes die sensationelle Spionageaffäre nur der letzte Stoß, der Scheingrund für den Rücktritt aus einem zu schwer und unlieb gewordenen Amt. Brandts Charisma lebte von der Utopie, es erlosch in der Krise.

Die Landtags- und Kommunalwahlen von 1974/1975 zeigten eindringlich, daß sich die Union im Aufwind befand. Sie gewann in Hamburg, in Niedersachsen und in Hessen. Bei den Wahlen zum Berliner Abgeordnetenhaus (2. März 1975) wurde die CDU unter Führung von Peter Lorenz die stärkste Partei. Eine Woche später, in der Landtagswahl von Rheinland-Pfalz, trumpfte Helmut Kohl mit einem 53,9-Prozent-Ergebnis auf.

Doch schon die Wahlen in Schleswig-Holstein (April 1975), wo die CDU unter Stoltenberg geringfügige Verluste erlitt und nur knapp die absolute Mehrheit verteidigen konnte, deuteten darauf hin, wie stark die Wählerbewegungen und Trendentwicklungen im Fluß waren. Zwar bestätigten die Landtagswahlen im Saarland und in Nordrhein-Westfalen (Mai 1975) mit deutlichen Stimmengewinnen der Union, daß ihre Ausgangslage für die Bundestagswahl 1976 gut war, aber angesichts der unterschiedlichen Wahl- und Umfrageergebnisse stellte sich auch die Frage, ob mehr die Unzufriedenheit mit der SPD/FDP-Koalition oder mehr das Vertrauen in die Union die Wählergunst beeinflußte. Für letzteres sprach der stetige Mitgliederzustrom in diesen Jahren, der die Mitgliederzahl von 450 000 um die Mitte 1973 auf 625 000 kurz vor der Bundestagswahl 1976 hochbrachte. Und auch eine stärkere Identifizierung der Unionsmitglieder mit ihrer Partei, eine größere Bereitschaft zu politischen Aktivitäten war wieder zu verzeichnen, nachdem die Verdrängung aus der Regierungsverantwortung und die Aufgabe der Opposition gegen eine überschäumende Reformpolitik vielfach demoralisierend gewirkt hatten.

Mit vermehrtem Gewicht und erhöhtem Selbstbewußtsein konnten die Unionsparteien also Opposition machen. Schon mit der Nominierung Richard von Weizsäckers als Kandidaten für das Amt des Bundespräsidenten (April 1974) demonstrierten CDU und CSU ihre

politische Stärke. Zunächst hatte es so ausgesehen, als sollte auf die
Aufstellung eines Gegenkandidaten gegen den von SPD und FDP bereits im Dezember 1973 präsentierten Walter Scheel verzichtet werden. Zwar schloß das Stimmenverhältnis in der Bundesversammlung
von Weizsäckers Wahl aus, aber »das Echo auf die Nennung seines
Namens« zeigte, wie die »FAZ« schrieb, »daß die Union mit diesem
Verfechter liberalen und sozialen Strebens und außenpolitischer
Nüchternheit sich in einer Weise präsentiert, die das Erinnern an ihre
große Vergangenheit weckt«.

In die Offensive ging die Union in der Rechts-, Familien- und
Frauenpolitik. Gegenüber gesellschaftspolitischen Tendenzen von
SPD und FDP, sich auf die berufstätige Frau als alleingültiges Leitbild zu beziehen und die Erziehung der Kinder außerhalb der Familie zu organisieren, der Gesellschaft also »Familienersatz«-Funktion
zuzuerkennen, vertrat die CDU/CSU eine Konzeption, die auf die
gewandelte Rolle der Frau und des Mannes in der modernen Gesellschaft abgestimmt war und ein neues, von partnerschaftlichem Verhalten und erhöhter gegenseitiger Verantwortung geprägtes Famili-
enverständnis zugrunde legte. Auf Antrag der Unionsfraktion setzte
der Deutsche Bundestag eine Enquete-Kommission »Frau und Gesellschaft« ein, die praktische Vorschläge zur vollen rechtlichen
Gleichberechtigung und sozialen Gleichstellung von Mann und Frau
erarbeiten sollte, um die Frauen aus dem »Status einer Minderheit«
zu befreien.

Je mehr die Veränderungspolitik der zweiten Regierung Brandt
in ein »Tal der Düsternis« geriet, wie es ein Kommentar des WDR
sah, desto selbstbewußter und optimistischer zeigte die CDU/CSU-
Opposition Flagge, was bis in die Wahlwerbung, den politischen
Witz, die Polemik hineinwirkte. So lautete etwa eine Persiflage des
von Scheel auf Schallplatte gesungenen Liedes »Hoch auf dem gelben
Wagen« in Unionsversion so: »Hoch auf dem roten Wagen / sitz ich
beim Willy vorn, / munter die Preise traben/ Pleite schmettert das
Horn. / Deutschland, Europa und NATO / treiben dem Abgrund
zu, / ach, könnt' ich doch einmal noch wählen – / diesmal die CDU!«

Nach dem Rücktritt Brandts am 5. Mai 1974 – die Hälfte der 7. Legislaturperiode war noch nicht zurückgelegt – wählte der Deutsche
Bundestag zehn Tage darauf Helmut Schmidt zum Bundeskanzler.

Er übernahm das Krisenmanagement. Es galt, in der größten Weltwirtschaftskrise seit dem Zweiten Weltkrieg und in einer Abkühlungsphase des Ost-West-Verhältnisses das Erreichte zu sichern. Von Reformwerken und weitreichenden Lösungen war jetzt nicht mehr die Rede. Die Geschichte der Bundesrepublik ging nun nach den Zeiten des Aufbaus und der Reformen in die Normalität über. Auf diese Veränderung der politischen Situation mußte sich auch die CDU/CSU-Opposition einstellen. Es kam hinzu, daß Schmidt seine Regierung mit einem staatsmännischen Image zu inszenieren verstand, das ihm weit über seine Partei hinaus Anerkennung und Anhänger verschaffte. Auch dies war für die Union ein Grund, ihre Opposition noch mehr als Auseinandersetzung im Politisch-Grundsätzlichen zu begreifen. Das Rollenverständnis der CDU/CSU als parlamentarischer Opposition definierte Carstens auf dem Bundesparteitag der Union in Mannheim (23.–25. Juni 1975): »Wir sehen es als unsere Aufgabe an, die Tätigkeit der Regierung zu kontrollieren, die Regierung da, wo sie Fehler macht, zu kritisieren und, wo die allgemeine Richtung der Regierungspolitik nach unserer Auffassung falsch ist, die Regierung anzugreifen.« Grundsätzlich-zentral, ohne Obstruktion zu betreiben, sollte die Auseinandersetzung mit dem Bundeskanzler und der Regierungskoalition geführt werden. Der Vorsitzende der CDU/CSU-Bundestagsfraktion sprach von einem »geschichtlichen Kampf«, dessen »Ausgang ungewiß ist«: »Es geht um die Frage, ob in unserem Lande Kollektivismus und Sozialismus siegen werden oder ob wir das seit 1949 kontinuierlich fortentwickelte System einer freien, gerechten Gesellschaftsordnung, einer Sozialen Marktwirtschaft, einer Bewahrung der natürlichen Bindungen von Ehe, Familie und Eltern-Kind-Beziehungen erhalten wollen oder nicht.«

Die Konzentration auf große Themen und grundsätzliche Entscheidungen verhalf der Fraktion zu größerer Geschlossenheit, erleichterte die Zusammenarbeit zwischen ihr und der Partei, gab auch der Solidarität zwischen CDU und CSU, zumindest bis ins Vorfeld des Wahlkampfes für die Bundestagswahl 1976, ein festeres Fundament. Den politischen Gegner suchte die Union hauptsächlich auf drei Ebenen zu treffen: Zum einen wurden der von Schmidt und Genscher neu eingegangenen sozialliberalen Koalition als Ganzes schwere Unterlassungen und Rückschläge sowohl in der Innenpolitik bei der Bekämpfung von Inflation, Arbeitslosigkeit und Terrorismus als auch in der Außenpolitik bei den Bemühungen um den europäischen Integrationsprozeß und das deutsche Einheitsbewußtsein angelastet. Zum anderen wurde die SPD gesondert aufs Korn genommen und ihr eine systemverändernde, auf eine sozialistische Gesellschaftsordnung hinzielende Politik vorgeworfen. Die oppositionellen Angriffe richteten sich schließlich unter dem Stichwort »Personalisierung der Politik« auch direkt gegen Schmidt, den man als Schulden- und Inflationskanzler hinstellte; vor allem Herbert Wehner diente der Union wiederholt als »Wählerschreck«. Zur politischen Rolle der Opposition stellte Kohl – im Rückblick auf das erste Jahr der Kanzlerschaft Schmidts – jedoch fest, daß die Union auf keine totale Konfrontation hinsteuere, sondern bei aller Kritik und Kontrolle wesentliche Entscheidungen der Regierung mitgetragen habe und mittragen wolle, wenn eine gemeinsame Basis gegeben sei. Als Beispiele nannte er die Steuerreform und den Kampf gegen den Terrorismus, der 1974/75 mit der Ermordung des Kammergerichtspräsidenten Günter von Drenkmann und der Entführung des CDU-Vorsitzenden Peter Lorenz in Berlin sowie der Ermordung der Diplomaten Andreas von Mirbach und Heinz Hillegaard in der Stockholmer Botschaft der Bundesrepublik seinen ersten erschreckenden Höhepunkt hatte.

Nicht nur auf den Gebieten Rechtsstaat und Innere Sicherheit, sondern auch in der Wirtschafts- und Finanzpolitik konnte die Union mit öffentlichkeitswirksamen, »regierungsfähigen« Alternativen aufwarten. In der Wirtschaft hatte gegen Mitte der siebziger Jahre der Rückgang der Konjunktur zu einer disproportionalen Entwicklung von Investitionstätigkeit und Konsum geführt. Das galt nicht nur für den privaten Bereich, sondern namentlich auch für den Staat. Einer verstärkten Schuldenaufnahme der öffentlichen Hand standen immer weniger öffentliche Investitionen gegenüber. Aus den in der ersten Regierungserklärung Brandts angekündigten Steuererleichterungen im Rahmen einer großen Steuerreform waren 1972/73 massive Verbrauchssteuer-Erhöhungen geworden, die sich nach Meinung der Union besonders »unsozial« auswirkten. Die inflationären Tendenzen ließen die Steuerlast zusätzlich ansteigen, da die Steuerprogression mit wachsendem Nominaleinkommen dynamischer wurde. Die CDU/CSU-Opposition wollte eine Reform des Steuerrechts, die an dem Grundsatz der Besteuerung nach der individuellen Leistungsfähigkeit orientiert und nicht als Mittel zur Umverteilung im Sinne einer leistungsfeindlichen Gleichheit eingesetzt werden sollte.

Die Bundestagsdebatte über die Wirtschafts- und Finanzpolitik am 17./18. September 1975 wurde zu einer großen Stunde der CDU/CSU-Opposition. Die Bilanz von sechs Jahren sozialliberaler Regierungsarbeit, die im Vergleich zum Jahr 1969 40,9 Milliarden DM Defizit des Bundes gegenüber 1,7 Milliarden DM, ein Wachstum von −3,5 Prozent gegenüber +8,2 Prozent, eine Preissteigerungsrate zwischen 6 und 6,5 Prozent gegenüber 1,9 Prozent sowie eine Zahl von annähernd zwei Millionen Arbeitslosen und Kurzarbeitern gegenüber 178 000 im Jahr 1969 aufwies, brachte vielen Bürgern erst die Krise in ihrem vollen Ausmaß zu Bewußtsein. Der Antrag der Union auf rückhaltlose Darlegung der finanziellen Situation des Staates gipfelte in der Forderung nach einer grundsätzlichen politischen Kurskorrektur, die sich wieder an den Prinzipien der Sozialen Marktwirtschaft orientieren sollte.

Was der Debatte ihren politischen Stellenwert gab, war das erstmalige Aufeinandertreffen der Kanzlerkandidaten für die Bundestagswahl 1976 im Parlament. Die Öffentlichkeit registrierte – in der Presseberichterstattung mit großer Einmütigkeit –, daß die Koalition in die Defensive gedrängt war und daß Kohl als Konkurrent des »mit allen Wassern gewaschenen amtierenden Kanzlers« (»Frankfurter Neue Presse«) nicht unterschätzt werden dürfe. Konkreter führte die »FAZ« zum Auftritt des rheinland-pfälzischen Ministerpräsidenten im Bundestag aus: »Der Herausforderer Helmut Schmidts ist dabei, eine neue Dimension zu gewinnen. Die Fähigkeit, bei rigoroser Abgrenzung dort, wo die Auseinandersetzungen wurzeln, am Ende doch den Blick fast versöhnlich auf das Ganze zu richten, hat an diesem Tag beeindruckt …«

Die erste Runde des Duells mit Schmidt nach der Wahl zum Kanzlerkandidaten der Union ging an Kohl. Der CDU-Bundesvorstand hatte den Parteivorsitzenden bereits am 12. Mai 1975 den Präsidien von CDU und CSU als gemeinsamen Kandidaten für das Amt des

Bundeskanzlers vorgeschlagen. Überraschend war an dem Beschluß nur die Einstimmigkeit, mit der er zustande kam. Zwar hatte sich der stellvertretende Vorsitzende Stoltenberg, der in der Öffentlichkeit vielfach als personelle Alternative genannt wurde, bis zuletzt zur Verfügung gehalten, aber angesichts der sich abzeichnenden klaren Mehrheit für Kohl trug er die Entscheidung des Vorstands sachlich und loyal mit.

Ganz anders verhielt es sich mit der CSU, insbesondere mit ihrem Vorsitzenden Strauß, der seine Anwartschaft in Verknüpfung mit einer anderen politischen Akzentsetzung und einer anderen Oppositionsstrategie geltend machte. Während Kohl – unterstützt vom Generalsekretär Biedenkopf und vom Bundesschatzmeister Kiep, ferner von Weizsäcker sowie von CDA, Junger Union und Frauenvereinigung – angesichts der schwierigen Situation des Landes zur Mitverantwortung bereit war, also trotz aller grundsätzlichen Diskrepanz den Weg der Konfliktlösung im Interesse des Ganzen favorisierte, setzte Strauß in der Auseinandersetzung mit der SPD/FDP-Koalition ganz auf politische Polarisierung, wobei er bei den Vertretern eines harten Kurses in der Union wie Dregger und Filbinger auf Sympathie hoffen durfte. Strauß wollte, wie er schon in seiner Sonthofener Rede am 19. November 1974 erkennen ließ, die Regierungskoalition durch ein entsprechendes krisenverschärfendes Verhalten im Parlament wie im Bundesrat zum Offenbarungseid zwingen. Stand dahinter etwa die Absicht, mit Hilfe der Rezession und der sich verbreitenden Unsicherheitsstimmung als »starker Mann«, als »Krisenkanzler« an die Regierung zu kommen? Schließlich konnte er den grandiosen Sieg in der bayerischen Landtagswahl vom 27. Oktober 1974 für sich ins Feld führen, in der die CSU mit 62,1 Prozent den höchsten jemals von einer Partei in Bundes- und Landtagswahlen errungenen Stimmenanteil erreicht hatte.

Die Vorbehalte der CSU unter der Führung von Strauß gegen die Kanzlerkandidatur Kohls wie auch gegen den politisch-strategischen Kurs, den er verkörperte, ließen wieder Richtungskämpfe und Personalquerelen zwischen den beiden Schwesterparteien aufleben. Die Verhandlungen über die gemeinsame Politik und den Kanzlerkandidaten wurden beiderseits von Sticheleien und Ausfällen begleitet. Am 10. Juni 1975 einigten sich die Präsidien von CDU und CSU zunächst über die Strategie für 1976 und die außenpolitischen Ziele, dann am 19. Juni über die innenpolitischen Themen und über den gemeinsamen Kanzlerkandidaten. Zwar setzte sich dabei Kohl gegen Strauß durch, aber er mußte mit dem Handicap fertig werden, daß die CSU – laut Parteiausschuß-Erklärung vom 7. Juni – ihren Parteivorsitzenden für »die am besten geeignete Persönlichkeit ... zur Bestimmung und Gestaltung der Bundespolitik« hielt. Zurecht hat man darin einen »Geburtsfehler« von Kohls Kanzlerkandidatur gesehen.

1976, das Jahr der Bundestagswahl, schien für die CDU unter einem guten Stern zu stehen. Die hundertste Wiederkehr des Geburtstags Adenauers war für sie kein bloß zufälliges zeitliches Zusammentreffen. Der erste Parteiführer und erste Bundeskanzler war mehr als eine historische Symbolfigur, seine politischen Erfolge dienten der Union immer wieder zur Orientierung in die Zukunft, an ihnen und ihren Grundlagen maß sie das eigene Tun. Er hatte die Union zur absoluten Mehrheit geführt, die sie jetzt unbedingt brauchte, um gegen das Bündnis von SPD und FDP zu bestehen. Er hatte es vorgemacht. Die Bilanz der Landtagswahlen 1974/75 mit immerhin neun – und nimmt man die baden-württembergische Wahl vom 4. April 1976 noch hinzu zehn – Wahlentscheidungen konnte sich sehen lassen und war Grund genug, Optimismus zu zeigen. Noch einmal hatte die CDU gegenüber den Landtagswahlen 1970/71 glatt drei Prozent zugelegt und vereinigte damit insgesamt mehr als 51,4 Prozent der Wählerstimmen auf sich. In neun von elf Bundesländern stellten CDU und CSU die stärkste Fraktion, nach Mandaten waren die Unionsparteien mit 693 gegen 684 den Parteien der Koalition überlegen. Die Landtagswahl in Baden-Württemberg fiel mit 56,7 Prozent Stimmen derart überzeugend zugunsten der CDU aus, daß auch bundesweit die reelle Chance einer absoluten Mehrheit bestand. Die Union war zweifellos gut im Schuß.

Am 14. Juli 1976 feierte die Parteiprominenz zusammen mit Neumitgliedern auf einer großen Rhein-Fete die zügige Passage der 600 000-Marke – die Mitgliederpartei CDU hörte auf, halbwüchsig zu sein. Es war allerdings schwer zu entscheiden, ob die Union wirklich so stark oder die SPD/FDP-Koalition nur so schwach dotierte, das Übergewicht der Union demnach nur relativ war und sie hauptsächlich vom Scheitern der Regierung Brandt profitierte. Der

Stimmung taten solche Betrachtungen keinen Abbruch. Die Union spürte zum ersten Mal wieder seit langem Wind in den Segeln. Das stärkte ihr Selbstbewußtsein und machte sie für die politische Offensive bereit.

Schon in den Landtags- und Kommunalwahlen 1975/76 hatte sich – bei allen durch das Süd-Nord-Gefälle bedingten Abweichungen – eine Trendwende in der politischen Grundströmung zugunsten der CDU/CSU abgezeichnet. Obwohl die Union im norddeutschen evangelischen Wählermilieu deutlich weniger ankam, war ihre Ausgangslage für den Bundestagswahlkampf im ganzen günstig. Die öffentliche Meinung sprach ihr nicht nur in den wirtschafts- und finanzpolitischen, sondern auch in den gesellschaftspolitischen Fragen (z. B. Beseitigung der Arbeitslosigkeit) eine höhere Lösungskompetenz als der SPD zu. Außerdem genoß Kohl als Kanzlerkandidat eine wesentlich größere Popularität als Barzel 1972. Es gelang ihm zum ersten Mal in der Geschichte der Opposition der Bundesrepublik, den Amtsbonus des regierenden Bundeskanzlers, der bei früheren Bundestagswahlen jeweils durchschnittlich 20 Prozent betragen hatte, erheblich zu reduzieren. Unmittelbar vor der Wahl hatten von den bei einer Meinungsumfrage Befragten 49,2 Prozent am liebsten Schmidt, 37,5 Prozent am liebsten Kohl als Bundeskanzler haben wollen.

Im längsten und aufwendigsten Wahlkampf der Geschichte der Bundesrepublik stellte die Union ihr Wahlwerbungskonzept auf eine Mischung von Sympathiewerbung für Kohl und gesellschaftspolitischer Grundsatzkonfrontation ab. Während mit dem emotional ansprechenden Motto »Aus Liebe zu Deutschland« für Kohl als einen Mann des Vertrauens geworben wurde, sollte der Slogan »Freiheit statt Sozialismus« dem Wähler die grundsätzliche Alternative verdeutlichen, vor der die deutsche Politik nach Lagebeurteilung der CDU stand. Weil jedoch eine innerparteiliche Auseinandersetzung über die CSU-Variante »Freiheit oder Sozialismus« während des Wahlkampfes aufkam, wurde diese Aussage in der ironisierenden Form »Freiheit oder/statt Sozialismus« nicht nur vom politischen Gegner, sondern auch von vielen Unionsanhängern bespöttelt und so in ihrer Wirkung stark gemindert. Zusammen mit der Formel »CDU – sicher, sozial und frei«, die gleichsam als Markenzeichen der

Union eingesetzt wurde, kennzeichneten diese schlagwortartig ge-faßten Themen die »klare und entschiedene Antwort«, die auf dem 24. Bundesparteitag in Hannover (24.–26. Mai 1976) im Wahlpro-gramm und im Europäischen Manifest der Union verabschiedet wurde.

Der Europatag am 25. Mai, dem führende Repräsentanten be-freundeter europäischer und lateinamerikanischer Parteien als Gäste die Ehre gaben – unter ihnen Amintore Fanfani, Leo Tindemans, Wilfried Martens, Margret Thatcher, Jean Lecanuet, Maria-José Gil-Robles, Napoleon Duarte (damals Präsident der Organisation Christlicher Parteien in Lateinamerika) –, sollte demonstrieren, daß es bei dem Kampf der Unionsparteien »für die Wende der deutschen Politik« (Kohl) zugleich »um das Schicksal Deutschlands und Euro-pas« gehen würde, wie es zu Beginn des Wahlprogramms der CDU und CSU hieß. Die Union stellte sich dem Wähler als die »freiheitli-che Alternative in Deutschland« vor.

Aussagen und Forderungen der Union waren dabei – die Hand-schrift Biedenkopfs ist unverkennbar – von der Zielvorstellung einer »freien, gerechten und solidarischen Gemeinschaft« bestimmt. Auf sie bezog sich die sozial- und wirtschaftspolitische Programmatik: die Neue Soziale Frage, die aufgeworfen wurde durch die von keiner Gruppen- und Verbandsmacht vertretenen Schwachen im Staat (Alte, Behinderte, kinderreiche Familien, »strukturell« Arbeitslose), die berufliche Bildung als Unterpfand reeller Lebenschancen, die So-ziale Marktwirtschaft als die Kapitalismus und Sozialismus über-windende Kraft. Auf sie bezogen sich aber auch die deutschland-, europa- und sicherheitspolitischen Ziele der Union: die Überwin-dung der deutschen Teilung »mit friedlichen Mitteln« und »in einem geeinten Europa freier Menschen«, die Schaffung eines europäischen Bundesstaates mit demokratischer Verfassung und freiheitlicher Wirtschafts- und Gesellschaftsordnung, die Festigung des Atlanti-schen Bündnisses mit den Vereinigten Staaten von Amerika zur Ab-wehr militärischer und ideologischer Bedrohung.

Auffällig ist der deklaratorische Charakter der CDU-Wahlaus-sagen. Er prägte auch die Stellungnahmen der Hauptredner von CDU/CSU bei der Haushaltsdebatte, die zehn Tage vor Hannover stattfand. Carstens, Barzel, Dregger, von Weizsäcker und Katzer brachen, jeder mit anderem Ansatzpunkt, eine Lanze für die ordnungspolitischen Wertentscheidungen des demokratischen Rechtsstaats, der Sozialen Marktwirtschaft und sozialen Partnerschaft. Diese müßten, dahin ging übereinstimmend der Tenor ihrer Erklärungen, im wechselseitigen Bedingungsverhältnis zur Freiheit verwirklicht werden. Eins sei ohne das andere nicht möglich.

Es gelang der Union, in der Bevölkerung eine positive Meinung aufzubauen und die Exponierbereitschaft ihrer Anhängerschaft zu erhöhen. Das äußerte sich in der Nachfrage nach Informations- und Werbemitteln ebenso wie beim »canvassing« (Straßenwerbung und Hausbesuche), das damals auch die CDU bundesweit erfolgreich anwandte. Vor allem der rege Besuch von Wahlveranstaltungen ließ die im Vergleich zu 1972 günstigeren politisch-klimatischen Bedingungen für CDU und CSU erkennen. Höhepunkt des »heißen« Wahlkampfes war die machtvolle Kundgebung in der Dortmunder Westfalenhalle, mitten im Revier des politischen Gegners, wo der Kanzlerkandidat vor 16 000 Zuhörern seine ganze »Mannschaft«, die »besseren Männer und Frauen«, vorstellte: Strauß (Finanzen und Vizekanzler), Carstens (Außenminister), Dregger (Innenminister), Stoltenberg (Wirtschaft), Katzer (Arbeit und Soziales), Wörner (Verteidigung) und als weitere Mitglieder des »Schattenkabinetts« Barzel, Biedenkopf, Peter Lorenz, Hans Maier, Stücklen, von Weizsäcker sowie fünf Frauen, unter ihnen Helga Wex, Hanna-Renate Laurien und Dorothee Wilms.

Man hat die CDU nach dem Wahlausgang im analysierenden Rückblick vielfach dafür getadelt, daß ihr »Programm der großen Linien« in der Sachthematik wenig konkret war. »Die Themen kamen und gingen mit einer durch die Zeitereignisse diktierten Beliebigkeit ...« (L. Herrmann). Die SPD sprach von »Leer- und Agitationsformeln der Vergangenheit«. Tatsache war, daß die auf spezielle Sachthemen bezogenen Zielgruppenaktionen, Initiativen und Kongresse der Union in der Öffentlichkeit im Schatten der großen Kontroversen über die Staatsfinanzen, die Innere Sicherheit oder die deutschland- und ostpolitische Problematik standen. Es gab unter anderem die »Bildungspolitischen Schwerpunkte«, das »Programm für ältere Menschen«, das von einem sozialpolitischen Unterausschuß unter dem Vorsitz von Christa Schroeder erarbeitet wurde, die

der Partnerschafts-Idee verpflichtete Frauen-Initiative, das strukturpolitische »Aktionsprogramm für den Mittelstand«, die »Leitsätze
zur Gesundheitspolitik«, die »agrarpolitischen Leitlinien« und die
von Biedenkopf und Irma Blohm vorgelegten »Maßstäbe für eine
künftige Verbraucherpolitik«. Sie enthielten jeweils sachverständige
Lösungsvorschläge »zum Thema«, wie eine gefragte Broschüren-
reihe der CDU hieß. Auch das zehn Tage vor dem Wahlsonntag von
Kohl präsentierte Sechs-Punkte-Sofortprogramm einer von ihm geführten Regierung ließ an Deutlichkeit nichts zu wünschen übrig:
Beseitigung der Arbeitslosigkeit und Schaffung neuer Arbeitsplätze
durch gezielte Steuererleichterungen, eine »konzertierte Aktion«
von Regierung, Gewerkschaften, Wirtschaft, Wissenschaft und Jugendorganisationen zur Beseitigung der Jugendarbeitslosigkeit und
zum Abbau der Zulassungsbeschränkungen an den Hochschulen,
Erhöhung der Renten um 10 Prozent und Sanierung der Rentenver-
sicherungsträger durch volks- und betriebswirtschaftliche Maßnahmen, Stärkung des Rechtsstaates durch entschlossene Bekämpfung von Verbrechen und Terror sowie durch bundeseinheitliche
Anwendung des Radikalenerlasses und eine Neukonzipierung der
Deutschlandpolitik nach dem Prinzip strikter Gegenseitigkeit.

Der Wahlslogan »Freiheit statt Sozialismus« rief Erinnerungen an
den kämpferischen Geist und die Grundsätzlichkeit der fünfziger
Jahre wach. Das Wahlprogramm von CDU und CSU beschwor das
»Schicksal Deutschlands und Europas«, das sie durch sozialistische
Experimente und bürokratische Gängelung, durch sozialistische
Schule und Verharmlosung von politischem Radikalismus aufs Spiel
gesetzt sah. Dem stellte sie ihre Vorstellungen von Demokratie, von
einer »freien und offenen, gerechten und solidarischen Gesellschaft«
gegenüber. Zusammen mit dem Wahlprogramm wurde ein »Eu-
ropäisches Manifest der CDU« beschlossen, das zur Europäischen
Union als Gemeinschaft mit freiheitlicher pluralistischer, auf den
Prinzipien der Solidarität und Subsidiarität beruhenden Ordnung
aufrief. Ein Programm für ältere Menschen, eine CDU-Frauen-
Initiative, die für die Partnerschaftsidee warb, sowie »Bildungspoli-
tische Schwerpunktthesen« rundeten die Wahloffensive ab. Als »Anwalt der Freiheit« wollten die Unionsparteien die Wahl gewinnen.
Am meisten Staub wirbelte eine Dokumentation Biedenkopfs über

den Mißbrauch gewerkschaftlicher Macht auf. Es sollte deutlich gemacht werden, daß die großen sozialen Verbände, als unerläßliche Bestandteile einer freien marktwirtschaftlichen Ordnung, nicht nur sich selbst und ihren Mitgliedern, sondern auch dem Wohl der Allgemeinheit verantwortlich sind.

Die Endphase des Wahlkampfes sah die Opposition in einem Kopf-an-Kopf-Rennen mit der Koalition. Doch zur »Stunde der CDU«, wie erhofft und beschworen, sollte der 3. Oktober 1976 nicht werden. »Die Stimmung erstarb am Kalten Büfett«, wie der »Kölner Stadt-Anzeiger« die Wirkung der ersten Hochrechnungen auf die Wahl-Party im Konrad-Adenauer-Haus notierte. Die Opposition hatte einen großen Sprung nach vorne getan, aber ihr Gewinn reichte zum Sieg nicht aus.

Die Wahlanalyse bezeichnet die Wahlen zum 8. Deutschen Bundestag, die am 3. Oktober 1976 stattfanden, als »Wahl ohne Sieger«. Die Unionsparteien erzielten zwar ihr bestes Ergebnis seit dem triumphalen Adenauer-Erfolg von 1957, aber am Ende fehlte ihnen ein Prozent der Stimmen, um die Regierung übernehmen zu können. Der Sieg war also wirklich »greifbar nahe« gewesen, wie es Kohl auf dem Bundesparteitag der CDU in Hannover Ende Mai 1976 den Delegierten erklärt hatte. CDU und CSU erreichten einen Stimmenanteil von 48,6 Prozent, was gegenüber 1972 einen Gewinn um 3,7 Prozent bedeutete. Die SPD erhielt 42,6 Prozent der gültigen Stimmen und büßte damit wieder ihre 1972 errungene Position als Mehrheitspartei ein; sie mußte Stimmenverluste um 3,2 Prozent hinnehmen und verlor 39 Direktmandate an die Unionsparteien. Die FDP ging nur leicht um 0,5 Prozent auf einen Stimmenanteil von 7,9 Prozent zurück und konnte sich infolgedessen als »Zünglein an der Waage« behaupten, das über die Regierungsbildung entschied.

Die Fortsetzung der SPD/FDP-Koalition, mit der knappen Mehrheitsbasis von acht Mandaten, verwies die CDU/CSU als stärkste politische Kraft wieder auf die Oppositionsbank. Diese Konstellation war alles andere als geeignet, um die Fronten zwischen den Parteien und im Parlament aufzulockern. »So aber können«, wie die »Westfälische Rundschau« schrieb, »die einen vermutlich regieren – und die anderen werden sich so stark fühlen, als könnten sie es auch.« Die Union interpretierte denn auch das Wahlergebnis als »Auftrag, die politischen Geschicke der Bundesrepublik Deutschland in die Hand zu nehmen«. Mit Genugtuung – wenn auch angesichts einer weiteren Legislaturperiode in der Opposition ein schwacher Trost – stellten die Führungsgremien der CDU fest, daß die personale und inhaltliche Erneuerung der Partei während der Oppositionszeit erfolgreich vorangegangen war. Insbesondere war es gelungen, während des Wahlkampfs das Wählerpotential der Union zu mobilisieren.

So sah sich die Union gestärkt, mit »bitterem Lorbeer« bekränzt – so ein Journalist treffend. Ihre Gewinne beliefen sich in Süddeutschland (einschließlich Hessen, Rheinland-Pfalz und Saarland) auf 4,3 Prozent, in Nordrhein-Westfalen auf 3,5 Prozent und in Norddeutschland auf 3 Prozent. Der Anteil der weiblichen Wähler überwog sowohl bei der Stammwählerschaft als auch bei den Zuwanderern von SPD und FDP wieder eindeutig; das 1972 zu beobachtende Wahlverhalten der Frauen wiederholte sich also nicht. Und ebenso zeigten die Ergebnisse bei den Erst- und Jungwählern starke Verbesserungen. In den katholischen Hochburgen erreichten CDU und CSU durchschnittlich 63 Prozent der Stimmen, während sie in den evangelischen Hochburgen nur 42,8 Prozent bekamen. Nach der Art der Erwerbstätigkeit ergaben sich die stärksten Gewinne in Wahlkreisen mit hohem Anteil von Angestellten sowie Beschäftigten in Handel und Gewerbe, aber auch in Wahlkreisen mit hohem Arbeiteranteil lagen die Gewinne der CDU/CSU mit 4,1 Prozent deutlich über dem Bundesdurchschnitt von 3,7 Prozent. Unterproportionale Gewinne waren in den landwirtschaftlichen Hochburgen und in Wahlkreisen mit hohem Selbständigenanteil zu verzeichnen. Ein Stadt-Land-Vergleich zeigte, daß die Unionsparteien in städtischen Gebieten 4,3 Prozent hinzugewinnen und damit den 1972 verlorenen Boden mehr als gutmachen konnten. Während sie in ländlich-katholischen Gebieten Gewinne von 3,7 Prozent erzielten, was genau dem Bundesdurchschnitt entsprach, schnitten sie in ländlich-evangelischen Gebieten am schlechtesten ab (2,1% gegen 3,3% in städtisch-evangelischen Gebieten). Damit konnten sie die von den Sozialliberalen 1972 erzielten Einbrüche in das katholische Milieu zwar wieder rückgängig machen, aber das Süd-Nord-Gefälle in den Stimmenanteilen der Unionsparteien wurde dadurch noch ausgeprägter. CDU und CSU hatten – nach einem mit großem Einsatz geführten Wahlkampf – das Reservoir ihrer Wählerschaft so gut wie ausgeschöpft und dennoch nicht ihr Wahlziel, die absolute Mehrheit, erreicht. Wie sollte es für sie jetzt als »Opposition der Sieger« (»Münchner Merkur«) weitergehen? Das Nachdenken über den Oppositionskurs für die 8. Wahlperiode begann mit der Frage: Warum hatten die Unionsparteien ihren Sieg »verloren«? Welches waren die Gründe für das knappe Wahlergebnis? Nachdem man »klüger« geworden war, ließ sich vieles nennen: der »Geburtsfehler« von Kohls Kanzlerkandidatur, denn von vornherein war seine Autorität mit der Unsicherheit behaftet, Strauß als »Hintermann«, als »eigentliche« Alternative zu haben, was von SPD und FDP im Wahlkampf mit einer auf das Negativ-Image des CSU-Vorsitzenden berechneten »Anti-Strauß«-Kampagne ausgenutzt worden war; für Strauß und die Seinen war es dagegen das Kokettieren mit der FDP, die »linke« Profilsuche der CDU, die den Ausschlag gegeben habe, es seien die »Kameraden dort oben« gewesen, »die Nordlichter«, die versagt hätten, wie er noch in der Wahlnacht in einem zum geflügelten Wort gewordenen Diktum verkündete; als Gründe wurden ferner genannt das Hin und Her um den Wahlslogan, die fehlende klare Linie in den Sachfragen, die unzureichende Definition der Zielgruppen, die mangelnde Bereitschaft zur Beschränkung auf Wesentliches: »Die Union umwarb wieder einmal hundert Prozent der Bevölkerung, während es doch darauf ankam, einundfünfzig Prozent zu gewinnen« (L. Herrmann).

V.
»Aufwertung in der Provinz«

Erfolge und Rückschläge der CDU in den Ländern seit 1969 erscheinen mit der bundespolitischen Entwicklung in einer fast umgekehrt proportionalen Funktion verknüpft. Die Opposition gegen die SPD/FDP-Regierung in Bonn gab der CDU in den Ländern einen deutlichen Auftrieb. Die organisatorische und programmatische Erneuerung der CDU in den Jahren der Opposition ergriff auch die Parteiverbände auf Landesebene. Nicht nur, daß die »Landesfürsten«, allen voran die CDU-Ministerpräsidenten, politisch wieder an Gewicht zulegten, die Führungspositionen der Partei und auch der Bundestagsfraktion gingen, wie Josef Schmid beobachtet hat, zunehmend an Repräsentanten aus den Ländern über. Neue Formen der Parteiarbeit und neue Inhalte der Landespolitik wie z. B. in der Bildungsplanung und -förderung, im Technologie- und Industriebereich sowie im Sozialwesen und Baurecht wurden in den Ländern entwickelt und erprobt. Die CDU fand auf der Landesebene, zumal dort, wo sie Regierungsverantwortung hatte, einen »Hort politischer Macht, Dynamik und Kritik« (Schmid). Die Unionsmehrheit im Bundesrat erlaubte es, in Bonn wenn nicht »mitzuregieren«, so doch der sozialliberalen Koalition das Regierungsleben möglichst schwerzumachen.

Eine Blockadepolitik hat die Union dabei jedoch nicht betrieben. Das parteiübergreifende gemeinsame Interesse der Länder wirkte hier ebenso hemmend wie der Wille zur »konstruktiven« Opposition, ganz abgesehen davon, daß auch das Wahlgeschehen auf Landesebene die Gewichte ständig verschob. In der zweiten Hälfte der Oppositionszeit bildeten sich in den Ländern Tendenzen aus, die bis in die achtziger Jahre hinein, ja noch darüber hinaus anhielten. Am schwerwiegendsten und – von der Unionsgeschichte her gesehen – auch am bittersten war die Entwicklung der Landesparteien in Nordrhein-Westfalen und im Saarland. In Niedersachsen und Hessen hingegen konnte die CDU Boden gutmachen und zum Bundesdurchschnitt vorstoßen. Die CDU-Hochburgen Baden-Württemberg, Rheinland-Pfalz und Schleswig-Holstein stabilisierten sich, während Bremen und Hamburg Sorgenkinder blieben. In Hamburg gelang es der CDU 1982, die SPD erstmals vom Platz der stärksten Partei zu verdrängen – einen Blütentraum lang, denn schon in der Neuwahl Ende des Jahres (19. Dezember 1982) fiel sie wieder zurück. Dagegen war die Berliner CDU erfolgreich. Die Krise der SPD/FDP-Regierung, durch eine Skandalserie hervorgerufen, machte es beim Übergang in die Achtziger möglich, konzentriert auf den politischen Wechsel hinzuarbeiten. Mit dem »Zugpferd« von Weizsäcker erreichte die Partei 1981 in der Wahl zum Abgeordnetenhaus ein Rekordergebnis.

Kurz: Überall dort, wo die Union verjüngt, organisatorisch flexibel und mit einem Reformkurs auftrat sowie programmatisch und personell mit sich im reinen war, schnitt sie gut ab oder konnte sogar den politischen Gegner übertrumpfen. Die Gegenprobe lieferte die Parteigeschichte in Nordrhein-Westfalen und im Saarland. Dort, wo sie programmatisch und strukturell am stärksten in der Tradition des politischen und sozialen Katholizismus stand und am unmittelbarsten vom gesellschaftlichen und technologischen Wandel betroffen war, geriet sie in schwieriges Gelände, je weiter die Entwicklung zur modernen Volkspartei vorankam.

1. Nordrhein-Westfalen

Mit Köppler, der aus der katholischen Jugendbewegung kam, hoffte die nordrhein-westfälische CDU in den siebziger Jahren vergeblich auf einen »politischen Frühling« (Wahlslogan). Sie erzielte zwar in der Landtagswahl von 1975 (4. Mai) ein ansehnliches Ergebnis mit einem Stimmenzuwachs von 0,8 Prozent (= 47,1%), aber damit konnte das Wahlziel, die Regierung Kühn abzulösen, nicht erreicht werden. Die Folge waren wachsende Spannungen zwischen den

Landesverbänden Rheinland und Westfalen, die nach der Wahl Biedenkopfs zum westfälischen »Landesfürsten« (Herne, 3. Juni 1977) zu einem regelrechten »Bruderkrieg an Rhein und Ruhr« (»Deutsche Zeitung«) ausarteten. Den Führungskampf zwischen den beiden Vorsitzenden entschied der »eiserne Heinrich« für sich. Auf dem rheinischen Parteitag in Düsseldorf am 16. November 1979 erzielte er bei seiner Wiederwahl zum Vorsitzenden (seit 1969) 90,5 Prozent Zustimmung, während Biedenkopf zuvor auf dem westfälischen Parteitag in Dortmund am 24. August 1979 nur 61,6 Prozent der Stimmen bekommen hatte. Noch einmal schien sich für Köppler, mit dem Wind des von der CDU unterstützten Volksbegehrens gegen die kooperative Schule (März 1978) im Rücken, die Chance eines erfolgversprechenden Anlaufs zu bieten, als er in der Landtagswahl 1980 als CDU-Spitzenkandidat gegen Rau antrat. Dann kam sein plötzlicher Tod, wie einst bei Arnold, drei Wochen vor dem Wahltermin. Die Nummer Zwei der Landesliste, Biedenkopf, trat an seine Stelle, um mit dem Wahlprogramm, das Schwerpunkte in der Bildungs- und Energiepolitik setzte, die absolute Mehrheit anzustreben. Er scheiterte. Die CDU verlor am 11. Mai 1980 fast vier Prozent und mußte die SPD mit 48,4 Prozent an sich vorbeiziehen lassen. Viele CDU-Wähler waren »lieber ins Grüne« gefahren; sie reagierten mit Wahlenthaltung auf die Kanzlerkandidatur von Strauß und die darauf abgestellte Angst-Kampagne der SPD.

Der völlige Verfall der einst so starken CDU-Position an Rhein und Ruhr in den achtziger Jahren hatte jedoch tiefere Gründe. Der gesellschaftliche Wandel, die größere Mobilität und die Entkirchlichung der katholischen Bevölkerung zehrten das Erbe von Zentrumspartei und christlicher Gewerkschaftsbewegung auf. Hinzu kam die Krise von Kohle und Stahl, die der Wirtschaftspolitik der Union angelastet wurde. Auch reichte die persönliche Anziehungskraft ihrer jeweiligen Spitzenkandidaten nicht aus. So vermochte die CDU ihre führende Rolle nur noch in den ländlichen Gebieten am Niederrhein und in der Eifel, im Münster- und Sauerland zu behaupten.

Nach der »schweren Niederlage« (Kohl) übernahm Biedenkopf konsequent das »dornenreiche Amt« des Oppositionsführers im Landtag von Nordrhein-Westfalen. Die Nachfolge Köpplers als

Vorsitzender des rheinischen Landesverbandes trat der ehemalige Oberpostdirektor und Landrat des Erftkreises, Bernhard Worms, an (1980–1985). Der langjährige Vorsitzende des CDU-Kreisverbandes Köln-Land war der Favorit des Bundesvorsitzenden gegenüber den möglichen Mitbewerbern Grundmann und Barzel – ersterer, der 1. stellvertretende Landesvorsitzende, verzichtete, und auch Barzel mußte nach der Wahlniederlage seine Chancenlosigkeit einsehen. Der Führungswechsel änderte freilich an der Rivalität zwischen den beiden nordrhein-westfälischen Landesverbänden nichts. Sie äußerte sich nicht nur in persönlichen Fehden zwischen Worms und Bieden-kopf, sondern auch in Streitigkeiten um politische Sachfragen wie etwa um das Gesamtschulgesetz.

2. Saarland

Auswirkungen des industriellen Strukturwandels und Abnutzungs-erscheinungen der Partei machten der CDU auch im Saarland zu schaffen. Auch hier hatte sie in den fünfziger und sechziger Jah-ren wie in Nordrhein-Westfalen lange Zeit vom alten Bestand der ehemaligen Zentrumsmitglieder und katholischen Arbeiterschaft zehren können. Zudem stellte sie mit Röder (1959–1979) einen Mi-nisterpräsidenten, der zwar in hohem Maß den »Landesvater«-Bo-nus genoß, aber wenig für eine in die Zukunft weisende Entwicklung des Landes bewirkte. Breiter Zustimmung erfreute sich auch Werner Scherer als Landesvorsitzender (1973–1977). Sein Rücktritt aus Ge-sundheitsgründen im November 1977 bedeutete eine Zäsur, die »über die Reihen der CDU hinaus weitreichende Auswirkungen« auf die Geschicke des Landes hatte, wie die »Saarbrücker Zeitung« vor-aussah. Als sein Nachfolger setzte sich auf dem 26. Landesparteitag der 49jährige Jurist Werner Zeyer in einer Kampfabstimmung mit 348 von 561 Stimmen durch. Die Wahl des stellvertretenden Landes-vorsitzenden und Bundestagsabgeordneten von St. Wendel war nicht unumstritten und wurde so zum Auftakt von Personalquerelen, die das Ansehen der Partei in Mitleidenschaft zogen.

Obwohl Zeyer im November 1978 zum »Kronprinzen« nomi-niert wurde und 1979 mit 94,5 Prozent die Bestätigung als Lan-

deschef der 31 000 Mitglieder starken Saar-CDU erhielt (Landesparteitag in Saarbrücken, 5. Mai), die Führungssituation sich also wieder
klärte, blieb ein Rest Unzufriedenheit im Wählervolk zurück, nicht
unwesentlich genährt durch die Kanzlerkandidatur von Strauß, die
bei einem Großteil der Unionsanhänger nicht gut ankam. So mußte
die CDU an der Saar schon in den Kommunalwahlen am 10. Juni
1978 Einbußen von rund vier Prozent hinnehmen und in der Landtagswahl am 27. April 1980 gar einen Rückschlag von 5,1 Prozent
verdauen. Die SPD mit Oskar Lafontaine, dem Saarbrücker Oberbürgermeister, an der Spitze, wurde erstmals zur stärksten Fraktion
im Landtag.

Der Abwärtstrend der CDU an der Saar beschleunigte sich in einem »erschreckenden und schockierenden« Maße – so der Vorsitzende der CDU-Fraktion. Die CDU/FDP-Regierung Zeyers geriet
zunehmend in den Schatten der Stahlkrise, die das Saarland hart traf.
Die Arbeitslosenrate lag hier weit über dem Bundesdurchschnitt.
Das Ansehen des CDU-Ministerpräsidenten nahm nicht nur in der
Bevölkerung, sondern auch in der eigenen Partei stetig ab, ablesbar
unter anderem an den immer bescheidener werdenden Stimmenanteilen bei seiner Wiederwahl zum Landesvorsitzenden 1981 und
1983.

Eine andere Entwicklung durchlief die CDU in Niedersachsen und
Hessen. Dort mußte sie sich aus einer Position der Schwäche heraus
emporarbeiten. Wo für sie in der Aufstiegsperiode die politischen
und sozialen Strukturen nicht eben günstig gewesen waren, konnte
sie in der zweiten Hälfte der Siebziger – in Niedersachsen – und dann
Anfang der Achtziger – in Hessen – bedeutende Erfolge verbuchen.

3. Niedersachsen

Als die CDU in Niedersachsen mit Ernst Albrecht zum ersten Mal
den Ministerpräsidenten stellte, war dies das Ergebnis einer bestän-
digen, zielstrebigen politischen Arbeit, für die das seit 1968 bewährte
Doppelgespann von Wilfried Hasselmann als Landesvorsitzendem
und Dieter Haaßengier als Generalsekretär stand. Doch der Moment

des Umschwungs an der Leine kam überraschend, als Endeffekt einer abgewirtschafteten SPD/FDP-Koalition, aus deren Reihen zwei
Abgeordnete bei einer ungültigen Stimme den Ausschlag für den
CDU-Politiker gaben (6. Februar 1976). Der »sympathische Albrecht« (»Bild-Zeitung«) konnte dank der Ergebnisse der folgenden
Landtagswahlen von 1978 und 1982 seine Kabinette auf die absolute
Mehrheit der Union im niedersächsischen Parlament stützen (1978:
48,7% = absolute Mehrheit der Mandate; 1982: 50,7%). Die »Albrecht-Politik« wurde zu einem Markenzeichen für Bürgernähe: Die
kommunale Selbstverwaltung wurde gestärkt, ein flächendeckendes
Netz von Sozialstationen geschaffen, der Unterrichtsausfall an den
Grund- und Hauptschulen beseitigt. Mit den strukturellen Problemen des Landes, die aus den Gegensätzen zwischen ländlich geprägter »Fläche« und Ballungsgebieten, zwischen Landesmitte und den
»Rändern« an Küste und deutsch-deutscher Grenze herrührten, taten sich Regierung und Partei schwerer: mit der überdurchschnittlichen Arbeitslosigkeit, mit der Lage der Landwirtschaft und dem
Umweltschutz.

Hinzu kam die Geburtsschwäche der niedersächsischen CDU:
ihre komplizierte Organisation, die aus einer Dachkonstruktion und
drei Landesverbänden bestand, von denen sich einer – Hannover –
noch weiter in Bezirksverbände gliederte. Bei solcher Struktur
mußte die regionale und ökonomische Heterogenität des Landes voll
auf die Partei durchschlagen, zumal im Zeichen innerparteilicher Demokratisierung, wie sie die Parteireformbewegung mit sich brachte.

Die Länder, in denen sich die CDU wie in Niedersachsen und Hessen – auch Hamburg und Berlin sind dazuzurechnen – mit dem Elan
der »Erneuerung in der Opposition« zur stärksten politischen Kraft
hocharbeitete, hatten gemeinsam, daß der Stammwähleranteil der
Union dort relativ gering war und nur langsam wuchs. Mehrheiten
konnten also nur durch die Gewinnung ungebundener Wähler und
Protestwähler erreicht werden. Diese kritischen Wählerpotentiale
blieben jedoch labil und waren rasch bereit, den »stimmungsdemokratischen« Trends folgend, die Seiten wieder zu wechseln. Die einen
bei der Stange zu halten, ohne die anderen abzuschreiben, das war im
Jahrzehnt von der Mitte der siebziger Jahre an ein Hauptproblem der
CDU, wie sich insbesondere in Hessen zeigte.

4. Hessen

Nachdem die CDU dort dank der – laut dem »Spiegel« – »besten Opposition in der Bundesrepublik« von 26,6 Prozent (Landtagswahl 1966) auf 47,3 Prozent (Landtagswahl 1974) geklettert war und die Spitze übernommen hatte, wurde deutlich, daß damit das Wählerpotential ausgeschöpft war. Die CDU blieb 1978 und 1982 bei rund 46 Prozent »hängen«. Die Kraft reichte nicht, um den höchsten Gipfel zu erstürmen. »Zu Tode gesiegt«, »abgeschlafft« – so oder ähnlich lauteten die Pressekommentare. 1982 glitt der schon sichere Sieg aus den Händen, weil die »Wende« in Bonn dazwischenkam! Die »Deutsche Zeitung« sah einen »Hauch von Tragik« über der Ära Dregger liegen, in der die Hessenunion mit konsequenter Strategie (»Argumentieren wie Kohl, kämpfen wie Strauß«), innerer Geschlossenheit und alternativem Programmangebot am erfolgreichsten in ihrer Geschichte war (1967–1982). Obwohl sie sich unter dem Vorsitz Dreggers einer liberalen Erneuerung öffnete, ja sogar mit ihren »Zehn liberalen Leitsätzen« von 1978 als liberale Partei präsentierte, hatte der hessische Landesvorsitzende in der Öffentlichkeit, vielfach kolportiert von den Medien, den Ruf eines strammen Konservativen und »Sozialistenfressers«. Auch die Programmarbeit der Partei litt unter dem Image, einen »Rechtskurs« zu verfolgen. Das betraf den Kampf um die Startbahn West des Frankfurter Flughafens sowie die Ablehnung der »Zwangsförderungsstufen« und des Gesamtschulsystems. Das galt vor allem aber auch für die Energiepolitik, in der die hessische CDU die Unverzichtbarkeit der Kernenergie vertrat, sowie für die Ausländerpolitik, in der mit dem Argument, die Bundesrepublik sei kein Einwandererland, strengere Maßnahmen zum Stopp der Asylantenflut befürwortet wurden. Wirtschaftspolitisch setzte die CDU, als Voraussetzung für soziale Sicherheit und Wohlstand, auf wirtschaftliches Wachstum durch Förderung privater Investitionen (Zehn-Punkte-Wirtschaftsprogramm »Aufschwung durch Vertrauen« 1982).

Mit guten Chancen unternahm Dregger 1982 als CDU-Spitzenkandidat seinen vierten Anlauf. Es fügte sich, daß die Landtagswahl am 26. September, eine Woche nach der Bonner »Wende«, dem Ende der SPD/FDP-Koalition, stattfand, was die SPD zu einer beispiellos emotionalen Kampagne (»Verrat in Bonn«) ausnutzte. Viele Wechselwähler wurden so verunsichert, die SPD-Wähler total mobilisiert – die Bundespolitik »überrollte« (Noelle-Neumann) die hessische Wahl. Die CDU erreichte 45,6 Prozent. Das Minus von 0,6 Prozent empfand Dregger nicht nur als Mißerfolg seiner Partei, sondern auch als persönliche Niederlage. Er trat zurück: »Die Partei braucht eine neue Perspektive und einen neuen Vorsitzenden.« Zu seinem Nachfolger nominierten Landesvorstand und Landesausschuß den Frankfurter Oberbürgermeister und stellvertretenden Landesvorsitzenden Walter Wallmann, der vom Landesparteitag am 18. Dezember 1982 auch gewählt wurde.

Die »Aufwertung der Provinz« in der Unionsgeschichte der siebziger und achtziger Jahre ging vor allem auf jene Länder zurück, wo die Partei ihre Hausmacht besaß und dank stabiler Verankerung in der Wählerschaft seit Anfang der Siebziger mit absoluten Mehrheiten allein regieren konnte: in Schleswig-Holstein, Rheinland-Pfalz und Baden-Württemberg. Dort schlug die Unzufriedenheit großer Teile der Wählerschaft mit der SPD/FDP-Koalition besonders zu Buche. Die Parteivorsitzenden und Ministerpräsidenten dieser Länder waren schon aufgrund der Dauer ihrer Amtszeit auf der Ebene der Gesamtunion die dominierenden Akteure, ganz abgesehen davon, daß sie der jeweiligen Landespolitik den Stempel ihrer Persönlichkeit aufdrückten. Auch war es dieser Kreis, auf den sich die Namensnennung für die CDU-Kanzlerkandidaturen beschränkte – Stoltenberg in Schleswig-Holstein, Kohl in Rheinland-Pfalz, dessen Nachfolger Bernhard Vogel, Filbinger in Baden-Württemberg sowie dessen Nachfolger Lothar Späth.

5. Schleswig-Holstein

In Schleswig-Holstein stand die Ära Stoltenberg (1971–1982) im Zeichen einer intensiven Programmarbeit, die ihre Schwerpunkte in der Bildungs-, Wirtschafts- und Sozialpolitik hatte und den Dialog mit dem Bürger pflegte. Die Mitgliederzahl der Landespartei überstieg 1975 die 31 000-, 1983 die 43 000-Grenze. In der Landtagswahl am 13. April 1975 erreichte die CDU zwar mit der absoluten Mehrheit wieder ihr erklärtes Wahlziel, aber die mangelnde Wahlbeteiligung ihrer Anhänger ließ sie um 1,5 Prozent gegenüber 1971 absinken. Die Verluste waren überdurchschnittlich in Gebieten mit einem hohen Anteil von Landwirtschaft und Selbständigen, während sich die urbanisierten Gebiete stabil erwiesen, ja dort, wo der Anteil von Angestellten und Beschäftigten in Handel und Verkehr hoch lag, sogar leichte Gewinne verzeichnet werden konnten.

Allerdings erwies sich dieses Wählerpotential, nimmt man die Wahlen der Folgezeit hinzu, als wenig »treu«. In der Landtagswahl am 29. April 1979 behauptete die CDU bei einem Stimmenverlust um 2,1 Prozent mit dem denkbar knappsten Ergebnis von 48,3 Prozent die absolute Mehrheit der Mandate. Dabei wurde noch deutlicher, daß im Zuge des gesellschaftlichen Wandels die traditionellen Hochburgen der Union – wie der Parteien generell – an Bedeutung verloren. Das erforderte von ihnen wiederum einen stärkeren kämpferischen Einsatz und größere Geschlossenheit. Nicht nur im Falle Schleswig-Holsteins war die Frage, ob die rasch gewachsene Mitgliedschaft der CDU zu einer solchen Gemeinschaftsleistung bereit und fähig war. Immerhin konnte sich Stoltenberg bei jeder Wiederwahl zum schleswig-holsteinischen Landesvorsitzenden auf bessere Ergebnisse stützen: 1979 mit 367 von 380, 1981 mit 352 von 366, 1983 mit 351 von 358 Delegiertenstimmen. Seine erfolgreiche Landespolitik drückte sich unter anderem darin aus, daß Schleswig-Holstein die geringste Arbeitslosenquote von allen norddeutschen Ländern einschließlich Nordrhein-Westfalens verzeichnete.

6. Rheinland-Pfalz

Exemplarisch für die starke »Süd«-Position der Union war Rheinland-Pfalz. Wegen der 16jährigen Alleinregierung seit 1971 wurde die Landes-CDU dort oft mit der CSU Bayerns verglichen. Dazu paßte es, daß die Persönlichkeiten der CDU-Ministerpräsidenten, die bis auf Übergangszeiten immer auch zugleich Landesvorsitzende waren, dem Land und der Landespartei eine über das tatsächliche Gewicht hinausreichende bundespolitische Bedeutung verliehen. Das galt, wie schon für Altmeier, auch für dessen beide Nachfolger

Kohl und Vogel. Mit dem auf dem 13. Landesparteitag in Koblenz am 5./6. März 1966 gewählten Parteivorsitzenden Kohl, der seit 1963 die Mainzer Landtagsfraktion der CDU führte, kam ein »Reformer«, ein energischer Befürworter von offener Diskussion und innerer Demokratisierung, in den Führungskreis der Partei.

Der politische Aufstieg des 35jährigen markierte die Ablösung der Vätergeneration. Mit verstärkter Mitgliederwerbung, einem neuen Finanzstatut, einer Kandidatenaufstellung nach Leistungskriterien statt nach »Erbhöfen« und der Öffnung des politischen Lebens für die Frauen wurde die rheinland-pfälzische Union in Schwung gebracht. 1962 knapp 30000 Mitglieder stark, nahm sie von 1969 an (38860) zügig zu, von 1972 bis 1976 in einem Sprung von knapp 50000 auf 71500 Mitglieder, von denen rund 20 Prozent Frauen waren. Politisch-programmatisch machte sie mit Plänen zur Schul-, Justiz- und Verwaltungsreform von sich reden.

Am 20. Mai 1969 übernahm Kohl auch den Sessel des Regierungschefs in Mainz. Mit Bürgernähe und einer »offenen Politik«, die ihre Schwerpunkte in der Struktur-, Sozial- und Bildungspolitik hatte, sollten »die Weichen für die Zukunft ... richtig gestellt werden«. Auch für ihn selbst! Daß sein Ehrgeiz nach Bonn wies, war bald nicht nur in politischen Kreisen ein Allgemeinplatz. Auf dem Ludwigshafener Parteitag 1970 mit 93 Prozent als Landesvorsitzender bestätigt, errang er knapp ein Jahr später in der Landtagswahl am 21. März 1971 mit rund der Hälfte der Wählerstimmen einen überlegenen Sieg. Dieser Erfolg, der insbesondere in den Städten und bei der Jugend erzielt wurde, stärkte Kohls Position in der Bundespartei erheblich.

Im Glanz seines Wahlsiegs, wiewohl mit den Chancen eines Außenseiters, bewarb er sich um den Bundesvorsitz der CDU – eine Herausforderung an die Partei, die damit zugleich über die Trennung von Kanzlerkandidatur und Parteivorsitz entscheiden mußte. Obwohl er beim ersten Anlauf auf dem Saarbrücker Parteitag 1971 scheiterte, galt er von nun an als erste Wahl, als »Langstreckenläufer via Bonn« (»Allgemeine Zeitung«, Mainz). Das »Junge Land mit Zukunft«, wie ein CDU-Wahlslogan Rheinland-Pfalz vorstellte, blieb dabei sein politischer Stützpunkt, wo er mit einer Reformgesetzgebung »progressiven Anspruchs« (»Saarbrücker Zeitung«)

Maßstäbe setzte: unter anderem Krankenhausreformgesetz, Landes-
bauordnung, Forst- und Fischereigesetz, Landespflege zur Erhaltung der natürlichen Lebensgrundlagen, Hochschul- und Fachhoch-
schulgesetz, Jugendwohlfahrt und Sportförderungsgesetz. Auch der
notwendige Strukturwandel der Partei erhielt aus Rheinland-Pfalz
deutliche Impulse, wo die Union im Vergleich zu ihren Konkurrenten im Lande »über die mit Abstand beste und effizienteste politisch-
organisatorische Infrastruktur« verfügte (Kaack/Sarcinelli).

Als Barzel 1973 – zermürbt im innerparteilichen Streit um die
Ost- und Deutschlandpolitik, nach einem gescheiterten Mißtrauensvotum gegen Brandt, einer verlorenen Bundestagswahl und einer
Abstimmungsniederlage in der eigenen Fraktion – als Oppositionsführer im Bundestag und als Bundesparteivorsitzender aufgab, war
für Kohl der Weg nach Bonn frei. Um seine Nachfolge in Rheinland-
Pfalz kam es zum Zweikampf zwischen Kultusminister Bernhard
Vogel und Sozialminister Heiner Geißler. Ersterer fand die Unterstützung der Parteibasis, während letzterer der Favorit des Ministerpräsidenten war. Das offene Rennen ging auf dem 19. Landesparteitag in Koblenz am 30./31. August 1974 zugunsten Vogels aus, der mit
255 gegen 188 Stimmen zum neuen Landesvorsitzenden gewählt
wurde.

Der Übergang von Kohl zu Vogel stand im Zeichen ausgeprägter
Kontinuität, wie auch der Ministerpräsidentenwechsel zwei Jahre
später unterstrich. Als Kohl 1976 mit dem Vorsitz der CDU/CSU-
Bundestagsfraktion die Oppositionsführung in Bonn übernahm,
entschied sich die Mainzer CDU-Fraktion für Vogel als Nachfolger
im Amt des Regierungschefs. Dieser hatte sich sowohl als Minister
für Unterricht und Kultus (seit 1967) mit einer realistischen Bildungspolitik (Schulgesetz 1974) als auch durch sein Engagement im
Zentralkomitee der deutschen Katholiken, dessen Präsident er von
1972 bis 1976 war, einen hohen Popularitätsgrad erworben.

Politische Kontinuität prägte im Jahrzehnt von 1975 bis 1985 die
Wahlergebnisse und das Programm der Regierungspartei. Zwar blieben Kohls 53,9 Prozent von 1975 eine einmalige Traummarke – »das
beste Wahlergebnis der CDU seit Gründung der Bundesrepublik« –,
aber auch Vogels 50,1 Prozent von 1979 und die 51,9 Prozent von
1983 konnten sich sehen lassen. Die Politik der Mobilisierung von

regionalen und sektoralen Wachstumsreserven, des Ausbaus sozialer Hilfen und Dienste, der Zukunftsvorsorge durch technische Erneuerung und Umweltplanung ließ das einstige Armenhaus der Bundesrepublik als »wohlbestelltes Haus« (Vogel) erscheinen. Dagegen gab es – hervorgerufen durch die EG-Preispolitik – im Agrarsektor beträchtliche Irritationen, die sich bei den Bauern und Winzern des Landes in wachsenden Existenzsorgen äußerten. Nachdem die Landes-CDU von substantiellen Zugewinnen in den Städten profitiert hatte, bekam sie mit einemmal Probleme in den ländlichen Räumen. Auch die bundesweite Diskussion um die Abrüstung spielte hier, wo Hauptstationierungsgebiete amerikanischer Truppen lagen, eine große Rolle. Die Erfolgskurve der Landespartei begann zum ersten Mal in ihrer 44jährigen Geschichte abzufallen.

Gerade der Blick auf die »klassischen« Domänen der CDU in Rheinland-Pfalz und Baden-Württemberg läßt erkennen, daß sie mit ihrer Entwicklung zur modernen Mitglieder- und Volkspartei vor die Aufgabe gestellt wurde, einen neuen Mehrheitskonsens zu finden. »Die Mitte als Mehrheit mobil zu halten«, so formulierte es R. Altmann, »ist die demokratische Mission der Union.«

7. Baden-Württemberg

Baden-Württemberg stellt auch in diesem Zusammmenhang für die CDU ein »Musterländle« dar. Das Land wurde in der Ära Filbinger zu einem Vorbild politischer und wirtschaftlicher Stabilität. Filbinger regierte von 1966 bis 1972 zunächst als Ministerpräsident einer Großen Koalition, bevor er mit der Erringung der absoluten Mehrheit in der Landtagswahl am 23. April 1972 (52,9%) die stattliche Reihe von CDU-Alleinregierungen eröffnete. Während seiner Amtszeit als erster Vorsitzender des 1971 gebildeten Landesverbandes Baden-Württemberg (4 Bezirksverbände, 41 Kreisverbände) erstarkte die CDU zugleich zur mitgliederstärksten Partei des Landes (1972: 77120; 1980: 86800). Diese Erfolge der Union beruhten auf einem konsequent eingehaltenen Kurs als »liberale und soziale Volkspartei der Mitte« (Filbinger auf dem Pforzheimer Landesparteitag am 15./16. November 1974). Der Wahlsieg am 4. April 1976 mit dem Rekordergebnis von 56,7 Prozent und die Wiederwahl als Landesvorsitzender mit der persönlichen Bestmarke von 91,5 Prozent zeigten Filbinger auf dem Höhepunkt seines Ansehens im Land und in der Partei. Ein jäher Fall folgte. Filbingers Tätigkeit als Marinerichter in der letzten Phase des Zweiten Weltkrieges und seine Mitwirkung bei Todesurteilen führten zu einer wirksamen Kampagne.

Am 7. August 1978 trat Filbinger zurück. Sein Nachfolger als baden-württembergischer Ministerpräsident wurde Innenminister Lothar Späth, der stellvertretende Parteichef und frühere Fraktionsvorsitzende (1972–1978). Ein »neues Blatt in der Parteigeschichte« (Filbinger) wurde aufgeschlagen; es bekam die Überschrift »Kurs halten – zusammenstehen – Erfolge haben« (Landesparteitag in Forst am 9. September 1978). Doch das Gespann Späth-Filbinger kam nicht recht in Trab. Während Späth seine »neue Rolle gut zu spielen« wußte (»Stuttgarter Nachrichten«), geriet Filbinger immer mehr ins politische Abseits. Seine Wiederwahl für den CDU-Bundesvorstand schlug fehl. Als er auch bei der Wahl der sechs südbadischen Bundesparteitagsdelegierten in Lahr durchfiel, blieb ihm nichts anderes übrig, als mit »sofortiger Wirkung« zurückzutreten (29. April 1979).

Die Wahl des neuen Landesvorsitzenden fiel mit 350 gegen 28 Stimmen erwartungsgemäß auf Späth, der damit die unbestrittene »Nummer 1« der Union in Baden-Württemberg war (Außerordentlicher Parteitag in Reutlingen am 7. Juli 1979). Stellvertretender Parteivorsitzender und Chef der Landtagsfraktion wurde Erwin Teufel, der seit 1973 den Bezirksverband Südbaden führte. Gleichzeitig schaffte man das Amt eines Generalsekretärs wieder ab, das 1971 bei der Bildung des Landesverbandes eingerichtet worden war und drei Träger gesehen hatte: Wolfgang Schall (1971–1973), Dietmar Schlee (1973–1975) und Gundolf Fleischer (1975–1979).

Gespannt erwartete die Öffentlichkeit, wie sich der Führungswechsel, vor allem die Umstände der Filbinger-Affäre sowie die aufkeimenden Meinungsverschiedenheiten zwischen Späth und dessen Stellvertreter Teufel über den Parteikurs bei den anstehenden Wahlen auswirken würden. Auch wurde die liberale Reputation des neuen Ministerpräsidenten durch sein Eintreten für die Kanzlerkandidatur von Strauß merklich in Mitleidenschaft gezogen. Obendrein rief seine entschiedene Sparpolitik bei vielen Bürgern Enttäuschung hervor. Vor diesem Hintergrund konnte das Ergebnis der Landtagswahl vom 16. März 1980 durchaus befriedigen. Bei einem Verlust von 3,3 Prozent erreichte die CDU eine sichere absolute Mehrheit von 53,4 Prozent der Stimmen. Was der baden-württembergischen Wahl eine bundespolitische Signalwirkung gab, war der Erfolg der »Grünen«, die mit 5,3 Prozent, also rund einem Zehntel des CDU-Stimmenanteils, zum ersten Mal in einem Flächenstaat ins Parlament einzogen. Ihre überdurchschnittliche Attraktivität bei jungen Menschen und Wählern mit höheren Bildungsabschlüssen forderte die etablierten Parteien besonders auf programmatischem Felde heraus.

So war nach der Wahl für die CDU eine intensive Programmdiskussion angesagt. Zunächst wurde ein Arbeitsprogramm unter der Leitvorstellung »Zukunftssicherung« auf den Weg gebracht. Der 15. Landesparteitag in Böblingen am 14./15. Februar 1981 erhob unter dem Motto »Kritisch, offen, zielbewußt« die Suche nach einem konsensfähigen gesellschaftlichen Leitbild zur »praktischen politischen Frage«. Er setzte sich entschieden für die neuen Technologien ein und verabschiedete Forderungen nach einer stärkeren Infrastruktur- und Wirtschaftsförderung. Der 16. Landesparteitag in Donaueschingen am 4. Juli 1981 beschloß Thesen zur Schulpolitik, die auf die Bedeutung der christlich-humanen Werte und der Familie für die Erziehung abgestellt waren; die Schule sollte als Lebensraum, nicht als Lernfabrik verstanden und gestaltet werden. Positionspapiere zur Familien-, Jugend- und Arbeitspolitik rundeten die Programmarbeit auch nach der sozialen Seite hin ab. Der Bad Mergentheimer Parteitag (18./19.Juni 1982) war der »Partnerschaft und Solidarität« mit den Menschen der Dritten Welt gewidmet. Am Ende und damit auch als Programmplattform für die Landtagswahl 1984 stand die große Konzeption einer »versöhnten Gesellschaft«, die fähig und bereit sein sollte, einen Interessenausgleich zwischen Arbeit und Kapital, Ökologie und Ökonomie, jung und alt herbeizuführen.

Dort, wo die CDU wie in Baden-Württemberg, Rheinland-Pfalz, Schleswig-Holstein ihre stärksten Positionen zu verteidigen hatte,

bekam sie auch am empfindlichsten die Dissonanzen und Verdros-
senheiten zu spüren, die mit dem innerparteilichen Wandlungspro-
zeß verbunden waren. Anders verhielt es sich damit in den »Stadtstaaten« Hamburg, Bremen und Berlin. Dort waren die Konsequenzen der innerparteilichen Strukturveränderungen schon aufgrund
der Mitgliederstärken – 1980 zählte der hamburgische Landesverband 12 950, der bremische 3500 und der Berliner 14 320 Mitglieder,
also zusammengenommen kaum so viel wie die CDU des Saarlands –
weit weniger deutlich wahrzunehmen. Wo die CDU aus der Opposition heraus operieren mußte, profitierte sie von der politischen
Erosion und dem Kompetenzverlust der regierenden SPD. Das überdeckte wiederum einiges an Unzulänglichkeit und Unbehagen in den
eigenen Reihen.

8. Hamburg

Für die Hamburger CDU versuchte ihr Landesvorsitzender Jürgen
Echternach (seit 1974) den Kurs einer möglichst stabilen Integration
im Organisatorischen und Programmatischen durchzusetzen. Nu-
merische Schwäche sollte durch Geschlossenheit des politischen Er-
scheinungsbildes wettgemacht werden, was jedoch auf Kosten von
Dynamik und Flexibilität ging. Nachdem Echternach 1980 Abgeordneter in Bonn geworden war, übernahm der Berufsoffizier Hartmut Perschau, Geschäftsführer der Bürgerschaftsfraktion und des
Landesverbandes, den frei werdenden Fraktionsvorsitz (gewählt Januar 1981). Das Ergebnis der Bürgerschaftswahl vom 4. Juni 1978
fiel für die CDU und ihren Spitzenkandidaten Blumenfeld enttäuschend aus (37,6%, minus 3 %). Sie durfte sich jedoch angesichts der
absoluten Mehrheit für die SPD damit trösten, daß mit den 4,8 Prozent der FDP und ihrem Ausscheiden aus der Bürgerschaft sowie mit
den 4,5 Prozent der Grünen im ersten Versuch die parteipolitische
Landschaft in Bewegung geraten war.

Daraus suchte die CDU Kapital zu schlagen. Für die nächste Bürgerschaftswahl am 6. Juni 1982, auf dem Tiefpunkt der Regierung
Schmidt, präsentierte sie mit Bundesschatzmeister Kiep einen »bun-
desprominenten« Spitzenkandidaten. Er propagierte die »liberale
Erneuerung Hamburgs unter Führung der Union«. Im Wahlpro-

gramm machte man sich für die Schaffung neuer und die Sicherung vorhandener Arbeitsplätze stark. Der Wohnungsbau sollte intensiv gefördert werden. Man wollte auch dafür sorgen, daß ideologisch bedingte Schulexperimente aufhören und Extremisten der Zugang in den öffentlichen Dienst erschwert wird. Mit einem eindeutigen Votum wurde an der Kernenergie festgehalten. Ein »Ausländerpapier« wendete sich gegen die »einseitige Integrationspolitik« des Senats. Ein »grenzüberschreitender Wahlkampf« trug das Seinige dazu bei, um das sensationelle Wahlergebnis zu erzielen. Die CDU wurde mit 43,2 Prozent, bei einem erdrutschartigen Verlust der SPD von fast neun Prozent, die stärkste politische Kraft in der Hansestadt. Zur Regierungsbildung reichte es nicht. Durch den nicht minder sensationellen Erfolg der Grünen Alternativen Liste (7,9%) kam es zu den »Hamburger Verhältnissen« (Minderheitsregierung des sozialdemokratischen Bürgermeisters Dohnanyi mit wechselnden Parlamentsmehrheiten), die noch im selben Jahr Neuwahlen notwendig machten.

9. Bremen

Weit stärker noch als in Hamburg mußte sich die CDU in Bremen trotz einer personellen, organisatorischen und programmatischen Erneuerung in den Siebzigern als »Fraktionspartei im Stadtstaat« (Schmid) und Opposition »ohne Alternative« fühlen. Nachdem sie 1971 erstmals über die 30-Prozent-Marke hinausgekommen war, setzte sie ganz auf Verjüngung der Führung. 1973 übernahm der 32jährige Bernd Neumann den Vorsitz der CDU-Bürgerschaftsfraktion. 1974 gelangten mit dem Kaufmann Uwe Hollweg als Landesvorsitzenden und mit dem Bürgerschaftsabgeordneten Reinhard Metz als seinem Stellvertreter zwei 36jährige an die Spitze des Landesverbandes. Bald sprach man in der Union von Bremens »junger Garde«. 1975 legte sie das erste Aktionsprogramm in der Geschichte der Bremer CDU vor. Verbesserung des Investitionsklimas, Stopp der Schulversuche und Ausbau des Berufsbildungssystems sowie Innere Sicherheit waren darin die Schwerpunkte.

Die Bürgerschaftswahlen am 28. September 1975 bestätigten mit einem Stimmenanteil von 33,8 Prozent, dem bis dahin besten Ergebnis der CDU in Bremen, die solide Vorwärtsentwicklung der Partei. Doch bald entstand Unruhe um einen von konservativen CDU-Mitgliedern gegründeten »Freundeskreis Franz Josef Strauß«, der im Sinne der »Vierten Partei«-Strategie wohl als Keimzelle einer Bremer CSU-Landesgruppe gedacht war. Als Strauß im Sommer 1979 gar zum Kanzlerkandidaten der Union nominiert wurde, erreichte der Gärungsprozeß der Bremer CDU seinen Höhepunkt. Drei Monate vor der Bürgerschaftswahl 1979 (7. Oktober) legte der Landesvorsitzende sein Amt nieder, wegen »zielstrebiger Demontage führender CDU-Politiker durch die CSU und leider auch durch Mitglieder der eigenen Partei«, wie er vor der Presse erklärte.

Hinter den Differenzen um Strauß verbarg sich ein Machtkampf zwischen konservativen und liberalen Kräften der Bremer CDU. Gewinner war Neumann, der die Führung des Landesverbandes in Personalunion mit dem Fraktionsvorsitz übernahm und sich auch als CDU-Spitzenkandidat für die Bürgerschaftswahl präsentierte. Mit mäßigem Erfolg (31,9%). Ebenso 1983 mit 33,3 Prozent. Es blieb bei der Stammwählerschaft; die jungen Wähler versagten sich; auch war man sich des sogenannten »Bildungsbürgertums«, der gutsituierten Bürger mit höherer Schulbildung, nicht mehr sicher. Der Partei fehlte es an Führungspersönlichkeiten und Alternativen, die überzeugen konnten. Auf Dauer versagte das Rezept, »nicht zufrieden, aber auch nicht entmutigt« zu sein. Um wieder festeren Boden unter die Füße zu bekommen, setzte die Bremer Union ihre Hoffnungen auf einen »Öffnungskurs«, ähnlich jenem, der die CDU in Berlin zum Erfolg führte.

10. Berlin

Berlin ist im positiven Sinn – wie Bremen im negativen – atypisch für die Unionsgeschichte im letzten Viertel des Jahrhunderts. Die Berliner CDU konnte sich der besonderen Rücksichtnahme und Fürsorge der Bundespartei erfreuen, betrachtete die Union doch die Berlinfrage als Gradmesser der Entspannungspolitik. Unbeirrt hielt sie am Hauptstadtanspruch ganz Berlins fest und bemühte sich nach dem Vier-Mächte-Abkommen, die Entwicklung zu einem Status quo minus zu verhindern. Das verstärkte die ohnehin vorhandene bundespolitische Ausrichtung der Berliner CDU, die entsprechend überproportional in den Führungsgremien der Bundespartei vertreten war.

Mit der Verjüngung und Straffung ihrer Parteiführung unter dem Vorsitz von Peter Lorenz (1969–1981) gelangte die Berliner Union zu einem neuen Selbstbewußtsein. Daß dem auch eine effektive Stärke entsprach, zeigte die Wahl zum Abgeordnetenhaus 1975. Mit 43,9 Prozent wurde die CDU die »stärkste Partei in der größten Stadt Deutschlands« (UiD). In den ersten sechs Jahren der Lorenz-Ära konnte der Landesverband seine Mitgliederzahl auf 14 490 (1976) fast verdoppeln. Sieht man einmal vom schwer einzuschätzenden »Lorenz-Effekt« ab, der sich nach der Entführung des Berliner CDU-Vorsitzenden durch Terroristen zusätzlich zugunsten der Union auswirkte, so profitierte sie vor allem vom rapiden Verfall der Regierungsfähigkeit des SPD-Senats der Regierenden Bürgermeister Schütz und Stobbe.

Trotzdem war die Chance eines Wechsels für die CDU gering. Sie konnte nur, wie Stobbe mit der Aussicht auf einen – Meinungsumfragen zufolge – sicheren Sieg meinte, »entweder auf ein Wunder hoffen oder den Spitzenkandidaten austauschen«. Genau das tat die CDU, was einem politischen Paukenschlag gleichkam. Auf Vorschlag von Lorenz wurde im Sommer der rheinland-pfälzische Bundestagsabgeordnete und stellvertretende Vorsitzende der CDU/CSU-Fraktion, von Weizsäcker, als Herausforderer für die Wahl am 18. März 1979 aufgestellt. Der Präsident des Deutschen Evangelischen Kirchentages erwies sich, unterstützt von einer breiten Wählerinitiative, als ernst zu nehmender Gegner. Die CDU konnte ihren Stimmenanteil um 0,5 Prozent auf 44,4 Prozent steigern. Dabei durfte sie auch erfreut einen überproportionalen Zugewinn bei den Erstwählern registrieren.

Mit dem liberalen von Weizsäcker kam Bewegung in die Berliner Union: nicht nur als Öffnung zur »Mitte«, wo jetzt ein Zusammengehen mit der FDP in den Bereich des Möglichen rückte, sondern auch als Personalrevirement. Nach der Bundestagswahl 1980 ging Lorenz als Berliner Bundestagsmitglied nach Bonn und machte seinen Präsidentensessel im Abgeordnetenhaus frei für Heinrich Lum-

mer, dessen Amt als Vorsitzender der CDU-Fraktion der 39jährige
Jurist Eberhard Diepgen übernahm (Dezember 1980). Die Berliner
CDU erlaubte sich auf dem Weg »vom konservativen Erscheinungsbild zur offenen Großstadtpartei« (»Berliner Morgen«) kein Zögern
mehr. Sie spürte ihre historische Stunde. Als mit dem Rücktritt Stob-
bes zur Januarmitte 1981 die Agonie der SPD/FDP-Koalition begann, forderte die CDU Neuwahlen als »saubersten Weg«. Der von
der SPD als »Feuerwehrmann« an die Spree geschickte Bundesjustiz-
minister Hans-Jochen Vogel konnte nach seiner Wahl zum Regierenden Bürgermeister nur noch die Konkursmasse verwalten. Als
sozialdemokratischer Spitzenkandidat in der vorgezogenen Wahl am
10. Mai 1981 zog er gegen von Weizsäcker mit 38,4 Prozent gegen
47,9 Prozent, in Mandaten mit 52 gegen 65, eindeutig den kürzeren.

Aufgrund dieses Siegs beanspruchte die CDU die Führung des
künftigen Senats in West-Berlin. Mit Stimmen aus den Reihen der
FDP, die zunächst nur zur Tolerierung einer CDU-geführten Minderheitsregierung bereit war, wurden von Weizsäcker und die von
ihm vorgeschlagenen Senatoren – darunter Blüm, Fink, Laurien,
Pieroth – gewählt.

Nach fast 30 Jahren hatte der freie Teil Berlins wieder eine CDU-
Regierung. Der neue »Regierende«, der auf dem 66. Landesparteitag
am 4./5. Dezember 1981 als Landesvorsitzender bestätigt wurde, betrachtete es als seine »wichtigste Aufgabe«, »wieder bewußtzuma-
chen, daß Berlin Symbol für den Freiheits- und Friedenswillen der
Deutschen und der Europäer ist«. Stärker als in den Jahrzehnten vorher sollte Berlin wieder die »Stadt des Maßstabs« (von Weizsäcker)
werden, in der wie in einem Modell allgemeine Probleme früher als
anderswo sichtbar wurden.

VI.
In der Opposition.
Zweite Phase 1976–1982

Nach dem »verlorenen« Wahlsieg von 1976 wurde stärker noch als 1972 die Suche nach Gründen und Schuldigen betrieben. Die These schien Bestätigung zu finden, daß sich der soziale Wandel in der Bundesrepublik zu Lasten der Union auswirke: Urbanisierung und Entkonfessionalisierung, Rückbildung des Frauenüberhangs, Eintritt der starken Nachkriegsjahrgänge in das Wahlalter, wachsende Berufsmobilität und wachsender Bildungsstandard würden die Wählerschaft von CDU und CSU nicht mehr expandieren, sondern weiter abbröckeln lassen. Wo und wie waren die wenigen Prozent Wähler hinzuzugewinnen, um der anscheinend unauflöslichen SPD/FDP-Koalition das Nachsehen zu geben? Verhieß angesichts der reservierten Wähler im Norden und Westen eine kompromißlose Oppositionshaltung nach »Strauß-Manier« Erfolg? Oder waren Bemühungen um die zu SPD und FDP gewanderte linke Mitte der richtige, Zukunft versprechende Weg? Aus diesen Fragen erwuchs das Grunddilemma von CDU und CSU, das sich der Öffentlichkeit als Bild ständigen Schwankens zwischen Kompromiß und Konfrontation, zwischen Personen und Richtungen darstellte.

1. Die Diskussion um eine »vierte Partei« und der Kreuther Beschluß

Unter dem Eindruck des Wahlergebnisses von 1972 war der Gedanke einer vierten Partei zum ersten Mal öffentlich diskutiert worden. Ausgangspunkt war die Erkenntnis, daß in der Parteienlandschaft der Bundesrepublik Deutschland eine politische Kraft allein, selbst die stärkste, gegen ein auf Dauer angelegtes Bündnis der beiden anderen Parteien nicht mehrheitsfähig werden könne. Eine Grundüberlegung war, daß die Unionsparteien nach der Methode »Getrennt marschieren, vereint schlagen« vielleicht doch die absolute Mehrheit erringen könnten, wenn die CSU – als entschieden konservative Kraft – auch in den anderen Ländern auftrete. Um aber zu vermeiden, daß die CSU dabei ihre landsmannschaftliche Identität aufs Spiel setzte, dachte man an eine Sammlung konservativer, nationaler Gruppen unter der Marke national- oder deutschliberal, deutsch-sozial und ähnliches, die über die selbständige CSU-Fraktion im Bundestag mit der politischen Basis in Bayern verbunden werden sollten. Dem langfristig fixierten SPD/FDP-Bündnis sollten die Unionsparteien jedenfalls mit einer Zweierformation der politischen Mitte begegnen.

Erste Ansätze dazu boten die FDP-Dissidenten, die in Ablehnung des Linkskurses ihrer Partei und der Koalition mit den Sozialdemokraten eine Sammlung der rechtsliberalen Kräfte durch die Nationalliberale Aktion versuchten. Gefördert durch die CSU, konstituierte sich bereits 1971 unter dem Vorsitz des von der FDP zur CSU gewechselten Zoglmann die Deutsche Union, die sich bis 1974 bundesweit organisierte und vielfach als Quartiermacher einer bundesweiten CSU galt. Am 13. Februar 1973 hatte der CSU-Vorsitzende Strauß im Rahmen eines »Welt«-Interviews und im Zusammenhang mit der Frage der Fraktionsgemeinschaft von CDU und CSU im Bundestag von dem Vorteil eines Vierparteiensystems gesprochen, das eine »größere Offenheit und Beweglichkeit für parlamentarische Mehrheitsbildungen« biete. Seitdem spukte die Möglichkeit einer Organisation der CSU als vierter Partei auf Bundesebene durch die Medien und die Verlautbarungen von Unionspolitikern. Schon nach dem Rücktritt Barzels vom Vorsitz der CDU/CSU-Bundestagsfraktion sah sich der Bundesvorstand der CDU veranlaßt, eine »vierte Partei« abzulehnen und auf der Fraktionsgemeinschaft von CDU und CSU als Voraussetzung für die Erfolge der Union zu bestehen.

Der Straußsche Plan einer Bundes-CSU wurde in der Öffentlichkeit zumeist als Druck- und Drohmittel im Hausstreit der Union angesehen. Doch auch die Vermutung, daß es sich dabei um eine mit Kohl und Biedenkopf abgesprochene strategische Option handele, lief um. Tatsächlich spielte Strauß die Karte der »vierten Partei« zum ersten Mal ernsthaft aus, als im Frühjahr 1974 die Frage des Kanzlerkandidaten der Union aufs Tapet kam. Die Führungsspitze der CDU, Parteivorsitzender und Präsidium, erklärte darauf, daß ihrerseits Überlegungen in dieser Richtung nicht angestellt würden und daß man in der Union eine Ausdehnung der CSU auf das Bundesgebiet und die Gründung einer bayerischen CDU für »nicht akut halte«. Die Idee der »vierten Partei«, durch eine Serie von Strauß-Interviews warmgehalten, zündete jedoch und rief im konservativen Lager nördlich der Mainlinie – zumal nach der für die Union enttäuschend verlaufenen Niedersachsenwahl 1974 – zahlreiche Freundeskreise und Aktionsausschüsse für die Zusammenarbeit mit der CSU und andere CSU-Ableger wie die Deutsche Soziale Union (NRW) oder den Bund Freies Deutschland (Berlin) ins Leben. Diese Splittergruppen schlossen sich mit der DU und anderen nach rechts tendierenden Gruppierungen wie der Hamburger Freien Sozialen Union, der bremischen Liberal-Sozialen Union, der hessischen Deutschen Sozialen Volkspartei im Oktober 1975 zur »Aktionsgemeinschaft Vierte Partei« unter dem Vorsitz des ehemaligen Landeschefs der bayerischen FDP, Dietrich Bahner, zusammen. Sie verstand sich als Vor-Organisation einer neuen bundesweit tätigen »liberal-konservativen« Partei, die im Blick auf die Landtagswahl Baden-Württemberg (4. April 1976) gegründet werden sollte.

In der Union ist das wahlstrategische Sandkasten-Spiel mit einer »vierten« Partei, bis auf wenige Ausnahmen auf landespolitischer Ebene, einhellig abgelehnt worden. Kohl, Stoltenberg, Carstens, Biedenkopf, Dregger, Köppler, Barzel, die Junge Union wie auch die Sozialausschüsse sprachen sich nicht nur wiederholt gegen Gründung einer »vierten« Partei aus, sondern warnten auch vor den schädlichen Folgen eines »Bruderkriegs«, weil er zur Spaltung der Union führen könne. Als es im November 1975 um die Kernmannschaft des Kanzlerkandidaten von CDU und CSU für den Wahlkampf 1976 ging, spitzte sich der Streit um den Komplex »vierte Partei« erneut zu. Die CDU-Führung mußte sich gegen Strauß und die CSU mit der deutlichen Erklärung durchsetzen, daß jeder als ihr Gegner behandelt würde, der ohne ihre ausdrückliche Billigung »auf ihrem Gebiet« kandidiere. Auch kam es hier und da zu Ausschlüssen von CDU-

Mitgliedern, die sich für die Gründung einer bundesweiten CSU als vierter Partei einsetzten. Eine gemeinsame Erklärung der Parteivorsitzenden von CDU und CSU bekräftigte, daß es neben den »geschlossen operierenden« beiden Unionsparteien »für eine weitere politische Partei in der politischen Landschaft der Bundesrepublik keinen sinnvollen Platz« gebe (17. November). Nichtsdestoweniger blieb das Thema »vierte Partei« ein »Dauerlutscher« (Jenninger) der Strategiediskussion zwischen CSU und CDU, bis es sich nach 1980 durch das Erstarken der »Grünen« und die damit verbundenen Veränderungen der Parteienlandschaft quasi von selbst erledigte.

Nach der knapp verlorenen Wahlschlacht vom 3. Oktober 1976 stellte sich die Frage der »vierten Partei« erneut mit aller Schärfe. Wie nach der Wahl 1972 begannen Spekulationen über eine bundesweite Ausdehnung der CSU und eine Trennung der CDU/CSU-Bundestagsfraktion. In der gemeinsamen Kommission, die am 12. Oktober 1976 zusammentrat, um die Einzelheiten für die Fortsetzung der bewährten Fraktionsgemeinschaft auszuhandeln, kam es zu einem Konflikt, als die CSU nicht nur die Ablehnung einer Mehrwertsteuererhöhung, die Sanierung der Rentenversicherung ohne Minderung oder Verschiebung der Rentenanhebung sowie den Wegfall von Vergünstigungen bei Ostkrediten zur Bedingung machte, sondern die Fraktionsgemeinschaft auch von dem Koalitionsverhalten der CDU in Niedersachsen und im Saarland abhängig machte. Der Zweck dieses Ansinnens war nur allzu deutlich: Nachdem entschieden worden war, daß der CDU-Vorsitzende vom Sessel des Ministerpräsidenten auf den harten Sitz des Oppositionsführers in Bonn wechseln würde, sollte er frühzeitig auf den von der CSU beabsichtigten Konfrontationskurs gegenüber der Regierung festgelegt werden. Kohl seinerseits bestand auf einer Fraktionsgemeinschaft von CDU und CSU für die ganze Legislaturperiode, mit gleichzeitiger Festlegung, daß es dann eine »vierte« Partei im Sinne einer bundesweiten Ausdehnung der CSU nicht geben solle.

Mitten in den Verhandlungen zwischen den beiden Unionsparteien wurde die CDU – ebenso wie die Öffentlichkeit – durch den Kreuther Beschluß vom 19. November 1976 überrascht. In Wildbad Kreuth war die CSU-Landesgruppe im Deutschen Bundestag zusammengekommen, um ihren Vorstand zu wählen (neuer Vorsitzender wurde Friedrich Zimmermann als Nachfolger von Stücklen, der Richard Jäger im Vizepräsidium des Bundestages ablöste) und die »Gestaltung der politischen Landschaft im Hinblick auf eine absolute Mehrheit der Unionsparteien 1980« zu erörtern. Als Ergebnis einer geheimen Abstimmung wurde beschlossen, im 8. Deutschen Bundestag eine eigene Fraktion zu bilden. Nach 27 Jahren gemeinsamer erfolgreicher Fraktionsarbeit wollte die CSU die Scheidung. Sie wagte diesen Schritt, um – wie es in der von Strauß und Zimmermann unterzeichneten 19-Punkte-Begründung hieß – ihre parlamentarischen Darstellungsmöglichkeiten, ihre politische Operationsbasis und ihre finanzielle Mittelausstattung zu vergrößern und so für die Unionsparteien um der gemeinsamen Sache willen die Chance zu erhöhen, bei der nächsten Bundestagswahl die absolute Mehrheit zu gewinnen. Die Botschaft an die CDU und namentlich an Kohl enthielt unverhüllt die Sentenz »Wer nicht hören will, der muß fühlen«.

Die Wirkung des CSU-Coups auf die Union und die deutsche Öffentlichkeit, seine Bedeutung für die Politik der Bundesrepublik hatte historische Dimensionen. »Nur wenige Ereignisse haben unsere Partei in ihrer dreißigjährigen Geschichte so bewegt und erregt ...«, bekannte CDU-Generalsekretär Biedenkopf im Informationsdienst seiner Partei, und er fügte im Rückblick auf den Aufstieg und die Prägekraft der Christlichen Demokratie in der Nachkriegsepoche hinzu: »Die Einheit der Union ist eine der größten politischen Errungenschaften unserer modernen Geschichte. Sie ist seit dreißig Jahren ein wichtiger Garant unserer politischen Stabilität.« Die CDU sah sich existentiell herausgefordert. Für sie bedeutete der Trennungsbeschluß einen Angriff auf die historische Integrationsleistung der Union, die durch das Zusammenführen konservativer, christlich-sozialer und liberaler Strömungen »Bonn« nicht zu »Weimar« hatte werden lassen. Entsprechend direkt und entschlossen reagierte sie. Die Stellungnahme des Präsidiums vom 20. November, die zwei Tage später vom erweiterten Bundesvorstand einstimmig verabschiedet wurde, lief auf ein Ultimatum an die CSU hinaus. In der Entscheidung der CSU-Landesgruppe, im 8. Deutschen Bundestag eine eigene Fraktion zu bilden, erblickte die CDU eine »Absage an die Einheit der Union«. Die »Erfüllung des Wählerauftrags vom 3. Oktober« werde dadurch erschwert. Die CSU wurde aufgefordert,

»ihren Willen zur Aufrechterhaltung der Einheit der Union in einer satzungsmäßig verbindlichen Form zum Ausdruck zu bringen. Sollte dies nicht gelingen, so wird die CDU gezwungen, auch in Bayern zu kandidieren«.

Die CDU-Führung konnte ihre schärfste Waffe einsetzen, weil sie nicht nur die Verbände und Vereinigungen der eigenen Partei hinter sich hatte, sondern auch in der bayerischen Schwesterpartei Bundesgenossen wußte. Es gab CSU-Kreisverbände, die eine Überprüfung des Kreuther Trennungsbeschlusses forderten. Nach einer demoskopischen Umfrage unter bayerischen Wählern stand die Mehrheit auf der Seite Kohls und der CDU. Auf dem Deutschlandtag der Jungen Union in Offenbach (26./28. November) wurde mit überwältigender Mehrheit und mit den Stimmen der bayerischen Delegierten eine Resolution verabschiedet, die sich gegen jede Spaltung der Union wandte. Die CSU-Landesgruppe und Strauß mußten den Rückzug antreten, was jedoch nicht bedingunglos, ohne Verhandlungen über die technischen und politischen Voraussetzungen für die Fortführung der gemeinsamen Fraktion geschah. Zum Auftakt der Gespräche über die Erneuerung der Fraktionsgemeinschaft präzisierte die CDU nach einer Klausurtagung ihres Bundesvorstandes in der Akademie Eichholz noch einmal ihre Position, die sich, von jeder Oppositionsstrategie und Parteienarithmetik absehend, an das Politisch-Grundsätzliche hielt: »Die christlich-demokratische Idee als Grundlage einer modernen Volkspartei hat auf die Mehrheit der Wähler in der Bundesrepublik Deutschland eine größere Faszination ausgeübt als jede andere politische Idee einschließlich des Sozialismus. Sie ist eine entscheidende Grundlage auch für die künftige Gestaltung Europas. Die Einheit der Unionspolitik in der ganzen Bundesrepublik Deutschland ist für die CDU unverzichtbar. Sie wird durch die gemeinsame Fraktion wirksam. Deshalb besteht die CDU auf der Fortsetzung der gemeinsamen Bundestagsfraktion.«

In drei Verhandlungsrunden zwischen dem 3. und 6. Dezember konnte auf der Grundlage der beiderseitigen Positionspapiere keine Einigung zwischen CDU und CSU erzielt werden. In einem Kommuniqué teilte Kohl als Leiter der CDU-Delegation, zu der noch Filbinger, Carstens, Biedenkopf und Katzer gehörten, nur vage die Einigung über Inhalt und Ziel gemeinsamer Oppositionspolitik für die kommende Legislaturperiode mit. Die Spaltung der Union schien Realität. Das Erbe Adenauers drohte verspielt zu werden. Die Entwicklung wurde dramatisch: Am 9. Dezember, während Kohl in einem Interview der »Süddeutschen Zeitung« es als eine Frage »unseres Selbstverständnisses« bezeichnete, »die CDU in Bayern zu etablieren«, legte der CSU-Vorstand in einem Acht-Punkte-Programm neue Bedingungen vor, die auf politische Parität der CSU-Landesgruppe in der Fraktionsgemeinschaft hinausliefen. Auf dieser neuen Basis kam am 12. Dezember die Vereinbarung über die Fortführung der gemeinsamen Fraktion und über die Grundlagen der politischen Zusammenarbeit zustande. Sie orientierte sich an dem Grundsatz, daß es sich bei den Gruppen CDU und CSU im Deutschen Bundestag »um die Abgeordneten einer jeweils selbständigen Partei« mit »eigenen Organen« handele. CDU wie auch CSU erhoben als selbständige Parteien einen »bundesweiten Anspruch« der von ihnen vertretenen Politik. Eine Strategiekommission »in gleich starker Besetzung« sollte Grundlagen, Methoden und Zielsetzungen einer gemeinsamen Oppositionspolitik erarbeiten. Die Unionsparteien stimmten darin überein, daß die Mehrheit von SPD und FDP nur gebrochen werden könne, wenn für die nächste Bundestagswahl alle Möglichkeiten ausgeschöpft würden, »das Wählerpotential für eine freiheitliche, sichere und soziale Politik zu gewinnen. Dabei ist besonders auf die innerhalb und zum Teil außerhalb der SPD stehenden freiheitlichen sozialen Demokraten und auf die national-liberalen Wähler zu achten.«

So waren ein neuer Rahmen und ein neues Verfahren zur Konfliktregelung zwischen CDU und CSU geschaffen, die Meinungsverschiedenheiten über Konzeptionen und Personen bestanden jedoch weiter. CDU und CSU bildeten ein Bündnis, dessen Politik nach Maßgabe der gesellschaftlich-politischen Verhältnisse und außenpolitischen Beziehungen immer wieder neu zu überprüfen und zu formulieren war. Der Kreuther Trennungsbeschluß war nach Strauß lediglich »überlagert«, nicht aufgehoben. Die »Kreuther Idee« (Friedrich Zimmermann) oder, wie in einer Schlagzeile zu lesen war, der »Kreuther-Likör«, wurde als Teil des Straußschen Lieblingsprojekts Vierte Partei von der CSU immer wieder serviert, wenn die Strategiediskussion, der Oppositionskurs oder die Kandidatenfrage vor wichtigen Wahlentscheidungen akut wurden, als »Instrument der Domestizierung der CDU« (Kohl). »Endgültig vom Tisch« (Bernhard Vogel) kam der leidige Komplex erst, als die CDU kurz vor der Sommerpause 1979 der Kanzlerkandidatur von Strauß für die Bundestagswahl 1980 zustimmte. Damit war die Diskussion über die Gründung einer vierten Partei beendet. Kurz zuvor hatte es mit der »Bürgerpartei der Steuerzahler« des Hermann Fredersdorf noch eine Variante des Unternehmens Vierte Partei als verlängerter Arm der CSU gegeben. Von CDU-Seite ist die Gründung einer vierten Partei, die als Lösungsmittel im scheinbar verfestigten Parteiensystem der siebziger Jahre fungieren sollte, teils mit beschwörenden Appellen als »Spiel mit dem Feuer«, teils als »unnötig, überflüssig und schädlich« abgelehnt worden.

2. Anlauf zur »Wende«

Nach dem »Etappensieg« von 1976 unterlag es, wie die »Neue Zürcher Zeitung« schrieb, keinem Zweifel, »daß die nun wieder zur stärksten Fraktion im Parlament gewordene CDU/CSU alles daransetzen wird, um noch während der kommenden Legislaturperiode ihre Oppositionsrolle loszuwerden und auf die Regierungsbank zu wechseln«. Das war jedoch nur mit Hilfe der FDP zu erreichen, die dazu gebracht werden mußte, ihre Koalition mit der SPD aufzukündigen. Zwei Hebel boten sich an: zum einen die Schlüsselrolle der Freien Demokraten zu akzeptieren und sie durch ein flexibles politisches »Liebeswerben« sowohl auf Bundes- wie auch auf Länderebene (Saarland und Niedersachsen) der sozialliberalen Ehe zu entfremden, also eine Art »Wandel durch Annäherung« anzustreben. Der andere Weg war, die FDP, die mit einem Stimmenanteil von 7,9 Prozent bei der Bundestagswahl 1976 schwächer als erwartet abgeschnitten hatte, statt ihr Möglichkeiten der Partnerschaft zu bieten, hart und konsequent zu bekämpfen, um sie als dritte Kraft überhaupt auszuschalten. Welcher der beiden Wege am ehesten zum Ziel führen würde oder ob nicht besser eine offensive, auf die Bruchstellen der Koalition konzentrierte Opposition betrieben werden sollte – diese Frage war zwischen CDU und CSU und ihren Parteispitzen in der 8. Wahlperiode von Anfang an umstritten.

Die Enttäuschung, die sich unmittelbar nach der Wahl, noch verstärkt durch das Kreuther »Nach-Tarocken« der CSU und den Streit um die »vierte Partei«, im Unionslager breitmachte, wurde durch die Hoffnung wettgemacht, daß die mehrheitsschwache Koalition von SPD und FDP in Schwierigkeiten kommen könnte. Da der Parteivorsitzende und Kanzlerkandidat Kohl nun auch den Fraktionsvorsitz übernahm, gewann die Unionsopposition an Gewicht und Kapazität. Gleichwohl erwies sich die Rückkehr in die Regierungsverantwortung schwieriger als erwartet. Es bedurfte erst eines weiteren Mißerfolgs, im zweiten Anlauf der Unionsparteien bei der Bundestagswahl 1980, um einzusehen, daß die »Wende« nicht aus eigener Kraft zu erreichen war.

Daß Kohl am Montag nach der Wahl der FDP ein schriftliches Koalitionsangebot machte und auch gegenüber Bundespräsident Scheel den Anspruch auf Regierungsbildung durch die stärkste Partei bekräftigte, war mehr ein Nachhutgefecht. Noch einmal sollten CDU und CSU als moralische Sieger der Wahlschlacht herausgestrichen werden. Zugleich wurde aber damit auch eine politische Ausgangsstellung für den Fall eines Bruchs der sozialliberalen »Koalition der Schwäche« vorbereitet. Es galt zu dokumentieren, daß die Union zu einer Koalition mit den Freien Demokraten bereit gewesen war. Und – nicht weniger wichtig – der CDU-Bundesvorsitzende demonstrierte auf diese Weise, daß seine Stellung in der Partei unerschüttert war. Anders als 1972 nach der Wahlniederlage Barzels wurde diesmal keinerlei interne Kritik laut, zumal die innerparteilichen Hauptkonkurrenten Stoltenberg, Albrecht, Dregger und Biedenkopf in ihren Landesverbänden bei der Wahl nicht überzeugt hatten.

So konnte es sich Kohl nach der Wahl sogar erlauben, seine Parteifreunde und die Öffentlichkeit über einige Tage hinweg darüber im Ungewissen zu lassen, ob er Ministerpräsident in Mainz bleiben oder sein Bundestagsmandat wahrnehmen wolle, also Oppositionsführer in Bonn werden würde. Am 7. Oktober 1976, nachdem die Bedingungen seines Wechsels nach Bonn – vor allem gegenüber der CSU – geklärt schienen, gab er vor der Gesamtfraktion seinen Entschluß bekannt, das »mörderische Geschäft« (Geißler) zu übernehmen, »die zwei Schwesterparteien zusammenzuhalten und gleichzeitig SPD und FDP und die gesamte Bundesregierung unter Helmut Schmidt als Gegner zu haben«. Als vordringlichste Aufgaben der 8. Legislaturperiode bezeichnete er es, die Arbeitslosigkeit, insbesondere die Jugendarbeitslosigkeit, zu bekämpfen, die Einrichtungen der sozialen Sicherheit zu sanieren, die Krise der öffentlichen Haushalte zu überwinden, die Leistungskraft der Wirtschaft zu stärken, die bildungspolitischen Defizite, vor allem im Bereich der beruflichen Bildung, zu beseitigen, die europäische Einheit weiter zu fördern sowie die innere und äußere Sicherheit zu gewährleisten: »Als konstruktive Opposition wird es die Union nicht zulassen, daß die Bundesregierung weiterhin dringende Probleme unseres Landes verharmlost oder Scheinlösungen anbietet.«

Am 1. Dezember 1976 wurde Kohl von den Bundestagsabgeordneten der CDU mit 184 gegen zwei Stimmen bei drei Enthaltungen zum Vorsitzenden gewählt. Sicherlich war diese Stimmabgabe auch als Demonstration gegen die abtrünnige CSU gemeint, aber vor allem war sie, wie Carstens, der abtretende Vorsitzende, betonte, »Ausdruck der Überzeugung«, daß Kohl »der richtige Mann« sei, »um diese Fraktion zu führen und um das Ziel zu erreichen, welches nach wie vor unverändert unser großes politisches Ziel bleibt: die gegenwärtige Regierung und die gegenwärtige Regierungskoalition durch eine bessere Regierung und bessere Partei abzulösen«. Nach der Erneuerung der Fraktionsgemeinschaft von CDU und CSU – zwei Tage vor Konstituierung des 8. Deutschen Bundestages – wurde Kohl von der Gesamtfraktion als Oppositionsführer bestätigt. Erster Stellvertretender Vorsitzender wurde Friedrich Zimmermann (CSU). Als weitere Stellvertreter kamen Alfred Dregger und Walter Althammer (CSU) zu den bisher amtierenden hinzu. Zu Parlamentarischen Geschäftsführern wurden wieder Wilhelm Rawe und Philipp Jenninger berufen, der diese Funktion schon seit September 1973 ausübte, sowie der CSU-Abgeordnete Paul Röhner (seit Februar 1975), ferner Walter Wallmann und nach dessen Wahl zum Frankfurter Oberbürgermeister im Juni 1977 Gerhard Kunz. Auch im Vorsitz der sechs Arbeitskreise der Fraktion gab es Veränderungen: Werner Dollinger (CSU) übernahm AK II (Wirtschaft und Ernährung), Hansjörg Häfele AK III (Haushalt, Steuern, Geld und Kredit) und Heinrich

Franke AK IV (Sozial- und Gesellschaftspolitik). Zu Justitiaren wurden Professor Paul Mikat und Reinhold Kreile (CSU) bestellt.

Als der »Abgeordnete Dr. Kohl« am 17. Dezember 1976, nachdem ihm vom neuen Bundestagspräsidenten Carstens (gewählt am 14. Dezember nach parlamentarischem Brauch als von der stärksten Fraktion vorgeschlagener Kandidat) zur Eröffnung der Debatte über die Regierungserklärung Bundeskanzlers Schmidt das Wort erteilt worden war, ans Rednerpult des Bundestagsplenums trat, erneuerte sich das Duell zwischen der SPD/FDP-Koalition und der CDU/CSU-Opposition mit einer Szene, die nun fast Woche für Woche bis zur »Wende« 1982 in die Wohnungen der Bürger übertragen wurde: hier der Oppositionsführer – wie die »Welt« notierte –, ein »unverbrauchter, ehrlicher Mann, gut gewillt, nicht Egozentriker, sondern Integrator, ein bißchen Carter, ein Quentchen Vorderpfalz«, entschieden im Grundsätzlichen, kooperativ, wo es um demokratische Gemeinsamkeiten ging, ohne rhetorische Brillanz, aber auch ohne verletzende Polemik argumentierend, eher versöhnlich gestimmt, dort auf der Regierungsbank ein überlegen wirkender Kanzler, der ungerührt seine Prisen nahm, ja der bisweilen eine bis zur Lustlosigkeit gehende Distanz zum politischen Geschäft demonstrierte, sprachgewandt und stets gründlich vorbereitet, mit intellektueller Schärfe und einer großen Fähigkeit zum Finassieren seine Sache vertretend. Beide einander ebenbürtig an Augenmaß für das Machbare, an nüchternem Pragmatismus.

In der zweiten Hälfte der Siebziger kamen ernste Herausforderungen auf die Bundesrepublik zu: innenpolitisch die wirtschaftliche Rezession, eine gefährlich wachsende Staatsverschuldung, Massenarbeitslosigkeit und Probleme der Energieversorgung, terroristische Aktivitäten und sozialistische Reformverlockungen, außenpolitisch das sowjetische Vordringen in Afrika und Afghanistan und der Rüstungswettlauf zwischen den Supermächten. Angesichts dieser schwierigen Probleme erklärte Kohl für die CDU/CSU-Opposition die Bereitschaft zur »verantwortlichen Mitarbeit«; zugleich mahnte er von den Koalitionsparteien »fairen Umgang miteinander« und von der Regierung »rechtzeitige und vollständige« Information und »Mut zur Kurskorrektur« an. Er hob dabei die Bedeutung der Opposition, deren Auftrag CDU und CSU »ohne Wenn und Aber«

annähmen, als »das Kennzeichen lebendiger Demokratie« hervor. Die Opposition erfülle nach demokratischem Verständnis ihre Rolle nicht »als Hilfsmotor, sondern als Kontrolle und Alternative der Regierung«. Der Regierungserklärung Schmidts, die er als »Dokument der Ratlosigkeit« apostrophierte, hielt Kohl die Forderungen der Opposition nach Wiederfreisetzung der Kräfte und Chancen Sozialer Marktwirtschaft, nach Ausgewogenheit und Berechenbarkeit bei der Sanierung der Rentenversicherung, nach neuer Weichenstellung der Familienpolitik entgegen; in der Außenpolitik bestand er auf tätigem Engagement für die europäische Einigung und auf Aktivitäten gegen den stetigen Ausbau der militärischen Stärke des Warschauer Pakts. Auch Strauß als finanzpolitischer Sprecher und Barzel für die Sicherheits- und Deutschlandpolitik kritisierten das Problemlösungsangebot der Regierungserklärung als substanzlos und »schludrig« (Barzel).

Die Opposition hatte einen Auftakt ohne Glanz; statt einen neuen Anlauf zu nehmen, setzte sie zunächst im Schwung des Wahlkampfs fort, gestärkt im Selbstbewußtsein, mehr als 18 Millionen Wähler zu vertreten. Der Paukenschlag von Kreuth hallte weithin und heftig nach, nicht nur innerhalb der Bundestagsfraktion, sondern auch bis weit hinein in die Basis der beiden Unionsparteien. Brandt hatte daher so unrecht nicht, als er in der Aussprache über die Regierungserklärung auf den »Schrägstrich« zwischen CDU und CSU abhob und feststellte: »Diesen Balken muß der Kollege Kohl halten.«

Kohl übernahm mit der personellen Kopplung von CDU-Parteivorsitz der Union und Oppositionsführerschaft als Vorsitzender der CDU/CSU-Bundestagsfraktion ein Erbe Barzels, das er diesem seinerzeit verweigern wollte. Der Unterschied war, daß Kohl als Parteichef und designierter Kanzlerkandidat den Fraktionsvorsitz fast automatisch übernehmen konnte, während Barzel die Parteiführung vom Fraktionsvorsitz aus beanspruchte, was in der parteiinternen Diskussion die Frage von Verbindung oder Trennung beider Funktionen aufwarf. Davon war diesmal keine Rede. Doch die Aufgabe, die Politik der Fraktion mit den Interessen der Partei zusammenzupassen, Fraktion und Partei durch personelle Verbindungen und Sacharbeit zu verklammern, stellte sich auch für Kohl in gleicher Intensität. Hinzu kam das durch den Kreuther Trennungsbeschluß noch spannungsreicher gewordene Verhältnis zur Schwesterpartei CSU. Gefragt war ein Balanceakt zwischen zwei Tendenzen: Weder durften CDU und CSU zu bloßen Werbeorganisationen der Fraktion als der »Klammer der Union« werden, noch hatte die Gesamtfraktion ein Exekutivausschuß der Unionsparteien zu sein.

Vor diesem Hintergrund läßt sich vieles an dem Bild erklären, das die Unionsopposition im ersten Jahr der Wahlperiode bot und das in der öffentlichen Meinung als »Kurssuche«, als »Resultante des Kräfteparallelogramms in der CDU/CSU«, als »Strategie des Abwartens« oder gar als gemächlich, verhaltend, lavierend, lasch gedeutet wurde. Es ging dem Oppositionsführer jedoch in erster Linie darum, von der (noch) stabilen Position seines Doppelvorsitzes her das Zusammenwirken von Partei und Fraktion organisatorisch, personell und sachthematisch maßzuschneidern für den Generalangriff auf die SPD/FDP-Koalition.

Auch der – fehlgeschlagene – Versuch Kohls, durch Verringerung der Zahl seiner Stellvertreter von fünf auf zwei die Parteispitze der Union einschließlich des Generalsekretärs im Gewicht gegenüber der Fraktion etwas zurückzunehmen, ist unter dem Aspekt der Feinabstimmung von Partei- und Fraktionsinteressen zu sehen. Bei der Fraktion wiederum wurde der 1970 von Barzel gegründete Planungsstab unter der Leitung Franks in seiner bisherigen Form aufgelöst. Fast um die Hälfte verkleinert, sollte er als Koordinierungsstab für Gesellschaftspolitik zwischen Bundestagsfraktion und Parteizentrale mit der Konzentration auf Renten- und Sozialversicherungsfragen dem stellvertretenden Vorsitzenden der CDU und der Fraktion, Hans Katzer, zuarbeiten.

Das Wahlergebnis hatte manchen politischen Ambitionen in der Union einen Dämpfer aufgesetzt. Auch der Generalsekretär war davon betroffen. Dieser hatte durch seinen innovativen Arbeitsstil und seine politischen Karriereambitionen Unruhe in die Partei gebracht und dadurch deren Gruppen- und Flügelbildungstendenzen eher verstärkt als abflauen lassen. Bereits vor der Bundestagswahl hatte es Spekulationen darüber gegeben, daß Biedenkopf an die Spitze des Präsidiums der CDU Nordrhein-Westfalen treten und im weiteren den letztlich erfolglosen Köppler als Landesspitzenkandidat ablösen wolle. Nach der Wahl wurde recht bald klar, daß er sich im Landesverband Westfalen-Lippe eine feste Grundlage für seine politische Karriereleiter zu verschaffen gedachte. Seine Annäherung an Strauß und seine Ablehnung der von Kohl vorgeschlagenen Neustrukturierung der CDU-Führungsspitze führten zum Bruch. Der politische Ehrgeiz des selbstbewußten Professors brauchte Gestaltungsfreiraum. Seine Forderungen nach mehr Einfluß- und Zugriffsmöglichkeiten der Partei (und damit des Generalsekretärs) war der Parteivorsitzende, der nun auch Fraktionsvorsitzender war, nicht zu erfüllen bereit. So trennte man sich »einvernehmlich« – die einzige Einvernehmlichkeit, die noch zwischen dem Parteichef und seinem »General« bestand, wie die Presse ironisch kommentierte. Mit dem Rückzug aus dem Konrad-Adenauer-Haus im März 1977 nach dem Düsseldorfer Parteitag begann nach einigen Anlaufschwierigkeiten Biedenkopfs zweite politische Karriere: im Deutschen Bundestag, wo der Parlamentsneuling auf Anhieb wirtschaftspolitischer Sprecher der CDU/CSU-Fraktion wurde, und als Nachfolger von Windelen im Vorsitz des CDU-Landesverbandes Westfalen-Lippe (Landesparteitag in Herne, 4. Juni 1977). In dieser Funktion ging es ihm insbesondere darum, im Ruhrgebiet, wo er der »Filzokratie« zwischen Sozialdemokraten und Gewerkschaften den Kampf ansagen wollte, wieder die Flagge der CDU zu zeigen.

Seinem Nachfolger im Amt des CDU-Generalsekretärs übergab er einen organisatorisch-administrativ leistungsfähigen Parteiapparat. Nie habe es »eine schlagkräftigere« CDU gegeben. Nun müßten die Sachaussagen intensiviert werden. So zog er selbst in seiner Abschiedserklärung die Bilanz seiner Amtszeit. Die Parteimaschine, überholt und geölt, konnte nun zeigen, was in ihr steckte.

Auf dem 25. Bundesparteitag in Düsseldorf am 7.–9. März 1977, der noch unter der Regie des scheidenden Generalsekretärs vorbereitet worden war, ging es nach dem Motto »Unsere Verantwortung für Deutschland« um die deutschlandpolitische Position der CDU. Nach einer prägnanten Formulierung von Alois Mertes bestimmte sie sich durch den unauflöslichen »Wertedreiklang« von freiheitlicher Rechtsstaatlichkeit, nationaler Einheit und Europäischer Gemeinschaft. Im Zusammenhang mit der Diskussion des CDU-Grundsatzprogramms wurden die Menschenrechte und der Kampf um ihre Durchsetzung für alle Deutschen in den Mittelpunkt der

Heiner Geißler
Generalsekretär der CDU 7. 3. 1977–11. 9. 1989.

Deutschlandpolitik gerückt: »Nation und Menschenrechte gehören für uns zusammen« (Kohl).

Der »Parteitag der Konzentration« war ganz auf Zusammenhalt der Kräfte und auf Konservierung der »kämpferischen Hingabe an unsere Ideale« (Kohl) ausgerichtet. Mit beschwörenden Worten bemühte sich der Parteivorsitzende, die von Ratlosigkeit und Enttäuschung geplagten Delegierten »für eine neue große politische Offensive« zu mobilisieren. Der vom Parteivorstand vorgelegte Arbeitsplan 1977 sah vier Aktionsschwerpunkte vor, in denen sich der politische Leitgedanke der Union »Freiheit statt Sozialismus« niederschlagen sollte: Maßnahmen zur Sicherung des Wirtschaftswachstums in der Sozialen Marktwirtschaft und zur Gewährleistung der sozialen Sicherheit, insbesondere in den Bereichen Arbeitsplatz- und Ausbildungsplatzsicherung, Altersversorgung, Krankenversicherung und Familie; Maßnahmen zur langfristigen Sicherung der Energieversorgung und zum Umweltschutz; Maßnahmen zum Abbau der wachsenden Spannungen zwischen den hochentwickelten Industrienationen und den Entwicklungsländern; Bestandsaufnahme der Entspannungspolitik und ihrer Auswirkungen auf das innerdeutsche Verhältnis, die Lage Berlins und die äußere Sicherheit der Bundesrepublik Deutschland. Die auf dem »Deutschlandtag« (8. März 1977) während des Parteitags beschlossenen »deutschlandpolitischen Grundlinien« dokumentierten ein weiteres Mal das Eintreten der Union für die Wiederherstellung der Einheit Deutschlands in freier Selbstbestimmung.

Die Union fuhr mit ungebrochener Dynamik in ihrer Oppositionsoffensive fort. Kohl, mit 767 von 810 Delegiertenstimmen überzeugend als Vorsitzender bestätigt, hielt die Trümpfe in der Hand. Die Geschlossenheit der Partei war diesmal keine Frage. Seinem Personalvorschlag für das Amt des Generalsekretärs, eines der »politisch wichtigsten Ämter in Deutschland« (Geißler), folgten die Delegierten mit großer Mehrheit: Mit 746 von 812 Stimmen wurde Heiner Geißler gewählt. Als Sozialminister in Rheinland-Pfalz hatte er sich mit Kindergartengesetz, Altenplan und Sozialstationen einen Namen gemacht. Ein Mann der Sozialausschüsse, deren Vorstand er angehörte, ein politischer Kämpfertyp mit Herz und Kopf, ohne die intellektuelle Brillanz eines Biedenkopf, aber nicht minder ideenreich, mit einem Schuß moralistischen Übereifers, dazu betont religiös; statt dem Manager kam ein »Apostel«, statt der Ordnungspolitik wurde die Sozialpolitik der Bezugspunkt. »Neue Armut«, »Partnerrente«, »Erziehungsgeld« – mit solchen Vorstellungen, die er in wohlgezielte Kampagnen umzusetzen wußte, gab der »Mainzer Schwabe« der sozialliberalen Politik ein ums andere Mal das Nachsehen. Die Öffentlichkeit war von Saison zu Saison auf den »neuen Geißler« gespannt. »Mutig in alle Fettnäpfchen« lautete denn auch die Pressebilanz seiner ersten 100 Tage (»Deutsche Zeitung/Christ und Welt«).

Geißler trat sein Amt mit einem neuformierten Präsidium an. Statt fünf gab es von nun an sieben stellvertretende Vorsitzende, die in ei-

nem gemeinsamen Wahlgang zu wählen waren (Laurien, Stoltenberg, Biedenkopf, Katzer, Dregger, Filbinger und Köppler). Zur Begründung dienten die vielfältig gewachsenen »Aufgaben des Partei-
präsidiums in der Außenrepräsentation der Partei«; die Gegner des
Vorstandsantrags sahen indes mehr eine »Verschiebung der Aufga-
benschwerpunkte in der Parteiführung«. Das Parteivolk murrte ein
bißchen, aber es folgte, von Kohl und Biedenkopf auf Vordermann
gebracht. Auch eine neue Ordnung für die Bundesfachausschüsse
der CDU trat in Kraft (1. März 1977); sie regelte Einsetzung und Zusammensetzung, Aufgaben, Berichtspflicht sowie Berufung der Mitglieder dieser Gremien, von denen es für bestimmte Fachbereiche
ständige und nichtständige gab und die ihre Arbeitsvorhaben mit
dem Generalsekretär abzustimmen hatten.

Als Schwerpunkte des Arbeitsplans der Partei, der nun vom »frischen Südwest« vorangetrieben werden sollte, wie eine Zeitung
Geißlers Nominierung charakterisierte, waren Bestandsaufnahmen
der »sogenannten« Entspannungspolitik sowie Konzepte zur Sicherung des Wirtschaftswachstums und der Energieversorgung, zur Gewährleistung der sozialen Sicherheit und zum Schutz der Umwelt
vorgesehen. Geißler selbst wollte einen »neuen Realismus in der Politik« der CDU beleben. Ihm schwebte – an Stelle des bei Biedenkopf
gelegentlich kritisierten »Kreuz-und-Quer-Engagements« – eine
»integrierte« Politik vor. Der Personenwechsel in der Parteizentrale
bedeutete also auch einen Akzentwechsel, ablesbar etwa an der Behandlung der »neuen sozialen Frage«, die sich für Biedenkopf aus
dem Konflikt zwischen Kapital und Arbeit, zwischen organisierten
und nichtorganisierten Interessen, zwischen Mehrheiten und Minderheiten ergab, für Geißler hingegen akute Sozialprobleme wie die
Lage der Wohlstandsarmen, der Kinderreichen, der Arbeitslosen betraf, die er dem Gewissen der Politiker und Bürger anvertraute.
Schon früh wurde bei ihm die Gefahr gesehen, daß er sich mit seinen
Aktivitäten »ohne den erforderlichen großen Atem für die Konkretisierung eines Gesamtkonzepts auf den vielschichtigen Problemfel-
dern der Sozialpolitik« verzetteln könnte (»Rheinischer Merkur«).

Im Zuge der personellen und organisatorischen Neugliederung,
die Geißler bei seinem Amtsantritt in der Bundesgeschäftsstelle vornahm, wurden einige neue Abteilungen eingerichtet. Nach der Leit-

linie »sachliche Verstärkung ohne personellen Mehraufwand« sollte die Abteilung »Verbände, Gewerkschaften, Parteien« den Kontakt zwischen der CDU und den gesellschaftlichen Gruppen intensivieren, die Abteilung »Analysen« Entscheidungshilfen durch Trenduntersuchungen bereitstellen und die Abteilung »Außenpolitik« die Aktivitäten der Bereiche Außen-, Deutschland- und Entwicklungspolitik bündeln. Daneben wurde ein Büro für Europawahlen eingerichtet. Die Hauptabteilung Organisation übernahm ab September 1978 in Personalunion der neue Bundesgeschäftsführer Hellmut Holle, bis dato Direktor im Zentralbereich Finanzen der DEMAG Duisburg; er löste den Diplomvolkswirt Karl-Heinz Bilke ab, der seit Juni 1973 für die Geschäfte der Bundespartei verantwortlich gewesen war.

Alles in allem blieb es bei wenigen Veränderungen. Geißler konnte schon von der »Kontinuität« der Parteiarbeit sprechen. Das Instrument war geschmiedet, es bedurfte nur einiger Korrekturen, um es der neuen Führungshand anzupassen. Als die Organisation stand, bewies sich die Leistungskraft der Bundesgeschäftsstelle an der sachlich-wissenschaftlichen Vorarbeit. Eine Reihe hochkarätig besetzter Fachkongresse zeigte das: so etwa die rechtspolitischen Kongresse der CDU/CSU in Karlsruhe (4. Dezember 1975 und 18./19. Mai 1978), die unter dem Motto »Recht sichert die Freiheit« standen, der Kongreß »Energie und Umwelt« in Hannover am 10./11. Oktober 1977, das Sicherheitspolitische Forum in Kiel (13./14. Januar 1978), das mit 1100 Teilnehmern der bis dahin größte Fachkongreß in der Geschichte der CDU war, oder der Medientag der CDU/CSU in Bonn am 7./8. November 1978.

Hand in Hand wie selten in der Geschichte der CDU arbeiteten Bundestagsfraktion und Bundespartei in dieser frühen Phase der Unionsoffensive für eine neue deutsche Politik zusammen; direkt wie selten funktionierte die Koordination von parlamentarischen Initiativen und programmatischer Zielbestimmung seitens der Partei. Die Debattenbeiträge, Alternativanträge und Großen Anfragen der CDU/CSU im Bundestag 1977/78 legen davon beredtes Zeugnis ab.

Die Finanzierungskrise der Sozialversicherung, die bei der Vorbereitung des 20. Rentenanpassungsgesetzes und des Krankenversicherungs-Kostendämpfungsgesetzes (verabschiedet 24. Juni 1977) zu

ernsten Spannungen in der Koalition führte und als »Rentende-
bakel« in Erinnerung geblieben ist, gab der Unionsopposition die
Gelegenheit, der Regierung Schmidt »Flickschusterei«, Unausgewo-
genheit und Unklarheit, ja in polemischer Zuspitzung »Rentenbe-
trug« vorzuwerfen. »Ohne eine grundlegende Wende in der Wirt-
schafts- und Finanzpolitik«, so hieß es in den Beschlüssen der
CDU/CSU zur Sanierung der Rentenversicherung und zur Kosteneindämmung, »wird bei den Bürgern und bei der Wirtschaft das
notwendige Vertrauen nicht wiederhergestellt, das die unverzicht-
bare Voraussetzung für Vollbeschäftigung, Preisstabilität, Wachstum
und soziale Sicherheit ist«. So hielt die Union an der bruttobezoge-
nen dynamischen Rente fest und trat für eine Rentenanpassung um
9,9 Prozent zum 1. Juli 1977 ein; die im Gesetzentwurf der Bundesregierung vorgesehene Teilaktualisierung und der in Aussicht ge-
nommene Übergang zur Nettoanpassung wurden von ihr abgelehnt,
lediglich mit der Verschiebung des Termins der 21. Rentenanpassung
auf den 1. Januar 1979 erklärte sie sich einverstanden. In den Beratungen des Kostendämpfungsgesetzes gelang es der CDU/CSU, die
von der Koalition geplante Erhöhung der Beitragsbemessungsgrenze
in der Krankenversicherung zu verhindern. Auch widersetzte sie
sich im Gesetzgebungsverfahren mit Erfolg allen sozialliberalen
Konzepten, die auf Einschränkung der freien Arzt- und Kranken-
hauswahl des Bürgers und auf Verlagerung ambulanter Behandlun-
gen in das Krankenhaus zugeschnitten waren. Als »freiheitlichen
Weg« zur Kosteneindämmung im Gesundheitswesen regte sie eine
konzertierte Aktion an, in der sich alle verantwortlich am Gesundheitswesen Beteiligten zusammenfinden und und gemeinsame Lösungen entwickeln sollten.

Energisch bekämpfte die Opposition auch das von Bundesfinanzminister Apel (SPD) verfochtene Steuerpaket mit seinem Kern, der
Mehrwertsteuererhöhung von 11 auf 13 Prozent, die 1978 Mehreinnahmen von 10,5 Milliarden erbringen sollte. Nach Auffassung der
CDU/CSU bestand das Hauptziel einer zweckmäßigen Steuerpolitik
im Abbau leistungsfeindlicher und investitionshemmender Besteuerung. Statt auf Steuererhöhungen, die preistreibend wirkten, bei
schwacher Konjunktur das Wirtschaftswachstum hemmten und un-
soziale Mehrbelastungen für die Arbeitnehmerhaushalte sowie

Wertverluste für die Sparer brächten, setzte die Union vielmehr auf Steuersenkungen und mehr Steuergerechtigkeit durch eine Strukturreform des steuerlichen Belastungssystems (neue Tarifgestaltung und Korrekturen des Steuerrechts). Bei der Abstimmung im Bundestag lehnte die CDU/CSU das Steueränderungsgesetz 1977 als »Steuererhöhungsplan« mit 245 (11) gegen 248 (11) Stimmen ab.

Im Zusammenhang mit den Haushaltsberatungen 1977 stellte die CDU/CSU gegen den Bundeskanzler einen Mißbilligungsantrag, weil in seiner Verantwortung als Bundesfinanzminister – gemäß Urteil des Bundesverfassungsgerichts vom 2. März 1977 – Steuergelder verfassungswidrig zu Partei- und Wahlzwecken verwendet worden waren. Dieser Antrag auf »Mißbilligung des Verhaltens des früheren Bundesfinanzministers Helmut Schmidt« war Höhepunkt der Oppositionskritik, der sich die Regierung nach parlamentarischem Brauch bei Einbringung des Haushalts unterziehen mußte.

In der Deutschlandpolitik, besonderes Anliegen der CDU/CSU, wurde immer wieder darauf hingewiesen, daß genau das Gegenteil dessen eingetroffen sei, was Brandt 1972 als Politik des »Einebnens der Gräben in Deutschland« bezeichnet habe. Die Bilanz, wie sie sich mit der Verdoppelung der Mindestumtauschsätze bei der Einreise in die DDR, mit den schwerwiegenden Spionagefällen, den Behinderungen auf den Transitwegen, der Ausweisung oder Nichtzulassung von Korrespondenten, vor allem aber auch mit den schweren Grenzzwischenfällen, der wachsenden Zahl politischer Häftlinge und der Zunahme von Schikanen gegen Ausreisewillige ergab, nahm die Opposition als Indiz dafür, daß die DDR ihre Politik der Abgrenzung verstärke. Die Sorge der Union galt insbesondere der Lage Berlins, das sie nicht nur als »Gradmesser in der Deutschlandpolitik«, sondern auch als die »Hauptstadt der nationalen Einheit« in den Mittelpunkt der Aufmerksamkeit stellen wollte. Die Regierung wurde mit dem Vorwurf konfrontiert, sie erkläre die Schwierigkeiten der Deutschland- und Berlinpolitik mit »zeitweiliger Schwäche des SED-Regimes« und verfolge dementsprechend eine Konzeption, die ungeachtet des Willens der Bevölkerung auf Stabilität des Systems und auf Stärkung seines Selbstbewußtseins abziele.

Die Opposition bestand demgegenüber auf der »zentralen Forderung« nach praktischer Verwirklichung der Menschenrechte in der DDR als Bestandteil ehrlicher Entspannungspolitik. Zur Unterstützung der Menschenrechtspolitik für die Deutschen im Rahmen der »Konferenz über Sicherheit und Zusammenarbeit in Europa« (KSZE) erstellte die CDU/CSU-Fraktion des Deutschen Bundestages ein »Weißbuch« über die menschenrechtliche Lage in Deutschland und der Deutschen in Osteuropa (10. November 1977). Zu einem weiteren Schwerpunkt der Oppositionskritik und Oppositionsarbeit von CDU/CSU geriet der Bereich »Innere Sicherheit«. 1977 erlebte der freiheitliche demokratische Rechtsstaat die stärkste Herausforderung durch terroristische Umtriebe und Mordanschläge. In der Bundesrepublik fielen von April bis Oktober zehn Menschen den Terroristen zum Opfer. Die Union vertrat die Position, die terroristische und verbrecherische Gewalt sowohl direkt mit »entschlossener und solidarischer staatlicher Gegengewalt« als auch indirekt in offensiver geistiger Auseinandersetzung mit deren politisch-ideologischem Umfeld zu bekämpfen. Kohl reklamierte namens der Union bei der Einbringung des »Entwurfs eines Gesetzes zur Bekämpfung des Terrorismus sowie zum Schutz des inneren Friedens« (26. April 1977) die ursprüngliche Aufgabe des Staates, den Schutz seiner Bürger vor dem Stärkeren und vor allem dem Kriminellen zu gewährleisten. Dazu gehörte nach dem Rechtsstaatverständnis der Union neben rechtlichen und polizeilichen Maßnahmen auch die Erforschung der geistigen und gesellschaftlichen Ursachen des Terrorismus.

Die politische Offensive der Union – dazu gehörten noch das Programm zur Wiedergewinnung der Vollbeschäftigung (6. Juni 1977) und das Energiepolitische Programm, das Konzept zur Ausländerpolitik sowie die vielbeachteten Kongresse »Energie und Umwelt« in Hannover und »Zukunftschancen der Jugend« in Hamburg – brachte die Regierung zusehends in Bedrängnis. Die zunehmende Gefährdung der inneren Sicherheit durch die Terrorszene, die schlechte Arbeitsmarktsituation mit über einer Million Arbeitslosen im Jahresdurchschnitt, das Zurückbleiben der wirtschaftlichen Wachstumsraten gegenüber den Erwartungen und die Gleichgewichtsstörungen des Systems der sozialen Sicherheit bedeuteten für die Opposition, daß sie nach demoskopischen Umfragen bei über 54

Prozent der Bevölkerung Zustimmung fand – ein Anteil wie noch nie. Bundeskanzler Schmidt sah sich im Februar 1978 gezwungen, durch eine Kabinettsumbildung, die vier der SPD angehörende Minister betraf, den Druck auf die Regierung abzufangen. Im Juni kam noch der Rücktritt von Bundesinnenminister Maihofer (FDP) wegen schwerer Pannen bei der Terroristen-Fahndung hinzu. Die Opposition schien in dieser Phase mit ihrer Einschätzung richtig zu liegen, daß eine »schleichende permanente Krise der Regierung« bald zum Bruch des Koalitionsbündnisses von SPD und FDP führen würde.

Doch die mit Spannung erwartete Serie von Kommunal- und Landtagswahlen im Jahr 1978 enttäuschte die Hoffnungen im Unionslager. Leichte Verluste zwischen 0,1 Prozent in Niedersachsen und drei Prozent in Hamburg und Bayern (bei den bayerischen Kommunalwahlen sogar 7,4%) signalisierten, daß die Opposition auf der Stelle zu treten begann. Müßig, darüber zu räsonnieren, ob die im Lauf des Jahres einsetzenden, rasch zunehmenden parteiinternen Strategie- und Führungsdiskussionen, insbesondere das leidige Problem der Kanzlerkandidatur mit Blick auf 1980, die Oppositionsoffensive erlahmen ließen oder ob umgekehrt mit nachlassendem Schwung, mit einem Sich-Fest-Rennen der Oppositionspolitik alte Meinungsverschiedenheiten und Positionsunterschiede zwischen CDU und CSU wie auch innerhalb der Union wieder auflebten.

Von der Sommerpause 1978 an war es für jedermann erkennbar, daß die Aktionseinheit der Unionsparteien, die auf der Integrationskraft Kohls und des von ihm erzielten stolzen Bundestagswahlergebnisses von 1976 gründete, in mehrere Konfliktfelder, wie z.B. die Themen Innere Sicherheit und Rentensanierung, auseinanderfiel. Ganz abgesehen von der »Gretchenfrage«, wie es mit der FDP zu halten sei: Sollten die Liberalen als mögliche Partner behandelt oder gezielt bekämpft werden? Es war wohl auch kein Zufall, daß die CDU/CSU in dieser Zeit den einzigen Fraktionsaustritt während ihrer Oppositionszeit verzeichnete: Herbert Gruhl (11.August 1978), Vorsitzender der Fraktions-Arbeitsgruppe für Umweltvorsorge; er gründete zwei Tage darauf die »Grüne Aktion Zukunft« (GAZ) als erste bundesweite »grüne« Partei der Umweltschützer. Sich zu wenig der ökologischen Thematik angenommen zu haben, war zweifellos ein Versäumnis der Partei- und Fraktionsführung.

Selbst der Union wohlwollend gegenüberstehende Blätter sahen sie jetzt mehr und mehr »auf dem Weg ins Abseits«, und die politischen Beobachter fanden wieder die ewig-neue Frage interessant: »Was wird aus den Unionsparteien?« (»Herder-Korrespondenz«). Die Antworten schwankten zwischen dem Befund, daß die Union personell, politisch und geistig durchaus zur Ablösung der dahinlavierenden SPD/FDP-Koalitionsregierung in der Lage sei, und der Feststellung, daß noch keine Partei die politische Führung im Kampf mit bzw. gegen sich selbst gewonnen habe.

Ungünstig wirkte sich ferner die »Filbinger-Affäre« auf die öffentliche Meinung aus. Die Kampagne gegen den Ministerpräsidenten von Baden-Württemberg und stellvertretenden Bundesvorsitzenden der CDU wegen seiner Tätigkeit als Marinestabsrichter im Zweiten Weltkrieg sollte nicht nur einen Hauptvertreter der »Freiheit statt Sozialismus«-Konzeption, der wehrhaften Demokratie gegen radikale Systemveränderer politisch erledigen, sondern auch die CDU als »Rechts«-Partei abstempeln, als »strukturkonservative« Kraft (Eppler) in der Kontinuität einer historischen Entwicklung erscheinen lassen, zu der auch die nationalsozialistische Diktatur gehörte. Es war kein Zufall, daß die Filbinger-Kampagne zeitlich mit dem Höhepunkt der Diskussion um die Fragen der Inneren Sicherheit, insbesondere um den »Radikalenerlaß« zusammenfiel. Filbinger war ein entschiedener Befürworter des 1972 von Bundeskanzler Brandt und den Regierungschefs der Länder gefaßten Beschlusses, wonach Mitglieder extremistischer, gegen die freiheitliche demokratische Grundordnung agierender Organisationen nicht Beamte sein oder werden durften und Bewerber für den öffentlichen Dienst daraufhin überprüft wurden.

Die Tatsache, daß Filbinger in Kriegsgerichtsverfahren zwischen 1943 und 1945 die Todesstrafe verhängt oder als Ankläger gefordert hatte, bot Gelegenheit, ihn als »Nazi-Richter«, als »furchtbaren Juristen« zu verleumden und seine politische Haltung wie auch den Standpunkt seiner Partei gegenüber Terrorismus und Radikalen in die Nähe eines »faschistischen« Rigorismus zu rücken. Der Angegriffene, der zunächst die einmütige Unterstützung der führenden Gremien von CDU und CSU erfuhr, verteidigte sich jedoch taktisch unüberlegt: Nach und nach wurden weitere Todesurteile bekannt, an denen er mitgewirkt, die er aber in seiner öffentlichen Stellungnahme zu den gegen ihn erhobenen Vorwürfen nicht erwähnt hatte – guten Glaubens, wie er beteuerte. Mit der eskalierenden öffentlichen Diskussion nahm die innerparteiliche Kritik, an der sich auch führende Unionspolitiker wie Dregger, Blüm, Laurien, Weizsäcker und Wissmann beteiligten, rasch zu. Schließlich sah sich der Angegriffene zum Rücktritt vom Amt des Ministerpräsidenten genötigt (7. August 1978). Ende März 1979 schied er auch als stellvertretender Bundesvorsitzender und als Landesvorsitzender aus.

Durch die Affäre Filbinger ist die Union auf ihrem erfolgreichen Oppositionskurs Mitte der Siebziger gebremst worden; die Diskussion um die Glaubwürdigkeit und Loyalität ihrer Politiker zog die Partei insgesamt in Mitleidenschaft, indem sie Anhänger konsternierte, Skeptiker abschreckte. Dieses »Trauerspiel« der Union ging über die Bühne, als zur gleichen Zeit Bundeskanzler Schmidt seine »Starparade« mit Staatsbesuchen von Breschnew bis Carter und mit Auftritten vor UNO und NATO sowie beim Weltwirtschaftsgipfel veranstaltete, wie der »Spiegel«-Chronist bildhaft festhielt: »Ungläubig kassierten Sozial- und Freidemokraten das unerwartete Wahlgeschenk der CDU.« Die Presse wußte Stimmen von CDU-Abgeordneten zu zitieren mit dem Tenor: Jetzt sind wir wieder bei Null. Das Stimmungstief gab auch wieder Kritik an der Parteiführung, nicht zuletzt am Vorsitzenden selbst Raum, begleitet von Querschüssen und Nörgeleien aus Bayern sowie der durch Strauß und die Seinen neu angefachten Diskussion um die »vierte Partei«.

3. Rückschläge

Nach der Hessenwahl im Oktober 1978, in der mit leichten Stimmengewinnen der SPD die Kräfteverteilung der Volksparteien gleich geblieben war, schien die »Schicksalsstunde für Helmut Kohl« (»Deutsche Zeitung/Christ und Welt«) angebrochen. Denn es zeigte sich, daß einerseits die FDP ihre politischen Chancen weiterhin im Bündnis mit der SPD sah und andererseits das Kalkül mit den »Grünen« nicht aufging, dieser Neuling im Kampf um den Wähler würde den Sozialdemokraten Stimmen abnehmen. Vielmehr ergab sich aus der bei den Landtagswahlen von 1978 zu Tage getretenen Tendenz, daß die CDU bei den für 1979 bevorstehenden Wahlentscheidungen in Berlin, Bremen, Rheinland-Pfalz und Schleswig-Holstein, statt auf den Gewinn der absoluten Mehrheit hinzusteuern, auch noch den Verlust ihres Übergewichts im Bundesrat befürchten mußte. Demgegenüber war es höchst zweifelhaft, ob die Wahl des CSU-Vorsitzenden zum bayerischen Ministerpräsidenten, im Herbst 1978 als Nachfolger von Alfons Goppel, den bundespolitischen Ehrgeiz des »Herkules der deutschen Politik« (Bayerns Bundesratsminister Heubl), insbesondere auch seinen Führungsanspruch in der Gesamtunion dämpfen würde. Auch die Wahl eines Unionsmannes, des Bundestagspräsidenten Karl Carstens im Mai 1979 aufgrund der CDU/CSU-Mehrheit in der Bundesversammlung zum Bundespräsidenten, verhieß kaum einen merklichen Ausgleich für die politische Flaute, in die die Opposition Mitte der 8. Legislaturperiode unerwartet hineingeraten war.

Es kam in dieser Situation vor allem auf eine Mobilisierung der Partei an, auf eine Zusammenfassung ihrer kritischen Ansätze und Elemente zu einer integrierenden Generallinie. Dazu war die von Generalsekretär Geißler im Herbst 1978 gestartete Sachauseinandersetzung im Blick auf die »Dimension Zukunft« gedacht. Auch der 26. Bundesparteitag der CDU in Kohls Heimatstadt Ludwigshafen (23.–25. Oktober 1978) sollte nach den Vorstellungen des Unionsvorsitzenden ein »Parteitag der Bilanz, des neuen Aufbruchs, der geistigen Mobilisierung« sein. Hier die Verpflichtung auf die Grundwerte Freiheit, Solidarität und Gerechtigkeit als Maßstäbe und Orientierungsmarken für ein politisches Handeln, das dem Menschen dient, dort das Bemühen um sachgerechte Antworten auf die realen Probleme der Bürger und des Gemeinwesens: Gesundheitspolitisches Programm (4. September 1978), Konzept für die Partnerschaft von Mann und Frau in Ehe und Beruf (Aktionsprogramm '78 der CDU-Frauenvereinigung), Leitsätze zur Umweltpolitik, neue Perspektiven der staatlichen Wohnungspolitik, die statt auf bloße Wohnungsversorgung auf Lebensraumgestaltung gerichtet waren; des weiteren gehörten dazu das Programm zur Sicherung der Zukunftschancen der jungen Generation, insbesondere von Kindern ausländischer Arbeitnehmer (Initiative der CDU/CSU-Bundestagsfraktion,

18. August, aufgrund eines Beschlusses des »Kleinen Parteitags«), die Große Anfrage der CDU/CSU betr. Friedensfestigung durch Rüstungskontrolle, Abrüstung und Abbau politischer Spannungsursachen (16.November), die Zielvorstellungen für eine freiheitliche Medienpolitik (vorgestellt von Schwarz-Schilling auf dem Bonner Medientag der Union am 7./8. November) und nicht zuletzt die zum »Internationalen Jahr des Kindes« 1979 vom Bundesausschuß der CDU verabschiedete Entschließung für eine kinderfreundliche Gesellschaft (11. Dezember).

Der Bundesparteitag in Ludwigshafen, der das 152 Artikel starke Grundsatzprogramm verabschiedete, war Geißlers Gesellenstück als Generalsekretär. Der Programmentwurf war nicht nur innerhalb der Partei, sondern auch im öffentlichen Dialog mit 200 Wissenschaftlern und Vertretern gesellschaftlicher Gruppen auf einem Grundsatzforum in Berlin (22.–24. September 1977) diskutiert worden. Verantwortlich für die Textredaktion zeichnete von Weizsäcker als Vorsitzender der 1971 eingerichteten Programmkommission. Dem Programm, das bereits in der Amtszeit Barzels angeregt worden war, kam eine dreifache Funktion zu: Es beschrieb die wesentlichen gemeinsamen Überzeugungen der CDU und sollte so – nach außen – das Profil der Partei erkennen lassen; es sollte eine integrierende Wirkung nach innen entfalten, und es sollte auch in absehbarer Zukunft mit einer »aufgabenorientierten Wirkung für das politische Handeln« praktisch anwendbar sein. Das gesamte Programm baute sich auf den »Grundwerten« auf, um die in den siebziger Jahren, vor allem im Vorfeld der Bundestagswahl von 1976, in und zwischen den Parteien eine intensive Diskussion geführt wurde. Herausgefordert durch die Pluralisierung der Gesellschaft, den Veränderungswillen von Teilen der Jugend und die Erfahrung der Grenzen des Wachstums, bemühte sich die CDU um die ethischen Grundlagen des sozialen und staatlichen Zusammenlebens. Sie begegnete der Reideologisierung von SPD und FDP mit Besinnung auf ihre ideengeschichtlichen Wurzeln. Als Maßstab für die gesamtpolitische Orientierungsaufgabe galten ihr die Grundwerte Freiheit, Solidarität und Gerechtigkeit, definiert als die Fähigkeit, vernünftig und verantwortlich zu handeln, als gemeinsame wechselseitige Haltung, als Gleichheit des Rechts und der sozialen Chance.

Parteitag in C-Dur.
Karikatur von Peter Bensch.

In der Präambel ihres Grundsatzprogramms stellt sich die CDU als Volkspartei vor, die sich an alle Menschen in allen Schichten und Gruppen wendet und deren Politik auf dem christlichen Verständnis vom Menschen und seiner Verantwortung vor Gott beruht. Von dieser ethischen Grundlage (I) leiten sich die »Grundwerte« her, die der christlich-demokratischen Politik Orientierung und Maßstab geben (II). Die wertorientierte Politik habe die Voraussetzungen dafür zu schaffen, daß der Mensch sich als Person frei und verantwortlich entfalten kann, in der Familie, in seinen Lebenschancen durch Erziehung und Bildung, in seiner Arbeit und Freizeit sowie in seiner Wohnumwelt. Bei der Verantwortung für die Grundwerte steht die Familie an erster Stelle. Sie wird als »wichtigster Ort individueller Geborgenheit und Sinnvermittlung« zum Fundament von Staat und Gesellschaft erklärt (III). Die zum Menschenbild des Christen gehörende Idee der Freiheit bildet auch das geistige Fundament für die Soziale Marktwirtschaft, die als umfassende, die christlich-demokratischen Grundwerte verwirklichende Wirtschafts- und Sozialordnung dargelegt wird (IV). Im fünften Kapitel des Grundsatzprogramms bekennt sich die CDU zur Rechts- und Sozialstaatlichkeit der pluralen, repräsentativen Demokratie. Im sechsten werden unter der Überschrift »Deutschland in der Welt« die außenpolitischen Hauptziele behandelt: die Überwindung der Teilung Deutschlands, die Einigung Europas sowie die Mitarbeit im Atlantischen Bündnis und am Aufbau einer friedlichen, menschenwürdigen internationalen Ordnung, in der ein fairer Interessenausgleich zwischen allen Völkern möglich ist.

Was der CDU-Generalsekretär als »Dokument geistiger Erneuerung« feierte, ermangelte in den Rivalenaugen von SPD und FDP des Problembewußtseins und neuer Lösungsansätze, offenbarte ein »überkommenes Staats- und Gesellschaftsverständnis«, beruhte auf einer »harmonistischen Weltsicht« und war betont »status-quo-orientiert« (Aus Politik und Zeitgeschichte 1979). Auch hörten manche Kritiker zu viele »etatistische Obertöne« heraus. Tatsächlich war beim Grundsatzprogramm von 1978 nicht an eine Grunderneuerung der Union gedacht. Es war weder wie im Godesberger Programm der SPD eine grundlegende Revision angestrebt, noch handelte es sich bei den Freiburger Thesen der FDP um ein Aufbrechen historischer Verkrustungen. Das Programm bot in erster Linie eine Beurteilungsgrundlage für die Entscheidung des Wählers. Es formulierte die Grundüberzeugungen und Perspektiven christlich-demokratischer Politik auf eine verbindliche, für Mitglieder und Öffentlichkeit nachprüfbare Weise. Bezeichnend war auch, daß es nicht aus der Partei herausgewachsen war, sondern das Werk einer Expertengruppe darstellte. Zuviel Weizsäcker, zuwenig Blüm, wie der Publizist Franz Alt dies interpretierte.

Gleichwohl: Die einstimmige Verabschiedung des Grundsatzprogramms bekam Symbolkraft für die Geschlossenheit, die Sachkompetenz und die geistig-moralische Führungskraft der CDU. Es stellte die Partei auf den Boden eines wert- und zielorientierten Pragmatismus, indem es jeder dogmatischen Verführung widerstand und jedes Systemdenken vermied. »Diese Partei«, so frohlockte der Generalsekretär zum Jahresbeginn 1979, »ist rundum in Ordnung. Sie ist einig

und hat keine Flügelkämpfe. Sie stimmt in ihren Grundsätzen überein ...« Unter dem Vorsitz Kohls sei sie zu einer »großen, einheitlichen und überzeugenden politischen Bewegung zusammengeführt«
worden. Über die Hälfte der Bürger hielten die CDU für eine sympathische Partei. Kontinuierlich schwankte der Stimmenanteil der
Union um die fünfzig Prozent, 1978 zwischen 47 und 52 Prozent.

Das Rezept, das Geißler im Einvernehmen mit Kohl der Union für
die Oppositionspolitik verschrieb, folgte dem »Gesetz der Sachkompetenz«, das da lautete: »Je höher die Sachkompetenz einer Partei, desto höher ist – mit einigem zeitlichen Abstand – die Zustimmung zu dieser Partei. Das heißt: Der Sachkompetenz der Partei
folgt die Präferenz der Wähler.« Es war dies eine Strategie, die nicht
mehr primär auf schnellen Erfolg abzielte, auf den Bruch des Regierungsbündnisses von SPD und FDP, sondern den Weg zur Rückkehr
in die Regierungsverantwortung als »geduldiges Bohren dicker Bret-
ter« bahnen wollte. Voraussetzung dafür war, wie Geißler den Parteitagsdelegierten vortrug, ein dreifaches »Anforderungsprofil«: Die
Partei müßte glaubwürdig, durchsetzungsfähig und einig sein. Auch
der Appell des Bundesvorsitzenden und Oppositionsführers an die
Partei, »hart zu arbeiten, mutig zu kämpfen«, offenbarte, daß die politische Offensive der Unionsopposition in die Defensive umge-
schlagen war. Auffallend war auch in Ludwigshafen der sich selbst-
vergewissernde Rückblick auf die Leistungen der Union in den
Fünfzigern, auf »unser Erbe, das uns verpflichtet, das uns Mut, das
uns Selbstvertrauen gibt ... es werden Christliche Demokraten sein,
die unserm Land und seinen Menschen den Glauben an ihre Zukunft
zurückgeben«.

Auf der einen Seite ging es also darum, Mitgliedern und Anhängern der Union Mut zuzusprechen, auf der anderen Seite galt es, der
wachsenden Resignation und Kritik gegenüber der Parteiführung zu
begegnen. Jetzt nahm Kohl die Partei, vor allem ihre Mandats- und
Funktionsträger, in die Pflicht der Parteiräson. Er empfand es als
»höchste Zeit«, an »zwei elementare Gesetze des politischen Er-
folgs« zu erinnern und danach zu handeln: nach innen in der Partei
meinungsbildende Diskussion, nach außen in der Öffentlichkeit Geschlossenheit in der Sache. »Wer sich auf Kosten der Partei profilieren will, wer sich gegen den Geist der Solidarität zur Partei versün-

digt, der katapultiert sich selbst aus unserer Gemeinschaft heraus ...
Ich meine, Illoyalität ist kein Kavaliersdelikt, sondern Sabotage an
unserem möglichen Erfolg.«

Was Kohl hier versuchte, deutlich schon mit defensiver Akzentuierung, war die Disziplinierung der Union durch eine öffentliche
Kampfansage an seine Kritiker und Rivalen; sie sollten sich auf dem
Feld stellen, wo er selbst am stärksten war: in den Organen und Gremien von Partei und Fraktion, im innerparteilich-demokratischen
Meinungsbildungsprozeß. Damit wuchs sich die zunächst nur hier
und da artikulierte allgemeine Ratlosigkeit und Unzufriedenheit
über den Kurs der Union zur Krise Kohls aus. Die Hauptkri-
tikpunkte, die sowohl die Parteibasis als auch Abgeordnete und Vertreter der Führungsgremien bewegten, die von wenig Standfestigkeit
und Vertrauen zeugende Behandlung Filbingers, die strategische
Plan- und Ziellosigkeit der Oppositionsaktivitäten, das undeutliche
Profil der Partei im In- und Ausland – all das ballte sich zu dem
schwerwiegenden Vorwurf der Führungsschwäche zusammen. Auf
Kohl gemünzt, lief das anzügliche Wort vom »Ollenhauer der CDU«
um: anständig, glaubwürdig, doch politisch erfolglos.

Der Eröffnungszug im Spiel um die Macht in der Union kam von
Biedenkopf. Er legte zur Jahreswende 1978/79 ein Memorandum vor
(Wortlaut »Die Welt« vom 16. Januar 1979), das die Bedingungen der
Mehrheitsfähigkeit von CDU und CSU einer Analyse unterzog. Die
Hauptschwäche der Union erblickte er weniger im politisch-thema-
tischen Bereich als im Führungsstil. Zur Stärkung der Handlungsfähigkeit, Integrationskraft und äußeren Geschlossenheit der Partei
machte er deshalb den Vorschlag, die Führungsspitze neu zu gestalten. Die »in der Person von Helmut Kohl« bestehende Verbindung
der Ämter des Bundesvorsitzenden der CDU und des Vorsitzenden
der CDU/CSU-Bundestagsfraktion sollte aufgehoben werden. Den
Aufgaben dieser Ämterkombination sei – so Biedenkopf – »unter
den konkreten Bedingungen der Union in der Opposition und angesichts der Größe der Herausforderungen niemand gewachsen«. Die
Folge sei eine »unzureichende Erledigung beider Aufgaben«. Das
war eindeutig. Kohl sollte nach dem Vorschlag des ehemaligen
CDU-Generalsekretärs und nunmehrigen Landesvorsitzenden der
westfälischen CDU das Amt des Fraktionsvorsitzenden niederlegen,

das heißt die Vertretung der inhaltlichen politischen Alternativen der Union und den Angriff gegen die Regierung im parlamentarischen Raum einer anderen geeigneten Führungspersönlichkeit überlassen.

Dieser Vorstoß zur »Demontage« Kohls war von Biedenkopf initiiert, der vermutlich selbst auf den Vorsitz der Bundestagsfraktion spekulierte, wurde aber auch von Köppler, dem Landesvorsitzenden der rheinischen CDU, mitgetragen, und mit verhaltener Sympathie von anderen Unionsnotablen (Stoltenberg, Dregger, Filbinger) begleitet. Doch so »kalt getroffen«, so unausweichlich »in einer Sackgasse voller Stolpersteine«, so »hilflos in der Schlangengrube«, wie in den Medien dargestellt, brauchte der Unionschef seine Lage nicht zu sehen, obwohl Berichte in die Öffentlichkeit drangen, daß er gegenüber Parteifreunden hätte verlauten lassen, er habe die »Treibjagd« satt und trete zurück. In der vierstündigen Krisensitzung von Parteipräsidium und Vorstand am 11. Januar 1979 im Konrad-Adenauer-Haus konnte Kohl seinen Anspruch auf beide Ämter an der Spitze der Partei und der Fraktion bekräftigen. Es gab prominente Fürsprecher wie Albrecht, Späth oder Lorenz. Mitentscheidend war auch die Stimmung in der Parteibasis, die, wie vor allem die Sozialausschüsse, in einer politischen Situation, wo das Bild der Union in ungünstiger Beleuchtung erschien, kein Verständnis für nutzlose, kraftzehrende Personaldebatten aufbrachte.

Kohl fand die einstimmige Unterstützung des Parteivorstands für seine erklärte Absicht, den Vorsitz der Bundestagsfraktion beizubehalten und auf dem nächsten Parteitag wieder für das Amt des Unionsvorsitzenden zu kandidieren. War die Diskussion um ihn und seinen Führungsstil letztlich also eine »Gespensterschlacht«, wie Geißler sie vor der Presse nannte? So einfach lagen die Dinge wohl nicht. Immerhin hielten die fünf CDU-Ministerpräsidenten eine Stützungsaktion für erforderlich, um im Interesse der »sachpolitischen Ziele« die Ruhe an der Personalfront herzustellen. Angesichts der unmittelbar bevorstehenden Wahlen in Berlin, Rheinland-Pfalz und Schleswig-Holstein kamen sie bei einem demonstrativen Treffen am 28. Januar 1979 in Mainz überein, auf dem für März angesetzten Bundesparteitag in Kiel »gemeinsam« für Kohls Wiederwahl zum Parteivorsitzenden zu sorgen.

Kohl seinerseits wartete im Zusammenhang mit der Vorlage des

sachpolitischen Schwerpunktprogramms der CDU/CSU-Bundes-
tagsfraktion Mitte Januar mit dem Plan eines »Leitungsgremiums«
zur Straffung und Stärkung der Oppositionsarbeit auf. Dem neuen
Fraktionsorgan, das zugleich einen »Neuanfang setzen« sollte
(Kohl), gehörten neben dem Vorsitzenden und seinen acht Stellvertretern die sechs Arbeitskreisvorsitzenden und die vier Parlamentarischen Geschäftsführer sowie diejenigen Abgeordneten an, die zugleich Mitglieder der Präsidien von CDU und CSU waren. Diese
Gruppe hatte jeweils vor den Sitzungen der Gesamtfraktion die Beratungen schwerpunktmäßig und inhaltlich vorzubereiten. Als zu-
sätzliche »Führungsinstrumente« waren regelmäßige Sitzungen der
Arbeitskreisvorsitzenden und Parlamentarischen Geschäftsführer
mit Kohl gedacht; die Institution des »Berichterstatters« zu den im
Rahmen der Parlamentsarbeit aktuell werdenden Sachfragen wurde
geschaffen, und unter der Leitung eines Stellvertretenden Fraktionsvorsitzenden sollten jeweils nach den Ausschußsitzungen des Bundestages die Vorsitzenden bzw. Stellvertretenden Vorsitzenden der
Arbeitskreise und der Parlamentsausschüsse die laufende Arbeit in
den Ausschüssen koordinieren. Das inhaltliche Konzept, das Kohl
der Fraktion zur Verabschiedung vorlegte, stand unter dem Generalthema »Sicherung unserer Zukunft in Freiheit«. Es umfaßte fünf
Themenkomplexe, die von der Fraktion intensiv behandelt werden
sollten: die Sicherung der persönlichen Freiheit und individueller
Entfaltungsmöglichkeiten mit den Schwerpunkten Entbürokratisierung, Steuervereinfachung, mehr Marktwirtschaft, die Wiederherstellung des Vertrauens der Bürger zum Staat und zur Verfassung
(Radikalismus, Innere Sicherheit, Datenschutz), die Stärkung der
Familie und die Schaffung einer lebensfreundlichen sozialen Um-
welt (Familienförderung, Gleichberechtigung der Frau, »Neue
Soziale Frage«), die Sicherung einer menschenwürdigen Zukunft
(Strukturwandel, Junge Generation, Umweltschutz) und schließ-
lich die Sicherung des Friedens in Freiheit mit den Schwerpunkten
Abrüstung, Rüstungskontrolle, Gesamtverteidigung, Nord-Süd-
Problematik und Europapolitik (Sitzung der CDU/CSU-Bundes-
tagsfraktion, 15./16. Januar 1979 in Berlin).

Für Kohl hing nicht nur der Erfolg seiner »Fraktionsreform«, sondern auch seine Position als Oppositionsführer vom Ausgang der

Wahlen am 22. März 1979 und von der Qualität der Stimmenmehrheit ab, die er eine Woche später auf dem Kieler Bundesparteitag erhielt. In Berlin, bei den Wahlen zum Abgeordnetenhaus, blieb die CDU die stärkste politische Kraft, in Rheinland-Pfalz gelang dem Kohl-Nachfolger Bernhard Vogel die Verteidigung der absoluten Mehrheit. Beides waren trotz der Fortsetzung des »negativen« Landtagswahltrends von 1978 Erfolge, die Kohl und seinen politischen Kurs eher bestätigten.

Welche Bedeutung der Bundesvorsitzende den Ergebnissen von Berlin und Rheinland-Pfalz für die Festigung seiner Position in Partei und Fraktion beimaß, geht schon daraus hervor, daß er gleich zu Anfang seines Rechenschaftsberichts auf dem 27. Bundesparteitag in Kiel (25.–27. März 1979) auf sie zu sprechen kam und sie dem »schlechten Beispiel, das wir in Bonn gegeben haben«, gegenüberstellte. Deutlich war auch das Bestreben, die Enttäuschung und den Mißmut der Parteibasis zu bannen, einen Schlußstrich unter den Parteihader zu ziehen und den Blick und die Kraft wieder auf den politischen Gegner und die Zukunft zu konzentrieren: »Manches ist neu bedacht worden, manches wurde korrigiert. Ich denke, alle Beteiligten wissen, was sich in Zukunft unter gar keinen Umständen wiederholen darf.« Obwohl Kohl sich alle Mühe gab, die Delegierten nach vorne auf die Bundestagswahl 1980 hin zu dirigieren und ihnen als zentrale politische Aufgaben die Renaissance der Sozialen Marktwirtschaft, die Sorge um die Familie, die ideellen Grundlagen des deutschen Volkes und den Frieden im Bündnis mit den freiheitlichen Demokratien ans Herz legte, bekam er bei der Wahl zum Bundesvorsitzenden einen »Denkzettel«. 82 Nein-Simmen und 41 Enthaltungen gegen 617 Ja-Stimmen quittierten den Schwächeanfall der Parteiführung zu Mitte der Wahlperiode und gaben dem frustrierenden Gefühl der Ohnmacht auf den harten Bänken der Opposition Ausdruck.

Der Kieler Parteitag brachte für Kohl persönlich den ersten wirklich zählbaren Rückschlag seit Übernahme des Vorsitzes der Bundespartei 1973. Die Medien sahen ihn als »Beinahe-Mann«, der »für Heckenschützen, Besserwisser und Besserkönner das geborene Ziel« (Thomas Meyer in der »FAZ«) abgibt. Sie entdeckten aber auch den »neuen« Kohl, der in der Gewißheit ungebrochener Identität mit

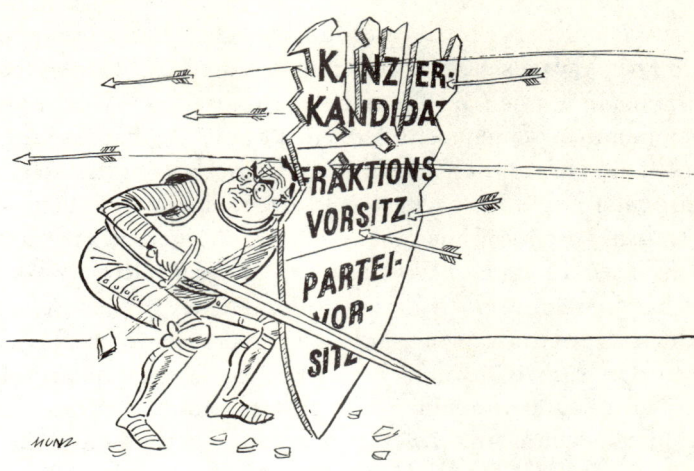

Bröckelnder Schild.
Karikatur von Eckart Munz.

sich selbst für seine Überzeugung und die Sache der Union kämpfte, in einer Situation, da der Lorbeer des Sieges in weite Ferne entrückt schien. Nach Kiel ging die Belastung des Bundesvorsitzenden und Oppositionsführers in eine Krise der Partei über. Die Appelle an das Stehvermögen und die Geduld, die Bekräftigungen des Willens, gemeinsam die große Anstrengung auf ein neues zu unternehmen, die Solidaritätsschwüre, wie sie Kiel erlebte, zeigten gleichsam nur die Sollseite der Union. Dem stand in der Parteispitze und im Parteivolk, unter Funktionären und Mitgliedern ein Potential an Ratlosigkeit und Schwarzseherei, an Selbstkritik und Selbstbemitleidung gegenüber, das die »parteiüblichen« persönlichen Rivalitäten und die Streitigkeiten über den richtigen Weg nur noch verschärfte und die im Vorfeld der Bundestagswahl 1980 wieder anlaufenden Kontroversen über die beste Strategie und den besten Kanzlerkandidaten auf volle Schubkraft brachte.

Es war für die CDU schwieriger geworden, Kohl ein zweites Mal als gemeinsamen Kanzlerkandidaten gegen die CSU durchzusetzen. Ursprünglich sollte die Kandidaturfrage zwischen den Unionsparteien erst nach den Wahlen zum Europäischen Parlament (10. Juni

1979) ausgehandelt werden. Allerdings ließ sich dieser Zeitplan unter dem Druck wachsender Unruhe in der Partei nicht einhalten. Die Verwirrung, in der sich die Union befand und die von Woche zu Woche zuzunehmen schien, schildert ein Bonner Beobachter so: »Seit Himmelfahrt gleicht die CDU einem Hühnerhof, in den der Fuchs eingebrochen ist. Alles gackert wild durcheinander und versucht, dem Räuber zu entkommen … Vor lauter Aufgeregtheit verstehen die Beteiligten ihr eigenes Wort nicht mehr, und in den Redaktionsetagen hat man kaum noch Zeit, das Gezeter des ganzen Federviehs zu ordnen. Nur ein Ei ist nirgendwo zu finden« (Mörbitz). Abgesehen von der höchst unwahrscheinlichen Kanzlerkandidatur Kohls waren drei Lösungen denkbar: die einvernehmliche Nominierung, die Kollisionslösung mit zwei getrennten Kanzlerkandidaten und die Variante, mit der das CDU-Präsidium von Nordrhein-Westfalen aufwartete: Mit Rücksicht auf die im Bundestagswahljahr stattfindenden nordrhein-westfälischen Landtagswahlen behielt sich das Spitzen- und Koordinierungsgremium der mitgliederstärksten CDU-Landesverbände Rheinland und Westfalen-Lippe vor, »aus landespolitischer Sicht« einen eigenen Weg zu gehen, falls sich CDU und CSU nicht einigten.

Die Krise der Union kam bezeichnenderweise am gleichen Tag offen zum Ausbruch, an dem die Opposition mit ihrer absoluten Mehrheit in der Bundesversammlung die Wahl von Karl Carstens zum Bundespräsidenten als Triumph über eine auseinanderfallende Koalition der Regierungsparteien genoß (23. Mai 1979). Zu den in Bonn versammelten Wahlmännern, unter ihnen der bayerische Ministerpräsident, drang durch, daß der CDU-Vorsitzende die sofortige Nominierung des niedersächsischen Ministerpräsidenten Ernst Albrecht zum Kanzlerkandidaten beabsichtige. Postwendend gab anderntags der CSU-Landesgruppenchef Zimmermann bekannt, daß Strauß für eine Kanzlerkandidatur der Unionsparteien zur Verfügung stehe. Darauf folgte der einstimmige Beschluß des am 28. Mai einberufenen CDU-Bundesvorstands, daß er sich den Vorschlag seines Vorsitzenden zu eigen mache und die Nominierung Albrechts begrüße. Vor der Presse begründete Kohl diesen Beschluß mit einem dreifachen Hinweis: Albrecht sei nach seinem Persönlichkeitsbild und nach seinem Werdegang ein Mann, der eine »Politik der Mitte«, die die Union immer ausgezeichnet habe, »am überzeugendsten vertreten kann«. Er sei ein Mann, der vor allem Wählerschichten anspreche, die bei den Bundestagswahlen besonders wichtig seien: Erst- und Jungwähler sowie die Frauen. Und er eröffne »als ein Kandidat aus dem norddeutschen Bereich« in der aktuellen Konstellation für die Union besondere Chancen. Beide, Kohl und Albrecht, legten ferner Wert darauf, daß es sich bei diesem Vorstandsbeschluß um ein Angebot an die Schwesterpartei handle, unverzüglich Gespräche mit dem Ziel der Einigung über einen gemeinsamen Kanzlerkandidaten aufzunehmen. Als Antwort bekräftigte das CSU-Präsidium, vor Beginn der Gespräche im Rahmen der gemeinsamen Strategie-Kommission, die Kandidatur des bayerischen Ministerpräsidenten: »Die größere Partei hat auf Grund der Lebensleistung von Strauß Anlaß, unseren Vorschlag ernst zu nehmen«, so kampfentschlossen der Vorsitzende der CSU-Landesgruppe im Bundestag. CDU und CSU blockierten sich mit ihren Kanzlerkandidaten gegenseitig – eine »komplette Führungskrise« (P. W. Wenger).

Ihr Kern war letztlich wieder jener fundamentale Richtungsstreit über die Erfolgsstrategie für die nächste Bundestagswahl, welcher den Unionsparteien das politische Zusammenleben schwermachte, seit sie in der Opposition waren. Der flexible Kurs, den Kohl in der Nachfolge Barzels verfolgte und den Albrecht mit seiner CDU/FDP-Koalition als »Modell Niedersachsen« proklamierte, hatte zum Ziel, die FDP aus dem Bündnis mit der SPD heraus an die Seite der Union zu ziehen. Die »Hardliner« wie Strauß und seine CSU-Mannen traten für eine maximale Frontalopposition ein, um der aufgrund ihres schwächeren Wählerpotentials verwundbaren FDP bundespolitisch den Garaus zu machen. Damit Bewegung in die erstarrten Wählerblocks kam, sollte durch Gründung einer »vierten« Partei die Parteienlandschaft der Bundesrepublik diversifiziert werden.

Die Strategiediskussion und der Streit um die »vierte« Partei sowie die persönlichen Zerwürfnisse erreichten solche Heftigkeit, gingen so tief, daß zwischen den Unionsparteien, ja auch innerhalb der CDU längst verschwunden geglaubte Bruchlinien zwischen nord- und süddeutschen, protestantischen und katholischen, konservativen, liberalen und christlichsozialen Elementen sichtbar wurden. Um der Gefahr einer Spaltung vorzubeugen, waren rasche und radikale Lösungen zur Überwindung der Krise gefragt. Die rheinische und westfälische CDU, die sich als Hüter der christlich-demokratischen Gründertradition verstand, gab um der Einheit der Union aus CDU und CSU willen durch ihr Präsidium die Parole aus: Lieber Strauß als Bruch der Union. Von der hessischen CDU kam durch ihren Vorsitzenden Dregger der vermittelnd gemeinte Vorschlag, daß sich Strauß und Albrecht einem Wahlmännergremium stellen sollten, das sich aus der gemeinsamen Bundestagsfraktion, den Vorständen beider Unionsparteien und einer gewissen Anzahl von Delegierten der Parteibasis zusammensetzen sollte. Auch mehrten sich in der CDU Stimmen, die dafür plädierten, Strauß seine Chance zu geben, um ihn »durch ein Scheitern für immer loszuwerden«, wie es drastisch Rolf Zundel in der »Zeit« formulierte.

Schließlich preschte die CDU/CSU-Bundestagsfraktion vor. Am 2. Juli 1979 stimmte sie – mit Billigung beider Parteivorstände – über den gemeinsamen Kanzlerkandidaten ab. Nach einer fast siebenstündigen Sitzung, in der sich über neunzig Abgeordnete zu Wort meldeten und erregte Wortwechsel nicht selten waren, setzte sich der bayerische Ministerpräsident mit 135 zu 102 gegen den niedersächsischen Ministerpräsidenten durch. An die vierzig Prozent der CDU-Mitglieder in der Gesamtfraktion entschieden sich also für Strauß. Damit war ein wichtiger Schritt zur Entschärfung des Machtkampfes an der Spitze getan. Der CDU-Bundesvorsitzende sprach in einem »Bericht zur Lage der Union« von einer bestandenen Zerreißprobe (UiD). Die Gemeinschaft der beiden Schwesterparteien und die Fraktionsgemeinschaft im Deutschen Bundestag werde weiter Bestand haben. Die Strategiekommission (an der auf Unionsseite außer ihm Geißler, Albrecht, Dregger, Katzer, Köppler, Späth, Stoltenberg und B. Vogel teilnahmen) habe in allen wichtigen politischen Sachfragen, insbesondere in den Bereichen der Energie-, Wirtschafts-, Finanz-, Familien- und Bildungspolitik, »ein hohes Maß an Übereinstimmung festgestellt«.

Nach »dieser bisher schwierigsten Auseinandersetzung unserer Parteigeschichte« (Kohl) kam es darauf an, die Parteigliederungen und Mitglieder der Union auf Solidarität mit dem durch Mehrheitsentscheidung erkorenen Spitzenkandidaten einzuschwören. Was konnte dafür besser sein als die Konzentration auf die Sachthematik und den politischen Gegner? »Die Aufgabe heißt«, so brachte es Kohl auf dem »Kleinen Parteitag« (Sitzung des Bundesparteiausschusses) am 6. September 1979 auf den Punkt, »alles zu tun, daß wir 1980 die Wende der deutschen Politik erzwingen.« Es traf nicht ein, was viele Kommentatoren erwarteten. Die Spannungen und Unmutshaltungen in der Union wuchsen sich trotz mancher Vorbehalte, insbesondere bei der Jungen Union und den Sozialausschüssen, nicht zur Mißachtung des Fraktionsbeschlusses, zur Sabotage des gemeinsamen Kanzlerkandidaten oder gar zu Rissen im Unionsgefüge aus. Die Vereinbarungen über die gemeinsame Wahlkampfplattform und die organisatorische Vorbereitung des Bundestagswahlkampfes gingen sogar auffallend zügig und reibungslos vor sich. Die Mitgliedermobilisierung war ähnlich erfolgreich wie 1976. Mit ihrer Informations- und Vorbereitungsphase »Auftakt '80« hatte die Union, nach Meinung der Öffentlichkeit, auch den besten Start für den Kampf um die Wähler.

Im Wahljahr 1980 waren in der Gesamtunion – also mit den 682 780 CDU-Mitgliedern, den 169 250 CSU-Mitgliedern und jenen 156 000 Angehörigen von Junger Union, Sozialausschüssen und Mittelstandsvereinigung, die nicht zugleich Parteimitglied waren – über eine Million Bürger engagiert. Im Jahrzehnt 1969/1979 hatte die CDU den stärksten Mitgliederzuwachs aller im Bundestag vertretenen Parteien; sie nahm um 125 Prozent zu. Mit über 38 Prozent war der Anteil der Arbeiter und Angestellten am höchsten; es folgten die Selbständigen mit 24 Prozent, die Beamten mit zwölf und die Hausfrauen mit zehn Prozent; die Frauen machten gut 21 Prozent der CDU-Mitglieder aus. Anfang der Achtziger steuerte die CDU damit auf die Position der mitgliederstärksten Volkspartei in Deutschland zu. Mehr denn je kam es jetzt darauf an, sie auch inhaltlich – durch »Sachkompetenz« in politischen Kernfragen – auf die Übernahme der Regierungsverantwortung vorzubereiten. Dazu gehörte die Festlegung auf einen klaren Mittelkurs durch Ausbalancierung der innerparteilichen Zentrifugalkräfte.

Es war nicht zu übersehen, daß die Oppositionsleistung von CDU und CSU durch »diese törichte und schädliche Personaldiskussion« (Kohl) in Mitleidenschaft gezogen wurde. Nach demoskopischen Umfragen im Sommer 1979 schienen sich die Chancen der Unionsparteien mit etwas über 46 Prozent auf die Größenordnung des Wahlergebnisses von 1972 einzupendeln, des schlechtesten seit 1953. Weder die wieder auf fünf Prozent angestiegene Inflationsrate noch die Benzinpreis- und Heizkostensteigerungen oder die Auszehrung der Rentenfinanzen verstand die CDU/CSU-Opposition für eine wirkungsvolle Demonstration gegen die lavierende Regierungskoalition zu nutzen. Ähnlich verhielt es sich in der Außen- und Deutschlandpolitik, wo der NATO-Doppelbeschluß als Antwort auf die Stationierung moderner, Westeuropa bedrohender Mittelstreckenraketen durch die Sowjetunion, die militärische Zuspitzung in Afghanistan, die Krise in Polen im Gefolge des gewaltsamen Vorgehens gegen die Gewerkschaftsbewegung »Solidarność«, der verstärkte Ausbau der innerdeutschen Grenzanlagen durch die DDR (Selbstschußanlagen), aber auch der Mehrheitserfolg für die christlich-demokratischen, konservativen Kräfte der Mitte im ersten direkt gewählten Europäischen Parlament genug Möglichkeiten für ein deutliches Kontrastprogramm der Opposition boten. Die Regierung hatte »Urlaub«, so kommentierte der CDA-Bundesvorsitzende Blüm ebenso bissig wie selbstkritisch den durch Kandidatenstreit und Strategiediskussion geschaffenen Zustand der Opposition.

Es dauerte bis zum Beginn des umfassenden Wahlkampfes im Mai 1980, bis die Union wieder Tritt faßte. Es blieben Vorbehalte gegen die Kanzlerkandidatur von Strauß. Es fehlte, übrigens auch bei der CSU, jener optimistische Schwung, jener von Überzeugungstreue zur Sache und Person getragene Einsatzwille, der vor der Wahl von 1976 bestimmend gewesen war. »Alles wird, wenn überhaupt« – so gab ein der Union gewogener Publizist seiner Enttäuschung Ausdruck – »mit referentenhaften Fleißübungen behandelt, brav im Trott des oppositionellen Mittelmaßes« (L. Herrmann). Es war viel, verdächtig viel von »Dienst« und »Pflicht« die Rede.

Auch die Ergebnisse der Kommunal- und Landtagswahlen waren nicht dazu angetan, die Opposition in Siegesstimmung zu versetzen. Zwar zeigte sich mit den nordrhein-westfälischen Kommunalwahlen, in denen die Union ihre führende Position knapp zu behaupten vermochte, ein Hoffnungsschimmer, aber in den folgenden Landtagswahlen in Bremen (7. Oktober 1979) und Baden-Württemberg (16. März 1980), im Saarland (27. April 1980) und in Nordrhein-

Westfalen (11. Mai 1980) setzte sich der für die Union ungünstige Trend mit demoralisierend verstärkter Tendenz fort. Dabei wurde auch schon deutlich, daß die Persönlichkeit des Kanzlerkandidaten der Union der neuralgische Punkt war.

Die Kandidatur von Strauß wirkte in der Wählerschaft nicht nur stark polarisierend, sondern hatte auch zur Folge, daß sich die SPD/FDP-Koalition noch einmal zusammenschweißte und innerhalb der SPD die erheblichen Widerstände gegen Schmidt überdeckt wurden. Die zum Teil gewalttätigen Protestaktionen von Gruppen aus dem extrem linken und alternativen Bereich, die Strauß zu einer negativen Symbolfigur (»Stoppt Strauß«-Kampagne) machten, schreckten ferner viele der Union zuneigende Wechselwähler ab. In der öffentlichen Meinung kam Strauß, nach politischer Leistungserwartung beurteilt, mit acht von elf möglichen Punkten der Skala an Schmidt heran, der 8,7 Punkte erhielt. Doch bei der Sympathiebemessung war er mit nur 5,4 Punkten gegenüber Schmidt mit 8,3 Punkten unaufholbar im Nachteil. Besonders gering war die Attraktivität des Kanzlerkandidaten der Union bei den jüngeren Jahrgängen, was insofern ins Gewicht fiel, als 1980 rund sechs Millionen Jungwähler an die Wahlurnen gingen. Darüber war sich die CDU-Führung, nicht zuletzt aber auch Strauß selbst, bald im klaren. »Wer Person und Programm trennen, wer Politiker und Partei auseinanderreißen will«, so versuchte er auf dem 28. CDU-Bundesparteitag in Berlin (19.–20. Mai 1980) aufkommende Zweifel der Delegierten zu zerstreuen, »betreibt die Niederlage der Union und auf längere Sicht ihre Ausschaltung als gestaltende und maßgebende politische Kraft«.

Nichtsdestoweniger blieb Strauß das polarisierende Thema der 9. Bundestagswahl. Die »FAZ« sprach in einem Leitartikel vom 18. Juni 1980 von »Hetze statt Wahlkampf«. Die Union machte bei dieser Konstellation aus der Not eine Tugend. Sie stellte ihren Wahlkampf betont auf die Sachkompetenz ab. Schon in der Vorbereitungsphase bis Ende 1979 kam sie mit einer Reihe von Sachprogrammen heraus: Das Wirtschaftspolitische Programm, das vom Bundesfachausschuß Wirtschaftspolitik unter dem Vorsitz Elmar Pieroths erarbeitet worden war und dessen konzeptionelle Grundzüge Professor Müller-Armack, neben Erhard der bedeutendste Begründer der Sozialen Marktwirtschaft, entworfen hatte, bekannte sich zu einem leistungsfreundlicheren Steuersystem, zu besserer Eigenkapitalbildung der Unternehmer, zum stufenweisen Abbau der Staatsquote, zu mehr Wettbewerb, zur Erhöhung der Qualifikation und beruflichen Mobilität der Arbeitnehmer und zur Forschungsförderung sowie außenwirtschaftlich zur Entwicklung der Europäischen Gemeinschaft und zur Integration der Entwicklungsländer in die Weltwirtschaft als Grundlagen einer zukunftsorientierten Wachstums- und Konjunkturpolitik (beschlossen vom Bundesausschuß der CDU, 6. September 1979). Das Programm zur Entbürokratisierung von Staat und Gesellschaft schlug, ausgehend von den gesellschaftlichen Gestaltungsprinzipien, Subsidiarität, Selbstverwaltung, Personalität, Wettbewerb und Leistungsbezogenheit, Maßnahmen gegen die Gesetzes- und Verordnungsflut und zur Vereinfachung des Steuersystems und der öffentlichen Verwaltung vor.

Ziel der Politik sollte es sein, die Eigenverantwortung und die Bereitschaft der Bürger zum Dienst am Mitmenschen zu wecken und zu stärken (verabschiedet vom Bundesvorstand, 3. Dezember 1979). Das Umweltpolitische Programm strebte angesichts der Bedrohung aller natürlichen Lebensgrundlagen des Menschen nach gleichwertiger Einbindung des Umweltschutzes in das gesamtpolitische Zielsystem des Staates. Ein ökologischer Ordnungsrahmen im Sinne der Sozialen Marktwirtschaft sollte geschaffen werden, um Gefährdungs- und Verbotstatbestände im Umweltschutz zur langfristig verläßlichen Orientierung von Gemeinden, Bürgern und Wirtschaft klarzustellen, umweltpolitische Innovationen zu ermöglichen und durch ein durchdachtes System von Anreizen Umweltschäden von vornherein zu vermeiden. Die CDU trat für die konsequente Anwendung des Verursacherprinzips ein, wonach grundsätzlich derjenige die Kosten für Vermeidung und Beseitigung von Umweltbelastungen zu tragen hat, der sie verursacht (verabschiedet durch den Bundesausschuß, 10. Dezember 1979).

Im Frühjahr 1980 folgten dann das Agrarpolitische Programm, vorgelegt auf dem Oldenburger Bauernkongreß am 21./22. Februar, und in Ergänzung des Wirtschaftspolitischen Programms das Zehn-Punkte-Programm zum Abbau der Arbeitslosigkeit (25. März). Ersteres zeigte Wege auf, um die Land-, Forst- und Ernährungswirtschaft samt dem durch sie geprägten ländlichen Raum in die allgemeine Wirtschaftsentwicklung einzubeziehen. Besondere Schwerpunkte bildeten die soziale Sicherung und das Bildungswesen der ländlichen Bevölkerung. Das vom Bundesfachausschuß Sozialpolitik erarbeitete Programm zum Abbau der Arbeitslosigkeit empfahl, in Verbindung mit konkreten Finanzierungsvorschlägen, Maßnahmen zur Verbesserung der Arbeitsvermittlung, der beruflichen Fortbildung und Umschulung sowie zur Förderung von Teilzeitarbeitsplätzen und zur Unterstützung der Bereitschaft zur regionalen Mobilität. Zu den Sachprogrammen ist schließlich auch der Entwurf eines Steuer- und Familienentlastungsgesetzes zu zählen, den die CDU/CSU-Bundestagsfraktion am 12. Februar 1980 beschloß. Danach sollte unter anderem durch eine Korrektur des Einkommensteuertarifs, durch Einführung eines steuerlichen Kinderfreibetrages sowie durch Erhöhung des Kindergeldes, des Vorwegabzuges bei den Sonderausgaben und des Weihnachtsfreibetrages ein Entlastungsvolumen von über 16 Milliarden DM erzielt werden.

Auch der 28. Bundesparteitag, der »Parteitag der Ermutigung«, war mit der Verabschiedung des Wahlprogramms ganz auf die inhaltliche Alternative abgestimmt, die die Unionspolitik bot. Unter dem Leitwort »Für Frieden und Freiheit in der Bundesrepublik Deutschland und in der Welt« faßte es die Kerngedanken und Kernforderungen des Grundsatzprogramms der CDU in griffigen Aussagen zusammen: Bekenntnis zum Bündnis der westlichen Welt und zur Wiedervereinigung des deutschen Volkes in Frieden und Freiheit, Europa als großes Ziel, Entwicklungspolitik aus christlicher Verantwortung für mehr wirtschaftliche und soziale Gerechtigkeit in der Welt, Kampf für die Menschenrechte in aller Welt, die Soziale Marktwirtschaft als Ordnung der Freiheit, des Wohlstands und der sozialen Sicherheit, die Familie als Fundament der freien Gesellschaft, Entfaltungschancen für die Frauen, Erhaltung des Generationenvertrags, Schutz der Umwelt, eine menschliche Schule. »Nach zehn Jahren einer Politik der enttäuschten Hoffnungen, der gebrochenen Versprechungen und der gefährdeten Grundlagen unserer Freiheit und unseres Wohlstandes sind SPD und FDP nicht mehr in der Lage, diese Lebensfragen unseres Volkes zu meistern. CDU und CSU sind bereit, in dieser schweren Zeit die Verantwortung zu übernehmen.«

Mit der Konzentration des Wahlkampfes auf die Sachfragen wollte die Union die Popularität Helmut Schmidts neutralisieren und verhindern, daß die Polarisierung zwischen Koalition und Opposition sich allein auf den Wettstreit der Spitzenkandidaten, in dem Strauß schlecht abschnitt, beschränkte. Dies ist der Union nur zum geringen Teil gelungen, was um so mehr auffallen muß, als das Meinungsklima insgesamt, demoskopischen Umfragen zufolge, für sie als Opposition relativ günstig war. Doch in der Wahl am 5. Oktober 1980 erreichte die CDU/CSU nur 44,5 Prozent der Stimmen; das war bei einem Verlust von 4,1 Punkten gegenüber 1976 ihr schlechtestes Ergebnis seit 1953. Noch nie wählten so wenig Jungwähler (34%) und so wenig Frauen (43,7%) die Unionsparteien. Die SPD legte nur 0,3 Prozent zu, während die FDP sich um 2,7 Prozent steigerte und die »Grünen«, die erstmals an einer Bundestagswahl teilnahmen, 1,5 Prozent der Stimmen erhielten. Damit hatte die CDU/CSU ihr Wahlziel, die Regierungsverantwortung zu übernehmen, nicht erreicht. Ihr blieb aber der Trost, daß die Wähler sie als stärkste politische Kraft in der Bundesrepublik Deutschland bestätigt hatten.

Die Presseerklärung, die Kohl im Anschluß an die Sitzung des erweiterten CDU-Bundesvorstands am Tag nach der Wahl abgab, war trotz der Wahlniederlage von Selbstbewußtsein und Zuversicht geprägt. Er unterstrich, daß das Wahlprogramm der Unionsparteien nicht als Wahlkampfepisode ad acta gelegt werde, sondern das konkrete Arbeitsprogramm der Opposition für die 9. Legislaturperiode darstelle. Die Stimmungslage der Union zeigte sich in dem Satz: »Wir gehen mit Optimismus in die Zukunft.« Das galt vor allem auch für Kohl selbst, der in der Folge die Früchte seiner klugen Zurückhaltung im Kandidatenwettstreit ernten durfte. Strauß hatte seine Chance bekommen und war gescheitert. Nun war wieder Kohl – unter ungleich günstigeren Bedingungen – am Zuge. Die Wahlanalytiker waren sich rasch einig: Die Opposition verlor »trotz hoher Leistungerwartung und Sympathie letztlich, weil ihrem Spitzenkandidaten das Vertrauen versagt blieb ... Daß dies nicht der SPD zugute kam, zeigt deutlich, daß diese Wahl weniger eine Schmidt-Wahl als eine Anti-Strauß-Wahl war« (Kaltefleiter).

4. Die »Wende«

Im Wahlausgang von 1980 war die Wende von 1982, der Bruch des sozialliberalen Regierungsbündnisses und die Bildung einer CDU/CSU/FDP-Koalition, bereits angelegt. Die CDU/CSU glich einem Schüler, der eine schlechte Note bekommen hatte, aber aufgrund seiner schulischen Gesamtleistung mit Versetzung rechnen durfte. Ungeachtet des Wahlergebnisses entwickelte sich die politische Situation für die Unionsparteien so günstig wie selten während ihrer Oppositionszeit.

Die Position des regierenden Bundeskanzlers Schmidt erfuhr trotz des Wahlsiegs eine deutliche Schwächung dadurch, daß er das Ergebnis von 1976 nur halten, aber nicht überzeugend verbessern konnte. Das brachte ihn insofern einem Autoritätsverlust näher, als sich der linke Flügel der SPD-Fraktion, der seiner Politik überwiegend kritisch gegenüberstand, durch neugewählte Abgeordnete verstärkt sah. Die »Sparhaushalts«-Politik, die Sicherheits- und Energiepolitik (NATO-Doppelbeschluß und Kernenergie) der Regierung Schmidt waren nicht nur in der SPD heftig umstritten, sondern beschleunigten auch die Entfremdung zwischen den Koalitionspartnern. Beides kam der Opposition entgegen. Je weiter sich die Sozialdemokraten nach links bewegten, desto weniger Chancen bestanden für die Liberalen, die aus der Bundestagswahl gestärkt hervorgegangen waren, ihre politischen Vorstellungen in der Koalition mit der SPD zu verwirklichen. Schon die Koalitionsvereinbarungen nach der Wahl gaben zu der Frage Anlaß, »was SPD und FDP überhaupt noch im Bündnis zusammenhält« (»Rheinische Post«). In der Presse hagelte es Schlagzeilen wie »Wurm im Koalitionsgebälk«, »Regierungsprogramm der Verlegenheiten«, »Flickwerk«, »Bonns großer Fehlstart«. Zu Anfang des Jahres 1981 war dann offen von Krise die Rede – einer Krise der SPD/FDP-Koalition, die alle schwierigen politischen Fragen nur noch ausklammerte, und einer Krise des Landes: »Dem Land droht ernster Schaden« (»FAZ«). Als Bilanz der Haushaltsdebatte am 27.–30. Januar 1981 stellten die »Stuttgarter Nachrichten« fest, daß der Vorrat an Gemeinsamkeiten zwischen FDP und CDU/CSU ebenso stetig wachse, wie sich die sozialliberale Koalition politischer Gemeinsamkeiten entledige.

Durch die Wahlschlappe von Strauß sah Kohl seine Position in Fraktion und Partei merklich gestärkt. Insofern kann man ihn als Gewinner der Wahl vom 5. Oktober bezeichnen. Die Opposition in der Opposition war zusammen mit Strauß, der sich als ihr Wortführer stark gemacht hatte, in ihre Grenzen verwiesen und zum Schweigen verurteilt worden – wenigstens für eine Weile. Damit setzte sich auch fast widerspruchslos die von Kohl stets favorisierte Oppositionsstrategie durch, die auf den Koalitionswechsel der FDP abzielte. In der Union gab es, anders als sonst nach verunglückten Wahlen, weder Schuldzuweisungen und Selbstmitleid noch hektische Diskussionen um Strategien und Personen. Partei und Fraktion zeigten in augenfälligem Kontrast zu den Streitigkeiten innerhalb der SPD und zu den koalitionsinternen Konflikten eine seltene Geschlossenheit. Angesichts der Zerfallserscheinungen des Regierungsbündnisses von SPD und FDP verbreitete sich beruhigend und ausgleichend die Gewißheit einer baldigen Rückkehr an die Macht.

Harmonisch vereinbarten CDU und CSU »auf Vorschlag von Helmut Kohl und Franz Josef Strauß« die Fortführung ihrer Fraktionsgemeinschaft im 9. Deutschen Bundestag durch einstimmige Bestätigung der Abmachung von 1976. Mit 210 Ja- gegen zwei Nein-Stimmen bei zwei Enthaltungen – ein Ergebnis, das keiner seiner Amtsvorgänger jemals erreicht hatte – wurde Kohl dann auf Vorschlag von Strauß von der gemeinsamen Bundestagsfraktion zum Vorsitzenden und damit zum Oppositionsführer für die Dauer der Legislaturperiode gewählt. Und da kein Zweifel darüber bestand, daß Kohl auf dem Mannheimer Bundesparteitag im Frühjahr 1981 mit einem ähnlich guten Ergebnis wieder zum Parteivorsitzenden gewählt werden würde, war auch seine Nominierung zum Kanzlerkandidaten der CDU/CSU gleichsam vorprogrammiert.

Ferner wurde versucht, den Oppositionsstil ganz auf das Ziel, die »Wende der deutschen Politik«, hin zu gestalten. Durch eine »Neuordnung der Fraktionsarbeit«, die »Lehren aus der Vergangenheit« zu ziehen vorgab, wurde die Fraktionsstruktur, im Sinne einer Verantwortungszuweisung für möglichst viele Abgeordnete, gestrafft und die Auswechslung von Führungspersonal ermöglicht. Die Zahl der stellvertretenden Vorsitzenden, die gleichzeitig feste Aufgabenbereiche zugewiesen erhielten, wurde verringert: Neben dem Chef der CSU-Landesgruppe Zimmermann bildeten Dregger (Recht, Inneres, Kommunalpolitik, Umwelt und Energie) und Wex (Familie, Jugend und Frauen) sowie als »Neue« Wörner (Außen- und Deutschlandpolitik, Sicherheitspolitik und Entwicklungshilfe), Blüm (Arbeit und Soziales, Bildung und Forschung) und Kiep (Wirtschaft, Landwirtschaft, Finanzen, Verkehr, Raumordnung und Wohnungsbau) die Fraktionsspitze. Als fünfter Parlamentarischer Geschäftsführer wurde Dorothee Wilms berufen. An die Stelle des oft schwerfälligen Systems der sechs Arbeitskreise traten 15 Arbeitsgruppen, die nach Ressorts in etwa den Ministerien auf der Regierungsseite entsprachen und deren Vorsitzende zugleich die zuständigen Sprecher der Fraktion sein sollten. Daneben blieben die sogenannten »soziologischen Arbeitsgruppen« der Frauen, Arbeitnehmer, Vertriebenen und des Mittelstands bestehen. Um die Fraktionsarbeit effektiver zu gestalten, sollte schließlich auch die Funktion des Berichterstatters zu einzelnen Gesetzesvorhaben, analog der Ausschußpraxis des Deutschen Bundestages, ausgebaut werden.

Der neue Oppositionskurs zeichnete sich bald in einem zweispurigen Vorgehen ab. Zum einen bemühte man sich in der tagespolitischen Auseinandersetzung um eigenständige, »profilierende« Positionen, ohne die Konfrontation zu suchen oder die Neinsager-Rolle zu spielen, jedoch mit der taktischen Verhaltensvariante, in bestimmten Fragen dem Abwirtschaften der Regierung zuzusehen, die Koalition sozusagen im eigenen Saft schmoren zu lassen. Zum anderen zeigte man sich flexibel genug, um der FDP, ohne sich ihr »liebedienerisch« aufzudrängen, sachliche Anknüpfungspunkte zu bieten, zunächst vorbereitend durch Annäherung über die Gemeinden und Länder. Ein Schlagwort machte Ende 1980/Anfang 1981 die Runde: die »neue Offenheit«. Nach den Vorstellungen des Bundesvorstands (Klausursitzung in Boppard am 12./13. Dezember 1980) sollte die Union eine »offene und sensible Partei für die Probleme der Bürger« sein, »die mit allen Schichten unseres Volkes dialog- und diskussionsfähig bleibt«.

Eine Arbeitsteilung zwischen Fraktion und Partei wurde vorgesehen. Danach hatte sich die Fraktion mit den aktuellen Fragen der sich verschlechternden Wirtschaftslage, der wachsenden Arbeitslosigkeit, der Energieversorgung, der Konsolidierung des Haushalts und der Verschärfung des Ost-West-Konflikts zu befassen. Die Partei stellte zentrale Fragen der Zukunftsgestaltung in den Mittelpunkt ihrer Arbeit: Europa, den Nord-Süd-Konflikt, das Verhältnis von Ökonomie und Ökologie sowie Vollbeschäftigungspolitik, Wahlfreiheit für Frauen und Männer in Familie und Beruf, Chancen und Zukunft der Jugend. Auch der 29. Bundesparteitag in Mannheim (9./10. März 1981) ließ unter dem Motto »Wir arbeiten für eine menschliche Zukunft« ein »völlig neues Unionsgefühl« spüren. Was in den Parteitagsreden und in dem verabschiedeten Arbeitsprogramm »Aufgaben der achtziger Jahre«, über die konkreten Themenvorgaben hinaus, aufklang, war der Anspruch der geistig-politischen Führung und Grundorientierung. Die Opposition machte sich zum Wortführer einer geistigen und konzeptionellen Erneuerung, die von politischen Gegnern und Kritikern propagandistisch gern zu einem Neokonservativismus verfälscht wurde, in Wahrheit aber nicht mehr und nicht weniger wollte, als die freiheitliche Ordnung der Bundesrepublik auf der Grundlage des Grundsatzprogramms der CDU von 1978 wieder innovationsfähig zu machen. Es galt über alle Programm- und Strategieaussagen hinaus zu einer Identität zu finden, in der die vertretenen politischen Werthaltungen und Antworten einerseits und die Entwicklungen der Gesellschaft und des Lebensgefühls der Epoche andererseits zu einem eigenen Neuen integriert werden konnten. »Unser Land braucht einen neuen Anfang«, so lautete der Leitsatz des 30. Bundesparteitags in Hamburg (2.–5. November 1981), der den Aufregungen und Ängsten, den Argumenten und Aktivitäten der Jugend gewidmet war.

Während so die Union auf ihren Parteitagen und in den Parlamenten von der Bundesregierung eine Politik der geistigen Führung und des Grundkonsenses einforderte, eine Politik, die angesichts der wirtschaftlichen und politischen Schwierigkeiten auf die moralischen Grundlagen und bürgerlichen Tugenden der Republik bauen sollte, machte in der Öffentlichkeit, ausgehend von der Politikwissenschaft, das Wort von der »Unregierbarkeit« die Runde. Das Schaukel- und Verwirrspiel um die Sicherheits- und Energiepolitik offenbarte die ganze Disharmonie und Ohnmacht der SPD/FDP-Koalition. So blieb die Durchsetzung des von Schmidt selbst initiierten NATO-Doppelbeschlusses vom 12. Dezember 1979 fraglich. Danach sollte Westeuropa als Antwort auf die Stationierung sowjetischer SS 20-Raketen mit amerikanischen Marschflugkörpern und Pershing-II-Raketen ausgerüstet werden, gleichzeitig bot die NATO der Sowjetunion die unverzügliche Aufnahme von Rüstungskontrollverhandlungen über den Abbau der Mittelstreckenwaffen beider Seiten an. Die CDU/CSU begrüßte und unterstützte diese NATO-Entscheidung als ein Mittel zur Wiederherstellung des strategischen Gleichgewichts zwischen Ost und West. Wie ihr Sprecher im Bundestag, Alois Mertes, ausführte, seien beide Teile des Beschlusses, Entschlossenheit zur Abschreckung und Bereitschaft zur Abrüstung, gleichgewichtig notwendig, um weiterführende Verhandlungen mit dem Osten über Rüstungskontrolle und Interessenausgleich zu erreichen. »Abrüstung mit Sicherheit« betrachtete die Union als moralische Pflicht einer Politik für Frieden in Freiheit.

Gegen die Politik der Regierung Schmidt gab es in der SPD, aber auch in der FDP, erhebliche Widerstände. Zumal in seiner eigenen Partei sah sich Schmidt immer mehr in die Defensive gedrängt. Diese Gegenkräfte verbanden sich mit den Appellen und Aktionen der Friedensbewegung zu einer Protestwelle der Nachrüstungsgegner, die den bislang stabilen sicherheitspolitischen Konsens in der Bundesrepublik zu zerbrechen drohte. Die Union, die in ihrem Wahlprogramm 1980 ausdrücklich das Bündnis mit den USA als Garantie für das freie Europa herausgestellt hatte, mußte vor allem an den antiamerikanischen Akzenten Anstoß nehmen, die der Friedensdiskussion in Deutschland und gerade auch Beiträgen führender SPD-Politiker wie Brandt oder Bahr eigen waren. Vielen Unionspolitikern galt der Antiamerikanismus als Anzeichen geistiger Entfremdung von der westlichen Welt und als Ausdruck des Verlustes freiheitlich-demokratischen Wertbewußtseins. In den innenpolitischen Auseinandersetzungen um die Nachrüstung wurde mit harten Bandagen gekämpft. Erinnert sei an Schmidts Diktum von der »Friedensunfähigkeit« der Unionsparteien oder an Wehners Brief an die SPD-Fraktionsmitglieder, in dem er die CDU/CSU als »Rüstungspartei« verunglimpfte, deren »entspannungsfeindliche, nur auf Rüstung und Machtstreben basierende Außen- und Sicherheitspolitik« den Frieden eher gefährde als erhalte.

Die Union adressierte an die SPD wiederum den Vorwurf, sie

446 In der Opposition 1976–1982

würde teils aus Opportunismus, teils aus extrem linker Orientierung »ihren Anteil an der geistigen Führung unseres Volkes in der Bewahrung von Frieden und Freiheit« verleugnen und abstreiten. »Wer wie die Linken in der SPD die Nachrüstung torpediert, muß wissen, daß er die Bundesrepublik Deutschland verteidigungsunfähig macht und damit genau jene Situation der Friedensgefährdung heraufbeschwört, die er zu verhindern versucht« (CDU-Dokumentation April 1981).

Welche Gereiztheit und Uneinigkeit in und zwischen den Koalitionsparteien herrschte, läßt sich auch daraus ersehen, daß Schmidt wie Genscher gezwungen waren, mit ihrem Rücktritt zu drohen, um die Opponenten gegen ihre Sicherheitspolitik in den eigenen Reihen zur Räson zu bringen. Daß die FDP letztlich zum Nachrüstungsbeschluß stand, war der Hauptgrund für den Koalitionswechsel von 1982. Es blieb dann der Regierung Kohl überlassen, die Ausführung des NATO-Doppelbeschlusses innenpolitisch durchzukämpfen – in seinem ursprünglichen Sinn und mit dem Erfolg, den man sich davon für die Aufnahme von Verhandlungen zur Rüstungsbegrenzung versprochen hatte.

Nicht weniger heiß umstritten zwischen Regierung und Opposition wie auch innerhalb der Regierungsparteien war die Energiepolitik, insbesondere der Kernenergieausbau. Die seit dem Ölpreisschock von 1973 rasant gestiegenen Ölpreise verunsicherten nicht nur die Verbraucher, sondern belasteten auch insgesamt die Wirtschaft. Sie verteuerten die Importausgaben so stark, daß diese erstmals seit der Rezession von 1966/67 wieder die Exporterlöse überschritten. Die CDU/CSU-Opposition hatte sich schon unmittelbar nach dem »Ölschock« für einen verantwortungsbewußten Einsatz der Kernenergie als »vernünftiger Alternative« ausgesprochen, weil diese – vor Harrisburg und Tschernobyl – umweltschonender und kostengünstiger erschien sowie die politische Erpreßbarkeit durch den Ölpreis verhinderte. Für die Union ging es nicht um die Frage »Kernenergie ja oder nein«, sondern nur darum: wieviel Kernenergie? Damit geriet sie in Gegensatz zu der Anti-Kernkraft-Bewegung, die bis in die Regierungsparteien hineinreichte. Der Dissens zwischen Schmidt und seiner Partei zeigte sich auch bei der Energiepolitik. So plädierte Schmidt auf dem Weltwirtschaftsgipfel Juni 1980, entgegen dem Berliner Parteitagsbeschluß der SPD, sich der »Option« auf einen künftigen Kernenergieverzicht »zu öffnen«, für einen weiteren Ausbau der Kernkraftkapazitäten.

Auf solche »Bruchstellen« zwischen der Regierung und den sie tragenden Parteien richtete die Unionsopposition ihre Aufmerksamkeit. Den Beschluß des Hamburger SPD-Senats, beim Ausbau des Atomkraftwerks Brokdorf eine dreijährige »Denkpause« einzulegen, nahm sie zum Anlaß, den Bundeskanzler aufzufordern, im Bundestag ein Votum für die Energiepolitik seiner Regierung herbeizuführen und mit der Vertrauensfrage zu verbinden (Februar 1981). Wie in ihren Parteitagsbeschlüssen und Programmaussagen formuliert, verfolgte die Union eine doppelgleisige Energiepolitik: Zum einen ging es ihr um die Ausschöpfung möglichst aller Energiequellen und Energietechniken, einschließlich der Kernkraft, zum andern sollten verstärkt energiesparende Maßnahmen, insbesondere neue Technologien, gefördert werden (Antrag der CDU/CSU zur Umstrukturierung des Programms zur Förderung heizenergiesparender Maßnahmen vom 8. April 1981). Die CDU/CSU legte auch hier die Achillesferse der Regierung Schmidt bloß, als sie die Einsetzung der Enquete-Kommission »Zukünftige Kernenergiepolitik« (Juni 1981) als ein Manöver kritisierte, mit dem aus Rücksicht auf die innerparteilichen Mißhelligkeiten notwendigen energiepolitischen Entscheidungen ausgewichen werden sollte. »Es ist keine Zeit mehr für das Offenhalten von Optionen, sondern es muß entschieden werden, ob wir unsere Volkswirtschaft in die Lage versetzen wollen, in den kommenden Jahrzehnten wettbewerbsfähig zu bleiben oder nicht« (Stavenhagen im Plenum des Bundestages 26. Mai 1981).

Zur schwersten Belastung der SPD/FDP-Koalition wuchs sich in der dritten Regierung Schmidt die Finanzsituation aus. Der Bundeshaushalt 1981 schloß mit einem Schuldenzuwachs von 33,88 Milliarden DM ab, der bis dahin höchsten Neuverschuldung in der Geschichte der Bundesrepublik. Zu Anfang des Jahres 1981 stellte der Obmann der CDU/CSU-Haushaltsausschußgruppe, Lothar Haase, fest, daß auch erstmals in der Geschichte der Bundesrepublik die vier Ziele des Stabilitätsgesetzes gleichzeitig verfehlt worden seien: Die Arbeitslosigkeit wachse in einem beängstigenden Maße (April 1981: Quote 4,9%), die Wirtschaft befinde sich in einem rapiden Abschwung, die Preise stiegen weiter, das große Leistungsbilanzdefizit (1980: 28 Mrd.) deutete den Verlust der internationalen Wettbewerbsfähigkeit an, und die Devisenreserven hätten sich binnen zwei Jahren um ein Drittel vermindert. Kurz: Der Staat habe den Zustand fast totaler finanzieller Handlungsunfähigkeit erreicht.

In der zweitägigen Haushaltsdebatte 16./17. September 1981 erkannte die Opposition die Chance, die entscheidende Offensive zur endgültigen Demontage der SPD/FDP-Koalition einzuleiten. Sehr deutlich wurde dabei die Stoßrichtung gegen den Kanzler, den Kohl für die »größte Finanzkrise seit dem Ende des Zweiten Weltkrieges« persönlich verantwortlich machte. »Heute legen Sie ... jedem neugeborenen Kind bereits eine Hypothek der Bundesregierung von 50 000 DM in die Wiege. Das ist Ihre Politik für die nächste Generation.« Unverkennbar bei Kohls Attacke war die Schonung der FDP, ja der Versuch, ihr mit einer liberalen wirtschafts- und finanzpolitischen Alternative eine Brücke zur Annäherung zu bauen: »Die Wiederbelebung unserer Wirtschaft setzt voraus, daß wir wieder ganz klare, prinzipielle Positionen beziehen. Ich kann sagen, Herr Kollege Genscher, fast alle Positionen, die Sie bezogen haben, sind die richtigen Positionen ... Das heißt: mehr Leistungswille, Ja zum Wettbewerb, stabiles Geld und weniger Staat. Genau das – Sie rufen doch immer nach der Alternative, meine Damen und Herren von der SPD – ist die Alternative zu Ihrer Politik.« Die CDU/CSU lehnte die von der Regierung vorgesehene Erhöhung von Verbrauchsteuern auf Branntwein und Mineralöl ebenso ab wie die Steuererhöhungen im Rahmen des zweiten Haushaltstrukturgesetzes (u. a. Investitionssteuer für die Anschaffung von Betriebs-PKW). Auch für die Erhöhung des Arbeitslosenversicherungsbeitrages und für Kindergeldkürzungen war sie aus sozialpolitischen Erwägungen nicht zu haben. Stattdessen schlug sie Einsparungen durch Beschneidung der Ausbildungsförderung, durch Änderung der Bemessensgrundlage des Arbeitslosengeldes sowie durch fünfprozentige Subventions- und Leistungskürzungen vor.

Wie kritisch die Situation der Staatsfinanzen in der Agoniephase der SPD/FDP-Koalition war, zeigte sich, als der von der Regierung vorgelegte Haushaltsentwurf 1982 bereits wenige Wochen nach der ersten Lesung nicht mehr beratungsfähig war, weil über sieben Milliarden DM fehlten. Nachdem zwei Anläufe gescheitert waren, um den Bundeshaushalt zur Deckung zu bringen, griff die Regierung auf die zu erwartenden Bundesbankgewinne und auf die Erhöhung der Arbeitslosenversicherungsbeiträge zurück. Damit verspielte sie nach Meinung der Opposition »jede finanzpolitische Glaubwürdigkeit«. Sprecher der CDU/CSU hoben hervor, daß die ergriffenen Maßnahmen auf das gleiche hinausliefen wie auf eine höhere Neuverschuldung; sie erschwerten Privatinvestitionen und verstärkten prozyklisch durch Erhöhung der Lohnkosten und durch Kaufkraftentzug die negative Wirtschaftsentwicklung. Am Jahresende 1981 hielt die Opposition der Regierung vor, die »Wende« in der Finanzpolitik versäumt zu haben. In einem Interview des »Münchner Merkur« und der »Aachener Volkszeitung« verwies Kohl auf die Frage, ob die Krise der Staatsfinanzen nicht Gelegenheit geboten hätte, die Regierung »zu kippen«, auf den »einzig sicheren Weg, die Regierungskoalition zur Resignation zu zwingen«: die Landtags- und Bürgerschaftswahlen des kommenden Jahres. Eine totale Verweigerung der CDU/CSU wäre von den Bürgern als Obstruktionspolitik verstanden worden.

Der Oppositionsführer hatte allen Grund, selbstbewußt und zuversichtlich zu sein. Während die SPD in der Präferenzkurve immer tiefer rutschte (September 1981: 33%), sprach sich bei den »Sonntagsfragen« fast immer um die absolute Mehrheit der erwachsenen Bevölkerung für die CDU/CSU aus (September 1981: 50,3%). In Berlin, am 10. Mai 1981, deutete sich der politische Wechsel an. In den Neuwahlen errang der CDU-Landesvorsitzende Richard von Weizsäcker mit 47,9 Prozent einen Sieg, der einem Signal gleichkam. Bei der »Berliner« Konstellation, wo die CDU als stärkste politische Kraft eindrucksvoll bestätigt wurde, zugleich aber auch die Grünen/Alternativen, etwa in der Größenordnung der FDP, im Parlament vertreten waren, lief die FDP Gefahr, in der Rolle des Mehrheitsbeschaffers für die SPD mehr und mehr an eigenem Profil zu verlieren. So entschloß sich die FDP-Fraktion des Abgeordnetenhauses, den CDU-Kandidaten mitzuwählen und seinen Minderheitssenat mitzutragen.

Die Union konnte mit Genugtuung vermerken, daß sie an Attraktivität gewann. In den hessischen Kommunalwahlen am 21. März

1981 gelang es der CDU, ihr glänzendes Ergebnis von 1977 (»Erdrutschsieg«) zu stabilisieren und sich mit ihren Mehrheiten in Frankfurt, Wiesbaden, Darmstadt und Kassel als Großstadtpartei im Vertrauen der Bürger zu verankern. Kein Wunder also, daß bei so günstiger Großwetterlage für die Union auf dem Höhepunkt der Finanzkrise, während der Haushaltsberatungen, Gerüchte über geheime Sondierungsgespräche zwischen Spitzenpolitikern von CDU und FDP umliefen.

Von Herbst 1981 an lag ein Bruch des Regierungsbündnisses von SPD und FDP nicht mehr nur theoretisch im Bereich des Möglichen. In seinen Neujahrswünschen für 1982 gab Generalsekretär Geißler den Unionsmitgliedern die Gewißheit mit auf den Weg: »Zwischen der CDU und FDP gibt es keine politisch unüberbrückbaren Gegensätze mehr.«

Jetzt, da für die CDU/CSU-Opposition die Chancen, wieder in die Regierungsverantwortung zurückzukehren, so gut wie noch nie standen, sei es durch Neuwahlen, sei es durch einen Koalitionswechsel der Freien Demokraten, erneuerte sich der Meinungsstreit über die »richtige« Strategie. Geißler, der Parteistratege, arbeitete daran, die Union durch Erschließung zusätzlicher Wählerschichten und durch »Besetzung« von Sachthemen für die Bundestagswahl 1984 zu wappnen, um den Kampf um die absolute Mehrheit aufs neue zu wagen. Kohl, unterstützt von anderen namhaften Spitzenpolitikern der Union wie etwa Stoltenberg, setzte dagegen, aus der Sicht des Oppositionsführers, auf den Zerfall der SPD/FDP-Koalition. Seine Strategie des »aktiven Abwartens« verband Betonung der Oppositionsrolle mit Herausstellung der eigenen Regierungsfähigkeit und Bereitschaft zur Übernahme der Verantwortung. Während Geißler mit Blick auf Jungwähler und Frauen mehr Sensibilisierung für strittige Themen und mehr attraktive Diskussion in der Partei forderte, war es Kohl um möglichst große Geschlossenheit der Opposition zu tun, um Reibungsverluste durch Flügelkämpfe und Rivalitäten zwischen den diversen Gruppen der Union und ihren Protagonisten zu vermeiden.

Unterstützung fand der Geißler-Kurs bei Männern wie Biedenkopf; aber auch Blüm und Späth standen ihm nicht fern, ebenso wie die Junge Union mit ihrem Vorsitzenden Wissmann. Von ihr, die sich wiederholt an Kohls Führungsstil stieß und damals gerade seinen »Volksfront«-Vergleich für die große Friedensdemonstration im Bonner Hofgarten (10. Oktober 1981) heftig kritisierte, drohte auch die Personaldiskussion wieder in Gang gebracht zu werden. Mit Spekulationen um Kohls mögliche Rivalen Stoltenberg, Albrecht, Späth und Kiep versuchte sich mancher »Parteifreund« und mancher Pressemann wieder interessant zu machen. Im Umfeld des Hamburger Parteitags Anfang November 1981 waren daher in der Union nervöse Machtwechseldebatten und wiederauflebende Richtungsauseinandersetzungen zu registrieren, die unter der Schlagzeile »›Softies‹ gegen ›Rockies‹« (»Bild am Sonntag«) der breiten Öffentlichkeit bekannt wurden.

Warum entwickelten sich die innerparteilichen Spannungen, die Entfremdung zwischen Kohl und Geißler und die Kritik an der Oppositionsführung nun nicht wie in den Siebzigern zu ernsteren Streitigkeiten und Disharmonien? Es gab – aufgrund der politischen Konstellation – einen hohen Erwartungsdruck, der von innen wie von außen auf die Unionsparteien einwirkte und sie zusammenhielt. Die SPD/FDP-Koalition schien sturmreif; keine Gruppe und kein Funktionsträger hatte Interesse, sich mit einer Führung anzulegen, die womöglich bald den Siegespreis verteilte. Das Gefühl, gute Chancen zu haben, der »begründete Optimismus« (Geißler) war so allgemein in der Union, daß sich niemand durch kritische Äußerungen oder Sonderpositionen den Vorwurf zuziehen wollte, er gefährde den greifbar nahen Erfolg.

Alle Kommentare, Prognosen und Rückblicke zum Jahreswechsel 1981/82 gingen davon aus, daß das neue Jahr für die Regierung Schmidt die Feuerprobe bringen würde: Die Zahl der Arbeitslosen bewegte sich auf die Zwei-Millionen-Grenze zu, die Sanierung der Staatsfinanzen war fehlgeschlagen, die Nachrüstungsdiskussion steigerte sich zu bedrohlicher Brisanz. Der Opposition fiel es also nicht schwer, die angeschlagene Koalition in Verlegenheit zu bringen. In der Haushaltsdebatte zu Jahresbeginn nahm sich die CDU/CSU-Opposition des »bedrückendsten Elements deutscher Gegenwartspolitik« besonders an, der Arbeitslosigkeit, und stellte dem von der Regierung vorgelegten Beschäftigungsprogramm, das sie als verfehlt ablehnte, ihre Forderungen nach Schaffung finanzpolitischer und marktwirtschaftlicher Voraussetzungen für eine Bekämpfung der Arbeitslosigkeit entgegen.

Auch in der Außenpolitik fand die CDU/CSU Gelegenheit, der Regierung Schmidt vorzuwerfen, sie verspiele Glaubwürdigkeit und Vertrauenskapital. Angesichts der politischen Entwicklung in Polen, die mit der Verhängung des Kriegsrechts eine gefährliche Krise erreichte und sogar eine sowjetische Intervention befürchten ließ, vermißte die Opposition eine entschiedene Reaktion der Bundesregierung und der sie tragenden Parteien. Sie zieh den Kanzler wie auch die SPD und FDP des Opportunismus; sie würden aus Entspannungsillusionen heraus schweigen, sie stellten sich nicht an die Seite der wichtigsten Bündnispartner der Bundesrepublik und begäben sich dadurch in eine Isolierung, die den deutschen Interessen schade.

Sowohl die Regierungskoalition als auch die Opposition gingen aufs Ganze. Fast leitmotivisch zog sich durch die Debattenbeiträge und Medienäußerungen von Unionspolitikern im zweiten Jahr der Legislaturperiode die Behauptung, daß die Koalition, allen voran der Kanzler, das Vertrauen in der deutschen Bevölkerung verspielt habe. Mit der Waffe der Vertrauensfrage versuchte Schmidt das Gegenteil zu demonstrieren und zugleich die eigenen Reihen zu disziplinieren. Am 5. Februar 1982 sprachen ihm 269 Abgeordnete der Koalitionsfraktionen SPD und FDP gegen 226 der CDU/CSU-Opposition das Vertrauen aus. Doch der parlamentarische Befreiungsschlag blieb ebenso wirkungslos wie eine Kabinettsumbildung Ende April, mit der die Ressorts Finanzen, Arbeit und Sozialordnung, Post sowie Familie und Gesundheit neu besetzt wurden – »das letzte Aufgebot eines führungsschwachen Kanzlers«, wie der Oppositionsführer kommentierte.

Die Initiative gewann die Regierung nicht mehr zurück. Das immer wieder angekündigte, dann aufgeschobene, zuletzt im Eiltempo durch den Bundestag gedrückte Beschäftigungsprogramm ging ins Leere, weil seine durch erhebliche Steuer- und Abgabenerhöhungen vorgesehene Finanzierung von der Mehrheit der Bevölkerung abgelehnt wurde. Außerdem bot die CDU/CSU-Bundestagsfraktion mit ihrer am 9. Februar 1982 verabschiedeten Sieben-Punkte-Offensive für eine neue Wirtschafts- und Beschäftigungspolitik eine attraktive Alternative: Demnach wurde die Sanierung der Staatsfinanzen über die Ausgabenseite durch Kürzung bei Leistungsgesetzen und Subventionen angestrebt; private und öffentliche Investitionen sollten ermöglicht, vor allem die Existenzgründung im mittelständischen Bereich gefördert werden; neben Wohnungsbauförderungsprogrammen des Bundes und der Länder sowie Anreizen zur Entwicklung und zum Einsatz fortschrittlicher Kommunikations-, Energie- und Umwelttechniken war auch an eine »soziale Allianz« für Investitionen und Arbeitsplätze zwischen den Tarifpartnern gedacht, und schließlich schlug man eine Öffnung des Arbeitsmarktes in Verbindung mit erweiterten Ausbildungs- und Umschulungsprogrammen vor. Unterstützt wurde diese Initiative der CDU/CSU-Bundestagsfraktion von den Ministerpräsidenten der unionsgeführten Länder, die gleichfalls die Bundesregierung zur Kürzung bei den konsumtiven Ausgaben und Leistungsgesetzen aufforderten und auf Freisetzung erheblicher Investitionen in der regionalen Wirtschaftsförderung und im Struktursektor drängten.

Bestätigung und Ermutigung für ihre Politik konnte die Union aus den Ergebnissen der Kommunal- und Landtagswahlen des Jahres 1982 ziehen. In den schleswig-holsteinischen Kommunalwahlen am 7. März legte die CDU noch einmal zu. Der Trend zur Eroberung der »roten Rathäuser« setzte sich fort. Die öffentliche Meinung war sich darin einig, daß »das große Unbehagen über die sozial-liberale Koalition in Bonn« bis in die Gemeinden durchgeschlagen sei (»Frankfurter Rundschau«). Und nicht wenige politische Beobachter erblickten in den Wahlerfolgen »Signale des Umbruchs« (»Die Welt«). Die nächste Wahlschlappe für die SPD – zugleich ein weiterer Schlag für die Bonner Koalition – fiel noch empfindlicher aus. In Niedersachsen am 21. März errang die CDU mit Albrecht die absolute Mehrheit. Sensationell war auch der Ausgang der Hamburger Bürgerschaftswahl am 6. Juni, wo die CDU mit Walther Leisler Kiep an der Spitze die SPD mit Dohnanyi überflügelte.

Gerade von diesem Wahlergebnis ging eine starke bundespolitische Signalwirkung aus: Die Grünen/Alternativen erhielten einen kräftigen Stimmenanteil von 7,7 Prozent und waren damit zu einem potentiellen Mehrheitsbeschaffer für die SPD geworden. Dohnanyi versuchte es zwar zunächst mit einem Minderheitssenat, aber kaum jemand bezweifelte, daß hier ein rot-grünes Bündnis ins Haus stand.

Für die FDP schien es höchste Zeit, ihre Koalitionspolitik zu überprüfen. Unter dem Eindruck der Hamburger Wahl beschloß die FDP
in Hessen, in der bevorstehenden Landtagswahl mit einer Koali-
tionsaussage zugunsten der CDU anzutreten. Damit war klar, daß
sich die Parteien auf das Ende der Regierungskoalition in Bonn vorbereiteten. Es ging nur noch darum, wie die Karten im »Schwarzer-
Peter-Spiel« verteilt würden.

Viele Kommentatoren, wie etwa Nowottny in den »Tagesthemen«,
fühlten sich an ein Trauerspiel gemahnt, wenn sie den »wochenlan-
gen Schaukampf der SPD und FDP zur Bewerkstelligung eines Face-
lifting« kritisch begleiteten. Unterdessen präsentierte sich die Union
mit bedeutenden Stimmenzuwächsen bei den Wahlen und der stetigen Zustimmung von über fünfzig Prozent der demoskopisch befragten Bevölkerung. Das zeigte sich nicht nur im Parlament, wo der
Oppositionsführer – in der außenpolitischen Debatte am 24. Juni –
schon wie selbstverständlich erklärte, die Union werde »auch in der
Regierungsverantwortung« die Positionen des westlichen Bündnisses vertreten. Auch der hohe Mobilisationsgrad und die wachsende
Bereitschaft, sich mit der Union zu identifizieren und in aller Öffentlichkeit »Farbe zu bekennen«, signalisierten den Klimawechsel
der politischen Landschaft in der Bundesrepublik. So strömten zu
der vom Bundesvorstand beschlossenen und veranstalteten Bonner
Großdemonstration am 5. Juni 1982 über 100000 Menschen zusammen, um unmittelbar vor dem Staatsbesuch des amerikanischen Präsidenten Ronald Reagan ein gemeinsames Bekenntnis »für Frieden
und Freiheit« abzulegen und ihre Sympathie für die USA zu bezeu-
gen – eine eindrucksvolle Willenskundgebung, wie es sie in dieser
Form in der Geschichte der deutschen demokratischen Parteien
noch nicht gegeben hatte.

Vorausgegangen war die Berliner Erklärung über die Wertege-
meinschaft des Atlantischen Bündnisses, verabschiedet vom Bundesausschuß der CDU am 10. Mai 1982. Darin bekannte sich die Union
zu den westlichen Werten und Grundüberzeugungen, zu den Prinzipien der Demokratie, der Herrschaft des Rechts, der Freiheit der
Person, der sozialen Gerechtigkeit und der universalen Menschenrechte. Sie rief die Bundesregierung wie auch die Regierungen der
europäischen Partnerstaaten zu einer umfassenden Friedensinitiative

und zu verstärkten Bemühungen um eine politische Einigung Europas auf, um diese Fundamente zu verteidigen und in Zusammenarbeit mit den Ländern des Ostens auch den Menschen dort mehr Rechte, Freiheiten und Entfaltungsmöglichkeiten zu verschaffen.

Je gereizter und unverträglicher SPD und FDP in den Niederungen der wirtschafts- und finanzpolitischen Einzelmaßnahmen zur Sanierung der Staatsfinanzen agierten, desto staatsmännischer gab sich die Opposition, desto betonter ließ sie sich die große Politik angelegen sein. Sie konnte den Dingen in dem sicheren Gefühl den Lauf lassen, daß sich das Schicksal der SPD/FDP-Koalition bei den Beratungen des Bundeshaushalts 1983 erfüllen werde. »Die trostlose Lage der Koalitionsparteien erhöht die Verantwortung der Union«, so lautete die Devise, die der Oppositionsführer den Mitgliedern der CDU/CSU-Bundestagsfraktion mit auf den Weg in die Parlamentsferien gab (9. Juli 1982). Hin und wieder brachte sie einen wohlgezielten Hieb an, um das Ansehen der Koalition vollends zu ruinieren, so mit der Verfassungsklage wegen überhöhter Neuverschuldung des Bundes (Art. 115 GG), beschlossen von der CDU/CSU-Bundestagsfraktion am 22. Juni, eingereicht beim Bundesverfassungsgericht am 14. September. Auch unterstützte sie den DGB, der die Sparbeschlüsse der Regierung als »unsozial« kritisierte und zu Protestveranstaltungen aufrief.

Als Ende August/Anfang September das Zerwürfnis zwischen SPD und FDP feststand, erklärte Kohl, daß die CDU/CSU jederzeit für eine Regierungsübernahme bereit sei. Es gebe keine Staatskrise, sondern eine Regierungskrise. »Wer verbraucht ist, geht. Und wer Kraft hat, kommt.« Wie zur Bestärkung ließ die Parteiführung in ihrer Halbjahresbilanz wissen, daß CDU und CSU zusammen mit den Mitgliedern der Vereinigungen einen Mitgliederstand von über einer Million erreicht hätten. Mit der Debatte über die Erklärung Bundeskanzler Schmidts zur »Lage der Nation« am 9. September hob der Abgesang seiner Koalition an. Nach dem Überblick über die Hauptprobleme der Deutschland-, Außen- und Innenpolitik, den er mit einer Skizzierung der politischen Aufgabenstellung verband, forderte Schmidt den Oppositionsführer auf, den Antrag auf ein konstruktives Mißtrauensvotum einzubringen. Dabei versuchte er Kohl zugleich auf Neuwahlen festzulegen. Der CDU/CSU sprach er ein alternatives Konzept ab. Für keinen politischen Bereich sah er »eine Regierung Kohl oder Kohl/Strauß, die dem öffentlichen Wohl der Nation besser dienen könnte«: »Ich klebe nach dreizehn Jahren Regierungsarbeit nicht an meinem Stuhl. Aber ich bin gegen eine Kanzlerschaft des Kollegen Kohl, weil ich unser Land weder außen-, noch sicherheits-, weder finanz- und wirtschafts- noch sozialpolitisch einer bisher profillosen anderen Mehrheit anvertrauen möchte.«

Gekonnt inszenierte Schmidt vor dem Forum der Öffentlichkeit seinen Abgang. In der Stunde der Wahrheit für politisches Scheitern sollten taktische Manöver die eigene moralische Position retten helfen. Unmittelbaren Anlaß für den Bruch des Regierungsbündnisses bot eine Ausarbeitung des liberalen Wirtschaftsministers (»Lambsdorff-Papier«), die der Kanzler am 9. September erhalten hatte. Die darin vorgeschlagenen Einsparungen, wachstums- und beschäftigungspolitischen Maßnahmen entsprachen den vier Leitlinien: Festlegung auf eine marktwirtschaftliche Politik, Ausschließung einer Erhöhung der Gesamtabgabenbelastung, Umstrukturierung der öffentlichen Ausgaben und Einnahmen von der konsumtiven zur investiven Verwendung, Anpassung des sozialen Sicherungssystems an das Wirtschaftswachstum. Die SPD interpretierte dieses von der FDP in die Koalitionsverhandlungen eingebrachte Konzept als Abkehr von der Regierungserklärung des Jahres 1980 und als Demontage »der erfolgreichen Tradition der Sozial- und Wirtschaftspolitik der Bundesrepublik Deutschland«. Der DGB sprach von einem »wirtschafts- und sozialpolitischen Amoklauf«. Die CDU/CSU fand in der »Lambsdorff-Denkschrift« eine »Reihe interessanter und begrüßenswerter Elemente, die von der Union seit langem gefordert werden«.

Zwar konnte in der Haushaltsdebatte am 15.–17. September 1982 noch der Nachtragshaushalt 1982, der die Neuverschuldung von 26,7 auf 33,8 Milliarden DM erhöhte, mit den Stimmen der Koalition verabschiedet werden, und die FDP stellte sich auch »uneingeschränkt« hinter den Haushaltsentwurf 1983, aber der »Scheidungsbrief« (Schmidt) für SPD und FDP lag auf dem Tisch. Von Dregger am zweiten Tag der Debatte zum Rücktritt aufgefordert, um einer handlungsfähigen Regierung Platz zu machen, riß Schmidt die taktische Initiative an sich. Durch Entlassungsdrohung zwang er am 17. September die FDP-Minister seines Kabinetts zum Rücktritt. Die Koalition war beendet, zugleich aber auch die Legende in die Welt gesetzt, die FDP habe »Verrat« geübt, habe den erfolgreichen Kanzler in schwerer Stunde schmählich im Stich gelassen. Diese Version, zu der auch einige Liberale vom linken Flügel der FDP durch ihren Protest gegen den Kurs ihres Vorsitzenden Genscher beitrugen, kostete der Union den erwarteten Sieg in der Hessenwahl am 26. September. Dort erlebte zudem die FDP einen Fall unter die Fünf-Prozent-Marke, so daß sie nicht im neuen Landtag vertreten war. Die SPD bekam mit den Grünen, die sich von zwei auf acht Prozent stark verbesserten, die Chance zur Mehrheitsbildung – der politische Kampfbegriff der »Mehrheit links von der CDU«, noch am Wahlabend von Brandt geprägt, deutete die neue Frontstellung an, der sich die Union auch auf Bundesebene im Augenblick der Regierungsübernahme gegenübersah.

Mit der Maxime »Wir müssen jetzt handeln« einigten sich Parteipräsidium und Bundesvorstand der CDU am 20. September 1982 darauf, Helmut Kohl als Kanzler einer neuen Bundesregierung aus CDU, CSU und FDP vorzuschlagen: »Eine Regierung aus CDU/CSU und FDP gibt den Menschen wieder Hoffnung auf politische und wirtschaftliche Stabilität und auf die Sicherung des sozialen Friedens durch soziale Gerechtigkeit.« Nach dem ersten Koalitionsgespräch am Abend dieses Tages zwischen den Partei- und Fraktionsvorsitzenden der beiden Parteien – auf seiten von CDU und CSU also Kohl, Strauß, Stoltenberg und Zimmermann – kam man überein, Kohl am 1. Oktober 1982 durch ein konstruktives Mißtrauensvotum, wie es das Grundgesetz in Art. 67 vorsieht, zum Bundeskanzler zu wählen. Neuwahlen zum Deutschen Bundestag sollten am ersten Sonntag im März 1983 abgehalten werden. Auch die CSU mit Strauß, die anfangs für baldige Neuwahlen, möglichst zu Ende November/Anfang Dezember, eingetreten war, stimmte zu, um die Koalitionsbildung mit der FDP nicht zu gefährden. Bei der Wahl des gemeinsamen Kanzlerkandidaten stimmten in der CDU/CSU-Bundestagsfraktion 228 von 231 Abgeordneten für Kohl.

Die Schwerpunkte der Koalitionsvereinbarungen zwischen CDU, CSU und FDP lagen im innenpolitischen Bereich, insbesondere bei der Finanzpolitik; als wichtigste sind zu nennen: die Neuaufstellung des Bundeshaushalts 1983, die Erhöhung der Mehrwertsteuer zum 1. Juli 1983 um ein Prozent und eine obligatorische Anleihe in Höhe von fünf Prozent der Steuerschuld für Einkommen über 50 000 bzw. 100 000 DM, um Mehreinnahmen für Steuerentlastungen zu erhalten, ferner die Kürzungen der Direktsubventionen, die Förderung des Wohnungsbaus, unter anderem durch Liberalisierung des Mietrechts, die Verschiebung der Rentenanpassung 1983, die Kürzung bei den Leistungsgesetzen, etwa bei der Krankenversicherung, beim Kindergeld und Schüler-Bafög, die Förderung der Rückkehrbereitschaft von Ausländern sowie die Initiativen zur Entbürokratisierung. In der Außenpolitik wurde die politische Gemeinsamkeit auf drei Pfeiler gestellt: Bekräftigung des NATO-Bündnisses und seiner Positionen, insbesondere in der Abrüstungsfrage, Fortsetzung der Ostpolitik aufgrund der Ostverträge, der KSZE-Schlußakte von Helsinki und des Entspannungsdialogs, politischer Ausbau der Europäischen Gemeinschaft und enge Zusammenarbeit mit Frankreich.

Am 1. Oktober 1982 stimmte der Deutsche Bundestag in seiner 118. Sitzung über den von CDU/CSU und FDP eingebrachten Antrag auf ein konstruktives Mißtrauensvotum ab. Von den 459 abgegebenen gültigen Stimmen entfielen 256 Ja-Stimmen auf Kohl; 235 Abgeordnete stimmten mit Nein, vier enthielten sich ihrer Stimme (Berliner Abgeordnete: 11 Ja, 10 Nein). Noch am gleichen Tag wurde der 52jährige Kohl als neuer Bundeskanzler vereidigt. In der Debatte über das konstruktive Mißtrauensvotum hatte Barzel als Hauptredner der Union die »verheerende Bilanz der sozialliberalen Koalition auf wirtschaftlichem Gebiet« namhaft gemacht: »In dieser Lage ist es nun eben dringend nötig, daß eine neue Mehrheit mit einer neuen Regierung ein neues Programm vorlegt … Nicht die faule Ausrede, anderswo sei es schlimmer, wird das Maß der neuen Mehrheit sein, sondern der Anspruch: Hier wird es besser. Deshalb wählen wir das Anspruchsvollere, nämlich die Wende nach vorn.«

Mit der »Wende«, der Bildung der Koalitionsregierung unter Helmut Kohl am 1. Oktober 1982, übernahm die CDU – ihrem Selbstverständnis nach – wieder ihre angestammte Kanzlerpartei-Rolle, der sie in den zwei ersten Jahrzehnten der Bundesrepublik ein historisches Profil gegeben hat – oft als »Kanzlerwahlverein« bespöttelt, obgleich keineswegs so kanzlertreu und regierungsfromm, so gefügig und anspruchslos, wie das ihre Kritiker gerne verbreiteten. An diese Tradition konnte die Partei auch um so weniger anknüpfen, als sie sich während der Oppositionszeit hinsichtlich Organisation, Integrationsfunktion und innerparteilichem Meinungsbildungsprozeß emanzipiert hatte. Die Bundespartei als ein »entscheidendes Koordinations- und Integrationszentrum« hatte sowohl gegenüber der CDU/CSU-Bundestagsfraktion wie auch im Verhältnis zu den Landesparteien an politischem Gewicht gewonnen. Waren damit Konflikte zwischen Partei- und Regierungskurs vorprogrammiert, wie sie der sozialdemokratischen Politik in den letzten Jahren der Kanzlerschaft Schmidts das Leben schwergemacht hatten? Oder konnte die »Unionskonstellation« der Gleichzeitigkeit von Parteivorsitz und Kanzleramt das Spannungspotential gering halten?

Zunächst kam mit dem 31. Bundesparteitag in Köln am 25./26. Mai 1983 ein »Augenblick der Zufriedenheit« (»FAZ«). Es war seit vierzehn Jahren der erste Parteitag der CDU als Regierungspartei – ein »historisches Datum« ihrer Geschichte, wie ihr Informationsdienst notierte. Seit Berlin 1968 hatte die Partei nicht nur ihre Statur bewahrt, sondern auch an innerer Kraft zugelegt. Sie wies eine außerordentliche Mitgliederentwicklung auf. Sie verzeichnete 1983 die höchste jährliche Zuwachsrate seit dem Mitgliederschub Anfang der siebziger Jahre und wuchs auf 735 000 Mitglieder (November 1983) an. Das war seit 1971 mehr als eine Verdoppelung.

Die Streitereien, die ständige, in ihrer Lautstärke manchmal bis an die Schmerzgrenze gehende Begleitmusik der Oppositionszeit, waren verstummt: Die quälende Frage nach dem gemeinsamen Kanzlerkandidaten von CDU und CSU hatte sich erledigt. Personalprobleme stellten sich der Sachdiskussion nicht mehr hemmend in den Weg. Kohl wurde in seinem 10. Jubiläumsjahr als Bundesvorsitzender der CDU mit der überwältigenden Mehrheit von 631 Ja- gegen 17 Nein-Stimmen bei 13 Enthaltungen bestätigt. Auch die Frage nach der richtigen Strategie zur Rückkehr in die Regierungsverantwortung entfiel. Das Verhältnis zu CSU und Strauß gestaltete sich »ohne den geringsten Dissens« (Strauß) so vertrauensvoll wie seit langem nicht. Geradezu harmonisch vereinbarte man die Fortführung der

Fraktionsgemeinschaft für die 10. Legislaturperiode des Deutschen Bundestages. Und Strauß beschwor in einem fulminanten Grußwort zum Kölner Parteitag, der unter dem optimistischen Motto »Aufwärts mit Deutschland« stand, Harmonie und Geschlossenheit, Geradheit und Klarheit »unserer bewährten Unionspolitik«.

CDU-Generalsekretär Geißler, der den Wahlerfolg vom 6. März 1983 und die Wiedererlangung der Regierungsmacht als einen Höhepunkt seines Wirkens für die Partei empfinden durfte, zitierte wie eine Verdiensturkunde stolz, wiewohl nicht ohne Hintergedanken einen »Spiegel«-Bericht, wo es hieß: »Die CDU-Bundesgeschäftsstelle, die zu Konrad Adenauers Zeiten noch als Kanzlerwahlverein und Papierverteilstelle galt, ist zur politischen Schaltzentrale der Union geworden, technisch und logistisch auf dem neuesten Stand.« Bei aller Gefolgschaftstreue zu Kohl, bei aller Verpflichtung auf das Koalitionsbündnis mit den Liberalen erhob er im Namen der Bundespartei aufgrund ihrer Leistung in der Opposition den Anspruch, »auch als Regierungspartei ihre eigenständige Rolle (zu) bewahren«.

Die »Koalition der Mitte«, wie CDU, CSU und FDP die Neuauflage ihres 1966 zerbrochenen Regierungsbündnisses nannten, ging tatkräftig an die Arbeit. In den Unionsparteien drängte man darauf, die in der Oppositionszeit entwickelten programmatischen Grundsätze und Lösungsvorstellungen in die Praxis umzusetzen. In den Spitzengremien und an der Basis der Union herrschte allenthalben Aufbruchstimmung. Man knüpfte an die Tradition des Neuanfangs von 1949 an und nahm die Politik der erfolgreichen Weichenstellungen Adenauers zum Vorbild. Nicht von ungefähr zitierte Kohl in seiner Regierungserklärung im Deutschen Bundestag am 13. Oktober 1982 zum Schluß jenen Satz, mit dem der erste Bundeskanzler, 33 Jahre zuvor, am 20. September 1949, seine erste Regierungserklärung beendet hatte: »Wir hoffen – das ist unser Ziel –, daß es uns mit Gottes Hilfe gelingen wird, das deutsche Volk aufwärts zu führen und beizutragen zum Frieden in Europa und in der Welt.«

VII.
Vereinigungen und Sonderorganisationen im Zeichen der »Wende«

1. Vereinigungen

Als »eines der wichtigsten Strukturelemente unserer Volkspartei« bezeichnete Biedenkopf die Vereinigungen der CDU (Düsseldorf 1977). Sie ständen für die Vielfalt der Gruppen, die in der Partei ihre politische Heimat hätten. Ihre Doppelfunktion sei es, von außen nach innen zu wirken, das heißt die gesellschaftliche Vielfalt in der Partei zu vertreten, und die Einheit der Partei von innen nach außen zu repräsentieren, für die Partei zu sprechen und zu werben. Der »Spiegel« sprach einmal wortwitzig von der »christdemokratischen Wahlfang-Flotte«.

Zu Beginn der achtziger Jahre gab es sieben satzungsmäßige Vereinigungen mit bundesweiter Organisation: Junge Union, Frauenvereinigung, Sozialausschüsse der CDA, Kommunalpolitische Vereinigung, Mittelstands- und Wirtschaftsvereinigung sowie die Ost- und Mitteldeutsche Vereinigung. Daneben bestanden ohne den parteirechtlichen Status einer Vereinigung, aber mit vergleichbarer Funktion der Evangelische Arbeitskreis und der RCDS. Keine Parteiorganisation, sondern ein Berufsverband auf vereinsrechtlicher Grundlage ist der Wirtschaftsrat der CDU e.V. Den Namen der CDU in seinem »Firmenschild« versteht er als Programm, nicht als enge Parteianbindung, obwohl er im innerparteilichen Leben ähnlich einer Vereinigung behandelt wird.

Die Vereinigungen hatten sich in der »Gründerzeit« der Union, in den Jahren des Aufstiegs zur Mehrheitspartei, eines starken Eigenlebens erfreut. Während in den Fünfzigern die Sozialausschüsse und die Junge Union sowie Flüchtlingsausschüsse und Kommunalpolitische Vereinigung am aktivsten waren, kamen in den Sechzigern die Frauen- und die Mittelstandsvereinigung stark auf. Der Wirtschaftsrat hatte politisch seine große Zeit während der Diskussion um die paritätische Mitbestimmung. Als Folge des gesellschaftlichen Strukturwandels und der Parteireformen seit Ende der Sechziger verloren die Vereinigungen indes, nicht zuletzt aufgrund zeitweiliger Führungsschwächen, an Einfluß. Bei der Aufstellung der Landeslisten sprachen sie jedoch stets ein gewichtiges Wort mit. Für eine große Mitgliederpartei erschien ihre Position, in der die Katalysatorfunktion zwischen der Union und der Bevölkerung gegenüber der Interessenwahrnehmung und dem »Erbhof«-System zurücktrat, als »gefährlich stark« (»Die Entscheidung« 1973). Nach Meinung der Parteireformer verzerrte die Institutionalisierung der Interessenvertretung nicht nur den Willensbildungsprozeß innerhalb der Gesamtpartei. Das historisch gewachsene Vereinigungssystem mit seiner halbparteilichen, föderalistisch-dezentralen Struktur, die den Vereinigungen das Antragsrecht beließ, paßte überhaupt nicht so recht zu den Reißbrettvorstellungen für eine »moderne« Volkspartei. Diese Einstellung führte mitunter dazu, daß die Arbeit im vorpolitischen Raum in fataler Weise vernachlässigt wurde.

Für die Achtziger ergibt sich der Eindruck, daß die Vereinigungen in ihrer Bedeutung gegenüber fachpolitischen Gremien stark zurückgedrängt wurden. Allerdings war die Entwicklung im einzelnen recht unterschiedlich. Abgesehen vom Wirtschaftsrat, dessen Stimme nach wie vor, trotz der Distanz, die er zur Partei hält, gehört wird , haben vornehmlich der Mittelstand und die Frauen, dem gesellschaftlichen Trend der Zeit folgend, mehr Gewicht bekommen. Dagegen mußten die »Traditionskompanien« unter den Vereinigungen – Junge Union, Sozialausschüsse, KPV und OMV – merklich zurückstecken, während der RCDS und der EAK ihre Position, zumindest potentiell und aufgrund ihrer spezifischen Basis, behaupteten.

Die Vereinigungen haben die immer stärkere Integration in die Parteiarbeit keineswegs passiv über sich ergehen lassen, sondern auf ihrer besonderen Rolle als stabilisierendem Element im Vorfeld der CDU beharrt. Zumal bei einer »Öffnung« der Union zur pluralistischen Gesellschaft hin, wie sie für die Volkspartei als Überlebensprinzip propagiert wird, sehen sie für sich und ihre Doppelfunktion der Interessenartikulation und Interessenaggregation eine neue Chance.

Junge Union

Mitte der siebziger Jahre erreichte die Jugendorganisation der CDU und CSU den Höhepunkt ihrer bisherigen Geschichte. Sie entwickelte sich zu einer Massenorganisation, zum größten politischen Jugendverband der Bundesrepublik. Die Bilanz war beeindruckend; 1973: 165 000, 1975: 214 000, 1980 knapp 250 000 Mitglieder. Davon war nur rund die Hälfte zugleich Mitglied einer der Unionsparteien; gut ein Fünftel entfiel auf die JU Bayerns, ein Viertel waren Frauen, ein Drittel war evangelisch, beides seit Mitte der Sechziger mit steigender Tendenz.

Die auffallendste strukturelle Veränderung war die Verjüngung des Verbandes. Während Anfang der Siebziger noch ca. drei Viertel der Mitglieder älter als 25 Jahre waren, sank der Anteil der über 25jährigen bis 1983 auf unter 50 Prozent. Dem entsprach soziologisch ein starker Zuwachs bei der Gruppe der Studenten, Schüler und Lehrlinge, die 1973 gerade 42 Prozent der Mitglieder umfaßte, 1981 aber einen Anteil von über 60 Prozent verzeichnen konnte. Hauptrekrutierungsfelder waren die Schulen und Universitäten, die 1970 nur ein Fünftel, 1981 fast die Hälfte der Mitglieder stellten. Der Anteil der Lehrlinge schwankte seit den Sechzigern um zehn Prozent und wies nur magere Steigerungsraten auf.

Wie die Mutterparteien vierstufig gegliedert, umfaßte die Junge Union zu Beginn der achtziger Jahre etwa 4000 Orts-, 368 Kreis- und 14 Landesverbände. In den Parlamenten der Länder und im Bundestag waren JU-Mitglieder mit einem Anteil vertreten, der sich zwischen zehn und fünfzehn Prozent bewegte. Welcher politische Einfluß in der Gesamtpartei war damit verbunden? Hat sich die Wirksamkeit der Jungen Union als Karrierevehikel parallel zu steigenden Mitgliederzahlen und wachsender Einflußnahme erhöht? In welchem Verhältnis stand die statistische Entwicklung zur Politik des Verbandes?

Die Junge Union profitierte in den Siebzigern sichtlich davon, daß viele Jugendliche von der Reformpolitik der SPD/FDP-Koalition enttäuscht waren und insbesondere mit dem Krisenmanagement-Stil der Regierung Schmidt nichts anzufangen wußten. Man darf auch nicht übersehen, daß der Mitgliederzuwachs vor allem aus den Schulen (»Schüler-Union«) kam, wo sich die Junge Union ein fruchtbares Brachfeld erschloß. Zudem boten die Jugendorganisationen der politischen Konkurrenz, Jungsozialisten und Jungdemokraten, ein abschreckendes Bild innerer Zerrissenheit, Desorientierung und Entfremdung von ihren Mutterparteien.

Anders die Junge Union! Ein Gutteil ihres Erfolgsgeheimnisses lag darin, daß sie – unter der geschickten Regie ihrer Bundesführung – im großen und ganzen die Parteilinie unterstützte und im Fall von Meinungsverschiedenheiten einen Kollisionskurs vermied. Sich selbst dabei als eigenständige, weltanschaulich bewußte Formation zu profilieren, wurde ihr durch zweierlei leichtgemacht: Zum einen waren CDU und CSU auf Bundesebene in der Opposition, man konnte sich also in der Bekämpfung des gemeinsamen politischen Gegners finden; zum anderen eröffnete die grundsatz- und reformprogrammatische Diskussion in den Mutterparteien, besonders in der CDU, ein weites Feld, auf dem die Junge Union mit ihren Vorstellungen, Themen und Kritikansätzen aufmarschieren konnte.

Den Gipfel ihres Anspruchs, ein gesamtpolitisches Richtungsmandat in der Union zu haben, erreichte sie, als sie sich im Streit um den Kreuther Beschluß der CSU zur Aufkündigung der Fraktionsgemeinschaft mit der CDU »als Klammer« zwischen den Mutterparteien fühlen durfte. Der JU-Bundesvorstand wandte sich »mit Entschiedenheit gegen eine Spaltung der Union durch Bildung einer vierten Partei« und unterstützte in diesem Zusammenhang die CDU-Führung (22. November 1976). Knapp ein Jahr später hatte die Junge Union die Genugtuung, daß ihr auf ihrem Münchener Deutschlandtag (29./30. Oktober 1977) die gesamte Spitzengarde der Union – Kohl und Strauß, Biedenkopf und Tandler, Carstens und Zimmermann – mit einem einmütigen Bekenntnis zur »Einheit der Union« die Ehre gab. Die »Süddeutsche Zeitung« sah damals bei der Jungen Union »Glanz«, aber auch »Selbsttäuschung«.

Gegen Ende der Dekade des Vorsitzes Wissmanns (1973–1983) wurde deutlich, daß sich die Junge Union, wie die »FAZ« diagnostizierte, »im großen Schwung der letzten Jahre etwas übernommen« hatte und nun zu sich selbst zurückfinden mußte. Nachdem die innerparteiliche Reform- und Programmdiskussion, die ihre wesentliche Antriebskraft gewesen war, einen vorläufigen Abschluß gefunden hatte (Grundsatzprogramm von 1978), begannen an der Basis Ermüdung und Skepsis um sich zu greifen. Neue Themen waren gefragt. Und dies in einem gesellschaftlichen Klima, in dem die Jugend zusehends unpolitischer wurde. Hinzu kam, daß die Kanzlerkandidatur von Strauß dem Parteinachwuchs der CDU so gar nicht behagen wollte. JU-Bundesvorstandsmitglieder und JU-Landesvorsitzende, soweit sie die Junge Union innerhalb der CDU repräsentierten, hatten sich nachdrücklich für die Nominierung von Albrecht als gemeinsamen Kanzlerkandidaten der Unionsparteien ausgesprochen (28. Mai 1979). Fast in allen JU-Landesverbänden entwickelte sich die Mitgliederzahl 1979/80 rückläufig.

Der Verband stagnierte. Erneuerungswille und Konfliktbereitschaft ließen nach. Die Junge Union sah sich zu Beginn der achtziger Jahre in einer »Orientierungskrise« stecken; sie lief Gefahr, als »verkleinerte Kopie der Partei« (Wissmann) hauptsächlich die Funktionen der Personalselektion und des Karriereinstruments zu bedienen. Vor allem drohte – nach Wissmann – der Kontakt zum eigentlichen Ansprechpartner, der Jugend, verlorenzugehen. Die Bundestagswahl von 1980 hatte offenkundig gemacht, daß die Attraktivität der Partei bei jungen Menschen besorgniserregend geschrumpft war. Eine »jugendpolitische Wende« erschien notwendig. Die Junge Union hatte sich als »jugendpolitische pressure group« (Claus-Peter Grotz) zu beweisen und zu bewähren. Statt im Politprofi-Stil sollte mit einer »Politik zum Anfassen« auf die Lebensformen und Lebenssorgen der jungen Leute reagiert werden. So stellte sich der Deutschlandtag am 14./15. Juni 1980 in Böblingen nicht nur unter das Leitthema »Jugend gestaltet Zukunft«, sondern praktizierte auch eine unkonventionelle Tagungspraxis mit Workshops, Informationsständen und offenen Gesprächsrunden. Auf dem Mainzer Jugendfestival »JU '80« war zwei Wochen vorher die Großzeltveranstaltung »Märkte der Mitarbeit« zu einer Tournee durch mehr als hundert Städte der Bundesrepublik gestartet worden. Die Junge Union probierte ein »neues Kleid« (UiD).

Es war der Versuch, sich auf die gerade bei der Jugend symptomatisch aufscheinenden Veränderungen im »normativen Gefüge der Gesellschaft« (Grotz) einzustellen. Den Verweigerungs- und Aussteigetendenzen stellte die Junge Union die Forderung nach einem Angebot nichtmaterieller Sinnerfüllung und Lebenschancen entgegen. Der für einen »Neubeginn in der Jugendpolitik« 1981 aufgestellte Forderungskatalog bezog sich besonders auf die Jugendarbeitslosigkeit, Drogengefahr und Jugendkriminalität sowie auf die Jugendsekten.

Die Bonner »Wende« 1982/83, die Übernahme der Regierungsverantwortung durch die »Koalition der Mitte«, nötigte die Junge Union, ihren Standort zwischen Jugend, Gesellschaft und Partei von neuem zu bestimmen. Der Rekordstand von 265 000 Mitgliedern (Juli 1983) setzte sie unter einen hohen Erwartungsdruck, der ihr das politische Geschäft schwieriger machte. Die Loyalität gegenüber der Regierung zu wahren, ohne zur »Regierungsjugend« (Böhr) zu werden, die Rolle eines kritischen Widerparts für die Mutterparteien über das Programmatische und Rhetorische hinaus stärker auf die »Aktionsorientierung des politischen Angebots« (Böhr) zu verlagern, um dem Verlangen der Jugend nach spontanem Engagement, Glaubwürdigkeit und Realitätsbezogenheit der Politik zu entsprechen – das sollte mit einem »neuen Stil der Politik« erreicht werden.

Frauenvereinigung

Mit der »Wende« 1982 kam auch für die Vereinigungen der CDU die Chance, ihre politischen Vorstellungen und Forderungen in die Regierungsarbeit einzubringen. Das galt in besonderem Maße für die Frauenvereinigung und ihr 1975 in Dortmund erarbeitetes Leitbild von der Partnerschaft zwischen Mann und Frau. Diese Politik war 1978 mit dem Aktionsprogramm »Wahlfreiheit sichern – Partnerschaft verwirklichen« konsequent weiterverfolgt worden. Nach den Worten der Bundesvorsitzenden Wex war es von der Überzeugung getragen, daß Staat und Gesellschaft in zunehmendem Maße auf die verantwortliche Mitarbeit der Frauen angewiesen seien. Es ging der Frauenvereinigung dabei auch um das öffentliche Engagement der Frau. Aktionen wie »Gemeinsam statt einsam«, »Familien helfen

Familien« und »Frauen für Europa« sollten das nachdrücklich demonstrieren.

An der Schwelle zu den Achtzigern überschritt der Anteil der Frauen in der Mitgliedschaft der Partei zwanzig Prozent (1979: 140 000 Frauen). 1983 betrug für die CDU der Vorsprung bei den Frauenstimmen nur noch 1,5 gegenüber rund 10 Prozent in den sechziger Jahren. Die zunehmende Erwerbstätigkeit der Frauen (1979: ein Drittel aller Frauen) sowie die Angleichung des Wahlverhaltens von Männern und Frauen (Wähler von CDU und CSU 1969: 40,6% zu 50,6%; 1980: 44,2% zu 43,7%) machten eine offensive Frauenpolitik notwendig. Dabei war es ein Markenzeichen der CDU, daß ihre Forderungen nach Anerkennung und sozialer Absicherung der Familientätigkeit als Beruf, nach Chancengerechtigkeit für Frauen in Politik und gesellschaftlichem Leben, nach Schaffung eines flexiblen Arbeitsmarktes durch mehr Teilzeitarbeitsplätze, nach einem Erziehungsgeld eine starke familienpolitische Komponente aufwiesen. »Familienpolitik«, so hieß es in dem Positionspapier, das auf dem 13. Bundesdelegiertentag der CDU-Frauenvereinigung verabschiedet wurde (10./11. September 1983), »muß der Kernpunkt des ordnungspolitischen und gesellschaftspolitischen Engagements sein, wenn eine überschaubare und menschliche Ordnung in unserer Gesellschaft begründet werden soll«.

In diesem Sinne distanzierte sich die Frauenvereinigung in ihrem Zehn-Jahres-Programm zur Durchsetzung der Gleichberechtigung zwischen Mann und Frau von 1980 von jeder Emanzipationsideologie und betrachtete die Familie »als einen Freiraum, in dem Partner ihre Entscheidung fällen, wie das Familienleben zu gestalten ist ...« Im Bundestag fanden sich die Unionsparlamentarierinnen mit Beginn der 9. Wahlperiode in einer »offiziellen Arbeitseinheit« zusammen. Auf Initiative der Frauenvereinigung und mit Unterstützung der niedersächsischen Landesregierung nahm nach einer gut zweijährigen Vorbereitungszeit am 1. März 1982 in Hannover das Dokumentations- und Forschungsinstitut »Frau und Gesellschaft« unter der Leitung von Rita Süssmuth seine Arbeit auf. Der 13. Bundesdelegiertentag in Mainz 1983, wo erstmals wieder seit über vierzehn Jahren Frauen teilnahmen, die Mitglied der Bundesregierung waren, wurde als »geschichtlicher Moment« (Wex) gefeiert, um mit der

»neuen Familienpolitik« Ernst zu machen. Zugleich wurde beschlossen, den Vereinigungsnamen in »Frauen-Union« umzuändern.
Wie in der Gesamtgesellschaft waren auch in der Union die Frauen
auf dem Vormarsch.

Sozialausschüsse der CDA

Um die Mitte der siebziger Jahre stand der sogenannte »linke Flügel«
der CDU, der mit 32 000 Mitgliedern die Arbeitnehmer in der Partei
repräsentierte, für ein Programm sozialer Partnerschaft und Verteilungsgerechtigkeit: »Die Union muß eine progressive Liberalität verbinden mit der Bereitschaft, die sozialen Konsequenzen zu ziehen, die
sich aus dem anspruchsvollen Namen ›christlich‹ ergeben«, so hieß es
aus dem Mund ihres Bundesvorsitzenden Katzer auf der 16. Bundestagung in Kiel am 14./15. Juni 1975. In diesem Sinn verfocht sie in Fragen wie der paritätischen Mitbestimmung und dem obligatorischen
Beteiligungslohn, aber auch auf den Gebieten der Gesundheitspolitik
und Bildungspolitik oft Positionen, die sie in Gegensatz zur Mehrheit
der Union stellten. Der sozialdemokratische »Vorwärts« sah sie im
»Ghetto der ungeliebten Minderheit« agieren. Ihr Einfluß, den sie
dennoch – nicht selten im Bündnis mit Junger Union und Frauenvereinigung – in vielen politischen Fragen geltend machen konnte, am au-
genfälligsten bei der Abfassung des Berliner Programms, nahm mit
der 1974 einsetzenden Rezession stark ab. Sie rutschte allmählich in
ein »Mauerblümchendasein« ab, wie die »Süddeutsche Zeitung«
schrieb. Die »FAZ« diagnostizierte eine »Sprachlosigkeit, die … in Erwartung ständigen wirtschaftlichen Wachstums begründet ist« (Feld-
meyer). In der Öffentlichkeit trat die CDA vor allem durch Mahnung
und Kritik an die Adresse der Mutterpartei hervor, doch ließ sie es nie
wirklich auf eine Konfrontation ankommen.

Von ihrem neuen Vorsitzenden Norbert Blüm, der auf der
17. Bundestagung in Hannover am 4./5. Juni 1977 mit großer Mehrheit zum Nachfolger des nicht mehr kandidierenden Katzer gewählt
wurde, erhofften sich die Sozialausschüsse den »Aufbruch zu neuen
christlich-sozialen Initiativen«. Auch stand eine Reorganisation der
CDA-Geschäftsstelle im Adam-Stegerwald-Haus (Königswinter)
an, insbesondere für die Mitgliederwerbung und -schulung. Bei der

Betriebsarbeit ging es teilweise um einen Neuaufbau: 300 CDA-Betriebsgruppen und rund 3000 Betriebsratsmitglieder, auf die es die CDA gebracht hatte, fielen zu wenig ins Gewicht. Der Hauptansatzpunkt für Blüm aber war die »neue soziale Frage«, derzufolge Gesellschaftspolitik über den Rahmen tariflicher Auseinandersetzungen hinaus als Aufgabe demokratischer Verantwortung für nichtorganisierte Gruppen (Frauen sowie Rentner, Behinderte und Arbeitslose) begriffen werden sollte. Der »Entwurf eines Programms der CDU zur Wiedergewinnung der Vollbeschäftigung« vom 6. Juni 1977 stammte im wesentlichen von ihm. Hierin wurden neben Investitions- und Arbeitsbeschaffungsmaßnahmen auch die »flexible Altersgrenze« und andere Formen der Arbeitszeitverkürzung zur Arbeitsmarktentlastung vorgeschlagen.

Diese Konzentration auf die »neue soziale Frage« und die Beschäftigungspolitik bedeutete eine teilweise Preisgabe der auf der Einheit von Finanz-, Wirtschafts- und Sozialpolitik beruhenden Konzeption, auf die Katzer 1967 in Offenburg die CDA eingeschworen hatte. Zwischen den Vertretern der Blüm- und der Katzer-Linie erwuchsen in der Folgezeit Verstimmungen, die unter anderem zum Rücktritt des Hauptgeschäftsführers Albrecht Hasinger führten (1. Oktober 1977). Im Streit um die Funktion der Jakob-Kaiser-Stiftung, Trägerverein des Adam-Stegerwald-Hauses und der CDA-Bildungsarbeit, kam es kurz darauf zum Bruch zwischen Katzer und Blüm. Es dauerte eine Weile, bis sich die Sozialausschüsse nach Katzers Abgang von ihren internen Schwierigkeiten, die vor allem auch ihre finanzielle Basis betrafen, erholten.

Auch im Verhältnis zur Mutterpartei gab es einige tiefergehende Differenzen. Denn bei aller Loyalität waren die Sozialausschüsse sehr hartnäckig in ihrem Selbstverständnis, das »soziale Gewissen« der CDU zu sein. So schlugen sie sich auf die Seite von SPD und Gewerkschaften, als diese ein Aussperrungsverbot im Arbeitskampf forderten (April 1978). Sie rückten, im Gegensatz zum CDU-Programm, von einer marktwirtschaftlichen Ordnung im Energiebereich ab und plädierten für eine Energiepolitik »aus christlicher Solidarität« (Dezember 1978). Auch mit ihren Thesen zur Ausländerpolitik, die auf der Prämisse beruhten, daß die Bundesrepublik ein Einwandererland sei, setzten sie sich in Widerspruch zur Union (September 1980). In der

Wohnungspolitik befürworteten sie eine verstärkte öffentliche Förderung, während die CDU sich gerade für mehr Marktwirtschaft im
Wohnungsbau stark machte (Februar 1981). Mit ihren familienpoliti-
schen Leitsätzen, die sich um eine Aufwertung der Familie bemühten
und »mehr Mütterlichkeit« forderten, lösten sie nicht nur in der Partei, sondern auch in den eigenen Reihen heftige Kontroversen aus, die
den CDA-Vorstand an einen »mittelalterlichen Glaubenskrieg« ge-
mahnten. Von den in der CDA organisierten berufstätigen Frauen
mußten sie sich Borniertheit, »Mutterkreuz-Ideologie« und Fixie-
rung auf überholte Leitbilder früherer Jahrhunderte vorwerfen lassen
(19. Bundestagung in Mannheim 1981).

Die Sozialausschüsse hatten die Kanzlerkandidatur von Strauß
1979 mit Vorbehalten aufgenommen. Mit dessen entschieden marktwirtschaftlicher Einstellung konnten sie sich so gar nicht anfreun-
den, wirkte doch die antiliberalistische Tradition der christlichen
Gewerkschaften in ihnen mächtig fort. Ein »ordnungspolitischer
Graben« (Strauß) drohte durch die Unionsparteien zu gehen. Schon
mit ihrem »Wirtschaftspolitischen Programm« von Oktober 1980
setzten sich die Sozialausschüsse deutlich von den Wahlaussagen der
Union ab. Noch krasser fiel ihre Kritik am Leitantrag des 30. Bundesparteitags in Hamburg (November 1981) aus. Sie vermißten darin
die ethischen Grundlagen der Sozialen Marktwirtschaft. Dazu
gehörte, einem ihrer Änderungsanträge zufolge, insbesondere auch
der Schutz der Umwelt, den sie durch konsequente Anwendung des
Verursacherprinzips und durch Konkretisierung des Umweltstraf-
rechts verbessert sehen wollten.

Die Meinungsverschiedenheiten zwischen CDA und Partei verrin-
gerten sich auch nicht, als die Union im Bündnis mit den Liberalen
die Regierungsverantwortung in Bonn übernahm. Bald zeigten sich
auch Risse innerhalb der Vereinigung, die nun zusätzlich durch
Loyalitätskonflikte mit der Regierung belastet wurde.

Kommunalpolitische Vereinigung

»Die Basis der Partei« nannte sie einmal Geißler, der Generalsekretär
der CDU. Sie selbst bezeichnet es in ihrer seit 1977 gültigen Satzung
als ihre Aufgabe, »die Grundsätze und Ziele der CDU und CSU in

der Kommunalpolitik zu vertreten und zu verwirklichen«. Alle den beiden Unionsparteien angehörenden Mitglieder von kommunalen Vertretungs- und Gebietskörperschaften gehörten der Vereinigung an. 1983 kam sie so auf über 100000 Mitglieder. Als sie 1978 ihr dreißigjähriges Jubiläum beging, war die Union mit rund 60000 Gemeindeparlamentariern gegenüber 35000 der SPD die stärkste Kraft in der Kommunalpolitik. Mit fast achtzig Abgeordneten kam der Arbeitsgruppe Kommunalpolitik in der CDU/CSU-Bundestagsfraktion ein nicht unerhebliches politisches Gewicht zu.

Während der Oppositionszeit in den Siebzigern erwies sich die Kommunalpolitik für die Union als der »Königsweg« zur Wiedergewinnung des Wählervertrauens. 1970 lag die SPD mit einem 47%-Anteil in den Kommunalparlamenten weit vor der Union (35%). Bis 1982 stieg der Unionsanteil auf fast 48 Prozent aller Ratsmandate an, während die SPD auf knapp 41 Prozent zurückfiel. In zwei Dritteln der Gemeindeparlamente besaß die Union die absolute oder relative Mehrheit.

Die Bundesvertreterversammlung der KPV hatte am 21./22. November 1975 in Stuttgart ein Kommunalpolitisches Grundsatzprogramm beschlossen, das die kommunalen Mandatsträger von CDU und CSU auf die Leitlinie verpflichtete: »Nicht das Rathaus, sondern der Bürger steht im Mittelpunkt christlich-demokratischer Kommunalpolitik.« Von sozialdemokratischer Seite als »Konservatismus« etikettiert, setzte das Programm in den besonderen kommunalen Belangen wie Gesundheits-, Verkehrs- und Kulturpolitik, Grundeigentum, Finanzausstattung und wirtschaftliche Unternehmungen vor allem auf das Engagement der Bürger und die private Initiative im örtlichen Lebensbereich. Es bekräftigte das Prinzip der Selbstverwaltung und gab der Zusammenarbeit mit freien Trägern den Vorrang. »Mehr Freiheit den Gemeinden« hieß auch das Aktionsprogramm, mit dem die KPV zur Bundestagswahl 1976 für die Union und gegen den »Kommunalsozialismus« der SPD mobil machte. Gegenüber der Regierung Schmidt, die wegen der prekären Situation der Staatsfinanzen eine Neuordnung der Finanzausgleichsbeziehungen zwischen Bund, Ländern und Gemeinden in Angriff nahm, trat die KPV mit ihrer Forderung nach vollem Ausgleich für Steuerausfälle wirkungsvoll als Anwalt kommunaler Interessen auf. So lehnte der Bundeskongreß der KPV 1981 in Hannover die Erhöhung kommunaler Steuern und Abgaben zur finanziellen Entlastung des Bundes kategorisch mit der Formel ab, der Bundeshaushalt dürfe kein »finanzpolitischer Verschiebebahnhof« zu Lasten der Städte, Gemeinden und Kreise werden.

Stärkung der kommunalen Selbstverwaltung, Bürgernähe und Gleichwertigkeit der Lebensverhältnisse waren auch die Kernforderungen des »Europäischen Manifests«, das die KPV 1977 in Berlin verabschiedete. Zur Unterstützung der kommunalpolitischen Zusammenarbeit auf europäischer Ebene regte die KPV im Vorfeld der Europa-Wahlen von 1978 die Gründung einer europäischen kommunalpolitischen Vereinigung an (EKPV).

Von einer Honoratiorenvereinigung in den fünfziger Jahren entwickelte sich die KPV mit ihrem Einfluß in den Kommunen zu einem innerparteilichen Machtfaktor. Symptomatisch dafür war die »Personalunion« zwischen KPV, Partei und Fraktion, wie sie der Bundesvorsitzende Horst Waffenschmidt und der Bundesgeschäftsführer Adolf Herkenrath herstellten. Beide, die seit 1973 amtierten, kamen zu einem Sitz im Bundestag, ersterer 1972, letzterer 1980; Waffenschmidt hatte zudem als stellvertretender Landesvorsitzender der CDU Rheinland und Mitglied des Landespräsidiums Nordrhein-Westfalens ein starke Parteiposition. »Den Bürgern eine Heimat geben«, unter diesem Motto legte die KPV nach der Bonner »Wende« auf ihrer Bundesvertreterversammlung am 20.–22. Oktober 1983 in München ein kommunalpolitisches Schwerpunktprogramm vor. Das Hauptgewicht lag dabei auf Maßnahmen zur Konsolidierung der öffentlichen Haushalte und zur Koordination von Fach- und Finanzplanung bei Bund, Ländern und Gemeinden.

Mittelstandsvereinigung

Das Erstarken der Mittelstandsvereinigung der CDU/CSU (MIT) in den Siebzigern, in der Zeit der Opposition gegen SPD und FDP, fand Niederschlag in einem wachsenden Selbstbewußtsein. »Die einzige politische Vereinigung des Mittelstands mit Gewicht« (Gerhard Zeitel) verstand sich als »Kerntruppe der Union zur Verteidigung der Marktwirtschaft«, als »Sauerteig der freiheitlichen Gesellschaft«, als Vorkämpfer gegen Gewerkschaftsmacht.

Die 1976 auf dem 21. Bundeskongreß (13. November) in Bonn verabschiedeten programmatischen »Grundsätze einer Politik der fortschrittlichen Mitte« sollten den »Aufbruch zu einer geschlossenen Vertretung mittelständischer Interessen« einleiten, die berufsspezifisch den Selbständigen, freiberuflich Tätigen, Gewerbetreibenden, insbesondere in Handel und Handwerk, mittleren und kleinen Unternehmern und leitenden Angestellten zuzuordnen waren. Die »Entscheidung gegen den Sozialismus«, so der Tenor des 22. Bundeskongresses in Eltville (4./5. Februar 1977), falle in der politischen Mitte. Was die Vereinigung politisch bewegte, offenbarten die Leitthemen der Bundeskongresse wie »Mehr Selbständigkeit – weniger Bürokratie« (1978), »Mittelstand – Garant der Freiheit« (1979), »Herausforderung durch neue Technologien« (1984).

Der Satzung zufolge, die zusammen mit einer Finanzordnung auf der 23. Bundesdelegiertenversammlung am 2./3. Mai 1978 in Göttingen beschlossen wurde und die noch heute gültig ist, soll die Mittelstandsvereinigung »innerhalb der CDU und CSU die Anliegen ihrer Mitglieder sowie in der Öffentlichkeit, insbesondere in den Wirkungsbereichen ihrer Mitglieder, das Gedankengut der CDU und CSU sowie die Anliegen ihrer Mitglieder vertreten«. Das Grundsatzprogramm, das auf dem 26. Bundeskongreß in Mainz am 22./23. Mai 1981 verabschiedet wurde, erklärte die »Selbständigkeit« zum Fundament in Staat, Wirtschaft und Gesellschaft. In diesem Sinne verfolgte MIT das Ziel, »allen Bürgern ihren Freiheitsraum zu erhalten und jedem die Chance zur freiheitlichen Lebensgestaltung ... zu verbessern«. So lehnte man unter anderem die Ausweitung der Mitbestimmung im Handwerk ab und sprach sich gegen Arbeitszeitverkürzungen aus. Man trat für Privatisierung wirtschaftlicher Tätigkeiten von Staat und Gemeinden ein, für steuerliche Entlastungen, Senkung der Lohnnebenkosten, Abbau von Investitionshemmnissen, Novellierung des Kartellrechts sowie – 1979/80 – für Strauß als Kanzlerkandidaten der Unionsparteien. In der Partei war damit die Mittelstandsvereinigung der direkte Gegenspieler der Sozialausschüsse, mit denen um sozialpolitische Themen wie Mitbestimmung, Vorruhestandsregelung, öffentliche Beschäftigungsprogramme oder Gesundheitsreform oft erbittert gerungen wurde.

Da Egon Lampersbach nach siebenjähriger Tätigkeit als MIT-Bundesvorsitzender 1977 für eine Wiederwahl nicht mehr zur Verfügung stand, übernahm – in einer Stichwahl mit 180 Ja-Stimmen von 240 – ein Professor, der Wirtschaftswissenschaftler Gerhard Zeitel, den Vorsitz. Langjährige stellvertretende Vorsitzende waren der Architekt und Bundestagsabgeordnete Hans-Jürgen Doss aus Rheinland-Pfalz, der Krefelder Bäckermeister und Vorsitzende des Diskussionskreises Mittelstand der CDU/CSU-Bundestagsfraktion, Hansheinz Hauser, der Unternehmer und Bundestagsabgeordnete Christian Schwarz-Schilling sowie der Kürschnermeister und Landesvorsitzende der Arbeitsgemeinschaft Mittelstand der CSU, Richard Wegenmeier. Als MIT-Bundesgeschäftsführer fungierte seit 1975 Peter Spary, der schon seit 1967 den Diskussionkreis Mittelstand der CDU/CSU-Bundestagsfraktion, die »parlamentarische Speerspitze« der Mittelstandsvereinigung, organisierte. Er trug, laut »Capital«, wesentlich dazu bei, daß aus einem »Haufen heterogener Interessen« ein schlagkräftiges Instrument wurde. 1982 hatte die Vereinigung 23 000 Mitglieder, darunter 126 Bundestagsabgeordnete.

Ost- und Mitteldeutsche Vereinigung

Die 1969 durch Umwandlung des CDU/CSU-Landesverbandes Oder-Neiße in eine Vereinigung entstandene »Union der Vertriebenen und Flüchtlinge/Vereinigung der Ost- und Mitteldeutschen in CDU und CSU« (OMV) hatte sich in ihrem Programm für die siebziger Jahre zur besonderen Aufgabe gemacht, für das Selbstbestimmungsrecht aller Deutschen und das »Recht auf den angestammten Wohnsitz« einzutreten sowie die Pflege des kulturellen Erbes der Ost- und Mitteldeutschen zu unterstützen. Die Vereinigung, die im Bonner Konrad-Adenauer-Haus ihre Bundesgeschäftsstelle hatte und in 11 Landesverbände untergliedert war, versuchte in der CDU und CSU als »Partner« für alle Verbände, Organisationen und Landsmannschaften der Vertriebenen, Flüchtlinge und Aussiedler zu wirken. Im Sinne der allen Vereinigungen zukommenden Doppelfunktion der Interessenartikulation und Interessenaggregation hieß das: Die OMV vertrat die speziellen Anliegen ihrer Zielgruppen in den Unionsparteien und in der Öffentlichkeit und sorgte umgekehrt wiederum dafür, daß dort das christlich-demokratische Gedankengut Verbreitung fand. So wollte sie – ihrem Selbstverständnis nach – in der Union »das unruhige Gewissen für Deutschland« sein (Hupka auf dem Deutschlandtag 1984).

Wegen der automatischen Mitgliedschaft, die sie satzungsmäßig beanspruchte, konnte sie an Stärke mit den anderen Vereinigungen mithalten; 1973 zählte sie ca. 28 200 Mitglieder (plus 7200 in der CSU). Den größten Mitgliederzuwachs erlebte sie in der Zeit der Opposition gegen die Ostpolitik Brandts 1969–1972. Bei gut 30 000 (1980) stagnierte ihre Mitgliederzahl; in einigen Landesverbänden entwickelte sie sich sogar rückläufig. Mit der Ost-West-Entspannung seit Mitte der achtziger Jahre und der deutsch-polnischen Verständigung wurde die Vereinigung immer mehr mit der Frage nach ihrem Selbstverständnis konfrontiert. Die Forderungen, die sie noch auf ihren Bundesdelegiertentagungen zwischen 1977 und 1983 erhoben hatte, erfüllten sich schrittweise. Durch den politischen Umbruch in Osteuropa hat die Rolle eines unverdrossenen Warners vor dem Kommunismus und treuen Sachwalters der deutschen Nation, mit der die Ost- und Mitteldeutsche Vereinigung nicht nur am rechtskonservativen Rand der Union Beifall bekam, an Bedeutung verloren.

Ein Indiz für die Schwierigkeiten, mit denen sie bei austrocknender Basis und programmatischer Unsicherheit zu kämpfen hatte, war ihr mehrmaliger Namenswechsel. Seit 1981 führte sie die zunächst im »Untertitel« benutzte Bezeichnung »Ost- und Mitteldeutsche Vereinigung« als Hauptnamen. Die Vereinigung sollte auch für jüngere Parteimitglieder, die sich deutschlandpolitisch betätigen wollten, attraktiver gemacht werden. Zwölf Jahre hindurch hatte der Journalist Herbert Hupka, Bundestagsabgeordneter und Vorsitzender der schlesischen Landsmannschaft, den Vorsitz der OMV inne; er war 1977 auf der Bonner Bundesdelegiertentagung (22./23. April) mit 96,5 Prozent der Stimmen zum Nachfolger des aus dem Sudetenland stammenden Fuldaer Bundestagsabgeordneten Götz gewählt worden.

2. Sonderorganisationen

Evangelischer Arbeitskreis

Obwohl satzungsmäßig keine Vereinigung, übt der EAK nichtsdestoweniger die Funktion einer solchen aus: Er wollte evangelisches
Gedankengut in die politische Arbeit von CDU und CSU einbringen
und im vorpolitischen Raum, vor allem in der evangelischen Kirche
und dort vornehmlich an der Basis der Gemeinden, um Aufgeschlossenheit und Verständnis für das politische Handeln evangelischer Christen in der Union werben. Er vertrat knapp vierzig Prozent der Mitgliedschaft der Union, legte aber auch auf die Mitarbeit
politisch ungebundener Protestanten wert. Nach der relativ geringen
Zahl seiner eingeschriebenen Mitglieder – 1988: ca. 15 000 – mußte er
jedoch ständig um seinen Einfluß fürchten.

Seit Anfang der siebziger Jahre wurde die in seiner Sicht gefährlich
zunehmende »Links«-Affinität großer Teile der evangelischen Kirche
zu seiner erklärten Herausforderung. Zur 25-Jahr-Feier stellte die
EAK-Bundestagung in Siegen am 13.–15. Mai 1977 unter dem Motto
»Die Freiheit verantworten – Herausforderung an uns Christen« die
Unvereinbarkeit von Marxismus und Christentum heraus. Die Auseinandersetzung mit der Linksdrift im deutschen Protestantismus
hatte zur Folge, daß sich der Arbeitskreis verstärkt um die moralisch-
ethischen Grundlagen der Gesellschaft kümmerte und dementsprechend auch in der Grundsatzdiskussion der Union eine gewichtiges
Wort mitredete. Dabei setzte er sich insbesondere für eine lebendigere
Betonung des »C« in der Volkspartei ein. »Dialogisch« hieß das
Schlüsselwort, mit dem er seine »Dolmetscher«-Rolle zwischen Kirche, Gesellschaft und Partei verstanden wissen wollte.

Der Arbeitskreis hatte wegen des schrittweisen Rückzugs seines
langjährigen Vorsitzenden Schröder aus der Politik viel von seiner
Bedeutung für programmatische und personelle Entscheidungen verloren. So eröffnete der Führungswechsel 1978 einen neuen Abschnitt seiner Geschichte, zumal ein Jahr darauf auch die Bundesgeschäftsführung des EAK von Peter Egen auf Wilhelm Staudacher
überging (1. Juli 1979). Auf der 22. Bundestagung in Kassel am
28.–30. April 1978 wurde der Staatsrechtsprofessor und baden-württembergische Kultusminister Roman Herzog, der auch Vorsitzender

der Kammer für öffentliche Verantwortung in der EKD war, zum Arbeitskreisvorsitzenden gewählt. Von ihm erhoffte sich der EAK neue Impulse; es galt, die zur Union Distanz haltende evangelische Mitte anzusprechen und zu gewinnen. Nur so konnten die Unionsparteien hoffen, aus der Opposition heraus die absolute Mehrheit zu gewinnen. Bezeichnend war das Leitthema der 25. Bundestagung, die kurz vor der »Wende« am 21./23. Mai 1982 in Mainz stattfand: »Kirche und Politik im Dialog – Was uns verbindet, was uns trennt«.

Mit der Entwicklung zur modernen Volkspartei trat das Defizit der Union im evangelischen Bereich nur um so deutlicher hervor. Der politische Protestantismus in den C-Parteien war aus Gründen, die mit dem fortschreitenden Säkularisierungsprozeß und den daraus resultierenden innerkirchlichen Schwierigkeiten zusammenhingen, in die Defensive geraten. Der EAK lief dabei Gefahr, sich mit der Rolle als evangelische Lobby zur Einhaltung des Konfessionsproporzes bei der Besetzung wichtiger Partei- und Staatsämter zu begnügen. Als es schwieriger wurde, in der Partei für ein christliches Profil einzutreten, mehrte sich bei vielen EAK-Repräsentanten die Neigung, den Arbeitskreis nur noch als persönliches Sprungbrett oder als Hausmacht zu betrachten.

Die Regierungsübernahme und der Bundestagswahlerfolg von CDU und CSU 1982/83 konnten die Krise des EAK, die zu Beginn der Achtziger sichtbar wurde, als Friedensbewegung und Zukunftsangst das politische Engagement im evangelischen Bereich bestimmten, zunächst verdecken. Vorübergehend hatte es sogar den Anschein, als trete der Arbeitskreis in der Auseinandersetzung mit der Friedensbewegung und den Politisierungstendenzen innerhalb der evangelischen Kirche aus seinem Schattendasein heraus.

RCDS

Für den RCDS standen die achtziger Jahre im Zeichen einer grundwertebezogenen Arbeit. Das war eine Reaktion darauf, daß er nach schweren ASTA-Wahlniederlagen an vielen Universitäten an Einfluß verloren hatte. Den christlich-demokratischen Studentengruppen, die ca. 6500 Mitglieder hatten, fehlte ein langfristiges hochschulpolitisches Konzept. Intensiv wurde seit 1983 (35. Bundesdelegiertenversammlung) ein solches bildungs- und hochschulpolitisches Programm beraten, das auf dem Grundsatzprogramm von 1978 aufbauen und die Bedeutung von Bildung und Wissenschaft für eine »offene und solidarische Gesellschaft« unterstreichen sollte. Die Novellierung des Hochschulrahmengesetzes und die umstrittene Bafög-Gesetzgebung nach der »Wende« 1982 machten eine solche grundsätzliche Stellungnahme nötig; sie wurde auf der 38. Bundesdelegiertenversammlung am 8.-10. Februar 1985 in Osnabrück geleistet. Im Wintersemester 1985/86 begann die »Offensive für die Bildungspolitik«.

In der Deutschlandpolitik gab er die »Aufsässigkeit« der siebziger Jahre auf und trat für einen demokratischen Patriotismus und eine gesamtdeutsche Solidarität ein (Würzburg, 9.–11. März 1984). Das Bemühen um die »inhaltliche Ausfüllung« des freiheitlich-demokratischen Gesellschaftskonzepts schlug sich auch in der Herausgabe des als Vierteljahrsschrift wiedergegründeten Verbandsorgans »CIVIS« (seit März 1983) nieder. Die Verbandsvorsitzenden Anfang der Achtziger waren: Johannes Weberling 1981–1982, Franz Dormann 1983–1984.

Wirtschaftsrat

1969 sollte der »Wirtschaftsrat der CDU e.V.« mit der Mittelstandsvereinigung zur Wirtschaftsvereinigung der CDU zusammengeschlossen werden. Dieser Name fand sogar Aufnahme im Parteistatut. Gleichwohl blieb der »Wirtschaftsrat der CDU«, ungeachtet seines Namens, laut Satzung vom 26. Februar 1971 ein »Zusammenschluß deutscher Unternehmer auf berufsständischer Basis mit dem Zweck, ... im Bereich des wirtschaftlichen Lebens an der Verwirklichung und Weiterentwicklung einer Wirtschafts- und Gesellschaftsordnung im Sinne einer freiheitlichen sozialen Marktwirtschaft mitzuarbeiten«. Er verstand sich als sachkompetenter Mahner und Ratgeber mit parteipolitischer Präferenz für die CDU. Oder anders gesagt: Er nahm Berufs- und Standesinteressen wahr durch Einfluß auf die größte Partei der Bundesrepublik.

Von 1970 bis 1983 kommandierte im »Hauptquartier der Marktwirtschaft« (»Stuttgarter Nachrichten«), Bonn, Fritz-Schäffer-Straße 13, als Vorsitzender der CDU-Bundestagsabgeordnete Philipp von Bismarck, Vorstandsmitglied der Kali-Chemie AG Hannover und Präsident der dortigen Industrie- und Handelskammer. Er baute den Wirtschaftsrat zu einer Organisation mit Brückenfunktion zwischen Partei und Industrie aus. Unternehmer als finanzstarke Hilfstruppe an die politische Front zu bringen, war besonders in Oppositionszeiten wichtig. Ansehen und Einfluß des Wirtschaftsrates litten denn auch darunter, daß die Union auch im zweiten und dritten Anlauf – 1976 und 1980 – die regierende sozialliberale Koalition nicht aus dem Sattel heben konnte. Nicht selten mußte sich die CDU/CSU-Fraktion harte Kritik gefallen lassen, wie im Falle ihrer unentschlossenen Haltung zur Montan-Mitbestimmung 1981.

Anfang der Achtziger machten »Gerüchte über Defätismus und Desertion« (»Die Zeit«) bei den 5500 Mitgliedern des Wirtschaftsrats die Runde. Manche fanden den einstigen Kampfverband zu einem betulichen Altherrenclub degeneriert. Der Wirtschaftsrat geriet in erhebliche Finanznöte und mußte zu Beitragserhöhungen und Nachfinanzierungsaktionen Zuflucht nehmen. Die Bildung der Regierung Kohl erleichterte die Konsolidierung. Ein Mitgliederzuwachs stellte sich ein, die Aufgabenfelder des Wirtschaftsrats wurden erweitert. Vor Beginn der Koalitionsverhandlungen zwischen CDU/CSU und FDP Mitte März 1983 gab das »ordnungspolitische Gewissen der Union« der Regierung einen »Kompaß« an die Hand: In erster Linie sei die Gesundung der Staatsfinanzen als Voraussetzung des wirtschaftlichen Aufschwungs in Angriff zu nehmen, die Risikofähigkeit der Unternehmer als Voraussetzung für Investitionen müsse durch eine Umschichtung des Steuersystems gefördert werden, die Eigenkapitalrendite habe sich wieder zu erhöhen; in der Sozialpolitik, namentlich in der Krankenversicherung, sei das Prinzip der Eigen- und Mitverantwortung zur Anwendung zu bringen.

Exil-CDU

»Neben den Landesverbänden« (Parteistatut von 1969) bestand die
Exil-CDU als politische Vertretung der Christlichen Demokraten
Mitteldeutschlands, »denen dort seit 1948 das politische Selbstbe-
stimmungsrecht versagt« war. In den fünfziger Jahren fast 90 000
Mitglieder stark, stellte sie eine beachtliche politische Gruppe innerhalb der Partei dar. Ihr Vorsitzender war während der Siebziger und
Achtziger der Bundestagsabgeordnete und ehemalige Bundesvertriebenenminister Johann Baptist Gradl, der vor 1948 Mitglied des
Hauptvorstands der CDU der Sowjetzone und Berlins gewesen war.
   Die Exil-CDU verstand sich als »Vortruppe für die Wiedervereinigung«. In dem Maße aber, wie ihre Mitglieder älter wurden und die
deutsche Teilung sich vertiefte, schien sie zum Relikt zu verküm-
mern, von manchen gar als »Nachhut des Fortschritts« (»Die Zeit«)
empfunden. Indes darf ihr Beitrag zur Deutschlandpolitik der
Union, auch als sie mit sinkender Mitgliederzahl an Einfluß einbüßte, nicht unterschätzt werden. Sie blieb mit ihrer Forderung, man
dürfe sich nicht mit der Teilung Deutschlands abfinden, stets ein unbequemer Mahner. Sie beanspruchte, »der Bundesregierung, den
westdeutschen Politikern und der westdeutschen Öffentlichkeit,
darüber hinaus jedoch auch der westlichen Welt gegenüber, Dol-
metsch und Vertreter der Interessen der mitteldeutschen Bevölkerung zu sein« (Siegfried Dübel auf dem 17. Parteitag der Exil-CDU
in Fulda am 11.–13. März 1983). So machte sie sich im Entspannungsprozeß seit Anfang der Siebziger angesichts der Politik zwi-
schenstaatlicher Normalität gegenüber der DDR für ein Offenhalten
der deutschen Frage stark und lehnte einseitige Vorleistungen nachdrücklich ab. Sie war für eine freie Begegnung zwischen den Menschen beiderseits der innerdeutschen Grenze und gegen alles, was die
Gefahr eines Auseinanderlebens der Deutschen in sich barg. Über
die Jahre hinweg hielt der Verband, der zuletzt nur noch 6000 Mitglieder umfaßte, Kontakte zu Basisgruppen der Ost-CDU. Einer Zusammenarbeit mit den Ost-Verbänden verweigerte er sich jedoch
strikt.

VIII.
Die »Europapartei«

»In keiner anderen Partei ist der Wille zur Einigung Europas tiefer verankert als in der CDU«, so heißt es selbstbewußt im Europäischen Manifest, das der 24. Bundesparteitag in Hannover am 25. Mai 1976 verabschiedete. Seit ihrer Gründung bekannte sich die Union zur Einheit der freien Völker Europas, gehörte die europäische Einigung zu ihren außenpolitischen Hauptzielen. Bis heute versteht sie sich als die »klassische Partei der europäischen Integration« (Helmut Kohl). In der Europapolitik – von den Anfängen mit dem Beitritt zum Europarat 1950 und der Gründung der Montanunion 1951 über die Nord- und Süderweiterung der Römischen Verträge von 1957 bis zu den Vorbereitungen der Politischen Union – erwies sich die CDU als treibende Kraft der europäischen Einigung. Europa war für sie dabei Wert- und Existenzfrage zugleich: Es ging ihr um eine freiheitliche demokratische Ordnung der Gesellschaft und um die Formung einer politisch handlungsfähigen Einheit. Wirtschaftlicher Zusammenschluß, politische Union und europäisches Bewußtsein sollten in einer wechselseitig befruchtenden Verbindung miteinander entwickelt werden.

In diesem Sinn bemühte sich die Union schon bald nach ihrer Gründungsphase um die internationale Zusammenarbeit der Christlichen Demokraten. Sie konnte dabei Bestrebungen wieder aufnehmen, die nach dem Ersten Weltkrieg vor allem von dem Gründer der italienischen Volkspartei, Luigi Sturzo, unternommen worden waren und die zur Einrichtung eines »Internationalen Verbindungs- und Informationssekretariats demokratischer Parteien christlicher Prägung« in Paris (1925) geführt hatten.

In den Jahren nach dem Zusammenbruch des nationalsozialistischen Regimes hatte die Christliche Demokratie Europas ihre

»historische Stunde«. Das schreckliche Kriegserlebnis, die Erfahrung von Verfolgung und Widerstand, die Verzweiflung über den Verlust menschlicher Substanz und Werte, die erneute Bedrohung durch den kommunistischen Totalitarismus führten gesellschaftliche und politische Kräfte zusammen, die vordem in Konkurrenz, ja in Gegnerschaft zueinander gestanden hatten. Gemeinsam war ihnen die Konzeption einer »Politik christlicher Inspiration« für die Grundlegung des demokratischen Wiederaufbaus. In Italien hatte sich nach ihrer Gründung 1942 die Democrazia Cristiana zur größten Partei des Landes entwickelt, in Belgien war 1945 die Christliche Volkspartei/Christlich-Soziale Partei gegründet worden; in Frankreich gewann die 1943 gegründete Republikanische Volksbewegung (Mouvement Républicain Populaire) politische Bedeutung; in den Niederlanden kehrte die seit 1908 bestehende Christlich-Historische Union in die Regierung zurück, 1945 konstituierte sich die Katholische Volkspartei, und 1946 bildete sich als Zusammenschluß von Teilen der alten Sozialdemokratischen Arbeiterpartei, der Christlich-Demokratischen Union und katholischer Parteigruppierungen die »Partei der Arbeit«; in Luxemburg erreichte die seit 1914 bestehende Christlich-Soziale Volkspartei ausgezeichnete Wahlresultate; in Österreich wurde die Volkspartei (ÖVP) nach ihrer Gründung 1945 die stärkste Kraft und damit zum politischen Gegengewicht der Sozialisten und Kommunisten.

Vor diesem geschichtlichen Hintergrund kam es 1946/47 zunächst in Montreux, dann in Luzern zu Treffen führender Vertreter der christlich-demokratischen Parteien. Sie bildeten den Auftakt regelmäßiger Kontakte in der Zusammenarbeit bei der politischen, sozialen und wirtschaftlichen Neugestaltung Europas. Der Kongreß, der am 31. Mai des gleichen Jahres in Chaudfontaine bei Lüttich unter dem Namen der »Nouvelles Equipes Internationales« (NEI) zusammentrat, gilt als offizielle Gründungsversammlung der internationalen Union Christlicher Demokraten. Der Name wurde gewählt, um auch Persönlichkeiten und Gruppierungen aus Ländern, wo andere parteipolitische Traditionen bestanden, die Mitarbeit zu ermöglichen. Ziel dieser noch losen Vereinigung, deren erster Präsident der Franzose Robert Bichet wurde, war es, »inspiriert von den Prinzipien der christlichen Demokratie ... nach internationaler Harmonie

zu trachten«. Der Sitz der NEI, als deren Leitungsorgan ein Exeku-
tivkomitee amtierte, war Brüssel und dann – bis 1964 – Paris. Die Arbeit in den für konkrete Sachbereiche gebildeten Kommissionen litt
von Anfang an unter finanziellen Schwierigkeiten; immerhin ging
aus der 1947 gegründeten Jugendkommission 1951 die »Internationale Union junger christlicher Demokraten« hervor.

Zeitlich parallel dazu gab es zwischen 1947 und 1956 Zusammenkünfte führender christlich-demokratischer Politiker Nach-
kriegseuropas in den »Genfer Sitzungen«. Sie fanden jährlich drei-
bis viermal statt und sollten dem Informations- und Meinungsaustausch über innen- und außenpolitische Probleme der europäischen
Zusammenarbeit dienen. Ihre Hauptfunktion aber war es, unterhalb
der offiziellen Ebene einen Rahmen für persönliche Kontakte zu
schaffen, der den deutschen Politikern – nach allem, was geschehen
war – den gleichberechtigten Umgang mit Gesinnungsgenossen aus
anderen Ländern erlaubte und damit die Integration erleichterte, was
vor allem für die französisch-deutschen Beziehungen wichtig war. In
der Liste der deutschen Teilnehmer erscheinen von der CDU neben
Adenauer etwa auch Kaiser, von Brentano und von Prittwitz sowie
Müller und Schäffer von der CSU.

Das Verhältnis zwischen dem Genfer Kreis und den NEI war insofern sehr eng, als die meisten seiner Mitglieder auch regelmäßig an
den NEI-Veranstaltungen teilnahmen. Die Bedeutung dieser beiden
Begegnungsstätten des christlich-demokratischen Internationalis-
mus sank, als mit dem Fortschritt der europäischen Integration die
christlich-demokratischen Fraktionen des Europarates, der Westeu-
ropäischen Union und des Europäischen Parlaments die politische
Kooperation zwischen der Bundesrepublik und ihren westlichen
Nachbarn normalisierten. Von den 23 Kongressen der NEI und
EUCD (seit 1965) fanden bisher vier in Deutschland statt: 1951 in
Bad Ems, 1959 in Freiburg, 1973 in Bonn und 1978 in Berlin. Die gemeinsamen Ziele, die auf den Kongressen formuliert wurden, betrafen die Intensivierung des europäischen Integrationsprozesses auf
der Grundlage demokratischer Freiheit und sozialer Gerechtigkeit,
die Abwehr des Kommunismus und seiner hegemonialen Absichten,
das internationale Eintreten für die Menschenrechte sowie die Solidarität gegenüber den Völkern in den Entwicklungsländern.

Auf dem 17. Jahreskongreß am 9.–12. Dezember 1965 in Taormina wurde, zusammen mit der Umbenennung der NEI in EUCD (»Europäische Union Christlicher Demokraten«), eine neue Satzung der Organisation beschlossen. Sie war mit der Einrichtung eines Politischen Büros und eines Generalsekretärs (Generalsekretariat in Rom) stärker auf eine transnationale Parteienkooperation abgestimmt. Die Wahl zum Präsidenten fiel auf den mehrfachen italienischen Ministerpräsidenten und Minister Mariano Rumor (Democrazia Cristiana). Er war nach Robert Bichet (Frankreich), Auguste De Schrywer (Belgien) 1950–1959 und Théo Lefèvre (Belgien) 1960–1965 der vierte Amtsträger. Sein Nachfolger wurde 1973 Kai-Uwe von Hassel (CDU), der 1981 von dem Portugiesen Diogo Freitas do Amaral (1981–1983) abgelöst wurde. 1983 begann mit Giulio Andreotti und Emilio Colombo (seit 1985) eine italienische Präsidentschaftsperiode.

In die Amtszeit von Hassels, der 1978 wiedergewählt wurde, fiel als Höhepunkt die Verkündung des vom Politischen Büro einstimmig angenommenen »Manifestes der Christlichen Demokraten Europas« (Paris, 21. Februar 1976). Darin bekräftigte die EUCD, in der sich mittlerweile 15 Parteien und Gruppierungen aus zwölf Staaten zusammengefunden hatten, die Grundsätze ihres Engagements für die europäische Gesellschaft und die internationale Gemeinschaft. Ein halbes Jahr zuvor hatten sich unter Mitwirkung von CDU und CSU in Schloß Klesheim bei Salzburg die Vorsitzenden der europäischen »Parteien der Mitte« getroffen, um die Bildung einer Dachorganisation als »stärkster realistischer und demokratischer Alternative« zum Sozialismus anzustreben.

Als dritte Wurzel christlich-demokratischer Zusammenarbeit in Europa gilt die CD-Fraktion in der Gemeinsamen Versammlung für Kohle und Stahl, die am 10. September 1952 zu ihrer konstituierenden Sitzung zusammentrat. Die offizielle Gründungserklärung der CD-Fraktion, die inoffiziell seit dem 11. September 1952 bestand, erfolgte am 23. Juni 1953. Ihr erster Vorsitzender war der Niederländer E. M. Sassen. 1956 übernahm mit Hans Furler, Bundestagsabgeordneter seit 1953, ein deutscher Christlicher Demokrat die Präsidentschaft der Gemeinsamen Versammlung. Nach Gründung der Europäischen Wirtschaftsgemeinschaft und der Europäischen

Atomgemeinschaft durch die Römischen Verträge von 1957 wurde zwischen den Signatarstaaten eine gemeinsame Versammlung als Kontrollorgan der drei Gemeinschaften vereinbart, um eine Aufsplitterung des europäischen Parlamentarismus zu vermeiden: das Europäische Parlament, das am 19. März 1958 zusammentrat. Es sollte auf der Ebene der demokratisch legitimierten politischen Repräsentanz den europäischen Integrationsprozeß vorantreiben. Erster Präsident wurde der französische Politiker und Gründer des MRP, Robert Schuman; den Vorsitz der CD-Fraktion übernahm sein enger Mitarbeiter, der spätere französische Senatspräsident Alain Poher; 1966 wurde er, als Nachfolger Furlers, der dieses Amt seit 1960 innegehabt hatte, ebenfalls zum Präsidenten des Europäischen Parlaments gewählt. Die Wahl zum Vorsitzenden der CD-Fraktion im Europäischen Parlament fiel dafür auf den CDU-Politiker Joseph Illerhaus. Ihm folgte 1969 mit Hans-August Lücker (CSU) wieder ein deutsches Parlamentsmitglied.

Es war nicht zuletzt dem vermittelnden Wirken der »geistigen Familie« der christlich-demokratischen Europaparlamentarier zu danken, daß die »europäische Krise« – Mitte der sechziger Jahre – rasch politisch überwunden werden konnte. 1963 waren die EG-Beitrittsverhandlungen mit Großbritannien am französischen Einspruch gescheitert. 1965 stellte Frankreich wegen Differenzen über die Finanzierung der gemeinsamen Agrarpolitik die Mitarbeit im Ministerrat ein. Das Werk der Verträge von Paris und Rom schien ernsthaft gefährdet. Durch ihre einstimmige Unterstützung der Brüsseler Kommission und ihren nachdrücklichen Appell an die französische Regierung trug die christlich-demokratische Fraktion wesentlich dazu bei, das Europa der Sechs auf dem »Weg der gemeinschaftlichen Förderung« zu halten.

Die deutschen CD-Parlamentarier gehörten zu den Hauptbefürwortern einer Erweiterung der Gemeinschaft in quantitativer wie in qualitativer Hinsicht, das heißt durch neue Beitrittsländer und durch Ausstattung mit echten Kontrollbefugnissen. In diesem Sinn bemühten sie sich darum, die institutionellen und organisatorischen Bindungen der CD-Fraktion des Europäischen Parlaments zu den nationalen christdemokratischen Parteien auszubauen. So kam es am 27. April 1970 in Brüssel zur Gründung einer Ständigen Konferenz des Vorstands der CD-Fraktion und der christlich-demokratischen Partei- und Fraktionschefs aus den Mitgliedsstaaten. Sie war eine entscheidende Zwischenstation auf dem Weg zur Gründung einer durchgängig in allen Ländern vorhandenen Parteigruppierung.

Die geplanten Direktwahlen zum Europäischen Parlament zwangen zum Handeln. Zu Beginn des Jahres 1976 beschloß der CDU-Bundesvorstand die Mitwirkung an der Gründung einer »Europäischen Volkspartei«, mit der die CD-Parteien der politischen Integration Europas Rechnung tragen wollten. Mit der christlich-demokratischen Fraktion des Europäischen Parlaments kam die EUCD in Paris überein, eine entsprechende Satzung auszuarbeiten. Bereits am 29. April 1976 fand in Brüssel, im Gebäude der Europäischen Gemeinschaft, unter Teilnahme von zehn europäischen Parteien der Mitte die Gründungsversammlung der EVP/Föderation der christlich-demokratischen Parteien der Europäischen Gemeinschaft statt. Zu ihrem ersten Vorsitzenden wurde der belgische Premierminister Leo Tindemans (Parti Social Chrétien) gewählt. Die neue föderative Partei innerhalb der Europäischen Gemeinschaft konstituierte sich am 8. Juli 1976 in Luxemburg, wo Tindemans als Präsident bestätigt und der Italiener Dario Antoniozzi, der Franzose André Colin und der Niederländer Norbert Schmelzer zu Vizepräsidenten bestimmt wurden. Anders als die EUCD organisierte sich die EVP als Partei, die als »starkes Zentrum der politischen Mitte Europas« im Wahlkampf und im direkt gewählten Parlament auftreten sollte. Ihre wichtigste Aufgabe sah sie in der Zusammenarbeit ihrer Mitglieder »zwecks Verwirklichung einer gemeinsamen Politik beim Aufbau der europäischen Föderation«. Ein alle zwei Jahre tagender Parteikongreß sollte über das gemeinsame politische Programm entscheiden. Die deutsche Delegation, zu der unter anderem Carstens, Biedenkopf, von Hassel, Katzer und Kiep gehörten, sprach sich bei der Festlegung der politischen Leitlinien insbesondere dafür aus, die EVP für andere europäische Parteien der Mitte offenzuhalten und die parteipolitische Kooperation über den Bereich der Europäischen Gemeinschaft hinaus zu intensivieren.

Denn mit der Gründung der EVP nahm die Bedeutung der EUCD stark ab. Die EUCD lief Gefahr, nur noch ein Zusammenschluß der christlich-demokratischen Parteien aus jenen Staaten zu werden, die nicht Mitglied der EG waren. So wollte die CDU die EUCD als »Brücke« zwischen den CD-Parteien innerhalb und außerhalb der Gemeinschaft ausgestaltet wissen. Ein anderes Problem bildete die institutionalisierte Zusammenarbeit der Christlichen Demokraten mit den konservativen Parteien. Hier kreuzten sich die Interessen der Unionsparteien mit denen der Franzosen, Italiener, Belgier und Niederländer. Zusammen mit der österreichischen ÖVP initiierten daraufhin CDU und CSU die Europäische Demokratische Union (EDU), in Anlehnung an die Tradition der Inter-Party-Conferences, die von der britischen Conservative Party Mitte der sechziger Jahre als zwanglose Zusammenkünfte konservativer, christlich-demokratischer und anderer Parteien der Mitte begründet worden waren.

Im Vorfeld der ersten Direktwahlen zum Europäischen Parlament wurde am 24. April 1978 für siebzehn europäische Parteien die EDU als politische Arbeitsgemeinschaft gegründet, in deren Rahmen auch EUCD und EVP ungeachtet ihrer spezifischen Zwecke mit anderen, in Wert- und Zielvorstellungen ähnlichen Parteien zusammenarbeiten konnten. Auf diese Weise sollte im direkt gewählten Europäischen Parlament die Koalitionsbildung aller Parteien der Mitte vorbereitet und dort eine nicht-sozialistische Mehrheit gewährleistet werden. Doch ihrer Grundidee nach wies die EDU über die europäische Wahl und die Mehrheitsverhältnisse im Europäischen Parlament hinaus. Es ging im weiteren auch darum, die konservativen Parteien der Mitte, namentlich Großbritanniens und Dänemarks, und die christlich-demokratischen Parteien aus den Nicht- oder Noch-Nicht-EG-Ländern an die multilaterale Parteienzusammenarbeit der EUCD anzubinden und zu verhindern, daß aus dem Kreis dieser Parteien eine Konkurrenz zur EVP entstehen würde. Deshalb nahm man auch davon Abstand, die Struktur der EDU, deren erster Vorsitzender der Österreicher Josef Taus (ÖVP) wurde, weiter auszubauen.

Unabhängig davon, aber mit dem gleichen Ziel einer immer engeren Zusammenarbeit der christlich-demokratischen Bewegung vereinbarten CDU und Democrazia Cristiana als die größten CD-Parteien Europas 1977 den Aufbau einer weltweiten Parteienverbindung. Schon Mitte der sechziger Jahre waren engere Kontakte zu den Christdemokraten Chiles unter Eduardo Frei und zum christlich-

sozialen COPEI in Venezuela unter Rafael Caldera entstanden. In
Anknüpfung an die seit 1961 bestehende und vorwiegend in
Lateinamerika wirkende »Weltunion Christlicher Demokraten«
(UMDC) sollte diese »christlich-demokratische Internationale« eine
Organisation erhalten, die sie als »Antwort auf das Vordringen der
sozialistischen und kommunistischen Bewegungen« qualifizierte.
Die Internationale Demokratische Union (IDU), die 1983 gegründet
wurde, fungiert mit einer ständigen gemeinsamen Kommission als
lose Dachorganisation christlich-demokratischer und konservativer
Parteien in Europa, Nord- und Südamerika, Australien und Afrika.
Ihre Parteiführerkonferenzen finden alle zwei Jahre statt.

Den Europawahlkampf 1978/79 führte die CDU unter dem
Motto »Politik für die Freiheit – Glück für die Menschen« als
grundsätzliche Auseinandersetzung mit dem Sozialismus. Mit Bezug
auf die christlich-demokratischen Stammväter der europäischen Ei-
nigungsbewegung – Adenauer, Schuman und de Gasperi – erklärte
sie in ihrem Wahlaufruf (Beschluß des 27. Bundesparteitags am
25.–27. März 1979) die Wahl zur »fundamentalen Weichenstellung«
für Partnerschaft, Soziale Marktwirtschaft, Bürgerfreiheit und
Sicherheit im Atlantischen Bündnis, gegen Klassenkampf, kollekti-
vistische Gesellschaftssysteme, bürokratischen Zentralismus und
außenpolitischen Neutralismus. Diese scharfe Kontur des Wahlkampfes war weitgehend der Wahlkampfstrategie für die Bundestagswahl von 1976 entlehnt. Auch jetzt blieb der Mobilisierungser-
folg nicht aus. Umfragen ergaben, daß die Union im Laufe der ersten
Jahreshälfte 1979 die SPD/FDP-Koalition bei der »Europakompe-
tenz« überholen konnte.

Die Wahlplattform der EVP wurde auf dem 2. Parteikongreß in
Brüssel am 22./23. Februar 1979 verabschiedet. Zu den europapoliti-
schen Kernaussagen gehörten die Forderungen nach einer Befugnis-
erweiterung für das Europäische Parlament, nach einer starken
NATO und nach Überwindung der Spaltung Europas. Für den
Wahlkampf zur ersten Direktwahl des Europaparlaments gab sich
die EVP ein besonderes in Grün-Weiß gehaltenes Emblem, ein auf-
strebendes E in einem Kreis aus zwölf Sternen und dem Parteinamen. Der Wahlslogan lautete: »Gemeinsam für ein Europa freier
Menschen«.

In der ersten Direktwahl zum Europäischen Parlament, die vom 7. bis 10. Juni 1979 in den Mitgliedsstaaten der EG stattfand, behauptete sich die EVP, bei einer Wahlbeteiligung von gut 62 Prozent, als die führende politische Kraft in der Mitte des Parteienspektrums der Gemeinschaft (29,6%). In der Bundesrepublik erhielten die Unionsparteien, bei einer überdurchschnittlichen Wahlbeteiligung von fast 66 Prozent, 49,2 Prozent der Stimmen – ein Ergebnis, in dem sich die wachsende Unzufriedenheit im Lande mit der sozialliberalen Regierung ebenso niederschlug wie die Anerkennung für die konsequente europäische Politik der Union. Von den auf die EVP fallenden 107 Parlamentssitzen besetzten CDU und CSU allein 42 mit ihren Abgeordneten. Sie apostrophierten sich deshalb gern als »stärkste politische Kraft in Europa«. Entsprechend wurde mit Egon A. Klepsch, Vizepräsident der EVP seit 1977, auch ein CDU-Abgeordneter zum ersten Vorsitzenden der EVP-Fraktion des Europaparlaments gewählt. Er wurde in diesem Amt auch für die zweite und dritte Wahlperiode bestätigt.

Den Christlichen Demokraten gelang es, im Bündnis mit den Konservativen, ihren Führungsanspruch als politische Mitte im Europäischen Parlament geltend zu machen. Dies wurde besonders in der Außen- und Sicherheitspolitik deutlich. Mit den Stimmen der EVP-Abgeordneten wurde gegen den Iran wegen der Geiselnahme amerikanischen Botschaftspersonals die Androhung von Sanktionen und gegen die Sowjetunion nach dem Einfall in Afghanistan die Verhängung eines Wirtschaftsembargos beschlossen. Nachdrückliche Unterstützung durch die EVP fanden auch der NATO-Nachrüstungsbeschluß und die enge europäische Zusammenarbeit in der Rüstungs- und Beschaffungspolitik. Weitere Schwerpunkte der politischen Arbeit bildeten die schrittweise Entwicklung der Rechtsgrundlagen des europäischen Einigungswerkes, die Solidarität gegenüber der Dritten Welt, die Suche nach einer gemeinsamen Energiepolitik und die Bekämpfung der Jugendarbeitslosigkeit. Die Anträge zur Europäischen Paßunion, die Empfehlungen zur Errichtung einer Europäischen Währungsunion und die Van Aerssen-Initiative, die in einem Zwölf-Punkte-Programm zur Verabschiedung einer Verfassung der Gemeinschaft führen sollte, dokumentierten den geschlossenen Willen der EVP-Fraktion zur wirtschaftlichen und politischen Integration Europas. Zu ihrer besonderen Pflicht erklärte die EVP-Fraktion, Menschen- und Bürgerrechtsverletzungen überall auf der Welt anzuklagen und Druck auf die verantwortlichen autoritären Regime auszuüben. Auf dem Höhepunkt der Wirtschaftsrezession zu Beginn der achtziger Jahre, als der Verteilungsstreit in der EG die europäische Integrationspolitik lähmte, halfen die Beiträge der EVP-Fraktion zur Reformdiskussion die Funktion des Europäischen Parlaments als »europäisches Gewissen« entscheidend zu stärken.

Trotz wichtiger Initiativen in all diesen Bereichen verschlechterte sich jedoch die Position der EVP bei den nächsten Europawahlen. Nicht nur, daß die Partei die immer weiter um sich greifende Europamüdigkeit zu spüren bekam. Sie wurde auch durch das nationale Wahlverhalten in Mitleidenschaft gezogen. Dabei zeigte sich auch, wie sehr die EVP in ihren politischen Möglichkeiten von der Stärke der deutschen Unionsparteien abhängig ist. Vom Schwung und Optimismus der ersten Europawahl blieb 1984 kaum mehr etwas übrig. Auf dem 5. EVP-Kongreß in Rom am 2.–4. April 1984 beschlossen die ca. 500 Delegierten aus elf christlich-demokratischen Parteien ihr Aktionsprogramm »Europa einigen für Frieden und Freiheit in Gerechtigkeit«. Die Sozial- und Wirtschaftspolitik der EVP richtete sich vor allem auf den Aufbau des Binnenmarktes, die Umstrukturierung der Industrie und die Ausweitung der Beschäftigungsmöglichkeiten sowie auf den Schutz und die Besserung der natürlichen Lebensgrundlagen. In der Außen- und Sicherheitspolitik war das Hauptziel die Verringerung der Rüstung und eine stabile Regelung der Ost-West-Beziehungen. Ein Arbeitsschwerpunkt der EVP im Europäischen Parlament betraf dabei die »Politische Zusammenarbeit« (EPZ), die mit dem Ziel ausgebaut werden sollte, durch ein System verpflichtender Konsultationen eine bessere Abstimmung außen- und sicherheitspolitischer Entscheidungen in der Gemeinschaft herbeizuführen. Die Debatten über die institutionellen Fortschritte der EG gipfelten in dem 1984 verabschiedeten Vertragsentwurf für eine Europäische Union.

Wenn auch die institutionelle Entwicklung des Europäischen Parlaments im Sinne direkter Einflußmöglichkeiten nicht Schritt halten konnte mit der Erweiterung der Aufgabenbereiche des EG-Systems, so hat mit der Etablierung transnationaler Parteienföderationen zweifellos die Europäisierung des Parteiensystems begonnen. Dieser Prozeß wird auf längere Sicht eines der dynamischsten Elemente für den Aufbau des einheitlichen Europas sein. Die Gründung europäischer Parteienbünde vor der ersten Europa-Wahl markierte nicht nur in der Europäischen Gemeinschaft, sondern auch im Leben der Parteien eine neue Epoche. Die nationalen Parteien machten den historischen Schritt über die Schwelle zur zukünftigen europäisch bestimmten Aktionsebene. Als Träger des politischen Meinungs- und Willensbildungsprozesses haben die Parteien für die Weiterentwicklung der Demokratie in Europa eine Aufgabe, die keine andere Institution übernehmen kann, nämlich Mittler zwischen den europäischen Institutionen und den Bürgern zu sein.

Wenn der Demokratisierungsprozeß in der Europäischen Gemeinschaft weitergeht und die politischen Kompetenzen des Europäischen Parlaments dementsprechend wachsen, werden sich die bestehenden Parteienbünde zu aktionsfähigen europäischen Parteien entwickeln und mit europäischen Programmen um die Wählergunst ringen müssen. Am Ende der Europäisierung wird dann keine der nationalen Parteien mehr das sein, was sie einmal war. Das wird auch für die Volkspartei CDU gelten.

Nicht nur die Veränderungskräfte des sozialen Wandels, die Pluralisierung und Individualisierung der Gesellschaft, die nachlassende kirchliche Bindung, der Rückgang traditioneller Grundpositionen der Wähler usw., sondern auch die Fortschritte in der Politischen Union Europas stellen die CDU immer unabweisbarer vor die Frage, ob sie ihre Identität als Volkspartei der politischen Mitte bewahren kann. Wie verhält es sich im politisch geeinten Europa mit dem Konzept der Volkspartei, die christlich-soziales Engagement mit konservativem Gedankengut und liberaler Gesinnung verbindet?

Das Wesen der Volkspartei liegt in ihrer Fähigkeit, Bürger unterschiedlicher gesellschaftlicher, wirtschaftlicher und kultureller Interessen durch gemeinsame Werte und Ziele zu verbinden. Eine Volkspartei ist mehr als eine Zweckgemeinschaft oder eine Sammlungsbewegung; sie kann auf Dauer nur bestehen, wenn in ihr eine einigende Kraft wirkt, die tiefer und stärker ist als der Interessenzusammenfall und Interessenwiderstreit unter ihren Mitgliedern und Gruppen. Das wird auch auf transnationaler europäischer Ebene nicht anders sein. Für die CDU heißt das, Orientierungen anzubieten, übergreifende Botschaften zu vermitteln und Konsens über politisch-moralische Werte herzustellen, um das Identifikationspotential der Christlichen Demokratie in der pluralistischen offenen Gesellschaft des entstehenden europäischen politischen Systems zu stärken.

Mit ihrer christlichen Grundhaltung, mit ihrem Bekenntnis zur politischen Kultur des Westens, mit ihrem Eintreten für rechtsstaatliche Freiheit, parlamentarische Demokratie und Soziale Marktwirtschaft ist die CDU als einzige wirkliche Parteineugründung nach Diktatur und Krieg zur stärksten politischen Kraft im freien Deutschland und zur Hauptkraft der Christlichen Demokratie in Europa geworden. Die schicksalhaften Herausforderungen unserer Zeit, die Vollendung der inneren Einheit Deutschlands und die Verwirklichung eines vereinten Europas, sind neue Proben auf Integrationskraft und Flexibilität, Überzeugungsenergie und Aufbauwillen des parteipolitischen »Erfolgsmodells« der Bundesrepublik Deutschland.

IX.
Anhang

1. Aufbau der CDU Deutschlands

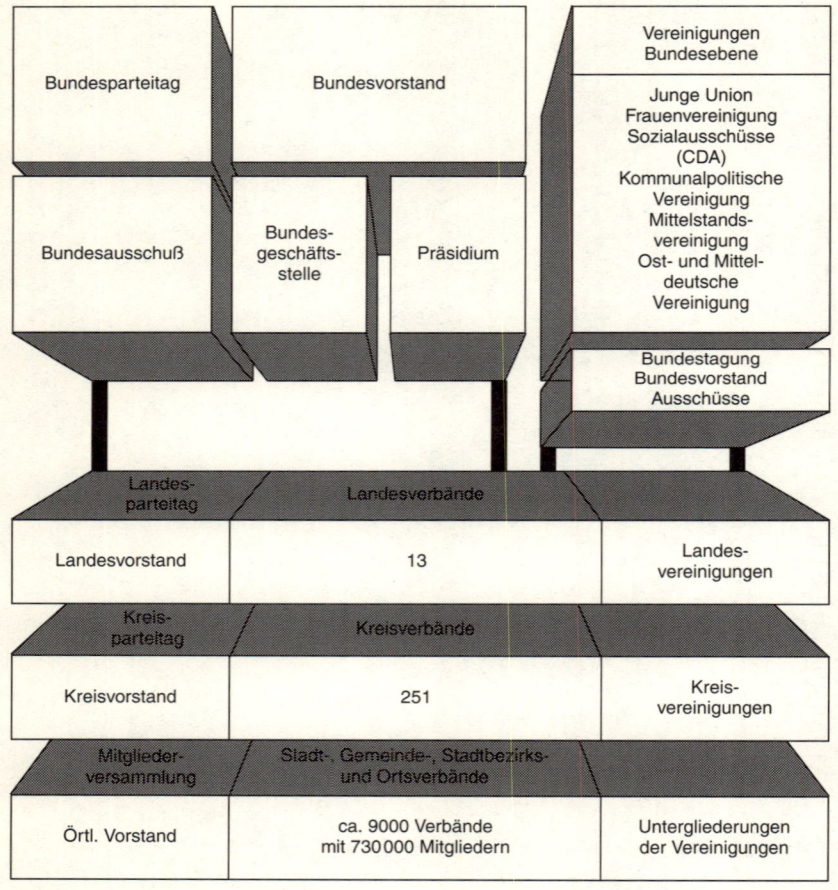

Bundesparteitag

Bundesvorstand

Vereinigungen
Bundesebene

Junge Union
Frauenvereinigung
Sozialausschüsse
(CDA)
Kommunalpolitische
Vereinigung
Mittelstands-
vereinigung
Ost- und Mittel-
deutsche
Vereinigung

Bundesausschuß

Bundes-
geschäfts-
stelle

Präsidium

Bundestagung
Bundesvorstand
Ausschüsse

Landes-
parteitag

Landesverbände

Landesvorstand

13

Landes-
vereinigungen

Kreis-
parteitag

Kreisverbände

Kreisvorstand

251

Kreis-
vereinigungen

Mitglieder-
versammlung

Stadt-, Gemeinde-, Stadtbezirks-
und Ortsverbände

Örtl. Vorstand

ca. 9000 Verbände
mit 730 000 Mitgliedern

Untergliederungen
der Vereinigungen

Stand 1984

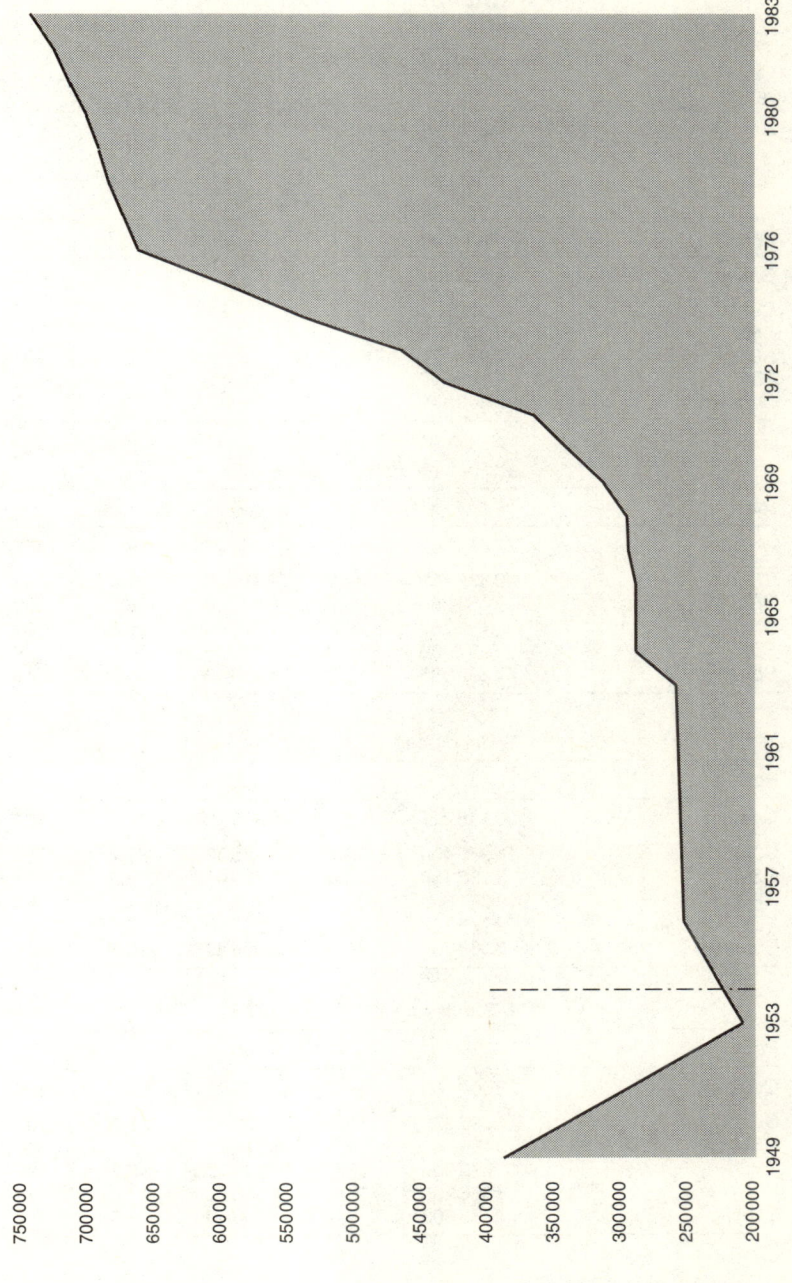

2. Mitgliederentwicklung der CDU Deutschlands

3. Wahlen in Bund und Ländern

Bundestagswahlen 1949–1990

(E = Erststimmen; Z = Zweitstimmen; % = Stimmenanteil v. H.; M = Mandate; die Zahlen in Klammern hinter den Wahltagen nennen die Wahlbeteiligung in Prozenten)

1. Bundestag 14. 8. 1949 (78,5)

Parteien	Stimmen	%	M
Gesamt	23 732 398	–	402
CDU	5 978 636	25,2	115
CSU	1 380 448	5,8	24
SPD	6 934 975	29,2	131
FDP	2 829 920	11,9	52
Sonstige	6 608 419	27,9	80

2. Bundestag 6. 9. 1953 (86,0)

Parteien	E	%	Z	%	M
Gesamt	27 519 760	–	27 551 272	–	487
CDU	9 577 659	34,8	10 016 594	36,4	191
CSU	2 450 286	8,9	2 427 387	8,8	52
SPD	8 131 257	29,5	7 944 943	28,8	151
FDP	2 967 566	10,8	2 629 163	9,5	48
Sonstige	4 392 992	15,9	4 533 185	16,7	45

3. Bundestag 15. 9. 1957 (87,8)

Parteien	E	%	Z	%	M
Gesamt	30 156 214	–	29 905 428	–	497
CDU	11 975 400	39,7	11 875 339	39,7	215
CSU	3 186 150	10,6	3 133 060	10,5	55
SPD	9 651 669	32,0	9 495 571	31,8	169
FDP	2 276 234	7,5	2 307 135	7,7	41
Sonstige	3 066 761	10,2	3 094 323	10,5	17

4. Bundestag 17. 9. 1961 (87,7)

Parteien	E	%	Z	%	M
Gesamt	32 004 466	–	31 550 901	–	499
CDU	11 622 995	36,3	11 283 901	35,8	192
CSU	3 104 742	9,7	3 014 471	9,6	50
SPD	11 672 057	36,5	11 427 355	36,2	190
FDP	3 866 269	12,1	4 028 766	12,8	67
Sonstige	1 738 403	5,4	1 796 408	5,8	–

5. Bundestag 19. 9. 1965 (86,8)

Parteien	E	%	Z	%	M
Gesamt	32437049	–	32620442	–	496
CDU	12631319	38,9	12387562	38,1	196
CSU	3204648	9,9	3136506	9,5	49
SPD	12998474	40,1	12813186	39,3	202
FDP	2562294	7,9	3096739	9,5	49
Sonstige	1040314	3,2	1186449	3,6	–

6. Bundestag 28. 9. 1969 (86,7)

Parteien	E	%	Z	%	M
Gesamt	32713516	–	32966024	–	496
CDU	12137148	37,1	12079535	36,6	193
CSU	3094176	9,5	3115652	9,5	49
SPD	14402374	44,0	14065716	42,7	224
FDP	1554651	4,8	1903422	5,8	30
Sonstige	1525167	4,6	1801699	5,4	–

7. Bundestag 19. 11. 1972 (91,1)

Parteien	E	%	Z	%	M
Gesamt	37303779	–	37459750	–	496
CDU	13304813	35,7	13190837	35,2	177
CSU	3620625	9,7	3615183	9,7	48
SPD	18228239	48,9	17175169	45,8	230
FDP	1790531	4,8	3129982	8,4	41
Sonstige	359589	1,0	348579	1,0	–

8. Bundestag 3. 10. 1976 (90,7)

Parteien	E	%	Z	%	M
Gesamt	37695644	–	37822500	–	496
CDU	14423157	38,3	14367302	38,0	190
CSU	4008514	10,6	4027499	10,6	53
SPD	16471321	43,7	16099019	42,6	214
FDP	2417683	6,4	2995085	7,9	39
Sonstige	374969	0,9	3333595	0,8	–

9. Bundestag 5. 10. 1980 (88,7)

Parteien	E	%	Z	%	M
Gesamt	37806531	–	37938981	–	497
CDU	13467207	35,6	12989200	34,2	174
CSU	3941365	10,4	3908459	10,3	52
SPD	16808861	44,5	16260677	42,9	218
FDP	2720480	7,2	4030999	10,6	53
GRÜNE	732619	1,9	569589	1,5	–
Sonstige	135999	0,4	180057	0,5	–

10. Bundestag 6. 3. 1983 (89,1)

Parteien	E	%	Z	%	M
Gesamt	38845353	–	38940687	–	498
CDU	15943460	41,0	14857680	38,2	191
CSU	4318800	11,1	4140865	10,6	53
SPD	15686033	40,4	14865807	38,2	193
FDP	1087918	2,8	2706942	7,0	34
GRÜNE	1609855	4,1	2167431	5,6	27
Sonstige	199287	0,5	201962	0,5	–

11. Bundestag 25. 1. 1987 (84,3)

Parteien	E	%	Z	%	M
Gesamt	37742813	–	37867319	–	497
CDU	14168527	37,5	13045745	34,5	174
CSU	3859244	10,2	3715827	9,8	49
SPD	14787953	39,2	14025763	37,0	186
FDP	1760496	4,7	3440911	9,1	46
GRÜNE	2649459	7,0	3126256	8,3	42
Sonstige	517134	1,4	512817	1,4	–

12. Bundestag 2. 12. 1990 (77,8)

Parteien	E	%	Z	%	M
Gesamt	46274925	–	46455772	–	662
CDU	17707574	38,3	17055116	36,7	268
CSU	3423904	7,4	3302980	7,1	51
SPD	16279980	35,2	15545366	33,5	239
FDP	3595135	7,8	5123233	11,0	79
GRÜNE	2037885	4,4	1788200	3,8	–
PDS	1049245	2,3	1129578	2,4	17
B 90/GRÜNE (Ost)	552027	1,2	559207	1,2	8
Sonstige	1629175	3,4	1952092	4,2	–

Volkskammerwahl (DDR) 18. März 1990

Wahlbeteiligung: 93,39%

Parteien		Stimmen	%	Mandate
CDU	Christlich Demokratische Union	4710598	40,49	163
SPD	Sozialdemokratische Partei Deutschlands	2525534	21,76	88
PDS	Partei des Demokratischen Sozialismus	1892381	16,32	66
DSU	Deutsche Soziale Union	727730	6,27	25
BFD	Bund Freier Demokraten: Deutsche Forumpartei Liberaldemokratische Partei Freie Demokratische Partei	608935	5,28	21
Bündnis '90	Neues Forum, Demokratie Jetzt, Initiative Freiheit und Menschenrechte	336074	2,90	12
DBD	Demokratische Bauernpartei Deutschlands	251226	2,17	9
Grüne-UFV	Grüne Partei + Unabhängiger Frauenbund	226932	1,96	8
DA	Demokratischer Aufbruch – sozial + ökologisch	106146	0,93	4
NDPD	Nationaldemokratische Partei Deutschlands	44292	0,38	2
DFD	Demokratischer Frauenbund Deutschlands	38192	0,33	1
AVL	Aktionsbündnis Vereinigte Linke, Die Nelken	20342	0,18	1
Sonstige		52773	0,45	0

Landtagswahlen 1946/47–1992

Landtagswahlen
Baden-Württemberg

Parteien	1952[1] %	Sitze	1956 %	Sitze	1960 %	Sitze	1964 %	Sitze	1968 %	Sitze	1972 %	Sitze	1976 %	Sitze
Wahlbet.	63,7	121	70,3	120	59,0	121	67,7	120	70,0	127	80,0	120	75,5	121
CDU	36,0	50	42,6	56	39,5	52	46,2	59	44,2	60	52,9	65	56,7	71
SPD	28,0	38	28,9	36	33,3	44	37,3	47	29,0	37	37,6	45	33,3	41
FDP/DVP	18,0	23	16,6	21	15,8	18	13,1	14	14,4	18	8,9	10	7,8	9
BHE[2]	9,3	6	6,3	7	6,6	7	–	–	–	–	–	–	–	–
KPD/DKP[3]	4,4	4	3,2	–	–	–	–	–	–	–	0,5	–	0,4	–
NPD	–	–	–	–	–	–	–	–	9,8	12	–	–	0,9	–
GRÜNE	–	–	–	–	–	–	–	–	–	–	–	–	–	–
Sonstige[4]	4,3	–	2,4	–	1,0	–	3,5	–	2,6	–	0,1	–	0,9	–

Parteien	1980 %	Sitze	1984 %	Sitze	1988 %	Sitze	1992 %	Sitze
Wahlbet.	72,1	124	71,2	126	71,8	125	70,2	146
CDU	53,4	68	51,9	68	49,0	66	39,6	64
SPD	32,5	41	32,4	41	32,5	42	29,4	46
FDP/DVP	8,3	10	7,2	8	5,7	7	5,9	8
BHE[2]	–	–	–	–	–	–	–	–
KPD/DKP[3]	0,2	–	0,3	–	–	–	–	–
NPD	0,1	–	–	–	–	–	0,9	–
GRÜNE	5,3	6	8,0	9	7,5	10	9,5	13
Sonstige[4]	0,3	–	0,2	–	5,3	–	14,8	15

1 Wahlen zur Verfassunggebenden
  Versammlung
2 ab 1956 GB/BHE
3 ab 1972 DKP
4 darin 1992 enthalten: REP 10,9%,
  15 Sitze

Landtagswahlen
Bayern

Parteien	1946[1] %	Sitze	1950 %	Sitze	1954 %	Sitze	1958 %	Sitze	1962 %	Sitze	1966 %	Sitze	1970 %	Sitze
Wahlbet.	75,7	180	79,9	204	82,4	204	76,6	204	76,5	204	80,6	204	79,5	204
CSU	52,3	104	27,4	64	38,0	83	45,6	101	47,5	108	48,1	110	56,4	124
SPD	28,6	54	28,0	63	28,1	61	30,8	64	35,3	79	35,8	79	33,3	70
FDP	5,6	9	7,1	12	7,2	13	5,6	8	5,9	9	5,1	–	5,5	10
KPD/DKP[2]	6,1	–	1,9	–	2,1	–	–	–	–	–	–	–	0,4	–
DRP/NPD[3]	–	–	–	–	–	–	0,4	–	–	–	7,4	15	2,9	–
GB/BHE	–	–	12,3	26	10,2	19	8,6	17	5,1	–	–	–	–	–
WAV	7,4	13	2,8	–	–	–	–	–	–	–	–	–	–	–
BP	–	–	17,9	39	13,2	28	8,1	14	4,8	8	3,4	8	1,5	–
GRÜNE	–	–	–	–	–	–	–	–	–	–	–	–	–	–
Sonstige	–	–	2,6		1,2		0,9		1,4		0,1		–	

Parteien	1974 %	Sitze	1978 %	Sitze	1982 %	Sitze	1986 %	Sitze	1990 %	Sitze
Wahlbet.	77,7	204	76,7	204	78,3	204	70,3	204	65,9	204
CSU	62,1	132	59,1	129	58,3	133	55,8	128	54,9	127
SPD	30,2	64	31,4	65	31,9	71	27,5	61	26,0	58
FDP	5,2	8	6,2	10	3,5	–	3,8	–	5,2	7
KPD/DKP[2]	0,4	–	0,3	–	0,2	–	–	–	–	–
DRP/NPD[3]	1,1	–	0,6	–	0,6	–	0,5	–	–	–
GB/BHE	–	–	–	–	–	–	–	–	–	–
WAV	–	–	–	–	–	–	–	–	–	–
BP	0,8	–	0,4	–	0,5	–	0,6	–	0,8	–
GRÜNE	–	–	1,8	–	4,6	–	7,5	15	6,4	12
Sonstige	0,3	–	0,1		0,4		4,3		2,6	

1 Wahlen zur Verfassunggebenden
  Landesversammlung
2 bis 1954 KPD, ab 1970 DKP
3 1958 DRP, ab 1966 NPD

Wahlen zum Abgeordnetenhaus Berlin (West)

Parteien	1950 %	1950 Sitze	1954 %	1954 Sitze	1958 %	1958 Sitze	1963 %	1963 Sitze	1967 %	1967 Sitze	1971 %	1971 Sitze	1975 %	1975 Sitze
Wahlbet.	90,7	127	91,8	127	92,9	133	89,9	140	86,2	137	88,9	138	87,8	147
CDU	24,6	34	30,4	44	37,7	55	28,8	41	32,9	47	38,2	54	43,9	69
SPD	44,7	61	44,6	64	52,6	78	61,9	89	56,9	81	50,4	73	42,6	67
FDP	23,0	32	12,8	19	3,8	–	7,9	10	7,1	9	8,5	11	7,1	11
SED/SEW[1,3]	–	–	2,7	–	1,9	–	1,4	–	2,9	–	2,3	–	1,8	–
BHE	2,2	–	2,5	–	–	–	–	–	–	–	–	–	–	–
DP	3,7	–	4,9	–	3,3	–	–	–	–	–	–	–	–	–
AL	–	–	–	–	–	–	–	–	–	–	–	–	–	–
Sonstige[4]	1,8	–	2,1	–	0,7	–	–	–	1,1	–	0,6	–	4,6	–

Parteien	1979 %	1979 Sitze	1981 %	1981 Sitze	1985 %	1985 Sitze	1989 %	1989 Sitze	1990 %	1990 Sitze
Wahlbet.	85,4	135	85,5	133	83,6	144	79,6	138	80,6	241
CDU	44,4	63	47,9	65	46,4	69	37,7	55	40,4	101
SPD	42,7	61	38,4	52	32,4	48	37,3	55	30,4	76
FDP	8,1	11	5,6	7	8,5	12	3,9	–	7,1	18
SED/SEW[1,3]	1,1	–	0,7	–	0,6	–	0,6	–	9,2	23
BHE	–	–	–	–	–	–	–	–	–	–
DP	–	–	–	–	–	–	–	–	–	–
AL	3,7	–	7,2	9	10,6	15	11,8	17	5,0	12
Sonstige[4]	0,1	–	0,3	–	1,5	–	7,5[2]	11	7,9	11

1 ab 1971 SEW
2 Republikaner 7,5%, 11 Sitze
3 ab 1990 PDS
4 1990: darin enthalten Bündnis '90/GRÜNE 4,4%, 11 Sitze

Bürgerschaftswahlen
Bremen

Parteien	1947 %	Sitze	1951 %	Sitze	1955 %	Sitze	1959 %	Sitze	1963 %	Sitze	1967 %	Sitze	1971 %	Sitze
Wahlbet.	67,8	100	83,3	100	84,0	100	79,2	100	76,1	100	77,0	100	80,0	100
SPD	41,7	46	39,1	43	47,8	52	54,9	61	54,7	57	46,0	50	55,3	59
CDU	22,0	24	9,1	9	18,0	18	14,8	16	28,9	31	29,5	32	31,6	34
FDP	19,4[1]	17	11,8	12	8,6	8	7,2	7	8,4	8	10,5	10	7,1	7
GRÜNE	–	–	–	–	–	–	–	–	–	–	–	–	–	–
KPD/DKP[3]	8,8	10	6,4	6	5,0	4	–	–	–	–	–	–	3,1	–
SRP/NPD/	–	–	7,7	8	–	–	–	–	–	–	8,8	8	2,8	–
L-D[4]														
DP	3,9	3	14,7	16	16,6	18	14,5	16	5,2	4	0,9	–	–	–
GB/BHE	–	–	5,6	2	2,9	–	1,9	–	0,2	–	–	–	–	–
WdF	–	–	4,3	4	–	–	–	–	–	–	–	–	–	–
Sonstige[5]	4,2	–	1,3	–	1,1	–	6,7	–	2,6	–	4,8	–	0,1	–

Parteien	1975 %	Sitze	1979 %	Sitze	1983 %	Sitze	1987 %	Sitze	1991 %	Sitze
Wahlbet.	82,2	100	78,5	100	79,7	100	75,5	100	72,2	100
SPD	48,8	52	49,4	52	51,3	58	50,5	54	38,8	41
CDU	33,8	35	31,9	33	33,3	37	23,4	25	30,7	32
FDP	13,0	13	10,8	11	4,6	–	10,0	10	9,5	10
GRÜNE	–	–	5,1[2]	4	5,4	5	10,2	10	11,4	11
KPD/DKP[3]	2,1	–	0,8	–	–	–	0,6	–	–	–
SRP/NPD/	1,1	–	0,4	–	–	–	3,4	1	1,5	–
L-D[4]										
DP	–	–	–	–	–	–	–	–	–	–
GB/BHE	–	–	–	–	–	–	–	–	–	–
WdF	–	–	–	–	–	–	–	–	–	–
Sonstige[5]	1,2	–	1,6	–	5,3	–	1,8	–	8,1	6

1 1947 als BDV
2 1979 Bremer Grüne Liste
3 ab 1971 DKP
4 Republikaner
5 1991: darin enthalten DVU 6,18%,
6 Sitze

Bürgerschaftswahlen Hamburg

Parteien	1946 %	Sitze	1949 %	Sitze	1953 %	Sitze	1957 %	Sitze	1961 %	Sitze	1966 %	Sitze	1970 %	Sitze
Wahlbet.	79,0	110	70,5	120	80,9	120	77,3	120	72,3	120	69,8	120	73,4	120
CDU	26,7	16	34,5[1]	40[1]	30,0[2]	62[2]	32,7	41	29,1	36	30,0	38	32,8	41
SPD	43,1	83	42,8	65	45,2	58	53,9	69	57,4	72	59,0	74	55,3	70
FDP	18,2	7	1,0[1]	–[1]	–[2]	–[2]	8,6	10	9,6	12	6,8	8	7,1	9
(KPD)DKP[3]	10,4	4	7,4	5	3,2	–	0,4	–	–	–	–	–	1,7	–
(DRP)NPD[3]	–	–	–	–	0,7	–	4,1	–	0,9	–	3,9	–	2,7	–
DP	–	–	13,3	9	–	–	–	–	–	–	–	–	–	–
GRÜNE (GAL)	–	–	–	–	–	–	–	–	–	–	–	–	–	–
Sonstige[4]	1,6	–	2,0	–	0,9	–	0,8	–	3,0	–	0,3	–	0,4	–

Parteien	1974 %	Sitze	1978 %	Sitze	1982,I %	Sitze	1982,II %	Sitze	1986 %	Sitze	1987 %	Sitze	1991 %	Sitze
Wahlbet.	80,4	120	76,7	120	77,9	120	84,0	120	78,1	120	79,6	120	66,1	121
CDU	40,6	51	37,6	51	42,2	56	38,6	48	41,8	54	40,5	49	35,1	44
SPD	44,9	56	51,5	69	42,7	55	51,3	64	41,8	53	45,0	55	48,0	61
FDP	10,9	13	4,8	–	4,8	–	2,6	–	4,8	–	6,5	8	5,4	7
(KPD)DKP[3]	2,2	–	1,0	–	0,6	–	0,4	–	0,2	–	–	–	–	–
(DRP)NPD[3]	0,8	–	0,3	–	–	–	–	–	–	–	–	–	–	–
DP	–	–	–	–	–	–	–	–	–	–	–	–	–	–
GRÜNE (GAL)	–	–	4,5[4]	–	7,7	9	6,8	8	10,4	13	7,0	8	7,2	9
Sonstige[4]	0,6	–	0,3	–	0,9	–	0,3	–	0,9	–	1,0	–	4,3	–

1 CDU, FDP, Deutsche Konservative Partei zusammen als »Vaterstädtischer Verband Bund Hamburg (VBH)«
2 CDU, FDP, DP zusammen als »Hamburger Block«
3 bis 1963 KPD, ab 1970 DKP/bis 1951 DRP, ab 1965 NPD
4 Bunte Liste 3,5%, Grüne Liste Umweltschutz 1%

**Landtagswahlen
Hessen**

Parteien	1946		1950		1954		1958		1962		1966		1970	
	%	Sitze	%	Sitze	%	Sitze	%	Sitze	%	Sitze	%	Sitze	%	Sitze
Wahlbet.	73,2	90	64,9	80	82,4	96	82,3	96	77,7	96	81,0	96	82,8	110
CDU	30,9	28	18,8	12	24,1	24	32,0	32	28,8	28	26,4	26	39,7	46
SPD	42,7	38	44,4	47	42,6	44	46,9	48	50,8	51	51,0	52	45,9	53
FDP	15,7	14	31,8	21	20,5	21	9,5	9	11,4	11	10,4	10	10,1	11
(KPD)DKP[1]	10,7	10	4,7	–	3,4	–	–	–	–	–	–	–	1,2	–
(DRP)NPD[2]	–	–	–	–	–	–	0,6	–	–	–	7,9	8	3,0	–
GB/BHE	–	–	–	–	7,7	7	7,4	7	6,3	6	4,3	–	–	–
GRÜNE	–	–	–	–	–	–	–	–	–	–	–	–	–	–
Sonstige	–	–	0,3	–	1,7	–	3,6	–	2,7	–	–	–	0,1	–

Parteien	1974		1978		1982		1983		1987		1991	
	%	Sitze	%	Sitze	%	Sitze	%	Sitze	%	Sitze	%	Sitze
Wahlbet.	84,8	110	87,7	110	86,4	110	83,6	110	80,3	110	70,8	110
CDU	47,3	53	46,0	53	45,6	52	39,4	44	42,1	47	40,2	46
SPD	43,2	49	44,3	50	42,8	49	46,2	51	40,2	44	40,8	46
FDP	7,4	8	6,6	7	3,1	–	7,6	8	7,8	9	7,4	8
(KPD)DKP[1]	0,9	–	0,4	–	0,4	–	0,3	–	0,3	–	–	–
(DRP)NPD[2]	1,0	–	0,4	–	–	–	–	–	–	–	–	–
GB/BHE	–	–	–	–	–	–	–	–	–	–	–	–
GRÜNE	–	–	2,0	–	8,0	9	5,9	7	9,4	10	8,8	10
Sonstige	0,2	–	0,3	–	0,1	–	0,5	–	0,2	–	2,8	–

1 ab 1970 DKP
2 ab 1966 NPD

Landtagswahlen Niedersachsen

Parteien	1947 %	Sitze	1951 %	Sitze	1955 %	Sitze	1959 %	Sitze	1963 %	Sitze	1967 %	Sitze	1970 %	Sitze
Wahlbet.	65,1	149	75,8	158	77,5	159	78,0	157	76,9	149	75,8	149	78,7	140
CDU	19,9	30	23,7[1]	35	26,6	43	30,8	51	37,7	62	41,7	63	45,7	74
SPD	43,4	65	33,7	64	35,2	59	39,5	65	44,9	73	43,1	66	46,3	75
FDP	8,8	13	8,3	12	7,9	12	5,2	8	8,8	14	6,9	10	4,4	–
KPD/DKP[2]	5,7	8	1,8	2	1,3	2	–	–	–	–	–	–	0,4	–
DRP/NPD[3]	0,3	–	2,2	3	3,8	6	3,6	–	1,5	–	7,0	10	3,2	–
GRÜNE	–	–	–	–	–	–	–	–	–	–	–	–	–	–
BHE, GDP	–	–	14,9	21	11,0	17	8,3	13	–	–	–	–	–	–
DP	–	–	–	–	12,4[4]	19	12,4	20	2,7	–	–	–	3,1	–
Zentrum	4,1	6	3,3	4	1,1	1	0,0	–	–	–	–	–	–	–
NLP	17,9	27	11,0	16	–	–	–	–	–	–	–	–	–	–
SRP	–	–	0,8	1	–	–	–	–	–	–	–	–	–	–
Dt. Soz. Partei[5]	–	–	–	–	–	–	–	–	–	–	–	–	–	–
Sonstige	–	–	–	–	0,7	–	0,2	–	4,4	–	1,3	–	–	–

Parteien	1974 %	Sitze	1978 %	Sitze	1982 %	Sitze	1986 %	Sitze	1990 %	Sitze
Wahlbet.	84,4	155	78,5	155	77,9	171	77,4	155	74,9	155
CDU	48,8	77	48,7	83	50,7	87	44,3	69	42,0	67
SPD	43,1	67	42,2	72	36,5	63	42,1	66	44,2	71
FDP	7,0	11	4,2	–	5,9	10	6,0	9	6,0	9
KPD/DKP[2]	0,4	–	0,3	–	0,3	–	0,1	–	0,2	–
(DRP)NPD[3]	0,6	–	0,4	–	–	–	–	–	–	–
GRÜNE	–	–	3,9	–	6,5	11	7,1	11	5,5	8
BHE, GDP	–	–	–	–	–	–	–	–	–	–
DP	–	–	–	–	–	–	–	–	–	–
Zentrum	–	–	–	–	–	–	–	–	–	–
NLP	–	–	–	–	–	–	–	–	–	–
SRP	–	–	–	–	–	–	–	–	–	–
Dt. Soz. Partei[5]	–	–	–	–	–	–	–	–	1,5	–
Sonstige	–	–	0,3	–	–	–	0,4	–	0,7	–

1 Zusammen mit DP
2 ab 1970 DKP
3 ab 1967 NPD
4 zusammen mit NLP
5 1990 Republikaner

Landtagswahlen Nordrhein-Westfalen

Parteien	1947 %	1947 Sitze	1950 %	1950 Sitze	1954 %	1954 Sitze	1958 %	1958 Sitze	1962 %	1962 Sitze	1966 %	1966 Sitze	1970 %	1970 Sitze
Wahlbet.	67,3	216	72,3	215	72,6	200	76,6	200	73,4	200	76,5	200	73,5	200
CDU	37,6	92	36,9	93	41,3	90	50,5	104	46,4	96	42,8	86	46,3	95
SPD	32,0	64	32,3	68	34,5	76	39,2	81	43,3	90	49,5	99	46,1	94
FDP	5,9	12	12,1	26	11,5	25	7,1	15	6,8	14	7,4	15	5,5	11
GRÜNE	–	–	–	–	–	–	–	–	–	–	–	–	–	–
KPD/DKP[1]	14,0	28	5,5	12	3,8	–	–	–	–	–	–	–	0,9	–
NPD	–	–	–	–	–	–	–	–	–	–	–	–	1,1	–
Zentrum	9,8	20	7,5	16	4,0[2]	9	1,0	–	0,9	–	0,2	–	0,1	–
Sonstige	0,7	–	5,7	–	4,9	–	2,2	–	2,6	–	0,1	–	–	–

Parteien	1975 %	1975 Sitze	1980 %	1980 Sitze	1985 %	1985 Sitze	1990 %	1990 Sitze
Wahlbet.	86,1	200	80,1	201	75,3	227	71,8	237
CDU	47,1	95	43,2	95	36,5	88	36,7	89
SPD	45,1	91	48,4	106	52,1	125	50,0	122
FDP	6,7	14	4,9	–	6,0	14	5,8	14
GRÜNE	–	–	3,0	–	4,6	–	5,0	12
KPD/DKP[1]	0,5	–	0,3	–	–	–	–	–
NPD	0,4	–	–	–	–	–	–	–
Zentrum	–	–	–	–	–	–	–	–
Sonstige	0,2	–	0,2	–	1,1	–	1,5	–

1 ab 1970 DKP
2 in einem Wahlkreis mehr als 33% der Stimmen erreicht

Landtagswahlen Rheinland-Pfalz

Parteien	1947 %	Sitze	1951 %	Sitze	1955 %	Sitze	1959 %	Sitze	1963 %	Sitze	1967 %	Sitze	1971 %	Sitze
Wahlbet.	77,9	101	74,8	100	76,0	100	77,2	100	75,5	100	78,5	100	79,4	100
CDU	47,2	48	39,2	43	46,8	51	48,4	52	44,4	46	46,7	49	50,5	53
SPD	34,3	34	34,0	38	31,7	37	34,8	37	40,7	43	36,8	39	40,5	44
FDP	9,8	11	16,7	19	12,7	12	9,7	10	10,1	10	8,3	8	5,9	3
(KPD)DKP[1]	8,7	8	4,4	–	3,2	–	–	–	–	–	–	–	0,9	–
(DRP)NPD[2]	–	–	0,5	–	–	–	5,1	1	3,2	–	6,9	4	2,7	–
GRÜNE	–	–	–	–	–	–	–	–	–	–	–	–	–	–
Sonstige	–	–	5,2	–	5,7	–	1,9	–	1,5	–	1,2	–	–	–

Parteien	1975 %	Sitze	1979 %	Sitze	1983 %	Sitze	1987 %	Sitze	1991 %	Sitze
Wahlbet.	80,8	100	81,4	100	90,4	100	77,0	100	73,9	101
CDU	53,9	55	50,1	51	51,9	57	45,1	48	38,7	40
SPD	38,5	40	42,3	43	39,6	43	38,8	40	44,8	47
FDP	5,6	5	6,4	6	3,5	–	7,3	7	6,9	7
(KPD)DKP[1]	0,5	–	0,4	–	0,2	–	–	–	–	–
(DRP)NPD[2]	1,1	–	0,7	–	0,1	–	–	–	–	–
GRÜNE	–	–	–	–	4,5	–	5,9	5	6,5	7
Sonstige	0,3	–	–	–	0,1	–	3,9	–	2,9	–

1 bis 1955 KPD, ab 1971 DKP
2 bis 1963 DRP, ab 1967 NPD

Landtagswahlen
Saarland

Parteien	1947 %	Sitze	1952 %	Sitze	1955 %	Sitze	1960 %	Sitze	1965 %	Sitze	1970 %	Sitze	1975 %	Sitze
Wahlbet.	95,7	50	93,1	50	90,3	50	79,1	50	81,8	50	83,1	50	88,8	50
CDU	–	–	–	–	25,4	14	36,6	19	42,7	23	47,8	27	49,1	25
SPD	–	–	–	–	14,3	7	30,0	16	40,7	21	40,8	23	41,8	22
DPS/FDP	7,6	3	–	–	24,2	13	13,8	7	8,3	4	4,4	–	7,4	3
KP/DKP[1]	8,4	2	9,5	4	6,6	2	–	–	–	–	2,7	–	1,0	–
NPD	–	–	–	–	–	–	–	–	–	–	3,4	–	0,7	–
GRÜNE	–	–	–	–	–	–	–	–	–	–	–	–	–	–
CVP	51,2	28	54,7	29	21,8	12	–	–	–	–	–	–	–	–
SPS	32,8	17	32,4	17	5,8	2	11,4	6	5,2[2]	2	0,9	–	–	–
SVP	–	–	–	–	–	–	5,0	2	3,1	–	–	–	–	–
DDU	–	–	–	–	0,9	–	3,2	–	–	–	–	–	–	–
Sonstige	–	–	3,4	–	1,0	–	–	–	–	–	–	–	–	–

Parteien	1980 %	Sitze	1985 %	Sitze	1990 %	Sitze
Wahlbet.	85,0	51	85,0	51	83,2	51
CDU	44,0	23	37,3	20	33,4	18
SPD	45,4	24	49,2	26	54,4	30
DPS/FDP	6,9	4	10,0	5	5,6	3
KP/DKP[1]	0,5	–	0,3	–	0,1	–
NPD	–	–	0,7	–	0,2	–
GRÜNE	2,9	–	2,5	–	2,6	–
CVP	–	–	–	–	–	–
SPS	–	–	–	–	–	–
SVP	–	–	–	–	–	–
DDU	–	–	–	–	–	–
Sonstige	0,3	–	–	–	3,6	–

1 ab 1970 DKP
2 SVP/CVP

Landtagswahlen
Schleswig-Holstein

Parteien	1947 %	Sitze	1950 %	Sitze	1954 %	Sitze	1958 %	Sitze	1962 %	Sitze	1967 %	Sitze	1971 %	Sitze
Wahlbet.	69,8	70	78,2	69	78,6	69	78,7	69	70,1	69	74,1	73	79,2	73
CDU	34,1	21	19,8	16	32,2	25	44,4	33	45,0	34	46,0	34	51,9	40
SPD	43,8	43	27,6	19	33,2	25	35,9	26	39,2	29	39,4	30	41,0	32
FDP	5,0	–	7,1	8	7,5	5	5,4	3	7,9	5	5,9	4	3,8	–
GRÜNE[1]	–	–	–	–	–	–	–	–	–	–	–	–	–	–
SSW[2]	9,3	6	5,5	4	3,5	–	2,8	2	2,3	1	1,9	1	1,4	1
Sonstige[3]	7,9	–	40,2	22	23,6	14	11,5	5	5,6	–	6,8	4	1,9	–

Parteien	1975 %	Sitze	1979 %	Sitze	1983 %	Sitze	1987 %	Sitze	1988 %	Sitze	1992 %	Sitze
Wahlbet.	82,3	73	83,3	73	84,8	74	76,6	74	77,4	74	71,8	89
CDU	50,4	37	48,3	37	49,0	39	42,6	33	33,3	27	33,8	32
SPD	40,1	30	41,7	31	43,7	34	45,2	36	54,8	46	46,2	45
FDP	7,1	5	5,7	4	2,2	–	5,2	4	4,4	–	5,6	5
GRÜNE[1]	–	–	2,4	–	3,6	–	3,9	–	2,9	–	4,97	–
SSW[2]	1,4	1	1,4	1	1,3	1	1,5	1	1,7	1	1,9	1
Sonstige[3]	1,0	–	0,5	–	0,2	–	1,5	–	2,9	–	7,5	6

1 1979 Grüne Liste Schleswig-Holstein
2 1947 Südschleswiger Verein (SSV)
3 1947: DKP 3,1; KPD 4,7; 1950: DP 9,6; DRP 2,8; GB/BHE 23,4; KPD 2,2; 1954: GB/BHE 14,0; KPD 2,1; SHB 5,1; 1958: davon DP 2,8; GB/BHE 6,9; 1962: davon GDP 4,2; 1967: davon NPD 5,8; 1992: davon DVU 6,3%, 6 Sitze.

Landtagswahlen in den 5 neuen Bundesländern vom 14. Oktober 1990

Parteien	Mecklenburg-Vorpommern %	Sitze	Brandenburg %	Sitze	Thüringen %	Sitze	Sachsen %	Sitze	Sachsen-Anhalt %	Sitze
Wahlbet.	65,2	66	67,4	88	72,1	89	73,5	160	65,6	106
CDU	38,3	29	29,4	27	45,4	44	53,8	92	39,0	48
SPD	27,0	21	38,3	36	22,8	21	19,1	32	26,0	27
FDP	5,5	4	6,6	6	9,3	9	5,3	9	13,5	14
PDS	15,7	12	13,4	13	9,7	9	10,2	17	12,0	12
DSU	0,8	–	1,0	–	3,4	–	3,6	–	1,7	–
GRÜNE	4,2	–	2,8	–						
B 90	2,2	–	6,4	6						
B 90/GRÜNE					6,5*	6	5,6	10	5,3*	5
Sonstige	7,2	–	2,0	–	3,1	–	2,5	–	2,6	–

* GRÜNE/NEUES FORUM

Europawahlen von 1979 bis 1989: Bundesrepublik Deutschland

Sitze:	81			81			81		
Wahl-beteiligung:	65,7%			56,8%			62,4%		
Wahljahr:	1979			1984			1989		

Parteien	Stimmen	%	Sitze	Stimmen	%	Sitze	Stimmen	%	Sitze
CDU	10 883 085	39,1	34	9 308 411	37,5	34	8 332 846	29,5	25
CSU	2 817 120	10,1	8	2 109 130	8,5	7	2 326 277	8,2	7
SPD	11 370 045	40,8	35	9 296 417	37,4	33	10 525 728	37,3	31
GRÜNE	893 683	3,2	–	2 025 972	8,2	7	2 382 102	8,4	8
FDP	1 662 621	6,0	4	1 192 624	4,8	–	1 576 715	5,6	4
REP	–	–	–	–	–	–	2 008 629	7,1	6
Sonstige	220 555	4,0	–	918 817	3,6	–	1 054 393	3,8	–

Quellen

P. Schindler, Datenhandbuch zur Geschichte des Deutschen Bundestages 1949–1982, 1980–1984, 1980–1987, Baden-Baden 1984, 1986, 1988.
Das Parlament Nr. 14 vom 30. 3. 1990, S. 6; Nr. 43 vom 19. Oktober 1990.
Handbuch der deutschen Bundesländer, hg. von Falk Esche und Jürgen Hartmann.
Handbuch der Fraktion der Europäischen Volkspartei (Christlich-demokratische Fraktion) des Europäischen Parlaments.

4. Zeittafeln

Zur Geschichte der CDU

1945

17.6.	Gründung der CDU in Berlin und Köln als überkonfessionelle christlich-demokratische Partei.
26.6.	Veröffentlichung des Berliner Gründungsaufrufs.
1.7.	»Kölner Leitsätze« als Programm der christlichen Demokraten Deutschlands.
2.9.	Gründung der rheinischen CDU in Köln, der westfälischen CDU in Bochum.
25.9.	Gründung und Gründungsaufruf der Christlich-Sozialen Volkspartei in Stuttgart.
14.10.	»Frankfurter Leitsätze« (unter Mitwirkung von Eugen Kogon und Walter Dirks).
18.11.	Gründung der CDU in Hannover.
14.–16.12.	»Reichstreffen« in Bad Godesberg: Die christlich-demokratischen Parteien der britischen sowie amerikanischen Zone und Berlins einigen sich auf den einheitlichen Namen »Christlich-Demokratische Union«.

1946

1.3.	Konrad Adenauer wird in Neheim-Hüsten zum Vorsitzenden der CDU der britischen Zone gewählt. Verabschiedung eines Zonenprogramms.
28.–29.8.	Gründung der »Arbeitsgemeinschaft der CDU/CSU Deutschlands« in Königstein mit einem Generalsekretariat in Frankfurt am Main.
28.–30.11.	Reichstagung der Sozialausschüsse in Herne.

1947

3.2.	Die CDU der britischen Zone verabschiedet das »Ahlener Programm«.
24.7.	Nach Konstituierung des von den Landtagen gewählten Wirtschaftrates (25.6.) der Bizone in Frankfurt am Main stellen CDU und CSU infolge Nichtbeteiligung der SPD alle Direktoren der Hauptverwaltungen.

1948

21.9.   Beschluß der CDU/CSU-Arbeitsgemeinschaft, den in Erfurt gewählten Parteivorstand der Ost-CDU nicht anzuerkennen.

1949

15.7.   Verabschiedung der »Düsseldorfer Leitsätze«.

14.8.   Erste Bundestagswahl. Die CDU erhält 25,2% der Stimmen und bilden zusammen mit der CSU (5,8%) die stärkste Fraktion (SPD 29,2%).

1950

24.–25.9.   1. Parteitag der Exil-CDU in Berlin; sie repräsentiert seitdem die mitteldeutschen CDU-Mitglieder im Westen.

20.–22.10.   Gründungsparteitag der CDU Deutschlands in Goslar unter dem Motto: »Einigkeit und Recht und Freiheit«; Verkündung des Parteistatuts; Bundeskanzler Konrad Adenauer zum Bundesvorsitzenden gewählt.

1951

18.–21.10.   2. Bundesparteitag in Karlsruhe. Bekenntnis zur Politik der Bundesregierung unter dem Motto »Deutschland und Europa«.

1952

17.–19.10.   3. Bundesparteitag in Berlin unter dem Motto »Friede und Freiheit für ganz Deutschland«.

1953

18.–22.4.   4. Bundesparteitag in Hamburg unter dem Motto »Deutschland – sozialer Rechtsstaat im geeinten Europa«. Verabschiedung des »Hamburger Programms«

6.9.   Sieg von CDU und CSU bei der Bundestagswahl: CDU 36,4%, CSU 8%; SPD 28,8%; FDP 9,5%.

1954

28.–30.5.   5. Bundesparteitag in Köln.

1955

17.8.   Zulassung und offizielle Gründung der CDU an der Saar.

1956

26.–29.4.   6. Bundesparteitag in Stuttgart unter dem Motto »Zehn Jahre Politik für Deutschland«. Neufassung des Statuts der CDU.

1957

11.–15.5.   7. Bundesparteitag in Hamburg unter dem Motto »Einheit für Deutschland, Freiheit für Europa, Frieden in der Welt«.

15.9.   CDU und CSU erringen zusammen die absolute Mehrheit (50,2%) der abgegebenen Stimmen (CDU 39,7%, CSU 10,5%; SPD 31,8%; FDP 7,7%).

1958

18.–21.9.   8. Bundesparteitag in Kiel. Verabschiedung des »Kieler Manifestes«.

1960

26.–29.4.   9. Bundesparteitag in Karlsruhe unter dem Leitwort »Wir rufen das deutsche Volk«. Grundsatzentschließung zur Deutschland-, Wirtschafts-, Sozial- und Kommunalpolitik.

1961

24.–27.4.   10. Bundesparteitag in Köln. Verabschiedung des »Kölner Manifestes«.

17.9.   Bei der Bundestagswahl verzeichnen CDU und CSU Verluste: CDU 35,8%, CSU 9,6%; SPD 36,2%; FDP 12,8%.

1962

2.–5.6.   11. Bundesparteitag in Dortmund. Grundsatzentschließung zur Sozialen Marktwirtschaft und zur Außenpolitik. Änderung der Parteisatzung; Konrad Adenauer wird als Bundesvorsitzender bestätigt; Josef Hermann Dufhues wird zum Geschäftsführenden Vorsitzenden der Bundespartei gewählt.

1964

14.–17.3.   12. Bundesparteitag in Hannover. Verabschiedung eines »Agrarpolitischen Aktionsprogramms«.

1965

28.–31.3.   13. Bundesparteitag in Düsseldorf unter dem Leitwort »Es geht um Deutschland«. Verabschiedung der »Düsseldorfer Erklärung«.

19.9.   CDU und CSU gewinnen die Bundestagswahl erneut deutlich vor der SPD (CDU 38,1%, CSU 9,5%; SPD 39,3%; FDP 9,5%).

1966

21.–23.3.   14. Bundesparteitag in Bonn. Bundeskanzler Ludwig Erhard wird als Nachfolger Adenauers zum Bundesvorsitzenden gewählt.

26.11.   CDU/CSU und SPD einigen sich, eine Große Koalition unter Kiesinger als Bundeskanzler und Brandt (SPD) als Vizekanzler und Außenminister zu bilden.

1967

22.–23.5.   15. Bundesparteitag in Braunschweig. Bundeskanzler Kurt Georg Kiesinger wird als Nachfolger Ludwig Erhards zum Bundesvorsitzenden gewählt; Bruno Heck wird für das neugeschaffene Amt des Generalsekretärs nominiert und bestätigt.

1968

4.–7.11.   16. Bundesparteitag in Berlin. Das »Berliner Programm« wird verabschiedet.

1969

28.9.   Aus der Bundestagswahl geht keine Partei als eindeutiger Sieger hervor (CDU 36,6%, CSU 9,5%; SPD 42,7%; FDP 5,8%). Bildung einer Regierungskoalition aus SPD und FDP. CDU und CSU müssen in die Opposition gehen.

17.–18.11.   17. Bundesparteitag in Mainz. Wiederwahl Kurt Georg Kiesingers zum Bundesvorsitzenden.

1971

25.–27.1.   18. Bundesparteitag in Düsseldorf. Verabschiedung der 2. Fassung des »Berliner Programms«.

4.–5.10.   19. Bundesparteitag in Saarbrücken. Rainer Barzel wird als Nachfolger von Kurt Georg Kiesinger zum Bundesvorsitzenden der CDU gewählt; Konrad Kraske wird Generalsekretär; Verabschiedung einer Berlin-Resolution.

1972

27.4.	Konstruktives Mißtrauensvotum der CDU/CSU-Opposition gegen Bundeskanzler Brandt. Rainer Barzel scheitert knapp; es fehlen ihm zwei Stimmen zur erforderlichen absoluten Mehrheit der Abgeordnetenstimmen.
9.–11.10.	20. Bundesparteitag in Wiesbaden. Verabschiedung des »Wiesbadener Arbeitsprogramms«.
19.11.	Bei der Bundestagswahl wird die SPD (45,8% der Stimmen) erstmals stärkste politische Kraft vor der CDU/CSU (CDU 35,2%, CSU 9,7%; FDP 8,4%) und die sozial-liberale Koalition damit bestätigt.

1973

12.6.	21. Bundesparteitag in Bonn. Nach dem Rücktritt von Rainer Barzel wird Helmut Kohl zum Bundesvorsitzenden der CDU gewählt; auf Vorschlag des neuen Vorsitzenden wird Kurt Biedenkopf Generalsekretär der CDU.
18.–20.11.	22. Bundesparteitag in Hamburg. Beschlüsse zum sozialen Baubodenrecht, Vermögenspolitische Leitsätze, Grundsatzthesen zur beruflichen Bildung.

1975

23.–25.6.	23. Bundesparteitag in Mannheim, auf dem Helmut Kohl als Parteivorsitzender bestätigt wird. Verabschiedung der »Mannheimer Erklärung«, die die außen-, innen- und gesellschaftspolitische Position der CDU beschreibt (»Alternative '76«); Änderung des Parteistatuts.

1976

29.4.	CDU und CSU Mitgründer der Europäischen Volkspartei (EVP).
24.–26.5.	24. Bundesparteitag in Hannover unter dem Motto »Aus Liebe zu Deutschland – Freiheit statt Sozialismus«.
12.–13.6.	CDU und CSU nehmen an der Gründung der Europäischen Demokratischen Union (EDU) teil.
3.10.	CDU und CSU werden bei der Bundestagswahl wieder stärkste politische Kraft (CDU 38%, CSU 9,7% der Stimmen), doch behauptet die sozialliberale Koalition knapp die Mehrheit (SPD 42,6%; FDP 7,9%).

1977

7.–9.3.	25. Bundesparteitag in Düsseldorf unter dem Motto »Unsere Verantwortung für Deutschland«. Helmut Kohl als Parteivorsitzender bestätigt.

1978

23.–25.10.
26. Bundesparteitag in Ludwigshafen, auf dem die CDU ihr erstes Grundsatzprogramm beschließt. Darin bekennt sie sich als Volkspartei zum christlichen Menschenbild, zu den Grundwerten Freiheit, Solidarität und Gerechtigkeit sowie zur Sozialen Marktwirtschaft.

1979

25.–27.3.
27. Bundesparteitag in Kiel unter dem Leitwort »Gegen ein sozialistisches Europa. Deutsche, wählt das freie und soziale Europa«.

10.6.
Erste Direktwahlen zum Europäischen Parlament. Ergebnis: CDU/CSU 49,2%; SPD 40,8%; FDP 6,0%; Grüne 3,2%.

1980

19.–20.5.
28. Bundesparteitag in Berlin. Verabschiedung des Wahlprogramms der CDU/CSU »Für Frieden und Freiheit in der Bundesrepublik Deutschland und in der Welt«.

5.10.
Der Bundestagswahlkampf konzentriert sich auf die Spitzenkandidaten Helmut Schmidt (SPD) und Franz Josef Strauß (CDU/CSU). Die sozial-liberale Koalition kann ihre Mehrheit ausbauen (Ergebnis: CDU 34,2%, CSU 10,3%; SPD 42,9%; FDP 10,6%).

1981

9.–10.3.
29. Bundesparteitag in Mannheim unter dem Motto »Wir arbeiten für eine menschliche Zukunft«. Helmut Kohl wird als Parteivorsitzender bestätigt. Der Parteitag verabschiedet das Arbeitsprogramm »Aufgaben der achtziger Jahre«.

2.–5.11.
30. Bundesparteitag in Hamburg. Verabschiedung der Grundsätze »Mit der Jugend. Unser Land braucht einen neuen Anfang«.

1982

1.10.
Der Deutsche Bundestag stürzt Bundeskanzler Schmidt durch ein konstruktives Mißtrauensvotum und wählt mit den Stimmen von CDU, CSU und FDP Helmut Kohl zum Nachfolger.

1983

6.3.
CDU und CSU verfehlen bei der vorgezogenen Bundestagswahl nur knapp die absolute Mehrheit (CDU 38,2%, CSU 10,6%). Die SPD fällt unter die 40-Prozent-Marke (38,2%); die FDP erreicht 7 Prozent, und die Grünen sind erstmals im Parlament vertreten (5,6%).

Zur Geschichte der Ost-CDU

1945

10.7.	Zulassung der CDU in der Sowjetischen Besatzungszone.
14.7.	KPD, SPD, CDU und LDPD werden in Berlin zur Einheitsfront der antifaschistisch-demokratischen Parteien (»Block«) zusammengeschlossen.
7.12.	Die Vertreter der CDU verweigern ihre Unterschrift unter eine gemeinsame Erklärung der Einheitsfront zur Bodenreform. Die Parteivorsitzenden Andreas Hermes und Walter Schreiber werden daraufhin von den Sowjets am 19. Dezember abgesetzt.

1946

4.1.	Jakob Kaiser und Ernst Lemmer werden mit der »Reichsleitung« der CDU betraut.
15.–17.6.	1. Parteitag der CDU unter dem Motto »Sozialismus aus christlicher Verantwortung«.
1.–15.9.	Gemeindewahlen in der Sowjetischen Besatzungszone (CDU: 18,8%).
20.10.	Landtags- und Kreistagswahlen in der SBZ, Stadt- und Bezirksverordnetenwahlen in Berlin (CDU: 18%; in Berlin: 22,1%).

1947

6.–8.9.	2. Parteitag der CDU in Berlin. Jakob Kaiser wird als Vorsitzender bestätigt.
6.–.7.12.	»1. Deutscher Volkskongreß für Einheit und gerechten Frieden«. Die zentrale CDU-Führung lehnt eine Teilnahme ab. Von 2215 Delegierten sind nur 219 Mitglieder der CDU.
19.12.	Unter dem Druck der Sowjets trennen sich die Landesverbände von der Zonenleitung in Berlin. Jakob Kaiser und Ernst Lemmer werden als Parteivorsitzende für funktionsunfähig erklärt. Das bedeutet die Ausschaltung des legalen Hauptvorstandes der CDU.

1948

18.–20.9.	3. Parteitag in Erfurt. Otto Nuschke wird Parteivorsitzender.

1949

7.9.	Gerald Götting wird zum Generalsekretär berufen.
5.10.	Zustimmung des Hauptvorstandes zur Bildung der DDR.
12.–13.11.	4. Parteitag in Leipzig. Die CDU bekennt sich zur Deutschen Demokratischen Republik.

1950

15.–17. 9.	5. Parteitag in Berlin.

1951

12. 6.	Eröffnung der Zentralen Parteischule in Halle.
19.–21. 10.	Arbeitstagung der CDU in Meißen. Erarbeitung der »Thesen des Christlichen Realismus«. Die Partei bekennt sich zur sozialistischen Gesellschaftsordnung.

1952

1. 8.	Umorganisation der CDU zu einer Kaderpartei nach SED-Muster.
16.–18. 10.	6. Parteitag der CDU in Berlin: Anerkennung der führenden Rolle der SED.

1953

21. 1.	Georg Dertinger, stellvertretender Vorsitzender der CDU und Außenminister der DDR, wird unter dem Verdacht der Spionage verhaftet.

1954

22.–25. 9.	7. Parteitag in Weimar; Bekenntnis »zur Einheit aller fortschrittlichen Kräfte im Demokratischen Block«.

1956

1. 1.	Eröffnung der Zentralen Schulungsstätte der CDU in Burgscheidungen.
12.–15. 9.	8. Parteitag in Weimar. Der Parteitag bekennt sich zur friedlichen Koexistenz, zur Abrüstung und zum Aufbau des Sozialismus.

1958

17.–18. 3.	Nach dem Tod Otto Nuschkes (Dezember 1957) beauftragt der Hauptvorstand auf einer Tagung in Halle August Bach mit dem Parteivorsitz.
30. 9.–3. 10.	9. Parteitag in Dresden unter dem Motto: »Christliche Demokraten, kämpft für den Sieg des Sozialismus! Der Sozialismus ist die Zukunft und der Friede!« Wahl August Bachs zum Parteivorsitzenden.
15.–16. 12.	Entschließung des Hauptvorstandes in Weimar zur Verwirklichung des Wahlprogramms der Nationalen Front für die Volkskammerwahlen vom 16. November 1958.

1960

21. 3.	Hauptvorstandssitzung in Magdeburg. Ausarbeitung von Vorschlägen zur 8. Tagung des ZK der SED für ein Mitwirken an der »sozialistischen Entwicklung der Landwirtschaft«.
22.–25. 6.	10. Parteitag in Erfurt.

1961

17. 8.	Erklärung des Hauptvorstandes zum Beginn des Mauerbaus am 13. August 1961 (»wohlabgewogene und mustergültig durchgeführte Maßnahmen«).

1962

31. 1.	Frauenkonferenz der CDU in Dresden.
12. 12. 1	150 Vorschläge der CDU zum SED-Entwurf eines »Programms des Sozialismus«.

1964

30. 9.–3. 10.	11. Parteitag in Erfurt. Verabschiedung einer neuen Satzung.

1966

3.–4. 5.	Tagung des Hauptvorstandes in Weimar. Beschluß über die Verbindung des Amtes des Generalsekretärs mit dem des Parteivorsitzenden. Gerald Götting wird Parteivorsitzender.

1967

8.–9. 2.	Beratung des Präsidiums des Hauptvorstandes in Jena mit Theologen, Pfarrern und anderen christlichen Persönlichkeiten zum Thema »Humanismus und christliche Verantwortung«.

1968

2.–5. 10.	12. Parteitag in Erfurt unter dem Motto: »Aus christlicher Verantwortung, in demokratischer Verpflichtung – Liebe und Tat unserem sozialistischen Vaterland«. Im Mittelpunkt der Beratungen steht die Verfassung der DDR.

1969

12. 5.	Gerald Götting wird Präsident der Volkskammer.

1970

26.6.   Tagung des Hauptvorstandes zum 25. Jahrestag der Gründung der Partei. Die CDU habe den »Bürgern christlichen Glaubens eine klare soziale und geistige Perspektive für ihren Weg in die entwickelte sozialistische Gesellschaft eröffnet«.

1971

25.–26.6.   Tagung des Hauptvorstandes zur Auswertung des VIII. Parteitages der SED (15.-19.6.).

1972

11.–14.10.   13. Parteitag in Erfurt. Bekräftigung der Treue zum Sozialismus, des Zusammenwirkens mit der SED und der Freundschaft mit der Sowjetunion.

1973

15.5.   Beschluß des Präsidiums des Hauptvorstandes über den Beitrag der Partei zur »Entwicklung der sozialistischen Kultur«.

1974

27.9.   Das Präsidium des Hauptvorstandes stimmt dem Gesetz zur Ergänzung und Änderung der Verfassung der DDR zu.

1976

25.5.   Das Präsidium des Hauptvorstandes ruft die Vorstände und alle Mitglieder auf, die Parteiarbeit an den Beschlüssen des IX. Parteitages der SED (18.–22.5.) zu orientieren.

1977

12.–14.10.   Der 14. Parteitag in Dresden berät und beschließt über die Aufgaben der CDU in der vom IX. Parteitag der SED propagierten Politik der gesellschaftlichen Entwicklung in der DDR.

1981

28.4.   Das Präsidium des Hauptvorstandes berät mit den Bezirksvorsitzenden über eine Auswertung des X. Parteitages der SED (11.–16.4.) in den Verbänden der CDU.

1982

15. 10.   15. Parteitag in Dresden (»Verpflichtung, mit Wort und Tat für die Stärkung des Sozialismus einzutreten«).

5. Ausgewählte Literatur

(Aufgenommen wurden im wesentlichen nur Titel allgemeinerer Thematik. Nicht berücksichtigt wurden Spezialstudien, einzelne Lebensbilder, Jubiläumsschriften und Dar-
stellungen zur lokalen Parteigeschichte.)

Adam, Uwe Dietrich: Die CDU in Württemberg-Hohenzollern, in: Weinacht,
   Paul-Ludwig (Hg.), Die CDU in Baden-Württemberg und ihre Geschichte,
   S. 163–192
Adenauer: »Es mußte alles neu gemacht werden.« Die Protokolle des CDU-Bun-
   desvorstandes 1950–1953. Bearbeitet von Günter Buchstab (Forschungen und
   Quellen zur Zeitgeschichte, 8). 1. und 2. Aufl. Stuttgart 1986
Adenauer: »Wir haben wirklich etwas geschaffen.« Die Protokolle des CDU-
   Bundesvorstands 1953–1957. Bearbeitet von Günter Buchstab (Forschungen
   und Quellen zur Zeitgeschichte, 16). Düsseldorf 1990
Altmann, Rüdiger: Die Wandlungen der Union. Gruppen, Strömungen,
   Führung, in: Die Politische Meinung Jg. 15 H. 133 (1970), S. 43–46
Baring, Arnulf: Machtwechsel. Die Ära Brandt-Scheel. 3. Aufl. Stuttgart 1982
Barton, Terry: Die CDU 1975–1983: Nach rechts rutschende Honoratiorenpar-
   tei? Zum Selbstverständnis von Parteitagsdelegierten, in: Zeitschrift für Parla-
   mentsfragen H. 2 (1984), S. 196–210
Bauer, Gerhard: Hundert Jahre christliche Politik an der Saar. Vom Zentrum zur
   CDU. Saarbrücken 1981
Baumanns, Hans Leo und Bergsdorf, Wolfgang: CDU im dritten Jahrzehnt, in:
   Aus Politik und Zeitgeschichte B 40/71
Becker, Dierck-Eckhard und Wiesendahl, Elmar: Ohne Programm nach Bonn
   oder Die Union als Kanzlerwahl-Verein (rororo aktuell). Hamburg 1972
Becker, Winfried: CDU und CSU 1945–1950. Vorläufer, Gründung und regionale
   Entwicklung bis zum Entstehen der CDU-Bundespartei (Studien zur politi-
   schen Bildung 13). Mainz 1987
Becker, Winfried und Morsey, Rudolf (Hg.): Christliche Demokratie in Europa.
   Grundlagen und Entwicklungen seit dem 19. Jahrhundert. Köln 1988
Besier, Gerhard: »Christliche Parteipolitik« und Konfession. Zur Entstehung des
   Evangelischen Arbeitskreises der CDU/CSU, in: Kirchliche Zeitgeschichte 3
   (1990), H.1, S. 166–178
Bibliographie zur Geschichte der CDU und CSU 1945–1980. Erstellt von
   Gerhard Hahn (Forschungen und Quellen zur Zeitgeschichte, 4). Stuttgart
   1982
Bibliographie zur Geschichte der CDU und CSU 1981–1986. Mit Nachträgen
   1945–1980. Erstellt von Brigitte Krahe und Michaela Seibel (Forschungen und
   Quellen zur Zeitgeschichte, 15). Düsseldorf 1990

Biedenkopf, Kurt H.: Zeitsignale. Parteienlandschaft im Umbruch. München 1989

Böhm, Anton: CDU-Reform: Grenzen und Ziele. Eine neue Etappe auf dem Weg zur modernen Volkspartei, in: Die politische Meinung 4. Jg. (1959), Heft 41, S. 13–24

Böhr, Christoph (Hg.): Jugend bewegt Politik. Die Junge Union Deutschlands 1947 bis 1987 (Mitverantwortung 5). Krefeld 1988

Bracher, Karl Dietrich/Jäger, Wolfgang/Link, Werner: Republik im Wandel 1969–1974. Die Ära Brandt (Geschichte der Bundesrepublik Deutschland, 5/I). Stuttgart/Wiesbaden 1986

Breidbach, Ferdi und May, Rüdiger (Hg.): Das soziale Feigenblatt? Die Sozialausschüsse in der Union. Düsseldorf 1975

Bremens Zukunft meistern. 40 Jahre CDU im Lande Bremen. Hrsg. von Bernd Neumann mit Beiträgen von Gerhard W. Wittkämper und Elmar Unland. Ms. masch. 1986

Buchhaas, Dorothee: Die Volkspartei. Programmatische Entwicklung der CDU 1950–1973 (Beiträge zur Geschichte des Parlamentarismus und der politischen Parteien, 68). Düsseldorf 1981

Buchheim, Karl: Geschichte der christlichen Parteien in Deutschland. 2. Aufl. München 1966

Buchstab, Günter und Gotto, Klaus (Hg.): Die Gründung der Union. Traditionen, Entstehung und Repräsentanten (Geschichte und Staat 254/255). 2. Aufl. München 1990

Buchstab, Günter/Kaff, Brigitte/Kleinmann, Hans-Otto: Verfolgung und Widerstand 1933–1945. Christliche Demokraten gegen Hitler (hrsg. von der Konrad-Adenauer-Stiftung). Düsseldorf 1986

Bundesparteitage der CDU. Protokolle 1950–1990, hrsg. von der Christlich-Demokratischen Union Deutschlands. Bonn 1950ff.

Caldera, Rafael: Christliche Demokratie – ein Modell für Lateinamerika und die freie Welt. Hrsg. und bearb. von Peter Molt (Schriftenreihe des Instituts für Internationale Solidarität der Konrad-Adenauer-Stiftung, 14). Mainz 1976

CDU Hessen 1945–1985. Politische Mitgestaltung und Kampf um die Mehrheit (hrsg. von Werner Wolf). Köln 1986

CDU-Programmatik. Grundlagen und Herausforderungen. Hrsg. von Wulf Schönbohm und Günther E. Braun. München 1981

CDU-Grundsatzdiskussion. Beiträge aus Wissenschaft und Politik (hrsg. von Richard von Weizsäcker). Bonn 1977

Die CDU/CSU im Parlamentarischen Rat. Sitzungsprotokolle der Unionsfraktion. Bearbeitet von Rainer Salzmann (Forschungen und Quellen zur Zeitgeschichte, 2). Stuttgart 1981

Die CDU/CSU im Frankfurter Wirtschafsrat. Protokolle der Unionsfraktion 1947–1949. Bearbeitet von Rainer Salzmann (Forschungen und Quellen zur Zeitgeschichte, 13). Düsseldorf 1988

Chodinski, Hans-Joachim: Die Geschichte des Landesverbandes Oldenburg und der CDU in Niedersachsen, in: CDU im Oldenburger Land 1945–1985. Chronik des CDU-Landesverbandes Oldenburg. 1986

Christliche Demokraten der ersten Stunde (hrsg. von der Konrad-Adenauer-Stiftung). Bonn 1966

Christliche Demokratie in Deutschland. Analysen und Dokumente der Christlich-Demokratischen Union Deutschlands und der Jungen Union Deutschlands, hrsg. von der Konrad-Adenauer-Stiftung (Handbücher der Akademie Eichholz, 7). Melle 1978

Clemens, Clay: Reluctant Realists. The Christian Democrats (CDU/CSU) and West German Ostpolitik. Durham: Duke Univ. Press 1989

Conze, Werner: Jakob Kaiser. Politiker zwischen Ost und West 1945–1949. Stuttgart 1969

Datenhandbuch zur Geschichte des Deutschen Bundestages 1949 bis 1982. Verfaßt und bearbeitet von Peter Schindler. Hrsg. vom Presse- und Informationszentrum des Deutschen Bundestages. 3. Aufl. Baden Baden 1984, mit den Fortschreibungs- und Ergänzungsbänden 1980–1984 (Baden-Baden 1986) und 1980–1987 (Baden-Baden 1988)

Dedring, Klaus-Heinrich: Adenauer – Erhard – Kiesinger. Die CDU als Regierungspartei 1961–1969 (Reihe Politikwissenschaft, 4). Pfaffenweiler 1989, zugl.: phil. Diss. Bonn 1988

Deuerlein, Ernst: CDU/CSU 1945–1957. Beiträge zur Zeitgeschichte. Köln 1957

Deuerlein, Ernst: Deutschland nach dem Zweiten Weltkrieg 1945–1955. Konstanz 1964

Dexheimer, Wolfgang F.: Koalitionsverhandlungen in Bonn 1961–1965–1969. Zur Willensbildung in Parteien und Fraktionen (Untersuchungen und Beiträge zu Politik und Zeitgeschehen, 14). Bonn 1973

Dittberner, Jürgen: Die Bundesparteitage der Christlich-Demokratischen Union und der Sozialdemokratischen Partei Deutschlands von 1946 bis 1968. Eine Untersuchung der Funktionen von Parteitagen. Wiso Diss. FU Berlin. Augsburg 1969

Doering-Manteuffel, Anselm: Die Bundesrepublik Deutschland in der Ära Adenauer. Außenpolitik und innere Entwicklung 1949–1963. 2. Aufl. Darmstadt 1988

Doering-Manteuffel, Anselm: Die »Frommen« und die »Linken« vor der Wiederherstellung des bürgerlichen Staats. Integrationsprobleme und Interkonfessionalismus in der frühen CDU, in: Christentum und politische Verantwortung. Kirchen im Nachkriegsdeutschland, hrsg. von Jochen-Christoph Kaiser und Anselm Doering-Manteuffel (Konfession und Gesellschaft. Beiträge zur Zeitgeschichte, 2). Stuttgart 1990

Dokumente zur parteipolitischen Entwicklung in Deutschland seit 1945, hrsg. von Ossip K. Flechtheim. 2. Band: Programmatik der deutschen Parteien, 1. Teil. Berlin 1963

Drei Jahrzehnte Mittelstandspolitik. MIT-Jahrbuch '85, hrsg. von der Mittelstandsvereinigung der CDU/CSU, Bonn 1985

Egen, Peter: Die Entstehung des Evangelischen Arbeitskreises der CDU/CSU.
Phil. Diss. Bochum 1971

Es war der richtige Weg. 26. Juni 1945–26. Juni 1960. 15 Jahre CDU (Berliner
Schriften zur Politik, 2), hrsg. von der Christlich-Demokratischen Union
Deutschlands Landesverband Berlin. Berlin 1960

Eschenburg, Theodor: Jahre der Besatzung 1945–1949 (Geschichte der Bundesrepublik Deutschland, 1). Stuttgart/Wiesbaden 1983

Eßer, Karl-Albert: Die Sozialausschüsse der Christlich-Demokratischen Arbeitnehmerschaft und ihre Entwicklung von 1967 bis 1983 (Diplomarbeit der
Pädagogischen Fakultät der Technischen Hochschule Aachen). Sonderauflage
des Zentrums für Arbeitnehmerbildung. Königswinter 1985

Falke, Wolfgang: Die Mitglieder der CDU (Ordo Politicus, 21). Berlin 1982

Först, Walter (Hg.): Die Länder und der Bund. Beiträge zur Entstehung der Bundesrepublik Deutschland. Essen 1989

Fogarty, Michael Patrick: Christliche Demokratie in Westeuropa 1820–1953.
Freiburg 1959 (engl.: London 1957)

Fratzscher, Arnold: Die CDU in Niedersachsen. Demokratie der ersten Stunde,
hrsg. von der Niedersächsischen Landeszentrale für Politische Bildung.
Uelzen 1971

Geschichte der Bundesrepublik Deutschland in fünf Bänden hrsg. von Karl Dietrich Bracher, Theodor Eschenburg, Joachim C. Fest und Eberhard Jäckel.
Stuttgart und Wiesbaden 1983ff.

Geschichte der christlich-demokratischen und christlich-sozialen Bewegungen
in Deutschland. Hrsg. von Günther Rüther. 2 Bde. Köln 1986

Gradl, Johann Baptist: Anfang unter dem Sowjetstern. Die CDU 1945–1948 in
der sowjetischen Besatzungszone Deutschlands. Köln 1981

Grafe, Peter J.: Die modernisierte CDU, in: Gewerkschaftliche Monatshefte 39
(1988), H. 5, S. 269–277

Grotz, Claus-Peter: Die Junge Union. Struktur – Funktion – Entwicklung der
Jugendorganisation von CDU und CSU seit 1969. Kehl am Rhein 1983

Grotz, Claus-Peter: Struktur- und entwicklungsanalytisches Stenogramm der
CDU, in: Libertas 1984, H. 1–2, S. 62–75

Gurland, Arcadius R. L.: Die CDU/CSU. Ursprünge und Entwicklung bis 1953.
Hrsg. von Dieter Emig. Frankfurt am Main 1980

Handbuch des deutschen Parteiensystems. Struktur und Politik in der Bundesrepublik zu Beginn der achtziger Jahre. Hrsg. von Heino Kaack und Reinhold
Roth. 2 Bde. Opladen 1980

Haungs, Peter (Hg.): 40 Jahre Rheinland-Pfalz. Eine politische Landeskunde.
Mainz 1986

Haungs, Peter: Die Christlich-Demokratische Union Deutschlands (CDU) und
die Christlich-Soziale Union in Bayern (CSU), in: Christlich-demokratische
Parteien in Westeuropa, hrsg. von Hans-Joachim Veen. 2. Bde. Paderborn 1983

Haungs, Peter: Die CDU in den achtziger Jahren. Anmerkungen zur Organisation und Strategie, in: Machiavellismus – Parteien und Wahlen – Medien und Politik. Politische Studien zum 65. Geburtstag von Erwin Faul, hrsg. von Rupert Breitling und Winand Gellner. Gerlingen 1988

Haungs, Peter: Die CDU: Krise einer modernisierten Volkspartei? Entwicklung und Probleme einer Parteiorganisation, in: Parteien in der Bundesrepublik Deutschland, hrsg. von der Landeszentrale für politische Bildung Baden-Württemberg. Stuttgart 1990

Heitzer, Horstwalter: Die CDU in der britischen Zone 1945–1949. Gründung, Organisation, Programm und Politik (Forschungen und Quellen zur Zeitgeschichte, 12). Düsseldorf 1988

Hepp, Gerd: Die CDU im Landesbezirk Nordbaden, in: Weinacht, Paul-Ludwig (Hg.), Die CDU in Baden-Württemberg und ihre Geschichte, S. 113–136

Hertel, Gerhard: Der Weg zur »Wende«. Die Bundesrepublik Deutschland in der Ära Schmidt. Bd. I: 1974–1980. Regensburg 1988

Hesse, Jörg: Die Allianz für Deutschland, in: Deutschland Archiv 23 (1990), H. 4, S. 502–506

Hildebrand, Klaus: Von Erhard zur Großen Koalition 1963–1969 (Geschichte der Bundesrepublik Deutschland, 4). Stuttgart/Wiesbaden 1984

Höfling, Wolfram: Die organisierten Interessengruppen der CDU. Analyse der Organisationsstruktur, des Selbstverständnisses und der Funktionen von Vereinigungen. Masch. Magisterarbeit, Phil. Fakultät der Universität Bonn, 1978

Hornung, Klaus: Quo vadis, CDU? Zur Lage und Herausforderung der Christdemokraten, in: Volksparteien ohne Zukunft? Die Krise des Parteienstaates, hrsg. von Gerd-Klaus Kaltenbrunner (Herderbücherei INITIATIVE 73). Freiburg 1987

Jäger, Wolfgang/Link, Werner: Republik im Wandel 1974–1982. Die Ära Schmidt (Geschichte der Bundesrepublik Deutschland, 5/II). Stuttgart/Wiesbaden 1987

John, Antonius: Ahlen und das Ahlener Programm. Dokumente – Ereignisse – Erinnerungen. Ahlen 1977

Kaltefleiter, Werner: Zwischen Konsens und Krise. Eine Analyse der Bundestagswahl 1972. Bonn 1973

Kaltefleiter, Werner: Vorspiel zum Wechsel. Eine Analyse der Bundestagswahl 1976 (Schriftenreihe der Bundeszentrale für politische Bildung, 130). Berlin 1977

Kaltefleiter, Werner: Parteien im Umbruch. Ein Beitrag zur politischen Geschichte der Bundesrepublik Deutschland. Düsseldorf 1984

Kaltenbrunner, Gerd-Klaus (Hg.): Das Elend der Christdemokraten. Ortsbestimmung der politischen Mitte Europas (Herderbücherei INITIATIVE 21). München 1977

Keinemann, Friedrich: Von Arnold zu Steinhoff und Meyers. Politische Bewegungen und Koalitionsbildungen in Nordrhein-Westfalen 1950–1962. Münster 1973

Kistler, Helmut: Die Bundesrepublik Deutschland. Vorgeschichte und Geschichte 1945–1983 (Schriftenreihe der Bundeszentrale für politische Bildung 229). Stuttgart 1985

Knorr, Heribert: Der parlamentarische Entscheidungsprozeß während der Großen Koalition 1966 bis 1969. Struktur und Einfluß der Koalitionsfraktionen und ihr Verhältnis zur Regierung der Großen Koalition (Studien zum politischen System der Bundesrepublik Deutschland, 9). Meisenheim 1975

Koerfer, Daniel: Kampf ums Kanzleramt. Erhard und Adenauer. Stuttgart 1987

Kraft einer Idee. 20 Jahre CDU Rheinland. Recklinghausen 1965

Kühr, Herbert: Die CDU in Nordrhein-Westfalen. Von der Unionsgründung zur modernen Mitgliederpartei, in: Parteien und Wahlen in Nordrhein-Westfalen, hrsg. von Ulrich von Alemann (Schriften zur politischen Landeskunde Nordrhein-Westfalens, 2). Köln 1985, S. 91–120

Kuropka, Joachim: 40 Jahre Christlich-Demokratische Union im Oldenburger Land. Zur Gründung und Entwicklung einer neuen Partei in Oldenburg seit 1945. Oldenburg 1987

Laitenberger, Volkhard: Ludwig Erhard. Der Nationalökonom als Politiker (Persönlichkeit und Geschichte 126–128). Göttingen 1986

Lapp, Peter Joachim: Die »Befreundeten Parteien« der SED. DDR-Blockparteien in den achtziger Jahren. Köln 1987

Leggewie, Claus: CDU – Integrationsmodell auf Widerruf. Die zwei Modernisierungen der deutschen Rechten nach 1945, in: Blätter für deutsche und internationale Politik 34 (1989), H. 3, S. 294–308

Maier, Horst: Schleswig-Holsteins CDU in ihrer Zeit. 40 Jahre 15.2.46–15.2.86 (hrsg. vom CDU-Landesverband). Masch. Manuskript. Kiel 1986

Mintzel, Alf: Geschichte der CSU. Ein Überblick. Opladen 1977

Mintzel, Alf und Oberreuter, Heinrich (Hg.): Parteien in der Bundesrepublik Deutschland (Schriftenreihe der Bundeszentrale für politische Bildung, 282). Bonn 1990

Morsey, Rudolf/Löw, Konrad/Eisenmann, Peter: Konrad Adenauer. Leben und Werk (Zeitfragen, hrsg. von der Bayerischen Landeszentrale für politische Bildungsarbeit, 6). 2. Aufl. München 1977

Morsey, Rudolf: Die Bundesrepublik Deutschland. Entstehung und Entwicklung bis 1969 (Oldenbourg Grundriß der Geschichte, 19). München 1987

Narr, Wolf-Dieter: CDU – SPD. Programm und Praxis seit 1945. Stuttgart 1966

Niclauß, Karlheinz: Kanzlerdemokratie. Bonner Regierungspraxis von Konrad Adenauer bis Helmut Kohl. Stuttgart 1988

Olzog, Dieter und Liese, Hans J.: Die politischen Parteien in Deutschland. Geschichte, Programmatik, Organisation, Personen, Finanzierung (Geschichte und Staat 277). 20., völlig überarbeitete Aufl. München 1992

Parteien-Handbuch. Die Parteien der Bundesrepublik Deutschland 1945–1980. Hrsg. von Richard Stöss. 2 Bde. Opladen 1983

Das Phänomen. Helmut Kohl im Urteil der Presse. Hrsg. von Bernhard Vogel. Stuttgart 1990

Politisches Jahrbuch der CDU und CSU 1. 1950–1977/78. Recklinghausen 1950ff.; Bonn 1971 ff.

Politisches Jahrbuch der Christlich-Demokratischen Union, Jg. 1 (1966/67). Ost-Berlin 1966

Pridham, Geoffrey: Christian Democracy in Western Germany. The CDU/CSU in Government and Opposition, 1945–1976. London 1977

Pütz, Helmuth: Die CDU. Entwicklung, Organisation und Politik der Christlich-Demokratischen Union Deutschlands (Ämter und Organisationen der Bundesrepublik Deutschland, 30). 4. Aufl. Düsseldorf 1985

Richter, Michael: Die Ost-CDU 1948–1952. Zwischen Widerstand und Gleichschaltung (Forschungen und Quellen zur Zeitgeschichte, 19). 2. Aufl. Düsseldorf 1991

Rollmann, Dietrich (Hg.): Die CDU in der Opposition. Eine Selbstdarstellung. Hamburg 1970

Rüschenschmidt, Heinrich: Gründung und Anfänge der CDU in Hessen (Quellen und Forschungen zur hessischen Geschichte, 42). Darmstadt 1981

Sarcinelli, Ulrich: Das Grundsatzprogramm der CDU. Selbstverständnis, Aussagen und Parteitagsdiskussion, in: Handbuch des deutschen Parteiensystems, hrsg. von H. Kaack und R. Roth, Bd. 2. Opladen 1980, S. 57–117

Schardt, Alois: Wohin steuert die CDU? (Fromms Taschenbücher »Zeitnahes Christentum«, 14). Osnabrück 1961

Scheer, Hermann: Die nachgeholte Parteibildung und die politische Säkularisierung der CDU, in: Auf dem Weg zum Einparteienstaat, hrsg. von Wolf-Dieter Narr. Opladen 1977

Schmid, Josef: Die CDU. Organisationsstrukturen, Politiken und Funktionsweisen einer Partei im Föderalismus. Opladen 1990

Schmid, Josef: Die Finanzen der CDU, in: Parteifinanzierung und politischer Wettbewerb. Rechtsnormen – Realanalysen – Reformvorschläge, hrsg. von Göttrik Wewer. Köln 1990

Schmid, Josef: Die Vereinigung der CDU, in: Wiedervereinigung als Organisationsproblem: Gesamtdeutsche Zusammenschlüsse von Parteien und Verbänden. Hrsg. von Frank Löbler, Josef Schmid und Heinrich Tiemann. Bochum 1991

Schmid, Josef und Tiemann, Heinrich: Postmoderne CDU – Bastelleien am christlichen Menschenbild und am politischen Profil der Union, in: Die Neue Gesellschaft/Frankfurter Hefte 36 (1989), H. 1, S. 62–67

Schmidt, Ute: Die Christlich Demokratische Union Deutschlands, in: Parteien-Handbuch. Die Parteien der Bundesrepublik Deutschland 1945–1980. Hrsg. von Richard Stöss (Schriften des Zentralinstituts für sozialwissenschaftliche Forschung der Freien Universität Berlin 38), Bd. 1. Opladen 1983, S. 490–660

Schmoeckel, Reinhard und Kaiser, Bruno: Die vergessene Regierung. Die große Koalition 1966 bis 1969 und ihre langfristigen Wirkungen (Bouvier Forum, 6). Bonn 1991

Schmolze, Gerhard: Das Elend der Ost-CDU, in: Kaltenbrunner, Gerd-Klaus (Hg.), Das Elend der Christdemokraten, S. 74–92

Schönbohm, Wulf: CDU – Porträt einer Partei (Geschichte und Staat 215). München 1979

Schönbohm, Wulf: Die CDU wird moderne Volkspartei. Selbstverständnis, Mitglieder, Organisation und Apparat 1950–1980 (Forschungen und Quellen zur Zeitgeschichte, 7). Stuttgart 1985

Schroeder, Wolfgang: Gewerkschaftspolitik zwischen DGB, Katholizismus und CDU, 1945 bis 1960. Köln 1990

Schulz, Gerhard: Die CDU – Merkmale ihres Aufbaus, in: Parteien in der Bundesrepublik (Schriften des Instituts für Politische Wissenschaft, 6). Stuttgart 1955

Schulz, Gerhard: Die Organisationsstruktur der CDU, in: Zeitschrift für Politik, Jg. 3 N.F. (1956), S. 147–165

Schwarz, Hans Peter: Die Ära Adenauer. Gründungsjahre der Republik 1949–1957 (Geschichte der Bundesrepublik Deutschland, 2). Stuttgart/Wiesbaden 1981

Schwarz, Hans Peter: Die Ära Adenauer. Epochenwechsel 1957–1963 (Geschichte der Bundesrepublik Deutschland, 3). Stuttgart/Wiesbaden 1983

Schwarz, Hans Peter: Adenauer. Der Aufstieg: 1876–1952. Stuttgart 1986

Schwarz, Hans Peter: Adenauer. Der Staatsmann: 1952–1967. Stuttgart 1991

Schwering, Leo: Die Entstehung der CDU. Köln 1946

Schwering, Leo: Frühgeschichte der Christlich-Demokratischen Union. Recklinghausen 1963

Simon, Klaus: Ansätze politischer Planung in der Opposition. Die Planungsgruppe der CDU/CSU-Bundestagsfraktion, in: Zeitschrift für Parlamentsfragen 6 (1975), H. 1, S. 27–37

Stillemunkes, Christoph: Die CDU in Rheinland-Pfalz von 1945/46 bis 1948. Magisterarbeit Saarbrücken 1978

Stubbe-da Luz, Helmut: Von der »Arbeitsgemeinschaft« zur Großstadtpartei – 40 Jahre Christlich-Demokratische Union in Hamburg 1945–1985. Hamburg o. J.

Süssmuth, Hans: Kleine Geschichte der CDU-Frauen-Union. Erfolge und Rückschläge 1948–1990. Baden-Baden 1990

Uertz, Rudolf: Christentum und Sozialismus in der frühen CDU. Grundlagen und Wirkungen der christlich-sozialen Ideen in der Union 1945–1949 (Schriftenreihe der Vierteljahrshefte für Zeitgeschichte, 43). Stuttgart 1981

Union in Deutschland. Informationsdienst der Christlich-Demokratischen und Christlich-Sozialen Union Deutschlands. Bonn: Bundesgeschäftsstelle der CDU. 1949–1990 (Abk.: UiD)

Die Unionsparteien 1946–1950. Protokolle der Arbeitsgemeinschaft der CDU/CSU Deutschlands und der Konferenzen der Landesvorsitzenden. Bearbeitet von Brigitte Kaff (Forschungen und Quellen zur Zeitgeschichte, 17). Düsseldorf 1991

Walter, Karin: Neubeginn – Nationalsozialismus – Widerstand. Die Diskussion der Neuordnung in CDU und SPD 1945–1948 (Abhandlungen zur Philosophie, Psychologie und Pädagogik, 211). Bonn 1987

Wasser, Hartmut: Zukunftsentwürfe der Großen Koalition. Parteiprogramme für die siebziger Jahre, in: Zeitschrift für Politik N.F. 16 (1969), S. 416–423

Weberling, Johannes: Für Freiheit und Menschenrechte. Der Ring Christlich-Demokratischer Studenten (RCDS) 1945–1986. Düsseldorf 1990

Weinacht, Paul-Ludwig (Hg.): Die CDU in Baden-Württemberg und ihre Geschichte (Schriften zur politischen Landeskunde Baden-Württembergs, 2). Stuttgart 1979

Weinacht, Paul-Ludwig und Mayer, Tilman: Ursprung und Entfaltung christlicher Demokratie in Südbaden. Eine Chronik 1945–1981 (hrsg. von der Christlich-Demokratischen Union Südbaden). Sigmaringen 1982

Weitzel, Kurt: Vom Chaos zur Demokratie. Die Entstehung der Parteien in Rheinland-Pfalz 1945–1947. Mainz 1989

Wieck, Hans Georg: Die Entstehung der CDU und die Wiedergründung des Zentrums im Jahre 1945 (Beiträge zur Geschichte des Parlamentarismus und der politischen Parteien, 2). Düsseldorf 1953

Wieck, Hans Georg: Christliche und Freie Demokraten in Hessen, Rheinland-Pfalz, Baden und Württemberg 1945/46 (Beiträge zur Geschichte des Parlamentarismus und der politischen Parteien, 10). Düsseldorf 1958

Wilbers, Joachim: Die Kommunalpolitische Vereinigung der CDU und der CSU Deutschlands (Europäische Hochschulschriften Reihe XXXI, Bd. 86). Frankfurt am Main 1986

Wirth, Günter: Die Beteiligung der CDU an der Umgestaltung der DDR in den fünfziger Jahren, in: Kirchliche Zeitgeschichte Jg. 3 (1990) H. 1, S. 125 ff.

Wissmann, Matthias: Jahre der Erneuerung. Die Junge Union von 1973 bis 1983, in: Jugend bewegt Politik. Die Junge Union Deutschlands 1947 bis 1987, hrsg. von Christoph Böhr (Mitverantwortung 5). Krefeld 1988

Wolf, Werner (Hg.): CDU Hessen 1945–1985. Politische Mitgestaltung und Kampf um die Mehrheit. Köln 1986

Zur Geschichte der christlich-demokratischen Bewegung in Europa, hrsg. von der EVP-Fraktion des Europäischen Parlaments (Schriftenreihe der Europäischen Volkspartei, 4). Melle 1990

6. Abkürzungen

AG	Arbeitsgemeinschaft
Ak	Arbeitskreis
APO	Außerparlamentarische Opposition
AStA	Allgemeiner Studentenausschuß
BCSV	Badische Christlich-Soziale Volkspartei
BDV	Bremer Demokratische Volkspartei
BHE	Block der Heimatvertriebenen und Entrechteten
BVP	Bayerische Volkspartei
CD	Christdemokraten
CDA	Christlich-Demokratische Arbeitnehmerschaft
CDP	Christlich-Demokratische Partei
CDU	Christlich-Demokratische Union
CDUD	Christlich-Demokratische Union Deutschlands (Name der CDU Berlins und der SBZ)
COPEI	Comité de Organización Política Electoral Independiente
CSU	Christlich-Soziale Union
CSVD	Christlich-Sozialer Volksdienst
CVP	Christliche Volkspartei
DGB	Deutscher Gewerkschaftsbund
DM	Deutsche Mark
DDP	Deutsche Demokratische Partei
DDR	Deutsche Demokratische Republik
DEMAG	Deutsche Maschinenfabrik AG
DNVP	Deutschnationale Volkspartei
DP	Deutsche Partei
DPS	Demokratische Partei Saar
DRP	Deutsche Reichspartei
DStP	Deutsche Staatspartei
DU	Demokratische Union
DUD	Deutschland Union-Dienst
DVP	Demokratische Volkspartei
EAK	Evangelischer Arbeitskreis (der CDU/CSU)
EDU	Europäische Demokratische Union
EFTA	European Free Trade Association (Europäische Freihandelsgesellschaft)
EG	Europäische Gemeinschaften
EKD	Evangelische Kirche in Deutschland
EKPV	Europäische kommunalpolitische Vereinigung
EPU	European Payments Union (Europäische Zahlungsunion)
EPZ	Europäische Politische Zusammenarbeit

EUCD	Europäische Union Christlicher Demokraten
EVP	Europäische Volkspartei
EVG	Europäische Verteidigungsgemeinschaft
EWG	Europäische Wirtschaftsgemeinschaft
FAZ	Frankfurter Allgemeine Zeitung
FDGB	Freier Deutscher Gewerkschaftsbund
FDJ	Freie Deutsche Jugend
FDP	Freie Demokratische Partei
GAZ	Grüne Aktion Zukunft
GDP	Gesamtdeutsche Partei
GVP	Gesamtdeutsche Volkspartei
IDU	Internationale Demokratische Union
JU	Junge Union
KAB	Katholische Arbeiter-Bewegung
KPD	Kommunistische Partei Deutschlands
KPV	Kommunalpolitische Vereinigung
KSZE	Konferenz für Sicherheit und Zusammenarbeit in Europa
LDP(D)	Liberaldemokratische Partei (Deutschlands)
MIT	Mittelstandsvereinigung
MRP	Mouvement Républicain Populaire
MSB	Marxistischer Studentenbund Spartakus
NATO	North Atlantic Treaty Organization
NEI	Nouvelles Equipes Internationales
NPD	Nationale Partei Deutschlands
NS	Nationalsozialismus/nationalsozialistisch
NSDAP	Nationalsozialistische Deutsche Arbeiterpartei
ÖVP	Österreichische Volkspartei
OMV	Ost- und Mitteldeutsche Vereinigung
PKW	Personenkraftwagen
RCDS	Ring Christlich-Demokratischer Studenten
SBZ	Sowjetische Besatzungszone
SDS	Sozialistischer Deutscher Studentenbund
SED	Sozialistische Einheitspartei Deutschlands
SPD	Sozialdemokratische Partei Deutschlands
SRP	Sozialistische Reichspartei
UdSSR	Union der Sozialistischen Sowjetrepubliken
UiD	Union in Deutschland (Informationsdienst der CDU)
UMDC	Union Mondiale des Démocrates Chrétiens
UN	United Nations
UNO	United Nations Organization
USA	United States of America

Namenregister

Sachregister